Günter Jerouschek
Psychotherapeutengesetz

PsychThG

Psychotherapeutengesetz

Gesetz über die Berufe des Psychologischen
Psychotherapeuten und des Kinder-
und Jugendlichenpsychotherapeuten, zur
Änderung des Fünften Buches Sozialgesetzbuch
und anderer Gesetze

Kommentar

Herausgegeben von

Dr. Dr. Günter Jerouschek

o. Professor an der Universität Jena

Bearbeitet von

Jan H. L. Immen
Rechtsanwalt

Dr. Dr. Günter Jerouschek
Professor an der Universität Jena

Jutta Klammt-Asprion
Rechtsanwältin

Günter Spielmeyer
Bundesrichter a. D.

Vera Walther-Moog
Rechtsanwältin, Dipl. Psych.

Verlag C. H. Beck München 2004

Im Einzelnen haben bearbeitet:

Jan H. L. Immen	§§ 4, 7, 9, 10, 12 PsychThG
Günter Jerouschek	Vor § 1 PsychThG, §§ 1, 2 Abs. 1, 4, 5, §§ 3, 6, 8 Abs. 1 bis 3, § 11 PsychThG, Art. 4, 5 EG-PsychThG
Jutta Klammt-Asprion	Art. 2 Nrn. 1 bis 10, Art. 7, 9 bis 11, 13 bis 15 EG-PsychThG
Günter Spielmeyer ...	Art. 2 Nrn. 11 bis 15, Art. 3, 6, 8, 12 EG-PsychThG
Vera Walther-Moog .	§ 2 Abs. 2, 3, §§ 5, 8 Abs. 4 bis 6 PsychThG

Zitiervorschlag:

Jerouschek/Bearbeiter (soweit vom Herausgeber verschieden), z. B.

Jerouschek, § 3 Rn. 1
Jerouschek/Immen, § 4 Rn. 1

Verlag C. H. Beck im Internet:

beck.de

ISBN 3 406 50209 1

© 2004 Verlag C. H. Beck oHG
Wilhelmstraße 9, 80801 München
Druck: fgb · freiburger graphische betriebe
Bebelstraße 11, 79108 Freiburg

Gedruckt auf säurefreiem, alterungsbeständigem Papier
(hergestellt aus chlorfrei gebleichtem Zellstoff)

Vorwort

Der Gedanke, dass ein ausführlicherer Kommentar zum Psychotherapeuten-gesetz ein Desiderat sei, kam mir erstmals bei Erlass des Gesetzes, als zahlreiche Kolleginnen und Kollegen anriefen und um Rat nachsuchten. Die Fragen, aufge-worfen auch durch eigene Erfahrungen bei der Approbierung, betrafen zunächst naturgemäß vornehmlich das Übergangsrecht und machten schnell die Kompli-ziertheit der juristischen Materie deutlich. Oft genug musste ich eine verlässliche Antwort schuldig bleiben.

Dabei wurde ich auch auf die skandalöse Praxis nicht weniger privater – nach *Dieter Best, Kommentar zur Gebührenordnung, Köln, 2002, S. 24* rund die Hälf-te! – Krankenversicherungsträger aufmerksam, psychotherapiebedürftige Patienten regelrecht zu diskriminieren. Wird Psychotherapie nicht gleich ganz aus dem Leistungskatalog ausgenommen – hier musste die Einstandspflicht zum Teil auf dem Klageweg erstritten werden –, so wird eine psychotherapeutische Vorbe-handlung Beitrittswilliger zu einem Vertragshindernis ausgestaltet oder wenigstens mit veritablen Risikozuschlägen versehen, um die Klientel von einem Wechsel zur privaten Krankenversicherung abzuschrecken *(Dieter Best, a.a.O., S. 25f.)*. Hier fragt man sich, wie es um die vorgebliche ökonomische Rationalität in den Chefetagen dieser Krankenversicherungen, auf die sie sich in öffentlichen Verlaut-barungen so viel zugute halten, eigentlich bestellt ist, wenn sie es lieber auf eine Somatisierung im Wege der Symptomverschiebung ankommen lassen, für deren unvergleichlich höhere Kosten sie dann klaglos einstehen. Die Praxis offenbart nicht nur eine in ihrer Irrationalität höchst Besorgnis erregende Einstellung zu psychischen Erkrankungen jenseits aller Empirie, sondern ist darüber hinaus auch noch ein Betrug am Kunden.

Der konkrete Anstoß, eine Kommentierung in Angriff zu nehmen, verdankte sich letztendlich der Hartnäckigkeit einer Kollegin. Dabei stellte sich die Frage, ob das Projekt von einer Hand gleichsam „aus einem Guss" ausgeführt oder nicht besser auf mehrere Schultern verteilt werden sollte. Den Ausschlag für die letztere Vorgehensweise gab das Anliegen des Verlags, den Kommentar in absehbarer Zeit zu erstellen, was angesichts der beruflichen Auslastung von nur einem Bearbeiter schwerlich zu bewältigen gewesen wäre.

Hauptsächlich sollte der Kommentar zwei Adressatenkreise ansprechen: Einmal die Psychotherapeutinnen und Psychotherapeuten, deren Berufstätigkeit in hohem Ausmaß durch das PsychThG betroffen ist, und dann die mit den Regelungen befassten Juristen in Advokatur, Gericht und Verwaltung. Auch potenzielle Pati-enten sollten den Kommentar zu Rate ziehen können. Das legte einen Kommen-tarstil nahe, der juristisch Versierten geläufige Fragestellungen auch für Laien auf-bereitet, und der umgekehrt auch auf praktisch-psychotherapeutische Bedürfnisse eingeht. Der Entschluss, auch das irgendwann obsolete Übergangsrecht noch in die Kommentierung mit einzubeziehen, beruhte auf der Erwägung, dass die Aus-bildung noch überwiegend nach Maßgabe des Übergangsrechts erfolgt und zahl-reiche Verfahren noch rechtshängig und auf dem Weg durch die Instanzen sind.

Diese Vorgaben spielten auch bei der Auswahl der Kommentatoren eine Rolle. *Vera Walther-Moog*, Bonn, ist Rechtsanwältin und praktizierende Psychologische Psychotherapeutin mit dem Schwerpunkt Psychoanalyse. Sie hat damit Einblick in beide Bereiche. *Jutta Klammt-Asprion* ist Anwältin in Stuttgart und hat im sozial-rechtlichen Teil des PsychThG ein Spezialgebiet. Dasselbe gilt für *Jan H. L. Im-men*, der als Rechtsanwalt in Dresden tätig ist. Als Spezialist für übergangsrechtli-

Vorwort

che Fragen hat er sich insbesondere auch mit den Besonderheiten der psychotherapeutischen Vorbildung in den neuen Bundesländern befasst. Die Judikatur ist durch Bundessozialrichter a. D. *Günter Spielmeyer* vertreten, der lange am Bundessozialgericht in Kassel gewirkt und auch einen Berufungsausschuss bei der Thüringer Kassenärztlichen Vereinigung in Weimar geleitet hat. Der Herausgeber ist Inhaber des Lehrstuhls für Strafrecht, Strafprozessrecht und Geschichte des Strafrechts an der Friedrich-Schiller-Universität in Jena und praktiziert daneben als Psychologischer Psychotherapeut, ebenfalls mit dem Schwerpunkt Psychoanalyse.

Bei einer Zusammenkunft der in Aussicht genommenen Kommentatoren – mit Ausnahme von *Jan H. L. Immen,* der erst später dazu stieß – im Frühjahr 2002 in der damaligen Verlagsdependance in Berlin wurde das vorliegende Werk vertraglich fixiert. Für die Mithilfe bei der Redaktion bedanke ich mich bei meinen wissenschaftlichen Mitarbeitern *Markus Hirte* und namentlich *Jan Eichelberger,* meiner studentischen Hilfskraft *Katja Würfel* sowie meiner Sekretärin *Jana Thierbach,* ohne deren Einsatz die Sisyphusarbeit der Korrektur und Abgleichung der Einzelbeiträge termingerecht nicht zu bewerkstelligen gewesen wäre.

Es steht zu hoffen, dass der Kreis der Kommentatoren dem vorgegebenen Anspruch, der ja oft genug einem Spagat gleichkommt, wenigstens einigermaßen gerecht werden konnte. Dem Verlag sei noch einmal ausdrücklich für sein Entgegenkommen bei allfälligen Terminverzögerungen gedankt. Nicht zuletzt die hektische und auch jetzt noch nicht zur Ruhe gekommene Reformgesetzgebung im Gesundheitswesen seit Ende 2003 ließ mich bange werden, ob überhaupt eine Kommentierung nach Maßgabe der lex lata zu erzielen sein würde. Zur Sprachregelung ist anzumerken, dass vor allem bei Berufsbezeichnungen nicht durchgängig die schwerfällige Aneinanderreihung der weiblichen und männlichen Form gewählt wurde. Mit der männlichen ist dann unausgesprochen die weibliche mit gemeint.

Jena, den 16. März 2004   Prof. Dr. Dr. *Günter Jerouschek* M. A.
                                           Herausgeber

Inhaltsverzeichnis

Artikel 1. Gesetz über die Berufe des Psychologischen Psychotherapeuten und des Kinder- und Jugendlichenpsychotherapeuten (Psychotherapeutengesetz – PsychThG)

Artikel 2. Änderungen des Fünften Buches Sozialgesetzbuch

Artikel 3. Änderungen des Siebten Buches Sozialgesetzbuch – Gesetzliche Unfallversicherung – (SGB VII)

Inhalt

VIII

Inhalt

Abkürzungsverzeichnis

Abkürzungen

Abkürzungen

vgl.	vergleiche
Vorbem.	Vorbemerkung
VwGO	Verwaltungsgerichtsordnung
WBP	Wissenschaftlicher Beirat Psychotherapie
z. B.	zum Beispiel
z. T.	zum Teil
Ziff.	Ziffer

Literatur

Monographien

Becker-Fischer/Fischer ...... Becker-Fischer, Monika/Fischer, Gottfried: Sexuelle Übergriffe in Psychotherapie und Psychiatrie, Stuttgart, 1997

Behnsen/Bernhardt .... Behnsen, Erika/Bernhardt, Andrea: Psychotherapeutengesetz: (PsychThG); erläuterte Textausgabe zu der seit dem 1. Januar 1999 geltenden berufsrechtlichen und krankenversicherungsrechtlichen Neuregelung der psychotherapeutischen Versorgung, 1. Aufl., Köln, 1999

Freud .... Freud, Anna u. a. (Hg.): Sigmund Freud, Gesammelte Werke X, XIV, 7. Aufl., London, 1981

Niehues .... Niehues, Norbert: Schul- und Prüfungsrecht, Band 2, 3. Aufl., München, 1994

Plagemann/Niggehoff .... Plagemann, Hermann/Niggehoff, Dirk: Vertragsarztrecht: Ein Leitfaden für Ärzte, Zahnärzte, Psychotherapeuten, Rechtsanwälte und Krankenkassen, 2. Aufl., Frankfurt am Main, 2002

Salzl/Steege .... Salzl, Karl/Steege, Reinhard: Psychotherapeutengesetz: Eine systematische Einführung in das neue Berufsrecht und das Vertragsrecht der gesetzlichen Krankenversicherung, Berlin, 1999

Schallen .... Schallen, Rolf: Zulassungsverordnung für Vertragsärzte (Ärzte-ZV), Vertragszahnärzte (Zahnärzte-ZV), Psychotherapeuten, 3. Aufl., Sankt Augustin, 2000

Aufsätze

Behnsen .... Behnsen, Erika: Die Neuordnung der psychotherapeutischen Versorgung – Teil 1, SGb 1998, 565–573

Butzmann .... Butzmann, Oliver: Die Voraussetzungen der Approbation als Psychologischer Psychotherapeut gemäß § 2 II PsychThG – ein Fall der Inländerdiskriminierung, NJW 2000, 1773–1775

Dahs .... Dahs, Hans: Zur strafrechtlichen Haftung des Gewässerschutzbeauftragten nach § 324 StGB, NStZ 1986, 97–103

Francke .... Francke, Robert: Wissenschaftlich anerkannte psychotherapeutische Verfahren nach § 1 Abs. 3 Satz 1 PsychThG, MedR 2000, 447–453

Haage .... Haage, Heinz: Berufsrechtliche Beurteilung des neuen Psychotherapeutengesetzes, MedR 1998, 291–296

Hiddemann/Muckel .... Hiddemann, Till-Christian/Muckel, Stefan: Das Gesetz zur Modernisierung der gesetzlichen Krankenversicherung, NJW 2004, 7–13

Jerouschek .... Jerouschek, Günter: Der irrtumsgeneigte Vergewaltigungstäter, JZ 1992, 227–231

Nilges .... Nilges, Heinz: Das Psychotherapeutengesetz – Zwischenbilanz und Ausblick, P. u. R. 2001, 4–9

Plagemann/Kies .... Plagemann, Hermann/Kies, Friedrich: Approbation und Zulassung von Psychotherapeuten nach neuem Recht, MedR 1999, 413–416

Riemer .... Riemer, M.: Schweigepflicht in der Gruppenpsychotherapie – Eine Gesetzeslücke?, Gruppenpsychotherapie und Gruppendynamik 38 (2002), 372–376

Literatur

Schirmer .... Schirmer, Horst Dieter: Eingliederung der Psychologischen Psychotherapeuten und Kinder- und Jugendlichenpsychotherapeuten in das System der vertragsärztlichen Versorgung, MedR 1998, 435–454

Schlenker .... Schlenker, Rolf-Ulrich: Das Entscheidungsmonopol des Bundesausschusses für neue medizinische Verfahren und Außenseitermethoden – Konsequenzen einer neuen Rechtsprechung des Bundessozialgerichts, NZS 1998, 411–417

Schlund .... Schlund, Gerhard H.: Das Psychotherapeutengesetz – ein Überblick, NJW 1998, 2722 f.

Spellbrink .... Spellbrink, Wolfgang: Approbation als psychologischer Psychotherapeut nach § 12 PsychThG ohne universitären Abschluss im Studiengang Psychologie, NVwZ 2000, 141–146

Spellbrink .... Spellbrink, Wolfgang: Die Rechtsstellung des Psychotherapeuten nach dem Psychotherapeutengesetz – zugleich eine Einführung in das Psychotherapeutengesetz, NZS 1999, 1–9

Stock .... Stock, Christof: Erste Rechtsprechung zum Psychotherapeutengesetz, NJW 1999, 2702–2706

Wimmer .... Wimmer, Raimund: Grenzen der Regelungsbefugnis in der vertragsärztlichen Selbstverwaltung, NZS 1999, 113–120

Kommentare

Faber/Haarstrick .... Faber, Franz Rudolf/Haarstrick, Rudolf: Kommentar Psychotherapie-Richtlinien, 6. Aufl., München, 2003

Glücksmann .... Glücksmann, Ralph: Kommentar zum Psychotherapeutengesetz: Approbation und Kassenzulassung, 2. Aufl., Hamburg, 1999

Hess................................. Niesel, Klaus/Funk, Winfried (Hrsg.): Kasseler Kommentar Sozialversicherungsrecht, München, 1990

Knack .... Knack, Hans Joachim: Verwaltungsverfahrensgesetz (VwVfG), Kommentar, 7. Aufl., Köln, 2000

Kopp/Ramsauer .... Kopp, Ferdinand O./Ramsauer, Ulrich: Verwaltungsverfahrensgesetz, 8. Aufl., München, 2003

Lackner/Kühl .... Lackner, Karl/Kühl, Kristian: Strafgesetzbuch, Kommentar, 24. Aufl., München, 2001

LK .... Jähnke, Burkhard (Hrsg.): StGB – Leipziger Kommentar, Großkommentar, Berlin, 2003

Meyer-Ladewig .... Meyer-Ladewig, Jens: Sozialgerichtsgesetz, Kommentar, 7. Aufl., München, 2002

NK .... Neumann, Ulfried: Nomos-Kommentar zum Strafgesetzbuch, Baden-Baden, 1995

Pulverich .... Pulverich, Gerd: Psychotherapeutengesetz: Kommentar; mit kommentierten Änderungen des SGB sowie Änderungen anderer Gesetze, Ausbildungs- und Prüfungsverordnung für psychologische Psychotherapeuten unter Berücksichtigung des GKV-Solidaritätsstärkungsgesetzes, 3. Aufl., Bonn, 1999

Sachs .... Sachs, Michael (Hrsg.): Grundgesetz: Kommentar, 3. Aufl. München, 2003

Schönke/Schröder .... Schönke, Adolf/Schröder, Horst: Strafgesetzbuch: Kommentar, 26. Aufl., München, 2001

Tröndle/Fischer .... Tröndle, Herbert/Fischer, Thomas: Strafgesetzbuch und Nebengesetze, 51. Aufl., München, 2003

Einleitung

Literatur: *Hellfritsch,* in: Berufsverband Deutscher Psychologen e. V. (Hrsg.): Psychotherapeutengesetz Dokumentation eines Gesetzgebungsverfahrens, Bonn, 1994.

Zur Geschichte des Psychotherapeutengesetzes

Das am 23. 7. 1998 im Bundesgesetzblatt verkündete und am 1. 7. 1999 in **1** Kraft getretene „Gesetz über die Berufe des Psychologischen Psychotherapeuten und Kinder- und Jugendlichenpsychotherapeuten zur Änderung des 5. Buches Sozialgesetzbuch und anderer Gesetze" vom 16. 7. 1998 hat eine so lange wie auch schwere Geburt hinter sich. Dabei hatte bereits *Sigmund Freud* für die von ihm begründete Psychoanalyse nachdrücklich dafür plädiert, sie vom Joch der Medizin zu befreien und künftig einem eigenen, psychologischen Berufsstand vorzubehalten. Das erste Mal tat er dies 1913 und dann ausführlich 1926 (S. *Freud,* GW X, S. 449 f.; XIV, S. 207 ff.), als die nordamerikanische Fraktion der damaligen Psychoanalytiker für ein ärztliches Monopol für die heilkundliche Psychoanalyse eintrat. *Freud* verlor den Kampf, und ob er an dem heutigen akademischen Zuschnitt der Psychologie seine Freude hätte, darf man füglich bezweifeln.

Fluchtpunkt für die heilkundliche Anerkennung der Psychotherapie in Deutsch- **2** land ist sicher das „Gesetz über die berufsmäßige Ausübung der Heilkunde ohne Bestallung" von 1939, besser bekannt unter dem Namen Heilpraktikergesetz, das auch für die heilkundlich ausgeübte Psychotherapie einschlägig war und hierfür eine Zulassung verlangte (*Hellfritsch,* S. 7). Weitere Marksteine auf dem Weg zum PsychThG waren die Richtlinien Psychotherapie und das so genannte Delegationsverfahren. Mit den ersten Psychotherapie-Richtlinien aus dem Jahr 1967, vereinbart zwischen dem Bundesausschuss Ärzte und den Krankenkassen, wurden psychotherapeutische Verfahren als krankenversicherungsrechtliche Leistungen und damit auch neurotische Beschwerden als Krankheit anerkannt. Selbstverständlich war das nicht, und erst das *Bundessozialgericht* (*BSGE* 31, 279) musste diese Frage letztinstanzlich klären (*Salzl/Steege,* S. 17). Leistungspflichtige Verfahren waren zunächst lediglich analytische und tiefenpsychologisch fundierte Psychotherapie, Verhaltenstherapie kam erst später – 1980 in Teilbereichen, 1987 allgemein – hinzu. Neurotische Entwicklungsstörungen des – nach heutiger Terminologie – Selbst waren nicht abgedeckt.

Konnten krankenversicherungsrechtlich psychotherapeutische Leistungen aus- **3** schließlich durch Ärzte erbracht werden, so änderte sich dies 1972 mit der Einführung des so genannten Delegationsverfahrens. Unter seinem Regime konnte der formal weiterhin für zuständig erklärte Arzt psychotherapiebedürftige Patienten zur Behandlung an einen Psychotherapeuten delegieren, der nicht Arzt war und dafür Leistungen der Krankenversicherung in Anspruch nehmen konnte. Vom Ausgangsberuf her war die Psychotherapie nicht auf die akademische Psychologie beschränkt. Dies war insofern gut vertretbar, als – etwa für den psychoanalytischen Bereich – die Psychotherapeuten an Ausbildungsinstituten der großen Verbände, so der Deutschen Psychoanalytischen Vereinigung, aber auch der Deutschen Psychoanalytischen Gesellschaft, nach Standards ausgebildet waren, die die Anforderungen des heutigen PsychThG zum Teil weit überstiegen. Die Öffnung währte nicht lange, und bereits 1976 wurde der Zugang zu kassenärztlichen

Versorgungsleistungen auf den Ausgangsberuf des akademischen Psychologen beschränkt. Der Indikationenkatalog für psychische Erkrankungen wurde sacht erweitert.

4 Das Delegationsverfahren war laut *Bundesverfassungsgericht* und *Bundessozialgericht* der einzig legale Weg der nichtärztlichen Psychotherapie zu den Töpfen der Krankenkassen. Ungeliebt war es trotzdem, vor allem, weil die Tätigkeit unter der Kuratel der Ärzte als narzisstische Kränkung empfunden wurde (Psychotherapeuten-Forum spezial, S. 3: „Selbstwertgefühl"; *Salzl/Steege*, S. 18: „diskriminierend"). Freilich mehren sich mittlerweile die Stimmen, die – zumeist hinter vorgehaltener Hand – einräumen, mit dem weniger formalisierten Delegationsverfahren gut, wenn nicht besser leben gekonnt zu haben. Zumeist mischten sich die delegierenden Ärzte, ihre Ahnungslosigkeit eingedenk, nicht in die Behandlungen ein, nur wenige ließen es sich nicht nehmen, nach dem Kranken immer wieder „mal schauen" zu müssen.

5 Psychologische Berufs- und Fachverbände (*Hellfritsch*, S. 7) mühten sich nach Kräften und letztlich mit Erfolg, das Delegationsverfahren – auch mit Hilfe der Rspr. (*Salzl/Steege*, S. 18; *Schirmer*, MedR 1998, 436) – zu unterlaufen. Ein 1978 eingebrachter Gesetzentwurf zu einem Psychotherapeutengesetz kam über das Referentenstadium nicht hinaus. Zu divergierend waren u.a. die Forderungen der psychologischen Verbände, zu unrealistisch, mitunter verflachend und ideologisiert die Stellungnahmen zu dem Gesetzesvorhaben. Liest man den Entwurf heute, so wundert man sich nicht, dass die Legislative davon absah, sich mit ihm zu befassen (*Deutsche Gesellschaft für soziale Psychiatrie,* Eine Chance vertan? ca. 1980).

6 Doch auch so kam es angesichts inszenierter Engpässe zu Sondervereinbarungen zwischen Krankenkassen und psychologischen und psychotherapeutischen Berufsverbänden, insbesondere der Techniker-Krankenkasse mit dem Berufsverband Deutscher Psychologen, über die Erstattung nicht delegierter Behandlungen (*Spellbrink,* NVwZ 2000, 146). Dass diese rechtswidrig waren (*Salzl/Steege*, S. 19), änderte nichts am zunehmenden politischen Handlungsbedarf.

7 In der 12. Legislaturperiode 1991 stand die Schaffung eines Psychotherapeutengesetzes bereits in der Agenda der neugewählten CDU/CSU-FDP-Regierung (*Hellfritsch,* S. 10). Die Koalitionsvereinbarung führte auch zu einem mehrfach überarbeiteten Gesetzentwurf, der in den Grundlinien das heutige Gesetz vorwegnimmt. Letztlich scheiterte er am Widerstand der damaligen Opposition aus SPD und Bündnis 90/Die Grünen, die die vorgesehene Zuzahlung durch den Versicherten in Höhe von ursprünglich 25% nicht mitzutragen vermochte. Die Eigenbeteiligung geriet zum eigentlichen Politikum, und über der grundsätzlichen Frage des Einstiegs in die generelle Selbstbeteiligung fand auch der Kompromissvorschlag der Regierungskoalition, die Selbstbeteiligung auf 10% abzusenken, kein Gehör (*Hellfritsch,* S. 130).

8 In der 13. Legislaturperiode wurde der Gesetzgeber erneut tätig und das Gesetzgebungsverfahren wieder aufgegriffen. Die Selbstbeteiligung wurde vollständig zurückgenommen, und nach langwierigen Beratungen über nicht mehr essenzielle Fragen wurde das Gesetz am 12. Februar 1998 im Bundestag beschlossen. Nachdem auch der Bundesrat seine Zustimmung erteilt hatte, war der lange Weg zu einem psychotherapeutischen Berufsrecht und zum direkten Zugang zu den Leistungen der Krankenversicherungen zu Ende gegangen. Psychologische Psychotherapeuten und Kinder- und Jugendlichenpsychotherapeuten sind damit de jure Ärzten gleichgestellt. In praxi wird es freilich noch etwas dauern: Krankenversicherungen wie etwa die sich als Spezialistin für Heilberufe anpreisende Vereinte/Allianz weigern sich nach wie vor, Psychologische Psychotherapeuten mit Kassenzulassung in die für Ärzte geltenden Tarifgruppen aufzunehmen.

Artikel 1. Gesetz über die Berufe des Psychologischen Psychotherapeuten und des Kinder- und Jugendlichenpsychotherapeuten (Psychotherapeutengesetz – PsychThG)

Vom 16. Juni 1998 (BGBl. I S. 1311)

BGBl. III/FNA 2122-5

Geändert durch Art. 12 Gesetz über den Beruf der Podologin und des Podologen und zur Änderung anderer Gesetze vom 4. 12. 2001 (BGBl. I S. 3320), Art. 10 Gesetz zur Gleichstellung behinderter Menschen und zur Änderung anderer Gesetze vom 27. 4. 2002 (BGBl. I S. 1467), Art. 14 Gesetz über die Berufe in der Krankenpflege und zur Änderung anderer Gesetze vom 16. 7. 2003 (BGBl. I S. 1442) und Art. 22 Achte Zuständigkeitsanpassungsverordnung vom 25. 11. 2003 (BGBl. I S. 2304)

§ 1 Berufsausübung. (1) [1] Wer die heilkundliche Psychotherapie unter der Berufsbezeichnung „Psychologische Psychotherapeutin" oder „Psychologischer Psychotherapeut" oder die heilkundliche Kinder- und Jugendlichenpsychotherapie unter der Berufsbezeichnung „Kinder- und Jugendlichenpsychotherapeutin" oder „Kinder- und Jugendlichenpsychotherapeut" ausüben will, bedarf der Approbation als Psychologischer Psychotherapeut oder Kinder- und Jugendlichenpsychotherapeut. [2] Die vorübergehende Ausübung des Berufs ist auch auf Grund einer befristeten Erlaubnis zulässig. [3] Die Berufsbezeichnungen nach Satz 1 darf nur führen, wer nach Satz 1 oder 2 zur Ausübung der Berufe befugt ist. [4] Die Bezeichnung „Psychotherapeut" oder „Psychotherapeutin" darf von anderen Personen als Ärzten, Psychologischen Psychotherapeuten oder Kinder- und Jugendlichenpsychotherapeuten nicht geführt werden.

(2) [1] Die Berechtigung zur Ausübung des Berufs des Kinder- und Jugendlichenpsychotherapeuten erstreckt sich auf Patienten, die das 21. Lebensjahr noch nicht vollendet haben. [2] Ausnahmen von Satz 1 sind zulässig, wenn zur Sicherung des Therapieerfolgs eine gemeinsame psychotherapeutische Behandlung von Kindern oder Jugendlichen mit Erwachsenen erforderlich ist oder bei Jugendlichen eine vorher mit Mitteln der Kinder- und Jugendlichenpsychotherapie begonnene psychotherapeutische Behandlung erst nach Vollendung des 21. Lebensjahres abgeschlossen werden kann.

(3) [1] Ausübung von Psychotherapie im Sinne dieses Gesetzes ist jede mittels wissenschaftlich anerkannter psychotherapeutischer Verfahren vorgenommene Tätigkeit zur Feststellung, Heilung oder Linderung von Störungen mit Krankheitswert, bei denen Psychotherapie indiziert ist. [2] Im Rahmen einer psychotherapeutischen Behandlung ist eine somatische Abklärung herbeizuführen. [3] Zur Ausübung von Psychotherapie gehören nicht psychologische Tätigkeiten, die die Aufarbeitung und Überwindung sozialer Konflikte oder sonstige Zwecke außerhalb der Heilkunde zum Gegenstand haben.

§ 2 Approbation. (1) Eine Approbation nach § 1 Abs. 1 Satz 1 ist auf Antrag zu erteilen, wenn der Antragsteller

1. Deutscher im Sinne des Artikels 116 des Grundgesetzes, Staatsangehöriger eines Mitgliedstaates der Europäischen Union oder eines anderen Vertragsstaates des Abkommens über den Europäischen Wirtschaftsraum oder heimatloser Ausländer im Sinne des Gesetzes über die Rechtsstellung heimatloser Ausländer ist,
2. die vorgeschriebene Ausbildung abgeleistet und die staatliche Prüfung bestanden hat,

3. sich nicht eines Verhaltens schuldig gemacht hat, aus dem sich die Unwürdigkeit oder Unzuverlässigkeit zur Ausübung des Berufs ergibt, und
4. nicht in gesundheitlicher Hinsicht zur Ausübung des Berufs ungeeignet ist.

(2) [1] Die Voraussetzung des Absatzes 1 Nr. 2 gilt als erfüllt, wenn aus einem in einem Mitgliedstaat der Europäischen Union oder einem anderen Vertragsstaat des Abkommens über den Europäischen Wirtschaftsraum erworbenen Diplom hervorgeht, daß der Inhaber eine Ausbildung erworben hat, die in diesem Staat für den unmittelbaren Zugang zu einem dem Beruf des „Psychologischen Psychotherapeuten" oder dem Beruf des „Kinder- und Jugendlichenpsychotherapeuten" entsprechenden Beruf erforderlich ist. [2] Diplome im Sinne dieses Gesetzes sind Diplome, Prüfungszeugnisse und sonstige Befähigungsnachweise im Sinne des Artikels 1 der Richtlinie 89/48/EWG des Rates vom 21. 12. 1988 über eine allgemeine Regelung zur Anerkennung der Hochschuldiplome, die eine mindestens dreijährige Berufsausbildung abschließen (ABl. EG Nr. L 19 S. 16), oder im Sinne des Artikels 1 der Richtlinie 92/51/EWG des Rates vom 18. 6. 1992 über eine zweite allgemeine Regelung zur Anerkennung beruflicher Befähigungsnachweise in Ergänzung zur Richtlinie 89/48/EWG (ABl. EG Nr. L 209 S. 25) in der jeweils geltenden Fassung. [3] Antragsteller mit einem Diplom aus einem Vertragsstaat des Europäischen Wirtschaftsraumes, deren Ausbildung im Vergleich zu der nach diesem Gesetz geregelten Ausbildung wesentliche Unterschiede hinsichtlich ihrer Dauer oder Inhalte aufweist, haben einen höchstens dreijährigen Anpassungslehrgang zu absolvieren oder eine Eignungsprüfung abzulegen, wenn nicht ihre nachgewiesene Berufserfahrung zum Ausgleich der festgestellten wesentlichen Unterschiede geeignet ist. [4] Der Antragsteller hat das Recht, zwischen dem Anpassungslehrgang und der Eignungsprüfung zu wählen. [5] Die Voraussetzung des Absatzes 1 Nr. 2 gilt auch als erfüllt, wenn der Antragsteller bei Vorliegen der Voraussetzungen des Absatzes 1 Nr. 1 eine in einem anderen Staat erworbene abgeschlossene Ausbildung nachweist und die Gleichwertigkeit des Ausbildungsstandes gegeben ist. [6] Ist die Gleichwertigkeit des Ausbildungsstandes nicht gegeben oder ist sie nur mit unangemessenem zeitlichen oder sachlichen Aufwand feststellbar, ist ein gleichwertiger Kenntnisstand nachzuweisen. [7] Der Nachweis wird durch das Ablegen einer Prüfung erbracht, die sich auf den Inhalt der staatlichen Prüfung erstreckt. [8] Bei Anträgen von Staatsangehörigen eines Vertragsstaates des Europäischen Wirtschaftsraumes, die eine Erlaubnis nach § 1 beantragen, kann die Gleichwertigkeit des Ausbildungsstandes im Sinne des Satzes 1 auch durch Vorlage eines Diploms, Prüfungszeugnisses oder Befähigungsnachweises belegt werden, wenn die durch diesen Nachweis bescheinigte Ausbildung überwiegend in einem anderen Vertragsstaat der Europäischen Wirtschaftsraumes oder an einer Ausbildungseinrichtungen eines Drittlandes, die eine Ausbildung gemäß den Rechts- und Verwaltungsvorschriften eines Mitgliedstaats vermitteln, erworben wurde oder wenn dessen Inhaber eine dreijährige Berufserfahrung hat, die von dem Mitgliedstaat bescheinigt wird, der einen Ausbildungsnachweis eines Drittlandes anerkannt hat.

(3) [1] Ist die Voraussetzung nach Absatz 1 Nr. 1 nicht erfüllt, so kann die Approbation in besonderen Einzelfällen oder aus Gründen des öffentlichen Gesundheitsinteresses erteilt werden. [2] Ist zugleich die Voraussetzung nach Absatz 1 Nr. 2 nicht erfüllt, so ist die Erteilung der Approbation nur zulässig, wenn der Antragsteller eine in einem anderen Mitgliedstaat der Europäischen Union oder einem anderen Vertragsstaat des Abkommens über den Europäischen Wirtschaftsraum erworbene, den Voraussetzungen der Richtlinie 89/48/EWG oder 92/51/EWG entsprechende abgeschlossene Ausbildung nachweist. [3] Absatz 2 Satz 3 und 4 gilt entsprechend. [4] Für Personen mit einer außerhalb des Geltungsbereichs dieses Gesetzes abgeschlossenen Ausbildung gilt Absatz 2 Satz 5 bis 8 entsprechend.

(3 a) Die Absätze 2 und 3 gelten entsprechend für Drittstaaten und Drittstaatsangehörige, soweit sich hinsichtlich der Diplomanerkennung nach dem Recht der Europäischen Gemeinschaften eine Gleichstellung ergibt.

(4) Soll die Erteilung der Approbation wegen Fehlens einer der Voraussetzungen nach Absatz 1 abgelehnt werden, so ist der Antragsteller oder sein gesetzlicher Vertreter vorher zu hören.

(5) Ist gegen den Antragsteller wegen des Verdachts einer Straftat, aus der sich die Unwürdigkeit oder Unzuverlässigkeit zur Ausübung des Berufs ergeben kann, ein Strafverfahren eingeleitet, so kann die Entscheidung über den Antrag auf Erteilung der Approbation bis zur Beendigung des Verfahrens ausgesetzt werden.

§ 3 Rücknahme, Widerruf und Ruhen der Approbation, Verzicht.
(1) ¹Die Approbation ist zurückzunehmen, wenn bei ihrer Erteilung die Voraussetzung des § 2 Abs. 1 Nr. 2 nicht vorgelegen hat, die im Ausland erworbene Ausbildung nach § 2 Abs. 2 oder Abs. 3 Satz 2 oder die nach § 12 nachzuweisende Ausbildung nicht abgeschlossen war oder die Gleichwertigkeit der Ausbildung und Kenntnisse nach § 2 Abs. 2 Satz 5 bis 7 oder § 2 Abs. 3 Satz 4 nicht gegeben war. ²Sie kann zurückgenommen werden, wenn bei ihrer Erteilung eine der Voraussetzungen nach § 2 Abs. 1 Nr. 1, 3 oder 4 nicht vorgelegen hat.

(2) ¹Die Approbation ist zu widerrufen, wenn nachträglich die Voraussetzung nach § 2 Abs. 1 Nr. 3 wegfällt. ²Gleiches gilt im Falle des nachträglichen, dauerhaften Wegfalls einer der Voraussetzungen nach § 2 Abs. 1 Nr. 4.

(3) ¹Das Ruhen der Approbation kann angeordnet werden, wenn

1. gegen den Approbationsinhaber wegen des Verdachts einer Straftat, aus der sich die Unwürdigkeit oder Unzuverlässigkeit zur Ausübung des Berufs ergeben kann, ein Strafverfahren eingeleitet ist,
2. nachträglich eine der Voraussetzungen nach § 2 Abs. 1 Nr. 4 vorübergehend nicht mehr vorliegt oder Zweifel bestehen, ob eine der Voraussetzungen nach § 2 Abs. 1 Nr. 4 noch erfüllt ist und der Approbationsinhaber sich weigert, sich einer von der zuständigen Behörde angeordneten amts- oder fachärztlichen Untersuchung zu unterziehen.

²Die Anordnung ist aufzuheben, wenn ihre Voraussetzungen nicht mehr vorliegen. ³Der Psychologische Psychotherapeut oder der Kinder- und Jugendlichenpsychotherapeut, dessen Approbation ruht, darf den Beruf nicht ausüben. ⁴Die zuständige Behörde kann auf Antrag des Approbationsinhabers, dessen Approbation ruht, zulassen, daß die Praxis für einen von ihr zu bestimmenden Zeitraum durch einen anderen Psychologischen Psychotherapeuten oder Kinder- und Jugendlichenpsychotherapeuten weitergeführt werden darf.

(4) ¹Auf die Approbation kann durch schriftliche Erklärung gegenüber der zuständigen Behörde verzichtet werden. ²Ein Verzicht, der unter einer Bedingung erklärt wird, ist unwirksam.

§ 4 Befristete Erlaubnis. (1) ¹Eine befristete Erlaubnis zur Berufsausübung kann auf Antrag Personen erteilt werden, die eine abgeschlossene Ausbildung für den Beruf nachweisen. ²In den Fällen, in denen die Ausbildungsvoraussetzungen nach § 2 Abs. 1 Nr. 2 nicht erfüllt sind oder nach § 2 Abs. 2 nicht als erfüllt gelten, ist nachzuweisen, daß die im Ausland erworbene Ausbildung in den wesentlichen Grundzügen einer Ausbildung nach diesem Gesetz entspricht.

(2) ¹Die befristete Erlaubnis kann auf bestimmte Tätigkeiten und Beschäftigungsstellen beschränkt werden. ²Sie darf nur widerruflich und bis zu einer Gesamtdauer der Tätigkeit von höchstens drei Jahren erteilt oder verlängert werden. ³Eine befristete Erlaubnis darf ausnahmsweise über drei Jahre hinaus erteilt oder

verlängert werden, wenn dies im Interesse der psychotherapeutischen Versorgung der Bevölkerung liegt. [4]Satz 3 gilt entsprechend bei Antragstellern, die

1. unanfechtbar als Asylberechtigte anerkannt sind,
2. die Rechtsstellung nach § 1 des Gesetzes über Maßnahmen für im Rahmen humanitärer Hilfsaktionen aufgenommener Flüchtlinge vom 22. 6. 1980 (BGBl. I S. 1057) genießen,
3. als Ausländer mit einem Deutschen im Sinne des Artikels 116 des Grundgesetzes verheiratet sind, der seinen gewöhnlichen Aufenthalt im Inland hat, oder
4. im Besitz einer Einbürgerungszusicherung sind, der Einbürgerung jedoch Hindernisse entgegenstehen, die sie selbst nicht beseitigen können.

(3) Personen mit einer befristeten Erlaubnis nach den Absätzen 1 und 2 haben die Rechte und Pflichten eines Angehörigen des Berufs, für dessen vorübergehende Ausübung ihnen die befristete Erlaubnis erteilt worden ist.

§ 5 Ausbildung und staatliche Prüfung. (1) [1]Die Ausbildungen zum Psychologischen Psychotherapeuten sowie zum Kinder- und Jugendlichenpsychotherapeuten dauern in Vollzeitform jeweils mindestens drei Jahre, in Teilzeitform jeweils mindestens fünf Jahre. [2]Sie bestehen aus einer praktischen Tätigkeit, die von theoretischer und praktischer Ausbildung begleitet wird, und schließen mit Bestehen der staatlichen Prüfung ab.

(2) [1]Voraussetzung für den Zugang zu einer Ausbildung nach Absatz 1 ist

1. für eine Ausbildung zum Psychologischen Psychotherapeuten
    a) eine im Inland an einer Universität oder gleichstehenden Hochschule bestandene Abschlußprüfung im Studiengang Psychologie, die das Fach Klinische Psychologie einschließt und gemäß § 15 Abs. 2 Satz 1 des Hochschulrahmengesetzes der Feststellung dient, ob der Student das Ziel des Studiums erreicht hat,
    b) ein in einem Mitgliedstaat der Europäischen Union oder einem anderen Vertragsstaat des Abkommens über den Europäischen Wirtschaftsraum erworbenes gleichwertiges Diplom im Studiengang Psychologie oder
    c) ein in einem anderen Staat erfolgreich abgeschlossenes gleichwertiges Hochschulstudium der Psychologie,
2. für eine Ausbildung zum Kinder- und Jugendlichenpsychotherapeuten
    a) eine der Voraussetzungen nach Nummer 1,
    b) die im Inland an einer staatlichen oder staatlich anerkannten Hochschule bestandene Abschlußprüfung in den Studiengängen Pädagogik oder Sozialpädagogik,
    c) ein in einem anderen Mitgliedstaat der Europäischen Union oder einem anderen Vertragsstaat des Abkommens über den Europäischen Wirtschaftsraum erworbenes Diplom in den Studiengängen Pädagogik oder Sozialpädagogik oder
    d) ein in einem anderen Staat erfolgreich abgeschlossenes gleichwertiges Hochschulstudium.

[2]§ 2 Abs. 2 Satz 3 und 4 gilt entsprechend.

(3) Die zuständige Behörde kann auf Antrag eine andere abgeschlossene Ausbildung im Umfang ihrer Gleichwertigkeit auf die Ausbildung nach Absatz 1 anrechnen, wenn die Durchführung der Ausbildung und die Erreichung des Ausbildungszieles dadurch nicht gefährdet werden.

§ 6 Ausbildungsstätten. (1) Die Ausbildungen nach § 5 Abs. 1 werden an Hochschulen oder an anderen Einrichtungen vermittelt, die als Ausbildungsstätten für Psychotherapie oder als Ausbildungsstätten für Kinder- und Jugendlichenpsychotherapie staatlich anerkannt sind.

(2) Einrichtungen sind als Ausbildungsstätten nach Absatz 1 anzuerkennen, wenn in ihnen

1. Patienten, die an psychischen Störungen mit Krankheitswert leiden, nach wissenschaftlich anerkannten psychotherapeutischen Verfahren stationär oder ambulant behandelt werden, wobei es sich bei einer Ausbildung zum Kinder- und Jugendlichenpsychotherapeuten um Personen handeln muß, die das 21. Lebensjahr noch nicht vollendet haben,
2. für die Ausbildung geeignete Patienten nach Zahl und Art in ausreichendem Maße zu Verfügung stehen,
3. eine angemessene technische Ausstattung für Ausbildungszwecke und eine fachwissenschaftliche Bibliothek vorhanden ist,
4. in ausreichender Zahl geeignete Psychologische Psychotherapeuten oder Kinder- und Jugendlichenpsychotherapeuten und qualifizierte Ärzte für die Vermittlung der medizinischen Ausbildungsinhalte für das jeweilige Fach zur Verfügung stehen,
5. die Ausbildung nach Ausbildungsplänen durchgeführt wird, die auf Grund der Ausbildungs- und Prüfungsverordnung für Psychologische Psychotherapeuten oder der Ausbildungs- und Prüfungsverordnung für Kinder- und Jugendlichenpsychotherapeuten erstellt worden sind, und
6. die Ausbildungsteilnehmer während der praktischen Tätigkeit angeleitet und beaufsichtigt werden sowie die begleitende theoretische und praktische Ausbildung durchgeführt wird.

(3) [1] Kann die Einrichtung die praktische Tätigkeit oder die begleitende theoretische und praktische Ausbildung nicht vollständig durchführen, hat sie sicherzustellen, daß eine andere geeignete Einrichtung diese Aufgabe in dem erforderlichen Umfang übernimmt. [2] Absatz 2 Nr. 4 gilt entsprechend.

§ 7 Ausschluß der Geltung des Berufsbildungsgesetzes. Auf die Ausbildungen nach diesem Gesetz findet das Berufsbildungsgesetz keine Anwendung.

§ 8 Ermächtigung zum Erlaß von Rechtsverordnungen. (1) [1] Das Bundesministerium für Gesundheit und Soziale Sicherung wird ermächtigt, in einer Ausbildungs- und Prüfungsverordnung für Psychologische Psychotherapeuten und in einer Ausbildungs- und Prüfungsverordnung für Kinder- und Jugendlichenpsychotherapeuten mit Zustimmung des Bundesrates die Mindestanforderungen an die Ausbildungen und das Nähere über die staatlichen Prüfungen (§ 5 Abs. 1) zu regeln. [2] Die Rechtsverordnungen sollen auch Vorschriften über die für die Erteilung der Approbationen nach § 2 Abs. 1 bis 3 notwendigen Nachweise, über die Urkunden für die Approbationen nach § 1 Abs. 1 Satz 1 und über die Anforderungen nach § 2 Abs. 2 Satz 3 enthalten.

(2) Die Ausbildungs- und Prüfungsverordnungen sind jeweils auf eine Ausbildung auszurichten, welche die Kenntnisse und Fähigkeiten in der Psychotherapie vermittelt, die für die eigenverantwortliche und selbständige Ausübung des Berufs des Psychologischen Psychotherapeuten oder des Berufs des Kinder- und Jugendlichenpsychotherapeuten erforderlich sind.

(3) In den Rechtsverordnungen ist jeweils vorzuschreiben,

1. daß die Ausbildungen sich auf die Vermittlung eingehender Grundkenntnisse in wissenschaftlich anerkannten psychotherapeutischen Verfahren sowie auf eine vertiefte Ausbildung in einem dieser Verfahren zu erstrecken haben,
2. wie die Ausbildungsteilnehmer während der praktischen Tätigkeit einzusetzen sind, insbesondere welche Patienten sie während dieser Zeit zu betreuen haben,

3. daß die praktische Tätigkeit für die Dauer von mindestens einem Jahr in Abschnitten von mindestens drei Monaten an einer psychiatrischen klinischen, bei der kinder- und jugendlichenpsychotherapeutischen Ausbildung bis zur Dauer von sechs Monaten an einer psychiatrischen ambulanten Einrichtung, an der jeweils psychotherapeutische Behandlungen durchgeführt werden, und für mindestens sechs Monate an einer von einem Sozialversicherungsträger anerkannten Einrichtung der psychotherapeutischen oder psychosomatischen Versorgung, in der Praxis eines Arztes, der die psychotherapeutische Behandlung durchführen darf, oder eines Psychologischen Psychotherapeuten oder eines Kinder- und Jugendlichenpsychotherapeuten abzuleisten ist und unter fachkundiger Anleitung und Aufsicht steht,
4. daß die Gesamtstundenzahl für die theoretische Ausbildung mindestens 600 Stunden beträgt und
5. daß die praktische Ausbildung mindestens 600 Stunden mit mindestens sechs Patientenbehandlungen umfaßt.

(4) ¹Für die staatlichen Prüfungen ist vorzuschreiben, daß sie sich auf eingehende Grundkenntnisse in den wissenschaftlich anerkannten psychotherapeutischen Verfahren und schwerpunktmäßig auf das Verfahren, das Gegenstand der vertieften Ausbildung gewesen ist (Absatz 3 Nr. 1), sowie auf die medizinischen Ausbildungsinhalte erstrecken. ²Ferner ist zu regeln, daß die Prüfungen vor einer staatlichen Prüfungskommission abzulegen sind, in die jeweils zwei Mitglieder berufen werden müssen, die nicht Lehrkräfte derjenigen Ausbildungsstätte sind, an der die Ausbildung erworben wurde.

(5) ¹Die Rechtsverordnungen sollen die Möglichkeiten für eine Unterbrechung der Ausbildungen regeln. ²Sie können Vorschriften über die Anrechnung von Ausbildungen (§ 5 Abs. 3) enthalten.

(6) In den Rechtsverordnungen nach Absatz 1 ist für Diplominhaber, die eine Erlaubnis nach § 2 Abs. 1 Nr. 2 in Verbindung mit § 2 Abs. 2 Satz 1 und 2 oder Abs. 3 Satz 2 oder Abs. 3a beantragen, zu regeln:
1. das Verfahren bei der Prüfung der Voraussetzungen des § 2 Abs. 1 Nr. 3 und 4, insbesondere die Vorlage der vom Antragsteller vorzulegenden Nachweise und die Ermittlung durch die zuständige Behörde entsprechend Artikel 6 der Richtlinie 89/48/EWG oder den Artikeln 10 und 12 Abs. 1 der Richtlinie 92/51/EWG,
2. das Recht von Diplominhabern, nach Maßgabe des Artikels 7 Abs. 2 der Richtlinie 89/48/EWG oder des Artikels 11 Abs. 2 der Richtlinie 92/51/ EWG zusätzlich zu einer Berufsbezeichnung nach § 1 die im Heimat- oder Herkunftmitgliedstaat bestehende Ausbildungsbezeichnung und, soweit nach dem Recht des Heimat- oder Herkunftmitgliedstaates zulässig, deren Abkürzung in der Sprache dieses Staates zu führen,
3. die Frist für die Erteilung der Approbation entsprechend Artikel 8 Abs. 2 der Richtlinie 89/48/EWG oder Artikel 12 Abs. 2 der Richtlinie 92/51/ EWG.

§ 9 Gebührenordnung bei Privatbehandlung. ¹Das Bundesministerium für Gesundheit und Soziale Sicherung wird ermächtigt, durch Rechtsverordnung mit Zustimmung des Bundesrates die Entgelte für psychotherapeutische Tätigkeiten von Psychologischen Psychotherapeuten und Kinder- und Jugendlichenpsychotherapeuten zu regeln. ²In dieser Rechtsverordnung sind Mindest- und Höchstsätze für die psychotherapeutischen Leistungen festzusetzen. ³Dabei ist den berechtigten Interessen der Leistungserbringer und der zur Zahlung der Entgelte Verpflichteten Rechnung zu tragen.

§ 10 Zuständigkeiten. (1) [1]Die Entscheidungen nach § 2 Abs. 1 trifft die zuständige Behörde des Landes, in dem der Antragsteller die staatliche Prüfung abgelegt hat. [2]Die Entscheidungen nach § 2 Abs. 1 in Verbindung mit § 12, nach § 2 Abs. 2 und 3 sowie nach § 4 trifft die zuständige Behörde des Landes, in dem der Beruf ausgeübt werden soll.

(2) [1]Die Entscheidungen nach § 3 trifft die zuständige Behörde des Landes, in dem der Beruf ausgeübt wird oder zuletzt ausgeübt worden ist. [2]Satz 1 gilt entsprechend für die Entgegennahme der Verzichtserklärung nach § 3 Abs. 4.

(3) Die Entscheidungen nach § 5 Abs. 3 trifft die zuständige Behörde des Landes, in dem der Antragsteller an der Ausbildung teilzunehmen beabsichtigt.

(4) Die Entscheidungen nach § 6 Abs. 2 trifft die zuständige Behörde des Landes, in dem die Ausbildungsstätte ihren Sitz hat.

§ 11 Wissenschaftliche Anerkennung. [1]Soweit nach diesem Gesetz die wissenschaftliche Anerkennung eines Verfahrens Voraussetzung für die Entscheidung der zuständigen Behörde ist, soll die Behörde in Zweifelsfällen ihre Entscheidung auf der Grundlage eines Gutachtens eines wissenschaftlichen Beirates treffen, der gemeinsam von der auf Bundesebene zuständigen Vertretung der Psychologischen Psychotherapeuten und Kinder- und Jugendlichenpsychotherapeuten sowie der ärztlichen Psychotherapeuten bei der Bundesärztekammer gebildet wird. [2]Ist der Beirat am 31. 12. 1998 noch nicht gebildet, kann seine Zusammensetzung durch das Bundesministerium für Gesundheit bestimmt werden.

§ 12 Übergangsvorschriften. (1) [1]Wer im Zeitpunkt des Inkrafttretens dieses Gesetzes, ohne Arzt zu sein, im Rahmen der kassenärztlichen Versorgung an der psychotherapeutischen Behandlung von gesetzlich Krankenversicherten im Delegationsverfahren nach den Richtlinien des Bundesausschusses der Ärzte und Krankenkassen über die Durchführung der Psychotherapie in der vertragsärztlichen Versorgung (Psychotherapie-Richtlinien in der Neufassung vom 3. 6. 1987 – BAnz. Nr. 156 Beilage Nr. 156 a –, zuletzt geändert durch Bekanntmachung vom 12. 3. 1997 – BAnz. Nr. 49 S. 2946), als Psychotherapeut oder Kinder- und Jugendlichenpsychotherapeut mitwirkt oder die Qualifikation für eine solche Mitwirkung erfüllt, erhält bei Vorliegen der Voraussetzungen des § 2 Abs. 1 Nr. 1, 3 und 4 auf Antrag eine Approbation zur Ausübung des Berufs des Psychologischen Psychotherapeuten oder eine Approbation zur Ausübung des Berufs des Kinder- und Jugendlichenpsychotherapeuten nach § 1 Abs. 1 Satz 1. [2]Das gleiche gilt für Personen, die die für eine solche Mitwirkung vorausgesetzte Qualifikation bei Vollzeitausbildung innerhalb von drei Jahren, bei Teilzeitausbildung innerhalb von fünf Jahren, nach Inkrafttreten des Gesetzes erwerben.

(2) Wer im Zeitpunkt des Inkrafttretens dieses Gesetzes als Diplompsychologe eine Weiterbildung zum „Fachpsychologen in der Medizin" nach den Vorschriften der Anweisung über das postgraduale Studium für naturwissenschaftliche und technische Hochschulkader sowie Diplompsychologen und Diplomsoziologen im Gesundheitswesen vom 1. 4. 1981 (Verf. U. Mitt. MfG DDR Nr. 4 S. 61) erfolgreich abgeschlossen hat, erhält bei Vorliegen der Voraussetzungen nach § 2 Abs. 1 Nr. 1, 3 und 4 auf Antrag eine Approbation zur Ausübung des Berufs des Psychologischen Psychotherapeuten nach § 1 Abs. 1 Satz 1, wenn die dreijährige Weiterbildung vorwiegend auf die Vermittlung von Kenntnissen und Fähigkeiten in der Psychotherapie ausgerichtet war.

(3) [1]Personen mit einer bestandenen Abschlußprüfung im Studiengang Psychologie an einer Universität oder einer gleichstehenden Hochschule erhalten bei Vorliegen der Voraussetzungen des § 2 Abs. 1 Nr. 1, 3 und 4 auf Antrag eine

Approbation zur Ausübung des Berufs des Psychologischen Psychotherapeuten nach § 1 Abs. 1 Satz 1, wenn sie zwischen dem 1. 1. 1989 und dem 31. 12. 1998 mit einer Gesamtdauer von mindestens sieben Jahren an der Versorgung von Versicherten einer Krankenkasse mitgewirkt haben oder ihre Leistungen während dieser Zeit von einem Unternehmen der privaten Krankenversicherung vergütet oder von der Beihilfe als beihilfefähig anerkannt worden sind. [2] Voraussetzung für die Erteilung der Approbation nach Satz 1 ist ferner, daß die Antragsteller

1. während des Zeitraums nach Satz 1 mindestens 4000 Stunden psychotherapeutischer Berufstätigkeit oder 60 dokumentierte und abgeschlossene Behandlungsfälle sowie
2. mindestens 140 Stunden theoretischer Ausbildung in wissenschaftlich anerkannten Verfahren

nachweisen. [3] Personen im Sinne des Satzes 1, die das Erfordernis nach Satz 1 zweiter Halbsatz oder die Voraussetzung nach Satz 2 Nr. 1 nicht erfüllen, erhalten die Approbation nur, wenn sie nachweisen, daß sie bis zum 31. 12. 1998

1. mindestens 2000 Stunden psychotherapeutischer Berufstätigkeit abgeleistet oder 30 dokumentierte Behandlungsfälle abgeschlossen,
2. mindestens fünf Behandlungsfälle unter Supervision mit insgesamt mindestens 250 Behandlungsstunden abgeschlossen,
3. mindestens 280 Stunden theoretischer Ausbildung in wissenschaftlich anerkannten Verfahren abgeleistet haben und
4. am 24. 6. 1997 für die Krankenkasse tätig waren oder ihre Leistungen zu diesem Zeitpunkt von einem Unternehmen der privaten Krankenversicherung vergütet oder von der Beihilfe als beihilfefähig anerkannt worden sind.

(4) [1] Personen mit einer bestandenen Abschlußprüfung im Studiengang Psychologie an einer Universität oder einer gleichstehenden Hochschule erhalten bei Vorliegen der Voraussetzungen des § 2 Abs. 1 Nr. 1, 3 und 4 auf Antrag eine Approbation zur Ausübung des Berufs des Psychologischen Psychotherapeuten nach § 1 Abs. 1 Satz 1, wenn sie nachweisen, daß sie zwischen dem 1. 1. 1989 und dem 31. 12. 1998 mit einer Gesamtdauer von mindestens sieben Jahren als Angestellte oder Beamte

1. in einer psychiatrischen, psychotherapeutischen, psychosomatischen oder neurologischen Einrichtung vorwiegend psychotherapeutisch tätig waren oder
2. hauptberuflich psychotherapeutische Behandlungen durchgeführt haben.

[2] Voraussetzung für die Erteilung der Approbation nach Satz 1 Nr. 1 und 2 ist ferner, daß die Antragsteller nachweisen, daß sie

1. in dem Zeitraum nach Satz 1 mindestens 4000 Stunden einschließlich der dazu notwendigen Diagnostik und Fallbesprechungen psychotherapeutisch tätig waren oder 60 dokumentierte Behandlungsfälle abgeschlossen und
2. mindestens 140 Stunden theoretische Ausbildung in dem Gebiet, in dem sie beschäftigt sind, abgeleistet haben.

[3] Personen im Sinne des Satzes 1, die das Erfordernis nach Satz 1 zweiter Halbsatz oder die Voraussetzung nach Satz 2 Nr. 1 nicht erfüllen, wird die Approbation nur erteilt, wenn sie nachweisen, daß sie bis zum 31. 12. 1998

1. mindestens 2000 Stunden psychotherapeutischer Berufstätigkeit abgeleistet oder 30 dokumentierte Behandlungsfälle abgeschlossen,
2. mindestens fünf Behandlungsfälle unter Supervision mit insgesamt mindestens 250 Behandlungsstunden abgeschlossen,
3. mindestens 280 Stunden theoretischer Ausbildung in dem Gebiet, in dem sie beschäftigt sind, abgeleistet und

4. spätestens am 24. 6. 1997 ihre psychotherapeutische Beschäftigung aufgenommen

haben.

(5) Für Personen mit einer bestandenen Abschlußprüfung im Studiengang Psychologie an einer Universität oder einer gleichstehenden Hochschule oder im Studiengang Pädagogik oder Sozialpädagogik an einer staatlichen oder staatlich anerkannten Hochschule gelten die Absätze 3 und 4 für den Antrag auf Erteilung einer Approbation zur Ausübung des Berufs des Kinder- und Jugendlichenpsychotherapeuten entsprechend.

Vorbemerkung zu § 1

Begründung zum Regierungsentwurf (BT-Drs. 13/8035). Durch das Gesetz sollen der Zugang zu den Berufen des Psychologischen Psychotherapeuten und des Kinder- und Jugendlichenpsychotherapeuten ... geregelt werden (S. 1).

Übersicht

I. Vereinbarkeit des PsychThG mit Art. 12 GG

1. Eingriff in die Berufsfreiheit. Durch das PsychThG erfolgt eine Konzentration des Berufs des Psychologischen Psychotherapeuten und des Kinder- und Jugendlichenpsychotherapeuten auf Personen, denen hierzu eine Approbation erteilt wurde. Für die Approbationserteilung wiederum werden bestimmte Studienabschlüsse und die erfolgreiche Absolvierung einer gesetzlichen Vorgaben entsprechenden Ausbildung vorausgesetzt. Angesichts der durch das PsychThG aufgeworfenen Frage, inwieweit bislang auf dem Psychotherapiemarkt tätige Berufsgruppen – vor allem Heilpraktiker – hinsichtlich der Ausübung ihres Berufs Einschränkungen und Einbußen hinzunehmen haben (für eine Beschränkung: *Plagemann/Kies,* MedR 1999, 413 ff.; *Salzl/Steege,* S. 20; für Titelschutz: *Pulverich,* S. 51 u. ö.; *Haage,* MedR 1998, 291 ff.; mit derselben Tendenz *BVerfG* NJW 1999, 2729; NJW 1999, 2730; NJW 2000, 1779 [1781]), muss sich das PsychThG an Art. 12 GG messen lassen. **1**

Art. 12 Abs. 1 Satz 1 GG schützt u. a. das Recht, den Beruf frei zu wählen. **2** Beruf ist jede auf eine gewisse Dauer angelegte, der Schaffung und Erhaltung einer Lebensgrundlage dienende Tätigkeit (ständige Rspr. seit *BVerfGE* 7, 377 [397]: Apothekenurteil; *Sachs/Tettinger,* § 12, Rn. 29 m. w. N.). Der Berufsbegriff umfasst dabei nicht nur althergebrachte Tätigkeiten, sondern ist offen für „Neuerfindungen" (*BVerfG* NJW 2000, 1779: „Neuer Heilberuf auf akademischem Niveau"). Ein Eingriff in den Schutzbereich des Art. 12 Abs. 1 Satz 1 GG ist zunächst jede Regelung, die sich **final** auf die berufliche Betätigung bezieht und sie unmittelbar zum Gegenstand hat. Darüber hinaus fallen unter den Eingriffsbegriff auch **faktische Beeinträchtigungen** von einer gewissen Erheblichkeit. Vorliegend werden Berufsausübung und Titelführung von einer Approbation abhängig gemacht, womit ein Eingriff im klassischen Sinne gegeben ist.

3   Art. 12 Abs. 1 Satz 2 GG wird als allgemeiner Regelungsvorbehalt angesehen (h. M., vgl. *Sachs/Tettinger,* § 12, Rn. 82). Das PsychThG ist als formelles Bundesgesetz ohne weiteres als Schranke denkbar. Die Bundeskompetenz für Berufszulassungsregelungen ergibt sich dabei aus Art. 74 Abs. 1 Nr. 19 GG. Nach allgemeiner Grundrechtsdogmatik muss jede Grundrechtschranke verhältnismäßig im weiteren Sinne sein. Hierfür ist ein legitimer Zweck erforderlich und das zur Zweckerreichung gewählte Mittel muss geeignet, erforderlich und verhältnismäßig im engeren Sinne sein.

4   **2. Das PsychThG im Rahmen der „Drei-Stufen-Theorie".** Als Beurteilungsmaßstab wurde im so genannten Apothekenurteil (1958) die so genannte Drei-Stufen-Theorie entwickelt, wonach Eingriffe in Art. 12 Abs. 1 Satz 1 GG drei verschiedenen Intensitätsstufen zugeordnet werden können, die unterschiedlich hohe Anforderungen an die Rechtfertigung stellen.

5   **a) Berufsausübungsregelung.** Auf der ersten Stufe der bloßen **Berufsausübungsregelung** ist nicht das „Ob", sondern lediglich das „Wie" der Berufsausübung betroffen. Beispiele sind etwa die Anzeigepflicht bestimmter Gewerbe, Ladenschlusszeiten oder Werbebeschränkungen für Ärzte etc. Handelt es sich beim PsychThG um einen bloßen **Titelschutz,** so handelte es sich lediglich um eine Berufsausübungsregelung, da nicht der Zugang zum Beruf verschlossen wäre, sondern lediglich eine Modifizierung der Ausübung vorgenommen würde. Eine solche Regelung rechtfertigte sich bereits durch vernünftige Erwägungen des Gemeinwohls (*BVerfGE* 7, 377 [405 f.]; 93, 362 [369]).

6   **b) Subjektive Berufswahlregelung.** Auf der zweiten Stufe der **subjektiven Berufswahlregelung** wird der Zugang zum Beruf von persönlichen Eigenschaften und Fähigkeiten des Bewerbers abhängig gemacht. Das betrifft insbesondere Regelungen, die die Aufnahme eines Berufs vom Bestehen einer Prüfung abhängig machen (*BVerfGE* 80, 1 [23 f.]). Indem das PsychThG die Ausübung der in § 1 Abs. 3 Satz 1 legaldefinierten Psychotherapie approbierten Psychotherapeuten und approbierten Kinder- und Jugendlichenpsychotherapeuten vorbehält, ist hier eine subjektive Berufswahlregelung getroffen worden. Es bleibt der die Berufswahl treffenden Person vorbehalten, die Zugangsvoraussetzungen zu erfüllen (*BVerfG* NJW 2000, 1779).

7   Ihre verfassungsrechtliche Rechtfertigung erfordert den Schutz wichtiger Gemeinschaftsgüter, die der Freiheit des Einzelnen vorgehen (*BVerfGE* 7, 377 [406 f.]; 13, 97 [107]; 93, 213 [255]). Die **Gesundheit der Bevölkerung** ist als ein solches wichtiges Gemeinschaftsgut anerkannt (*BVerfGE* 80, 1 [24]: Ärztliche Prüfung; *BVerwGE* 68, 69 [72]: Pharmazeutische Prüfung). Auch im vorliegenden Falle des PsychThG hat die Rspr. auf den Schutz eines besonders wichtigen Gemeinwohlbelangs in Gestalt der Gesundheit der Bevölkerung abgestellt (*BVerfG* NJW 2000, 1779) und die vom Gesetzgeber gewählte **Zugangsvoraussetzung** eines erfolgreich abgeschlossenen Psychologiestudiums als geeignetes und erforderliches, durch ein milderes nicht ersetzbares Mittel zur Erreichung dieses Zwecks angesehen (ebd.).

8   **c) Objektive Berufswahlregelung.** Auf der dritten Stufe der **objektiven Berufswahlregelung** sind Kriterien maßgeblich, die der Einzelne, etwa durch Erwerb der Zulassungsvoraussetzungen, nicht beeinflussen kann. Hierunter fallen z. B. **Bedarfsklauseln.** Eingriffe auf dieser Stufe sind nur zur Abwehr nachweisbarer und höchst wahrscheinlich schwer wiegender Gefahren für ein überragend wichtiges Gemeinschaftsgut zulässig (*BVerfGE* 7, 377 [408 f.]; 97, 12 [32]; 103, 172 [183]). Zwar wird auch die Volksgesundheit hierzu gerechnet (ebd.), jedoch kann die Frage, ob die Regulierung der psychotherapeutischen Berufsausübung auch eine objektive Berufswahlregelung gerechtfertigt hätte, dahinstehen, da das Psych-ThG lediglich die zweite Stufe tangiert.

3. Stand der Rechtsprechung. Angesichts der recht klaren Vorgaben durch 9 die höchstrichterliche Rspr. hat die untergerichtliche und verfassungsgerichtliche Judikatur die Verfassungsmäßigkeit des PsychThG nicht in Zweifel gezogen. In seinen Beschlüssen hat das *BVerfG* eingelegte Verfassungsbeschwerden gem. § 93 a Abs. 2 BVerfGG erst gar nicht zur Entscheidung angenommen, sei es mangels hinreichender Erfolgsaussichten, sei es mangels grundsätzlicher verfassungsrechtlicher Bedeutung, da die aufgeworfenen Fragen bereits durch die Rspr. des *BVerfG* hinreichend geklärt seien, sei es in Ansehung der Subsidiarität des Verfassungsrechtswegs, der die einfachrechtliche Vorklärung und damit die Erschöpfung des Rechtsweges verlangt (*BVerfG* NJW 1999, 2730; *BVerfG* NJW 2000, 1779).

Hier hat beispielsweise das *BVerfG* vielsagend die Frage zur untergerichtlichen 10 Klärung aufgegeben, ob die Praxis der Kostenerstattung durch Krankenversicherungen an nicht delegationsbefähigte Therapeuten überhaupt rechtmäßig war (*BVerfG* NJW 2000, 1779, [1781]). Die zu besorgende Verschlechterung der Erwerbschancen für psychotherapeutisch tätige Heilpraktiker sei i. Ü. verfassungsrechtlich hinzunehmen. Ebenso wenig schütze das Grundrecht der Berufsfreiheit gem. Art. 12 Abs. 1 GG den für minder qualifiziert gehaltenen Heilpraktiker vor der Konkurrenz eines höher Qualifizierten (*BVerfG* NJW 2000, 1779, [1780]). Bezüglich der Titulierung mit Rücksicht auf den Titelschutz des PsychThG wurden psychotherapeutisch tätige Heilpraktiker obiter dicto auf die Möglichkeit, unter ihren Spezialkenntnissen, etwa Gesprächstherapie oder Neurolinguistischem Programmieren (NLP) zu firmieren (*BVerfG* NJW 1999, 2730), verwiesen.

Dazu, wie die Differenzierung der Berufsausübung unter den bereits im Be- 11 rufsfeld tätigen Therapeuten im Einzelnen vorzunehmen sei, hat sich das *BVerfG* nur insofern geäußert, als es das bisherige Berufsfeld der psychotherapeutischen Heilpraktiker durch das PsychThG für nicht geschlossen ansieht (*BVerfG* NJW 2000, 1779 [1780]); vgl. auch *BVerG* MedR 2003, 640). Ob und inwieweit sich aus dem PsychThG Weiterungen und insbesondere Restriktionen für künftig auf dem Gebiet der Psychotherapie sich betätigende Heilpraktiker, die keine Bestandsschutzgründe geltend machen können, ergeben, ist noch nicht geklärt (zum „unsicheren Boden", auf sich die Heilpraktiker-Psychotherapie bewegt, *Horn* MedR 2002, 388 [390]).

§ 1 Berufsausübung

(1) [1] **Wer die heilkundliche Psychotherapie unter der Berufsbezeichnung „Psychologische Psychotherapeutin" oder „Psychologischer Psychotherapeut" oder die heilkundliche Kinder- und Jugendlichenpsychotherapie unter der Berufsbezeichnung „Kinder- und Jugendlichenpsychotherapeutin" oder „Kinder- und Jugendlichenpsychotherapeut" ausüben will, bedarf der Approbation als Psychologischer Psychotherapeut oder Kinder- und Jugendlichenpsychotherapeut.** [2] **Die vorübergehende Ausübung des Berufs ist auch auf Grund einer befristeten Erlaubnis zulässig.** [3] **Die Berufsbezeichnungen nach Satz 1 darf nur führen, wer nach Satz 1 oder 2 zur Ausübung der Berufe befugt ist.** [4] **Die Bezeichnung „Psychotherapeut" oder „Psychotherapeutin" darf von anderen Personen als Ärzten, Psychologischen Psychotherapeuten oder Kinder- und Jugendlichenpsychotherapeuten nicht geführt werden.**

(2) [1] **Die Berechtigung zur Ausübung des Berufs des Kinder- und Jugendlichenpsychotherapeuten erstreckt sich auf Patienten, die das 21. Lebensjahr noch nicht vollendet haben.** [2] **Ausnahmen von Satz 1 sind**

zulässig, wenn zur Sicherung des Therapieerfolgs eine gemeinsame psychotherapeutische Behandlung von Kindern oder Jugendlichen mit Erwachsenen erforderlich ist oder bei Jugendlichen eine vorher mit Mitteln der Kinder- und Jugendlichenpsychotherapie begonnene psychotherapeutische Behandlung erst nach Vollendung des 21. Lebensjahres abgeschlossen werden kann.

(3) [1] Ausübung von Psychotherapie im Sinne dieses Gesetzes ist jede mittels wissenschaftlich anerkannter psychotherapeutischer Verfahren vorgenommene Tätigkeit zur Feststellung, Heilung oder Linderung von Störungen mit Krankheitswert, bei denen Psychotherapie indiziert ist. [2] Im Rahmen einer psychotherapeutischen Behandlung ist eine somatische Abklärung herbeizuführen. [3] Zur Ausübung von Psychotherapie gehören nicht psychologische Tätigkeiten, die die Aufarbeitung und Überwindung sozialer Konflikte oder sonstige Zwecke außerhalb der Heilkunde zum Gegenstand haben.

Begründung zum Regierungsentwurf (BT-Drs. 13/8035). Die Berufsbezeichnung „Psychologischer Psychotherapeut" bzw. „Psychologische Psychotherapeutin" wird gewählt, weil die Bezeichnung „Psychotherapeut" den Inhalt der Berufstätigkeit und dessen heilberuflichen Charakter zum Ausdruck bringt. Die Hinzufügung der Bezeichnung „Psychologisch" soll auf die Vorbildung der Berufsangehörigen hinweisen und diese im Interesse der notwendigen Information der Patienten von psychotherapeutisch tätigen Ärztinnen und Ärzten unterscheiden. (S. 13)

Der Gesetzentwurf sieht vor, dass die Zulassung zur Berufsausübung im Wege der Approbation erfolgt, wie dies auch bei anderen akademischen Heilberufen, wie z.B. Ärzten und Zahnärzten, der Fall ist. (S. 14)

Es erscheint angezeigt, nichtärztliche Psychotherapeuten, die heilkundliche Funktionen in der psychotherapeutischen Versorgung eigenverantwortlich wahrnehmen, in das rechtliche Gefüge der Heilberufe einzuordnen. (S. 14)

Die Approbation berechtigt neben dem Führen der Berufsbezeichnungen „Psychologische Psychotherapeutin", „Psychologischer Psychotherapeut", „Kinder- und Jugendlichenpsychotherapeutin", „Kinder- und Jugendlichenpsychotherapeut" auch zur Ausübung der Heilkunde auf dem Gebiet der Psychotherapie. (S. 17)

Übersicht

I. Regelungsinhalt

Die Überschrift unterstreicht, dass es sich bei Psychologischen Psychotherapeu- **1** ten und Kinder- und Jugendlichenpsychotherapeuten um **Berufe** handelt (*BVerfG* NJW 1999, 2730: zwei neue Heilberufe, vgl. auch Begr. RegE 13/8035, S. 1), und nicht nur um ein Gewerbe (unstr., vgl. Psychotherapeutengesetz Dokumentation, S. 28; *Pulverich*, S. 49).

II. Approbationsvorbehalt

1. Heilkundliche und nichtheilkundliche Psychotherapie? Absatz 1 Satz 1 **2** stellt die „heilkundliche Psychotherapie" unter Approbationsvorbehalt. Heilkundlich ist die Ausübung von Psychotherapie, insofern sie die Diagnose und Behandlung von Störungen mit Krankheitswert (vgl. Absatz 3) bezweckt. Die Spezifizierung als heilkundlich ist aber redundant, weil Absatz 3 nichtheilkundliche psychologische Interventionen legaldefinitiv von Psychotherapie ausnimmt. Diese Beschränkung des Begriffs Psychotherapie ist untunlich, weil sich die Anwendung psychotherapeutischer Techniken auch ohne weiteres auf Störungen unterhalb der Krankheitsschwelle beziehen kann, ohne dass solche Techniken zu den nichttherapeutischen psychologischen Tätigkeiten der Aufarbeitung und Überwindung lediglich sozialer Konflikte oder sonstigen Zwecken zu zählen wären (vgl. aber Absatz 3 Satz 3).

2. Psychologische Psychotherapie. „Psychologisch" bringt die Kennzeich- **3** nung der nichtärztlichen Berufsgruppe zum Ausdruck, die heilkundlich tätig wird. Sie dient der Information von Patienten über den nichtmedizinischen Ausgangsberuf im Unterschied zum ärztlichen Psychotherapeuten (*Glücksmann*, S. 4, vgl. auch Begr. RegE 13/8035, S. 13). Zugleich dient sie dem Patientenschutz und der hierfür wünschenswerten Transparenz (*BVerfG*, NJW 2000, 1779 [1780]). Der Aussagewert bezüglich der ärztlichen Psychotherapeuten verliert freilich an Gewicht, da die fachspezifische Ausbildung auf dem Gebiet der Psychotherapie für Ärzte und Psychologen die gleiche ist, die jeweilige Qualifikation also denselben Anforderungen unterliegt.

3. Approbation. Die gem. § 1 Abs. 1 Satz 1 erforderliche Approbation bringt **4** die Einbeziehung der Berufsgruppe in die heilkundlichen Berufe zum Ausdruck (h. M., *Spellbrink*, NZS 1999, 4; Psychotherapeutengesetz Dokumentation, S. 27; *Glücksmann* § 1 Abs. 1; *Pulverich*, S. 52). Die mitunter gegen die Einbeziehung der nichtärztlichen Psychotherapeuten in die approbationsbedürftigen **akademischen Heilberufe** – Ärzte, Tier- und Zahnärzte, Apotheker – geltend gemachten Vorbehalte sind nicht stichhaltig (zutreffend *Pulverich*, S. 52 m. w. N.), zumal an staatlich anerkannten Instituten ausgebildete **Psychoanalytiker, Tiefenpsychologen** und **Verhaltenstherapeuten** seit Jahrzehnten im Wege des **Delegationsverfahrens** an der Krankenversorgung de facto eigenverantwortlich mitwirkten. Die Verleihung der Approbation vollzieht insoweit lediglich die überfällige Konsequenz aus dem Status quo ante.

5   Zugleich hebt das Approbationserfordernis die Ausübung der Psychotherapie
von den lediglich erlaubnispflichtigen Heilberufen (Heilpraktiker) ab. Die Appro-
bation nach dem PsychThG befreit vom Verbot des HPG bezüglich unerlaubter
Ausübung der Heilkunde am Menschen (h. M., *Glücksmann*, S. 3) und geht der
Erlaubnis gem. § 1 HPG vor (h. M., *Plagemann/Niggehoff*, Rn. 105; *VG München*,
MedR 1996, 229; vgl. auch Begr. RegE 13/8035, S. 17).

6   Die Anlehnung an das ärztliche Berufsrecht wird den Spezifika des psychotherapeutischen Berufsstandes (z. B. keine Wartezimmerpraxis, vorgegebene längere
Behandlungsdauer und -frequenz und dadurch bedingte eingeschränkte Verfüg-
barkeit) nicht immer gerecht. Das Approbationserfordernis gilt für Psychologische
Psychotherapeuten und Kinder- und Jugendlichenpsychotherapeuten. Der Beruf
des Kinder- und Jugendlichenpsychotherapeuten war bislang schon als Berufsstand
eingeführt und hinsichtlich der Ausgangsqualifikation und Ausübung überschaubar
definiert. Er entspricht dem auch unter der Bezeichnung Psychagoge eingeführten
Beruf, der in Berlin und Niedersachsen staatliche Anerkennung erfahren hat (*Glücksmann*, S. 4).

7   § 1 Abs. 1 Satz 2: Zu den Ausnahmen vom Approbationserfordernis vgl. § 4.

8   **4. Schutz der Berufsbezeichnungen.** § 1 Abs. 1 Satz 3 schützt die Berufsbezeichnungen Psychologische Psychotherapeutin, Psychologischer Psychotherapeut,
Kinder- und Jugendlichenpsychotherapeutin und Kinder- und Jugendlichenpsychotherapeut. Die Führungsbefugnis der Berufsbezeichnungen wird den in Satz 1
und 2 geregelten Berufsausübungsbefugten (Erteilung der Approbation oder befristete Erlaubnis) vorbehalten. Satz 4 erweitert den Schutz der Berufsbezeichnung
allgemein auf **Psychotherapeut,** um die **ärztlichen Psychotherapeuten** in den
Schutzbereich mit einzubeziehen. Der Gesetzgeber hat dem dadurch Rechnung
getragen, dass er gem. Art. 4 EG-PsychThG in § 132a Abs. 1, 2 StGB das unbefugte Führen der Berufsbezeichnungen Psychologischer Psychotherapeut, Psychotherapeut und Kinder- und Jugendlichenpsychotherapeut, unter Strafe gestellt
hat und mit Freiheitsstrafe bis zu einem Jahr oder mit Geldstrafe bedroht. Gem.
§ 132a Abs. 2 StGB werden den genannten Bezeichnungen solche gleichgestellt,
die ihnen zum Verwechseln ähnlich sind.

9   **a) Reichweite des Titelschutzes.** Trotz der scheinbar eindeutigen Regelung,
die die Befugnis zur Titelführung vom Erwerb der Approbation abhängig macht,
ist die Reichweite des strafrechtlichen Titelschutzes, dessen Missbrauch auch einen
zivilistischen Unterlassungsanspruch nach § 1 UWG auslöst, streitig (*Plagemann/
Niggehoff*, Rn. 105; *Pulverich*, S. 52).

10   Zu unterscheiden ist dabei zwischen dem Titelschutz und dem Recht zur Berufsausübung der Psychotherapie. Unstreitig erstreckt sich der strafbewehrte Titelschutz auf die expressiv verbis genannten Bezeichnungen Psychotherapeut, Psychologischer Psychotherapeut, Kinder- und Jugendlichenpsychotherapeut. Das **Verbot
der Titelführung** gilt auch für Personen, die vor Inkrafttreten des PsychThG
Psychotherapie ausgeübt und sich als Psychotherapeuten bezeichnet haben, nicht
aber über die gem. der Übergangsregelung des § 12 erforderlichen Voraussetzungen für die Erteilung der Approbation verfügten (zu den Einzelheiten vgl.
zu § 12).

11   Unbeschadet der systemwidrigen Verknüpfung des Approbationsanspruchs mit
der Teilnahme an der kassenärztlichen Versorgung im Rahmen der GKV macht
sich künftig strafbar, wer unter den genannten Berufsbezeichnungen firmiert, auch
wenn er dies vor Erlass des PsychThG unbeanstandet tun durfte. Dies gilt für
Heilpraktiker auch dann, wenn sie über die akademische Ausgangsqualifikation des
Psychologen verfügen (*Spellbrink*, NZS 1999, 4; *Pulverich*, S. 51 f.).

12   **b) Strafbarkeit des Missbrauchs von Berufsbezeichnungen, § 132a StGB.**
Streitig ist, unter welcher Bezeichnung Heilpraktiker firmieren können, ohne gegen

den Titelschutz der §§ 1 PsychThG, 132 a StGB zu verstoßen. Hierfür kommen gem. § 132 a Abs. 2 StGB nur Bezeichnungen in Betracht, die den aufgeführten Bezeichnungen Psychotherapeut, Psychologischer Psychotherapeut, Kinder- und Jugendlichenpsychotherapeut nicht zum Verwechseln ähnlich sind. Verwechslungsfähigkeit ist nach ganz h. M. dann zu bejahen, wenn nach dem Gesamteindruck eines **durchschnittlichen, nicht genau prüfenden Beurteilers** eine Verwechslung möglich ist (*BGH GA* 1966, 279; *KG, JR* 1964, 69; *OLG Köln, NJW* 2000, 1054; Sch/Sch/*Cramer/Sternberg-Lieben,* § 132 a StGB, Rn. 13; *Lackner/Kühl,* § 132 a StGB, Rn. 9).

Eine **Verwechslungsgefahr** der Berufsbezeichnungen ist dabei bereits dann zu **13** bejahen, wenn die verwendete Bezeichnung auch nur den **Anschein der Zugehörigkeit** zu den jeweiligen Funktionsträgern zu erwecken geeignet ist (LK/*von Bubnoff,* § 132 a StGB, Rn. 19), auch wenn sich die Wortwahl sprachlich von der verwechslungsgefährdeten Berufsbezeichnung entfernt (*Lackner/Kühl,* § 132 a StGB, Rn. 9). Lehnt sich mithin die Wortwahl bereits sprachlich an die verwechslungsgefährdete Berufsbezeichnung an, drängt sich eine Verwechslungsgefahr geradezu auf und ist grundsätzlich zu bejahen.

Bejaht wurde eine **Verwechslungsgefahr** z. B. für **„Helfer in Steuersachen"** **14** mit Steuerberater (LK/*von Bubnoff,* § 132 a StGB, Rn. 19) oder für **„Spezialist für Frauenheilkunde"** mit Arzt (BT-Drs. 7/550, S. 222). Wäre demzufolge die Bezeichnung **„Spezialist für psychische Erkrankungen"** unzulässig, so muss dies erst recht für die schlichte **Ersetzung der Berufsbezeichnung** durch das Tätigkeitsfeld des den Beruf Ausübenden gelten: Eine Praxisfirmierung unter der Bezeichnung „Psychotherapie" oder „psychotherapeutisch" ist damit ebenso unzulässig (a. A. *Behnsen,* SGb 1998, 570; *Schirmer,* MedR 1998, 436) wie die eines Nichtarztes unter „Frauenheilkunde" oder „Orthopädie". Für den **Durchschnittsbeobachter** würde hierdurch eine **Zugehörigkeit** zu den jeweiligen Funktionsträgern suggeriert, da „Psychotherapie" dem Berufsbild des Psychotherapeuten zugerechnet wird. Nichts anderes kann gelten, wenn die unzulässige Bezeichnung „Psychotherapie" mit einem Zusatz, etwa „Zugelassen nach dem Heilpraktikergesetz", versehen wird. Für den hier anzulegenden **ungenauen Beurteilungsmaßstab** bleibt „Psychotherapie" der die Appellwirkung entfaltende Schlüsselbegriff, zumal eine Kenntnis der unterschiedlichen Qualifikationen der Erlaubnis nach dem HPG und der Zulassung nach dem PsychThG bei einem durchschnittlichen Patienten nicht vorausgesetzt werden kann. Dies ist umso unabweisbarer, als die Erlaubnis nach dem HPG lediglich einer „Unbedenklichkeitsbescheinigung" (*BVerfGE* 78, 155 [163]) gleichkommt, während das PsychThG im Gegensatz zu einem solchen Negativattest, das nur das Fehlen von Hinderungsgründen bescheinigt, positive Qualifikationsvoraussetzungen statuiert.

Wenn *Pulverich* (S. 52) sich mit einem Rechtszustand, der den Patienten „hinter **15** dieser Tätigkeitsbeschreibung weiterhin im Unklaren über die Qualifikation des Anbieters psychotherapeutischer Leistungen" lässt, abfinden zu müssen glaubt, so verkennt dies die verwaltungsrechtliche Beachtlichkeit von § 132 a StGB, dessen ratio legis und tatbestandliche Ausgestaltung einer solchen Verwechslungsgefahr und Intransparenz gerade zuvorkommen.

c) **Rechtswidrige Titelführung.** Dem widerspricht eklatant die verbreitete **16** Verwaltungspraxis, Firmierungen unter den Bezeichnungen „Psychotherapie (nach dem Heilpraktikergesetz)", „Praxis für Psychotherapie (nach dem Heilpraktikergesetz)", „Heilpraktiker (Psychotherapie)" etc. sogar zu empfehlen. Diese Praxis verstößt gegen §§ 1 PsychThG und 132 a StGB. Nach dem Grundsatz der Einheit der Rechtsordnung hat die Verwaltung das strafrechtlich anerkannte Rechtswidrigkeitsurteil ihrem Verwaltungshandeln zugrunde zu legen (vgl. *BGHSt* 34, 272). Die Behörden sind damit gehalten, zur Vermeidung der Strafbarkeit die rechtswidrige Verwendung der von ihnen empfohlenen Berufsbezeichnungen zu untersagen (actus contrarius).

17 Unabhängig davon, ob man in der Unbefugtheit der Titelführung ein normatives Tatbestandsmerkmal, das vorsatzbedürftig ist, erblickt (h. M., vgl. *Tröndle/ Fischer,* § 132 StGB, Rn. 26; LK/*von Bubnoff,* § 132 a, Rn. 25; Sch/Sch/*Cramer/ Sternberg-Lieben,* § 132 a, Rn. 20) oder die Unbefugtheit vom Vorsatzerfordernis ausnehmen will (*Dahs,* NStZ 1986, 101; unklar *Lackner/Kühl,* § 132 a StGB, Rn. 10), kommt eine Strafbarkeit wegen unbefugten Führens einer Berufsbezeichnung zum derzeitigen Zeitpunkt kaum in Betracht, da den Betroffenen entweder ein **Tatbestandsirrtum** gem. § 16 StGB oder jedenfalls ein **unvermeidbarer Verbotsirrtum** gem. § 17 StGB zugute zu halten ist. Mit Erlangung der Kenntnis bzw. der Möglichkeit hierzu entfällt aber eine Berufung auf §§ 16, 17 StGB und eine Strafbarkeit ist grundsätzlich eröffnet.

18 **d) Zulässige Titelführung.** Unbedenklich und im Einklang mit der Rspr. des *BVerfG* (NJW 1999, 2730) erscheint es, wenn Heilpraktiker unter der Bezeichnung der von ihnen **praktizierten Therapieform** firmieren (Gestalttherapie, Körpertherapeut, Familienaufstellungen nach Hellinger, Urschreitherapie, asiatische, indianische, esoterische Techniken, Neurolinguistisches Programmieren (NLP), Gesprächstherapie etc.). Da hier die Verwechslungsgefahr bergende Verwendung des **Schlüsselbegriffs „Psychotherapie"** unterbleibt, ist eine Verwechslungsgefahr auch für den nicht genau prüfenden Durchschnittsbetrachter nicht zu besorgen.

19 **e) Berufsausübung und Therapieformen.** Der Zweck des PsychThG, die heilkundliche Psychotherapie hohen Qualitätsanforderungen zu unterwerfen und den Beruf den approbierten ärztlichen und psychologischen Psychotherapeuten vorzubehalten, wird freilich unterlaufen, solange § 1 HPG die Ausübung – nicht die Titelführung (vgl. Rn. 12 ff.) – heilkundlicher Psychotherapie grundsätzlich auch Heilpraktikern erlaubt. Im Interesse einer gebotenen Differenzierung erscheint es angemessen, die wissenschaftlich anerkannten Verfahren gem. § 1 Abs. 3 Satz 1 den ärztlichen und psychologischen Psychotherapeuten bzw. Kinder- und Jugendlichenpsychotherapeuten vorzubehalten, die nicht wissenschaftlich anerkannten Therapieformen hingegen den Heilpraktikern. Bei deren wissenschaftlicher Anerkennung genössen Heilpraktiker, die diese bereits vor der Anerkennung ausgeübt haben, Bestandsschutz.

20 Misslich wirkt es sich hier aus, dass das PsychThG – sachlich unzutreffend – den Begriff „Psychotherapie" für psychische Störungen lediglich oberhalb der Krankheitsschwelle reserviert (*Pulverich,* S. 54) und solche unterhalb der Krankheitsschwelle als sozialen Konflikt oder sonstigen Zweck fehlinterpretiert (vgl. Rn. 2). Der nach handelt es sich um **Psychotherapie nicht im Sinne des PsychThG.**

21 **5. Berechtigung zur Berufsausübung.** § 1 Abs. 2 definiert die Berechtigung zur Berufsausübung durch den approbierten Kinder- und Jugendlichenpsychotherapeuten und grenzt sie von der des approbierten Psychologischen Psychotherapeuten ab. Auszugehen ist dabei vom Grundsatz zweier Berufe (*BVerfG* NJW 1999, 2730). Danach beschränkt sich die **Behandlungsberechtigung** des Kinder- und Jugendlichenpsychotherapeuten auf Kinder und Jugendliche. Mit seiner grundsätzlichen Altersbegrenzung nach oben auf die Vollendung des 21. Lebensjahres orientiert sich der Gesetzgeber an vergleichbaren rechtlichen Regelungen, etwa § 105 JGG, der für so genannte Heranwachsende, abweichend von der zivilistischen **Volljährigkeitsgrenze** mit 18 Jahren gem. § 2 BGB, bis zur Vollendung des 21. Lebensjahres die Anwendung des milderen Jugendstrafrechts ermöglicht. Von „Kind" spricht man bis zur Vollendung des 14. Lebensjahres, § 19 StGB, von „Jugendlicher" von der Vollendung des 14. bis zur Vollendung des 18. Lebensjahres.

Die Einbeziehung von Patienten im Heranwachsendenalter in die Berechtigung 22
zur Berufsausübung des Kinder- und Jugendlichenpsychotherapeuten ist insofern
sachgerecht, als in dieser Schwellenphase oft noch Pubertätsproblematiken einen
psychotherapeutischen Fokus bilden. Der Jugendlichenbegriff des PsychThG umfasst damit auch die Kategorie der Heranwachsenden. Nach Absatz 2 dürfen Kin-
der- und Jugendlichenpsychotherapeuten nach Vollendung des 21. Lebensjahres
des Patienten keine psychotherapeutische Behandlung mehr aufnehmen. Eine zuvor begonnene Behandlung kann ausnahmsweise über das 21. Lebensjahr hinaus
fortgeführt werden, um einen Therapeutenwechsel zu einem Psychologischen
Psychotherapeuten zu vermeiden. Desgleichen ist die Mitbehandlung von über
21-jährigen dann zulässig, wenn eine gemeinsame Behandlung mit Jugendlichen,
z. B. aus familientherapeutischen oder systemischen Erwägungen, angezeigt ist.

III. Verhältnis der Berufe

Das Verhältnis zwischen der Berechtigung des Kinder- und Jugendlichenpsy- 23
chotherapeuten und dem Psychologischen Psychotherapeuten ist problematisch,
da die beschränkte Behandlungsberechtigung lediglich für Kinder- und Jugendlichenpsychotherapeuten festgelegt wurde, für Psychologische Psychotherapeuten
hingegen keine solche Definition getroffen wurde (*Glücksmann,* § 1 Abs. 2; *Pulverich,* S. 52 f.). Umstritten ist deshalb, ob die Regelung für Kinder- und Jugendlichenpsychotherapeuten im Sinne einer **Exklusivität** oder einer **Spezialität** zu
verstehen ist. Wäre sie speziell, dann würde zusätzlich zur generellen Berechtigung
der Psychologischen Psychotherapeuten für alle Altersstufen unter den Voraussetzungen der gesetzlichen Altersbeschränkungen von Abs. 2 zusätzlich auch die Berechtigung des Kinder- und Jugendlichenpsychotherapeuten hinzukommen. Für
Kinder und Jugendliche würden also beide Berufe berufsausübungsberechtigt sein.
Handelte es sich hingegen um eine exklusive Regelung, so entfiele die Berechtigung von Psychologischen Psychotherapeuten zur Berufsausübung bei Patienten
im Kinder- und Jugendlichenalter. Die Entscheidung in dieser Frage hat auch
Auswirkungen auf die Approbierung.

1. Gesetzeswortlaut. a) Uneingeschränkte Behandlungserlaubnis für 24
Psychologische Psychotherapeuten? Gesetzeswortlaut und Gesetzessystematik
schließen keine der beiden Alternativen aus. Für die überwiegend vertretene
(*OVG Bremen,* MedR 2003, 185; *Schlund,* NJW 1998, 2722; *Behnsen,* SGb 1998,
566) Spezialitätslösung spricht, dass lediglich der Berechtigungsbereich des Kinder-
und Jugendlichenpsychotherapeuten geregelt ist, eine ausdrückliche Beschränkung
der Berechtigung für den Psychologischen Psychotherapeuten jedoch fehlt. Der
Psychologische Psychotherapeut würde damit die Berechtigung auch zur Behandlung der Klientel des Kinder- und Jugendlichenpsychotherapeuten erhalten,
da eine altersmäßige Beschränkung dem Gesetz nicht zu entnehmen ist. Gestützt
wird dieser Ansatz auch auf die Übergangsvorschrift von § 12, die die Approbierung zuspricht, wenn der Psychotherapeut im Rahmen der kassenärztlichen Versorgung auch Kinder behandelt hat (*Pulverich,* S. 109), desgleichen durch die
KJPsychTh-APrVO, die notfalls die Einbeziehung von Psychologischen Psychotherapeuten in die Lehre der kinder- und jugendlichenpsychotherapeutischen
Ausbildung vorsieht, wenn diese Kinder und Jugendliche behandelt haben. Ob
Psychologische Psychotherapeuten damit zugleich den Anspruch auf Erteilung beider Approbationen haben (*Pulverich,* S. 52 f., 108 f.), ohne sich einer kinder- und
jugendlichenpsychotherapeutischen Ausbildung unterziehen zu müssen, braucht
erst entschieden zu werden, wenn feststeht, dass die Spezialitätslösung einschlägig
ist.

25   **b) Eingeschränkte Behandlungserlaubnis.** Für eine **Exklusivitätslösung** sprechen teleologische Gesichtspunkte. Der Gesetzgeber wollte **zwei psychotherapeutische Berufe** schaffen (vgl. auch *BVerfG* NJW 1999, 2730). Diese stehen auch nicht in einem Stufenverhältnis dergestalt, dass der Kinder- und Jugendlichenpsychotherapeut ein **minus** im Sinne einer Minderqualifikation im Vergleich zum Psychologischen Psychotherapeuten darstellt. Die gesetzlich vorgeschrieben Mindestanforderungen an die jeweiligen Ausbildungsgänge sind im Wesentlichen gleich (vgl. §§ 5, 8), nur dass der Abschluss in **Psychologie** zum Zugang zu beiden Ausbildungszweigen berechtigt, während Abschlüsse in **Pädagogik** und **Sozialpädagogik** lediglich Zugangsvoraussetzungen zur kinder- und jugendlichenpsychotherapeutischen Ausbildung sind. Der Übergang zur Ausbildung zum Psychologischen Psychotherapeuten ist damit verschlossen, während er im umgekehrten Fall für Psychologen eröffnet ist.

26   In praxi sind die unterschiedlichen Akzentuierungen beider Berufszweige durchaus anerkannt, sodass im Fachjargon die Bezeichnung Kinder- und Jugendlichenpsychotherapie im Gegensatz zur **Erwachsenenpsychotherapie** gängig ist. Entsprechend verfügen die Ausbildungs- und Prüfungsverordnungen für Psychologische Psychotherapeuten und Kinder- und Jugendlichenpsychotherapeuten auch über unterschiedliche Zuschnitte. Jeder seriöse Praktiker weiß um die Spezifika der Behandlung von Kindern und Jugendlichen und würde von sich aus nicht auf die Idee verfallen, sich ohne Vorkenntnisse und allein mit den aus der Erwachsenenpsychotherapie gewonnenen Erfahrungen und Fertigkeiten auf die Kinder- und Jugendlichenpsychotherapie zu verlegen.

27   **c) Vermittelnde Lösung.** Die besseren Gründe sprechen für eine vermittelnde, **eingeschränkt-exklusive Auslegung.** Nur eine solche vermag den Spezifika der Kinder- und Jugendlichenpsychotherapie gerecht zu werden. Zugeständnisse an die Spezialitätslösung sind allerdings insofern zu machen, als das PsychThG in § 1 Abs. 2 lediglich **Höchstaltersgrenzen** festlegt, bis zu denen der Kinder- und Jugendlichenpsychotherapeut zur Berufsausübung berechtigt ist. Erwachsene, d. h. Patienten, die das 18. Lebensjahr vollendet haben, können damit fraglos von Psychologischen Psychotherapeuten behandelt werden. Hierfür spricht schon die Zuerkennung der **Volljährigkeit** mit Vollendung des 18. Lebensjahres in § 2 BGB, die zugleich zur freien Therapeutenwahl berechtigt. Im Heranwachsendenalter (vgl. Rn. 21) verfügen beide Berufszweige über die Berechtigung zur Berufsausübung. Darüber hinaus ist es angezeigt, hierin grundsätzlich auch Jugendliche miteinzubeziehen, da diese bereits über die Kapazität der verbal-introspektiven Kommunikation, die in der Erwachsenenpsychotherapie im Vordergrund steht, verfügen, um eine flexible Handhabung der Altersgrenzen entsprechend der Bedürfnisse der jeweiligen Patienten zu gewährleisten. Dem Psychologischen Psychotherapeuten kommt damit eine im Vergleich zum Kinder- und Jugendlichenpsychotherapeuten erweiterte, nicht jedoch umfassende Behandlungskompetenz zu. Ein Kernbereich der ausschließlich Kinder- und Jugendlichenpsychotherapeuten vorbehaltenen Behandlungskompetenz bleibt erhalten. Der für die Ausbildung zum Psychologischen Psychotherapeuten obligatorischen Einführung in kinder- und jugendlichenpsychotherapeutische Verfahren kommt damit differenzialdiagnostische Bedeutung zu.

28   Erweist sich in einer Erwachsenentherapie die Einbeziehung von Kindern oder Jugendlichen in eine gemeinsame Behandlung für angezeigt (vgl. Rn. 22), so ist dies auch hier möglich. Der Verweis auf nach der Übergangsregelung erteilten Doppelapprobationen (*Nilges*, P. u. R. 2001, 4 [6] „Unklarheiten") verschlägt insoweit nicht, als diese **Bestandsschutzgesichtspunkte** Rechnung zu tragen hat, die mit der abschließenden Regelung durch das PsychThG **keine Berücksichtigung ex nunc** mehr verdienen. Dies gilt entsprechend auch für die Einbe-

ziehung von Psychologischen Psychotherapeuten in die kinder- und jugendpsychotherapeutische Ausbildung.

d) Ausschluss der Doppelapprobation. Der Psychologische Psychothera- 29
peut kann damit nicht ohne weiteres eine **Doppelapprobation** für Psychotherapie und Kinder- und Jugendlichenpsychotherapie erlangen (vgl. auch *Faber/ Haarstrick*, S. 5: „eigene Approbationen"). Will er das, so muss er die für die Approbation erforderliche Ausbildung absolvieren. Aufgrund der weit gehenden Identität beider Ausbildungsgänge ist eine Anrechnung der im jeweils anderen Berufszweig absolvierten und auch für den angestrebten Abschluss verbindlichen Ausbildungsinhalte unbedenklich möglich, sodass er unter wesentlich vereinfachten Bedingungen auch die Approbation zum Kinder- und Jugendlichenpsychotherapeuten erlangt. Dies gilt vice versa auch für den Kinder- und Jugendlichenpsychotherapeuten, wenn er von der Ausgangsqualifikation her Psychologe ist und die Erteilung der Approbation als Psychologischer Psychotherapeut begehrt.

IV. Wissenschaftliche Anerkennung

1. Verhältnis zum allgemeinen Stand der medizinischen Erkenntnisse. 30
§ 1 Abs. 3 enthält eine Legaldefinition von Psychotherapie als „jede mittels wissenschaftlich anerkannter psychotherapeutischer Verfahren vorgenommene Tätigkeit zur Feststellung, Heilung oder Linderung von Störungen mit Krankheitswert, bei denen Psychotherapie indiziert ist." **Wissenschaftlich anerkannt** im Sinne von Absatz 3 ist nicht zu verwechseln mit „dem **allgemein anerkannten Stand** der medizinischen Erkenntnisse" in § 2 Abs. 1 Satz 3 SGB V (h.M., zutreffend *Pulverich*, S. 53). Die Fassung in Absatz 3 ist demgegenüber weiter und soll die erforderliche **Flexibilität für Weiterentwicklung** gewährleisten (*Salzl/Steege*, S. 21; *Glücksmann*, S. 4; *Spellbrink*, S. 5; *Pulverich*, S. 53), während die sozialrechtliche Definition mit Rücksicht auf die Leistungspflicht der gesetzlichen Krankenversicherung strengere Maßstäbe anlegt. Wissenschaftlich anerkannt sind jedenfalls die bereits von der durch die mit dem PsychThG weitgehend (*BVerfG* NJW 1999, 2730) obsolet gewordenen Delegation umfassten **psychoanalytischen, tiefenpsychologischen** und **verhaltenstherapeutischen** Verfahren (*Salzl/Steege*, S. 21).

2. Scharlatanerieausschluss. Die wissenschaftliche Anerkennung setzt dem- 31
entsprechend keine **qualifizierte**, sondern lediglich eine **einfache Anerkennung** der Wissenschaft voraus. Diese ist gegeben, wenn ein psychotherapeutisches Verfahren von einem Teil der ärztlichen bzw. psychologischen Psychotherapeuten angewandt wird, auch wenn es nicht oder noch nicht allgemein anerkannt ist. Es muss nachvollziehbar und wissenschaftlich plausibel begründbar sein (etwa EMDR). Das können auch **Außenseiterverfahren** sein (weitgehend *Pulverich*, S. 53f.). Handelt es sich also um ein wissenschaftlich vertretbares Verfahren, ist es ein psychotherapeutisches Verfahren im Sinne des PsychThG (ähnlich *Francke*, MedR 2000, 447 [453], der praktisch anerkannte Verfahren für die in absehbarer Zeit der Wirksamkeitsnachweis führbar erscheint, einbezieht). Private Versicherungen können hiernach erbrachte Leistungen in ihren Erstattungskatalog aufnehmen (*Glücksmann*, S. 15).

Durch das Erfordernis der Wissenschaftlichkeit soll ein Missbrauch unter dem 32
Deckmantel berechtigter Psychotherapieausübung (*Glücksmann*, S. 4; *Pulverich*, S. 53) verhindert werden. Die **Besorgnis der Scharlatanerie** ist damit ein maßgebliches Kriterium für die Verneinung der Wissenschaftlichkeit.

Über die wissenschaftliche Anerkennung entscheidet gem. § 11 die zuständige 33
(Landes-) Behörde in Zweifelsfällen nach Maßgabe eines Gutachtens eines wissenschaftlichen Beirats (zu Einzelheiten vgl. zu § 11).

V. Krankheitswert und Indiziertheit

34   Die Formulierung „Feststellung, Heilung und Linderung von Störungen mit Krankheitswert" bezieht ausdrücklich die Diagnostizierung mit ein. **Störungen mit Krankheitswert** sind nach ständiger Rspr. jedenfalls solche regelwidrigen Körper- und Geisteszustände, die Behandlungsbedürftigkeit oder Arbeitsunfähigkeit zur Folge haben (*Pulverich,* S. 54; *BSGE* 26, 240). Psychische Störungen mit Krankheitswert können aber auch darüber hinaus vorliegen, und die Einschätzung der Behandlungsbedürftigkeit kann sich mit der gesellschaftlichen Entwicklung ändern. Sie ist nicht zuletzt für den psychotherapeutischen Bereich im Fluss und gesondert zu ermitteln (*Pulverich,* S. 54). Aus der gesetzlichen Fassung folgt, dass es auch **psychische Störungen ohne Krankheitswert** gibt.

35   Psychotherapie muss indiziert sein, d. h. zumindest eine Besserung der Beschwerden prognostizieren lassen.

VI. Somatische Abklärung

Begründung zum Regierungsentwurf (BT-Drs. 13/8035). Der Begriff der Ausübung der Psychotherapie setzt außerdem voraus, dass die psychotherapeutische Behandlung indiziert sein muss und eine somatische Abklärung der Erkrankung durch den Arzt stattzufinden hat. Ersteres soll nicht ausschließen, dass Psychologische Psychotherapeuten und Kinder- und Jugendlichenpsychotherapeuten auch dann tätig werden dürfen, wenn zwar zunächst eine rein somatische Erkrankung vorliegt, bei der aber als therapeutische Maßnahme auch Psychotherapie indiziert ist. Die somatische Abklärung der Erkrankung durch einen Arzt ist im Sinne des Patientenschutzes erforderlich. (S. 17)

36   **1. Ärztliche Abklärung.** Im Rahmen der psychotherapeutischen Behandlung ist eine **somatische Abklärung** herbeizuführen. Streitig sind sowohl Art und Weise wie auch, durch wen die Abklärung zu erfolgen hat. Überwiegend wird vertreten, der Psychologische Psychotherapeut und Kinder- und Jugendlichenpsychotherapeut sei zur **Konsultation eines Arztes** verpflichtet, der eine somatische Abklärung der (psychischen) Erkrankung vornimmt (*Glücksmann,* S. 5; sis 10/98; *Schlund,* NJW 1998, 2722), um zu verhindern, dass behandlungsbedürftige somatische (Begleit-)Erkrankungen unbehandelt bleiben (*Salzl/Steege,* S. 21), wenn der Patient den Direktkontakt zum Psychologischen Psychotherapeuten oder Kinder- und Jugendlichenpsychotherapeuten sucht.

37   **2. Eigenverantwortliche Abklärung?** Abweichend davon wird die Auffassung vertreten, die Herbeiführung der somatischen Abklärung könne durch den behandelnden Psychologischen Psychotherapeuten oder Kinder- und Jugendlichenpsychotherapeuten selbst erfolgen und verpflichte nicht zur Beiziehung eines Arztes (*Pulverich,* S. 54 f.). Begründet wird diese Auffassung damit, dass bei psychotherapeutisch tätigen Heilpraktikern die Kompetenz zur somatischen Abklärung in deren Ermessen gestellt wird, demgegenüber es einen Widerspruch darstelle, vom akademischen Heilberuf des Psychologischen Psychotherapeuten bzw. Kinder- und Jugendlichenpsychotherapeuten eine Konsiliierung zu fordern. Dafür spricht auch, dass die Ausbildungsordnungen die Vermittlung klinischer Kenntnisse vorsehen. Überdies sei eine gesetzlich vorgeschriebene Konsultation von Kollegen den Grundsätzen des Arztrechts fremd. Daraus sei auf einen rein **berufsethisch-appellatorischen Charakter** der Vorschrift zu schließen, zumal ein Verstoß sanktionslos bleibe.

38   **3. Konsiliarpflicht.** Sinn und Zweck der Vorschrift sprechen für die h. M. Die somatische Abklärung erfordert eine medizinische Kompetenz, über die der Psy-

chologische Psychotherapeut bzw. Kinder- und Jugendlichenpsychotherapeut nicht verfügt. Die Kenntnis eines etwaigen somatischen (Zusatz-)Befundes ist auch für die Wahl der Behandlungstechnik von maßgeblicher Bedeutung. Unbestritten schließt die Feststellung eines somatischen Befundes die Indikation einer Psychotherapie nicht aus (*Glücksmann*, S. 5). Dass eine potenziell minderqualifizierte Berufsgruppe der Verpflichtung zur Einholung eines somatischen Konsiliums enthoben ist, vermag nichts daran zu ändern, dass dem Psychologischen Psychotherapeuten und dem Kinder- und Jugendlichenpsychotherapeuten eine solche, die sinnvoll ist, obliegt. Näher liegt die Erwägung, seitens des Gesetzgebers eine solche Konsiliarpflicht auch Heilpraktikern aufzuerlegen.

§ 2 Approbation

(1) **Eine Approbation nach § 1 Abs. 1 Satz 1 ist auf Antrag zu erteilen, wenn der Antragsteller**

1. **Deutscher im Sinne des Artikels 116 des Grundgesetzes, Staatsangehöriger eines Mitgliedstaates der Europäischen Union oder eines anderen Vertragsstaates des Abkommens über den Europäischen Wirtschaftsraum oder heimatloser Ausländer im Sinne des Gesetzes über die Rechtsstellung heimatloser Ausländer ist,**
2. **die vorgeschriebene Ausbildung abgeleistet und die staatliche Prüfung bestanden hat,**
3. **sich nicht eines Verhaltens schuldig gemacht hat, aus dem sich die Unwürdigkeit oder Unzuverlässigkeit zur Ausübung des Berufs ergibt, und**
4. **nicht in gesundheitlicher Hinsicht zur Ausübung des Berufs ungeeignet ist.**

(2) [1] **Die Voraussetzung des Absatzes 1 Nr. 2 gilt als erfüllt, wenn aus einem in einem Mitgliedstaat der Europäischen Union oder einem anderen Vertragsstaat des Abkommens über den Europäischen Wirtschaftsraum erworbenen Diplom hervorgeht, daß der Inhaber eine Ausbildung erworben hat, die in diesem Staat für den unmittelbaren Zugang zu einem dem Beruf des „Psychologischen Psychotherapeuten" oder dem Beruf des „Kinder- und Jugendlichenpsychotherapeuten" entsprechenden Beruf erforderlich ist. [2] Diplome im Sinne dieses Gesetzes sind Diplome, Prüfungszeugnisse und sonstige Befähigungsnachweise im Sinne des Artikels 1 der Richtlinie 89/48/EWG des Rates vom 21.12.1988 über eine allgemeine Regelung zur Anerkennung der Hochschuldiplome, die eine mindestens dreijährige Berufsausbildung abschließen (ABl. EG Nr. L 19 S. 16), oder im Sinne des Artikels 1 der Richtlinie 92/51/EWG des Rates vom 18.6.1992 über eine zweite allgemeine Regelung zur Anerkennung beruflicher Befähigungsnachweise in Ergänzung zur Richtlinie 89/48/EWG (ABl. EG Nr. L 209 S. 25) in der jeweils geltenden Fassung. [3] Antragsteller mit einem Diplom aus einem Vertragsstaat des Europäischen Wirtschaftsraumes, deren Ausbildung im Vergleich zu der nach diesem Gesetz geregelten Ausbildung wesentliche Unterschiede hinsichtlich ihrer Dauer oder Inhalte aufweist, haben einen höchstens dreijährigen Anpassungslehrgang zu absolvieren oder eine Eignungsprüfung abzulegen, wenn nicht ihre nachgewiesene Berufserfahrung zum Ausgleich der festgestellten wesentlichen Unterschiede geeignet ist. [4] Der Antragsteller hat das Recht, zwischen dem Anpassungslehrgang und der Eignungsprüfung zu wählen. [5] Die Voraussetzung des Absatzes 1 Nr. 2 gilt auch als erfüllt, wenn der Antragsteller bei Vorliegen der Vorausset-**

zungen des Absatzes 1 Nr. 1 eine in einem anderen Staat erworbene abgeschlossene Ausbildung nachweist und die Gleichwertigkeit des Ausbildungsstandes gegeben ist. [6] Ist die Gleichwertigkeit des Ausbildungsstandes nicht gegeben oder ist sie nur mit unangemessenem zeitlichen oder sachlichen Aufwand feststellbar, ist ein gleichwertiger Kenntnisstand nachzuweisen. [7] Der Nachweis wird durch das Ablegen einer Prüfung erbracht, die sich auf den Inhalt der staatlichen Prüfung erstreckt. [8] Bei Anträgen von Staatsangehörigen eines Vertragsstaates des Europäischen Wirtschaftsraumes, die eine Erlaubnis nach § 1 beantragen, kann die Gleichwertigkeit des Ausbildungsstandes im Sinne des Satzes 1 auch durch Vorlage eines Diploms, Prüfungszeugnisses oder Befähigungsnachweises belegt werden, wenn die durch diesen Nachweis bescheinigte Ausbildung überwiegend in einem anderen Vertragsstaat des Europäischen Wirtschaftsraumes oder an Ausbildungseinrichtungen eines Drittlandes, die eine Ausbildung gemäß den Rechts- und Verwaltungsvorschriften eines Mitgliedstaats vermitteln, erworben wurde oder wenn dessen Inhaber eine dreijährige Berufserfahrung hat, die von dem Mitgliedstaat bescheinigt wird, der einen Ausbildungsnachweis eines Drittlandes anerkannt hat.

(3) [1] Ist die Voraussetzung nach Absatz 1 Nr. 1 nicht erfüllt, so kann die Approbation in besonderen Einzelfällen oder aus Gründen des öffentlichen Gesundheitsinteresses erteilt werden. [2] Ist zugleich die Voraussetzung nach Absatz 1 Nr. 2 nicht erfüllt, so ist die Erteilung der Approbation nur zulässig, wenn der Antragsteller eine in einem anderen Mitgliedstaat der Europäischen Union oder einem anderen Vertragsstaat des Abkommens über den Europäischen Wirtschaftsraum erworbene, den Voraussetzungen der Richtlinie 89/48/EWG oder 92/51/EWG entsprechende abgeschlossene Ausbildung nachweist. [3] Absatz 2 Satz 3 und 4 gilt entsprechend. [4] Für Personen mit einer außerhalb des Geltungsbereichs dieses Gesetzes abgeschlossenen Ausbildung gilt Absatz 2 Satz 5 bis 7 entsprechend.

(3 a) Die Absätze 2 und 3 gelten entsprechend für Drittstaaten und Drittstaatsangehörige, soweit sich hinsichtlich der Diplomanerkennung nach dem Recht der Europäischen Gemeinschaften eine Gleichstellung ergibt.

(4) Soll die Erteilung der Approbation wegen Fehlens einer der Voraussetzungen nach Absatz 1 abgelehnt werden, so ist der Antragsteller oder sein gesetzlicher Vertreter vorher zu hören.

(5) Ist gegen den Antragsteller wegen des Verdachts einer Straftat, aus der sich die Unwürdigkeit oder Unzuverlässigkeit zur Ausübung des Berufs ergeben kann, ein Strafverfahren eingeleitet, so kann die Entscheidung über den Antrag auf Erteilung der Approbation bis zur Beendigung des Verfahrens ausgesetzt werden.

Übersicht

I. Voraussetzungen zur Approbation

Gem. § 2 Abs. 1 setzt die Approbationserteilung einen Antrag voraus. **1**

§ 2 Abs. 1: Mitgliedsstaaten der Europäischen Union sind derzeit: Belgien, Dänemark, Deutschland, Griechenland, Spanien, Frankreich, Irland, Italien, Luxemburg, Niederlande, Österreich, Portugal, Finnland, Schweden und Vereinigtes Königreich. Zu den anderen Mitgliedsstaaten des Europäischen Wirtschaftsraum gehören zurzeit: Island, Liechtenstein und Norwegen. Die Schweiz hat als EFTA-Mitglied das EWR-Abkommen nach gescheiterten Referenden zum EWR- und EU-Beitritt nicht ratifiziert und zählt demgemäß nicht zu den EWR-Staaten. „Heimatlose Ausländer" haben praktisch keine Bedeutung mehr (vgl. *Pulverich*, S. 59). Aufgrund der Osterweiterung der EU wird sich der Kreis der Approbationsberechtigten beträchtlich vergrößern und damit auch die Probleme der Anerkennung und Gleichwertigkeit.

§ 2 Abs. 1 Nr. 2: Zur vorgeschriebenen Ausbildung und staatlichen Prüfung **2**
vgl. zu § 5.

1. Unwürdigkeit und Unzuverlässigkeit. Gem. § 2 Abs. 1 Nr. 3 ist die Ap- **3**
probation zu erteilen, wenn sich der Antragsteller nicht eines Verhaltens schuldig gemacht hat, aus dem sich die Unwürdigkeit oder Unzuverlässigkeit zur Ausübung des Berufs ergibt. Der Passus knüpft an auch sonst für die heilkundlichen Berufe geltenden Voraussetzungen an (*Glücksmann*, S. 6; *Plaggemann/Niggehoff*,

S. 109; *Pulverich*, S. 60; für die Zulassung zum Rechtsanwalt s. *BVerfG* NJW 1983, 1535). Bei **Unwürdigkeit** und **Unzuverlässigkeit** handelt es sich um **unbestimmte Rechtsbegriffe** mit der Folge, dass der Behörde bei ihrer Auslegung und Feststellung kein Beurteilungsspielraum zukommt und rechtlich nur eine richtige Entscheidung möglich ist (zum Widerruf einer Apothekerapprobation aufgrund des unbestimmten Rechtsbegriff der Unzuverlässigkeit vgl. *BVerwG* NJW 2003, 913 [915]). Die Feststellung eines unbestimmten Rechtsbegriffs ist gerichtlich in vollem Umfang überprüfbar (*BVerwGE* 40, 353: wichtiger Grund; *BVerwGE* 45, 162: Öffentliches Gesundheitsinteresse; *BVerwGE* 34, 301: Planungsleitsätze). Der – positiven oder negativen – Feststellung eines Berufs- oder Ehrengerichts kommt für die Entscheidung der Behörde keine Bindungswirkung zu (*Pulverich*, S. 61), allerdings kann die Behörde die hier getroffenen Feststellungen indiziell verwerten.

4   **2. Zurechenbarkeit.** „**Schuldig gemacht**" bedeutet nicht, dass der Antragsteller einen Straftatbestand verwirklicht haben muss. Es genügt ein sonstiges Verhalten, das den Schluss auf Unwürdigkeit oder Unzuverlässigkeit rechtfertigt. Das Verhalten muss dem Antragsteller **zurechenbar** und wenigstens **fahrlässig** verschuldet sein. Als Straftat kommt auch der Vollrauschtatbestand gem. § 323 a StGB in Betracht. Dieser ist schon dann einschlägig, wenn der Täter eine Straftat begeht, aufgrund rauschmittelbedingter Schuldunfähigkeit aber wegen der im Rauschzustand begangenen Tat nicht verurteilt werden kann.

5   **3. § 174 c StGB, Sexueller Missbrauch in der Psychotherapie.** Einen gesetzlich geregelten Spezialfall für das Vorliegen von Unwürdigkeit und Unzuverlässigkeit bildet inzwischen § 174 c Abs. 2 StGB, der mit dem 6. Strafrechtsreformgesetz 1998 als Straftatbestand in das StGB aufgenommen worden ist. § 174 c Abs. 1 StGB droht für **sexuellen Missbrauch** unter Ausnutzung eines Beratungs-, Behandlung- oder Betreuungsverhältnisses eine Freiheitsstrafe bis zu fünf Jahren oder Geldstrafe an. Absatz 2 stellt den **sexuellen Missbrauch** in einer **psychotherapeutischen Behandlung** gleich: „Ebenso wird bestraft, wer sexuelle Handlungen an einer Person, die ihm zur psychotherapeutischen Behandlung anvertraut ist, unter Missbrauch des Behandlungsverhältnisses vornimmt oder an sich vornehmen lässt". Absatz 3: „Der Versuch ist strafbar."

6   Die Nichterteilung der Approbation aus dem Versagungsgrund des sexuellen Missbrauchs kommt – insoweit nicht unbedenklich – auch für angehende Psychologische Psychotherapeuten und Kinder- und Jugendlichenpsychotherapeuten in Betracht, obwohl diesbezügliche Berufsausübung gerade der Approbation bedarf. Diese Konsequenz folgt aus dem hier einschlägigen weiten Psychotherapiebegriff (vgl. Rn. 10). Unstreitig ist dies für Fälle des angestrebten Erwerbs der weiteren Approbation durch den Psychologischen Psychotherapeuten oder den Kinder- und Jugendlichenpsychotherapeuten.

7   Sexuelle Kontakte im Rahmen einer psychotherapeutischen Beziehung führen signifikant häufig zu **beziehungstraumatischen** Reaktionen der Patientin bzw. des Patienten, die Folgen des sexuellen Missbrauchs stellen sich oft erst Jahre nach dem Vorfall ein, der Zusammenhang mit dem Missbrauch wird oft erst noch später erkannt. Ganz überwiegend sind männliche Psychotherapeuten die Täter, weibliche Patientinnen die Opfer (vgl. hierzu die für die Kriminalisierung maßgebliche Studie *Becker-Fischer/Fischer*, Sexuelle Übergriffe in Psychotherapie und Psychiatrie, 1997).

8   **a) Schutzzweck.** Die Gleichstellung des sexuellen Missbrauchs in der Psychotherapie mit den schwereren Krankheitsbildern des § 174 c Abs. 1 StGB ist darin motiviert, dass der Bruch des Vertrauens, das Patienten, die aus eigenem Antrieb sich einer psychotherapeutischen Behandlung unterziehen, ihrem Behandler entgegenbringen, die schwerere Ausgangspathologie aufwiegt (*Lackner/Kühl*, § 174 c

StGB, Rn. 8). Geschützt sind Patienten sowohl in stationärer, teilstationärer, wie auch ambulanter Behandlung. Zum Tatbestandsmerkmal der Behandlung zählen auch so genannte Erstinterviews, anamnestische und probatorische Sitzungen. Eine Behandlung im Sinne von § 174 c StGB endet auch nicht mit deren formeller Beendigung – Abschluss oder Abbruch –, sondern umfasst noch einen Zeitraum danach, während dem die so genannte Übertragungsbeziehung noch nachhaltig andauert. Das **Einverständnis** des Patienten wirkt nicht tatbestandsausschließend, der Missbrauch braucht nicht während einer therapeutischen Sitzung zu erfolgen (zu Patienteninformationen siehe die Informationsbroschüre „Sexuelle Übergriffe in Psychotherapie, Psychiatrie und psychologischer Beratung" des Instituts für Psychotraumatologie e. V. Köln/Much, 2003, zu beziehen über Bundesministerium für Familie, Senioren, Frauen und Jugend, Broschürenstelle, 10 117 Berlin).

Die Formulierung „an einer Person" wird überwiegend dahingehend ausgelegt, **9** dass nur sexuelle Handlungen mit körperlichem Kontakt tatbestandsmäßig sind (*Lackner/Kühl*, § 174 c StGB, Rn. 11). Sexuelle Handlungen ohne körperlichen Kontakt werden aber unbeschadet dessen regelmäßig ein sonstiges Verhalten, aus dem sich die Unwürdigkeit oder Unzuverlässigkeit zur Berufsausübung ergibt, darstellen. Das Gleiche gilt, wenn der nur vorsätzlich begehbare § 174 c StGB deshalb entfällt, weil der Vorsatz des Täters nicht nachzuweisen oder aus sonstigen Gründen zu verneinen, dem Täter aber Fahrlässigkeit vorzuwerfen ist (vgl. Rn. 44).

b) Weiter Psychotherapiebegriff. Im Gegensatz zum engen Psychotherapie- **10** begriff des PsychThG liegt § 174 c StGB ein **weite Psychotherapiebegriff** zugrunde. Mit Rücksicht auf den Grundsatz der eigenständigen strafrechtlichen Begriffsbildung ist dies unbedenklich. Geschützt sind dementsprechend auch Patienten von Institutsambulanzen oder Beratungsstellen (*Lackner/Kühl*, § 174 c StGB, Rn. 6). Als Täter in Betracht kommen neben Nervenärzten und Psychiatern auch sonstige Psychotherapeuten (*Lackner/Kühl*, § 174 c StGB, Rn. 7). Darunter fallen auch psychotherapeutisch tätige Heilpraktiker und Therapeuten, deren psychologische Tätigkeit die Aufarbeitung und Überwindung psychischer Konflikte unterhalb der Krankheitsschwelle, d. h. außerhalb der Heilkunde im Sinne von § 1 Abs. 3 Satz 3, zum Gegenstand haben. Der weite Psychotherapiebegriff im Rahmen von § 174 c StGB entspricht der ganz h. M. (*Tröndle/Fischer*, § 174 c StGB, Rn. 6; Sch/Sch/*Lenckner/Perron*, § 174 c StGB, Rn. 8; SK-*Horn/Wolters*, § 174 c StGB, Rn. 11), wobei es auf die **Anerkennung** des praktizierten Verfahrens nicht ankommen soll (*Tröndle/Fischer*, § 174 c StGB, Rn. 6).

Behandlungen können danach auch Ausbildungsfälle gem. § 8 Abs. 3 Nr. 5 **11** sein, unbestritten fällt die im Rahmen der Ausbildung zu erwerbende therapeutische Selbsterfahrung der Ausbildungskandidaten darunter, wobei hier nur der jeweilige Lehrtherapeut als Täter in Betracht kommt. Die bislang vernachlässigte Thematik der Dynamik und Folgen des sexuellen Missbrauchs in der Psychotherapie ist als obligatorisches Bestandteil im Ausbildungscurriculum vorzusehen. „Sexualtherapien", bei denen die Patienten vor Beginn der „Therapie" darauf verwiesen werden, dass in der Therapie die Aufnahme sexueller Kontakte mit dem Therapeuten oder mit Teilnehmern intendiert oder wenigstens möglich ist, fallen nicht unter den Tatbestand, weil hier das Selbstverantwortungsprinzip vorgeht: Wer vorher weiß, worauf er sich einlässt, verdient keinen Schutz, weil er insoweit vor einer therapiebedingten Entwicklung einer Übertragungsbeziehung in die grundsätzlich nicht sittenwidrigen sexuellen Handlungen eingewilligt hat.

c) Maßregel Berufsverbot. Gem. § 70 StGB kann das Gericht im Falle einer **12** Verurteilung oder wenn diese nur deshalb nicht erfolgt, weil der Täter schuldunfähig war oder dies nicht auszuschließen ist, ein **Berufsverbot** verhängen, wenn eine **ungünstige Prognose** für Wiederholungstaten besteht. Das Verbot ist in der Regel für ein bis fünf Jahre auszusprechen, kann aber auch auf Dauer verhängt werden, wenn die Höchstfrist die vom Täter ausgehende Gefahr nicht beseitigen wird (Satz 2). Die Maßregel des Berufsverbots kann gem. § 71 Abs. 1, 2 StGB auch außerhalb des Urteils angeordnet werden, wenn das Verfahren wegen Schuld- oder Verhandlungsunfähigkeit des Täters nicht durchführbar ist.

13   **d) Verjährung.** Die Verjährung beträgt gem. § 78 Abs. 3 Nr. 4 StGB fünf Jahre. Sie beginnt mit der Beendigung der Tat, § 78 a Satz 1 StGB, also mit Abschluss der sexuellen Handlung(en). Das gilt auch für abstrakte Gefährdungsdelikte, sofern sie wie hier als Tätigkeitsdelikte ausgestaltet sind (*Lackner/Kühl,* § 78 a StGB, Rn. 3). Handelt es sich beim Opfer um ein Kind oder einen Jugendlichen, d. h. eine Person unter 18 Jahren, so beginnt die Verjährungsfrist erst mit Vollendung des 18. Lebensjahres zu laufen, § 78 b Abs. 1 Nr. 1 StGB. Das Ruhen der Verjährung bis zur Vollendung des 18. Lebensjahres trägt dem Umstand Rechnung, dass Kinder und Jugendliche aus Schamgründen mehr als Erwachsene vor der Aufdeckung des Vorfalles zurückscheuen und nicht selten auch der diesbezüglichen Einflussnahme des Täters ausgesetzt bleiben. Mit dem Eintritt der Volljährigkeit wird dem Patienten das Ergreifen eigener Initiativen zur Verantwortlichmachung des Täters zugemutet.

14   **4. Körperverletzung.** Führt der sexuelle Missbrauch zu einer psychotraumatisch bedingten Erkrankung, deren Symptomatik u. U. erst Jahre später manifest werden kann, so liegt zusätzlich eine Körperverletzung gem. §§ 223 ff. StGB vor. Eine rechtfertigende **Einwilligung** gem. § 228 StGB in die pathologischen Folgen kommt, wie schon bei § 174 c StGB, auch hier nicht in Betracht, da die Tat **sittenwidrig** und somit einer Einwilligung nicht zugänglich ist. Die Verjährungsfrist beträgt hier gem. § 78 Abs. 1 Nr. 4 StGB bei der vorsätzlichen Körperverletzung fünf Jahre, gem. § 78 Abs. 1 Nr. 5 StGB bei der fahrlässigen Körperverletzung nach § 229 StGB drei Jahre. Die Körperverletzung unterliegt dann als zusätzlich zu § 174 c StGB weitere Gesetzesverletzung ihrer eigenen Verjährung (*Lackner/Kühl,* § 78 StGB, Rn. 11). Für den Eintritt der Verjährung ist gem. § 78 a StGB auf den Eintritt des Körperverletzungserfolgs abzustellen, da die Körperverletzung, jedenfalls für die Tatbestandsvariante der Gesundheitsschädigung, ein Erfolgsdelikt darstellt (zu Einzelheiten vgl. *Jerouschek,* JZ 1992, S. 227–231).

15   Mit der Frage des Vorsatzes werden sich die Strafverfolgungsbehörden und Gerichte schon deshalb eingehender auseinander zu setzen haben, weil es in der Psychotherapieforschung mittlerweile zum gesicherten Wissen zählt, dass sexueller Missbrauch pathologische Folgen zeitigen kann. Zu prüfen ist deshalb, ob der Therapeut sich mit der Möglichkeit pathologischer Folgen abgefunden hat. Im Falle der Nichterweislichkeit des Vorsatzes kommt eine fahrlässige Körperverletzung gem. § 229 StGB in Betracht.

16   Gem. § 230 StGB ist grundsätzlich ein Strafantrag erforderlich, es sei denn, die Staatsanwaltschaft bejaht ein öffentliches Interesse an der Strafverfolgung. Der Strafantrag kann innerhalb einer Frist von fünf bei der vorsätzlichen bzw. drei Jahren bei der fahrlässigen Körperverletzung gestellt werden, wobei wegen der Unsicherheit in der Vorsatzfrage im Zweifel die Einhaltung der 3-Jahres-Frist anzuraten ist.

17   **5. Gesundheitliche Ungeeignetheit.** § 2 Abs. 1 Nr. 4, der die Erteilung der Approbation ausschließt, wenn in psychischer und/oder somatischer Hinsicht Ungeeignetheit zur Berufsausübung besteht, dient der Gefahrenabwehr (*Pulverich,* S. 61). Auf eine **Verschuldung** kommt es, anders als bei Nr. 3, nicht an. Nach dem Gesetzeswortlaut sind die gesundheitlichen Defizite berufsbezogen zu interpretieren und nicht etwa im Sinne von §§ 20, 21 StGB, die die verminderte oder fehlende Schuldfähigkeit zum Gegenstand haben, oder mit Rücksicht auf das Schwerbehindertenrecht zu **generalisieren** (für die geistigen Defizite *Pulverich,* S. 61).

18   So werden ein körperliches Gebrechen wie eine Gehbehinderung kaum, eine erhebliche Sehbehinderung nur etwa beim katathymen Bilderleben, Taubheit

oder Stummheit aufgrund der sprachlichen Strukturierung psychotherapeutischer Verfahren aber regelmäßig eine Unfähigkeit oder Ungeeignetheit zu begründen vermögen. Die Sucht war früher gesondert aufgeführt, weil sie schon im Vorfeld einer manifesten Schädigung eine Berufsungeeignetheit zu begründen vermag (ähnlich *Pulverich*, S. 61). Eine generelle **Altersbegrenzung** kennt das PsychThG bezüglich der Approbation nicht. Altersgebrechen sind dementsprechend konkret nach ihrer Auswirkung auf die Fähigkeit und Eignung zur Berufsausübung zu würdigen.

II. Approbation bei ausländischen Ausbildungen

§ 2 Abs. 2 und 3 sowie 3a regeln die Anerkennung einer Ausbildung, die nicht **19** innerhalb des Geltungsbereiches dieses Gesetzes abgeschlossen wurde, sondern im **Ausland**. Zunächst ist festzustellen, dass Antragsteller mit einem Ausbildungsabschluss jedes beliebigen Landes berechtigt sind, einen Antrag auf Approbation zu stellen. Es gibt prinzipiell kein Land, das per se ausgeschlossen wäre. Es gelten jedoch unterschiedliche Voraussetzungen.

Das Gesetz unterscheidet zunächst drei Gruppen ausländischer Ausbildungsabschlüsse: Diejenigen, die in einem **Mitgliedstaat der Europäischen Union (EU)** erworben wurden (§ 2 Abs. 2 Satz 1 1. Halbsatz), diejenigen, die in einem anderen **Vertragsstaat des Abkommens über den Europäischen Wirtschaftsraum (EWR)** erworben wurden (§ 2 Abs. 2 Satz 1 2. Halbsatz.) und diejenigen, die in einem **Drittstaat** erworben wurden (§ 2 Abs. 2 Satz 5).

1. Anerkennung europäischer Ausbildungsabschlüsse gem. § 2 Abs. 2. **20** Wenn aus einem in einem EU-Mitgliedstaat oder einem EWR-Vertragsstaat erworbenen Diplom hervorgeht, dass der Inhaber eine Ausbildung absolviert hat, die in diesem Staat für den unmittelbaren Zugang zu einem dem Beruf des Psychologischen Psychotherapeuten oder des Kinder- und Jugendlichenpsychotherapeuten entsprechenden Beruf erforderlich ist, gelten die Voraussetzungen des § 2 Abs. 1 Nr. 2 als erfüllt, das heißt, das Vorliegen der gemäß § 5 vorgeschriebenen Ausbildung wird fingiert. Sie gilt als abgeleistet, und die staatliche Prüfung gilt als bestanden. Dem Betreffenden ist dann gemäß § 2 Abs. 1 die Approbation zu erteilen, soweit er sich nicht eines Verhaltens schuldig gemacht hat, aus dem sich die Unwürdigkeit oder Unzuverlässigkeit zur Ausübung des Berufs ergibt (siehe hierzu oben Rn. 3 ff.), und er nicht in gesundheitlicher Hinsicht zur Ausübung des Berufs ungeeignet ist (§ 2 Abs. 1 Satz 4 s. o. Rn. 17).

Mitgliedstaaten der **Europäischen Union** sind derzeit: Belgien, Dänemark, **21** Finnland, Frankreich, Griechenland, Irland, Italien, Luxemburg, Niederlande, Österreich, Portugal, Schweden, Spanien, Vereinigtes Königreich. Mitgliedstaaten des Vertrages über den **EWR** sind Island, Liechtenstein und Norwegen. Die Schweiz ist kein Mitgliedstaat des EWR, doch ist sie Mitglied der **EFTA**. Aufgrund des multilateralen Vertrages über den Europäischen Wirtschaftsraum (EWR) sind die Angehörigen der Staaten der Europäischen Freihandelsassoziation (EFTA) gleichgestellt (siehe auch oben Rn. 1). Die Schweiz erarbeitet derzeit ein Psychologieberufsgesetz (PsyG) unter Berücksichtigung des EU-Rechts.

a) Die EU-rechtlichen Grundlagen. Die Anerkennung von Ausbildungen, **22** die in den Mitgliedstaaten der EU oder des EWR abgeschlossen wurden, bestimmt sich nach **EU-Richtlinien.** Diese EU-Richtlinien wurden, gestützt auf den Vertrag zur Gründung der Europäischen Wirtschaftsgemeinschaft − auf Vorschlag der Kommission − in Zusammenarbeit mit dem Europäischen Parlament und nach Stellungnahme des Wirtschafts- und Sozialausschusses vom Rat der Europäischen Gemeinschaften erlassen. Sie dienen dem Ziel der Europäischen Staatengemeinschaft, die Hindernisse für den freien Personen- und Dienstleistungsverkehr zwischen den Mitgliedstaaten zu beseitigen (Artikel 3 lit. c des Vertrages zur Gründung der EWG)

23   Es gibt sog. **sektorale bzw. spezifische Richtlinien** im Bereich der Tätigkeiten des Arztes, Zahnarztes, Apothekers, Krankenpflegers, Tierarztes, Architekten, der Hebamme. Eine spezifische Richtlinie für den Beruf des Psychotherapeuten liegt dagegen nicht vor. Es gibt aber des Weiteren sog. **allgemeine Anerkennungsrichtlinien,** die allgemein gültige Kriterien für die gegenseitige Anerkennung von Ausbildungen beinhalten. Die im PsychThG zitierte Richtlinie 89/48/EWG des Rates vom 21. 12. 1988 (s. Anhang Nr. 10) ist eine solche allgemeine Richtlinie, die der Rat der EU erlassen hat, um festzulegen, dass jeder Aufnahmestaat, in dem ein Beruf reglementiert ist, die in einem anderen Mitgliedstaat erworbenen Qualifikationen zu berücksichtigen und zu beurteilen hat, ob sie den von ihm geforderten Qualifikationen entsprechen.

24   Dabei ist als **reglementierte berufliche Tätigkeit** nicht nur eine berufliche Tätigkeit zu betrachten, deren Aufnahme in einem Mitgliedstaat an den Besitz eines Diploms gebunden ist, sondern auch eine berufliche Tätigkeit, deren Aufnahme frei ist, wenn sie in Verbindung mit der Führung eines Titels ausgeübt wird, der denjenigen vorbehalten ist, die bestimmte Qualifikationsvoraussetzungen erfüllen. **Die Richtlinie des Rates 89/48/EWG** betrifft die allgemeine Anerkennung der Hochschuldiplome, die eine mindestens dreijährige Berufsausbildung abschließen und die in einem Mitgliedsstaat der EU erworben wurden und zur Ausübung eines dort reglementierten Berufes berechtigen. **Die Richtlinie 92/51/EWG** (s. Anhang Nr. 11) weitet diese Regelung auf Ausbildungsniveaus aus, die keinen Hochschulabschluss beinhalten, aber dennoch den Zugang zu einem reglementierten Beruf gewährleisten. Beide Richtlinien gehen von dem Grundprinzip aus, dass jeder Berufsangehörige, der in einem Mitgliedstaat zur Ausübung eines Berufs qualifiziert ist, nunmehr das Recht auf Anerkennung seines Diploms hat, um denselben Beruf in einem anderen Mitgliedstaat ausüben zu können. Inzwischen liegt eine Änderung der Richtlinien vor, die in der **Richtlinie 2001/19/EG** (s. Anhang Nr. 9) des Europäischen Parlaments und des Rates vom 14. 5. 2001 niedergelegt ist. Die Änderungen betreffen die Berücksichtigung von Berufserfahrung (siehe unten Rn. 37).

25   Die Richtlinie des Rates 92/52/EWG regelt die Anerkennung beruflicher Befähigungsnachweise, die von der o. g. Richtlinie nicht erfasst werden, die aber auf Ausbildungsgänge im postsekundären Bereich und die dieser Ausbildung gleichgestellte Ausbildung sowie auf die Ausbildung einer kurzen oder langen Sekundärschulausbildung entspricht, durch eine Berufsausbildung oder durch Berufspraxis ergänzt wird. Diese Richtlinie kann Geltung erlangen für solche Approbationsbewerber, die in den letzten zehn Jahren zwei Jahre lang den Beruf des Psychotherapeuten in einem anderen Mitgliedsstaat der EU ausgeübt haben, das den Berufszugang nicht reglementiert hat, soweit der Approbationsbewerber Ausbildungsnachweise vorlegen kann, die von einer zuständigen Behörde ausgestellt und nach einer Sekundärschulausbildung erworben wurden.

26   **b) Der Begriff des Diploms.** Das Gesetz enthält in § 2 Abs. 2 Satz 2 eine **Legaldefinition:** Diplome im Sinne des Psychotherapeutengesetzes sind „Diplome, Prüfungszeugnisse und sonstige Befähigungsnachweise ...". Damit ist nicht nur ein Zeugnis gemeint, das mit dem Begriff „Diplom" tituliert ist, sondern jede Art von Nachweis bzw. Zeugnis.

27   Was als Diplom zu gelten hat, wird im § 2 Abs. 2 in Verbindung mit der Richtlinie 89/48/EWG weiter ausgeführt:
Gemäß Art. 1 lit. a Richtlinie 89/48/EWG „ ... gelten als Diplome im Sinne der Richtlinie alle Diplome, Prüfungszeugnisse oder sonstige Befähigungsnachweise insgesamt,

– die in einem Mitgliedstaat von einer nach seinen Rechts- und Verwaltungsvorschriften zuständigen Stelle ausgestellt werden,
– aus denen hervorgeht, dass der Diplominhaber ein mindestens dreijähriges Studium oder ein dieser Dauer entsprechendes Teilzeitstudium an einer Universität
oder einer Hochschule oder einer anderen Ausbildungseinrichtung mit gleichwertigem Niveau absolviert und gegebenenfalls die über das Studium hinaus
erforderliche berufliche Ausbildung abgeschlossen hat, und
– aus denen hervorgeht, dass der Zeugnisinhaber über die beruflichen Voraussetzungen verfügt, die für den Zugang zu einem reglementierten Beruf oder dessen Ausübung in diesem Mitgliedstaat erforderlich sind
wenn die durch das Diplom, das Prüfungszeugnis oder sonst einem Befähigungsnachweis bescheinigte Ausbildung überwiegend in der Gemeinschaft erworben
wurde …".

Ein Diplom zertifiziert eine tatsächlich abgeleistete und **abgeschlossene Aus-** 28
bildung. Die Eintragung in die österreichische **Psychotherapeutenliste,** die die
Psychologischen Psychotherapeuten in Österreich zur selbständigen Ausübung der
Psychotherapie berechtigt, stellt kein Diplom im Sinne des Art. 1 der Richtlinie 89/48/EWG des Rates vom 21. 12. 1988 über eine allgemeine Regelung zur
Anerkennung der Hochschuldipome, die eine mindestens dreijährige Berufsausbildung abschließen, dar. Es sagt vielmehr lediglich aus, dass eine Ausbildung und
Berufstätigkeit *in Österreich* anerkannt wird und der Betreffende in Österreich unmittelbaren Zugang zum Beruf des Psychologischen Psychotherapeuten hat. Es
entfaltet keine Bindungswirkung für deutsche Approbationsbehörden (*BSG,* 6. Senat vom 5. 2. 2003).

c) Unmittelbarer Zugang zu einem reglementierten Beruf (§ 2 Abs. 2 29
Satz 1). Dem Diplom muss zu entnehmen sein, dass der Antragsteller über die
beruflichen Voraussetzungen verfügt, die für den Zugang zu einem **reglementierten Beruf** oder dessen Ausübung erforderlich sind. In den meisten Ländern
der EU bzw. des EWR ist der Beruf des Psychotherapeuten noch nicht reglementiert. Selbst die Begriffsführung in den Ländern der EU ist uneinheitlich. In Spanien gibt es nur den offiziellen Titel „Licenciado en Psicologia" und „Especialista
en Psicoligia Clinica". Ebenso wird in Portugal nur von Psychologen, nicht von
Psychotherapeuten gesprochen. In den Niederlanden gehört der Psychotherapeut
zur Gruppe der „paramedizinischen Berufe" und wird dort neben dem Beruf des
Fußpflegers genannt. In Europa gibt es derzeit außer in Deutschland nur in Finnland, Italien, den Niederlanden, Österreich, Schweden und Ungarn Gesetzesre-
gelungen für die Ausübung der Psychotherapie für Psychologen.

Unmittelbar im Sinne des § 2 Abs. 2 Satz 1 bedeutet, dass der Approbations- 30
bewerber die Voraussetzungen erfüllt, die im Herkunftsstaat **direkt** zur Berufsausübung berechtigen, also die Voraussetzung der abgeschlossenen Ausbildung und
der staatlichen Prüfung. Gemeint sind hier nicht die mittelbaren Voraussetzungen,
d. h. beispielsweise die Voraussetzungen gem. § 5, die den **Zugang** zur Ausbildung
regeln. Insofern kann Gegenstand der Prüfung der Approbationsbehörde im Rahmen des § 2 Abs. 2 Satz 1 und 2 nicht sein, ob der Approbationsbewerber beispielsweise ein abgeschlossenes Psychologiestudium vorweisen kann, wenn er seine
Approbation zum Psychologischen Psychotherapeuten beantragt. Denn Funktion
des EU-Diploms ist es, die Gleichwertigkeit einer im Ausland absolvierten Vorbildung für eine Qualifikation, die nach deutschem Recht eine bestimmte Vorbildung
erfordert, anzuerkennen. (Verbot der Diskriminierung andersartiger im EU-Ausland erworbener, aber inhaltlich gleichwertiger Ausbildungen, siehe *BSG,* 6. Senat,
vom 5. 2. 2003. Siehe zum Problem der Inländerdiskriminierung Rn. 39).

d) Welcher Personenpreis kann sich auf § 2 Abs. 2 berufen? Der Appro- 31
bationsbegehrende, der seine Ausbildung in einem EU-Staat oder in einem EWR-

Staat geleistet hat, kann sich nur dann auf § 2 Abs. 2 in Verbindung mit § 1 Abs. 1 Nr. 2 berufen, wenn er **Deutscher, Staatsangehöriger eines Mitgliedsstaates der EU/des EWR oder heimatloser Ausländer** ist (§ 2 Abs. 1 Nr. 1). Ein von einem Schweizer in Italien erworbenes Diplom kann nicht gem. § 2 Abs. 2 anerkannt werden, da die Schweiz kein EU/EWR-Land ist. Fraglich ist allerdings, ob die Vorschrift nicht mittelbar Anwendung findet, da die Schweiz Mitglied der EFTA ist und die EFTA-Staaten den Mitgliedstaaten des EWR gleichgestellt sind. Angehörige anderer Staaten könnten jedoch gem. § 4 eine befristete Erlaubnis zur Berufsausübung beantragen oder gemäß § 2 Abs. 3 in besonderen Einzelfällen bzw. aus Gründen des öffentlichen Gesundheitsinteresses eine Approbation beantragen (dazu siehe unten Rn. 51). Außerdem können Angehörige von Drittstaaten gem. § 2 Abs. 3 a eine Approbation beantragen, soweit sich hinsichtlich der Diplomanerkennung nach dem Recht der Europäischen Gemeinschaften eine Gleichstellung ergibt (s. Rn. 21).

32   **2. Einschränkungen der Anerkennung ausländischer Ausbildungsabschlüsse gem. § 2 Abs. 2.** Unter gewissen Umständen kann die Approbationsbehörde die Erteilung der Approbation von Auflagen abhängig machen. Das Gesetz nannte in § 2 Abs. 2 Satz 3 bis zur Gesetzesänderung im Juli 2003 nur den Fall, dass die Dauer der im EU-/EWR-Ausland abgeleisteten Ausbildung die in der Bundesrepublik Deutschland geforderte Ausbildungsdauer unterschreitet. Mit der Neufassung des Satz 3 stellt der Gesetzgeber klar, dass die Approbationsbehörde zu prüfen hat, ob wesentliche Unterschiede bezüglich Dauer *und Inhalten* vorliegen.

33   **a) Mindestdauer der Ausbildung (§ 2 Abs. 2 Satz 2).** Das Gesetz fordert, dass eine in einem EU/EWR-Staat erworbene Ausbildung ebenso lange gedauert haben muss, wie dies nach dem PsychThG vorgeschrieben ist. In § 5 Abs. 1 ist bestimmt, dass die Ausbildungen zum Psychologischen Psychotherapeuten sowie zum Kinder- und Jugendlichenpsychotherapeuten in Vollzeitform jeweils mindestens drei Jahre, in Teilzeitform jeweils mindestens fünf Jahre zu dauern haben.

Wenn diese Berufsausbildung des Approbationsbewerbers im EU/EWR-Ausland diese Mindestdauer unterschreitet, so hat er gemäß § 2 Abs. 2 Satz 2 einen höchstens dreijährigen **Anpassungslehrgang** zu absolvieren oder eine **Eignungsprüfung** abzulegen. Lag die Ausbildungsdauer, die zum Diplom führte, über ein Jahr unter der im Aufnahmestaat erforderlichen Ausbildung, so kann der Aufnahmestaat gem. Art. 4 Abs. 1 lit. a Richtlinie 89/48/EWG zusätzlich Berufserfahrung verlangen, die jedoch die Dauer von vier Jahren nicht überschreiten darf. Artikel 4 der Richtlinie enthält genaue Vorschriften über die Dauer der verlangten **Berufserfahrung** in verschiedenen Ausbildungsbereichen. Diese Regelung bezieht sich ausdrücklich nur auf die Dauer der Ausbildung, nicht auch auf den Fall, dass inhaltliche Differenzen in der Ausbildung bestehen.

34   **b) Wesentlicher Unterschied.** Bestehen **inhaltliche** Differenzen zwischen der Ausbildung, die der Antragsteller in dem EU/EWR-Staat erworben hat, und der hier geforderten Ausbildung, so ist dies nur dann von Belang, wenn die Unterschiede **wesentlich** sind. Die Frage, was unter einem wesentlichen Unterschied zu verstehen ist, hat die zuständige Behörde zu entscheiden. Irrelevant ist in diesem Zusammenhang, ob der Antragsteller vor seiner Psychotherapeutenausbildung ein Psychologiestudium absolviert hat. Denn die Prüfung, ob ein wesentlicher Unterschied vorliegt, bezieht sich nur auf solche Abschlüsse, die für den unmittelbaren Zugang zu dem Beruf des Psychologischen Psychotherapeuten bzw. Kinder- und Jugendlichenpsychotherapeuten erforderlich sind, also auf die Psychotherapeutenausbildung selbst (siehe auch Rn. 30).

35   Die EU-Richtlinien (hier insbesondere die Richtlinie 89/48/EWG, Art. 4 Abs. 1 lit. b) sind nach den Ausführungen der EU-Kommission so zu verstehen,

dass nur solche Unterschiede gemeint sind, die die Ausübung der Tätigkeit in den einzelnen Mitgliedstaaten so wesentlich prägen, dass eine Ausübung des Berufs im Empfängerland ohne diesen Ausbildungsbestandteil aus rechtlichen oder tatsächlichen Gründen nicht möglich ist. Es sind konkret die Fächer zu prüfen, in denen die Ausbildung stattgefunden hat und mit denen zu vergleichen, die im Aufnahmemitgliedstaat vorgeschrieben sind. Dabei muss es sich um Fächer handeln, deren Kenntnis eine wesentliche Voraussetzung für die Ausübung des Berufs ist und bei denen die bisherige Ausbildung des Migranten bedeutende Abweichungen gegenüber der im Aufnahmemitgliedstaat geforderten Ausbildung aufweist (Art. 14 Nr. 2 des Vorschlags der Kommission der Europäischen Gemeinschaften vom 7. 3. 2002 für eine Richtlinie des Europäischen Parlaments und des Rates über die Anerkennung von Berufsqualifikationen). Von einem wesentlichen Unterschied dürfte auszugehen sein bei Ausbildungen in einem Therapieverfahren, das in Deutschland nicht wissenschaftlich anerkannt ist (*Behnsen/Bernhardt*, S. 56). Bei der Prüfung von wesentlichen Unterschieden handelt es sich jedoch nicht um eine „**Gleichwertigkeitsprüfung**". Diese ist für solche Ausbildungen vorgesehen, die „in einem anderen Staat" gem. § 2 Abs. 2 Satz 5, d.h. einem Drittstaat abgeschlossen wurden (dazu unten Rn. 45 ff.).

c) **Die Auflagen Anpassungslehrgang oder Eignungsprüfung.** Liegen inhaltlich wesentliche Unterschiede vor oder entspricht die Dauer der Ausbildung nicht den Erfordernissen des Psychotherapeutengesetzes, hat der Antragsteller gem. § 2 Abs. 2 Satz 3 einen **Anpassungslehrgang** zu absolvieren oder eine **Eignungsprüfung** abzulegen. Diese Konsequenz wird nun explizit im neu gefassten Satz 3 aufgeführt. Der Gesetzgeber tut damit der EU-Richtlinie 89/48/EWG Genüge. Art. 4 Abs. 1 lit. b dieser Richtlinie besagt, dass der Antragsteller einen höchstens dreijährigen Anpassungslehrgang absolviert oder eine Eignungsprüfung ablegt, „ … wenn seine bisherige Ausbildung (…) sich auf Fächer bezieht, die sich wesentlich von denen unterscheiden, die vom Diplom abgedeckt werden, das in dem Aufnahmestaat vorgeschrieben ist …". 36

d) **Berücksichtigung von Berufserfahrung – Änderung der Richtlinie 89/ 48/EWG (§ 2 Abs. 2 Satz 3 letzter Halbsatz).** Während die Richtlinie 89/ 48/EWG nur die Wahl zwischen den Alternativen Eignungsprüfung oder Anpassungslehrgang lässt, sieht die zwischenzeitlich ergangene Abänderung der Richtlinie 89/48/EWG durch die Richtlinie 2001/19/EG eine Milderung vor. Vor der Auflagenerteilung durch die Approbationsbehörde hat diese jetzt zu prüfen, ob die fehlende Ausbildungszeit und die wesentlichen Differenzen in der Berufsausbildung durch die **Berufserfahrung** des Approbationsbewerbers kompensiert wurden. 37

Dieser Richtlinie entsprechend ist § 2 Abs. 2 Satz 3 so auszulegen, dass die Behörde, soweit sie beabsichtigt, vom Antragsteller zu verlangen, dass er einen Anpassungslehrgang absolviert oder eine Eignungsprüfung ablegt, zuvor zu überprüfen hat, ob die vom Antragsteller während seiner Berufserfahrung erworbenen Kenntnisse die wesentlichen Unterschiede ganz oder teilweise abdecken. Nach welchen Kriterien geprüft werden kann, ob die Berufserfahrung, die der Antragsteller aufweist, die wesentlichen Unterschiede zwischen der geforderten und der erbrachten Ausbildung abdeckt, wird wahrscheinlich zukünftige Aufgabe des Gesetzgebers und der Rechtsprechung, insbesondere der Rechtsprechung des *EuGH*, sein.

e) **Wahlrecht des Antragstellers.** Kommt die Landesbehörde dennoch zu dem Schluss, dass der Antragsteller bzw. der Approbationsbegehrende auch durch eventuelle Berufserfahrung die Defizite in der Dauer der Ausbildung oder die wesentlichen inhaltlichen Unterschiede nicht hat ausgleichen können, so kann sie die Erteilung der Approbation davon abhängig machen, dass dieser einen höchstens dreijährigen Anpassungslehrgang absolviert oder eine Eignungsprüfung ablegt. 38

Der Antragsteller hat das Recht zwischen Anpassungslehrgang und Eignungstest zu wählen. Dieses in § 2 Abs 2 Satz 4 niedergelegte Wahlrecht des Antragstellers basiert ebenfalls auf EU-Recht, auf Art. 4 der Richtlinie 89/48/EWG.

39   **3. Zur Problematik der „Inländerdiskriminierung".** Soweit nach dem oben Ausgeführten davon auszugehen ist, dass eine im europäischen Ausland unter den Voraussetzungen des § 2 Abs. 2 Sätze 1, 2, 3 erlangte Ausbildung auch dann zu einem Anspruch auf Approbierung gemäß § 2 Abs. 1 führt, wenn der Antragsteller nicht diplomierter Psychologe ist, führt dies zur Frage, ob hier nicht von einer unzulässigen Inländerdiskriminierung auszugehen ist (vgl. *Butzmann*, NJW 2000, 1773 ff.). Denn der Zugang zur psychotherapeutischen Ausbildung ist in den EU-Ländern unterschiedlich geregelt. In Österreich gelten geringere Anforderungen an den Zugang insofern kein abgeschlossenes Psychologiestudium notwendig ist. Ein Österreicher, mit einer Nicht-Psychologen-Vorbildung, der seine Ausbildung in Österreich absolviert hat und in die dortige Therapeutenliste eingetragen ist, hätte hier Anspruch auf Approbation gem. § 2 Abs. 2 in Verbindung mit § 2 Abs. 1, da ein österreichisches Diplom als Psychotherapeut der deutschen Ausbildung zum Psychologischen Psychotherapeuten grundsätzlich gleichwertig ist (*VG Stuttgart,* DÖV 1999, 966 f., NZS 2000, 52, MedR 2000, 230). Eine Prüfung im Rahmen der Gleichwertigkeit scheidet aus, da diese sich gemäß § 2 Abs. 2 Satz 5 (siehe Rn. 35) nur auf Ausbildungsabschlüsse bezieht, die in einem anderen Staat als den EU-bzw. EWR-Staaten erreicht wurden. Das Fehlen des Psychologie-Studiums stellt auch keinen wesentlichen Unterschied der Ausbildungen dar (siehe oben Rn. 34). Insoweit wird eine abgeschlossene Ausbildung nach § 5 fingiert.

40   Zugangsvoraussetzung für die Aufnahme einer Ausbildung zum Psychologischen Psychotherapeuten in Deutschland ist gemäß § 5 ein abgeschlossenes Psychologie-Studium mit dem Prüfungsfach Klinische Psychologie (vgl § 5, Rn. 19 ff.). Die Approbation wird gemäß § 2 Abs. 1 nur dann erteilt, wenn der Antragsteller die vorgeschriebene Ausbildung, d. h. eine Ausbildung gemäß § 5 abgeleistet und die staatliche Prüfung bestanden hat. Die Frage ist, wie mit nicht-psychologischen Approbationsbegehrenden umgegangen werden kann. Einerseits will der Gesetzgeber mit der Einführung des Psychologenvorbehalts einen qualitativ hohen Standard für die Therapeutenpraxis sichern. Nach der Rechtsprechung des *Bundesverfassungsgerichts* (NJW 2000, 1779) ist demgemäß der Ausschluss anderer Berufsgruppen als derjenigen des diplomierten Psychologen verfassungsgemäß. Andererseits scheint es ungerecht, wenn selbst im Übergangsrecht des § 12 inländische Nichtpsychologen von der Berufstätigkeit als Psychologische Psychotherapeuten ausgeschlossen werden, ausländische Nicht-Psychologen aber zur Approbation gemäß § 2 Abs. 2 zuzulassen sind.

41   Ein Antragsteller, der in Deutschland auf Grund einer in Deutschland erworbenen Qualifikation, die den Anforderungen des § 5 nicht genügt (z. B. Zugangsvoraussetzung das abgeschlossenes Studiums der Psychologie), tätig werden will, wird keine Approbation erhalten, weil er nicht über ein Diplom verfügt, das in der BRD für den unmittelbaren Zugang zu einem dem Beruf des Psychologischen Psychotherapeuten entsprechenden Beruf erforderlich ist, auch dann nicht, wenn er in Österreich beispielsweise aufgrund dieses Diploms in die Psychotherapeutenliste eingetragen wurde. Denn eine EU-Anerkennung nützt nur dann, wenn der Bewerber eine Qualifikation in einem *anderen* Mitgliedstaat erworben hat. Ein EU-Diplom „hat die Funktion, für eine Qualifikation, die nach deutschem Recht eine bestimmte Vorbildung erfordert, die Gleichwertigkeit einer im Ausland absolvierten Vorbildung mit der in Deutschland geforderten anzuerkennen (Verbot der Diskriminierung **andersartiger** im EU-Ausland erworbener, aber inhaltlich gleichwertiger Ausbildungen)" (*BSG,* SozR 3–0000, S. 5; desgl. *VG München,* vom 16. 10. 2001, Az. M16 K00 1312).

Es besteht kein Fall von **Inländerdiskriminierung** wenn ein deutscher Staats- **42**
angehöriger unter Berufung auf die EU-rechtliche Gleichwertigkeitsanerkennung
eine sonst nicht erreichbare Qualifikation zu erlangen versucht (*BSG,* SozR
3-0000 mit Verweisen auf Urteile des *EuGH*). Zur Verfassungsmäßigkeit des
Ausschlusses von Nichtpsychologen von der Approbation und Zulassung als Psychologischer Psychotherapeut sowie zum Bestands- und Vertrauensschutz siehe
die Entscheidungen des *BVerfG* NJW 1999, 2729 und NJW 2000, 1779 ff.

Die Rechtsprechung wird sich in Zukunft mit der Frage zu befassen haben, wie **43**
mit den in den einzelnen EU/EWR-Ländern differierenden Zugangsvoraussetzungen innerstaatlich umgegangen werden kann. Die bisherigen höchstrichterli-
chen Entscheidungen mussten sich noch nicht mit der Frage auseinander setzen,
ob ein deutscher Approbationsbewerber mit einer den gesetzlichen Erfordernissen
des § 2 Abs. 2 entsprechenden im europäischen Ausland erworbenen Psychotherapieausbildung auf Approbation hat, auch wenn er kein diplomierter
Psychologe ist. Für den Fall der Verneinung ist die Frage, ob die offensichtliche
Diskrimierung angesichts der europarechtlichen Zielsetzung der Freizügigkeit zu
tolerieren ist. Für den Fall, dass die Rechtsprechung eine unzulässige Inländerdiskriminierung dann annimmt, wenn ein Deutscher seine Ausbildung im EU-
rechtlich relevanten Ausland absolviert, wird der Gesetzgeber und die Rechtsprechung vor die Frage gestellt sein, wie eine rechtsmissbräuchliche Umgehung der
Zugangsbestimmungen verhindert werden kann.

4. Anerkennung außereuropäischer Ausbildungsabschlüsse. Bezüglich der **44**
Frage, inwieweit die Approbation auf Antrag zu erteilen ist, wenn der Antragstel-
ler seine Ausbildung weder in Deutschland, noch in einem anderen EU-/EWR-
Staat abgeschlossen hat, unterscheidet das Gesetz zwischen Antragstellern, die An-
gehörige eines EU-/EWR-Staats oder heimatlose Ausländer sind auf der einen
Seite und außereuropäischen Ausländern auf der anderen Seite.

**a) Europäer mit außereuropäischem Ausbildungsabschluss, § 2 Abs. 2
Satz 5.** Deutsche, EU-/EWR-Ausländer und Heimatlose haben einen Anspruch
auf Approbation auch dann, wenn sie ihre Ausbildung in einem **anderen** Staat,
d. h. in einem Nicht-EU-Staat bzw. in einem Nicht-EWR-Staat erworben haben,
jedoch nur dann, wenn der Antragsteller eine gleichwertige abgeschlossene Ausbildung absolviert hat und Gleichwertigkeit des Ausbildungsstandes gegeben ist.

aa) Gleichwertige abgeschlossene Ausbildung. Mit **gleichwertiger ab-** **45**
geschlossener Ausbildung ist gemeint, dass der Antragsteller eine Ausbildung
absolviert haben muss, die mit der nach § 5 vergleichbar ist. § 5 regelt sowohl
Inhalt und Dauer, als auch die Zugangsvoraussetzungen der Ausbildung zum
Psychologischen Psychotherapeuten und zum Kinder- und Jugendlichenpsychotherapeuten. Aufgrund der Problematik der Zugangsvoraussetzung „Psychologiestudium" wird in diesem Zusammenhang vom Psychologischen Psychotherapeuten gesprochen. Hier ist geregelt, dass ein Studium der Psychologie die
Voraussetzung dafür ist, eine Psychotherapieausbildung zu absolvieren. Der Antragsteller hat demnach nachzuweisen, dass er ein dem Studium der Psychologie
gleichwertiges Studium sowie eine Ausbildung zum Psychotherapeuten durchlaufen hat, die der Ausbildung, wie sie §§ 5, 8 i. V. m. den Ausbildungs- und Prüfungsverordnungen vorsieht, gleichwertig ist. Doch zunächst einmal ist erforderlich, dass er – soweit er zu dem o. g. Personenkreis gehört – eine in einem anderen
Staat erworbene abgeschlossene Ausbildung **tatsächlich absolviert** hat. Hat er
z. B. in einem anderen Staat als Psychotherapeut gearbeitet, ohne eine Ausbildung
mit Prüfung entsprechend § 5 abgeschlossen zu haben, so fehlt es von vornherein
an der Gleichwertigkeit, selbst wenn seine Kenntnisse denen eines entsprechend
§ 5 ausgebildeten Bewerbers gleichkämen (*OVG Rheinland-Pfalz,* MedR 2002,
581).

46   Für die **Beurteilung der Gleichwertigkeit** des Ausbildungsstandes ist eine inhaltliche Überprüfung der einzelnen Ausbildungteile erforderlich. Dabei ist nur auf objektive Merkmale des jeweiligen Ausbildungsganges, nicht aber auf subjektive Kenntnisse des Antragstellers abzustellen (siehe hierzu auch *BVerwGE* 102, 44 ff.). Es handelt sich hierbei um einen gerichtlich voll nachprüfbaren unbestimmten Rechtsbegriff, der einen Vergleich des vom jeweiligen Bewerber absolvierten konkreten Ausbildungsganges mit dem Ausbildungsstand erfordert, der aufgrund einer in Deutschland absolvierten Ausbildung erreicht wird. Ein im Ausland durchgeführtes Studium wird durch die zuständige Landesbehörde konkret nachgezeichnet und zu dem Studiengang in eine wertende Relation gesetzt, den das Psychotherapeutengesetz für die Berufszulassung vorsieht. Dabei ist insbesondere auf die Studiendauer, die Art und Weise der Vermittlung der Ausbildungsinhalte sowie die Art der Leistungskontrolle abzustellen (*BVerwGE* 102, 44 ff.).

47   Die Entscheidung über die Gleichwertigkeit obliegt der zuständigen Landesbehörde. Diese holt im Zweifel gutachterliche Stellungnahmen zur Frage der Gleichwertigkeit ein von der **Zentralstelle** für ausländisches Bildungswesen in Bonn im Sekretariat der Ständigen Konferenz der Kultusminister der Länder in der Bundesrepublik Deutschland. Diese ist die zuständige Stelle für Angelegenheiten der Bewertung und Einstufung ausländischer Bildungsnachweise, ohne eigene Entscheidungsbefugnisse zu haben (im Einzelnen siehe hierzu § 5, Rn. 22 f.). Ein Nachweis über die Gleichwertigkeit kann nicht durch die Eintragung in die österreichische Psychotherapeutenliste erbracht werden (*Landessozialgericht NRW*, 11. Senat, vom 17. 7. 2002, nachgehend und bestätigend *BSG*, vom 5. 2. 2003, Az. B 6 KA 42/02). So erwirbt z. B. ein Deutscher aufgrund seiner in Deutschland erworbenen Qualifikation, die in Österreich ausreicht, um dort in die österreichische Therapeutenliste eingetragen und in Österreich als Psychologischer Psychotherapeut tätig zu werden, nicht automatisch ein Recht, hier als Psychologischer Psychotherapeut approbiert zu werden (zur Problematik siehe Rn. 39 ff.).

48   Wenn die im Ausland erworbene Ausbildung nach § 2 Abs. 2 oder Abs. 3 Satz 2 nicht abgeschlossen war oder die Gleichwertigkeit der Ausbildung und Kenntnisse nach § 2 Abs. 3 Satz 2 nicht gegeben war, ist die Approbationsbehörde gemäß § 3 Abs. 1 Satz 1 verpflichtet, die Approbation zurückzunehmen und zwar mit rückwirkender Kraft (ex tunc).

49   **b) Nicht-Europäer mit europäischem Ausbildungsabschluss § 2 Abs. 3 Satz 1.** Für Antragsteller, die nicht Deutsche, Staatsangehörige eines Mitgliedsstaates der EU oder eines anderen Vertragsstaates des Abkommens über den EWR oder heimatloser Ausländer sind, findet § 2 Abs. 3 Satz 1 Anwendung. Darin ist geregelt, dass Bewerber, die die Voraussetzungen des § 2 Abs. 1 Nr. 1 nicht erfüllen (ausländische Approbationsbewerber aus Drittstaaten), nur im **besonderen Einzelfall** oder **aus Gründen des öffentlichen Gesundheitsinteresses** eine Approbation erhalten können.

50   Diese Bestimmung ist identisch mit der des § 3 Abs. 3 Satz 1 BÄO für die ärztliche Approbation. Damit ist klargestellt, dass Ausländer keinen Rechtsanspruch auf Erteilung einer Approbation haben, auch unabhängig davon, ob die Ausbildung zum Psychologischen Psychotherapeuten oder zum Kinder- und Jugendpsychotherapeuten in Deutschland absolviert wurde. Ausländer können nur aufgrund einer **Ermessensentscheidung** der Behörden und nur ausnahmsweise (vgl. Begr. RegE, BT-Drs. 13/8035, S. 17) eine Approbation erhalten und nur in den im Gesetz genannten Ausnahmefällen (*Pulverich*, S. 63).

51   **aa) Besonderer Einzelfall.** Es ist stets im Einzelfall eine zusammenhängende Würdigung der persönlichen und beruflichen Situation des ausländischen Psychotherapeuten sowie der Integration in die deutschen Berufs- und Lebensverhältnisse vorzunehmen. Ist ein Ausländer mit einem deutschen Staatsangehörigen verheiratet, reicht dies allein nicht aus, um einen besonderen Einzelfall zu begründen (vgl. Begründung zu § 3 Abs. 3 BÄO, BT-Drs. 5/4525). Andererseits kann ein besonderer Einzelfall gegeben sein, wenn ein Ausländer nicht mit einem deutschen Staatsangehörigen, sondern einem anderen EG-Angehörigen verheiratet ist (Urteil vom 6. 6. 75, EOVGB Bd 13, S. 120; *Pulverich,* S. 64). Ist ein Psychotherapeut bereits jahrelang in der Bundesrepublik Deutschland berufstätig, mit einem deutschen Staatsbürger verheiratet und sind Kinder aus dieser Ehe hervorgegangen und hat eine Einordnung in die deutschen Lebensverhältnisse statgefunden, ist ein besonderer Einzelfall gegeben (*BVerwG,* NJW 1974, 1634; *Pulverich,* S. 63).

Die Frage, ob ein Deutscher, ein Angehöriger eines Mitgliedstaates der EU   **52** oder eines anderen Vertragsstaates des Abkommens über den EWR oder ein heimatloser Ausländer sich aus Gründen der Gleichheit auch auf das Vorliegen eines besonderen Einzelfalles berufen kann, wird vom *OVG Rheinland-Pfalz* (MedR 2002, 581) verneint. Die im dortigen Fall deutsche Staatsangehörige wird nicht schlechter behandelt als die erwähnten Gruppen ausländischer Approbationsbewerber. Denn auf den Tatbestand des Einzelfalles oder die Günde öffentlichen Gesundheitsinteresses können sich Ausländer auch nur dann berufen, wenn sie die vorgeschriebene Ausbildung abgeleistet und die staatliche Prüfung bestanden haben (§ 2 Abs. 1 Nr. 2) oder aber, wenn sie eine in einem anderen Mitgliedstaat der EU oder einem anderen Vertragsstaat des Abkommens über den EWR erworbene, den Voraussetzungen der Richtlinien 89/48/EWG oder 92/51/EWG entsprechende oder in einem anderen Staat erworbene gleichwertige abgeschlossene Ausbildung und gleichwertige Kenntnisse nachweisen können (§ 2 Abs. 3 Satz 2), andernfalls sie einen Anpassungslehrgang zu absolvieren oder eine Eignungsprüfung abzulegen haben (§ 2 Abs. 3 Satz 3). Dieser Weg steht auch deutschen Approbationsbewerbern offen (*OVG Rheinland-Pfalz,* a. a. O.).

bb) Öffentliches Gesundheitsinteresse. Von einem öffentlichen Gesundheits-   **53** interesse ist dann auszugehen, wenn der ausländische Psychotherapeut aufgrund seiner Sprachkenntnisse oder aufgrund seiner Zugehörigkeit zu einer anderen Kultur eine Behandlung von in Deutschland wohnenden ausländischen Patienten sicherstellen kann. Die staatlichen Behörden sollen gerade bei der Erteilung der Approbation an ausländische Psychotherapeuten beachten, dass eine ausreichende und angemessene Behandlung ausländischer Mitbürger durch gleichsprachige Psychotherapeuten sichergestellt wird (*Pulverich,* S. 64). Zunächst jedoch hat die Zulassungsbehörde zu prüfen, ob nicht lediglich eine befristete Erlaubniserteilung nach § 4 zur Erfüllung des öffentlichen Gesundheitsinteresses ausreichend sein kann (*BVerwGE* 58, 291).

In jedem Falle aber hat ein Antragsteller, der eine Approbation gem. § 2 Abs. 3 begehrt, nachzuweisen, dass er die übrigen, in § 2 Abs. 1 Nr. 2–4 genannten Voraussetzungen erfüllt. Das heißt er muss nachweisen, dass er die vorgeschriebene Ausbildung abgeleistet und die staatliche Prüfung bestanden hat (vgl. auch Rn. 52).

cc) Ausbildungsvorbehalt (§ 2 Abs. 3 Satz 2). Bei Ausländern aus Staaten   **54** außerhalb der EU und des EWR-Raumes, die nicht die Ausbildung nach diesem Gesetz absolviert haben, ist eine Approbation nur zulässig, wenn der Antragsteller zusätzlich zu den oben beschriebenen Ausnahmefällen des besonderen Einzelinteresses oder des öffentlichen Gesundheitsinteresses die vorgeschriebene Ausbildung gemäß § 5 abgeleistet hat (s. o. Rn 52 f.) oder über eine in einem anderen Mitgliedstaat der EU oder des EWR erworbene, den Voraussetzungen der Richtlinien 89/48/EWG oder 92/51/EWG entsprechende abgeschlossene Ausbildung verfügt, § 2 Abs. 3 Satz 3 1. Alternative. Wie unter § 2 Abs. 2 (Rn. 32–38) ausgeführt, kann von ihm zum Ausgleich der Ausbildungszeitdefizite oder bei Vorliegen wesentlicher inhaltlicher Unterschiede ein Anpassungslehrgang oder eine Eignungsprüfung gefordert werden, § 2 Abs. 3 Satz 3.

55   **c) Nicht-Europäer mit nicht-europäischer Ausbildung (§ 2 Abs. 3 Satz 2 2. Alternative).** Bei Antragstellern aus Drittländern, die mit einer in einem anderen Staat (Drittstaat) erworbenen Ausbildung die Approbation begehren, ist, wie unter Rn. 49 ff. ausgeführt, zu prüfen, ob ein besonderer Einzelfall oder Gründe des öffentlichen Gesundheitsinteresses gegeben sind.

56   **d) Die Prüfung der Gleichwertigkeit.** Wie europäische Bewerber, die ihre Ausbildung in einem Drittstaat abgelegt haben, müssen Bewerber aus Drittstaaten ihre in einem Drittstaat abgeleistete Ausbildung dahingehend überprüfen lassen, ob diese gleichwertig einer nach § 5 abgeschlossenen Ausbildung ist. Über die Frage der Gleichwertigkeit hat die Landesbehörde zu entscheiden, die die inhaltliche Überprüfung an die Zentralstelle für ausländisches Bildungswesen in Bonn übergibt. Das unter Rn. 47 Gesagte gilt entsprechend. Liegen wesentliche Unterschiede hinsichtlich Dauer und Inhalt der Ausbildung vor, so treten die gleichen Folgen ein wie bei Antragstellern mit einem europäischen Diplom. § 2 Abs. 3 Satz 3 und 4 verweisen insoweit auf § 2 Abs. 3 Satz 3 und 4 bzw. Satz 5–8.

56a   Für Drittstaaten und Drittstaatenangehörige werden die Absätze 2 und 3 entsprechend angewendet, wenn deren Diplom dem Diplom nach dem Recht der Europäischen Gemeinschaften gleichgestellt ist.

III. Verfahren

57   **1. Rechtliches Gehör.** Hat die Behörde nach der Gesamtwürdigung der Umstände vor, den Antrag auf Approbation in Ansehung von § 2 Abs. 1 abzulehnen, so hat gem. § 2 Abs. 4 der Antragsteller oder sein gesetzlicher Vertreter vor der Ablehnungsentscheidung Anspruch auf **rechtliches Gehör,** um im Wege von Gegenvorstellungen die Versagungsgründe auszuräumen (*Pulverich,* S. 64). Die Behörde hat den Antragsteller über ihr Ablehnungsvorhaben und die hierfür in Anspruch genommenen Gründe zu informieren.

58   **2. Aussetzung.** Gem. § 2 Abs. 5 kann nach behördlichem Ermessen die Entscheidung über den Antrag auf Erteilung der Approbation bis zur Verfahrensbeendigung **ausgesetzt** werden, wenn gegen den Antragsteller wegen des Verdachts einer Straftat, aus der sich die Unwürdigkeit oder Unzuverlässigkeit zur Berufsausübung ergeben könnte (vgl. den Versagungsgrund gem. § 2 Abs. 1 Nr. 3), ein Strafverfahren eingeleitet worden ist. Eingeleitet ist ein Verfahren mit dem Eingang einer Anzeige bei den Strafverfolgungsbehörden oder mit der sonstigen Aufnahme von Ermittlungen von Amts wegen. In Betracht kommen sexueller Missbrauch gem. § 174 c StGB, Körperverletzung gem. §§ 223 ff., 229 StGB oder Abrechnungsbetrug gem. § 263 StGB, Bruch der Schweigepflicht gem. § 203 StGB oder auch unbefugte Titelführung gem. § 132 a StGB.

59   In einem fortgeschrittenen Verfahrensstadium, etwa mit einer Einstellung gem. §§ 153, 153 a StPO, einer Anklageerhebung durch die Staatsanwaltschaft oder einem Eröffnungsbeschluss bezüglich der Hauptverhandlung durch das Gericht, schrumpft der Ermessensspielraum über die Aussetzung. Die Behörde hat im Vorfeld der Aussetzungsentscheidung die Beweislage umfassend zu würdigen und ihrer Ermessensentscheidung zugrunde zu legen. Auch bei einer Einstellung oder einem Freispruch, etwa mangels Erweislichkeit des Vorsatzes, hat sie zu prüfen, ob das Verhalten unabhängig davon auf eine Unwürdigkeit oder Unzuverlässigkeit schließen lässt, die eine Versagung geboten erscheinen lassen. Im Übrigen kann das Verhalten bereits unabhängig von seiner Strafbarkeit einen Versagungsgrund im Sinne von § 2 Abs. 1 Nr. 3 darstellen.

60   Glaubt der Antragsteller, die Behörde erteile die Approbation zu Unrecht nicht, so steht ihm die Möglichkeit offen, gem. § 42 VwGO vor dem Verwaltungsge-

richt eine Verpflichtungsklage auf Erteilung der Approbation zu erheben. Einstweiligen Rechtsschutz kann er gem. § 123 VwGO erlangen. Obwohl auf diesem Wege die Hauptsache grundsätzlich nicht vorweggenommen werden darf, haben die Gerichte mehrfach in ähnlich gelagerten Fällen (streitiger berufsbezogener Zulassungen) zugunsten des Antragstellers entschieden und vorläufige Regelungen getroffen (näher hierzu *Kopp/Schenke,* VwGO, § 123, Rn. 13ff.). In Betracht kommt auch ohne weiteres die Erteilung einer befristeten Erlaubnis entsprechend § 4. Bescheidet die Behörde den Antrag auf Erteilung der Approbation innerhalb eines Zeitraumes von 3 Monaten nicht, so kann er gem. § 75 VwGO Untätigkeitsklage erheben.

§ 3 Rücknahme, Widerruf und Ruhen der Approbation, Verzicht

(1) [1] Die Approbation ist zurückzunehmen, wenn bei ihrer Erteilung die Voraussetzung des § 2 Abs. 1 Nr. 2 nicht vorgelegen hat, die im Ausland erworbene Ausbildung nach § 2 Abs. 2 oder Abs. 3 Satz 2 oder die nach § 12 nachzuweisende Ausbildung nicht abgeschlossen war oder die Gleichwertigkeit der Ausbildung und Kenntnisse nach § 2 Abs. 2 Satz 5 bis 7 oder § 2 Abs. 3 Satz 4 nicht gegeben war. [2] Sie kann zurückgenommen werden, wenn bei ihrer Erteilung eine der Voraussetzungen nach § 2 Abs. 1 Nr. 1, 3 oder 4 nicht vorgelegen hat.

(2) [1] Die Approbation ist zu widerrufen, wenn nachträglich die Voraussetzung nach § 2 Abs. 1 Nr. 3 wegfällt. [2] Gleiches gilt im Falle des nachträglichen, dauerhaften Wegfalls einer der Voraussetzungen nach § 2 Abs. 1 Nr. 4.

(3) [1] Das Ruhen der Approbation kann angeordnet werden, wenn

1. **gegen den Approbationsinhaber wegen des Verdachts einer Straftat, aus der sich die Unwürdigkeit oder Unzuverlässigkeit zur Ausübung des Berufs ergeben kann, ein Strafverfahren eingeleitet ist,**
2. **nachträglich eine der Voraussetzungen nach § 2 Abs. 1 Nr. 4 vorübergehend nicht mehr vorliegt oder Zweifel bestehen, ob eine der Voraussetzungen nach § 2 Abs. 1 Nr. 4 noch erfüllt ist und der Approbationsinhaber sich weigert, sich einer von der zuständigen Behörde angeordneten amts- oder fachärztlichen Untersuchung zu unterziehen.**

[2] Die Anordnung ist aufzuheben, wenn ihre Voraussetzungen nicht mehr vorliegen. [3] Der Psychologische Psychotherapeut oder der Kinder- und Jugendlichenpsychotherapeut, dessen Approbation ruht, darf den Beruf nicht ausüben. [4] Die zuständige Behörde kann auf Antrag des Approbationsinhabers, dessen Approbation ruht, zulassen, daß die Praxis für einen von ihr zu bestimmenden Zeitraum durch einen anderen Psychologischen Psychotherapeuten oder Kinder- und Jugendlichenpsychotherapeuten weitergeführt werden darf.

(4) [1] Auf die Approbation kann durch schriftliche Erklärung gegenüber der zuständigen Behörde verzichtet werden. [2] Ein Verzicht, der unter einer Bedingung erklärt wird, ist unwirksam.

Übersicht

I. Rücknahme

1   Eine Rücknahme der bereits erteilten Approbation muss gem. § 3 Abs. 1 Satz 1 erfolgen, wenn zum Zeitpunkt ihrer Erteilung ihre Voraussetzungen gem. §§ 2 Abs. 1 Nr. 2 (Ableistung der Ausbildung und staatliche Prüfung), 2 Abs. 2, Abs. 3 Satz 2 (Ausbildung im Ausland oder deren Gleichwertigkeit) oder 12 (Ausbildung und Kenntnisse) nicht vorgelegen haben. Unter diesen Voraussetzungen ist die Rücknahme durch die Behörde **obligatorisch** und unterliegt keinem Ermessensspielraum.

2   Ein **Ermessensspielraum** ist der Behörde demgegenüber in § 3 Abs. 1 Satz 2 eingeräumt, wenn zum Zeitpunkt der Entscheidung über die Approbationserteilung die Voraussetzung des § 2 Abs. 1 (staatsrechtlicher Status des Psychotherapeuten zum Zeitpunkt der Antragstellung), die des § 2 Abs. 1 Nr. 3 (das Nichtvorliegen eines Verhaltens, aus dem sich die Unwürdigkeit oder Unzuverlässigkeit zur Berufsausübung ergibt) oder die des § 2 Abs. 1 Nr. 4 (Unfähigkeit oder Ungeeignetheit zur Berufsausübung aufgrund körperlicher oder geistiger Defizite oder Sucht) nicht vorgelegen haben.

3   Die Rücknahme bezieht sich auf den **rechtswidrig** erlassenen Verwaltungsakt der Approbation. Obligatorisch gem. Satz 1 ist sie vorzunehmen, weil hier in Ansehung der fehlenden oder defizitären Ausbildung in Folge ungleichwertiger Kenntnisse eine Gefahr für die Volksgesundheit besteht, wenn der Antragsteller psychotherapeutisch tätig bleiben würde. Die Rücknahmegründe gem. Satz 1 sind verschuldensunabhängig.

4   Die Rücknahmeregelung entspricht den allgemeinen Grundsätzen bei **rechtswidrigen Verwaltungsakten** (*Kopp/Ramsauer,* VwVfG, § 48, Rn. 1 ff.). Da hier ein begünstigender Verwaltungsakt vorliegt, kann bezüglich der Rücknahme auf die Gedanken des § 48 VwVfG zurückgegriffen werden. Hier kann die Rücknahme mit Wirkung vom Zeitpunkt der Wirksamkeit des Rücknahmeverwaltungsakts ex nunc ausgesprochen werden (*Knack,* VwVfG, § 48, Rn. 54) oder aber auch mit Wirkung für die Vergangenheit erfolgen und auch zu einem Zeitpunkt zwischen Erlass des ursprünglichen Verwaltungsakts, hier der Approbation, und dem Rücknahmezeitpunkt liegen. Die Entscheidung darüber liegt im Ermessen der Behörde, wobei u.a. auch der Zeitpunkt des Eintritts der Bösgläubigkeit, zu dem der zu Unrecht Approbierte von der Fehlerhaftigkeit der Approbation erfährt, eine Rolle spielt. Eine ex-tunc-Wirkung ist dementsprechend nicht ohne weiteres vorauszusetzen (a.A. *Pulverich,* S. 66 f.).

5   Das der Behörde eingeräumte Rücknahmeermessen gem. Satz 2 beruht auf der Erwägung, dass hier u.U. verschuldensabhängige Gesichtspunkte Berücksichtigung verdienen können und die Versagungsgründe in Wegfall gekommen sind. Wird für diesen Fall von der Rücknahme abgesehen, erübrigt sich der Verwaltungsaufwand einer Neuerteilung auch im Interesse der Verwaltungsökonomie. Allerdings wird, da der Antragsteller die Voraussetzungen nachzuweisen, zu bescheinigen oder zu erklären hat, hier im Falle des Erschleichens der Approbation das Rücknahmeermessen zuungunsten des Antragstellers auszuüben sein. Bei unverschuldetem Nichtvorliegen der staatsbürgerlichen Voraussetzungen gem. § 2 Abs. 1 Satz 1 kann die zurückzunehmende Approbation durch eine befristete Erlaubnis gem. § 4 zu ersetzen sein (weiter *Pulverich,* S. 66 f.).

II. Widerruf

6   Beim Widerruf gem. § 3 Abs. 2 war die Erteilung der Approbation zunächst rechtmäßig, da ihre Voraussetzungen zum Zeitpunkt der Erteilung vorlagen. Der

Widerruf wirkt dementsprechend niemals ex tunc (*Knack*, VwVfG, § 49, Rn. 28), sondern lediglich ex nunc vom Zeitpunkt des Widerrufs an. Die Approbation ist zu widerrufen, ohne dass der Behörde ein Ermessen eingeräumt wäre, wenn nach der – rechtmäßigen – Erteilung der Approbation der Psychologische Psychotherapeut oder der Kinder- und Jugendlichenpsychotherapeut sich eines Verhaltens schuldig macht, aus dem sich die Unwürdigkeit oder Unzuverlässigkeit zur Berufsausübung ergibt.

Zu den sachlich identischen Voraussetzungen vgl. zu § 2 Abs. 1 Nr. 3, die **7** Versagung der Approbationserteilung betreffend (vgl. zu § 2, Rn. 3 ff.). Im Regelfall einer strafbaren Handlung wird § 3 Abs. 1 Satz 2 einschlägig sein, da hier der Psychologische Psychotherapeut bzw. Kinder- und Jugendlichenpsychotherapeut sich im Rahmen seiner Berufsausübung strafbar macht (vgl. zu § 2, Rn. 6). Wie dort setzt auch hier das zum Widerruf Anlass gebende Verhalten nicht voraus, dass das Verhalten strafbar ist.

Die Approbation ist gleichermaßen ohne Ermessensspielraum zu widerrufen, **8** wenn nachträglich dauerhaft wegen eines körperlichen Gebrechens oder wegen einer Schwäche seiner geistigen oder körperlichen Kräfte oder wegen einer Sucht eine Unfähigkeit oder eine Ungeeignetheit zur Berufsausübung eintritt (vgl. § 2 Abs. 1 Nr. 4). Der einschneidende Eingriff in die Berufsfreiheit gem. Art. 12 GG im Wege des obligatorischen Widerrufs ist bei dauerhaftem Wegfall der Fähigkeit oder Geeignetheit zur Berufsausübung in der Gefahr für die Volksgesundheit begründet. Zu Einzelheiten vgl. zu § 2 Abs. 1 Nr. 4 (§ 2, Rn. 17 f.).

III. Ruhen der Approbation

Das Ruhen der Approbation als am wenigsten einschneidender Eingriff kann **9** nach pflichtgemäßem Ermessen gem. § 3 Abs. 3 Nr. 1 angeordnet werden, wenn gegen den Psychologischen Psychotherapeuten bzw. Kinder- und Jugendlichenpsychotherapeuten ein Strafverfahren wegen Verdachts einer Straftat, aus der sich die Unwürdigkeit oder Unzuverlässigkeit zur Berufsausübung ergeben kann, eingeleitet ist (vgl. hierzu zu § 2 Abs. 1 Nr. 3, § 2, Rn. 5 ff.). Das Ruhen entspricht der Aussetzung der Entscheidung über den Approbationsantrag gem. § 2 Abs. 5 (vgl. § 2, Rn. 58 f.). Die Anordnung des Ruhens kommt namentlich dann in Betracht, wenn die Behörde ihre Entscheidung über einen Widerruf maßgeblich auf die strafgerichtlichen Erkenntnisse und das Vorliegen einer Straftat zu stützen gedenkt.

Gem. § 3 Abs. 1 Nr. 2 kann das Ruhen auch angeordnet werden, wenn eine **10** vorübergehende Unfähigkeit oder Ungeeignetheit zur Berufsausübung in Folge eines körperlichen Gebrechens, einer Schwäche der geistigen oder körperlichen Kräfte oder einer Sucht besteht (§ 2 Abs. 1 Nr. 4). Während des angeordneten Ruhens der Approbation darf der Psychologische Psychotherapeut bzw. der Kinder- und Jugendlichenpsychotherapeut seinen Beruf nicht ausüben, zur Sicherung des Fortbestands der Praxis kann die Behörde auf Antrag des Psychotherapeuten, dessen Approbation ruht, zulassen, dass die Praxis von einem anderen Psychologischen Psychotherapeuten oder Kinder- und Jugendlichenpsychotherapeuten für einen behördlich festzulegenden Zeitraum übergangsweise weitergeführt wird. Dass der Substitut kein ärztlicher Psychotherapeut sein kann, ist nicht nachzuvollziehen.

Das Ruhen kann auch angeordnet werden, wenn die Unfähigkeit oder Unge- **11** eignetheit zur Berufsausübung aufgrund eines körperlichen Gebrechens oder wegen einer Schwäche der geistigen oder körperlichen Kräfte oder einer Sucht zwar nicht feststeht, jedoch **begründete Zweifel** an deren Nichtvorliegen bestehen und der Psychologische Psychotherapeut oder Kinder- und Jugendlichenpsychotherapeut sich weigert, sich einer von der zuständigen Behörde angeordneten und diese Zweifel ausräumenden oder bestätigenden amts- oder fachärztlichen Untersuchung zu unterziehen. Diese Regelung dient der Gefahrenabwehr und dem Patientenschutz und will verhindern, dass bei begründetem Verdachtsanzeichen ein möglicherweise zur Berufsausübung unfähiger und ungeeigneter Approbationsinhaber praktiziert.

12   Die Anordnung des Ruhens ist **von Amts wegen aufzuheben,** wenn die Gründe, die die Anordnung des Ruhens veranlasst haben, nicht mehr vorliegen. Das aus der Approbation grundsätzlich erwachsende Recht zur Berufsausübung lebt dann wieder auf. Eines erneuten Antrags auf Erteilung der Approbation bedarf es nicht.

IV. Rechtsschutz, Vorläufiger Rechtsschutz

13   Die belastenden Verwaltungsakte der Rücknahme, des Widerrufs und der Anordnung des Ruhens können vor den Verwaltungsgerichten angefochten werden. Vorläufiger Rechtsschutz ist durch Widerspruch möglich. Diesem kommt aufschiebende Wirkung zu (§ 80 Abs. 1 VwGO), d. h. die Rechtsstellung des Widerspruchsführers bleibt bis zur gerichtlichen Entscheidung in der Hauptsache unangetastet, es sei denn, die Behörde erklärt die jeweilige Maßnahme gem. § 80 Abs. 5 VwGO für sofort vollziehbar (*Plaggemann/Niggehoff,* Rn. 110), was regelmäßig der Fall sein wird. Die Verwaltungsgerichte können dabei eine befristete entsprechend § 4 oder eine vorläufige Approbation einstweilen anordnen (*OVG Hamburg,* NJW 1999, 2754 ff.: vorläufige Approbation).

14   Für die Anordnung der Rücknahme, des Widerrufs und des Ruhens ist gem. § 10 Abs. 2 Satz 1 die zuständige Behörde des Landes, in dem der Beruf ausgeübt wird oder zuletzt ausgeübt worden ist, zuständig.

V. Verzicht

15   Gem. § 3 Abs. 4 kann auf die Approbation als subjektive Erlaubnis verzichtet werden. Die Verzichtserklärung ist bedingungsfeindlich, eine Verzichtserklärung etwa des Inhalts „für den Fall, dass ich bis zum Jahresende keine Patienten mehr annehme, verzichte ich auf die Approbation", wäre also unwirksam. Die Erklärung muss gem. § 10 Abs. 2 Satz 2 gegenüber der zuständigen Behörde des Landes abgegeben werden, in dem der Beruf ausgeübt wird oder zuletzt ausgeübt worden ist.

§ 4 Befristete Erlaubnis

(1) [1]**Eine befristete Erlaubnis zur Berufsausübung kann auf Antrag Personen erteilt werden, die eine abgeschlossene Ausbildung für den Beruf nachweisen.** [2]**In den Fällen, in denen die Ausbildungsvoraussetzungen nach § 2 Abs. 1 Nr. 2 nicht erfüllt sind oder nach § 2 Abs. 2 nicht als erfüllt gelten, ist nachzuweisen, daß die im Ausland erworbene Ausbildung in den wesentlichen Grundzügen einer Ausbildung nach diesem Gesetz entspricht.**

(2) [1]**Die befristete Erlaubnis kann auf bestimmte Tätigkeiten und Beschäftigungsstellen beschränkt werden.** [2]**Sie darf nur widerruflich und bis**

zu einer Gesamtdauer der Tätigkeit von höchstens drei Jahren erteilt oder verlängert werden. [3] Eine befristete Erlaubnis darf ausnahmsweise über drei Jahre hinaus erteilt oder verlängert werden, wenn dies im Interesse der psychotherapeutischen Versorgung der Bevölkerung liegt. [4] Satz 3 gilt entsprechend bei Antragstellern, die

1. unanfechtbar als Asylberechtigte anerkannt sind,
2. die Rechtsstellung nach § 1 des Gesetzes über Maßnahmen für im Rahmen humanitärer Hilfsaktionen aufgenommener Flüchtlinge vom 22. 7. 1980 (BGBl. I S. 1057) genießen,
3. als Ausländer mit einem Deutschen im Sinne des Artikels 116 des Grundgesetzes verheiratet sind, der seinen gewöhnlichen Aufenthalt im Inland hat, oder
4. im Besitz einer Einbürgerungszusicherung sind, der Einbürgerung jedoch Hindernisse entgegenstehen, die sie selbst nicht beseitigen können.

(3) Personen mit einer befristeten Erlaubnis nach den Absätzen 1 und 2 haben die Rechte und Pflichten eines Angehörigen des Berufs, für dessen vorübergehende Ausübung ihnen die befristete Erlaubnis erteilt worden ist.

Begründung zum Regierungsentwurf (BT-Drs. 13/8035). Voraussetzung für die Erteilung einer befristeten Erlaubnis ist nach Absatz 1 eine abgeschlossene Ausbildung. Eine im Ausland erworbene Ausbildung muss in den wesentlichen Grundzügen einer Ausbildung nach dem Gesetz entsprechen. Die Unterschiedlichkeit der Ausbildungen in den einzelnen Staaten macht eine entsprechende Prüfung notwendig.

Nach Absatz 2 darf eine befristete Erlaubnis nur bis zu einer Gesamtdauer von drei Jahren erteilt oder verlängert werden. Ausnahmen sind nur im Interesse der psychotherapeutischen Versorgung der Bevölkerung oder in den in Absatz 2 Satz 4 Nr. 1 bis 4 genannten Fällen möglich.

Nach Absatz 3 haben die Inhaber einer befristeten Erlaubnis die gleichen Rechte und Pflichten wie die übrigen Berufsangehörigen.

Übersicht

I. Übersicht

Gem. § 4 können die zuständigen Behörden Antragstellern die **befristete Erlaubnis** zur Berufsausübung erteilen. Der Gesetzeswortlaut ist missverständlich, da die eigentliche Berufsausübung, die Durchführung von Psychotherapie, nicht an die Approbation bzw. eine befristete Erlaubnis nach § 4 geknüpft ist. Für die Ausübung der Psychotherapie reicht grundsätzlich eine Erlaubnis nach dem Heilpraktikergesetz aus. Um jedoch die Berufsbezeichnung Psychotherapeut führen zu können, ist seit dem Inkrafttreten des PsychThG eine Approbation oder eine befristete Erlaubnis nach § 4 erforderlich. 1

§ 4 gibt den zuständigen Behörden die Möglichkeit, Personen, die die Voraussetzungen zur Erteilung einer Approbation nicht erfüllen, eine befristete Berufserlaubnis zu erteilen. Hiervon betroffen sind in erster Linie Personen, die nicht über die nach § 2 Abs. 1 Nr. 1 geforderte Staatsangehörigkeit verfügen und bei denen auch die Ausnahmeregelung des § 2 Abs. 3 Satz 1 keine Anwendung findet. Beispielhaft seien hier Studienaufenthalte genannt. 2

II. Die Regelungen im Einzelnen

3   **1. § 4 Abs. 1 PsychThG.** Voraussetzung für die Erteilung einer befristeten Erlaubnis ist zunächst der Nachweis, dass der Antragsteller die fachlichen Voraussetzungen für die Durchführung von psychotherapeutischen Heilbehandlungen erfüllt. Er muss daher grundsätzlich die Ausbildungsvoraussetzungen nach § 2 Abs. 1 Nr. 2 bzw. § 2 Abs. 2 erfüllen. Erfüllt der Antragsteller diese Voraussetzungen nicht, so muss er gem. § 4 Abs. 1 Satz 2 nachweisen, dass seine im Ausland erworbene Ausbildung in den wesentlichen Grundzügen einer Ausbildung nach dem PsychThG entspricht. Dies ist der Fall, wenn die Ausbildung nach der Überzeugung der zuständigen Behörde dem Antragsteller ausreichende Fähigkeiten zur Durchführung der Psychotherapie vermittelt hat. Die in § 2 und auch in Übergangsvorschriften nach § 12 aufgestellten hohen Zugangskriterien zum Erhalt einer Approbation sollen durch § 4 grundsätzlich nicht aufgeweicht werden.

4   Nach dem Wortlaut von § 4 ist es nicht erforderlich, dass der Antragsteller die in § 2 Abs. 1 Nr. 3 und 4 genannten Voraussetzungen der persönlichen Zuverlässigkeit, Eignung und Würdigkeit zur Ausübung der Psychotherapie besitzt. Aus dem Gesamtzusammenhang der Vorschriften des PsychThG sowie aus deren Sinn und Zweck ergibt sich jedoch, dass die zuständige Verwaltungsbehörde einem Antragsteller eine befristete Erlaubnis nach § 4 nur dann erteilen kann, wenn er die in § 2 Abs. 1 Nr. 3 und 4 genannten Voraussetzungen in Bezug auf seine persönliche Eignung und Zuverlässigkeit erfüllt (*Pulverich*, S. 71; a. A. wohl *Salzl/ Steege*, S. 23).

5   **2. § 4 Abs. 2 PsychThG.** Gem. § 4 Abs. 2 darf die Erlaubnis nur widerruflich und maximal für drei Jahre befristet erteilt werden. Ausnahmsweise darf eine befristete Erlaubnis über drei Jahre hinaus erteilt oder verlängert werden, wenn dies im Interesse der psychotherapeutischen Versorgung der Bevölkerung notwendig ist. Bei der Frage, ob eine ausreichende psychotherapeutische Versorgung gewährleistet ist, ist auf den jeweils lokalen Versorgungsbedarf abzustellen. Diese Ausnahmevorschrift dient ausschließlich dem öffentlichen Interesse an einer ausreichenden psychotherapeutischen Versorgung der Bevölkerung.

6   Außer im öffentlichen Interesse kann eine befristete Erlaubnis auch erteilt werden, wenn der Antragsteller ein besonderes persönliches Interesse an der Erlaubniserteilung besitzt. Die Möglichkeit, eine befristete Erlaubnis im besonderen Interesse des Antragstellers zu erteilen, gilt jedoch nur in den im Gesetz ausdrücklich genannten Fällen, wenn der Bewerber
– unanfechtbar als Asylberechtigter anerkannt ist,
– die Rechtsstellung nach § 1 des Gesetzes über Maßnahmen für im Rahmen humanitärer Hilfsaktionen aufgenommener Flüchtlinge vom 22. 7. 1980 (BGBl. I S. 1057) genießt,
– als Ausländer mit einem Deutschen i. S. d. Art. 116 GG verheiratet ist, der seinen gewöhnlichen Aufenthalt im Inland hat, oder
– im Besitz einer Einbürgerungszusicherung ist, der Einbürgerung jedoch Hindernisse entgegenstehen, die er selbst nicht beseitigen kann.

7   Die Erteilung einer Erlaubnis nach § 4 an ausländische Psychotherapeuten, die nicht aus einem EU-Land oder einem gleichberechtigten Staat kommen, ist daran geknüpft, dass diese Personen eine Aufenthaltsgenehmigung gem. § 3 des Ausländergesetzes sowie eine Arbeitserlaubnis nach § 19 des Arbeitsförderungsgesetzes besitzen.

8   Eine wiederholte Verlängerung von Genehmigungen nach § 4 kann kein schützenswertes Vertrauen begründen. Das ergibt sich sowohl aus dem Ausnahmecharakter des § 4 als auch aus der Natur der Befristung.

3. § 4 Abs. 3 PsychThG. Nach § 4 Abs. 3 haben die Inhaber einer befriste- 9
ten Erlaubnis die gleichen Rechte und Pflichten wie die Berufsangehörigen, denen eine Approbation erteilt worden ist. Das bedeutet, dass die Heilberufekam-
mergesetze der Länder auch für die Inhaber einer befristeten Erlaubnis gelten.
Sofern nach diesen Heilberufekammergesetzen **Psychotherapeutenkammern**
gegründet werden, dürfen bzw. müssen die Inhaber einer Erlaubnis nach § 4
ebenfalls Mitglieder dieser Psychotherapeutenkammern werden (**Pflichtmitglied-
schaft,** vgl. § 11, Rn. 6).

§ 5 Ausbildung und staatliche Prüfung

(1) ¹Die Ausbildungen zum Psychologischen Psychotherapeuten sowie
zum Kinder- und Jugendlichenpsychotherapeuten dauern in Vollzeitform jeweils mindestens drei Jahre, in Teilzeitform jeweils mindestens
fünf Jahre. ²Sie bestehen aus einer praktischen Tätigkeit, die von theoretischer und praktischer Ausbildung begleitet wird, und schließen mit
Bestehen der staatlichen Prüfung ab.

(2) ¹Voraussetzung für den Zugang zu einer Ausbildung nach Absatz 1 ist

1. für eine Ausbildung zum Psychologischen Psychotherapeuten
   a) eine im Inland an einer Universität oder gleichstehenden Hoch-
      schule bestandene Abschlußprüfung im Studiengang Psychologie,
      die das Fach Klinische Psychologie einschließt und gemäß § 15
      Abs. 2 Satz 1 des Hochschulrahmengesetzes der Feststellung dient,
      ob der Student das Ziel des Studiums erreicht hat,
   b) ein in einem Mitgliedstaat der Europäischen Union oder einem an-
      deren Vertragsstaat des Abkommens über den Europäischen Wirt-
      schaftsraum erworbenes gleichwertiges Diplom im Studiengang
      Psychologie oder
   c) ein in einem anderen Staat erfolgreich abgeschlossenes gleichwerti-
      ges Hochschulstudium der Psychologie,
2. für eine Ausbildung zum Kinder- und Jugendlichenpsychotherapeuten
   a) eine der Voraussetzungen nach Nummer 1,
   b) die im Inland an einer staatlichen oder staatlich anerkannten Hoch-
      schule bestandene Abschlußprüfung in den Studiengängen Pädago-
      gik oder Sozialpädagogik,
   c) ein in einem anderen Mitgliedstaat der Europäischen Union oder
      einem anderen Vertragsstaat des Abkommens über den Europäi-
      schen Wirtschaftsraum erworbenes Diplom in den Studiengängen
      Pädagogik oder Sozialpädagogik oder
   d) ein in einem anderen Staat erfolgreich abgeschlossenes gleichwerti-
      ges Hochschulstudium.
²§ 2 Abs. 2 Satz 3 und 4 gilt entsprechend.

(3) Die zuständige Behörde kann auf Antrag eine andere abgeschlossene Ausbildung im Umfang ihrer Gleichwertigkeit auf die Ausbildung
nach Absatz 1 anrechnen, wenn die Durchführung der Ausbildung und
die Erreichung des Ausbildungszieles dadurch nicht gefährdet werden.

Übersicht

I. Regelungsinhalt und Normzweck

1   § 5 legt Dauer, Form und die Kerninhalte der Ausbildungen zum Psychologischen Psychotherapeuten bzw. Kinder- und Jugendlichenpsychotherapeuten fest sowie die Voraussetzungen, die den Zugang zu diesen Ausbildungen ermöglichen.

II. Die Gestaltung der Ausbildungen im Einzelnen

2   **1. Getrennte Ausbildungen.** § 1 nennt zwei unterschiedliche Heilberufe, den Beruf des Psychologischen Psychotherapeuten und den des Kinder- und Jugendlichenpsychotherapeuten. Folgerichtig sind hier explizit auch zwei Ausbildungen genannt, die Ausbildung zum Psychologischen Psychotherapeuten und die zum Kinder- und Jugendlichenpsychotherapeuten. Der Psychologische Psychotherapeut ist nicht ohne weiteres qualifiziert, eine Doppelapprobation zu erlangen. (siehe zu § 1, Rn. 29). Will er eine Doppelapprobation, so muss er die für die Approbation erforderliche Ausbildung absolvieren, wie auch umgekehrt ein Kinder- und Jugendlichenpsychotherapeut, soweit er die Zugangsvoraussetzungen zur Ausbildung als Psychologischer Psychotherapeut erfüllt.

3   **2. Keine Weiterbildung.** Der Begriff Ausbildung stellt auch klar, dass es sich nicht um eine Weiterbildung handelt, wie etwa die Weiterbildung eines Arztes zum ärztlichen Psychotherapeuten. Denn die Weiterbildung der Ärzte zum ärztlichen Psychotherapeuten setzt das Bestehen der Approbation voraus. Die Ausbildung zum Psychologischen Psychotherapeuten und deren Abschluss durch eine staatliche Prüfung dagegen ist Voraussetzung dafür, die Approbation und damit die Berechtigung zur Ausübung des Berufes überhaupt erst zu erlangen. Diese Unterscheidung ist im Hinblick auf steuerrechtliche Zusammenhänge von Bedeutung und auch im Zusammenhang mit einer staatlichen Förderung der Berufsausbildung nach dem BAFöG.

3. Zusammenhang mit § 8 und den Ausbildungs- und Prüfungsver- 4
ordnungen (PsychTh-APrVO). Das Psychotherapeutengesetz, hier insbesondere § 5, der die Ausbildung regelt, kann ohne die ihn konkretisierenden Ausbildungs- und Prüfungsverordnungen nicht gelesen werden. § 5 jedoch stellt die Grundlage dar, auf welcher § 8 das Bundesministerium für Gesundheit zum Erlass von Rechtsverordnungen ermächtigt, die Mindestanforderungen an die Ausbildungen und das Nähere über die staatlichen Prüfungen zu regeln und darüber hinaus Eckpfeiler setzt für Ausbildungsinhalte, Art und Umfang der praktischen Tätigkeit sowie der staatlichen Prüfungen. Aufgrund der §§ 5 und 8 hat das Bundesministerium für Gesundheit Ausbildungs- und Prüfungsverordnungen erlassen (s. Anhang Nr. 1 und 2), die die Ausbildungen näher regeln.

III. Die Ausbildungen im Einzelnen

§§ 5, 8 im Zusammenhang mit § 1 der PsychTh-APrVO regeln, dass die Aus- 5
bildung sowohl zum Psychologischen Psychotherapeuten als auch zum Kinder-
und Jugendlichenpsychotherapeuten mindestens 4200 Stunden umfasst und aus folgenden Komponenten besteht:
– einer praktischen Tätigkeit (§ 2 PsychTh-APrVO),
– einer theoretischen Ausbildung (§ 3 PsychTh-APrVO),
– einer praktischen Ausbildung mit Krankenbehandlungen unter Supervision (§ 4 PsychTh-APrVO),
– einer Selbsterfahrung, die die Ausbildungsteilnehmer zur Reflexion eigenen therapeutischen Handelns befähigt (§ 5 PsychTh-APrVO).

1. Vollzeitform – Teilzeitform. Der Gesetzgeber stellt klar, dass die Ausbil- 6
dungen entweder in **Vollzeitform** oder in **Teilzeitform** absolviert werden können und legt deren Dauer fest. Soweit die praktische Tätigkeit und die theoretische und praktische Ausbildung hauptberuflich und in Vollzeitbeschäftigung stattfindet, dauert sie drei Jahre. Das gilt sowohl für die Ausbildung zum Psychologischen Psychotherapeuten als auch zum Kinder- und Jugendlichenpsychotherapeuten. Diese Ausbildungsform ist praktisch derzeit kaum relevant, da die Ausbildungsteilnehmer meistens einem Beruf nachgehen, um die Ausbildung finanzieren zu können. Dies bedeutet, dass die meisten Ausbildungsinstitute eine berufsbegleitende Ausbildung anbieten, innerhalb der die theoretische Ausbildung in Abendseminaren angeboten wird und die praktische Tätigkeit ebenfalls nicht ganztags und hauptberuflich stattfindet, sondern im **Praktikantenstatus** bei kooperierenden, staatlich anerkannten Einrichtungen. Die Ausbildungsverträge der Ausbildungsinstitute mit den kooperierenden Einrichtungen enthalten Vereinbarungen über die Ausbildungsinhalte, die nach dem Psychotherapeutengesetz erforderlich sind. Der Ausbildungsteilnehmer schließt einen Ausbildungsvertrag mit der staatlich anerkannten Weiterbildungsstätte ab, die ihrerseits für eine adäquate Vermittlung der theoretischen und praktischen Ausbildungsinhalte Sorge zu tragen hat.

Die kooperierenden Einrichtungen – zumeist Kliniken – sind jedoch nicht verpflichtet, den Ausbildungsteilnehmern ein Entgelt zu zahlen. Die Praktikumstätigkeit erfolgt so zumeist unentgeltlich. In diesem Zusammenhang ist festzustellen, dass zwar die Möglichkeit der staatlichen Förderung nach dem BAFöG gegeben ist, jedoch die staatlichen Fördermittel nicht ausreichen, die enormen Kosten der Ausbildung und der Lebensführung der meist über 30-jährigen und familiengebundenen Ausbildungsteilnehmer auch nur annähernd zu decken. Umgekehrt darf aus der Tatsache, dass kein Entgelt gezahlt wird, nicht geschlossen werden, eine fachkundige Anleitung liege nicht vor. Maßgeblich hierfür ist allein der Inhalt des

Kooperationsvertrages, den die Ausbildungsstätte mit der Praktikumsinstitution aushandelt (zu dieser Problematik siehe Rn. 9 f.).

7   Daher dürfte auch in Zukunft die Form der **Teilzeitausbildung** praxisbestimmend sein, bei der die Ausbildungsteilnehmer parallel zu ihrer Ausbildung einem Beruf nachgehen. Denkbar ist auch, dass der Ausbildungsteilnehmer während seiner Ausbildung in eigener Praxis arbeitet, um seine Finanzierung zu sichern, soweit er dazu kraft Heilpraktikererlaubnis berechtigt ist. Zur Frage, ob diese Tätigkeit dann als „praktische Tätigkeit" im Sinne des § 5 angesehen werden darf, vgl. unten Rn. 11. Wählt der Ausbildungsteilnehmer die Ausbildung in Teilzeitform, dauert sie mindestens fünf Jahre. Fraglich ist, ob bei der Teilzeitausbildung der praktischen Ausbildungtätigkeit mindestens in Halbtagsbeschäftigung nachgegangen werden muss. Die praktische Tätigkeit gehört zur Ausbildung und die Ausbildungs- und Prüfungsordnungen müssen vorsehen, wie die Ausbildungsteilnehmer während der Ausbildung praktisch einzusetzen sind. Nicht zwingend ist, dass der Ausbildungsteilnehmer seine praktische Tätigkeit zumindest in Halbtagsbeschäftigung leistet (a. A. *Pulverich,* S. 74), denn das Gesetz sieht lediglich eine genaue Mindeststundenanzahl vor, die jedoch frei aufteilbar ist. Daher ist auch eine wechselnde Beschäftigung denkbar, die je nach den Gegebenheiten an den betreffenden Einrichtungen in Blöcken stundenweise, ganztags oder halbtags sein kann. Insgesamt sind in den fünf Jahren mindestens 1200 Stunden in einer psychiatrischen Einrichtung und mindestens 600 Stunden in einer anderen Einrichtung oder in einer Praxis bei einem ärztlichen Psychotherapeuten oder einem Psychologischen Psychotherapeuten abzuleisten.

IV. Die Ausbildungsbestandteile

8   **1. Praktische Tätigkeit (§§ 5 Abs. 1 Satz 2, 8 Abs. 3 Nr. 3 PsychThG, § 2 PsychTh-APrVO).** Die praktische Tätigkeit dient dem Erwerb praktischer Erfahrungen in der Behandlung von Störungen mit Krankheitswert im Sinne des § 1 Abs. 3 Satz 1 sowie von Kenntnissen anderer Störungen, bei denen Psychotherapie nicht indiziert ist. Sie umfasst mindestens 1800 Stunden, davon sind mind. 1200 an einer psychiatrischen klinischen Einrichtung, die im Sinne des ärztlichen Weiterbildungsrechts zur Weiterbildung für Psychiatrie und Psychotherapie zugelassen ist, oder als gleichwertige Einrichtung anerkannt ist und mind. 600 Stunden an einer von einem Sozialsicherungsträger anerkannten Einrichtung der psychotherapeutischen oder psychosomatischen Versorgung, in der Praxis eines Arztes mit einer ärztlichen Weiterbildung in der Psychotherapie oder eines Psychologischen Psychotherapeuten zu erbringen. Die praktische Tätigkeit steht unter **fachkundiger Anleitung und Aufsicht.** Die praktische Tätigkeit wird von einer theoretischen und praktischen Ausbildung begleitet. Damit macht der Gesetzgeber klar, dass die Ausbildung praxisbezogen ist. In § 8 Abs. 3 Nr. 3 wird nochmals präzisiert, wie die praktische Tätigkeit in den verschiedenen Einrichtungen aufzuteilen ist (siehe hierzu unten zu § 8).

9   Die Ausbildungs- und Prüfungsverordnungen müssen vorsehen, wie der Ausbildungsteilnehmer während der Ausbildung praktisch einzusetzen ist. Soweit ein Ausbildungsinstitut nicht selbst Plätze für die praktische Ausbildung zur Verfügung stellen kann, erfährt der Ausbildungsteilnehmer seine praktische Ausbildung in einer Klinikeinrichtung oder einer sonstigen Institution, die sich gegenüber den zumeist in privater Trägerschaft geführten, staatlich anerkannten Ausbildungsinstituten vertraglich verpflichten, die Voraussetzungen für die gesetzeskonforme „praktische Tätigkeit" der Ausbildungsteilnehmer zu schaffen und fachkundige Anleitung und Aufsicht zu gewährleisten. Zwar leisten die Ausbildungsteilnehmer

oft wertvolle Arbeit für die betreffende Institution, jedoch ist ein Anspruch auf Vergütung nicht zwingend (a. A. *Pulverich,* S. 74), da der Ausbildungsteilnehmer eine fachkundige, zumeist ärztliche, Anleitung und Aufsicht in Anspruch zu nehmen berechtigt und verpflichtet ist.

Andererseits ist der Umkehrschluss, dass eine **vergütete Tätigkeit** eines akademischen Psychologen, zumeist eines Diplom-Psychologen oder eine im Angestelltenverhältnis erbrachte Arbeit, nicht als praktische Tätigkeit im Sinne des § 5 anerkannt werden kann, da ein Psychologe im Angestelltenverhältnis etwas anderes mache als ein Ausbildungsteilnehmer, nicht haltbar. Die Tätigkeit des diplomierten Psychologen ist für den Arbeitgeber auch dann wertvoll, wenn er ihn beaufsichtigt und fachkundig anleitet. Es handelt sich überwiegend um berufserfahrene diplomierte Psychologen jenseits des 30. Lebensjahres, deren Arbeitskraft, Berufs- und Lebenserfahrung eine entsprechende Vergütung erfordert, nicht um unerfahrene Psychologiepraktikanten nach dem Abitur. Des Weiteren hat ein entsprechender **Ausbildungs-Kooperationsvertrag** der Ausbildungsstätte mit der kooperierenden Einrichtung die Art und Weise der fachkundigen Aufsicht und Anleitung festzulegen. Dementsprechend bemisst sich die Feststellung, ob eine angeleitete praktische Tätigkeit vorliegt, nach rein inhaltlichen Kriterien der Ausgestaltung der Tätigkeit, ohne dass es hierfür auf den Umstand der Vergütung oder Nichtvergütung ankäme. **10**

Soweit der Ausbildungsteilnehmer in eigener Praxis arbeitet, um seine Finanzierung zu sichern, soweit er dazu kraft Heilpraktikererlaubnis berechtigt ist, kann die Arbeit in eigener Praxis nicht als „praktische Tätigkeit" im Sinne des § 5 angerechnet werden, da es hier an der „fachkundigen Anleitung und Aufsicht" mangelt (siehe Rn. 8). Eine Anrechnung ist hingegen möglich, wenn die eigene Praxis in Praxisgemeinschaft mit einem Psychologischen Psychotherapeuten bzw. einem ärztlichen Psychotherapeuten geführt wird und dieser sich verpflichtet hat, die fachkundige Aufsicht und Anleitung zu übernehmen. **11**

2. Theoretische Ausbildung (§ 8 Abs. 3 Nr. 4 PsychThG, § 3 PsychTh-APrVO). Die Gesamtstundenzahl der theoretischen Ausbildung beträgt mindestens 600 Stunden (§ 8 Abs. 3 Nr. 4). Sie erstreckt sich auf die zu vermittelnden Grundkenntnisse für die psychotherapeutische Tätigkeit (200 Stunden) und im Rahmen der vertieften Ausbildung auf Spezialkenntnisse in einem, wissenschaftlich anerkannten psychotherapeutischen Verfahren (400 Stunden). Die Ausbildung findet in Form von Vorlesungen, Seminaren und praktischen Übungen statt. Weitere Einzelheiten sind in den Absätzen 2 und 3 des § 3 PsychTh-APrVO geregelt. Die theoretischen Inhalte sind in Anlage 1 Teil A der PsychTh-APrVO festgelegt. Die theoretische Ausbildung wird von den staatlich anerkannten Ausbildungsstätten vermittelt. Diese Ausbildungsstätten waren zumeist schon vor Erlass des Psychotherapeutengesetzes mit der Ausbildung in psychoanalytischer Psychotherapie, tiefenpsychologisch fundierter Psychotherapie oder Verhaltenstherapie befasst, die den Ausbildungsteilnehmern eine Ausbildung zukommen ließ, die zum Teil ein Ausbildungsniveau vorsah, das weit über dem heute nach dem Psychotherapeutengesetz und den PsychTh-APrVOen Geforderten lag. Auch heute haben die Ausbildungsinstitute die Möglichkeit, höhere und strengere Maßstäbe an Inhalt und Umfang der Ausbildung anzulegen. Insoweit wird der Markt auch durch Angebot und Nachfrage an fachlicher Qualität geregelt werden. Als Beispiel für eine Ausbildungsordnung siehe die der Psychoanalytischen Arbeitsgemeinschaft Köln-Düsseldorf e. V., einem Institut der Deutschen Psychoanalytischen Vereinigung (DPV) (Anlage Nr. 4). **12**

3. Praktische Ausbildung (§§ 5 Abs. 1 Satz 2, 8 Abs. 3 Nr. 5 Psych-ThG, § 4 PsychTh-APrVO). Die praktische Ausbildung umfasst mindestens 600 Stunden mit mindestens sechs Patientenbehandlungen (§ 8 Abs. 3 Nr. 5) und **13**

ist Teil der vertieften Ausbildung in einem wissenschaftlich anerkannten psychotherapeutischen Verfahren. Sie dient dem Erwerb sowie der Vertiefung von
Kenntnissen und praktischen Kompetenzen bei der Behandlung von Patienten mit
Störungen von Krankheitswert nach § 1 Abs. 3 Satz 1. Sie umfasst mindestens
600 Behandlungsstunden unter Supervision mit mindestens sechs Patientenbehandlungen sowie mindestens 150 Supervisionsstunden, von denen mindestens
50 Stunden als Einzelsupervision durchzuführen sind (§ 4 PsychTh-APrVO).

14   Der Ausbildungsteilnehmer behandelt im Rahmen der praktischen Ausbildung
Patienten mit Hilfe des wissenschaftlich anerkannten psychotherapeutischen Ver-
fahrens. Derzeit sind nur die **analytische Psychotherapie, tiefenpsychologisch
fundierte Psychotherapie,** die ebenfalls ein psychoanalytisches begründetes
Verfahren ist, und die **Verhaltenstherapie** wissenschaftlich anerkannt. Praktische
Ausbildung heißt, dass der Ausbildungsteilnehmer Behandlungen selbst durch-
führt, die Behandlungsstunden jedoch von Supervision durch einen anerkannten
Supervisor (§ 4 Abs. 3 PsychTh-APrVO) begleitet werden. Zur Frage, wie die
„Begleitung durch Supervision" auszusehen hat, siehe unten Rn. 15. Bezüglich
der Frage, wo und wie die praktische Ausbildung stattfindet, kann es keine allgemein
gültigen Vorschriften geben, auch wenn der Wortlaut des § 6 Abs. 2 Nr. 6 zunächst anderes nahe zu legen scheint (siehe auch unten § 6). Die Auffassung, die
Ausbildung habe in den Räumen der **Ausbildungsstätte** stattzufinden, würde
dem Wesen von Psychotherapie, insbesondere der psychoanalytischen Therapie
bzw. den psychoanalytisch begründeten Verfahren zuwiderlaufen. Es kommt nicht
darauf an, dass die praktische Ausbildung faktisch in der Einrichtung selbst stattfindet, sondern unter fachlichen Gesichtspunkten mit der Ausbildungsstätte verbun-
den ist. Denn wesentlich für die therapeutische Arbeit in psychoanalytisch begründeten Verfahren ist die Analyse der Übertragungsbeziehung. Fundamentale
Voraussetzung für die Entstehung der therapeutisch wirksamen Übertragungsbeziehung sind u. a. Kontinuität des therapeutischen Settings, Verlässlichkeit des Therapeuten, Ruhe, Diskretion, Ungestörtheit und eine Atmosphäre, in der der Patient
sich gut aufgehoben fühlen als auch der Therapeut sich wohl fühlen und ungestört
seine Gegenübertragung wahrnehmen und reflektieren kann. In den eigenen Praxisräumen können diese Voraussetzungen am ehesten erfüllt werden. Es kommt
hier auf die Umstände des Einzelfalles an. Soweit die Ausbildungsstätte die Gegebenheiten dort fachlich anerkennt, kann die praktische Ausbildung auch dort stattfinden. Die anonymen und entprivatisierten Räume einer Ausbildungsstätte stellen
jedenfalls nicht per se eine zu bevorzugende Alternative dar. Dies entbehrt auch
jeder Notwendigkeit, da der Ausbildungsteilnehmer seine Therapiesitzungen allei-
ne mit dem Patienten durchzuführen hat. Es besteht auch die Möglichkeit, dass
die praktische Ausbildung in geeigneten (Lehr-)Praxen stattfindet.

15   **4. Supervision.** Supervision ist eine Form der Behandlungskontrolle und Teil
der praktischen Ausbildung. Damit ist nicht etwa die Anwesenheit des Ausbil-
dungsleiters bzw. des Supervisors in der konkreten Behandlungsstunde gemeint.
Denn die Besonderheiten z. B. der psychoanalytischen Ausbildung bzw. der tiefenpsychologisch fundierten Psychotherapie, verbieten es, einen Zuhörer, etwa
einen Ausbildungsleiter in der analytischen Situation zu dulden (s. auch oben
Rn. 14). „Die analytische Situation verträgt keinen Dritten" (*Freud*, GW, Zur
Frage der Laienanalyse, S. 277), es geht vielmehr um eine kontinuierliche Reflek-
tion der Behandlung – einzelner Stunden oder einer Serie von Sitzungen, meistens nach jeder 4. Stunde – über den gesamten Zeitraum der praktischen Ausbildung hinweg.

16   **5. Selbsterfahrung (§ 1 Abs. 3 PsychThG, § 5 PsychTh-APrVO).** Die
Selbsterfahrung, auch **Lehrtherapie** bzw. **Lehranalyse** genannt, ist zwar im § 5
nicht ausdrücklich, jedoch in den Ausbildungs- und Prüfungsverordnungen ge-

nannt. Sie ist Teil der praktischen Ausbildung, insofern als das eigene Erleben und Handeln unter Einbeziehung biografischer Aspekte im Zusammenhang mit einer therapeutischen Beziehung und mit der persönlichen Entwicklung im Ausbildungsverlauf reflektiert werden und insoweit ein Spiegelbild der therapeutischen Arbeit mit dem Patienten darstellt. Sie findet bei von der Ausbildungsstätte anerkannten Selbsterfahrungsleitern statt, zu denen der Ausbildungsteilnehmer keine verwandtschaftlichen Beziehungen hat und nicht in wirtschaftlichen oder dienstlichen Abhängigkeiten steht. Es existieren genaue Regelungen für die Anerkennung als Supervisor, die in § 4 PsychTh-APrVO genannt sind.

6. Die staatliche Prüfung (§§ 5, 8 Abs. 4 PsychThG, §§ 7 ff. PsychTh- 17
APrVO). Die Ausbildung zum Psychologischen Psychotherapeuten bzw. zum Kinder- und Jugendlichenpsychotherapeuten wird mit der staatlichen Prüfung abgeschlossen. Es gibt genaue Vorschriften, unter welchen Voraussetzungen die Behörde auf Antrag des Prüflings über die Zulassung zur Prüfung entscheidet, § 7. Der Inhalt und die Form des Staatsexamens sind ebenfalls in der Ausbildungs- und Prüfungsordnung festgelegt. Die Ausbildungs- und Prüfungsverordnungen schreiben beispielsweise detailliert vor, auf welche Kenntnisse sich die schriftliche bzw. die mündliche Prüfung zu erstrecken hat, sowie die Dauer der Prüfungen (§§ 16 f.), die Zusammensetzung der Prüfungskommission (§ 9), Versäumnisfolgen (§ 14), Rücktrittsfolgen (§ 13), Ordnungsverstöße und Täuschungsversuche (§ 15).

V. Der Zugang zur Ausbildung

Ursprünglich war die Ausübung eines Heilberufs ausschließlich Sache von Me- 18
dizinern. Insofern war auch Psychotherapie Sache von Medizinern und wurde medizinalisiert. Dabei wurde jedoch zu Unrecht die Heilbehandlung psychisch kranker Menschen mit der Heilbehandlung körperlich kranker Menschen gleichgesetzt. Diese Diskussion hat Tradition. So wurde schon von dem Arzt und Begründer der **Psychoanalyse,** *Sigmund Freud,* 1926 in seinem Werk „Die Frage der Laienanalyse" (a. a. O) auf dieses Problem aufmerksam gemacht. Damals ging es um die Anklage eines nichtärztlichen Psychoanalytikers, *Dr. Th. Reik,* wegen Kurpfuscherei. In diesem Zusammenhang hatte *Freud* seine Schrift verfasst und den Standpunkt vertreten, dass die ärztliche Ausbildung nicht die geeignetste Ausbildung sei, um den Beruf des Analytikers auszuüben, sondern einen nachteiligen Umweg zum analytischen Beruf darstelle. Der Unterrichtsplan für den Analytiker solle geisteswissenschaftliche Inhalte, psychologische, kulturhistorische, soziologische ebenso umfassen wie anatomische, biologische und entwicklungsgeschichtliche. Die Psychoanalyse sei, so *Freud,* kein Spezialfall der Medizin. Und – so könnte man heute ergänzen – auch kein Spezialfall der Psychologie, soweit die Psychologie eine medizinalisierte ist.

Die Anforderungen an den Beruf des Psychotherapeuten sind sowohl in persönlicher Art, als auch betreffend die beruflichen Qualifikationen nicht mit den Anforderungen an einen Arzt vergleichbar. Dies hat der Gesetzgeber durch die Schaffung des PsychThG berücksichtigt und einen das bisherige Versorgungssystem kennzeichnenden Grundsatz aufgegeben: den Arztvorbehalt. Erstmals neben Medizinern werden auch andere Akademiker approbiert und zur vertragsärztlichen Versorgung zugelassen. Dennoch ist der Kreis derjenigen, die berechtigt sind, die Ausbildung zum Psychologischen Psychotherapeuten oder zum Kinder- und Jugendlichenpsychotherapeuten aufzunehmen, eingeschränkt. Lediglich Psychologen, Pädagogen oder Sozialpädagogen dürfen sich zum Kreis der Zugangsberechtigten zählen. Psychologischer Psychotherapeut darf nur ein akademischer Psychologe werden.

19 Die Voraussetzungen, unter denen eine Ausbildung zum Psychologischen Psychotherapeuten bzw. zum Kinder- und Jugendlichenpsychotherapeuten aufgenommen werden darf, sind in § 5 Abs. 2 geregelt.

1. Die Ausbildung zum Psychologischen Psychotherapeuten. Eine Ausbildung zum Psychologischen Psychotherapeuten kann gem. § 5 Abs. 2 Nr. 1 derjenige aufnehmen, der

– im Inland an einer Universität oder gleichgestellten Hochschule im Studiengang Psychologie, der das Fach Klinische Psychologie einschließt, die Abschlussprüfung bestanden hat, wobei diese gemäß § 15 Abs. 2 Satz 1 des Hochschulrahmengesetzes der Feststellung dient, ob der Student das Ziel des Studiums erreicht hat. (§ 15 Abs. 2 Satz 1 HRG: „Die Hochschulprüfungen, mit denen ein Studienabschnitt oder ein Studiengang abgeschlossen wird, dienen der Feststellung, ob der Student bei Beurteilung seiner individuellen Leistung das Ziel des Studienabschnitts oder des Studiums erreicht hat"),

– in einem Mitgliedsland der EU oder einem gleichgestellten Staat ein gleichwertiges Diplom im Studiengang Psychologie erworben hat oder

– in einem anderen Staat erfolgreich ein gleichwertiges Hochschulstudium der Psychologie abgeschlossen hat.

20 Das *Bundesverfassungsgericht* (NJW 2000, 1779) hat die Zugangsbeschränkung auf Bewerber mit einem abgeschlossenen Studium der Psychologie für verfassungsgemäß erklärt und insbesondere die Beschwerde einer Diplom-Pädagogin zurückgewiesen, der die Erteilung der Approbation als Psychologische Psychotherapeutin verweigert wurde, weil sie kein Studium der Psychologie abgeschlossen hat. Sie rügte die Verletzung ihrer Berufsfreiheit (Art. 12 Abs. 1 GG). Die gesetzliche Eingrenzung auf die Diplom-Psychologen im Bereich der Erwachsenenpsychotherapie sei nicht durch besonders wichtige Gemeinschaftsgüter wie die Volksgesundheit zu rechtfertigen. Dagegen entschied das *Bundesverfassungsgericht*, es sei „nicht zu beanstanden, wenn der Gesetzgeber eine bisher nicht geschützte Berufsbezeichnung verwendet, um Angehörige eines Berufes, die eine bestimmte Ausbildung aufweisen, klar zu kennzeichnen". Gründe des Patientenschutzes waren auch für das ausdrückliche Verbot der Führung der Berufsbezeichnung maßgeblich. Der Begriff „Psychologischer Psychotherapeut" solle auf die Vorbildung des Psychotherapeuten hinweisen und diese unterscheiden von der Vorbildung eines ärztlichen Psychotherapeuten. Daher könnten andere Vorbildungen als das Studium der Psychologie nicht in Betracht kommen. Es solle eine möglichst hohe Qualifikation der Berufsangehörigen und ein einheitliches Ausbildungsniveau sichergestellt werden.

21 Wenn auch das Gesetz den Zugang zur Ausbildung zum Psychologischen Psychotherapeuten auf Psychologen einschränkt, so ist doch fraglich, ob lediglich solche Psychologen, die den **Diplom**studiengang im Fach Psychologie absolviert haben, zugangsberechtigt sind oder auch solche Psychologen, die einen **Magisterabschluss** im Fach Psychologie erreicht haben. Das Gesetz nennt lediglich eine an einer Universität oder gleichstehenden Hochschule bestandene Abschlussprüfung im Studiengang Psychologie, die das Fach Klinische Psychologie einschließt. Es nennt nicht ausdrücklich den Diplomstudiengang Psychologie. Sowohl im Diplomstudiengang als auch im Magisterstudiengang ist es möglich, das Fach Klinische Psychologie zu studieren. Der Magister (Magister Artium/Magistra Artium, M. A.) ist der herkömmliche Abschluss eines Studiums im geisteswissenschaftlichen Bereich und ist daher für die Psychotherapieausbildung neben dem Diplom und Promotionsstudiengang zulässig. Einen Magisterabschluss erreicht man durch das Studium eines Hauptfachs und zweier Nebenfächer oder zweier Hauptfächer. Denkbar ist ein Magisterabschluss, in dem beispielsweise Psychologie im Hauptfach und Philosophie, Ethnologie, Geschichte, Sprachen o. ä. im Nebenfach oder zweiten Hauptfach studiert wird. Es dürfte sicher wertvoll sein, die persönliche wie auch berufliche Qualifikation von Psychotherapeuten auf eine breite kultur- und geisteswissenschaftliche Basis zu stellen. Da die Psychotherapie ohnehin stets Gefahr läuft, von der Medizin „verschluckt" zu werden, scheint ein wissenschaftlich breiter angelegtes Spektrum von Zugangsvoraussetzungen wünschenswert.

Es gibt keine Regelung der EU zur gegenseitigen Anerkennung von Universi-   22
tätsabschlüssen. Die Beurteilung der **Gleichwertigkeit der Universitätsausbildung** wird daher auf die Inhalte und den Umfang der jeweiligen Ausbildungsinhalte abgestellt werden, sodass diese gegenüber der Anerkennungsbehörde im Einzelnen nachzuweisen sind. Die Frage der Gleichwertigkeit hat die Landesbehörde (Landesprüfungsamt) zu entscheiden. In der Praxis wird beispielsweise in Nordrhein-Westfalen so verfahren, dass die Ausbildungsstätten die Frage, ob ein Diplom eines ausländischen Ausbildungsbewerbers mit einem Abschluss im Fach Psychologie an einer deutschen Universität bzw. Hochschule gleichwertig ist, an das Landesprüfungsamt weiterleiten, die die fachliche Prüfung ihrerseits nicht selbst vornehmen, sondern von der Zentralstelle für ausländisches Bildungswesen in Bonn beurteilen lassen.

Die **Zentralstelle** für ausländisches Bildungswesen im Sekretariat der Ständigen   23
Konferenz der Kultusminister der Länder in der Bundesrepublik Deutschland ist die zuständige Stelle für Angelegenheiten der Bewertung und Einstufung ausländischer Bildungsnachweise. Sie erbringt beratende und informatorische Dienstleistungen für die mit der Anerkennung ausländischer Bildungsnachweise befassten Stellen in der Bundesrepublik Deutschland (z. B. Ministerien, Behörden, Hochschulen, Gerichte); sie hat selbst keine Entscheidungsbefugnisse. Ihre wesentlichen Aufgaben sind nach ihrer eigenen Darstellung im Internet
– auf Anfrage der zuständigen Stellen die ausländischen Bildungsnachweise individueller Antragsteller zu bewerten;
– allgemeine Äquivalenzgrundlagen und Einstufungsempfehlungen für ausländische Bildungsnachweise zu erstellen; diese Empfehlungen können gelegentlich den Charakter verbindlicher Regelungen erhalten, wenn sie durch eine gemeinsame Entschließung der Kultusministerkonferenz gebilligt werden;
– Unterstützung der zuständigen Stellen bei der Vorbereitung bilateraler Abkommen mit den Regierungen ausländischer Staaten über die gegenseitige Anerkennung von Bildungsnachweisen;
– allgemeine Informations- und Dokumentationstätigkeit im Hinblick auf ausländische Bildungssysteme;
– Aufbau und Betrieb einer Datenbank zur Anerkennung ausländischer Bildungsnachweise.
Die Zentralstelle für ausländisches Bildungswesen arbeitet zusammen mit anderen Behörden und Institutionen, u. a. mit
– Kultus- und Wissenschaftsministerien der Länder in der Bundesrepublik Deutschland; diese sind u. a. zuständig für allgemeine Angelegenheiten des Hochschulzugangs, die Bewertung von Studienabschlüssen von Lehrern und die Erteilung von Genehmigungen zur Führung ausländischer akademischer Grade;
– besonderen Gremien der Kultusministerkonferenz, die sich mit internationalen Angelegenheiten des Bildungswesens befassen;
– Universitäten und andere Einrichtungen des Schul- und Hochschulbereichs, die in Einzelfällen der Hochschulzulassung und der Einstufung ausländischer Antragsteller um Rat fragen;
– anderen Ministerien und nachgeordneten Behörden, die für die berufliche Anerkennung von Bildungsabschlüssen zuständig sind (z. B. die für das Gesundheitswesen zuständigen Ministerien der Länder);
– Stipendien vergebenden Stellen;

– ausländischen Institutionen, die Auskünfte über das deutsche Bildungswesen und über die Anerkennung von Studienleistungen und Hochschulabschlüssen für ausländische Studierende in der Bundesrepublik Deutschland erbitten;
– Organisationen für den Studentenaustausch.

24 Um ihre verschiedenartigen Funktionen sachgerecht erfüllen zu können, ist die Zentralstelle verpflichtet, eine solide Basis verlässlicher und aktueller Informationen bereitzuhalten. Zu diesem Zweck führt die Zentralstelle
– eine Referenzbibliothek, die wesentliche Aspekte des ausländischen Bildungswesens im internationalen Maßstab abdeckt;
– ein Archiv des deutschen Bildungswesens mit Schwerpunkt in der Sammlung der verschiedensten Studien- und Prüfungsordnungen sowie weiterer Ausbildungsregelungen;
– eine Sammlung aller verfügbaren Literatur (Zeitschriften, Bücher, Kataloge usw.), die sich mit ausländischen Bildungssystemen oder Gesellschaft, Kultur und Berufsleben betreffenden Angelegenheiten befasst;
– außerdem hat die Zentralstelle ein Informationsnetzwerk aufgebaut, welches auch die deutschen und ausländischen Botschaften einbezieht.
Die Zentralstelle arbeitet u. a. auf diesen Gebieten auch eng mit den nationalen Äquivalenzzentren der Mitglieder des Europarats und der EU zusammen. Die Zentralstelle gibt für den Dienstgebrauch der zuständigen Stellen in der Bundesrepublik Deutschland Veröffentlichungen zum ausländischen Bildungswesen heraus, u. a. auch im Rahmen ihrer Aufgabe als Informationsstelle für Richtlinien der Europäischen Union Merkblätter zu den verschiedenen EU-Richtlinien für Ärzte, Zahnärzte, Tierärzte, Apotheker, Architekten und zu den beiden allgemeinen Richtlinien 89/42/EWG und 92/51/EWG, die bei der Zentralstelle bestellt werden können.

25 **2. Die Ausbildung zum Kinder- und Jugendlichenpsychotherapeuten.**
Die Ausbildung zum Kinder- und Jugendlichenpsychotherapeuten kann gem. § 5 Abs. 2 Nr. 2 derjenige aufnehmen, der
– die Voraussetzungen zur Aufnahme der Ausbildung zum Psychologischen Psychotherapeuten erfüllt, d. h. einen Studienabschluss im Fach Psychologie nachweist
– oder im Inland an einer staatlichen oder staatlich anerkannten Hochschule die Abschlussprüfung in den Studiengängen Pädagogik oder Sozialpädagogik,
– oder in einem anderen Mitgliedsland der EU oder einem gleichgestellten Staat ein gleichwertiges Hochschulstudium
– oder in einem anderen Staat ein gleichwertiges Hochschulstudium erfolgreich abgeschlossen hat.
Die Zugangsvoraussetzungen für die Ausbildung zum Kinder- und Jugendlichenpsychotherapeuten sind zum einen wie die zur Ausbildung zum Psychologischen Psychotherapeuten. Hat der Bewerber also einen Studienabschluss im Fach Psychologie absolviert, so ist er berechtigt, beide Ausbildungsstränge zu absolvieren.

26 Es gibt jedoch im Bereich der Ausbildung zum Kinder- und Jugendlichenpsychotherapeuten die Besonderheit, dass auch derjenige zur Ausbildung zugelassen ist, der kein Universitätsstudium vorweist. Der Gesetzgeber nennt vielmehr allgemein die Begriffe staatliche oder staatlich anerkannte Hochschule, sodass auch ein Studium an einer **Fachhochschule** zum Zugang berechtigte. Es werden ausdrücklich die Studiengänge **Pädagogik** und **Sozialpädagogik** genannt. Diese Studiengänge befähigen laut Gesetzesentwurf (BT-Drs. 13/8035, Begründung zu § 5) in besonderem Maße zum Umgang mit psychisch gestörten Kindern und Jugendlichen.

Fraglich ist, was unter einem abgeschlossenen Studium der Pädagogik oder 27
Sozialpädagogik zu verstehen ist. Es handelt sich hierbei um weite Studienfelder,
die teilweise länderspezifisch differieren und große inhaltliche Unterschiede aufweisen. Die Lehramtsstudiengänge, die neben pädagogischen Inhalten auch fachspezifische Kenntnisse vermitteln, sind vom Gesetzgeber zwar nicht ausdrücklich
genannt worden, gehören aber traditionell zu den pädagogischen Studiengängen.
Einige Hochschulen machen in den klassischen Studiengängen Sozialpädagogik
und Sozialarbeit keine Unterschiede mehr. Absolventen des Studiums der **Sozialarbeit** können zur Ausbildung in der Kinder- und Jugendlichenpsychotherapie
zugelassen werden, wenn sie einen Gleichwertigkeitsnachweis erbringen.

Beide, sowohl Psychologischer Psychotherapeut als auch Kinder- und Jugend- 28
lichenpsychotherapeut, dürfen **Heranwachsende,** also Personen zwischen dem
18. und 21. Lebensjahr behandeln. Die Frage, ob ein Psychologischer Psychotherapeut die uneingeschränkte Behandlungserlaubnis besitzt, **Kinder** zu behandeln, wird hier verneint. Nach zutreffender Auffassung ist die Ausbildung zum
Kinder- und Jugendlichenpsychotherapeuten eine eigene, sodass ein Psychologischer Psychotherapeut Kinder nicht behandeln darf, wenn er keine Ausbildung zum Kinder- und Jugendlichenpsychotherapeut absolviert hat. Dabei ist
allerdings im Rahmen der vermittelnden, eingeschränkt-exklusiven Auslegung
davon auszugehen, dass Psychologische Psychotherapeuten auch **Jugendliche** behandeln dürfen, um eine flexible Handhabung der Altersgrenzen entsprechend der
Bedürfnisse der jeweiligen Patienten (siehe ausführlich § 1, Rn. 21–28) zu gewährleisten.

3. Anrechnungen anderer Ausbildungen. Nach § 5 Abs. 3 kann die zu- 29
ständige Behörde auch eine andere Ausbildung teilweise anrechnen, wenn diese
gleichwertig ist mit einer in diesem Gesetz geforderten Ausbildung. Nicht damit
gemeint ist die Frage, welche andere Ausbildung als die des Studiums der Psychologie, der Pädagogik oder Sozialpädagogik überhaupt in Frage kommt (so aber
Pulverich, a. a. O.). Die Anrechnung bezieht sich ausdrücklich auf die Ausbildung
nach Absatz 1, d. h. auf die therapeutische Ausbildung, nicht auf die Zugangsvoraussetzungen. Die Zugangsvoraussetzungen, d. h. die Tatsache, dass ein Studium
der Psychologie bzw. der Sozialpädagogik bzw. der Pädagogik verlangt wird, sind
nicht davon berührt. Es geht vielmehr um die Frage, ob Teile einer anderen Ausbildung auf die Ausbildungen zum Psychologischen Psychotherapeuten bzw. zum
Kinder- und Jugendlichenpsychotherapeuten angerechnet werden können. Gegenstand dieser Vorschrift sind insbesondere andere im Inland absolvierte Ausbildungen im Bereich der Psychotherapie. Unter die Anrechnungsvorschrift des § 5
Abs. 3 fallen zusätzlich auch solche im Ausland abgeschlossenen Ausbildungen, die
– weil sie nicht zur Berechtigung führen, den Beruf des Psychologische Psychotherapeuten oder des Kinder- und Jugendlichenpsychotherapeuten auszuüben –
nicht nach § 2 Abs. 2 oder 3 anerkannt werden können (siehe auch *Behnsen/
Bernhardt,* S. 63).

Diese Vorschrift kommt auch dem Personenkreis entgegen, der bereits eine abgeschlossene Psychotherapieausbildung hat, jedoch keine Approbation erhält, weil
er nicht unter die Übergangsbestimmungen des § 12 fällt. Er kann seine Ausbildung auf die neue, nach dem PsychThG geregelte Ausbildung zum Psychologischen Psychotherapeuten oder zum Kinder- und Jugendlichenpsychotherapeuten
anrechnen lassen und somit seine Ausbildungszeit verkürzen.

4. Gleichwertigkeit anderer Ausbildungen. Die andere Ausbildung kann 30
nur dann angerechnet werden, wenn diese gleichwertig ist mit einer in diesem
Gesetz geforderten Ausbildung, was die zuständige Landesbehörde zu überprüfen
hat. In jedem Fall ist jedoch die im Gesetz und den Verordnungen geregelte staatliche Prüfung zu bestehen, um die Approbation zu erhalten.

31   **5. Ausländische Studienabschlüsse.** Ein Ausländer, gleichgültig, ob aus einem Mitgliedsland der EU oder einem gleichgestellten EWR-Staat oder einem anderen Staat hat nachzuweisen, dass er ein gleichwertiges Diplom im Studiengang Psychologie erworben oder ein gleichwertiges Hochschulstudium der Psychologie abgeschlossen hat, wenn er im Geltungsbereich dieses Gesetzes eine Psychotherapieausbildung zum Psychologischen Psychotherapeuten aufnehmen will. Ein die Ausbildung zum Kinder- und Jugendlichenpsychotherapeuten begehrender Ausländer hat nachzuweisen, dass er ein gleichwertiges Diplom in den Studiengängen Pädagogik oder Sozialpädagogik erworben oder ein gleichwertiges Hochschulstudium in einem anderen Staat erfolgreich abgeschlossen hat, wovon das Gesetz stillschweigend ausgeht.

32   **6. Gleichwertigkeit ausländischer Studienabschlüsse.** Im Ausland erworbene Diplome im Studiengang Psychologie, die das Fach Klinischen Psychologie einschließen, müssen dem Abschluss im Inland gleichstehen. Damit ist nicht nur die Mindestdauer eines deutschen Studiengangs gemeint, sondern auch gleichwertige Inhalte. Bei Nichteinhaltung der vorgeschriebenen Mindestdauer eines deutschen Studiengangs und wesentlichen inhaltlichen Unterschieden kann nach § 2 Abs. 2 Satz 3 ein höchstens dreijähriger Anpassungslehrgang oder eine Eignungsprüfung gefordert werden, um den Nachweis der Gleichwertigkeit zu führen.

§ 6 Ausbildungsstätten

(1) Die Ausbildungen nach § 5 Abs. 1 werden an Hochschulen oder an anderen Einrichtungen vermittelt, die als Ausbildungsstätten für Psychotherapie oder als Ausbildungsstätten für Kinder- und Jugendlichenpsychotherapie staatlich anerkannt sind.

(2) Einrichtungen sind als Ausbildungsstätten nach Absatz 1 anzuerkennen, wenn in ihnen
1. **Patienten, die an psychischen Störungen mit Krankheitswert leiden, nach wissenschaftlich anerkannten psychotherapeutischen Verfahren stationär oder ambulant behandelt werden, wobei es sich bei einer Ausbildung zum Kinder- und Jugendlichenpsychotherapeuten um Personen handeln muß, die das 21. Lebensjahr noch nicht vollendet haben,**
2. **für die Ausbildung geeignete Patienten nach Zahl und Art in ausreichendem Maße zu Verfügung stehen,**
3. **eine angemessene technische Ausstattung für Ausbildungszwecke und eine fachwissenschaftliche Bibliothek vorhanden ist,**
4. **in ausreichender Zahl geeignete Psychologische Psychotherapeuten oder Kinder- und Jugendlichenpsychotherapeuten und qualifizierte Ärzte für die Vermittlung der medizinischen Ausbildungsinhalte für das jeweilige Fach zur Verfügung stehen,**
5. **die Ausbildung nach Ausbildungsplänen durchgeführt wird, die auf Grund der Ausbildungs- und Prüfungsverordnung für Psychologische Psychotherapeuten oder der Ausbildungs- und Prüfungsverordnung für Kinder- und Jugendlichenpsychotherapeuten erstellt worden sind, und**
6. **die Ausbildungsteilnehmer während der praktischen Tätigkeit angeleitet und beaufsichtigt werden sowie die begleitende theoretische und praktische Ausbildung durchgeführt wird.**

(3) [1]Kann die Einrichtung die praktische Tätigkeit oder die begleitende theoretische und praktische Ausbildung nicht vollständig durchführen, hat sie sicherzustellen, daß eine andere geeignete Einrichtung diese

Aufgabe in dem erforderlichen Umfang übernimmt. ²**Absatz 2 Nr. 4 gilt entsprechend.**

Begründung zum Regierungsentwurf (BT-Drs. 13/8035). An die Ausbildung für neue Heilberufe sind hohe Anforderungen zu stellen. (S. 14)

Die Ausbildungen sind nach Abs. 1 an Hochschulen oder anderen Einrichtungen durchzuführen, die als Ausbildungsstätten ausdrücklich staatlich anerkannt sein müssen. (S. 18)

Abs. 2 legt die Anforderungen fest, die eine Ausbildungsstätte erfüllen muss. Im Hinblick auf die zu fordernde qualitativ hochstehende Ausbildung ist es geboten, die Bedingungen für eine staatliche Anerkennung bundeseinheitlich im Gesetz festzulegen. (S. 18)

Nach Abs. 2 Nr. 4 mitwirkende qualifizierte Ärzte brauchen nicht hauptberuflich bei der Ausbildungseinrichtung beschäftigt zu sein. (S. 18)

Im Hinblick auf die praktische Tätigkeit in den Ausbildungseinrichtungen soll ein möglichst breites Spektrum von Einrichtungen, in denen psychotherapeutische Behandlungen durchgeführt werden können, zur Verfügung stehen. Der Ausbildungsteilnehmer soll während der Ausbildung unter Aufsicht und Anleitung am Patienten praktisch tätig sein. (S. 14)

Übersicht

I. Anerkennung der Ausbildungsstätten

1. Hochschulen und sonstige Einrichtungen. Nach dem Wortlaut von § 6 **1** Abs. 1 Satz 1 2. Halbsatz ist fraglich, ob die erforderliche staatliche Anerkennung sich lediglich auf die anderen Einrichtungen bezieht, oder auch auf die zunächst genannten Hochschulen. Da die in § 6 Abs. 2 Nr. 1 bis 6 genannten Voraussetzungen nicht zwangsläufig an Hochschulen bestehen müssen, ist zur Wahrung des Qualitätsstandards auch für die Ausbildung an Hochschulen eine staatliche Anerkennung zu fordern. Für die Anerkennung ist gem. § 10 Abs. 4 die zuständige Behörde des Landes, in der Einrichtung ihren Sitz hat, zuständig. Durch die Erstnennung der Hochschulen will der Gesetzgeber **keine Ausbildungsprärogative** vor den anderen Einrichtungen zum Ausdruck bringen. Den Kern der anderen Einrichtungen bilden die bereits existierenden, zumeist unter privater Trägerschaft stehenden Ausbildungsinstitute, die schon bislang von der kassenärztlichen Bundesvereinigung anerkannt waren (*Pulverich*, S. 78) und die Ausbildung in den so genannten Richtlinienverfahren gewährleistet haben. Dieses Spektrum mit unterschiedlichen Akzentsetzungen kann erhalten bleiben und gegebenenfalls sogar erweitert werden.

Ausbildungsstätten, die die in § 6 Abs. 2 Nr. 1–6 vorgegebenen Mindestanfor- **2** derungen (vgl. §§ 5 Abs. 1, 8 Abs. 3 Nr. 3–5) erfüllen, haben einen klagbaren Anspruch auf staatliche Anerkennung. Der gesetzliche Anforderungskatalog, dessen Niveau bei den bereits bestehenden Ausbildungsgängen an den eingeführten Instituten zum Teil erheblich überschritten wurde und wird (vgl. Anhang Nr. 5) ist nach oben offen. Eine Konkurrenz um Ausbildungskandidaten im Wege qualitativ höherwertiger Ausbildungsangebote ist damit möglich (*Pulverich*, S. 78).

Zu der nach § 6 Abs. 2 Nr. 1 geforderten Ausbildung in wissenschaftlich aner- **3** kannten psychotherapeutischen Verfahren vgl. § 1 Abs. 3 Satz 1 (§ 1, Rn. 30) sowie § 11.

Die in § 6 Abs. 2 Nr. 3 geforderte angemessene technische Ausstattung ist nicht **4** pauschal zu qualifizieren (so aber *Pulverich*, S. 79: Videoausstattung, Einwegscheiben, apparative Testverfahren), sondern richtet sich nach den Spezifika der angebotenen Vertiefungsausbildung. Bei der vertieften Ausbildung in Psychoanalyse sind beispielsweise Einwegscheiben, Videoausstattung oder apparative Testverfahren verzichtbar.

5   Dem Wortlaut von § 6 Abs. 2 Nr. 4 nach bezieht sich die Einbeziehung qualifizierter Ärzte in den Ausbildungsstab nur auf die Vermittlung der medizinischen Ausbildungsinhalte. Die psychotherapeutischen Inhalte sind von Psychologischen Psychotherapeuten bzw. Kinder- und Jugendlichenpsychotherapeuten zu erbringen. Diese Beschränkung erscheint aber nicht sachgerecht, da notfalls (vgl. § 6 Abs. 3) auch ärztliche Psychotherapeuten bzw. ärztliche Kinder- und Jugendlichenpsychotherapeuten aufgrund der gleichen Ausbildungsanforderungen geeignet sind, die curricularen Ausbildungsinhalte zu vermitteln.

6   Nr. 6: Die praktische Ausbildung in psychoanalytischen Vertiefungsverfahren erfolgt herkömmlich in der Regel in Praxen niedergelassener Analytiker. Anleitung, Beaufsichtigung und Begleitung erfolgen u. a. in Form regelmäßiger Supervision. Dieses Verfahren bietet sich auch für die vertiefte tiefenpsychologische Ausbildung an. I.Ü. trägt die zu wählende Form den Spezifika des jeweiligen Verfahrens Rechnung. Dabei ist die Formulierung „in" den Ausbildungsstätten nicht notwendig geographisch zu verstehen, sondern inhaltlich mit der Folge, dass die praktische Ausbildung auch in geeigneten Räumlichkeiten außerhalb der Institutsräume unter der Aufsicht und Verantwortung des Instituts durchgeführt werden kann.

Zu den zugelassenen Ausbildungsstätten vgl. Anhang Nr. 12.

§ 7 Ausschluß der Geltung des Berufsbildungsgesetzes

Auf die Ausbildungen nach diesem Gesetz findet das Berufsbildungsgesetz keine Anwendung.

Begründung zum Regierungsentwurf (BT-Drs. 13/8035 vom 24. 6. 1997). Bei der Ausbildung zum Psychologischen Psychotherapeuten und zum Kinder- und Jugendlichenpsychotherapeuten handelt es sich um eine Ausbildung eigener Art, die an Hochschulen oder diesen vergleichbaren Ausbildungsstätten außerhalb des Systems der beruflichen Bildung nach Berufsbildungsgesetz stattfindet. Dies wird durch § 7 klargestellt. Die Vorschrift entspricht dem Gesetzesbeschluss des Deutschen Bundestages aus der letzten Legislaturperiode (BT-Drs. 12/6811).

Auch wenn der Psychologische Psychotherapeut Arzt i. S. v. § 95 Abs. 1 Satz 2 SGB V und auch Vertragsarzt i. S. v. § 95 Abs. 5 bis 9 SGB V sein kann, entspricht die zweistufige Ausbildung zum Psychologischen Psychotherapeuten und zum Kinder- und Jugendlichenpsychotherapeuten keiner anderen Ausbildung innerhalb des Systems der Berufs- oder Hochschulausbildung. Insbesondere eine Vergleichbarkeit zur Ausbildung des „Arztes im Praktikum" ist nicht gegeben. Aufgrund der Besonderheit der Ausbildung zum Psychotherapeuten wurde die Anwendung des Berufsbildungsgesetz ausgeschlossen.

§ 8 Ermächtigung zum Erlaß von Rechtsordnungen

(1) [1]Das Bundesministerium für Gesundheit und Soziale Sicherung wird ermächtigt, in einer Ausbildungs- und Prüfungsverordnung für Psychologische Psychotherapeuten und in einer Ausbildungs- und Prüfungsverordnung für Kinder- und Jugendlichenpsychotherapeuten mit Zustimmung des Bundesrates die Mindestanforderungen an die Ausbildungen und das Nähere über die staatlichen Prüfungen (§ 5 Abs. 1) zu regeln. [2]Die Rechtsverordnungen sollen auch Vorschriften über die für die Erteilung der Approbationen nach § 2 Abs. 1 bis 3 notwendigen

Nachweise, über die Urkunden für die Approbationen nach § 1 Abs. 1 Satz 1 und über die Anforderungen nach § 2 Abs. 2 Satz 3 enthalten.

(2) Die Ausbildungs- und Prüfungsverordnungen sind jeweils auf eine Ausbildung auszurichten, welche die Kenntnisse und Fähigkeiten in der Psychotherapie vermittelt, die für die eigenverantwortliche und selbständige Ausübung des Berufs des Psychologischen Psychotherapeuten oder des Berufs des Kinder- und Jugendlichenpsychotherapeuten erforderlich sind.

(3) In den Rechtsverordnungen ist jeweils vorzuschreiben,

1. daß die Ausbildungen sich auf die Vermittlung eingehender Grundkenntnisse in wissenschaftlich anerkannten psychotherapeutischen Verfahren sowie auf eine vertiefte Ausbildung in einem dieser Verfahren zu erstrecken haben,
2. wie die Ausbildungsteilnehmer während der praktischen Tätigkeit einzusetzen sind, insbesondere welche Patienten sie während dieser Zeit zu betreuen haben,
3. daß die praktische Tätigkeit für die Dauer von mindestens einem Jahr in Abschnitten von mindestens drei Monaten an einer psychiatrischen klinischen, bei der kinder- und jugendlichenpsychotherapeutischen Ausbildung bis zur Dauer von sechs Monaten an einer psychiatrischen ambulanten Einrichtung, an der jeweils psychotherapeutische Behandlungen durchgeführt werden, und für mindestens sechs Monate an einer von einem Sozialversicherungsträger anerkannten Einrichtung der psychotherapeutischen oder psychosomatischen Versorgung, in der Praxis eines Arztes, der die psychotherapeutische Behandlung durchführen darf, oder eines Psychologischen Psychotherapeuten oder eines Kinder- und Jugendlichenpsychotherapeuten abzuleisten ist und unter fachkundiger Anleitung und Aufsicht steht,
4. daß die Gesamtstundenzahl für die theoretische Ausbildung mindestens 600 Stunden beträgt und
5. daß die praktische Ausbildung mindestens 600 Stunden mit mindestens sechs Patientenbehandlungen umfaßt.

(4) [1] Für die staatlichen Prüfungen ist vorzuschreiben, daß sie sich auf eingehende Grundkenntnisse in den wissenschaftlich anerkannten psychotherapeutischen Verfahren und schwerpunktmäßig auf das Verfahren, das Gegenstand der vertieften Ausbildung gewesen ist (Absatz 3 Nr. 1), sowie auf die medizinischen Ausbildungsinhalte erstrecken. [2] Ferner ist zu regeln, daß die Prüfungen vor einer staatlichen Prüfungskommission abzulegen sind, in die jeweils zwei Mitglieder berufen werden müssen, die nicht Lehrkräfte derjenigen Ausbildungsstätte sind, an der die Ausbildung erworben wurde.

(5) [1] Die Rechtsverordnungen sollen die Möglichkeiten für eine Unterbrechung der Ausbildungen regeln. [2] Sie können Vorschriften über die Anrechnung von Ausbildungen (§ 5 Abs. 3) enthalten.

(6) In den Rechtsverordnungen nach Absatz 1 ist für Diplominhaber, die eine Erlaubnis nach § 2 Abs. 1 Nr. 2 in Verbindung mit § 2 Abs. 2 Satz 1 und 2 oder Abs. 3 Satz 2 oder Abs. 3 a beantragen, zu regeln:

1. das Verfahren bei der Prüfung der Voraussetzungen des § 2 Abs. 1 Nr. 3 und 4, insbesondere die Vorlage der vom Antragsteller vorzulegenden Nachweise und die Ermittlung durch die zuständige Behörde entsprechend Artikel 6 der Richtlinie 89/48/EWG oder den Artikeln 10 und 12 Abs. 1 der Richtlinie 92/51/EWG,

2. das Recht von Diplominhabern, nach Maßgabe des Artikels 7 Abs. 2 der Richtlinie 89/48/EWG oder des Artikels 11 Abs. 2 der Richtlinie 92/51/EWG zusätzlich zu einer Berufsbezeichnung nach § 1 die im Heimat- oder Herkunftmitgliedstaat bestehende Ausbildungsbezeichnung und, soweit nach dem Recht des Heimat- oder Herkunftmitgliedstaates zulässig, deren Abkürzung in der Sprache dieses Staates zu führen,

3. die Frist für die Erteilung der Approbation entsprechend Artikel 8 Abs. 2 der Richtlinie 89/48/EWG oder Artikel 12 Abs. 2 der Richtlinie 92/51/EWG.

Begründung zum Regierungsentwurf (BT-Drs. 13/8035). Der Gesetzentwurf sieht die Ermächtigung des Bundesministeriums für Gesundheit vor, in Ausbildungs- und Prüfungsordnungen für die zu regelnden Berufe die Mindestanforderungen an die Ausbildungen und an die staatlichen Prüfungen festzulegen. (S. 14)

Die Absätze 2 und 3 betreffen die Ausbildungsinhalte. Die Ausbildungs- und Prüfungsverordnungen sollen sicherstellen, dass die Kenntnisse und Fähigkeiten vermittelt werden, die für eine eigenverantwortliche und selbständige Ausübung der Berufe erforderlich sind. Die Ausbildungen haben sich auf die Vermittlung von eingehenden Grundkenntnissen in wissenschaftlich anerkannten psychotherapeutischen Verfahren zu erstrecken. Eine vertiefte Ausbildung in einem wissenschaftlich anerkannten psychotherapeutischen Verfahren ist obligatorisch. (S. 19)

Die praktische Tätigkeit in den genannten Einrichtungen ist erforderlich, damit der Ausbildungsteilnehmer hinreichend mit den Krankheitsbildern der dort behandelten Patienten, die je nach Ausbildung Erwachsene (bei Psychologischen Psychotherapeuten) oder Kinder und Jugendliche (bei Kinder- und Jugendlichenpsychotherapeuten) sind, vertraut gemacht wird und Erfahrungen in der Krankenbehandlung sammelt. (S. 19)

Um Objektivität, einheitliche Entwicklung und ein hohes Niveau der Prüfungen zu gewährleisten, sind zwei externe Prüfer in den jeweiligen Prüfungsausschüssen vorzusehen. (S. 19)

Übersicht

I. Ausbildung und staatliche Prüfung

1 **1. Ermächtigung.** Der Ermächtigung zum Erlass von Ausbildungs- und Prüfungsverordnungen für Psychologische Psychotherapeuten und Kinder- und Jugendlichenpsychotherapeuten ist das Bundesministerium für Gesundheit und Soziale Sicherung mit Zustimmung des Bundesrats durch die Verordnungen vom 18. 12. 1998 nachgekommen. Die amtlicherseits gebrauchte Abkürzung „V" für Verordnung wird hier nicht nachvollzogen und stattdessen die eingeführte „VO" verwendet. Die Ermächtigung erstreckt sich auch auf die zur Approbationserteilung gem. § 2 Abs. 1–3 notwendigen Nachweise (staatsrechtlicher Status, Ausbildung

und Prüfung, Verhalten aus dem sich nicht die Unwürdigkeit oder Unzuverlässigkeit zur Berufsausübung ergibt, vgl. zu § 2 Rn. 1 ff., die Urkunden für die Approbation gem. § 1 Abs. 1 Satz 1) sowie die Anforderungen gem. § 2 Abs. 2 Satz 3 (Anpassungslehrgang oder Eignungsprüfung für EU-Angehörige sowie solche aus einem Vertragsstaat des Abkommens über den europäischen Wirtschaftsraum, deren Ausbildung der Mindestdauer gem. § 5 Abs. 1 nicht genügt). Nicht umfasst ist die Nachweispflicht bei der Beantragung der Approbation gem. der Übergangsregelung des § 12 (*Pulverich,* S. 83), für die die Landesbehörden zuständig sind.

Die gem. § 8 Abs. 3 Nr. 1 vorgeschriebene Vermittlung eingehender Grund- 2
kenntnisse in wissenschaftlich anerkannten psychotherapeutischen Verfahren bezieht sich auf die Legaldefinition in § 1 Abs. 3 Satz 1 (vgl. zu § 1, Rn. 2, zu deren Festlegung vgl. § 11).

2. Mindestanforderungen an Psychologische Psychotherapie und Kin- 3
der- und Jugendlichenpsychotherapie. Die in § 8 Abs. 3 Nr. 1–5 vorgeschriebenen Mindestanforderungen für die psychologisch-psychotherapeutische und kinder- und jugendlichenpsychotherapeutische Ausbildung sind über weite Strecken gleich. Lediglich in § 8 Abs. 3 Nr. 3 findet sich eine Differenzierung zwischen beiden Berufsausbildungen. Bei beiden Ausbildungszweigen dauert die zu absolvierende praktische Tätigkeit mindestens 18 Monate, wovon mindestens sechs Monate an einer von einem Sozialversicherungsträger anerkannten Einrichtung der psychotherapeutsichen oder psychosomatischen Versorgung, in der Praxis eines psychotherapeutischen Arztes oder eines Psychologischen Psychotherapeuten bzw. eines Kinder- und Jugendlichenpsychotherapeuten zu erbringen sind. Weitere mindestens zwölf Monate – da das „und" in § 8 Abs. 3 Nr. 3 kumulativ zu lesen ist – sind in jeweils mindestens Drei-Monats-Abschnitten an einer psychiatrisch klinischen Einrichtung abzuleisten. Bei Kandidaten der kinder- und jugendlichenpsychotherapeutischen Ausbildung können davon höchstens sechs Monate durch eine Tätigkeit an einer psychiatrischen ambulanten Einrichtung ersetzt werden.

Die **Differenzierung** ist sachbezogen und rechtfertigt nicht den Schluss auf ei- 4
ne Ungleichwertigkeit beider Berufe, auch wenn angehende Kinder- und Jugendlichenpsychotherapeuten einen Teil der praktischen Kenntnisse auch bei ärztlichen oder Psychologischen Psychotherapeuten erwerben können. Entsprechendes gilt für die erlassenen Ausbildungs- und Prüfungsverordnungen für Psychologische Psychotherapeuten und Kinder- und Jugendlichenpsychotherapeuten (vgl. den Abdruck im Anhang Nr. 1 und 2).

3. PsychTh-APrVO; KJPsychTh-APrVO. § 1, der das Ausbildungsziel vor- 5
gibt, ist für beide Ausbildungsgänge identisch. Gem. § 2 Abs. 2 Nr. 2 KJPsychTh-APrVO können mindestens 600 der insgesamt mindestens 1800 Stunden umfassenden praktischen Ausbildung auch bei einem Psychologischen Psychotherapeuten absolviert werden, wenn dieser vorwiegend Kinder und Jugendliche behandelt. Dieser Passus kann sich naturgemäß nur auf Psychotherapeuten alten Rechts beziehen, da nach der hier verfolgten restriktiven Auslegung unter der Geltung des PsychThG vom Grundsatz zweier Berufe auszugehen ist und dem Psychologischen Psychotherapeuten keine genuine Kompetenz für Kinder- und Jugendlichenpsychotherapie zukommt (a. A. konsequent *Pulverich,* S. 83, der nach dem Gesetzeswortlaut auf eine solche Kompetenz schließt). Psychotherapeuten alten Rechts konnten aber, wenn sie Kinder und Jugendliche behandelten, eine Approbation auch als Kinder- und Jugendlichenpsychotherapeuten gem. § 12 Abs. 1 Satz 1 erwerben, wenn sie an den Delegationsverfahren an der vertragsärztlichen Versorgung als Kinder- und Jugendlichenpsychotherapeut mitgewirkt haben oder die Qualifikation hierfür erfüllt haben. Es kommen also nur solche Psychologische Psychotherapeuten in Betracht, die die Approbation nicht erworben haben, sie aber hätten erwerben können.

6   Die Vorschriften über die theoretische Ausbildung gem. §§ 3 PsychTh-APrVO und KJPsychTh-APrVO sind identisch, nur dass die Anlage zu § 3 Abs. 1 bezüglich der Grundkenntnisse in Nr. 1–12 für die Ausbildung in der Kinder- und Jugendlichenpsychotherapie auf Kinder und Jugendliche zugeschnitten ist. Dasselbe gilt für die vertiefte Ausbildung, die für Psychologische Psychotherapeuten nur eine Einführung in die Behandlungsverfahren für Kinder und Jugendliche vorsieht.

7   **a) Doppelapprobation.** Gem. § 4 Abs. 3 KJPsychTh-APrVO kann ein psychologischer Psychotherapeut als Supervisor anerkannt werden, wenn er in seiner Ausbildung vorwiegend Kinder und Jugendliche behandelt hat. Hier gilt aber das in Nr. 5 Gesagte entsprechend: Es müssen schon nach altem Recht die Voraussetzungen für die Erteilung der Approbation als Kinder- und Jugendlichenpsychotherapeut erfüllt sein, unter der Geltung des PsychThG ist es schwer vorstellbar, wie eine überwiegend aus Kindern und Jugendlichen bestehende Klientel „geeignete Patienten" im Sinne von § 6 Abs. 2 Nr. 2 darstellen können. Spezialisiert er sich während seiner Ausbildung zum Psychologischen Psychotherapeuten auf die Behandlung von Kindern und Jugendlichen, so sollte er die Möglichkeit zum vereinfachten Erwerb der Approbation zum Kinder- und Jugendlichenpsychotherapeuten (Doppelapprobation) nutzen.

8   **b) Prüferberechtigung.** Entsprechendes gilt für § 9 Abs. 1 KJPsychTh-APrVO, der unter den genannten Voraussetzungen den Einsatz als Prüfer erlaubt. Die Prüferanforderungen wurden in §§ 9 PsychTh-APrVO und KJPsychTh-APrVO umgesetzt. Wie schon bei Hochschulprüfungen § 15 Abs. 2 Satz 4 HRG für berufsbezogene Prüfungen voraussetzt, muss der Prüfer selbst über die durch die Prüfung festzustellende oder zumindest eine gleichwerte Qualifikation verfügen. Für die berufsbezogene Prüfung – aber auch für Teilleistungen – folgt dies bereits aus Art. 12 Abs. 1 GG (vgl. *Niehues*, Rn. 174). Für die staatliche Prüfung zum Abschluss der psychologisch-psychotherapeutischen und kinder- und jugendlichenpsychotherapeutischen Ausbildung bedeutet dies, dass der Prüfer approbierter Psychologischer Psychotherapeut bzw. – insofern gleichwertiger – ärztlicher Psychotherapeut bzw. approbierter Kinder- und Jugendlichenpsychotherapeut sein muss. Der Prüfer im Vertiefungsgebiet muss selbst über die diesbezügliche Qualifikation verfügen.

9   §§ 5–8 und 10–15 PsychTh-APrVO und KJPsychTh-APrVO sind inhaltsgleich, § 16 spezifiziert die Prüfungsinhalte für Kandidaten der Kinder- und Jugendlichenpsychotherapeutenausbildung entsprechend dem Patientengut. Für die Ableistung der praktischen Zeit gem. § 8 Abs. 3 Nr. 2 ist keine Vergütung geregelt, jedoch ist eine anteilige Weiterreichung der von gesetzlichen oder privaten Krankenversicherern geleisteten oder erstatteten Beträge für während der Ausbildung erbrachte therapeutische Leistungen möglich und üblich (*Pulverich,* S. 84 plädiert für eine Angleichung an die für den Arzt-im-Praktikum getroffene Vergütungsregelung).

II. Staatliche Prüfung

10   In § 8 Abs. 4 legt das Gesetz nähere Anforderungen an Inhalt und Ablauf der staatlichen Prüfung fest. Der Verordnungsgeber, das Bundesministerium für Gesundheit, kann die Prüfung näher ausgestalten, jedoch hinter die Vorgaben des Gesetzes nicht zurückfallen. Die Ausgestaltung der staatlichen Prüfung wurde in §§ 8 ff. PsychTh-APrVO und entsprechend in §§ 8 ff. KJPsychTh-APrVO umgesetzt. Die staatliche Prüfung umfasst einen schriftlichen und einen mündlichen Teil. Die Prüfung hat sich nach § 8 Abs. 3 Nr. 1, Abs. 4 insbesondere auf einge-

hende Kenntnisse in den wissenschaftlich anerkannten Verfahren und schwerpunktmäßig auf das Verfahren zu erstrecken, das Gegenstand der vertieften Ausbildung war. Sie wird bei der zuständigen Behörde abgelegt. Die Zuständigkeit ergibt sich aus dem Ausbildungsort.

1. Prüfungskommissionen. Sowohl bei der Ausbildung zum Psychologi-   11
schen Psychotherapeuten als auch bei der Ausbildung zum Kinder- und Jugendlichenpsychotherapeuten finden die Abschlussprüfungen vor Prüfungskommissionen statt, denen externe Prüfer angehören, die Objektivität gewährleisten sollen. Die Kommissionen bestehen aus einem Psychotherapeuten, der für das psychotherapeutische Verfahren qualifiziert ist, das Gegenstand der vertieften Ausbildung war, als Vorsitzendem, und mindestens zwei weiteren Psychologischen Psychotherapeuten mit gleicher Qualifikation. Von den drei Psychologischen Psychotherapeuten müssen zwei als Supervisoren nach § 4 Abs. 3 Satz 1 oder Abs. 4 anerkannt sein. Desweiteren gehört zur Prüfungskommission noch ein Arzt mit einer ärztlichen Weiterbildung in der Psychiatrie und Psychotherapie, in der Kinder- und Jugendpsychiatrie und -psychotherapie oder in der Psychotherapeutischen Medizin, der an einer Ausbildungsstätte lehrt. Der Selbsterfahrungsleiter (Lehrtherapeut, Lehranalytiker) darf der Kommission nicht angehören. Im Bereich der Kinder- und Jugendlichenpsychotherapie gelten entsprechende Bestimmungen, wobei hier auch ein Psychologischer Psychotherapeut als Mitglied der Prüfungskommission nach Nr. 1 oder 2 benannt werden kann.

Problematisch ist nach wie vor die Anerkennung als Ausbildungsstätte im Sinne dieses Gesetzes. Die Ausbildungsstätten haben zwar meistenteils in der Zwischenzeit die Anforderungen erfüllt, jedoch sind die Landesprüfungsämter so überlastet, dass sie den umfangreichen Überprüfungen und Genehmigungen kaum Herr werden und mit den Ausbildungen an einer noch nicht genehmigten Ausbildungsstätte nicht oder nur mit Vorbehalten begonnen werden kann.

In § 8 Abs. 5 ist bestimmt, dass die Ausbildungsordnungen die Möglichkeiten   12
für eine Unterbrechung der Ausbildungen regeln sollen und Vorschriften über die Anrechnung von Ausbildungen (§ 5 Abs. 3) enthalten können. Die **Unterbrechungsvorschriften** finden sich in § 6 PsychTh-APrVO bzw. im § 6 KJPsych-Th-APrVO. Es wird von einer ausbildungsfreien Zeit von bis zu sechs Wochen jährlich ausgegangen. Unterbrechung und Fortsetzung der Ausbildung ist möglich nach Erkrankung, Schwangerschaft, jedoch nur bis zu höchstens vier Wochen je Ausbildungsjahr, im Falle einer unmittelbaren Härte auch darüber hinaus, soweit das Ausbildungsziel nicht gefährdet wird.

2. Anrechnung anderer Ausbildungen. In § 8 Abs. 5 ist die Anrechnung   13
anderer Ausbildungen geregelt. Er verweist auf § 5 Abs. 3. Soweit eine andere abgeschlossene Ausbildung als gleichwertig auf die Ausbildung angerechnet wird, so hat der Antragsteller sich einer „weiteren Ausbildung", deren Dauer und Inhalte von der zuständigen Behörde festgelegt werden, zu unterziehen. Diese weitere Ausbildung schließt mit der staatlichen Prüfung nach § 8 ab. Damit können solche Ausbildungen, die z. B. bei privaten Ausbildungsinstituten erworben wurden, zumindest partiell anerkannt werden und die Defizite durch die von der zuständigen Behörde festzulegenden Inhalte ausgeglichen werden.

3. Umsetzung europarechtlicher Bestimmungen. In § 8 Abs. 6 wird die   14
Umsetzung der Richtlinien der EU zur gegenseitigen Anerkennung von Hochschuldiplomen ermöglicht. Gemäß Art. 8 Abs. 2 der Richtlinie 89/48/EWG, auf den § 8 Abs. 6 Nr. 3 verweist, muss das Verfahren zur Prüfung eines Antrags auf Ausübung eines reglementierten Berufs so rasch wie möglich durchgeführt und mit einer mit Gründen versehenen Entscheidung der zuständigen Behörde des Aufnahmestaates spätestens vier Monate nach Vorlage der vollständigen Unterlagen des Betreffenden abgeschlossen werden.

§ 9 Gebührenordnung bei Privatbehandlung

[1] Das Bundesministerium für Gesundheit und Soziale Sicherung wird ermächtigt, durch Rechtsverordnung mit Zustimmung des Bundesrates die Entgelte für psychotherapeutische Tätigkeiten von Psychologischen Psychotherapeuten und Kinder- und Jugendlichenpsychotherapeuten zu regeln. [2] In dieser Rechtsverordnung sind Mindest- und Höchstsätze für die psychotherapeutischen Leistungen festzusetzen. [3] Dabei ist den berechtigten Interessen der Leistungserbringer und der zur Zahlung der Entgelte Verpflichteten Rechnung zu tragen.

> **Begründung zum Regierungsentwurf (BT-Drs. 13/8035).** Das Bundesministerium für Gesundheit wird ermächtigt, eine Gebührenordnung für die Leistungen freiberuflich tätiger Psychotherapeuten gegenüber Privatpatienten zu erlassen. Eine bundeseinheitliche Regelung soll für ärztliche und nichtärztliche Psychotherapeuten Vergütungsregelungen nach einheitlichen Kriterien ermöglichen, da das Leistungsspektrum von Ärzten, Psychologischen Psychotherapeuten sowie Kinder- und Jugendlichenpsychotherapeuten im Bereich der Psychotherapie weitgehend identisch ist.

Übersicht

I. Inkrafttreten

1   Abweichend von der Mehrzahl der anderen Vorschriften des PsychThG ist § 9 gem. Art. 15 Abs. 1 EG-PsychThG bereits am 24. 6. 1998 in Kraft getreten.

II. Normzweck

2   Mit dieser Norm wurde das Bundesministerium für Gesundheit und Soziale Sicherung ermächtigt, eine Gebührenordnung zu erlassen, die für freiberuflich tätige Psychotherapeuten gegenüber **Privatpatienten** gelten soll. Aus Vereinfachungs- und Gleichbehandlungsgründen wurde auf die Gebührenordnung für Ärzte (GOÄ, abgedruckt im Anhang Nr. 8) zurückgegriffen, die sowohl die berechtigten Interessen der Therapeuten als auch die der Privatpatienten berücksichtigen und zu einem Ausgleich bringen will. Den Interessen der Therapeuten ist gedient, da bei diesen nicht (wie in der freien und gewerblichen Wirtschaft) der Preiswettbewerb, sondern der Leistungswettbewerb in Form von Anforderungen wie ärztliches Können, Einfühlungsvermögen, Vertrauenswürdigkeit und Qualität der ärztlichen Leistungen im Vordergrund steht. Die Gebührenordnung soll sicherstellen, dass der Therapeut ein angemessenes, d. h. leistungsgerechtes Honorar erzielen kann. Dem Interesse der Privatpatienten ist gedient, indem mittels der Anwen-

dung GOÄ eine medizinische Behandlung zu tragbaren Preisen zur Verfügung steht und der Privatpatient vor unangemessenen Honorarforderungen geschützt wird.

Nach einem Referentenentwurf vom 25. 1. 1999, der in Form der Gebühren- **3** ordnung für Psychologische Psychotherapeuten und Kinder- und Jugendpsychotherapeuten (GOP) am 8. 6. 2000 veröffentlicht wurde und in Kraft trat (BGBl. I S. 818), finden für die Gebührenberechnung gegenüber Privatpatienten die Vorschriften der GOÄ Anwendung. Danach richten sich die Vergütungen für die beruflichen Leistungen der Psychologischen Psychotherapeuten und der Kinder- und Jugendlichenpsychotherapeuten im Sinne von § 1 Abs. 1 nach der GOÄ in der Fassung der Bekanntmachung vom 9. 2. 1996 (BGBl. I S. 210), geändert durch Artikel 17 des Gesetzes vom 22. 12. 1999 (BGBl. I S. 2626), soweit nicht durch Bundesgesetz etwas anderes bestimmt ist.

Die GOÄ ist eine Rechtsverordnung, die sich in den eigentlichen Verord- **4** nungstext und in ein der Verordnung anliegendes Gebührenverzeichnis gliedert. Der Gesetzgeber griff auf die GOÄ zurück, da er eine bundeseinheitliche Vergütungsregelung schaffen wollte, das Leistungsspektrum von Ärzten, Psychologischen Psychotherapeuten und Kinder- und Jugendpsychotherapeuten im Bereich der Psychotherapie weitgehend als identisch ansah und da er davon ausging, dass Festbeträge für die psychotherapeutischen Leistungen den Besonderheiten der psychotherapeutischen Versorgung am ehesten Rechnung tragen würden.

III. Wesentliche Grundzüge der GOÄ

1. Therapeutenvertrag als Dienstvertrag. Der Psychotherapeut hat keinen **5** Zahlungsanspruch gegen seinen Patienten aus der GOÄ selbst, sondern aus dem zwischen Therapeut und Patient abgeschlossenen Behandlungsvertrag. Dieser muss nicht schriftlich abgeschlossen werden. Es ist ausreichend, dass beide Parteien durch ihr Handeln zu erkennen geben, dass sie einen Vertrag schließen wollen und diesen auch zumindest teilweise verwirklichen (konkludentes Handeln).

Nach herrschender Rechtsauffassung wird der Behandlungsvertrag als Dienst- **6** vertrag i.S.d. § 611 BGB behandelt, da vom behandelnden Psychotherapeuten kein Erfolg (Gesundung des Patienten), sondern ein Dienst, also die sachgerechte Behandlung des Patienten unter Beachtung der Regeln der ärztlichen Kunst, geschuldet wird.

So wie der Patient eine freie Wahl des ihn behandelnden Therapeuten hat, so **7** ist auch der Therapeut in der Ausübung seines Berufes frei und kann die psychotherapeutische Behandlung – von Notfällen abgesehen – ablehnen. Einen Ablehnungsgrund stellt es insbesondere dar, wenn das notwendige Vertrauensverhältnis nicht besteht oder nicht herstellbar ist. Dabei ist ein hoher Maßstab anzusetzen. Es reicht z.B. allein die Beanstandung einer Honorarforderung durch den Patienten nicht aus, eine Behandlungsverweigerung anzudrohen oder eine Behandlung abzubrechen.

2. Leistungserbringung nach den Regeln der ärztlichen Kunst. Es dür- **8** fen nur Vergütungen für Leistungen berechnet werden, die nach den Regeln der ärztlichen Kunst erbracht wurden. Dies ergibt sich aus § 1 Abs. 2 GOÄ. Die Behandlung muss dem aktuellen Stand der Wissenschaft entsprechen.

3. Leistungen auf Verlangen. Grundsätzlich darf der Therapeut nur not- **9** wendige Leistungen erbringen. Er trägt im Streitfall die volle Darlegungs- und Beweislast für die medizinische Notwendigkeit der von ihm erbrachten Leistungen (*LG Stuttgart,* MedR 1992, 48). Dem kann der Therapeut um so besser nachkommen, je umfangreicher und genauer seine Dokumentation ist.

10   Über das Maß der notwendigen psychotherapeutischen Versorgung hinausge-
        hende Leistungen dürfen nur berechnet werden, wenn sie auf Verlangen des Pa-
        tienten erbracht wurden. Dies ergibt sich als Nebenpflicht aus dem Behandlungs-
        vertrag (§§ 241 Abs. 2, 280 BGB) und der Anwendung des Grundsatzes von Treu
        und Glauben (§ 242 BGB). Eine Aufklärungspflicht besteht generell, wenn Be-
        handlungsalternativen in Betracht kommen, die den Patienten mit unterschiedli-
        chen Kosten belasten.

11   Auch auf Verlangen des Patienten darf der Therapeut keine Leistungen erbrin-
        gen, denen gesetzliche Vorschriften, z. B. des Berufsrechts oder des Strafrechts,
        entgegenstehen. Der Therapeut ist auch nicht verpflichtet, Leistungen auf Verlan-
        gen seines Patienten zu erbringen, zu denen er nicht bereit ist, etwa weil er kon-
        krete Nachteile für seinen Patienten befürchtet. Leistungen, die auf Verlangen er-
        bracht wurden, sind in der Abrechnung zu kennzeichnen.

12   **4. Persönliche Leistungserbringung.** Der Therapeut bestimmt das psycho-
        therapeutische Vorgehen nach seiner Sachkunde, Erfahrung und Verantwortung
        gegenüber dem Patienten. Aus diesem Grund und als Folge der rechtlichen Qua-
        lifikation als Dienstvertrag ist er verpflichtet, seine Leistungen persönlich zu
        erbringen. Eine Ausnahme besteht dann, wenn im Rahmen der Behandlung Be-
        handlungsschritte notwendig werden, die der Therapeut nicht erbringen kann. In
        einem solchen Fall schließt dieser stellvertretend für seinen Patienten in dessen
        Namen einen zusätzlichen Vertrag ab. Dieser Vertrag verpflichtet den Patienten
        zur unmittelbaren Zahlung der Gebühren an den zusätzlichen Arzt. Der behan-
        delnde Therapeut hat gegenüber seinem Patienten eine Informationspflicht.

13   **5. Die Höhe des Honorars.** Die Höhe des Honorars richtet sich nach den
        Besonderheiten der jeweiligen Erkrankung und der hierzu erforderlichen Be-
        handlung. Als Vergütung stehen dem Psychotherapeuten Gebühren, Entschädi-
        gungen und Ersatz der Auslagen zu.

14   Mit der Anwendung der GOÄ sind die allgemeinen Liquidationsgrundsätze
        anzuwenden. Der Psychotherapeut hat, da es sich bei der GOÄ um eine Rah-
        mengebührenordnung handelt, innerhalb des vorgegebenen Gebührenrahmens
        einen Spielraum, um seine Gebühren im Einzelfall angemessen anpassen zu kön-
        nen.

15   Für Psychotherapeuten besteht in Anwendung des § 5 Abs. 1 Satz 1 GOÄ die
        Möglichkeit, den 1fachen bis 3,5fachen Gebührenrahmen anzuwenden. Im Re-
        gelfall darf nur das 2,3fache des Gebührensatzes abgerechnet werden gem. § 5
        Abs. 2 Satz 4 GOÄ (Schwellenwert).

16   Die Bemessung der Gebühr bis zum Schwellenwert bedarf keiner Begründung
        gegenüber dem Patienten. Der Schwellenwert ist aber keine Mittelgebühr für die
        Abrechnung von Normalfällen. Vielmehr ist eine Gebühr zwischen dem 1- und
        2,3fachen festzusetzen. Eine Überschreitung des Schwellenwertes ist nur möglich,
        wenn Besonderheiten bei der Leistungserbringung dies rechtfertigen (vgl. § 5
        Abs. 2 Satz 4 GOÄ). Dies ist dann der Fall, wenn sich die Besonderheiten im Ein-
        zelfall von üblicherweise vorliegenden Umständen unterscheiden und ihnen nicht
        bereits in der Leistungsbeschreibung des Gebührenverzeichnisses Rechnung getra-
        gen worden ist. Berücksichtigt werden können ausschließlich Besonderheiten der
        in § 5 Abs. 2 Satz 1 GOÄ abschließend aufgeführten Bemessungskriterien. Inner-
        halb des Gebührenrahmens sind die Gebühren im Einzelfall unter Berücksichti-
        gung der Schwierigkeit, des Zeitaufwandes und der Umstände bei der Ausführung
        der einzelnen Leistungen nach billigem Ermessen zu bestimmen. Der Psychothe-
        rapeut setzt die Gebühr so fest, dass sie dem Wert seiner therapeutischen Leistung
        entspricht, also angemessen ist. Ob der Therapeut die Bemessungskriterien objek-
        tiv und leistungsbezogen angewandt hat, kann im einzelnen Behandlungsfall ge-
        richtlich nachgeprüft werden.

6. Honorarvereinbarung. Abweichende Honorarvereinbarungen sind im Be- **17** reich der Psychotherapie mit Ausnahme von Notfallbehandlungen grundsätzlich möglich. Insbesondere sind Vereinbarungen über eine abweichende Gebührenhöhe zulässig. Mit der Vereinbarung ist auch eine Erhöhung der Gebühren über den nach der GOÄ vorgesehenen Höchstbetrag hinaus möglich. Zu beachten ist jedoch, dass nur der Steigerungsfaktor individuell vereinbart werden kann, die übrigen Bestandteile, aus denen sich das Honorar nach der GOÄ zusammensetzt, hingegen unverändert bleiben müssen. Der nach § 12 Abs. 2 bis 4 GOÄ notwendige Inhalt von Rechnungen gilt auch für individuell ausgehandelte Honorare. Die Abweichung von den Gebühren nach den Vorschriften der GOÄ muss für den Patienten erkennbar sein.

Es bestehen besondere Anforderungen an die Honorarvereinbarung. Die ab- **18** weichende Honorarvereinbarung ist vor Erbringung der therapeutischen Leistung zu treffen. Nach dem Willen des Gesetzgebers ist aus Gründen des Schutzes des Patienten eine wirksame Vereinbarung nach Abschluss der Behandlung nicht möglich.

Die Vereinbarung muss schriftlich geschlossen werden und persönlich zwischen **19** Patient und Therapeut ab- und durchgesprochen werden. Die alleinige Zusendung einer Honorarvereinbarung ist nicht ausreichend. Die Unterzeichnung muss von den Vertragsparteien eigenhändig und auf demselben Schriftstück erfolgen. In der Honorarvereinbarung müssen ausdrücklich die Nummer und die Bezeichnung der Leistung, der Steigerungssatz und der sich ergebende (= der vereinbarte) Betrag genannt werden. Die Vereinbarung darf keine anderen Erklärungen enthalten, vielmehr muss sich der Inhalt der Honorarvereinbarung ausschließlich auf die Liquidation und auf solche Hinweise beziehen, die unmittelbar mit der Liquidation in Zusammenhang stehen. Dies kann z.B. eine sachliche Begründung der Höhe des Steigerungssatzes sein. Die Vereinbarung ist dagegen unwirksam, wenn sich die Erläuterungen in der Vereinbarung zwar auf die Gebührenhöhe beziehen, aber inhaltlich so formuliert sind, dass sie die Freiheit des Patienten zum Abschluss dieser Vereinbarung beeinträchtigen können (*BGH* NJW 1998, 1786). Die Vereinbarung muss die Feststellung enthalten, dass eine Erstattung der Vergütung durch die kostenerstattenden Stellen möglicherweise nicht in vollem Umfang gewährleistet ist. Der Umfang der Festlegung oder Belehrung ist von den Umständen des Einzelfalles abhängig (*OLG Hamburg,* NJW 1987, 2937). Schließlich hat der Therapeut dem zahlungspflichtigen Patienten einen Abdruck der Honorarvereinbarung auszuhändigen. Zweckmäßigerweise sollte zusätzlich ein Auszug aus dem Gebührenverzeichnis einschließlich der Gebührensätze für die betreffende therapeutische Leistung ausgehändigt werden.

7. Fälligkeit des Honorars. Die Gebühr ist fällig, wenn die therapeutische **20** Leistung erbracht wurde und eine vollständige und ordnungsgemäße Rechnung durch den Therapeuten erbracht wurde.

Da die therapeutische Leistung wie alle ärztlichen Leistungen eine Vorleistung **21** darstellt (vgl. § 614 BGB), kann der Therapeut kein Vorauszahlungen vom Patienten fordern. § 614 BGB und § 12 GOÄ hindern den Therapeuten jedoch nicht, schon vor Abschluss der Behandlung für erbrachte Leistungen eine (Teil-)Rechnung zu erstellen. Dies ist insbesondere geboten, wenn die Behandlung längere Zeit in Anspruch nimmt und/oder einzelne Behandlungskomplexe abgeschlossen sind.

8. Rechnungsinhalt. Um die Rechnung fällig stellen zu können, d.h. um die **22** Rechtsfolgen aus Verzug (z.B. Zinsen) herbei führen zu können, muss die Therapeutenrechnung nach § 12 Abs. 2 bis 4 GOÄ bestimmte Mindestangaben enthalten (z.B. *VG Frankfurt a. M., MedR* 1994, 116).

Es ist notwendig das Datum der Behandlung, bei mehreren Behandlungstagen **23** alle Behandlungstage anzugeben. Genannt werden müssen die Gebührennummer der einzelnen Leistungen nach dem Gebührenverzeichnis der GOÄ, auch und gerade wenn die Parteien eine Honorarvereinbarung getroffen haben. Aufzuführen sind auch die mit Großbuchstaben bezeichneten Zuschläge.

24 Wichtig ist es außerdem, in der Rechnung die erbrachten Leistungen mittels Leistungsbeschreibung in der Gebührenposition genau darzulegen. Erlaubt ist es, eine Kurzbezeichnung, die nachvollziehbar sein muss, zu wählen. Ferner ist die in der Leistungsbeschreibung ggf. genannte Mindestdauer anzugeben.

25 Genannt werden müssen in der Rechnung weiterhin der Betrag der einzelnen Leistung, d. h. die sich aus der Anwendung des Steigerungssatzes ergebende Gebühr, der Steigerungssatz und eine schriftliche und verständliche Begründung bei Überschreitung des Schwellenwertes. Die bloße Wiedergabe der Bemessungskriterien nach § 5 Abs. 2 GOÄ ist keine ausreichende Begründung. Außerdem hat der Therapeut erbrachte Leistungen, die über das Maß einer medizinisch notwendigen Versorgung hinausgehen und auf Verlangen des Zahlungspflichtigen erbracht wurden, entsprechend zu kennzeichnen. Wird eine im Gebührenverzeichnis nicht enthaltene selbstständige Leistung erbracht, kann diese entsprechend einer nach Art, Kosten- und Zeitaufwand gleichwertigen Leistung des Gebührenverzeichnisses berechnet werden (§ 6 Abs. 2 GOÄ). Diese Leistung ist in der Rechnung verständlich zu beschreiben und mit dem Zusatz „entsprechend" sowie der Gebührennummer und der Bezeichnung der als gleichwertig herangezogenen Leistung zu versehen.

26 Bei Entschädigungen nach §§ 7 bis 9 GOÄ und Ersatz von Auslagen gem. § 10 GOÄ sind die Art der Entschädigung bzw. Auslage, die Berechnung und der in Rechnung gestellte Betrag anzugeben. Zusätzlich zur Rechnung ist bei Auslagen ein Nachweis beizufügen, wenn die einzelne Auslage 25 Euro überschreitet.

27 **9. Verjährung.** Die Honorarforderung verjährt nach drei Jahren (§ 195 BGB), wenn sie nach dem 1. 1. 2002 entstanden ist. Die Verjährung von Honoraransprüchen, die nach dem 1. 1. 2002 entstehen, beginnt mit dem Schluß des Jahres, in welchem der Vergütungsanspruch entstanden ist und in dem der Therapeut von den Anspruch begründenden Umständen und der Person des Schuldners – also des Patienten – Kenntnis erlangt hat (§ 199 Abs. 1 BGB), spätestens aber nach 10 Jahren (§ 199 Abs. 4 BGB). Ansprüche, die vor dem 1. 1. 2002 entstanden sind, verjähren in zwei Jahren – mit Einschluss der Auslagen – mit Schluss des Jahres, in welchem der Vergütungsanspruch entstand (§§ 196 Abs. 1 Nr. 14 BGB a. F. i. V. m. §§ 198, 201 BGB a. F. unter Beachtung von Art. 229, § 6 Abs. 1 und 3 EGBGB).

§ 10 Zuständigkeiten

(1) [1]Die Entscheidungen nach § 2 Abs. 1 trifft die zuständige Behörde des Landes, in dem der Antragsteller die staatliche Prüfung abgelegt hat. [2]Die Entscheidungen nach § 2 Abs. 1 in Verbindung mit § 12, nach § 2 Abs. 2 und 3 sowie nach § 4 trifft die zuständige Behörde des Landes, in dem der Beruf ausgeübt werden soll.

(2) [1]Die Entscheidungen nach § 3 trifft die zuständige Behörde des Landes, in dem der Beruf ausgeübt wird oder zuletzt ausgeübt worden ist. [2]Satz 1 gilt entsprechend für die Entgegennahme der Verzichtserklärung nach § 3 Abs. 4.

(3) Die Entscheidungen nach § 5 Abs. 3 trifft die zuständige Behörde des Landes, in dem der Antragsteller an der Ausbildung teilzunehmen beabsichtigt.

(4) Die Entscheidungen nach § 6 Abs. 2 trifft die zuständige Behörde des Landes, in dem die Ausbildungsstätte ihren Sitz hat.

Begründung zum Regierungsentwurf (BT-Drs. 13/8035). Die Vorschrift betrifft die behördlichen Zuständigkeiten für Entscheidungen nach dem Gesetz.

Übersicht

I. Zuständige Landesbehörden

Die nach § 10 zuständigen Behörden sind die Behörden, die nach jeweiligen 1
Landesorganisationsgesetzen, Landeszuständigkeitsgesetzen oder Durchführungs-
verordnungen zur Ausführung des PsychThG die ihnen auferlegten Verwaltungsakte erlassen sollen. Dies können die Gesundheitsministerien selbst sein oder aber
auch Senatsverwaltungen, Landesämter oder einzelne Regierungspräsidien in den
Bundesländern. Im Einzelnen ist zuständig:

Bundesland	Zuständige Landesbehörde
Baden-Württemberg	Regierungspräsidium in Stuttgart
Bayern	Bayerisches Staatsministerium für Arbeit und Sozialordnung, Familie, Frauen und Gesundheit
Berlin	Landesamt für Gesundheit und Soziales
Bremen	Senator für Arbeit, Frauen, Gesundheit, Jugend und Soziales der Freien Hansestadt Bremen, Abteilung Gesundheitsfachberufe
Brandenburg	Ministerium für Arbeit, Soziales, Gesundheit und Frauen des Landes Brandenburg, Referat 42
Hamburg	Landesprüfungsamt bei der Behörde für Umwelt und Gesundheit der Freien und Hansestadt Hamburg
Hessen	Landesprüfungsamt für Heilberufe in Frankfurt am Main
Mecklenburg-Vorpommern	Sozialministerium Mecklenburg-Vorpommern, Referat 302, Abteilung Gesundheit
Niedersachsen	Landesprüfungsamt für Heilberufe in Hannover
Nordrhein-Westfalen	Bezirksregierungen der Bezirke, in denen die Prüfung stattgefunden hat bzw. in denen der Antragsteller tätig werden will
Rheinland-Pfalz	Landesamt für Soziales, Jugend und Versorgung in Koblenz
Saarland	Landesamt für Verbraucher-, Gesundheits- und Arbeitsschutz, Zentralstelle für Gesundheitsberufe in Homburg
Sachsen	Regierungspräsidium in Dresden
Sachsen-Anhalt	Ministerium für Gesundheit und Soziales

Immen

| Schleswig-Holstein | Ministerium für Arbeit, Soziales, Gesundheit und Verbraucherschutz, Gesundheitsabteilung |
| Thüringen | Landesverwaltungsamt in Weimar, Referat 720, Abteilung Berufe Gesundheitswesen. |

II. Entscheidung über Approbation

2   Nach § 10 Abs. 1 Satz 1 ist für die Entscheidung über die Erteilung der Approbation für Deutsche i. S. d. Art. 116 GG, EU-Ausländer oder bestimmte heimatlose Ausländer, die die nach dem PsychThG vorgeschriebene Ausbildung in Deutschland absolviert und die staatliche Prüfung bestanden haben, sich keines Verhaltens schuldig gemacht haben, aus dem sich die Unwürdigkeit oder Unzuverlässigkeit zur Ausübung des Berufs ergibt und nicht wegen eines körperlichen Gebrechens oder wegen Schwäche ihrer geistigen oder körperlichen Kräfte oder wegen einer Sucht zur Ausübung des Berufs unfähig oder ungeeignet sind, die Behörde des Bundeslandes zuständig, in dem der Antragsteller die staatliche Prüfung abgelegt hatte.

3   § 10 Abs. 1 Satz 2 weist die Entscheidungsgewalt über die Erteilung der Approbation für die von § 12 erfassten Berufsträger der Behörde des Bundeslandes zu, in dem der Beruf ausgeübt werden soll.

4   Diese Berufsträger sind z. B. diejenigen, die im Zeitpunkt des Inkrafttretens dieses Gesetzes, ohne Arzt zu sein, im Rahmen der kassenärztlichen Versorgung an der psychotherapeutischen Behandlung von gesetzlich Krankenversicherten im Delegationsverfahren teilnahmen oder als Diplompsychologen eine Weiterbildung zum „Fachpsychologen in der Medizin" erfolgreich abgeschlossen hatten.

5   Dieselbe Behörde ist auch zuständig für Entscheidungen über Anträge von Antragstellern aus einem Mitgliedstaat der Europäischen Union oder einem anderen Vertragsstaat des Abkommens über den Europäischen Wirtschaftsraum, bei der Erteilung der Approbation in besonderen Einzelfällen oder aus Gründen des öffentlichen Gesundheitsinteresses und für die Erteilung einer befristeten Erlaubnis für Deutsche mit ausländischer Psychotherapeutenausbildung und Nicht-EU-Ausländer.

III. Entscheidung über Rücknahme, Widerruf und Ruhen der Approbation

6   Nach § 10 Abs. 2 obliegt die Entscheidung über die **Rücknahme,** den **Widerruf** oder das **Ruhen** der Approbation der zuständigen Behörde des Landes, in dem der Beruf zur Zeit ausgeübt wird oder zuletzt ausgeübt worden ist. Diese Behörde hat auch die Befugnis, die **Verzichtserklärung** nach § 3 Abs. 4 entgegenzunehmen. Mit Zugang des Verzichts bei der zuständigen Behörde ist der Verzicht erklärt.

IV. Anrechnung einer anderen abgeschlossenen Ausbildung

7   § 10 Abs. 3 bestimmt die Behörde, die darüber entscheidet, ob andere als in § 5 Abs. 1 und 2 genannte **Ausbildungsnachweise** anerkannt werden. Danach kann auf Antrag eine andere abgeschlossene Ausbildung auf die Ausbildung zum Psy-

chologischen Psychotherapeuten sowie zum Kinder- und Jugendlichenpsychotherapeuten angerechnet werden. Zuständig ist, da sich der Antragsteller im Moment
noch in der Ausbildung befindet, die Behörde des Landes, in dem der Antragsteller ausgebildet werden will.

V. Anerkennung von Einrichtungen als Ausbildungsstätte

Die Entscheidung über die Anerkennung von **Ausbildungsstätten** obliegt 8
gem. § 10 Abs. 4 der Behörde des Landes, in dem die Ausbildungsstätte ihren Sitz
hat, unabhängig vom konkreten Standort der Ausbildungsstätte. Mit dieser Regelung wird sichergestellt, dass für die Anerkennung als Ausbildungsstätte ausschließlich eine Behörde zuständig ist, unabhängig über wie viel Niederlassungen die
Ausbildungsstätte oder der Träger verfügt.

§ 11 Wissenschaftliche Anerkennung

[1] **Soweit nach diesem Gesetz die wissenschaftliche Anerkennung eines
Verfahrens Voraussetzung für die Entscheidung der zuständigen Behörde ist, soll die Behörde in Zweifelsfällen ihre Entscheidung auf der
Grundlage eines Gutachtens eines wissenschaftlichen Beirates treffen, der
gemeinsam von der auf Bundesebene zuständigen Vertretung der Psychologischen Psychotherapeuten und Kinder- und Jugendlichenpsychotherapeuten sowie der ärztlichen Psychotherapeuten in der Bundesärztekammer gebildet wird.** [2] **Ist der Beirat am 31. 12. 1998 noch nicht gebildet,
kann seine Zusammensetzung durch das Bundesministerium für Gesundheit bestimmt werden.**

Begründung zum Regierungsentwurf (BT-Drs. 30/8035). Die Vorschrift regelt das
Verfahren für die wissenschaftliche Anerkennung von psychotherapeutischen Verfahren. Die
zuständigen Behörden haben die Möglichkeit, zur Bewertung der Verfahren eine gutachterliche Stellungnahme der auf Bundesebene zuständigen Vertretung der Psychologischen
Psychotherapeuten und Kinder- und Jugendlichenpsychotherapeuten sowie der Bundesärztekammer, alternativ eines von diesen Organisationen gebildeten gemeinsamen wissenschaftlichen Beirates, für dessen Einrichtung § 11 die Grundlage bietet, einzuholen. Hierdurch wird
eine einheitliche Anerkennungspraxis durch die zuständigen Behörden ermöglicht.
Der Gesetzgeber geht davon aus, dass die Länder Kammern der Psychologischen Psychotherapeuten und Kinder- und Jugendlichenpsychotherapeuten errichten. Diese können künftig Berufs- und Weiterbildungsordnungen für die Berufe erlassen. In den Weiterbildungsordnungen können die Länder Regelungen für Weiterbildungs- oder Zusatzbezeichnungen
treffen. In Berufsordnungen können sie Schutzvorschriften für die Bevölkerung und die Patienten, wie z.B. Regelungen über den Umgang mit Angehörigen anderer Berufe, Vorschriften zur Werbung etc. erlassen. (S. 19)

Übersicht

I. Wissenschaftliche Anerkennung

1   Die wissenschaftliche Anerkennung eines Verfahrens ist bereits in § 1 Abs. 3 Satz 1 (vgl. dort Rn. 30 ff.) für die Legaldefinition von Psychotherapie im Sinne des PsychThG vorausgesetzt. Sie ist namentlich Voraussetzung für die staatliche Anerkennung einer Ausbildungsstätte gem. § 6 Abs. 1 i. V. m. § 6 Abs. 2 Nr. 1. Der Begriff des „wissenschaftlichen Verfahrens" reicht weiter als der allgemein anerkannte Stand der medizinischen Erkenntnisse (vgl. zu § 1 Rn. 30).

2   **1. Wissenschaftlicher Beirat.** Die Behörde soll in Zweifelsfällen ihre Entscheidung auf der Grundlage eines Gutachtens eines wissenschaftlichen Beirats treffen, in dem die auf der Bundesebene zuständige Vertretung der Psychologischen Psychotherapeuten (eigentlich „Bundespsychotherapeutenkammer") und Kinder- und Jugendlichenpsychotherapeuten (eigentlich „Bundeskinder- und Jugendlichenpsychotherapeutenkammer", die aber tunlichst in einer einheitlichen „Bundespsychotherapeutenkammer" aufgehen sollte) sowie die ärztlichen Psychotherapeuten in der Bundesärztekammer zusammenwirken. Obwohl es keine auf Bundesebene zuständigen Kammern der beiden psychotherapeutischen Heilberufe gab, haben Bundesärztekammer, Arbeitsgemeinschaft Psychotherapie und Arbeitsgemeinschaft der Psychotherapeutenverbände in der GKV – mit Rücksicht auf die zwangsläufig mangelnde Repräsentation notgedrungen – in einer konstituierenden Sitzung vom 7. 10. 1998 einen „Wissenschaftlichen Beirat Psychotherapie" gegründet. Die Bundespsychotherapeutenkammer wurde am 17./18. 5. 2003 zu Berlin gegründete und soll noch 2003 ihre Arbeit aufnehmen.

3   **2. Besetzung.** Obwohl eine paritätische Besetzung des Wissenschaftlichen Beirats Psychotherapie (WBP) aus Psychologischen und ärztlichen Psychotherapeuten nicht einmal angezeigt ist (*Pulverich*, S. 90 f.), hat er sich paritätisch konstituiert. Mit der normativen Kraft des Faktischen ist er mittlerweile etabliert und ressortiert bis auf weiteres bei der Bundesärztekammer zu Köln (*Nilges*, P. u. R., 2001, 4 [6]: „nicht sachgemäß"). Geschäftsordnung und Verfahrensgrundsätze, Antragshinweise und Entscheidungen sind u. a. im Deutschen Ärzteblatt veröffentlicht. Das Gremium setzt sich aus sechs ärztlichen Vertretern, vier Vertretern der Psychologischen Psychotherapeuten und zwei der Kinder- und Jugendlichenpsychotherapeuten zusammen. Vorsitzender und stellvertretender Vorsitzender wechseln turnusmäßig alle halbe Jahre. Der Wissenschaftlich Beirat Psychotherapie wird künftig bei der Bundespsychotherapeutenkammer ressortieren.

4   **3. Zuständigkeitskompetenz.** Die Entscheidung über die Wissenschaftlichkeit obliegt – anders, als der Beirat dies publiziert – der zuständigen Landesbehörde. Nur in Zweifelsfällen „soll" sie ihrer Entscheidung ein Gutachten des Beirats zugrunde legen, womit ihr grundsätzlich ein Ermessensspielraum zukommt. Allerdings sind, nachdem die fraglos seit alters wissenschaftlich anerkannten Richtlinienverfahren der Psychoanalyse, Tiefenpsychologie und Verhaltenstherapie mit ihren Ablegern ohnedies bereits durch § 12 gesetzlich approbiert wurden, schlechterdings keine neuen Verfahren denkbar, die für die Behörde außer Zweifel stehen könnten. Damit schrumpft der Einholung eines Gutachtens der Ermessensspielraum auf null und das „soll" ist als „ist zu" zu lesen. Abweichungen der Entscheidung der Behörde von den gutachterlichen Stellungnahmen des Wissenschaftlichen Beirats sind zumindest in praxi kaum zu erwarten.

5   Die Vorschrift wird mit Rücksicht auf die sachfremde Anerkennungskompetenz der Behörde, das nicht obligatorische Gehör des Beirats sowie die systemwidrige Einbeziehung der Ärzte für „missglückt" (*Pulverich*, S. 90) gehalten.

Psychotherapeutenkammern der Länder sind inzwischen gegründet in Baden- 6
Württemberg, Bayern, Berlin, Bremen, Hamburg, Hessen, Niedersachsen, Nord-
rhein-Westfalen, Rheinland-Pfalz und Thüringen. In Brandenburg und Mecklen-
burg-Vorpommern bestehen Arbeitsgemeinschaften, in Sachsen, Sachsen-Anhalt,
Schleswig-Holstein und im Saarland Errichtungsausschüsse. Die psychotherapeuti-
schen Vertretungen in den neuen Bundesländern planen eine länderübergreifende
Kammern-Kooperation, da die Finanzierung der Kammern aufgrund der geringen
Mitgliederzahl in den neuen Bundesländern Schwierigkeiten aufwirft.

Die Bundespsychotherapeutenkammer residiert zu Berlin. 7

§ 12 Übergangsvorschriften

(1) [1] Wer im Zeitpunkt des Inkrafttretens dieses Gesetzes, ohne Arzt zu
sein, im Rahmen der kassenärztlichen Versorgung an der psychotherapeutischen Behandlung von gesetzlich Krankenversicherten im Delegationsverfahren nach den Richtlinien des Bundesausschusses der Ärzte und
Krankenkassen über die Durchführung der Psychotherapie in der vertragsärztlichen Versorgung (Psychotherapie-Richtlinien in der Neufassung vom
3. 7. 1987 – BAnz. Nr. 156 Beilage Nr. 156a –, zuletzt geändert durch Bekanntmachung vom 12. 3. 1997 – BAnz. Nr. 49 S. 2946), als Psychotherapeut oder Kinder- und Jugendlichenpsychotherapeut mitwirkt oder die
Qualifikation für eine solche Mitwirkung erfüllt, erhält bei Vorliegen der
Voraussetzungen des § 2 Abs. 1 Nr. 1, 3 und 4 auf Antrag eine Approbation
zur Ausübung des Berufs des Psychologischen Psychotherapeuten oder eine Approbation zur Ausübung des Berufs des Kinder- und Jugendlichenpsychotherapeuten nach § 1 Abs. 1 Satz 1. [2] Das gleiche gilt für Personen,
die die für eine solche Mitwirkung vorausgesetzte Qualifikation bei Vollzeitausbildung innerhalb von drei Jahren, bei Teilzeitausbildung innerhalb
von fünf Jahren, nach Inkrafttreten des Gesetzes erwerben.

(2) Wer im Zeitpunkt des Inkrafttretens dieses Gesetzes als Diplom-
psychologe eine Weiterbildung zum „Fachpsychologen in der Medizin"
nach den Vorschriften der Anweisung über das postgraduale Studium
für naturwissenschaftliche und technische Hochschulkader sowie Diplompsychologen und Diplomsoziologen im Gesundheitswesen vom 1. 4.
1981 (Verf. U. Mitt. MfG DDR Nr. 4 S. 61) erfolgreich abgeschlossen
hat, erhält bei Vorliegen der Voraussetzungen nach § 2 Abs. 1 Nr. 1, 3
und 4 auf Antrag eine Approbation zur Ausübung des Berufs des Psychologischen Psychotherapeuten nach § 1 Abs. 1 Satz 1, wenn die dreijährige Weiterbildung vorwiegend auf die Vermittlung von Kenntnissen
und Fähigkeiten in der Psychotherapie ausgerichtet war.

(3) [1] Personen mit einer bestandenen Abschlußprüfung im Studiengang
Psychologie an einer Universität oder einer gleichstehenden Hochschule
erhalten bei Vorliegen der Voraussetzungen des § 2 Abs. 1 Nr. 1, 3 und
4 auf Antrag eine Approbation zur Ausübung des Berufs des Psychologischen Psychotherapeuten nach § 1 Abs. 1 Satz 1, wenn sie zwischen
dem 1. 1. 1989 und dem 31. 12. 1998 mit einer Gesamtdauer von mindestens sieben Jahren an der Versorgung von Versicherten einer Krankenkasse mitgewirkt haben oder ihre Leistungen während dieser Zeit
von einem Unternehmen der privaten Krankenversicherung vergütet
oder von der Beihilfe als beihilfefähig anerkannt worden sind. [2] Voraussetzung für die Erteilung der Approbation nach Satz 1 ist ferner, daß die
Antragsteller

1. während des Zeitraums nach Satz 1 mindestens 4000 Stunden psychotherapeutischer Berufstätigkeit oder 60 dokumentierte und abgeschlossene Behandlungsfälle sowie
2. mindestens 140 Stunden theoretischer Ausbildung in wissenschaftlich anerkannten Verfahren

nachweisen. [3] Personen im Sinne des Satzes 1, die das Erfordernis nach Satz 1 zweiter Halbsatz oder die Voraussetzung nach Satz 2 Nr. 1 nicht erfüllen, erhalten die Approbation nur, wenn sie nachweisen, daß sie bis zum 31. 12. 1998

1. mindestens 2000 Stunden psychotherapeutischer Berufstätigkeit abgeleistet oder 30 dokumentierte Behandlungsfälle abgeschlossen,
2. mindestens fünf Behandlungsfälle unter Supervision mit insgesamt mindestens 250 Behandlungsstunden abgeschlossen,
3. mindestens 280 Stunden theoretischer Ausbildung in wissenschaftlich anerkannten Verfahren abgeleistet haben und
4. am 24. 6. 1997 für die Krankenkasse tätig waren oder ihre Leistungen zu diesem Zeitpunkt von einem Unternehmen der privaten Krankenversicherung vergütet oder von der Beihilfe als beihilfefähig anerkannt worden sind.

(4) [1] Personen mit einer bestandenen Abschlußprüfung im Studiengang Psychologie an einer Universität oder einer gleichstehenden Hochschule erhalten bei Vorliegen der Voraussetzungen des § 2 Abs. 1 Nr. 1, 3 und 4 auf Antrag eine Approbation zur Ausübung des Berufs des Psychologischen Psychotherapeuten nach § 1 Abs. 1 Satz 1, wenn sie nachweisen, daß sie zwischen dem 1. 1. 1989 und dem 31. 12. 1998 mit einer Gesamtdauer von mindestens sieben Jahren als Angestellte oder Beamte

1. in einer psychiatrischen, psychotherapeutischen, psychosomatischen oder neurologischen Einrichtung vorwiegend psychotherapeutisch tätig waren oder
2. hauptberuflich psychotherapeutische Behandlungen durchgeführt haben.

[2] Voraussetzung für die Erteilung der Approbation nach Satz 1 Nr. 1 und 2 ist ferner, daß die Antragsteller nachweisen, daß sie

1. in dem Zeitraum nach Satz 1 mindestens 4000 Stunden einschließlich der dazu notwendigen Diagnostik und Fallbesprechungen psychotherapeutisch tätig waren oder 60 dokumentierte Behandlungsfälle abgeschlossen und
2. mindestens 140 Stunden theoretische Ausbildung in dem Gebiet, in dem sie beschäftigt sind, abgeleistet haben.

[3] Personen im Sinne des Satzes 1, die das Erfordernis nach Satz 1 zweiter Halbsatz oder die Voraussetzung nach Satz 2 Nr. 1 nicht erfüllen, wird die Approbation nur erteilt, wenn sie nachweisen, daß sie bis zum 31. 12. 1998

1. mindestens 2000 Stunden psychotherapeutischer Berufstätigkeit abgeleistet oder 30 dokumentierte Behandlungsfälle abgeschlossen,
2. mindestens fünf Behandlungsfälle unter Supervision mit insgesamt mindestens 250 Behandlungsstunden abgeschlossen,
3. mindestens 280 Stunden theoretischer Ausbildung in dem Gebiet, in dem sie beschäftigt sind, abgeleistet und
4. spätestens am 24. 6. 1997 ihre psychotherapeutische Beschäftigung aufgenommen

haben.

(5) Für Personen mit einer bestandenen Abschlußprüfung im Studiengang Psychologie an einer Universität oder einer gleichstehenden Hochschule oder im Studiengang Pädagogik oder Sozialpädagogik an einer staatlichen oder staatlich anerkannten Hochschule gelten die Absätze 3 und 4 für den Antrag auf Erteilung einer Approbation zur Ausübung des Berufs des Kinder- und Jugendlichenpsychotherapeuten entsprechend.

Begründung zum Regierungsentwurf (BT-Drs. 13/8035). § 12 sieht für Personen, die zum Zeitpunkt des Inkrafttretens des Gesetzes auf dem Gebiet der Psychotherapie tätig sind, Übergangsvorschriften vor.

Nach Absatz 1 erhalten nichtärztliche Psychotherapeuten, die im Zeitpunkt des Inkrafttretens des Gesetzes im Delegationsverfahren nach den Psychotherapie-Richtlinien mitwirken oder die die Voraussetzungen für eine solche Mitwirkung erfüllen oder die nach den Psychotherapie-Richtlinien für die Mitwirkung vorausgesetzte Qualifikation innerhalb von drei Jahren bei Vollzeit- oder innerhalb von fünf Jahren bei Teilzeitausbildung nach Inkrafttreten des Gesetzes erwerben, ohne weiteres auf Antrag die Approbation.

Absatz 2 betrifft die nach dem Recht der früheren DDR ausgebildeten „Fachpsychologen in der Medizin". Außer dem Nachweis einer erfolgreich abgeschlossenen Ausbildung bedürfen diese Personen eines Nachweises darüber, dass die Ausbildung ausschließlich auf die Vermittlung von Kenntnissen und Fähigkeiten in der Psychotherapie gerichtet war. Dies ist erforderlich, weil die Ausbildung von Diplompsychologen in der früheren DDR zu Fachpsychologen in der Medizin diesem Erfordernis nicht immer entsprochen hat.

Die Absätze 3 und 4 enthalten abgestufte Übergangsregelungen, die je nach Dauer der Berufstätigkeit und Ableistung einer gegebenenfalls erforderlichen qualifizierten Nachschulung den Zugang zum Beruf eröffnen. Es wird davon ausgegangen, dass Aus- und Weiterbildungseinrichtungen sowie die Psychotherapeutenverbände zur Nachschulung geeignete Veranstaltungen anbieten. Vor Inkrafttreten des Gesetzes abgeleistete Stunden theoretischer Ausbildung sind ebenso wie die geforderten Behandlungsfälle unabhängig vom Zeitpunkt ihrer Ableistung anzurechnen.

Antragstellern, die erst nach der Einbringung des Gesetzes ihre Berufstätigkeit aufgenommen haben, ist es zuzumuten, dass sie die vom Gesetz geforderte Ausbildung durchlaufen.

Nach Absatz 5 gelten die Absätze 3 und 4 für Personen, die eine Approbation als Kinder- und Jugendlichenpsychotherapeuten anstreben, entsprechend.

Übersicht

I. Allgemeines

1   **1. Normzweck.** Mit dem zum 1. 1. 1999 in Kraft getretenen PsychThG regelte der Gesetzgeber das Berufsbild des Psychologischen Psychotherapeuten und des Kinder- und Jugendlichenpsychotherapeuten und gewährte gleichzeitig beiden Berufen einen entsprechenden gesetzlichen Schutz. Nach der Grundkonzeption des Gesetzes sollten mit Inkrafttreten des Gesetzes nur noch approbierte Personen die Bezeichnung „Psychotherapeut/Psychotherapeutin" führen dürfen. Gleichzeitig wurde in dem sozialversicherungsrechtlichen Teil des PsychThG geregelt, dass nur noch approbierte Personen an der vertragsärztlichen Versorgung teilnehmen dürfen.

2   Vor dem Inkrafttreten des PsychThG wurde die ambulante psychotherapeutische Versorgung außer durch niedergelassene Ärzte auch durch Personen erbracht, die eine Erlaubnis nach § 1 des Heilpraktikergesetzes besaßen. Bis zum Inkrafttreten des PsychThG war es diesen Personen erlaubt, sich „Psychotherapeut" zu nennen. An der vertragsärztlichen Versorgung haben diese Personen entweder im sogenannten **Delegationsverfahren** oder im sogenannten **Kostenerstattungsverfahren** mitgewirkt. Zum überwiegenden Teil erfüllten diese Personen die Voraussetzungen für die Erteilung einer Approbation nach den neuen Ausbildungsbestimmungen des PsychThG nicht. Es war daher notwendig, für die Personen, die in bewährter Weise zum Teil über viele Jahre psychotherapeutische Leistungen erbracht haben, eine Übergangsregelung zu treffen, die diesen Personen den Zugang zur Approbation ermöglichte.

3   **2. Die Regelungen des § 12 PsychThG in der Übersicht. a) Gemeinsame Voraussetzungen.** Gemeinsame Voraussetzung für die Erteilung einer Approbation nach den Übergangsregelungen des § 12 Abs. 1 bis 5 ist die Erfüllung der Voraussetzungen nach § 2 Abs. 1 Nr. 1, 3 und 4. Der Antragsteller muss daher Deutscher i. S. d. Art. 116 GG oder Staatsangehöriger eines Mitgliedsstaates der EU oder eines anderen Vertragsstaates des Abkommens über den europäischen Wirtschaftsraum oder heimatloser Ausländer i. S. d. Gesetzes über die Rechtstellung heimatloser Ausländer sein. Außerdem darf er sich nicht eines Verhaltens schuldig gemacht haben, aus dem sich die Unwürdigkeit oder Unzuverlässigkeit zur Ausübung des Berufes ergibt. Schließlich darf er nicht wegen eines körperlichen Gebrechens oder wegen Schwäche seiner geistigen oder körperlichen Kräfte oder wegen einer Sucht zur Ausübung des Berufes unfähig oder ungeeignet sein.

4   **b) § 12 Abs. 1 PsychThG.** Die Übergangsvorschrift des § 12 Abs. 1 betrifft die Personen, die zum Zeitpunkt des Inkrafttretens des Gesetzes im Rahmen des sogenannten **Delegationsverfahrens** an der vertragsärztlichen Versorgung teilgenommen haben bzw. die Qualifikationsvoraussetzungen für eine derartige Teilnahme erfüllt haben. Gem. § 12 Abs. 1 Satz 2 erhalten eine Approbation außerdem die Personen, die vor dem 1. 1. 1999 eine psychotherapeutische Ausbildung nach den **Psychotherapie-Richtlinien** begonnen hatten und diese Ausbildung bei Vollzeitausbildung bis zum 31. 12. 2001, bei einer Teilzeitausbildung bis zum 31. 12. 2003, erfolgreich beenden werden.

Die Tätigkeit im Delegationsverfahren erfolgte nach den Psychotherapie- **5** Richtlinien des Bundesausschusses der Ärzte und Krankenkassen vom 3. 7. 1989 (letzte Änderung am 12. 3. 1997; BAnz. Nr. 49, S. 2946). Wie der Name Delegationsverfahren bereits nahe legt, konnten die nichtärztlichen Psychotherapeuten die Heilbehandlung nicht selbständig durchführen, sondern mussten durch einen niedergelassenen Arzt nach §§ 4, 7 Anlage 1 zum EKV-Ä (Anlage 5 zum BMV-Ä) beauftragt werden. Der nichtärztliche Psychotherapeut übte die Psychotherapie dabei nach der Rechtsprechung des BSG als **unselbständige Hilfsperson** des Arztes aus (z.B. *BSG* SozR 3–2500 § 15 Nr. 1–3). Gem. G II der Psychotherapie-Richtlinien war der erfolgreiche Abschluss eines Psychologiestudiums bzw. eines Pädagogikstudiums oder Sozialpädagogikstudiums für Kinder- und Jugendlichenpsychotherapeuten wesentliche Voraussetzung für die Teilnahme am Delegationsverfahren. Eine Ausnahme galt gem. § 16 Abs. 3 der Psychotherapie-Vereinbarung vom 14. 7. 1976 lediglich für diejenigen, die nach einem abgeschlossenem Hochschulstudium vor dem 1. 4. 1976 eine Ausbildung an einem anerkannten psychotherapeutischen Institut abgeschlossen hatten oder diese Ausbildung vor dem 1. 4. 1976 begonnen hatten.

Gem. G II der Psychotherapie-Richtlinie war weiterhin Voraussetzung, dass **6** nach dem abgeschlossenen Hochschulstudium der Psychologie eine abgeschlossene psychotherapeutische Zusatzausbildung an einem von der Kassenärztlichen Bundesvereinigung anerkannten Institut nachgewiesen werden konnte.

c) § 12 Abs. 2 PsychThG. § 12 Abs. 2 gilt für die nach dem Recht der frü- **7** heren DDR ausgebildeten „Fachpsychologen in der Medizin". Nach DDR-Recht war es möglich, nach einer erfolgreichen postgradualen Weiterbildung als **„Fachpsychologe in der Medizin"** anerkannt zu werden. Voraussetzung für die Teilnahme an dieser Weiterbildung war ein erfolgreich abgeschlossenes Hochschulstudium in der Studienrichtung Psychologie und die mindestens einjährige praktische Tätigkeit in theoretisch wissenschaftlich medizinischen oder klinischen Einrichtung, in Hygiene- und Arbeitshygieneinstituten, in Einrichtungen des Transfusionsdienstes des Gesundheitswesens, der Akademie der Wissenschaften sowie in Gesundheitseinrichtungen, die anderen zentralen staatlichen Organen unterstellt waren.

d) § 12 Abs. 3 PsychThG. § 12 Abs. 3 betrifft Personen, die vor dem In- **8** krafttreten des PsychThG an der psychotherapeutischen Versorgung mitgewirkt haben und kumulativ mehrere weitere, in dieser Übergangsvorschrift genannte Voraussetzungen, erfüllen. Die Übergangsvorschrift des § 12 Abs. 3 gilt ausschließlich für Personen mit einer bestandenen Abschlussprüfung im Studiengang Psychologie an einer Universität oder einer gleichstehenden Hochschule. Unerheblich ist es in diesem Zusammenhang, ob als Abschluss dieses Studiums ein Diplom, ein Doktortitel oder ein anderer Abschluss erreicht wurde.

Eine Approbation gem. § 12 Abs. 3 Satz 1 erhalten Personen, die in dem Zeit- **9** raum 1. 1. 1989 bis 31. 12. 1998 mit einer Gesamtdauer von mindestens sieben Jahren an der psychotherapeutischen Versorgung mitgewirkt haben, mindestens 140 Stunden theoretische Ausbildung in wissenschaftlich anerkannten Verfahren nachweisen können sowie in dem vorbezeichneten Zeitraum entweder mindestens 4000 Stunden psychotherapeutische Berufstätigkeit oder 60 abgeschlossene Behandlungsfälle dokumentieren können.

Darüber hinaus erhalten gem. § 12 Abs. 3 Satz 3 Personen die Approbation, die **10** am 24. 6. 1997 (dem Tag des Einbringens des Gesetzentwurfes) psychotherapeutisch tätig waren, 280 Stunden theoretische Ausbildung in wissenschaftlich anerkannten Verfahren abgeleistet haben und wahlweise mindestens 2000 Stunden psychotherapeutische Tätigkeit abgeleistet oder 30 dokumentierte Behandlungsfälle abgeschlossen haben. Zusätzlich zu den 2000 Stunden psychotherapeutischer Berufstätigkeit bzw. den 30 dokumentierten Behandlungsfällen müssen fünf Behandlungsfälle unter Supervision mit insgesamt mindestens 250 Behandlungsstunden abgeschlossen worden sein. Anders als in der ersten Alternative des § 12 Abs. 3 werden in der zweiten Alternative auch psychotherapeutische Tätigkeiten bzw. Behandlungsfälle anerkannt, die vor dem 1. 1. 1989 abgeleistet worden sind.

11   Unter die Regelung des § 12 Abs. 3 fallen in erster Linie Personen, die vor Inkrafttreten des PsychThG die Psychotherapie im Rahmen des § 13 Abs. 3 SGB V erbracht haben. § 13 Abs. 3 SGB V regelt den Fall, dass die Krankenkasse eine unaufschiebbare Leistung nicht rechtzeitig erbringen konnte (sogenanntes **Systemversagen**). In einem derartigen Fall kann der Versicherte von seiner Krankenkasse abweichend von dem sonst geltenden Sachleistungsprinzip die Erstattung der Kosten verlangen, die ihm für eine selbst beschaffte Leistung entstanden sind. In diesen Kostenerstattungsfällen hatte der Psychotherapeut einen Vergütungsanspruch gegen den Patienten und der Patient hatte den zuvor erwähnten Erstattungsanspruch nach § 13 Abs. 3 SGB V gegen seine Krankenkasse. Eine vertragliche Beziehung zwischen dem Psychotherapeuten und der Krankenkasse gab es nicht.

12   e) § 12 Abs. 4 PsychThG. Gem. § 12 Abs. 4 können Personen, die als Angestellte oder Beamte psychotherapeutisch tätig waren, unter den im wesentlichen gleichen Bedingungen die Approbation erlangen, wie die freiberuflich tätigen Psychotherapeuten nach § 12 Abs. 3. Ein Unterschied besteht lediglich in der vom Gesetz geforderten theoretischen Ausbildung. Während freiberuflich tätige Psychotherapeuten die theoretische Ausbildung in wissenschaftlich anerkannten Verfahren nachweisen müssen, müssen die angestellten oder beamteten Psychotherapeuten eine theoretische Ausbildung in dem Gebiet, in dem sie beschäftigt sind, abgeleistet haben.

13   f) § 12 Abs. 5 PsychThG. § 12 Abs. 5 erklärt die Vorschriften des § 12 Abs. 3 und Abs. 4 für Approbationen als Kinder- und Jugendlichenpsychotherapeut für entsprechend anwendbar. Gleichzeitig erweitert er den Anwendungsbereich für Approbationen als Kinder- und Jugendlichenpsychotherapeut auf Personen mit einer bestandenen Abschlussprüfung im Studiengang Pädagogik bzw. Sozialpädagogik.

14   3. Verfassungsmäßigkeit von § 12 PsychThG. In der juristischen Literatur (z.B. *Spellbrink*, NZS 1999, 1 ff.; *ders.*, NVwZ 2000, 141 ff.; *Plagemann/Kies*, MedR 1999, 413 f.) und teilweise auch in der Rechtsprechung (z.B. *OVG Hamburg*, NJW 1999, 275 ff.; *VG Stuttgart*, NZS 1999, 450 ff.) sind mit beachtlichen Argumenten Zweifel an der Verfassungsmäßigkeit der Übergangsvorschriften des § 12 formuliert worden. Insbesondere der Ausschluss der akademischen Psychotherapeuten aus dem Anwendungsbereich des § 12 Abs. 3, die kein Psychologiestudium abgeschlossen hatten, bot Anlass zur Kritik. Ebenso wie die unter § 12 Abs. 3 fallenden Psychotherapeuten mit abgeschlossenem Psychologiestudium hatten auch die anderen Psychotherapeuten häufig über viele Jahre hinweg und in hoher Qualität nicht nur Privatpatienten psychotherapeutisch behandelt, sondern gem. § 13 Abs. 3 SGB V auch an der psychotherapeutischen Versorgung der Versicherten der gesetzlichen Krankenversicherung teilgenommen. Bis zum Inkrafttreten des PsychThG waren sie nach der Rechtsprechung zudem von dem Zwang befreit, sich Heilpraktiker oder heilpraktischer Psychotherapeut nennen zu müssen (*BVerfG* NJW 1988, 2290). Mit dem Inkrafttreten des PsychThG am 1. 1. 1999

änderte sich die Ausgangslage für diese Psychotherapeuten in erheblichem Umfang. So dürfen diese Psychotherapeuten bei Vorliegen einer Erlaubnis nach dem Heilpraktikergesetz zwar weiterhin psychotherapeutische Leistungen erbringen, sie dürfen sich ohne Approbation jedoch nicht mehr „Psychotherapeuten" nennen. Der durch Art. 4 EG-PsychThG ergänzte § 132a Abs. 1 Nr. 2 StGB stellt dies seit 1. 1. 1999 sogar ausdrücklich unter Strafe. Da die seit 1. 1. 1999 für nichtärztliche Psychotherapeuten erstmalig mögliche Zulassung zur vertragsärztlichen Versorgung eine Approbation voraussetzt, sind diese Psychotherapeuten zudem faktisch auch von der vertragsärztlichen Versorgung ausgeschlossen. Für die ungleiche Behandlung von Psychotherapeuten mit abgeschlossenem Psychologiestudium und anderen akademischen Psychotherapeuten im Rahmen von § 12 Abs. 3 gibt es nach Auffassung derjenigen, die § 12 für verfassungswidrig halten, keine ausreichenden sachlichen Gründe. Zum einen sei das abgeschlossene Psychologiestudium kein geeignetes Kriterium, weil es vor dem Inkrafttreten des PsychThG keine allgemeinverbindlichen Inhalte für das Psychologiestudium gegeben hätte und insbesondere der Bereich klinische Psychologie kein zwingender Bestandteil eines Psychologiestudiums war. Außerdem würden in anderen Ländern wie beispielsweise Österreich und den Niederlanden in gleichartigen Regelungen auch Akademiker anderer Studiengänge als geeignet angesehen werden (*Stock*, NJW 1999, 2702 [2703]).

Weiterhin müsse berücksichtigt werden, dass die fachliche Qualifikation der im   **15** Wege der Kostenerstattung tätigen Psychotherapeuten durch den medizinischen Dienst der Krankenkassen und andere Institutionen in ausreichendem Umfang überprüft worden sei. Hätten Zweifel an der Fachkunde dieser Psychotherapeuten oder an der Qualität der vorgenommenen Psychotherapie bestanden, so hätte eine Erlaubnis nach dem Heilpraktikergesetz nicht erteilt werden dürfen bzw. eine erteilte Genehmigung sofort widerrufen werden müssen. Der Schutz der Volksgesundheit gebietet daher nicht, dieser Gruppe von Psychotherapeuten die Approbation zu versagen (vgl. *Stock*, NJW 1999, 2702 [2703]).

Diejenigen, die § 12 für verfassungswidrig hielten, haben sich mit ihrer Auffas-   **16** sung nicht durchsetzen können. Die 2. Kammer des für Verfassungsbeschwerden zuständigen 1. Senats des *Bundesverfassungsgerichtes* hat sich in drei veröffentlichten Entscheidungen (Beschl. v. 28. 7. 1999, NJW 1999, 2729 [2730]; Beschl. v. 16. 3. 2000, NJW 2000, 1779 ff.) mit der Problematik einer möglichen Verfassungswidrigkeit von § 12 auseinander gesetzt. In allen drei veröffentlichten Entscheidungen hat die Kammer die Verfassungsbeschwerden, soweit sie § 12 betrafen, als unzulässig zurückgewiesen. Das *BVerfG* hat in den Beschlüssen jeweils in einem obiter dictum festgestellt, dass ein Verstoß gegen Art. 12 GG bzw. Art. 3 GG nicht vorliegt.

Nach Auffassung des *BVerfG* ist der Gesetzgeber bei der Regelung von Berufs-   **17** bildern befugt, überkommene Berufsbilder zu modifizieren oder neue festzulegen. Im Rahmen der Festlegung dieses Berufsbilds kann er auch Zugangskriterien festlegen. Bei der Forderung nach einem Hochschulabschluss im Studiengang Psychologie handelt es sich um eine subjektive Zulassungsvoraussetzung. Solche **subjektiven Zulassungsbeschränkungen** sind zulässig, wenn sie als Voraussetzung zur ordnungsgemäßen Erfüllung des Berufes und zum Schutz hoher Gemeinschaftsgüter erforderlich sind und wenn sie nicht außer Verhältnis zum angestrebten Zweck stehen (z. B. *BVerfGE* 64, 72 [82]). Die Zugangsvoraussetzung des abgeschlossenen Psychologiestudiums dient einem besonders wichtigen Gemeinwohlbelang, nämlich der Gesundheit der Bevölkerung. Diesem Gemeinschaftsgut kommt ein hoher Stellenwert zu. Die Zugangsbegrenzung ist zur Erreichung des gesetzgeberischen Ziels geeignet und erforderlich, da hierdurch ein hohes Qualifikationsniveau sichergestellt wird. Der Gesetzgeber konnte bei einer typisierenden Betrachtung davon ausgehen, dass gerade durch das Psychologiestudium Kenntnisse und Inhalte vermittelt werden, die für eine Tätigkeit als Psychotherapeut wesentlich sind.

18 Im Hinblick auf die geäußerte Kritik an der Ungleichbehandlung von Psychotherapeuten mit abgeschlossenen Psychologiestudium und anderen akademischen Psychotherapeuten hat das Bundesverfassungsgericht eine Verfassungswidrigkeit ebenfalls verneint. Zwar kann auch eine Regelung, die die Berufsfreiheit aus vernünftigen Erwägungen des Gemeinwohls einschränkt, verfassungswidrig sein, wenn die Einschränkung eine am Maßstab des Art. 3 Abs. 1 GG sachlich nicht gerechtfertigte Ungleichbehandlung darstellt, weil der Gesetzgeber eine Gruppe von Normadressaten im Verhältnis zu anderen Normadressaten anders behandelt, obwohl zwischen beiden Gruppen keine Unterschiede von solcher Art und solchem Gewicht bestehen, die diese Ungleichbehandlung rechtfertigen. Einen solchen rechtfertigenden Grund sieht das *Bundesverfassungsgericht* jedoch in der Anknüpfung an das erfolgreich abgeschlossene Studium der Psychologie. Der Gesetzgeber hatte bei der Eröffnung eines neuen beruflichen Betätigungsfeldes vielfältige Interessen zum Ausgleich zu bringen. Mit dem in Kraft getretenen PsychThG habe der Gesetzgeber das Ziel verfolgt, nur für solche Personen den Verbleib im Beruf unter der neu geschaffenen Berufsbezeichnung zu erhalten, die eine hohe Qualifikation für die Berufsausübung besitzen. Das schließe zwar nicht aus, dass auch anderen Akademikern der Berufszugang ermöglicht werde, wenn sie im Einzelfall konkrete psychotherapierelevante Kenntnisse besitzen würden. Der Gesetzgeber war jedoch nicht verpflichtet, für diese Einzelfälle ebenfalls eine gesetzliche Regelung zu schaffen. Dagegen würden nämlich Gründe der Praktikabilität und der Verwaltungsvereinfachung sprechen. Die vom Gesetzgeber geschaffenen Übergangsregelungen sind bereits jetzt sehr umfangreich und kompliziert. Eine weitere Zergliederung der Übergangsvorschriften mit weiteren Ausnahmetatbeständen würde zu immensen Abgrenzungschwierigkeiten führen und würde den zuständigen Verwaltungsbehörden die Arbeit deutlich erschweren (*BVerfG* NJW 2000, 1779 [1780]).

19 In dem Beschluss vom 16. 3. 2000 (a. a. O.) hat das *Bundesverfassungsgericht* jedoch darauf hingewiesen, dass in Einzelfällen Grundrechtsverletzungen unter dem Gesichtspunkt des Vertrauensschutzes nicht auszuschließen sind. Eine schützenswerte Position käme gegebenenfalls dann in Betracht, wenn die Kostenerstattung für Psychotherapiebehandlungen durch Therapeuten, die nicht die persönlichen Voraussetzungen für eine Zulassung zum Delegationsverfahren erfüllten, rechtmäßig war und die von diesen Psychotherapeuten erzielten Einnahmen absolut und prozentual einen erheblichen Umfang erreichten.

II. Die Regelungen des § 12 PsychThG im Einzelnen

20 **1. § 12 Abs. 1 PsychThG.** § 12 Abs. 1 gewährt die Approbation den Personen, die zum Zeitpunkt des Inkrafttretens des PsychThG im sogenannten Delegationsverfahren tätig waren oder die Voraussetzungen für ein Tätigwerden erfüllten.

21 Anders als nach § 12 Abs. 3 und Abs. 4 ist es nicht erforderlich, dass der Antragsteller ein Psychologiestudium abgeschlossen hat (*Behnsen/Bernhardt*, S. 72). Da nach den Psychotherapie-Richtlinien (Abschnitt G II) seit 1976 ein abgeschlossenes Psychologiestudium Voraussetzung für die Teilnahme am **Delegationsverfahren** war, hat der ganz überwiegende Anteil der „Delegationspsychotherapeuten" ohnehin einen Abschluss im Studiengang Psychologie bzw., soweit es sich um Kinder- und Jugendlichenpsychotherapeuten handelt, alternativ dazu einen Abschluss als Pädagoge oder Sozialpädagoge.

Die zum Teil vertretene Gegenauffassung (vgl. *OVG Nordrhein-Westfalen,* MedR **22** 2000, 369) überzeugt nicht. Es gibt keinen Grund, den Wortlaut des § 12 Abs. 1 zu Lasten der Delegationspsychologen einschränkend auszulegen. Die Tatsache, dass vor 1976 auch Akademiker, die kein abgeschlossenes Psychologiestudium hatten, Zugang zur Ausbildung nach den Psychotherapie-Richtlinien besaßen, nimmt der Gesetzgeber in Kauf. Zum einen handelt es sich ohnehin um ein zahlenmäßig kleinen Kreis von Leistungserbringern, zum anderen waren diese Personen − anders als die im Kostenerstattungsverfahren tätigen Psychotherapeuten − in das System der vertragsärztlichen Versorgung mit eingebunden. Bei diesen Personen besteht daher ein schützenswertes Vertrauen.

Für eine Approbation nach der Übergangsvorschrift des § 12 Abs. 1 ist es nicht **23** erforderlich, dass der Antragsteller bereits im Delegationsverfahren tätig war. Es reicht vielmehr aus, dass er zum Stichtag 31. 12. 1998 die entsprechenden Voraussetzungen für eine Teilnahme am Delegationsverfahren erfüllt hat.

Gem. § 12 Abs. 1 Satz 2 erhalten eine Approbation außerdem die Personen, die **24** vor dem 1. 1. 1999 eine psychotherapeutische Ausbildung nach den **Psychotherapie-Richtlinien** begonnen hatten und die Ausbildung bei Vollzeitausbildung bis zum 31. 12. 2001, bei einer Teilzeitausbildung bis zum 31. 12. 2003, erfolgreich bestanden haben bzw. beenden werden.

Die Qualifikation zur Mitwirkung an der psychotherapeutischen Behandlung **25** von gesetzlich Krankenversicherten nach § 12 Abs. 1 Satz 1 1. Alternative haben auch diejenigen Psychologen erworben, die eine postgraduale Weiterbildung mit Schwerpunkt **„Verhaltenstherapie"** bei den von der Föderation Deutscher Psychologenverbände akkreditierten Weiterbildungseinrichtungen absolviert haben (*Plagemann,* Rn. 102).

Anders als bei den im Kostenerstattungsverfahren tätigen Psychotherapeuten **26** mussten die im Delegationsverfahren tätigen Psychotherapeuten keine Erlaubnis nach dem Heilpraktikergesetz besitzen, da sie ihre Tätigkeit im Auftrag eines niedergelassenen Arztes ausüben durften (*BVerwG* DVBl. 2003, 677 [679]).

2. § 12 Abs. 2 PsychThG. Voraussetzung für die Erteilung der Approbation **27** nach § 12 Abs. 2 ist, dass sich die postgraduale Weiterbildung vorwiegend auf die Vermittlung von Kenntnissen und Fähigkeiten in der Psychotherapie bezogen hat. Eine vorwiegend psychotherapeutische Ausbildung liegt dann vor, wenn der Zeitanteil dieser Ausbildung bei mehr als 50% gelegen hat.

Die erforderlichen Nachweise können durch Vorlage von Zwischenzeugnissen **28** des zuständigen Leiters der arbeitgebenden Einrichtung, den über den Verlauf der Weiterbildung erstellten Quantifizierungsnachweis sowie das Protokoll des Kolloquiums selbst erbracht werden. Da die Weiterbildungseinrichtungen teilweise nicht mehr existieren, dürfen die Anforderungen an die Beibringung von Nachweisen nicht zu hoch geschraubt werden. Es dürfte daher auch ausreichend sein, wenn sich aus dem Studienbuch ergibt, dass an Einrichtungen gearbeitet und an Lehrgängen teilgenommen wurde, in denen Psychotherapie ausgeübt bzw. vermittelt wurde (*Pulverich,* S. 100).

3. § 12 Abs. 3 Satz 1 PsychThG. a) Psychologiestudium. Grundvoraus- **29** setzung für eine Approbation nach § 12 Abs. 3 Satz 1 ist zunächst eine bestandene Abschlussprüfung im **Studiengang Psychologie** an einer Universität oder an einer gleichstehenden Hochschule. Anders als nach dem ab 1. 1. 1999 geltenden Recht (§ 5 Abs. 2 Nr. 1 lit. a) ist es nach § 12 nicht erforderlich, dass der Studiengang Psychologie auch das Fach klinische Psychologie mit einschließt.

Ausreichend ist auch ein Abschluss im **Magisterstudium** mit **Hauptfach Psy-** **30** **chologie** (a. A. *Pulverich,* S. 100). Nicht ausreichend ist es hingegen, wenn lediglich im Nebenfach Psychologie studiert wurde. Dies ergibt sich aus dem Wortlaut des Gesetzes, der an den „Studiengang" anknüpft. Denn unter dem Begriff des

„Studiengangs" versteht der Gesetzgeber (beispielsweise in § 10 Hochschulrah-mengesetz) den durch eine Studien- und Prüfungsordnung rechtlich geregelten, auf einen konkreten Abschluss gerichteten Ablauf des Studiums (*VG München,* Urt. v. 16. 10. 2001 – M 16 KA 00/1312).

31 Nach anderer Auffassung (*Spellbrink,* NZS 1999, 1 [4]; *ders.,* NVwZ 2000, 141 ff.) muss § 12 Abs. 3 verfassungskonform dahingehend ausgelegt werden, dass auch andere Akademiker, die im Nebenfach Psychologie studiert haben, in den Anwendungsbereich dieser Vorschrift fallen sollen. Die Rechtsprechung ist dieser Auffassung mehrheitlich nicht gefolgt (*Bay. VGH,* Urt. v. 25. 9. 2000 – 21 ZE 99.1241). Im Anschluss an den Beschluss des *BVerfG* vom 16. 3. 2000 (NJW 2000, 1779 ff.) wird lediglich geprüft, ob dem Psychotherapeuten eventuell in Be-zug auf bestimmte Einkommensmöglichkeiten Vertrauensschutz zu gewähren ist (z. B. *Bay. VGH* a. a. O.).

32 Das für die Erteilung einer Approbation erforderliche Psychologiestudium muss weder vor Aufnahme der psychotherapeutischen Beschäftigung noch bis zum 24. 6. 1997 abgeschlossen sein. Es reicht aus, wenn der erfolgreiche Studienab-schluss vor dem Inkrafttreten des PsychThG, also bis zum 31. 12. 1998, erworben wird (*VGH Baden-Württemberg,* MedR 2002, 408).

33 **b) Psychotherapeutische Tätigkeit.** Bei der ersten Alternative des § 12 Abs. 3 muss der Psychotherapeut zwischen dem 1. 1. 1989 und dem 31. 12. 1998 eine berufliche Tätigkeit von mindestens sieben Jahren nachweisen. Zum Teil wird in diesem Erfordernis eine Verletzung des Gleichbehandlungsgrundsatzes ge-genüber den Delegationspsychologen (§ 12 Abs. 1) und den Fachpsychologen in der Medizin (§ 12 Abs. 2) gesehen (*Pulverich,* S. 117). Dem kann jedoch nicht ge-folgt werden, da die zweite Alternative des § 12 Abs. 3 eine Tätigkeit am Stichtag 24. 6. 1997 (dem Tag des Einbringens des Gesetzentwurfes) ausreichen lässt.

34 Unter dem Begriff psychotherapeutische Berufstätigkeit ist gem. § 1 Abs. 3 jede mittels wissenschaftlich anerkannter psychotherapeutischer Verfahren vorgenom-mene Tätigkeit zur Feststellung, Heilung oder Linderung von Störungen mit Krankheitswert, bei denen Psychotherapie indiziert ist, zu verstehen. Zur Aus-übung von Psychotherapie gehören nicht psychologische Tätigkeiten, die die Auf-arbeitung und Überwindung sozialer Konflikte oder sonstige Zwecke außerhalb der Heilkunde zum Gegenstand haben. Somit ist auch eine Tätigkeit als Dozent oder Gutachter oder Supervisor keine psychotherapeutische Berufstätigkeit im Sinne des § 12 Abs. 3.

35 Eine psychotherapeutische Berufstätigkeit i. S. v. § 12 Abs. 3 liegt auch dann vor, wenn sie eine andere Behandlung somatischer Erkrankungen lediglich unterstützt. Eine Beschränkung auf die Heilung psychischer Störungen lässt sich dem Wortlaut des Gesetzes nicht entnehmen (*OVG Rheinland-Pfalz,* DVBl. 2002, 212).

36 An der Versorgung von Krankenversicherten hat auch derjenige Therapeut mitgewirkt, der krankhafte Störungen Suchtkranker psychotherapeutisch im Rahmen der medizinischen Rehabilitation behandelt hat, für die der jeweilige Rentenversicherungsträger die Kosten aufgrund der sogenannten Suchtvereinba-rung getragen hat (*OVG Rheinland-Pfalz,* MedR 2002, 255).

37 Nach dem Wortlaut von § 12 Abs. 3 werden psychotherapeutische Leistungen berücksichtigt, wenn diese der Mitwirkung an der Versorgung von Versicherten einer Krankenkasse gedient haben oder in einem Unternehmen der privaten Krankenversicherung vergütet oder von der **Beihilfe** als beihilfefähig anerkannt worden sind.

38 Als ausreichend wird es auch angesehen, wenn ein Antragsteller ausschließlich **Selbstzahler** behandelt hat, die Übernahme der Kosten also weder durch eine Beihilfestelle noch durch eine **private Krankenversicherung** erfolgt ist (vgl. *Pulverich,* S. 117 f.).

Der Nachweis von Behandlungstätigkeiten muss grundsätzlich durch Bestäti- **39** gungen der Kostenträger erfolgen. Wo dies nicht möglich ist, müssen auch Eigenbelege anerkannt werden. Die Eigenbelege müssen jedoch um die plausible Begründung ergänzt werden, warum Fremdbelege nicht vorgelegt werden können. Sowohl bei den Fremdbelegen als auch bei den Eigenbelegen müssen die personenbezogenen Daten aus Datenschutzgründen anonymisiert werden.

c) Heilpraktikererlaubnis. Bei der von § 12 Abs. 3 geforderten psychothera- **40** peutischen Tätigkeit muss es sich um eine erlaubte Tätigkeit handeln (*BVerwG* DVBl. 2003, 677). Dies ergibt sich aus dem Sinn und Zweck der Regelung und dem Willen des Gesetzgebers. Als Übergangsvorschrift soll § 12 das Vertrauen in einen erworbenen Besitzstand schützen. Ein schützenswertes Vertrauen besitzt jedoch nur derjenige, der eine zulässige Tätigkeit ausgeübt hat (*BVerfG* DVBl. 2000, 978). Vor dem Inkrafttreten des PsychThG durften eine psychotherapeutische Heilbehandlung nur Ärzte und Inhaber einer Erlaubnis nach dem Heilpraktikergesetz durchführen. Dies ergibt sich aus § 1 des HPG. Verstöße gegen diese Vorschrift werden gem. § 5 Heilpraktikergesetz mit einer Freiheitsstrafe bis zu einem Jahr geahndet. Spätestens seit dem Urteil des Bundesverwaltungsgerichtes vom 10. 2. 1983 (vgl. *BVerwGE* 66, 367) war allgemein bekannt, dass für eine psychotherapeutische Heilbehandlungstätigkeit eine Erlaubnis nach dem Heilpraktikergesetz erforderlich ist.

Zum Teil wird die Auffassung vertreten, die bisher im **Kostenerstattungs-** **41** **verfahren** tätigen Psychotherapeuten würden benachteiligt werden, weil sie im Gegensatz zu den im Delegationsverfahren tätigen Psychotherapeuten im Besitz einer **Heilpraktikererlaubnis** gewesen sein müssten. Dieser Einwand ist unberechtigt. Die im **Delegationsverfahrens** tätigen Psychotherapeuten übten die Psychotherapie nicht selbstständig, sondern im Auftrag eines niedergelassenen Arztes aus. Da jeder niedergelassene Arzt im Besitz einer Approbation ist, war es nicht erforderlich, dass darüber hinaus auch noch der Psychotherapeut im Besitz einer Heilpraktikererlaubnis war (*BVerwG* DVBl. 2003, 677 [679]).

Auch Psychotherapeuten, die im Angestellten- oder Beamtenverhältnis psy- **42** chotherapeutisch tätig waren und eine Approbation nach § 12 Abs. 4 begehren, müssen im Besitz einer Heilpraktikererlaubnis gewesen sein. Eine Ausnahme besteht allenfalls dann, wenn der Psychotherapeut nach ärztlicher Diagnosestellung und unter ärztlicher Leitung oder Kontrolle weisungsabhängig die Therapie betrieben hat (*BVerwGE* 66, 367 [370]).

d) Behandlungsstunden. Die im Rahmen der psychotherapeutischen Berufs- **43** tätigkeit zu erbringenden 4000 Stunden müssen sich nicht auf ein wissenschaftlich anerkanntes Verfahren beziehen.

Es ist auch nicht erforderlich, dass es sich bei der Tätigkeit um eine entgeltliche **44** Tätigkeit gehandelt hat (*OVG Hamburg,* Urt. v. 12. 6. 2001–15 VG 2759/99).

Im Rahmen einer Zulassung nach § 12 Abs. 3 ist es nicht erforderlich, dass der **45** Psychotherapeut seine Behandlungsstunden überwiegend bei erwachsenen Patienten erbracht hat. Der Wortlaut der Vorschrift kennt eine derartige Einschränkung nicht. Auch eine einschränkende Auslegung des Wortlautes der Vorschrift ist nicht geboten (*OVG Bremen,* MedR 2003, 185 ff.). Der Psychotherapeut, der vorwiegend Kinder und Jugendliche behandelt hat, kann sich im Rahmen des § 12 Abs. 3 daher aussuchen, ob er sich als Psychologischer Psychotherapeut oder als Kinder- und Jugendlichenpsychotherapeut nach § 12 Abs. 5 approbieren lässt.

Auf die 4000 Stunden psychotherapeutische Tätigkeit sind auch die erforderli- **46** che Diagnostik und die notwendigen Fallbesprechungen mit anzurechnen. Anders als § 12 Abs. 4 Satz 2 Nr. 1 sieht § 12 Abs. 3 diese Anrechnung nicht ausdrücklich vor, sie entspricht jedoch allgemeiner Meinung (vgl. *Behnsen/Bernhardt,* S. 73; *Pul-*

verich, S. 119). Als Stunde i. S. d. § 12 Abs. 3 zählt eine Behandlungsstunde mit einer Mindestdauer von 50 Minuten.

47   **e) Behandlungsfälle.** Alternativ zu den in § 12 Abs. 3 genannten Behandlungsstunden muss der Antragsteller nachweisen, dass er 60 Behandlungsfälle dokumentiert und abgeschlossen hat. **Abgeschlossene Behandlungsfälle** liegen auch dann vor, wenn es sich um eine abgebrochene Behandlung handelt. Das Gesetz schreibt zudem keine Mindestdauer vor, die eine Behandlung andauern muss.

48   **f) Theoretische Ausbildung.** Die 140 Stunden theoretischer Ausbildung müssen in wissenschaftlich anerkannten Verfahren nachgewiesen werden. Der Gesetzestext enthält keine Aussagen darüber, wann die theoretische Ausbildung erfolgt sein muss, so dass grundsätzlich auch vor dem 1. 1. 1989 absolvierte theoretische Ausbildungen anrechenbar sind (*OVG Rheinland-Pfalz,* MedR 2002, 255).

49   Da ein abgeschlossenes Psychologiestudium Voraussetzung einer Approbationserteilung nach § 12 Abs. 3 ist, können Teile dieses Studiums nicht als theoretische Ausbildung anerkannt werden. Eine Ausnahme gilt nur für den Bereich der klinischen Psychologie, da dieser im Rahmen der Übergangsvorschriften nicht als Bestandteil des Psychologiestudiums vorgeschrieben war (vgl. *Behnsen/Bernhardt,* S. 74).

50   Zu den wissenschaftlich anerkannten Verfahren zählen zumindest i. S. der Übergangsvorschriften des § 12 nicht nur die durch den Bundesausschuss anerkannten Verfahren. Die Voraussetzungen, die § 12 Abs. 3 an die Erlangung der Approbation stellt, entsprechen daher nicht den Zugangsvoraussetzungen für die Teilnahme an der vertragsärztlichen Versorgung. Da es keinen allgemein anerkannten Stand zur Bewertung von Psychotherapie gibt, ist es sachgerecht, in Anknüpfung an die Rechtsprechung des *BSG* darauf abzustellen, ob sich eine Methode in der Praxis durchgesetzt hat (vgl. *Spellbrink,* NZS 1999, 1 [5]). Demnach gelten als wissenschaftliche Verfahren i. S. der approbationsrechtlichen Übergangsbestimmungen solche Verfahren, die in den Fachwelt eine breite Resonanz gefunden haben und von einer nicht unerheblichen Zahl von Therapeuten angewandt werden.

51   **g) Gemischte Tätigkeit.** Bei den Personen, die sowohl niedergelassen i. S. v. § 12 Abs. 3 als auch angestellt oder beamtet i. S. v. § 12 Abs. 4 psychotherapeutisch tätig waren, können die für den Erhalt der Approbation erforderlichen Behandlungsstunden oder Behandlungsfälle – auch unter Supervision – addiert werden, damit dadurch die erforderliche Stunden- bzw. Fallzahl erreicht wird. Dies gilt auch für die theoretische Ausbildung.

52   **4. § 12 Abs. 3 Satz 3 PsychThG. a) Allgemeines.** Die Voraussetzungen für die Erteilung einer Approbation nach § 12 Abs. 3 Satz 3 entsprechen im wesentlichen den Voraussetzungen nach § 12 Abs. 3 Satz 1. Dies gilt insbesondere für das Erfordernis eines abgeschlossenen Psychologiestudiums sowie für die an die berufliche Vortätigkeit und die wissenschaftliche Ausbildung zu stellenden Anforderungen. Im Unterschied zu § 12 Abs. 3 Satz 1 muss der Antragsteller jedoch keine mindestens siebenjährige Tätigkeit nachweisen, sondern es ist ausreichend, wenn er am 24. 6. 1997 psychotherapeutisch tätig war. Anstelle der 4000 Stunden beruflicher Tätigkeit bzw. der 60 abgeschlossenen Fälle müssen im Rahmen des § 12 Abs. 3 Satz 3 lediglich 2000 Stunden berufliche Tätigkeit bzw. 30 abgeschlossene Fälle nachgewiesen werden. Als Ausgleich für diese geringere Berufserfahrung verlangt der Gesetzgeber allerdings, dass zusätzlich 250 Behandlungsstunden und fünf Behandlungsfälle unter Supervision nachgewiesen werden. Darüber hinaus müssen anstelle der ansonsten erforderlichen 140 Stunden theoretischer Ausbildung 280 Stunden theoretische Ausbildung nachgewiesen werden.

b) Stichtagsregelung – 24. 6. 1997. § 12 Abs. 3 Satz 3 setzt voraus, dass die 53
Person, die die Approbation begehrt, am 24. 6. 1997 psychotherapeutisch tätig
war. Die Tätigkeit muss eine mehr als untergeordnete Bedeutung gehabt haben
und ihre Dauer darf nicht lediglich geringfügig gewesen sein (*OVG Rheinland-
Pfalz*, MedR 2002, 581). Erforderlich ist, dass die psychotherapeutische Tätigkeit
bis spätestens zum 24. 6. 1997 aufgenommen worden sein muss und zu diesem
Zeitpunkt die Absicht bestand, die psychotherapeutische Tätigkeit über diesen
Zeitpunkt hinaus fortzusetzen (*OVG Rheinland-Pfalz*, DVBl. 2002, 212). Hingegen ist es nicht erforderlich, dass am 24. 6. 1997 selbst psychotherapeutische Tätigkeiten ausgeführt worden sind. Unschädlich ist es in diesem Zusammenhang
auch, wenn die psychotherapeutische Berufstätigkeit aus privaten Gründen zum
Stichtag für einen längeren Zeitraum, beispielsweise wegen einer Babypause, ausgesetzt worden war, da auch in derartigen Fällen der Wille vorhanden war, die vor
dem Stichtag bereits aufgenommene berufliche Tätigkeit fortzusetzen. Nur wer
am 24. 6. 1997 durch einen nach außen erkennbaren Akt die berufliche Tätigkeit
zweifelsfrei beendet hatte, kann nach § 12 Abs. 3 2. Alternative keine Approbation erlangen (*OVG Rheinland-Pfalz*, a. a. O.).

c) Behandlungsfälle/Supervision. Es müssen mindestens fünf **Behandlungs-** 54
fälle unter **Supervision** mit insgesamt mindestens 250 Behandlungsstunden nachgewiesen werden. Personen, die Supervision i. S. d. § 12 durchführen, müssen eine
Ausbildung zum Psychotherapeuten absolviert und eine entsprechende mindestens
dreijährige Berufstätigkeit ausgeübt haben. Erst nach Vorliegen dieser Voraussetzungen ist die Supervisionstätigkeit anzuerkennen. Eine Supervisionstätigkeit kann
nur in den Verfahren oder auf den Gebieten anerkannt werden, für die die vorgenannten Voraussetzungen erfüllt sind. Die beiden letztgenannten Bedingungen
gelten auch für ärztliche Supervisoren.

Unter „**Behandlungsfall**" ist die psychotherapeutische Behandlung einer Er- 55
krankung eines bestimmten Patienten zu verstehen. Eine bestimmte Mindestdauer
der Behandlung lässt sich dem Gesetzeswortlaut nicht entnehmen. In dem ursprünglichen Gesetzesentwurf der Fraktionen der CDU/CSU und FDP (BT-
Drs. 13/8035, S. 8) waren noch „fünf Behandlungsfälle unter Supervision mit
mindestens **je 50** Behandlungsstunden ..." vorgesehen. Aufgrund der Beschlussempfehlung des Berichtes des Ausschusses für Gesundheit (BT-Drs. 13/9212,
S. 17) wurde der ursprüngliche Entwurf durch die nunmehr geltende Fassung mit
der Begründung ersetzt, um die einzelne psychotherapeutische Behandlung nicht
unnötig zu verlängern, sei es angemessen, anstelle der Dauer der Einzelbehandlung
eine Gesamtstundenzahl vorzuschreiben (BT-Drs. 13/9212, S. 39). Es entsprach
daher dem ausdrücklichen Willen des Gesetzgebers, auch Fälle mit weniger als 50
Behandlungsstunden anzuerkennen (*OVG Rheinland-Pfalz*, DVBl. 2002, 212).

5. § 12 Abs. 4 PsychThG. a) Parallelen zu Absatz 3 PsychThG. Gem. 56
§ 12 Abs. 4 können Personen, die als Angestellte oder Beamte psychotherapeutisch tätig waren, unter den im Wesentlichen gleichen Bedingungen die Approbation erlangen, wie die freiberuflich tätigen Psychotherapeuten nach § 12 Abs. 3.

b) Tätigkeit als Angestellter oder Beamter. Voraussetzung nach § 12 57
Abs. 4 ist, dass der angestellte oder beamtete Psychotherapeut **entweder** in psychiatrischen, psychotherapeutischen, psychosomatischen oder entsprechenden Einrichtungen vorwiegend psychotherapeutisch tätig war **oder** hauptberuflich psychotherapeutische Behandlungen durchgeführt hat.

Eine vorwiegend psychotherapeutische Tätigkeit ist dann anzunehmen, wenn 58
sie zeitlich den überwiegenden Anteil der vorgesehenen Arbeitszeit in Anspruch
genommen hat. Unter Einrichtungen sind sämtliche kommunalen, staatlichen und
freigemeinnützigen Gesundheitseinrichtungen einschließlich der Einrichtungen im
Betriebsgesundheitswesen zu verstehen. Der Begriff ist weit zu fassen. Wesentlich

ist, dass an diesen Einrichtungen Krankenbehandlungen stattgefunden haben. Alle Psychotherapeuten, die nicht an Einrichtungen i. S. d. § 12 Abs. 4 Satz 1 1. Alternative beschäftigt waren, müssen psychotherapeutische Behandlungen hauptberuflich durchgeführt haben. Hauptberuflich bedeutet, dass die psychotherapeutische Tätigkeit die wesentliche Erwerbsquelle darstellte.

59   **c) Gemischte Tätigkeit.** Bei den Personen, die sowohl niedergelassen i. S. v. § 12 Abs. 3 als auch angestellt oder beamtet i. S. v. § 12 Abs. 4 psychotherapeutisch tätig waren, können die für den Erhalt der Approbation erforderlichen Behandlungsstunden oder Behandlungsfälle − auch unter Supervision − addiert werden, damit dadurch die erforderliche Stunden- bzw. Fallzahl erreicht wird. Dies gilt auch für die theoretische Ausbildung.

60   **d) Unterschiede zu Absatz 3 PsychThG.** Freiberuflich tätige Psychotherapeuten müssen die theoretische Ausbildung in wissenschaftlich anerkannten Verfahren nachweisen. Die angestellten oder beamteten Psychotherapeuten müssen die theoretische Ausbildung hingegen in dem Gebiet abgeleistet haben, in dem sie beschäftigt sind bzw. waren.

61   Kein Unterschied ergibt sich im Hinblick auf die erforderliche Anzahl an Stunden psychotherapeutischer Berufstätigkeit, da nach allgemeiner Meinung auch im Rahmen des § 12 Abs. 3 notwendige Diagnostik und notwendige Fallbesprechungen als psychotherapeutische Behandlungstätigkeit anerkannt werden (vgl. *Behnsen/ Bernhardt,* S. 77).

62   **6. § 12 Abs. 5 PsychThG. a) Hochschulabschluss Pädagogik/Sozialpädagogik.** Nach § 12 Abs. 5 gelten die Absätze 3 und 4 für Personen, die eine Approbation als Kinder- und Jugendlichenpsychotherapeut anstreben, entsprechend. Anders als bei einer Approbation nach § 12 Abs. 3 und Abs. 4 ist es für eine Approbation als Kinder- und Jugendlichenpsychotherapeut nach Absatz 5 ausreichend, wenn der Antragsteller eine Abschlussprüfung im Studiengang Pädagogik bzw. Sozialpädagogik an einer staatlichen oder staatlich anerkannten Hochschule bestanden hat. Die Anerkennung der Abschlussprüfungen in den Studiengängen Pädagogik und Sozialpädagogik richtet sich nach den jeweiligen hochschulrechtlichen Bestimmungen. Als unproblematisch sind Diplomstudienabschlüsse anzusehen. Auch eine Fachhochschule kann als staatliche oder staatlich anerkannte Hochschule gelten. Die Anforderungen an eine bestandene Abschlussprüfung im Studiengang Pädagogik oder Sozialpädagogik i. S. v. § 12 Abs. 5 erfüllen auch Abschlussprüfungen, bei denen der Anteil in pädagogischen Fächern denjenigen im Studiengang Sozialpädagogik nicht unterschreitet.

63   Als gleichwertig werden folgende Studienabschlüsse angesehen:
− die Staatliche Prüfung für das Lehramt an Sonder-, Grund-, Haupt- oder Realschulen,
− die Abschlussprüfungen einer Hochschule im Studiengang Heilpädagogik.

64   Folgende Studienabschlüsse können im Rahmen von § 12 Abs. 5 anerkannt werden, wenn der Antragsteller eine Bescheinigung des zuständigen Wissenschaftsministeriums über die Gleichwertigkeit mit dem Studiengang Pädagogik bzw. Sozialpädagogik vorlegt:
− die Staatsprüfung für das Lehramt an Gymnasien
− die Abschlussprüfung zum Diplomsozialarbeiter (FH)
− der Magisterabschluss.

65   **b) Behandlung von Jugendlichen.** Gem. § 1 Abs. 2 Satz 1 erstreckt sich bei Kinder- und Jugendlichenpsychotherapeuten die Berechtigung zur Ausübung des Berufes auf Patienten, die das 21. Lebensjahr noch nicht vollendet haben. Ausnahmen sind nur unter engen Voraussetzungen zulässig, wenn zur Sicherung des Therapieerfolges eine gemeinsame psychotherapeutische Behandlung von Kindern

oder Jugendlichen mit Erwachsen erforderlich ist oder eine bei Jugendlichen begonnene Psychotherapie erst nach Vollendung des 21. Lebensjahres abgeschlossen werden kann. Da sich die berufliche Tätigkeit des Kinder- und Jugendlichenpsychotherapeuten fast ausschließlich auf Kinder und Jugendliche bezieht, ist es auch im Rahmen der Übergangsvorschrift nach § 12 Abs. 5 erforderlich, dass die zur Approbation berechtigende berufliche Vortätigkeit überwiegend die Behandlung von Kinder und Jugendlichen beinhaltete (*OVG Rheinland-Pfalz,* Beschl. v. 14. 11. 2000 – 6 A 11 505/00).

c) Doppelapprobation. Umstritten ist, ob Personen, die bereits eine Appro- **66** bation als Psychologischer Psychotherapeut erhalten haben, darüber hinaus noch eine Approbation als Kinder- und Jugendlichenpsychotherapeut nach § 12 Abs. 5 erlangen können. Strittig ist in diesem Zusammenhang bereits die Frage, ob Psychologische Psychotherapeuten Kinder und Jugendliche auch ohne zusätzliche Approbation als Kinder- und Jugendlichenpsychotherapeut behandeln können (vgl. zu dieser Problematik § 1, Rn. 23 ff.).

Nach richtiger Auffassung ist im Rahmen der **Übergangsvorschriften** des § 12 für die Personen eine Doppelapprobation möglich und zulässig, die sowohl die Voraussetzung für eine Zulassung als Psychologischer Psychotherapeut als auch als Kinder- und Jugendlichenpsychotherapeut nach § 12 Abs. 5 erfüllen. Der Gesetzgeber hat eine Doppelapprobation nicht ausgeschlossen und es sind auch sonst keine Gründe ersichtlich, die zum Wohle der Allgemeinheit einen Ausschluss der Doppelapprobation gebieten (vgl. *Pulverich,* S. 109).

2 SGB V-Änd

Artikel 2.
Änderung des Fünften Buches Sozialgesetzbuch

Das Fünfte Buch Sozialgesetzbuch – Gesetzliche Krankenversicherung – (Artikel 1 des Gesetzes vom 20. 12. 1988, BGBl. 1 S. 2477), zuletzt geändert durch Artikel 1 des Gesetzes vom 8. 5. 1998 (BGBl. 1 S. 907), wird wie folgt geändert:

1. § 27 Abs. 1 Satz 2 Nr. 1 wird wie folgt gefaßt:

„1. Ärztliche Behandlung einschließlich Psychotherapie als ärztliche und psychotherapeutische Behandlung,".

2. Dem § 28 wird folgender Absatz angefügt:

„(3) Die psychotherapeutische Behandlung einer Krankheit wird durch Psychologische Psychotherapeuten und Kinder- und Jugendlichenpsychotherapeuten (Psychotherapeuten), soweit sie zur psychotherapeutischen Behandlung zugelassen sind, sowie durch Vertragsärzte entsprechend den Richtlinien nach § 92 durchgeführt. Spätestens nach den probatorischen Sitzungen gemäß § 92 Abs. 6 a hat der Psychotherapeut vor Beginn der Behandlung den Konsiliarbericht eines Vertragsarztes zur Abklärung einer somatischen Erkrankung sowie, falls der somatisch abklärende Vertragsarzt dies für erforderlich hält, eines psychiatrisch tätigen Vertragsarztes einzuholen."

3. In § 69 wird nach dem Wort „Zahnärzten," das Wort „Psychotherapeuten," eingefügt.

4. Im Vierten Kapitel wird die Überschrift des Zweiten Abschnitts wie folgt gefasst:

„Zweiter Abschnitt Beziehungen zu Ärzten, Zahnärzten und Psychotherapeuten".

5. § 72 Abs. 1 wird wie folgt gefasst:

„(1) Ärzte, Zahnärzte, Psychotherapeuten und Krankenkassen wirken zur Sicherstellung der vertragsärztlichen Versorgung der Versicherten zusammen. Soweit sich die Vorschriften dieses Kapitels auf Ärzte beziehen, gelten sie entsprechend für Zahnärzte und Psychotherapeuten, sofern nichts Abweichendes bestimmt ist."

6. Dem § 73 Abs. 2 wird folgender Satz angefügt:

„Die Nummern 2 bis 8, 10 und 11 sowie 9, soweit sich diese Regelung auf die Feststellung und die Bescheinigung von Arbeitsunfähigkeit bezieht, gelten nicht für Psychotherapeuten."

7. Nach § 79 a wird folgender Paragraph eingefügt:

„§ 79 b. Beratender Fachausschuß für Psychotherapie

Bei den Kassenärztlichen Vereinigungen und der Kassenärztlichen Bundesvereinigung wird ein beratender Fachausschuß für Psychotherapie gebildet. Der Ausschuß besteht aus fünf Psychologischen Psychotherapeuten und einem Kinder- und Jugendlichenpsychotherapeuten sowie Vertretern der Ärzte in gleicher Zahl, die von der Vertreterversammlung aus dem Kreis der ordentlichen Mitglieder ihrer Kassenärztlichen Vereinigung in unmittelbarer und geheimer Wahl gewählt werden. Für die Wahl der Mitglieder des Fachausschusses bei der Kassenärztlichen Bundesvereinigung gilt Satz 2 mit der Maßgabe, daß die von den Psychotherapeuten gestellten Mitglieder des Fachausschusses zugelassene Psychotherapeuten sein müssen. Abweichend von Satz 2 werden für die laufende Wahlperiode der Kassenärztlichen Vereinigungen und der Kassenärztlichen Bundesvereinigung die von den Psychotherapeuten gestellten Mitglieder des Fachausschusses auf Vorschlag der für die beruflichen Interessen maßgeblichen Organisationen der Psychotherapeuten auf Landes- und Bundesebene von der jeweils zuständigen Aufsichtsbehörde berufen. Dem Ausschuß ist vor Entscheidungen der Kassenärztlichen Vereinigungen und der Kassenärztlichen Bundesvereinigung in den die Sicherstellung der psychotherapeutischen Versorgung berührenden wesentlichen Fragen rechtzeitig Gelegenheit zur Stellungnahme zu geben. Seine Stellungnahmen sind in die Entscheidungen einzubeziehen. Das Nähere regelt die Satzung. Die Befugnisse der Vertreterversammlungen der Kassenärztlichen Vereinigungen und der Kassenärztlichen Bundesvereinigung bleiben unberührt."

8. In § 80 wird nach Absatz 1 folgender Absatz eingefügt:

„(1 a) Die Psychotherapeuten, die ordentliche und außerordentliche Mitglieder der Kassenärztlichen Vereinigungen sind, wählen getrennt aus ihrer Mitte und getrennt von den übrigen Mitgliedern in unmittelbarer und geheimer Wahl ihre Mitglieder in die Vertreterversammlungen. Sie sind im Verhältnis ihrer Zahl zu der der ordentlichen und außerordentlichen ärztlichen Mitglieder der Kassenärztlichen Vereinigungen in den Vertreterversammlungen vertreten, höchstens aber mit einem Zehntel der Mitglieder der Vertreterversammlung. Der Anteil, der auf die Psychotherapeuten entfällt, die außerordentliche Mitglieder sind, ergibt sich aus dem Verhältnis ihrer Zahl zu der der Psychotherapeuten, die ordentliche Mitglieder der Kassenärztlichen Vereinigung sind, beträgt aber höchstens ein Fünftel der Psychotherapeuten in der Vertreterversammlung. Absatz 1 Satz 3 und 4 gilt für die Wahl der Vertreter der Psychotherapeuten in die Vertreterversammlung der Kassenärztlichen Bundesvereinigung entsprechend."

9. Nach § 91 Abs. 2 wird folgender Absatz eingefügt:

„(2 a) Soweit sich Richtlinien des Bundesausschusses der Ärzte und Krankenkassen gemäß § 92 Abs. 1 Satz 2 Nr. 1 auf die psychotherapeutische Versorgung beziehen, sind abweichend von Absatz 2 Satz 1 fünf psychotherapeutisch tätige Ärzte und fünf Psychotherapeuten sowie ein zusätzlicher Vertreter der Ersatzkassen zu benennen. Unter den psychotherapeutisch tätigen Ärzten und den Psychotherapeuten muß jeweils ein im Bereich der Kinder- und Jugendlichenpsychotherapie tätiger Leistungserbringer sein. Für die erstmalige Beschlußfassung der Richtlinien nach § 92 Abs. 6 a Satz 3 werden die Vertreter der Psychotherapeuten vom Bundesministerium für Gesundheit auf Vorschlag der für die beruflichen Interessen maßgeblichen Spitzenorganisationen der Psychotherapeuten berufen."

10. Nach § 92 Abs. 6 wird folgender Absatz eingefügt:

„(6 a) In den Richtlinien nach Absatz 1 Satz 2 Nr. 1 ist insbesondere das Nähere über die psychotherapeutisch behandlungsbedürftigen Krankheiten, die zur Krankenbehandlung geeigneten Verfahren, das Antrags- und Gutachterverfahren, die probatorischen Sitzungen sowie über Art, Umfang und Durchführung der Behandlung zu regeln. Die Richtlinien haben darüber hinaus Regelungen zu treffen über die inhaltlichen Anforderungen an den Konsiliarbericht und an die fachlichen Anforderungen des den Konsiliarbericht (§ 28 Abs. 3) abgebenden Vertragsarztes. Sie sind erstmalig zum 31. Dezember 1998 zu beschließen und treten am 1. Januar 1999 in Kraft."

11. § 95 wird wie folgt geändert:

a) In Absatz 2 Satz 3 Nr. 1 werden nach dem Wort „Vertragsärzte" die Wörter „und nach § 95 c für Psychotherapeuten" eingefügt.

b) Absatz 7 wird wie folgt geändert:

aa) Nach Satz 3 wird folgender Satz eingefügt:

„Satz 3 Nr. 2 gilt für Psychotherapeuten mit der Maßgabe, daß sie vor dem 1. Januar 1999 an der ambulanten Versorgung der Versicherten mitgewirkt haben."

bb) Im bisherigen Satz 4 wird die Angabe „Sätze 2 und 3" durch die Angabe „Sätze 2 bis 4" ersetzt.

c) Folgende Absätze werden angefügt:

„(10) Psychotherapeuten werden zur vertragsärztlichen Versorgung zugelassen, wenn sie

1. bis zum 31. Dezember 1998 die Voraussetzung der Approbation nach § 12 des Psychotherapeutengesetzes und des Fachkundenachweises nach § 95 c Satz 2 Nr. 3 erfüllt und den Antrag auf Erteilung der Zulassung gestellt haben,
2. bis zum 31. März 1999 die Approbationsurkunde vorlegen und
3. in der Zeit vom 25. Juni 1994 bis zum 24. Juni 1997 an der ambulanten psychotherapeutischen Versorgung der Versicherten der gesetzlichen Krankenversicherung teilgenommen haben.

Der Zulassungsausschuß hat über die Zulassungsanträge bis zum 30. April 1999 zu entscheiden.

(11) Psychotherapeuten werden zur vertragsärztlichen Versorgung ermächtigt, wenn sie

1. bis zum 31. Dezember 1998 die Voraussetzungen der Approbation nach § 12 des Psychotherapeutengesetzes erfüllt und 500 dokumentierte Behandlungsstunden oder 250 dokumentierte Behandlungsstunden unter qualifizierter Supervision in Behandlungsverfahren erbracht haben, die der Bundesausschuß der Ärzte und Krankenkassen in den bis zum 31. Dezember 1998 geltenden Richtlinien über die Durchführung der Psychotherapie in der vertragsärztlichen Versorgung anerkannt hat (Psychotherapie-Richtlinien in der Neufassung vom 3. Juli 1987 – BAnz. Nr. 156 Beilage Nr. 156 a –, zuletzt geändert durch Bekanntmachung vom 12. März 1997 – BAnz. Nr. 49 S. 2946), und den Antrag auf Nachqualifikation gestellt haben,
2. bis zum 31. März 1999 die Approbationsurkunde vorlegen und
3. in der Zeit vom 25. Juni 1994 bis zum 24. Juni 1997 an der ambulanten psychotherapeutischen Versorgung der Versicherten der gesetzlichen Krankenversicherung teilgenommen haben.

Der Zulassungsausschuß hat über die Anträge bis zum 30. April 1999 zu entscheiden. Die erfolgreiche Nachqualifikation setzt voraus, daß die für die Approbation gemäß § 12 Abs. 1 und § 12 Abs. 3 des Psychotherapeutengesetzes geforderte Qualifikation, die geforderten Behandlungsstunden, Behandlungsfälle und die theoretische Ausbildung in vom Bundesausschuß der Ärzte und Krankenkassen anerkannten Behandlungsverfahren erbracht wurden. Bei Nachweis des erfolgreichen Abschlusses der Nachqualifikation hat der Zulassungsausschuß auf Antrag die Ermächtigung in eine Zulassung umzuwandeln. Die Ermächtigung des Psychotherapeuten erlischt bei Beendigung der Nachqualifikation, spätestens fünf Jahre nach Erteilung der Ermächtigung; sie bleibt jedoch bis zur Entscheidung des Zulassungsausschusses erhalten, wenn der Antrag auf Umwandlung bis fünf Jahre nach Erteilung der Ermächtigung gestellt wurde.

(11 a) Für einen Psychotherapeuten, der bis zum 31. Dezember 1998 wegen der Betreuung und der Erziehung eines Kindes in den ersten drei Lebensjahren, für das ihm die Personensorge zustand und mit dem er in einem Haushalt gelebt hat, keine Erwerbstätigkeit ausgeübt hat, wird die in Absatz 11 Satz 1 Nr. 1 genannte Frist zur Antragstellung für eine Ermächtigung und zur Erfüllung der Behandlungsstunden um den Zeitraum hinausgeschoben, der der Kindererziehungszeit

entspricht, höchstens jedoch um drei Jahre. Die Ermächtigung eines Psychotherapeuten ruht in der Zeit, in der er wegen der Betreuung und der Erziehung eines Kindes in den ersten drei Lebensjahren, für das ihm die Personensorge zusteht und das mit ihm in einem Haushalt lebt, keine Erwerbstätigkeit ausübt. Sie verlängert sich längstens um den Zeitraum der Kindererziehung.

(11 b) Für einen Psychotherapeuten, der in dem in Absatz 10 Satz 1 Nr. 3 und Absatz 11 Satz 1 Nr. 3 genannten Zeitraum wegen der Betreuung und Erziehung eines Kindes in den ersten drei Lebensjahren, für das ihm die Personensorge zustand und mit dem er in einem Haushalt gelebt hat, keine Erwerbstätigkeit ausgeübt hat, wird der Beginn der Frist um die Zeit vorverlegt, die der Zeit der Kindererziehung in dem Dreijahreszeitraum entspricht. Begann die Kindererziehungszeit vor dem 25. Juni 1994, berechnet sich die Frist vom Zeitpunkt des Beginns der Kindererziehungszeit an.

(12) Der Zulassungsausschuß kann über Zulassungsanträge von Psychotherapeuten und überwiegend oder ausschließlich psychotherapeutisch tätige Ärzte, die nach dem 31. Dezember 1998 gestellt werden, erst dann entscheiden, wenn der Landesausschuß der Ärzte und Krankenkassen die Feststellung nach § 103 Abs. 1 Satz 1 getroffen hat. Anträge nach Satz 1 sind wegen Zulassungsbeschränkungen auch dann abzulehnen, wenn diese bei Antragstellung noch nicht angeordnet waren.

(13) In Zulassungssachen der Psychotherapeuten und der überwiegend oder ausschließlich psychotherapeutisch tätigen Ärzte (§ 101 Abs. 4 Satz 1) treten abweichend von § 96 Abs. 2 Satz 1 und § 97 Abs. 2 Satz 1 an die Stelle der Vertreter der Ärzte Vertreter der Psychotherapeuten und der Ärzte in gleicher Zahl; unter den Vertretern der Psychotherapeuten muß mindestens ein Kinder- und Jugendlichenpsychotherapeut sein. Für die erstmalige Besetzung der Zulassungsausschüsse und der Berufungsausschüsse nach Satz 1 werden die Vertreter der Psychotherapeuten von der zuständigen Aufsichtsbehörde auf Vorschlag der für die beruflichen Interessen maßgeblichen Organisationen der Psychotherapeuten auf Landesebene berufen."

12. Nach § 95 b wird folgender Paragraph eingefügt:

„§ 95 c. Voraussetzung für die Eintragung von Psychotherapeuten in das Arztregister

Bei Psychotherapeuten setzt die Eintragung in das Arztregister voraus:

1. die Approbation als Psychotherapeut nach § 2 oder 12 des Psychotherapeutengesetzes und
2. den Fachkundenachweis.

Der Fachkundenachweis setzt voraus

1. für den nach § 2 Abs. 1 des Psychotherapeutengesetzes approbierten Psychotherapeuten, daß der Psychotherapeut die vertiefte Ausbildung gemäß § 8 Abs. 3 Nr. 1 des Psychotherapeutengesetzes in einem durch den Bundesausschuß der Ärzte und Krankenkassen nach § 92 Abs. 6 a anerkannten Behandlungsverfahren erfolgreich abgeschlossen hat;
2. für den nach § 2 Abs. 2 und Abs. 3 des Psychotherapeutengesetzes approbierten Psychotherapeuten, daß die der Approbation zugrundeliegende Ausbildung und Prüfung in einem durch den Bundesausschuß der Ärzte und Krankenkassen nach § 92 Abs. 6 a anerkannten Behandlungsverfahren abgeschlossen wurden;
3. für den nach § 12 des Psychotherapeutengesetzes approbierten Psychotherapeuten, daß er die für eine Approbation geforderte Qualifikation, Weiterbildung oder Behandlungsstunden, Behandlungsfälle und die theoretische Ausbil-

dung in einem durch den Bundesausschuß der Ärzte und Krankenkassen nach § 92 Abs. 1 Satz 2 Nr. 1 anerkannten Behandlungsverfahren nachweist."

13. Dem § 101 wird folgender Absatz angefügt:

„(4) Überwiegend oder ausschließlich psychotherapeutisch tätige Ärzte und Psychotherapeuten bilden eine Arztgruppe im Sinne des § 101 Abs. 2. Der allgemeine bedarfsgerechte Versorgungsgrad ist für diese Arztgruppe erstmals zum Stand vom 1. Januar 1999 zu ermitteln. Zu zählen sind die zugelassenen Ärzte sowie die Psychotherapeuten, die nach § 95 Abs. 10 zugelassen werden. Dabei sind überwiegend psychotherapeutisch tätige Ärzte mit dem Faktor 0,7 zu berücksichtigen. In den Richtlinien nach Absatz 1 ist für die Zeit bis zum 31. Dezember 2008 sicherzustellen, daß jeweils mindestens ein Versorgungsanteil in Höhe von 40 vom Hundert der allgemeinen Verhältniszahl den überwiegend oder ausschließlich psychotherapeutisch tätigen Ärzten sowie den Psychotherapeuten vorbehalten ist. Bei der Feststellung der Überversorgung nach § 103 Abs. 1 sind die Versorgungsanteile von 40 vom Hundert und die ermächtigten Psychotherapeuten nach § 95 Abs. 11 mitzurechnen."

14. § 117 wird wie folgt geändert:

a) Der bisherige Text wird Absatz 1.

b) Folgender Absatz wird angefügt:

„(2) Absatz 1 gilt entsprechend für die Ermächtigung poliklinischer Institutsambulanzen an Psychologischen Universitätsinstituten im Rahmen des für Forschung und Lehre erforderlichen Umfangs und an Ausbildungsstätten nach § 6 des Psychotherapeutengesetzes zur ambulanten psychotherapeutischen Behandlung der Versicherten und der in § 75 Abs. 3 genannten Personen in Behandlungsverfahren, die vom Bundesausschuß der Ärzte und Krankenkassen nach § 92 Abs. 6 a anerkannt sind, sofern die Krankenbehandlung unter der Verantwortung von Personen stattfindet, die die fachliche Qualifikation für die psychotherapeutische Behandlung im Rahmen der vertragsärztlichen Versorgung erfüllen. Im Rahmen der Ermächtigung poliklinischer Institutsambulanzen an Psychologischen Universitätsinstituten sind Fallzahlbegrenzungen vorzusehen. Für die Vergütung gilt § 120 entsprechend."

15. In § 285 Abs. 4 wird nach dem Wort „Ärzte" das Wort „Psychotherapeuten" eingefügt.

I. Änderungen des Sozialgesetzbuch V
– Gesetzliche Krankenversicherung –

1   Mit Inkrafttreten des Psychotherapeutengesetzes am 1. 1. 1999 haben sich einige Änderungen des Fünften Buches Sozialgesetzbuch (SGB V) ergeben. Diese verfolgen das Ziel der Integration der Psychologischen Psychotherapeuten und Kinder- und Jugendlichenpsychotherapeuten in das sozialverischerungsrechtliche System als gleichberechtigte Leistungserbringer neben den Ärzten und Zahnärzten unter der Berücksichtigung der unterschiedlichen beruflichen Voraussetzungen.

2   Die Versicherten erhalten das Recht, den zur ambulanten vertragsärztlichen Versorgung zugelassenen oder ermächtigten Psychologischen Psychotherapeuten bzw. Kinder- und Jugendlichenpsychotherapeuten ohne Mitwirkung eines Arztes direkt aufzusuchen, um bei ihm Psychotherapie als Krankenbehandlung (§§ 27 Abs. 1 Satz 2, 28 Abs. 3 SGB V) im Rahmen ihres Sachleistungsanspruches in Anspruch zu nehmen.

Entsprechende Gesetzesänderungen finden sich beim Leistungsanspruch des Versicherten (Drittes Kapitel „Leistungen der Krankenversicherung", Fünfter Abschnitt „Leistungen bei Krankheit", Erster Titel „Krankenbehandlung", §§ 27 Abs. 1 Satz 2, 28 Abs. 3 SGB V).

Mit den statusbegründenden Verwaltungsakten der Zulassung oder Ermächtigung zur Teilnahme an der ambulanten vertragsärztlichen Versorgung werden dem Psychologischen Psychotherapeuten bzw. Kinder- und Jugendlichenpsychotherapeuten Rechte und Pflichten in dem Umfang übertragen, wie dies für die Versorgung der Versicherten und für die Wahrnehmung der Interessen der neuen Berufe gleichberechtigt neben den Ärzten geboten ist. **3**

Wie § 69 SGB V ausweist, wurden die Psychotherapeuten als Leistungserbringer in das Vierte Kapitel des SGB V, welches gemeinsam mit den Regelungen der §§ 63 und 64 SGB V die Beziehungen der Krankenkassen zu den Leistungserbringern abschließend regelt, aufgenommen (§§ 69 bis 140 SGB V). **4**

Die Psychotherapeuten wirken zur Sicherstellung der vertragsärztlichen Versorgung mit den Krankenkassen zusammen (§ 72 Abs. 1 SGB V). Sofern nicht ausdrücklich etwas anderes bestimmt ist, gelten die Vorschriften, die die Beziehungen der Krankenkassen zu den Leistungserbringern regeln und sich auf Ärzte beziehen entsprechend für Psychotherapeuten. **5**

II. Einzelne Änderungen des Fünften Buches Sozialgesetzbuch

durch Artikel 2 und 11 des Gesetzes über die Berufe des Psychologischen Psychotherapeuten und des Kinder- und Jugendlichenpsychotherapeuten, zur Änderung des Fünften Buches Sozialgesetzbuch (SGB-V) und anderer Gesetze vom 16. Juni 1998 (BGBl. I S. 1311) in der geänderten Fassung durch das 9. Gesetz zur Änderung des SGB V (Neuntes SGB V – ÄndG vom 8. Mai 1998 – BGBl. I S. 907), das Gesetz zur Stärkung der Solidarität in der GKV (GKV-SolG vom 19. Dezember 1998 – BGBl. I S. 3853), das Gesetz zur Reform der gesetzlichen Krankenversicherung ab dem Jahr 2000 (GKV-GRG 2000 vom 22. Dezember 1999 – BGBl. I S. 2626), das Gesetz zur Modernisierung der gesetzlichen Krankenversicherung aus dem Jahr 2004 (GKV-Modernisierungsgesetz–GMG vom 19. November 2003 – BGBl. I S. 2190).

Im Interesse der Eindeutigkeit der Regelungsmaterien werden die Artikelvorschriften des Gesetzes über die Berufe des Psychologischen Psychotherapeuten und des Kinder- und Jugendlichenpsychotherapeuten zur Änderung des SGB V und anderer Gesetze vom 16. 6. 1998 als Einführungsgesetz zum Psychotherapeutengesetz (EG-PsychThG) und die unter Artikel 1 dieses Gesetzes geschaffenen Paragraphenregelungen als Psychotherapeutengesetz (PsychThG) bezeichnet.

Die durch Art. 2 und 11 EG-PsychThG vorgenommenen Änderungen des SGB V sowie die Änderungen des Rechts der gesetzlichen Krankenversicherung, die durch das 9. SGB V-ÄndG i. d. F. des GKV-SolG, des GKV-GRG 2000 und des GKV-Modernisierungsgesetz-GMG eingetreten sind, sind nachfolgend in den Gesetzeswortlaut eingearbeitet und werden in kursiver fetter Schrift wiedergegeben. Es werden nur die geänderten und die im Zusammenhang stehenden Bestimmungen des SGB V aufgeführt.

Die Kommentierung befasst sich mit den Änderungen und den damit eng im Zusammenhang stehenden Regelungen.

1. Artikel 2 Nr. 1 EG-PsychThG:

§ 27 SGB V Krankenbehandlung

(1) [1]Versicherte haben Anspruch auf Krankenbehandlung, wenn sie notwendig ist, um eine Krankheit zu erkennen, zu heilen, ihre Verschlimmerung zu verhüten oder Krankheitsbeschwerden zu lindern. [2]Die Krankenbehandlung umfasst

1. ärztliche Behandlung *einschließlich Psychotherapie als ärztliche und psychotherapeutische Behandlung,*
2. zahnärztliche Behandlung einschließlich der Versorgung mit Zahnersatz,
3. Versorgung mit Arznei-, Verband-, Heil- und Hilfsmitteln,
4. Häusliche Krankenpflege und Haushaltshilfe,
5. Krankenhausbehandlung,
6. Leistungen zur medizinischen Rehabilitation und ergänzende Leistungen.

[3]Bei der Krankenbehandlung ist den besonderen Bedürfnissen psychisch Kranker Rechnung zu tragen, insbesondere bei der Versorgung mit Heilmitteln und bei der medizinischen Rehabilitation. [4]Zur Krankenbehandlung gehören auch Leistungen zur Herstellung der Zeugungs- oder Empfängnisfähigkeit, wenn diese Fähigkeit nicht vorhanden war oder durch Krankheit oder wegen einer durch Krankheit erforderlichen Sterilisation verloren gegangen war.

(2) Versicherte, die sich nur vorübergehend im Inland aufhalten, zur Ausreise verpflichtete Ausländer, deren Aufenthalt aus völkerrechtlichen politischen oder humanitären Gründen geduldet wird, sowie

1. asylsuchende Ausländer, deren Asylverfahren noch nicht unanfechtbar abgeschlossen ist,
2. Vertriebene i.S. des § 1 Abs. 2 Nr. 2 und 3 des Bundesvertriebenengesetzes sowie Spätaussiedler i.S. der § 4 des Bundesvertriebenengesetzes, ihre Ehegatten, Lebenspartner und Abkömmlinge i.S. des § 7 Abs. 2 des Bundesvertriebenengesetzes haben Anspruch auf Versorgung mit Zahnersatz, wenn sie unmittelbar vor Inanspruchnahme mindestens 1 Jahr lang Mitglied einer Krankenkasse (§ 4) oder nach § 10 versichert waren oder wenn die Behandlung aus medizinischen Gründen ausnahmsweise unaufschiebbar ist.

Anmerkung: Mit Wirkung ab 1. Januar 2005 werden in Absatz 1 Satz 2 Nr. 2 die Wörter „einschließlich der Versorgung mit Zahnersatz" gestrichen und nach Nr. 2 folgende Nr. 2a eingefügt: „2a. Versorgung mit Zahnersatz einschließlich Zahnkronen und Suprakonstruktionen …,".

Übersicht

I. Geltende Fassung

Die Vorschrift ist durch Artikel 1 GRG v. 20. 12. 1988 BGBl. I S. 2177, ein- **1**
geführt und am 1. 1. 1989 in Kraft getreten.
Altes Recht: § 182 Abs. 1 Nr. 1 RVO. Änderungen des § 27 bis heute:
– Satz 5 gestrichen mit Wirkung vom 1. 1. 1989, hierfür § 27 a angefügt (BGBl. I
  S. 1211, 26. 6. 1990),
– Absatz 2 angefügt mit Wirkung vom 1. 1. 1993 (BGBl. I S. 2266, 21. 12.
  1992),
– Absatz 1 Satz 2 Nr. 1 neugefasst mit Wirkung vom 1. 1. 1999 (BGBl. I S. 1311,
  16. 6. 1998, Art. 2 Gesetz über die Berufe des Psychologischen Psychothera-
  peuten und Kinder- und Jugendlichenpsychotherapeuten, zur Änderung des
  Fünften Buches Sozialgesetzbuch und anderer Gesetze),
– Abs. 2 neugefasst mit Wirkung vom 1. 1. 2000 (BGBl. I S. 2626, 22. 12. 1999),
– Änderung des Absatz 2 Nr. 2 mit Wirkung vom 1. 8. 2001 (BGBl. I S. 266,
  16. 2. 2001),
– Neufassung des Absatz 1 Satz 2 Nr. 6 mit Wirkung vom 1. 7. 2001 (BGBl. I
  S. 1046, 19. 6. 2001),
– Neufassung des Absatz 1 Satz 2 Nr. 2 mit Wirkung ab dem 1. Januar 2005
  (BGBl. I S. 2192, 14. 11. 2003).

II. Normzweck

Die Vorschrift beschreibt den Leistungsumfang für den Versicherten. Sie um- **2**
fasst die Zielrichtung und Zweckbestimmung sämtlicher Leistungen zur Kranken-
behandlung (siehe RegE-GRG BR-Drucks. 200/88 vom 29. 4. 1988). Abs. 1
enthält eine abschließende Aufzählung der Leistungen, die der Versicherte im
Falle der Krankheit beanspruchen kann. Abs. 1 Satz 2 Nr. 1 stellt zudem die
Grundlage für die detaillierte Regelung des § 28 Abs. 3 SGB V dar. In Abs. 1
Satz 3–4 wird die Krankenbehandlung in anderer Weise als nur durch ärztliche
Behandlung geregelt.
Durch die Regelung in Absatz 1 Satz 2 Nr. 1 und Nr. 2a ab dem 1. Januar
2005 wird klargestellt, dass Zahnersatz auch als Satzungsleistung zur Krankenbe-
handlung zählt.

III. Leistungsanspruch

Der Leistungsanspruch des Versicherten auf ärztliche Behandlung schließt die **3**
psychotherapeutische Behandlung auch durch nichtärztliche Psychotherapeuten
ein. Dies wird an dieser Stelle gesetzlich klar geregelt, war jedoch bereits bislang
ständige Entscheidungspraxis des *Bundessozialgerichts* (s. bereits Urteil vom 28. 11.
1999, AZ: 3 RK 11/79, USK 79 213). Die Regelung gibt dem Versicherten einen
Rechtsanspruch auf Psychotherapie gegen seine Krankenkasse. Dieser Rechtsanspruch wird durch § 28 Abs. 3 SGB V inhaltlich auf die Verfahren nach den geltenden Psychotherapie-Richtlinien und personell auf berechtigte Leistungserbringer konkretisiert und eingeschränkt.

IV. Ärztliche und psychotherapeutische Behandlung

4   Die Begriffswahl ist bei § 27 Abs. 1 Satz 2 verwirrend. Hiernach umfasst die **ärztliche Behandlung** die Psychotherapie als ärztliche und als psychotherapeutische Behandlung. Insoweit könnte die „ärztliche Behandlung" als Oberbegriff verstanden werden und die **„psychotherapeutische Behandlung"** als die Psychotherapie, die durch den nichtärztlichen Psychotherapeuten erbracht wird. Dies entspricht jedoch nicht der Begriffsverwendung in § 28 Abs. 3. Danach soll die **„psychotherapeutische Behandlung"** sowohl durch psychologische Psychotherapeuten und Kinder- und Jugendlichenpsychotherapeuten einerseits als auch durch Vertragsärzte andererseits durchgeführt werden können.

5   Hinzu kommt, dass § 15 Abs. 1 SGB V nicht geändert wurde und Satz 1 nach wie vor feststellt, dass ärztliche Behandlung von Ärzten erbracht wird. Auch § 15 Abs. 2 SGB V stellt weiterhin fest, dass Versicherte, die ärztliche oder zahnärztliche Behandlung in Anspruch nehmen, dem Arzt vor Beginn der Behandlung ihre Versichertenkarte auszuhändigen haben. Dem Wortlaut dieser Regelung nach gibt es den nichtärztlichen Psychotherapeuten nicht als direkten Ansprechpartner für psychotherapeutische Behandlung. Beide Regelungen weisen insoweit eine Lücke auf, die im Wege der Analogie zu schließen ist. Die Gesetzesänderungen sollten dem Versicherten den Direktzugang auch zu den nichtärztlichen Psychotherapeuten ermöglichen (s. § 28 Abs. 3 SGB V, Rn. 6; zur Rechtsstellung des sozialversicherten Patienten s. auch *Spellbrink*, NZS 1999, 1 u. 9).

V. Behandlungszweck

6   Nach § 27 Abs. 1 wird der Anspruch des Versicherten auf ärztliche Behandlung begrenzt durch deren Zweck, eine Krankheit zu erkennen, zu heilen, ihre Verschlimmerung zu verhüten oder Krankheitsbeschwerden zu lindern. Ein weiterer Zweck der ärztlichen Behandlung ergibt sich aus § 11 Abs. 2 S. 1 SGB V, der auch die medizinischen und ergänzenden Leistungen zur Rehabilitation einschließt, die notwendig sind, um einer drohenden Behinderung oder Pflegebedürftigkeit vorzubeugen, sie nach Eintritt zu beseitigen, zu bessern oder eine Verschlimmerung zu verhüten. Die vom Versicherten zu beanspruchende psychotherapeutische Behandlung ist an diesen Zwecksetzungen zu messen.

7   Zu Recht wird bei *Salzl/Steege* (S. 38) darauf hingewiesen, dass eine am Gesetz orientierte Ergänzung der Psychotherapie-Richtlinien angebracht wäre. Denn die Psychotherapie-Richtlinien benennen in Abschnitt A Nr. 1 Abs. 2 nur die Zwecke Heilung oder Besserung einer Krankheit die medizinischer Rehabilitation dient. Die Zwecke der Erkennung und Verhütung einer Verschlimmerung der Krankheit sowie die Linderung von Krankheitssymptomen werden nicht aufgeführt. Die Richtlinien stimmen insoweit mit den Gesetz nicht überein (s. auch eingeschränkte Zweckbestimmung in § 1 Abs. 3 PsychThG).

2. Artikel 2 Nr. 2 EG-PsychThG

§ 28 SGB V Ärztliche und zahnärztliche Behandlung

(1) [1]**Die ärztliche Behandlung umfasst die Tätigkeit des Arztes, die zur Verhütung, Früherkennung und Behandlung von Krankheiten nach den Regeln der ärztlichen Kunst ausreichend und zweckmäßig ist.** [2]**Zur ärztlichen Behandlung gehört auch die Hilfeleistung anderer Personen, die von dem Arzt angeordnet und von ihm zu verantworten ist.**

(2) ...

(3) [1]Die psychotherapeutische Behandlung einer Krankheit wird durch Psychologische Psychotherapeuten und Kinder- und Jugendlichenpsychotherapeuten (Psychotherapeuten), soweit sie zur psychotherapeutischen Behandlung zugelassen sind, sowie durch Vertragsärzte entsprechend den Richtlinien nach § 92 durchgeführt. Spätestens nach den probatorischen Sitzungen gemäß § 92 Abs. 6 a hat der Psychotherapeut vor Beginn der Behandlung den Konsiliarbericht eines Vertragsarztes zur Abklärung einer somatischen Erkrankung sowie, falls der somatisch abklärende Vertragsarzt dies für erforderlich hält, eines psychiatrisch tätigen Vertragsarztes einzuholen.

(4) [1]Versicherte, die das 18. Lebensjahr vollendet haben, leisten je Kalendervierteljahr für jede erste Inanspruchnahme eines an der ambulanten ärztlichen, zahnärztlichen oder psychotherapeutischen Versorgung teilnehmenden Leistungserbringers, die nicht auf ihre Überweisung aus demselben Kalendervierteljahr erfolgt, als Zuzahlung den sich nach § 61 Satz 2 ergebenden Betrag an den Leistungserbringer. [2]Satz 1 gilt nicht für Inanspruchnahmen nach § 23 Absatz 9, § 25, zahnärztliche Untersuchungen nach § 30 Absatz 2 Satz 4 und 5 sowie Maßnahmen zur Schwangerenvorsorge nach § 196 Absatz 1 der Reichsversicherungsordnung und § 23 Absatz 1 des Gesetzes über die Krankenversicherung der Landwirte. [3]Soweit Versicherte Kostenerstattung nach § 13 Absatz 2 gewählt haben, gelten die Sätze 1 und 2 mit der Maßgabe, dass die Zuzahlung gemäß § 13 Absatz 2 Satz 9 von der Krankenkasse in Abzug zu bringen ist.

Anmerkung: Mit Wirkung ab 1. Januar 2005 wird in Absatz 4 Satz 2 die Angabe „§ 30 Absatz 2 Satz 4 und 5" durch die Angabe „§ 55 Absatz 1 Satz 4 und 5" ersetzt (vgl. Art. 37 Absatz 8 GKV-Modernisierungsgesetz [GMG]).

Übersicht

I. Geltende Fassung

1   § 28 ist durch das GRG vom 20. 12. 1988 eingeführt worden und am 1. 1.
1989 in Kraft getreten (BGBl. I S. 2477). Altes Recht: §§ 122, 123 RVO (der
Arzt als behandlungsberechtigte Person, RegE-GRG S. 170).
Änderungen des § 28 bis heute:
– Absatz 2 Satz 2 u. 3 wurde mit Wirkung vom 1. 1. 1993 hinzugefügt (GSG
vom 21. 12. 1992, BGBl. I S. 2266),
– Absatz 2 Satz 2–5 wurde mit Wirkung vom 1. 11. 1996 durch 7. SGB V-ÄndG
vom 28. 10. 1996 hinzugefügt (BGBl. I S. 1558),
– Absatz 2 Satz 8 wurde mit Wirkung vom 1. 1. 1997 durch BeitrEntlG vom
1. 11. 1996 (BGBl. I S. 1631) eingefügt,
– Absatz 2 Satz 8 wurde mit Wirkung vom 1. 7. 1997 geändert und Absatz 2
Satz 9 eingefügt (siehe II. GKV-Neuordnungsgesetz vom 23. 6. 1997, BGBl. I
S. 1520),
– Neufassung des Absatz 2 mit Wirkung vom 1. 1. 1999 (BGBl. I S. 907),
– Absatz 3 wurde mit Wirkung vom 1. 1. 1999 durch das EG-PsychThG einge-
fügt (BGBl. I S. 1311),
– Neufassung von Absatz 2 Satz 9 mit Wirkung vom 1. 1. 2000 (BGBl. I
S. 2626),
– Absatz 4 wurde mit Wirkung vom 1. Januar 2004 hinzugefügt (GMG vom
19. November 2003, BGBl. I S. 2190).

II. Normzweck

2   Der hier neu eingefügte § 28 Absatz 3 regelt im Einzelnen, wer die psychotherapeutische Behandlung im Falle der Krankheit erbringen darf und stellt damit
klar, dass die psychotherapeutische Behandlung Teil der ärztlichen Behandlung ist
und nicht nur von Vertragsärzten, sondern auch von Psychotherapeuten erbracht
werden kann. Die Vorschrift macht hinsichtlich Inhalt und Verfahren Vorgaben
und stellt insbesondere Voraussetzungen bei Beginn der Behandlung durch Psychotherapeuten auf.
   Die Neuregelung nach Absatz 4 schafft die Rechtsgrundlage für die Erhebung
einer so genannten Praxisgebühr. Zweck der Regelung ist es, die Eigenverant-
wortung des Versicherten zu stärken. Die Praxisgebühr wird als Beitrag zur Kon-
solidierung der Finanzen der Gesetzlichen Krankenversicherung verstanden.

III. Regelungsinhalt

3   **1. Abgrenzung zu § 15 Absatz 1 SGB V.** § 28 SGB V geht nach wie vor
vom sog. Arztvorbehalt des § 15 Absatz 1 Satz 1 SGB V aus. Absatz 3 der Vorschrift bestimmt für die psychotherapeutische Behandlung insoweit eine Ausnahme, als sie nicht nur durch Vertragsärzte, sondern auch selbstständig von Psychotherapeuten erbracht werden darf.

4   **2. Absatz 3. Einführung.** Mit Inkrafttreten des Psychotherapeutengesetzes
am 1. 1. 1999 ist der Forderung, die bereits zu Beginn der siebziger Jahre erhoben
wurde (vgl. Psychiatrie-Enquete 1973, BT-Drs. VII/4200 u. VII/4201), entsprochen worden, einen eigenständigen Heilberuf für Psychotherapie gesetzlich zu regeln. Die Durchführung der psychotherapeutischen Behandlung wurde neu gere-

gelt. Im Rahmen der gesetzlichen Krankenversicherungen konnten psychotherapeutische Leistungen bis zum 1. 1. 1999 von Vertragsärzten mit entsprechender Qualifikation als ärztliche Leistung (siehe Arztvorbehalt § 15 Absatz 1 SGB V) erbracht werden. Nichtärztliche Psychotherapeuten (Diplom-Psychologen) waren dazu bislang nur in Abhängigkeit von einem berechtigten Vertragsarzt nach § 15 Absatz 1 Satz 2 SGB V im Rahmen des sog. Delegationsverfahrens befugt (siehe hierzu Psychotherapierichtlinien und Psychotherapie-Vereinbarungen, Anlage Va zum Arzt-Ersatzkassen-Vertrag; BSGE 48, 47; BSG, SozR 2200 § 182 Nr. 48, S. 92 m. w. N.; RegE-GRG S. 171 Begründung zu § 28; BSGE 76, 109).

a) Die **Gesetzesänderung** zum 1. 1. 1999 bewirkt, dass die neu eingeführten **5** Heilberufe „psychologischer Psychotherapeut" und „Kinder- und Jugendlichenpsychotherapeut" neben dem Vertragsarzt psychotherapeutische Leistungen selbstständig und ohne Vermittlung durch den Vertragsarzt als Krankenbehandlung erbringen können. Die Psychotherapeuten werden mit Erhalt eines Teilnahmestatus (siehe § 95 SGB V i. d. F. von Art. 2 Nr. 11 EG-PsychThG) gleichberechtigt in die vertragsärztliche Versorgung einbezogen (Integrationsmodell). Dies bedeutet, dass der gesetzlich Versicherte frei unter den zugelassenen ärztlichen und nichtärztlichen Psychotherapeuten wählen kann. Den Versicherten wurde hierdurch der **Erstzugang** (vgl. zur Ges.-Begr. BT-Drs. 13/8035, S. 15) auch zu den nichtärztlichen Psychotherapeuten ermöglicht.

Die Versicherten haben damit die Pflicht und das Recht, den nichtärztlichen **6** Psychotherapeuten vor Beginn der Behandlung ihre **Krankenversichertenkarte** zu übergeben.

Für die Indikation und Durchführung der psychotherapeutischen Behandlung **7** ist allein der Psychotherapeut verantwortlich. Eine Klarstellung in den hierzu einschlägigen Vorschriften des § 15 Abs. 2 und des § 76 Abs. 1 S 1 SGB V erfolgte leider nicht. Die zunächst nach Art. 1 Nr. 2 des Gesetzes vom 8. 5. 1998 (Rn. 1) vorgesehene **Zuzahlung** der Versicherten zur psychotherapeutischen Behandlung (§ 28a) ist durch Art. 2 des Gesetzes vom 19. 12. 1998 (BGBl. I S. 3853) noch vor ihrem Inkrafttreten wieder aufgehoben worden. Mit Inkrafttreten des GKV-Modernisierungsgesetzes vom 19. 11. 2003 wurden ab dem 1. 1. 2004 wiederum Zuzahlungen für Versicherte eingeführt.

b) „**Psychotherapeutische Behandlung**". Diese Vorschrift definiert den **8** Begriff „psychotherapeutische Behandlung" nicht, sondern verweist hierzu auf die Psychotherapierichtlinien (s. § 92 Abs. 6a SGB V, Rn. 4 und 5). § 1 Abs. 3 Satz 1 PsychThG beschreibt die Ausübung von Psychotherapie im Sinne des PsychThG als „jede mittels wissenschaftlich anerkannter, psychotherapeutischer Verfahren vorgenommene Tätigkeit zur Feststellung, Heilung oder Linderung von Störungen mit Krankheitswert, bei denen Psychotherapie indiziert ist".

Satz 2 dieser Regelung verlangt im Rahmen der psychotherapeutischen Behandlung eine somatische Abklärung und Satz 3 schließt psychologische Tätigkeiten aus, die die Aufarbeitung und Überwindung sozialer Konflikte oder sonstige Zwecke außerhalb der **Heilkunde** zum Gegenstand haben. **9**

Durch die Forderung wissenschaftlicher Anerkennung der Behandlungsmethoden (s. hierzu auch § 12 SGB V und § 27 SGB V), der Abklärung somatischer **10** Störungen und der Beschränkung auf Ausübung von Heilkunde, die gegen eine reine Beratungstätigkeit abzugrenzen ist, wird die psychotherapeutische Behandlung in Absatz 3 dieser Vorschrift auf die Behandlungsformen beschränkt, die in den Psychotherapierichtlinien (§ 92 Abs. 6a SGB V) zugelassen sind. Damit hat der Gesetzgeber die vor Schaffung des PsychThG diskutierte Rechtsverbindlichkeit der Richtlinien der Bundesausschüsse der Ärzte und Krankenkassen für den Leistungsanspruch der Versicherten festgeschrieben (s. hierzu auch *Schlenker*, NZS 1998, 411, 412 ff.).

Die Konkretisierung dessen, was vom Versicherten als psychotherapeutische Behandlung beansprucht und vom Psychotherapeuten erbracht werden darf, ist nach Absatz 3 Satz 1 den Richtlinien nach § 92 zu entnehmen, die vom Bundesausschuss der Ärzte und Krankenkassen (zukünftig vom Gemeinsamen Bundesausschuss) in der Besetzung u. a. mit psychotherapeutisch tätigen Ärzten und Psychotherapeuten erlassen werden (§ 91 Abs. 2 a). In den Richtlinien wird insbesondere Näheres über psychotherapeutisch behandlungsbedürftige Krankheiten und die geeigneten und anerkannten psychotherapeutischen Verfahren geregelt (§ 92 Abs. 6 a). Gemäß Abschnitt B der Psychotherapierichtlinien werden diejenigen Verfahren als geeignet anerkannt, denen ein umfassendes Theoriensystem der Krankheitsentstehung zugrunde liegt und deren spezifische Behandlungsmethoden in ihrer therapeutischen Wirksamkeit belegt sind. Hierzu zählen einerseits die psychoanalytisch begründeten Verfahren, also die tiefenpsychologisch fundierte Psychotherapie sowie die analytische Psychotherapie und andererseits die Verhaltenstherapie.

12   **c) Leistungserbringer.** Neben den zur ambulanten vertragsärztlichen Versorgung zugelassenen Ärzten (Vertragsärzten) mit entsprechender Zusatzqualifikation, sind seit dem 1. 1. 1999 auch die nichtärztlichen Psychotherapeuten berechtigt, zu Lasten der gesetzlichen Krankenversicherung psychotherapeutische Behandlung durchzuführen, wenn sie hierfür eine Teilnahmeberechtigung (Zulassung oder Ermächtigung) der zuständigen kassenärztlichen Vereinigung haben (s. § 95 SGB V, Rn. 3 und 10). Voraussetzung ist in jedem Fall eine Approbation als „Psychologischer Psychotherapeut" und/oder „Kinder- und Jugendlichenpsychotherapeut" (Kurzform „Psychotherapeut/in", s. § 1 Abs. 1 Satz 4 PsychThG). Die Voraussetzungen zur Approbation sind in §§ 2 und 5 PsychThG geregelt. Gefordert wird ein Hochschulabschluss in Psychologie bzw. in Pädagogik oder Sozialpädagogik sowie eine zusätzliche Ausbildung von drei Jahren in Vollzeit- oder fünf Jahren Teilzeittätigkeit. Für die Psychotherapeuten, die bei Inkrafttreten des Gesetzes am 1. 1. 1999 bereits tätig waren, bestehen berufsrechtliche (s. § 12 PsychThG) und vertragsarztrechtliche Sonderregelungen (s. § 95 Abs. 10 SGB V sowie § 95 c SGB V).

13   **d) Konsiliarbericht.** Absatz 3 Satz 2 verlangt vom Psychotherapeuten, vor Beginn der psychotherapeutischen Behandlung den Konsiliarbericht eines Vertragsarztes, d. h. die Abklärung, ob eine körperliche Erkrankung vorliegt, welche vor dem Psychotherapieverfahren entdeckt und behandelt werden muss, einzuholen. Falls dieser Vertragsarzt es für erforderlich hält, ist ein psychiatrisch tätiger Vertragsarzt zur Abklärung somatischer Krankheiten zu beauftragen.

14   Der ursprüngliche Gesetzesentwurf der CDU/CSU-F. D. P.-Fraktionen hatte die Einholung des Konsiliarberichts noch spätestens nach der zweiten Sitzung verlangt (BT-Drs. 13/9212, S. 18). Die endgültige Fassung des § 28 Abs. 3 geht auf die Beschlussempfehlung des Vermittlungsausschusses zurück. Die hierbei vorgenommenen Änderungen stehen im Zusammenhang mit der Änderung des § 27 Abs. 1 Nr. 1 SGB V und mit dem neu eingefügten § 92 Abs. 6 a SGB V (dort Rn. 4 f.). Der Konsiliarbericht ist nun spätestens nach den sog. probatorischen Sitzungen einzuholen.

15   Näheres über die **probatorischen Sitzungen** sowie über die sachlichen Voraussetzungen an den Konsiliarbericht und an den Konsiliararzt ist gemäß § 92 Abs. 6 a SGB V in den Psychotherapierichtlinien geregelt (s. dort Abschnitt E insbes. unter 1.1.1, fünf probatorische Sitzungen bei der analytischen Psychotherapie, sonst bis zu acht probatorische Sitzungen möglich und Abschnitt F).

16   **3. Absatz 4. Praxisgebühr.** Eine Zuzahlung in Höhe von 10 € (siehe § 61 Satz 2 SGB V), die sog. Praxisgebühr, fällt hiernach für jeden Versicherten über dem 18. Lebensjahr bei jeder ambulanten Erstinanspruchnahme eines ärztlichen,

psychotherapeutischen oder zahnärztlichen Leistungserbringers an, es sei denn, die Inanspruchnahme erfolgt auf Überweisung aus demselben Quartal. Nicht eindeutig geregelt hat der Gesetzgeber die Frage, ob der Versicherte für die erste Inanspruchnahme in jedem Versorgungsbereich (ärztlich, zahnärztlich und psychotherapeutisch) jeweils 10 € pro Quartal bezahlen muss. Hätte der Gesetzgeber gewollt, dass der Versicherte für den Fall der Inanspruchnahme aller drei Versorgungsbereiche in einem Kalendervierteljahr insgesamt 30 € entrichten muss, hätte er dies eindeutig zum Ausdruck bringen müssen. Dies wäre zum Beispiel durch das Hinzufügen des Wortes „jeweils" möglich gewesen. Die gewählte Formulierung lässt jedoch die Interpretation zu, dass der Versicherte pro Kalendervierteljahr 10 € für die erste Inanspruchnahme zu entrichten hat und weitere Inanspruchnahmen auch in den anderen Versorgungsbereichen ohne nochmalige Praxisgebühr möglich sind, wenn er dafür Sorge trägt, dass er von dem ersten Leistungserbringer entweder eine Überweisung oder eine Quittung über die Bezahlung der Praxisgebühr erhält.

Da es sich bei der Praxisgebühr um eine Sonderbelastung für den Versicherten handelt, bedürfte es einer eindeutigen Anspruchsgrundlage. Die vorliegende Regelung ist demgegenüber nicht ausreichend, um vom Versicherten gegebenenfalls 30 € bei Inanspruchnahme sämtlicher Versorgungsbereiche zu verlangen (a. A. *Hiddemann/Muckel*, NJW 2004, 7, 13), weil sie weder nach dem Wortlaut, noch nach dem Zweck oder nach der Gesetzessystematik eindeutig ausgelegt werden kann.

Der Bezug auf das Kalendervierteljahr bewirkt, dass die Praxisgebühr mehrfach zu entrichten ist, wenn sich die Behandlung derselben Krankheit über mehrere Quartale hinzieht. Als Leistungserbringer, an die die Praxisgebühr zu entrichten ist, kommen neben den Vertragsärzten, den Vertragszahnärzte, den Psychotherapeuten und den übrigen an der vertragsärztlichen Versorgung Teilnehmenden (medizinische Versorgungszentren, ermächtigte Ärzte oder ärztlich geleitete Einrichtungen) auch diejenigen in Frage, die außerhalb der vertragsärztlichen Versorgung an der ambulanten ärztlichen Versorgung teilnehmen (z. B. Krankenhäuser nach § 116 b SGB V sowie grundsätzlich die an der integrierten Versorgung nach § 140 b SGB V und der hausarztzentrierten Versorgung nach § 73 b SGB V teilnehmenden Leistungserbringer).

Der Zahlungsweg ist in § 43 b Absatz 2 SGB V geregelt. Hier wird klargestellt, dass der Versicherte die Praxisgebühr an den Leistungserbringer zu bezahlen hat und sich hierdurch der Vergütungsanspruch des Leistungserbringers gegenüber der Krankenkasse, der Kassenärztlichen Vereinigung oder Kassenzahnärztlichen Vereinigung entsprechend dieser Höhe verringert. Näheres zum Verfahren regeln die Vereinbarungen in den Bundesmantelverträgen, veröffentlicht im Deutschen Ärzteblatt, Heft 51–52 vom 22. 12. 2003, S. 3408 ff., welche am 1. Januar 2004 in Kraft getreten sind.

3. Artikel 2 Nr. 3 EG-PsychThG

§ **69** SGB V Anwendungsbereich

[1] **Dieses Kapitel sowie die §§ 63 und 64 regeln abschließend die Rechtsbeziehungen der Krankenkassen und ihrer Verbände zu Ärzten, Zahnärzten, *Psychotherapeuten,* Apotheken sowie sonstigen Leistungserbringern und ihren Verbänden, einschließlich der Beschlüsse des Gemeinsamen Bundesausschusses nach den §§ 90–94.** [2] **Die Rechtsbeziehungen der Krankenkassen und ihrer Verbände zu den Krankenhäusern und ihren Verbänden werden abschließend in diesem Kapitel, in den §§ 63, 64 und in dem Krankenhausfinanzierungsgesetz, dem Kranken-**

hausentgeltgesetz sowie den hierzu erlassenen Rechtsverordnungen geregelt. [3]Für die Rechtsbeziehungen nach den Sätzen 1 und 2 gelten im Übrigen die Vorschriften des Bürgerlichen Gesetzbuches entsprechend, soweit sie mit den Vorgaben des § 70 und den übrigen Aufgaben und Pflichten der Beteiligten nach diesem Kapitel vereinbar sind. [4]Die Sätze 1–3 gelten auch, soweit durch diese Rechtsbeziehungen Rechte Dritter betroffen sind.

Übersicht

I. Geltende Fassung

1   Die Vorschrift gilt mit Wirkung vom 1. 1. 1989 i. d. F. des GRG vom 20. 12. 1988 (BGBl. I S. 2477). Durch das GSG 1993 und das GKV-GRG 2000 wurden die Rechtsbeziehungen der Krankenkassen zu den Leistungserbringern grundlegend neu gestaltet. Durch Art. 2 Ziff. 3 EG-PsychThG wurde § 69 ergänzt und durch Art. 1 GKV-GRG 2000 vom 22. 12. 1999 (BGBl. I S. 2626) wurde die Vorschrift teilweise neu gefasst. Mit Inkrafttreten des GMG vom 19. November 2003 am 1. Januar 2004 wurde die Vorschrift in geringem Umfang geändert.

II. Normzweck und Inhalt

2   Die Vorschrift ist als **Einführungsvorschrift** zum vierten Kapitel über die Beziehungen der Krankenkassen zu den Leistungserbringern zu sehen. Das Vierte Kapitel regelt insbesondere, wer unter welchen Voraussetzungen Leistungen zu Lasten der gesetzlichen Krankenversicherung erbringen darf (zum Vertragsarztrecht s. z. B. *Plagemann/Niggehoff*).

3   Die **Integration der Psychotherapeuten** in das vertragsärztliche System ermöglicht den Psychologischen Psychotherapeuten und Kinder- und Jugendlichenpsychotherapeuten nach Zulassung zur vertragsärztlichen Versorgung und Mitgliedschaft in der zuständigen Kassenärztlichen Vereinigung, die gleiche Rechtsstellung von den Krankenkassen einzunehmen, wie die Vertragsärzte.

Das GMG bewirkt eine Folgeänderung zur Änderung des § 91 SGB V. Erstmals wird der so genannte Gemeinsame Bundesausschuss als neue, sektorenübergreifende Rechtsetzungseinrichtung der gemeinsamen Selbstverwaltung gebildet.

4. Artikel 2 Nr. 4 EG-PsychThG

„Zweiter Abschnitt. Beziehungen zu den Ärzten, Zahnärzten *und Psychotherapeuten*"

Im Vierten Kapitel des SGB V wird die Überschrift des Zweiten Abschnitts ergänzt und die bisherigen Leistungserbringer werden um die neuen Heilberufe (s. § 1 Abs. 1 PsychThG) erweitert.

5. Artikel 2 Nr. 5 EG-PsychThG

§ 72 SGB V Sicherstellung der vertragsärztlichen und vertragszahnärztlichen Versorgung

(1) ¹*Ärzte, Zahnärzte, Psychotherapeuten, medizinische Versorgungszentren* und Krankenkassen wirken zur Sicherstellung der vertragsärztlichen Versorgung der Versicherten zusammen. ²Soweit sich die Vorschriften dieses Kapitels auf Ärzte beziehen, gelten sie entsprechend für Zahnärzte *und Psychotherapeuten und medizinische Versorgungszentren, sofern nichts Abweichendes bestimmt ist.*

(2) Die vertragsärztliche Versorgung ist im Rahmen der gesetzlichen Vorschriften und der Richtlinien des Gemeinsamen Bundesausschusses durch schriftliche Verträge der kassenärztlichen Vereinigungen mit den Verbänden der Krankenkassen so zu regeln, dass eine ausreichende, zweckmäßige und wirtschaftliche Versorgung der Versicherten unter Berücksichtigung des allgemein anerkannten Standes der medizinischen Erkenntnisse gewährleistet ist und die ärztlichen Leistungen angemessen vergütet werden.

(3) Für die knappschaftliche Krankenversicherung gelten die Absätze 1 und 2 entsprechend, soweit das Verhältnis zu den Ärzten nicht durch die Bundesknappschaft nach den örtlichen Verhältnissen geregelt ist.

Übersicht

I. Geltende Fassung

Die Vorschrift wurde mit Fassung vom 1. 1. 1998 durch das GRG vom 20. 12. **1** 1988 (BGBl. I S. 2477), geschaffen. Altes Recht: §§ 368 Abs. 1 S. 1, 368 g Abs. 1 RVO. Nach Inkrafttreten des Art. 1 GSG vom 21. 12. 1992 (BGBl. I S. 2266), wurden die nach den gesetzlichen Krankenkassen (Primärkassen, Ersatzkassen) bisher unterschiedenen Formen der Teilnahme an der kassenärztlichen und vertragsärztlichen Versorgung einheitlich geregelt und einheitlich als **vertragsärztliche Versorgung** bezeichnet (BT-Drs. 12/3608, S. 83 zu § 72 SGB V).

Nach Inkrafttreten des Art. 2 Ziff. 4 EG-PsychThG werden Psychologische **2** Psychotherapeuten und Kinder- und Jugendlichenpsychotherapeuten als neue, in selbstständiger Tätigkeit arbeitende Heilberufler (s. Art. 1 EG-PsychThG) in die vertragsärztliche Versorgung integriert **(Integrationsmodell)** und auch in Bezug auf den Sicherstellungsauftrag den Vertragsärzten gleichgestellt.

Mit Inkrafttreten des Artikel 1 Nr. 47 GKV-Modernisierungsgesetz–GMG vom 19. November 2003 am 1. Januar 2004 werden die weiteren Leistungserbringer (siehe neue Fassung des § 95 Absatz 1 SGB V) in den Kreis derer aufgenommen, die die vertragsärztliche Versorgung sicherzustellen haben.

II. Normzweck

3   Die Vorschrift regelt als Eingangsnorm zum zweiten Abschnitt des vierten Kapitels in der Gestalt einer Generalklausel die Grundsätze für die Sicherstellung der vertragsärztlichen Versorgung, gerichtet an die Leistungserbringer (Ärzte, Zahnärzte und Psychotherapeuten) sowie an die Kostenträger (die Krankenkassen). Sie enthält den Grundsatz zur gemeinsamen Selbstverwaltung von Leistungserbringern einerseits und Krankenkassen andererseits und beauftragt diese gleichzeitig, die vertragsärztliche Versorgung unter Berücksichtigung der in Absatz 2 der Vorschrift festgelegten Zielvorgaben im Rahmen von untergesetzlichen Vorschriften wie den Richtlinien des Bundesausschusses der Ärzte und Krankenkassen (§ 92 SGB V) und den Verträgen zwischen den kassenärztlichen Vereinigungen und den Krankenkassen (§§ 82, 83, 87 SGB V) zu regeln.

Die Änderungen in Absatz 1 der Vorschrift aufgrund des GMG sind bedingt durch die Änderung in § 95 Absatz 1 SGB V, der neben den niedergelassenen Ärzten für die ambulante Versorgung der Versicherten auch die medizinischen Versorgungszentren zulässt. Satz 2 der Vorschrift ist eine Folgeänderung zur Änderung des § 91 SGB V.

III. Regelungsinhalt

4   **1. Verpflichtung zum Zusammenwirken.** Mit dem EG-PsychThG wurden die Psychotherapeuten in den Kreis derer aufgenommen, die zur Sicherstellung der vertragsärztlichen Versorgung zusammenwirken müssen. Dabei geht es um die Rechtsbeziehungen zwischen Ärzten, Zahnärzten und Psychotherapeuten (Leistungserbringer) einerseits und den gesetzlichen Krankenkassen (Kostenträger) andererseits. Diese schaffen in Form von Verträgen untereinander Grundlagen zur Sicherstellung der vertragsärztlichen Versorgung. In der Vergangenheit konnten die Krankenkassen solche Verträge allerdings nur mit den KVen schließen. Erst durch das GKV-GRG 2000 wurde erstmals den Kostenträgern wieder (s. zur historischen Entwicklung *Hess*, in: Kasseler Kommentar, § 72, Rn. 4 ff.) das Recht eingeräumt, Verträge auch direkt mit Ärzten, Zahnärzten und Psychotherapeuten abzuschließen.

5   Absatz 1 Satz 1 der Vorschrift stellt klar, dass die Psychotherapeuten wie Ärzte an der Erfüllung des Sicherstellungsauftrages der kassenärztlichen Vereinigungen mitwirken. Aufgrund der Regelung in Satz 2 gelten die Vorschriften des ärztlichen Leistungserbringerrechts im Vierten Kapitel des SGB V grundsätzlich auch für die Psychotherapeuten.

6   Artikel 1 Nr. 74 führt im Rahmen der Änderung des § 95 SGB V als zusätzlichen Leistungserbringer das medizinische Versorgungszentrum ein. Die Änderung in § 72 Absatz 1 SGB V stellt sicher, dass die Vorschriften der vertragsärztlichen Versorgung auch für die medizinischen Versorgungszentren und mittelbar auch für die in diesen Zentren tätigen Ärzte gelten.

7   **2. Verträge mit Rechtsnormcharakter.** Nach Absatz 2 der Vorschrift werden die Vertragspartner der vertragsärztlichen Versorgung (Kassenärztliche Bundesvereinigung, Kassenärztliche Vereinigungen, Bundes- und Landesverbände der Krankenkassen sowie Ersatzkassenverbände) ermächtigt, in Form von sog. Ge-

samtverträgen die Einzelheiten der vertragsärztlichen Versorgung auszugestalten (a. A. *Wimmer*, NZS 1999, 113, 120). Die mit § 72 SGB V mitgliedschaftlich strukturierten Körperschaften verliehene Normsetzungsbefugnis ist nicht autonomer Rechtssetzung zuzuordnen (s. *BSG* vom 16. September 1997, Az: 1 RK 28/95, *BSGE* 81, 54, 64; und Az: 1 RK 32/95, *BSGE* 81, 73, 82).

Vertragliche Regelungen zwischen der Kassenärztlichen Vereinigung und den **8** Verbänden der Krankenkassen über die vertragsärztliche Versorgung sind zum Beispiel:

aa) Bundesmantelverträge (§§ 82 Abs. 1, 87 Abs. 1 SGB V),

bb) Vertrag über Inhalt und Umfang der hausärztlichen Versorgung (§ 73 Abs. 1 c SGB V),

cc) Vereinbarung über einheitliche Qualifikationsforderungen an die Erbringung bestimmter vertragsärztlicher Leistungen (§ 153 Abs. 2 SGB V),

dd) Vereinbarung über die Einführung der Krankenversichertenkarte nach § 291 Abs. 3 SGB V,

ee) die Vereinbarung zum Datenaustausch in der vertragsärztlichen Versorgung nach § 295 Abs. 3 SGB V,

ff) Gesamtverträge (§ 83 SGB V),

gg) Strukturverträge nach § 73 a SGB V.

3. Entscheidungsgremien. Die Regelungen zur Sicherstellung der vertrags- **9** ärztlichen Versorgung werden durch die sog. gemeinsame Selbstverwaltung (gemeinsame Entscheidungen der Ärzte und Krankenkassen) sowie durch die Selbstverwaltung der Vertragsärzte nun unter Einbeziehung der Psychotherapeu- ten festgelegt. Welches der beiden Gremien welche Aufgabe zu erfüllen hat, wird durch die Vorschriften der §§ 72 ff. SGB V (Kassenarztrecht) bestimmt.

a) Vorgaben zur Sicherstellung der vertragsärztlichen Versorgung. Die **10** vertragsärztliche Versorgung muss ausreichend, zweckmäßig und wirtschaftlich sein. Diese Forderung wird in erster Linie durch die Richtlinien des Gemeinsa- men Bundesausschusses, aber auch durch die speziellen Gesamtverträge gewähr- leistet. Zu nennen sind in diesem Zusammenhang außerdem die Qualifikations- erfordernisse für die Erbringung bestimmter ärztlicher Untersuchungs- und Be- handlungsmethoden (§ 135 Abs. 2 SGB V) und der vom Bewertungsausschuss als Bestandteil der Bundesmantelverträge festgelegte EBM (§ 87 Abs. 2 SGB V).

b) Berücksichtigung des allgemein anerkannten Standes der medizi- 11 nischen Erkenntnisse. Die Regelungen in den §§ 2 Abs. 1 Satz 3, 70 Abs. 1 S. 1 und 72 Abs. 2, die die sozialversicherungsrechtliche Leistungsgewährung (§ 27 Abs. Nr. 1) auch für die psychotherapeutische Behandlung davon abhängig machen, dass diese dem allgemein anerkannten Stand der medizinischen Erkennt- nisse entspricht, sind mit der derzeitigen wissenschaftlichen Realität nicht verein- bar. Ein allgemein anerkannter Erkenntnisstand zur Bewertung von Psychothera- pie ist erst allmählich im Entstehen (vgl. *Spellbrink*, NZS 1999, 1, 5, 6 ff.; s. hierzu auch *Hess*, in: Kasseler Kommentar, § 72, Rn. 20). Die zu dieser Tatsache im Wi- derspruch stehenden Vorgaben des Bundesausschusses der Ärzte und Krankenkas- sen (BÄK) (ab 1. 1. 2004 Gemeinsamer Bundesausschuss) in den Psychotherapie- richtlinien sind zumindest in Bezug auf die dort ausdrücklich ausgeschlossenen Verfahren zu hinterfragen. Vor dem Hintergrund der Rechtsprechung des *BSG* zum allgemein anerkannten Stand der medizinischen Erkenntnisse (*BSG*, SozR 3– 2500 § 135 Nr. 4) wird der Psychotherapeut, der gleichwohl andere als die vom BÄK zugelassenen – insbesondere ausgeschlossene – Verfahren anwenden und abrechnen möchte, darlegen müssen, dass es sich um Verfahren handelt, die in der psychotherapeutischen Fachdiskussion eine breite Resonanz gefunden haben und von einer erheblichen Zahl von Leistungserbringern angewandt werden.

12   **4. Angemessene Vergütung ärztlicher Leistungen.** Der Grundsatz der angemessenen Vergütung bezieht sich ausschließlich auf die Vergütungsvereinbarungen im Rahmen der Gesamtverträge. Der Anspruch eines Vertragsarztes als Leistungserbringer auf Vergütung in bestimmter Höhe kann aus Absatz 2 der Regelung nicht hergeleitet werden (s. *BSG*, SozR 3–2500 § 85 Nr. 24).

6. Artikel 2 Nr. 6 EG-PychThG

§ 73 SGB V Kassenärztliche Versorgung

(1) [1]Die vertragsärztliche Versorgung gliedert sich in die hausärztliche und die fachärztliche Versorgung. [2]Die hausärztliche Versorgung beinhaltet insbesondere

1. die allgemeine fortgesetzte ärztliche Betreuung eines Patienten in Diagnostik und Therapie bei Kenntnis seines häuslichen und familiären Umfeldes; Behandlungsmethoden, Arznei- und Heilmittel der besonderen Therapierichtungen sind nicht ausgeschlossen,
2. die Koordination diagnostischer, therapeutischer und pflegerischer Maßnahmen,
3. die Dokumentation, insbesondere Zusammenführung, Bewertung und Aufbewahrung der wesentlichen Behandlungsdaten, Befunde und Berichte aus der ambulanten und stationären Versorgung,
4. die Einleitung oder Durchführung präventiver und rehabilitativer Maßnahmen sowie die Integration nichtärztlicher Hilfen und flankierender Dienste in die Behandlungsmaßnahmen.

(1a) [1]An der hausärztlichen Versorgung nehmen teil

1. Allgemeinärzte,
2. Kinderärzte,
3. Internisten ohne Schwerpunktbezeichnung, die die Teilnahme an der hausärztlichen Versorgung gewählt haben,
4. Ärzte, die nach § 95a Abs. 4 und 5 Satz 1 in das Arztregister eingetragen sind und
5. Ärzte, die am 31. Dezember 2000 an der hausärztlichen Versorgung teilgenommen haben (Hausärzte).

[2]Die übrigen Fachärzte nehmen an der fachärztlichen Versorgung teil. [3]Der Zulassungsausschuss kann für Kinderärzte und Internisten ohne Schwerpunktbezeichnung eine von Satz 1 abweichende, befristete Regelung treffen, wenn eine bedarfsgerechte Versorgung nicht gewährleistet ist. [4]Kinderärzte mit Schwerpunktbezeichnung können auch an der fachärztlichen Versorgung teilnehmen. [5]Der Zulassungsausschuss kann Allgemeinärzten und Ärzten ohne Gebietsbezeichnung, die im Wesentlichen spezielle Leistungen erbringen, auf deren Antrag die Genehmigung zur ausschließlichen Teilnahme an der fachärztlichen Versorgung erteilen.

(1b) [1]Ein Hausarzt darf mit schriftlicher Einwilligung des Versicherten, die widerrufen werden kann, bei Leistungserbringern, die einen seiner Patienten behandeln, die den Versicherten betreffenden Behandlungsdaten und Befunde zum Zwecke der Dokumentation und der weiteren Behandlung erheben. [2]Die einen Versicherten behandelnden Leistungserbringer sind verpflichtet, den Versicherten nach dem von ihm gewählten Hausarzt zu fragen und diesem mit schriftlicher Einwilligung des Versicherten, die widerrufen werden kann, die in Satz 1 genannten Daten zum Zwecke der bei diesem durchzuführenden Dokumentation und der weiteren Behandlung zu übermitteln; die behandelnden Leistungserbringer sind berechtigt, mit schriftlicher Einwilligung des Versicherten, die widerrufen werden kann, die für die Behandlung erforderlichen Behandlungsdaten und Befunde bei dem Hausarzt und anderen Leistungserbringern zu erheben und für die Zwecke der von ihnen zu erbringenden Leistungen zu verarbeiten und zu nutzen. [3] Der Hausarzt darf die ihm nach den Sätzen 1 und 2 übermittelten Daten nur zu dem Zweck verarbeiten und nutzen, zu dem sie ihm übermittelt worden sind; er ist berechtigt und verpflichtet, die für die Behandlung erforderlichen Daten und Befunde an die den Versicherten auch behandelnden Leistungserbringer mit dessen schriftlicher Einwilligung, die widerrufen werden kann, zu übermitteln. § 276 Abs. 2 Satz 1 Halbsatz 2 bleibt unberührt. [5] Bei einem Hausarztwechsel ist der bisherige Hausarzt des Versicherten verpflichtet, dem neuen Hausarzt die bei ihm über den Versicherten gespeicherten Unterlagen mit dessen Einverständnis vollständig zu übermitteln; der neue Hausarzt darf die in diesen Unterlagen enthaltenen personenbezogenen Daten erheben.

(1 c) ...

(2) [1] Die vertragsärztliche Versorgung umfasst die
1. ärztliche Behandlung,
2. zahnärztliche Behandlung einschließlich der Versorgung mit Zahnersatz; kieferorthopädische Behandlung nach Maßgabe des § 28 Abs. 2,
3. Maßnahmen zur Früherkennung von Krankheiten,
4. ärztliche Betreuung bei Schwangerschaft und Mutterschaft,
5. Verordnung von medizinischen Leistungen der Rehabilitation, Belastungserprobung und Arbeitstherapie,
6. Anordnung der Hilfeleistung anderer Personen,
7. Verordnung von Arznei-, Verband-, Heil- und Hilfsmitteln, Krankentransporten sowie Krankenhausbehandlung oder Behandlung in Vorsorge- oder Rehabilitationseinrichtungen,
8. Verordnung häuslicher Krankenpflege,
9. Ausstellung von Bescheinigungen und Erstellung von Berichten, die die Krankenkassen oder der medizinische Dienst (§ 275) zur Durchführung ihrer gesetzlichen Aufgaben oder die die Versicherten für den Anspruch auf Fortzahlung des Arbeitsentgelts benötigen,
10. Medizinische Maßnahmen zur Herbeiführung einer Schwangerschaft nach § 27 a Abs. 1,
11. ärztliche Maßnahmen nach den §§ 24 a und 24 b,
12. Verordnung von Soziotherapie.

[2] *Die Nummern 2 bis 8, 9 sowie 10 bis 12, soweit sich diese Regelung auf die Feststellung und die Bescheinigung von Arbeitsunfähigkeit bezieht, gelten nicht für Psychotherapeuten.*

(3) – (8) ...

Anmerkung: Mit Wirkung ab 1. Januar 2005 werden in Absatz 2 Satz 1 Nr. 2 die Wörter „einschließlich der Versorgung mit Zahnersatz" durch das Wort „und" ersetzt und nach Nr. 2 folgende Nr. 2 a eingefügt: „2 a. Versorgung mit Zahnersatz einschließlich Zahnkronen und Suprakonstruktionen, soweit sie § 56 Abs. 2 entspricht,".

Übersicht

I. Geltende Fassung

1   § 73 SGB V ist mit Wirkung vom 1. 1. 1989 durch das GRG vom 20. 12. 1988 (BGBl. I S. 2477) eingeführt worden. Altes Recht: Anstelle von Absatz 2 und Absatz 6 galt § 368 Abs. 2 RVO.
– Änderungen erfolgten durch folgende Gesetze:
– GSG vom 21. 12. 1992, BGBl. I S. 2266,
– PflegeVG vom 26.05 1994, BGBl. I S. 1014,
– SFHÄnDG vom 21. 8. 1995, BGBl. I S. 1050,
– 5. SGB V-ÄndG vom 18. 12. 1995, BGBl. I S. 1986,
– 1. NOG vom 23. 6. 1997, BGBl. I S. 1518,
– Art. 2 des PsychThG vom 16. 6. 1998, BGBl. I S. 1311,
– GKV-GRG 2000 vom 22. 12. 1999, BGBl. I S. 2626,
– GKV-Modernisierungsgesetz-GMG vom 19. 11. 2003, BGBl. I S. 2190.

II. Normzweck

2   § 73 SGB V stellt die Strukturen und Inhalte der vertragsärztlichen Versorgung, die sich in haus- und fachärztliche Versorgung gliedert, ausführlich dar. Durch die Änderungen nach Inkrafttreten des EG-PsychThG wird klargestellt, dass die Tätigkeit des Psychotherapeuten in der ambulanten vertragsärztlichen Versorgung der gesetzlich Versicherten ausschließlich die Behandlung psychischer Störungen mit einem in den Psychotherapierichtlinien des Bundesausschusses der Ärzte und Krankenkassen (ab 1. 1. 2004 des Gemeinsamen Bundesausschusses) zugelassenen Behandlungsverfahren umfasst. Es wird im Einzelnen festgelegt, welche Maßnahmen, die dem Vertragsarzt vorbehalten sind, vom zur Teilnahme an der ambulanten vertragsärztlichen Versorgung befugten Psychotherapeuten nicht vorgenommen werden dürfen.

3   Es wird klargestellt, dass durch die in Absatz 2 Satz 1 Nr. 12 aufgenommene Verordnung von Soziotherapie als vertragsärztliche Leistung das Leistungsspektrum des Psychotherapeuten nicht erweitert werden soll.
      Durch die Ergänzung nach Inkrafttreten des GMG wird für die hausärztliche Versorgung die schon in § 2 Abs. 1 Satz 2 SGB V geregelte Vorgabe nochmals bekräftigt, weil gerade in der hausärztlichen Versorgung die psychosomatische Dimension von Befindlichkeitsstörungen des Patienten und das sich daraus ergebende Bedürfnis des Patienten im Mittelpunkt stehen.

III. Patientendaten

4   Absatz 1 b regelt die Weitergabe von Patientendaten und gilt ebenso für den Psychologischen Psychotherapeuten und den Kinder- und Jugendlichenpsychotherapeuten (vgl. § 72 Abs. 1 S. 2 SGB V). Er enthält die Ermächtigung des Hausarztes, zum Zwecke der Dokumentation für die von ihm betreuten Versicherten, Daten von den Leistungserbringern zu beziehen und diese Daten bei einem Hausarztwechsel an

den neuen Hausarzt weiterzugeben (s. Begründung GSG 1993, BT-Drs. 12/3937 s der Stelle 12 zu § 73). Die anderen behandelnden Leistungserbringer (z. B. Psychotherapeuten) werden verpflichtet, dem Hausarzt mit schriftlichem Einverständnis des Versicherten, die wesentlichen Behandlungsdaten und Befunde zu übermitteln. Die schriftliche Einwilligung des Versicherten kann jederzeit widerrufen werden.

Satz 3 macht den **datenschutzrechtlichen Grundsatz der Zweckbindung**   5 für die Datenspeicherung und -verarbeitung der nach Satz 1 übermittelten Daten deutlich. Der Psychotherapeut hat in jedem Fall wegen der bestehenden Schweigepflicht (§ 203 StGB) vor Datenweitergabe die schriftliche Einwilligung seines Patienten einzuholen.

IV. Beschränkung der Tätigkeit der Psychotherapeuten auf die psychotherapeutische Behandlung

Die Mitwirkung der Psychotherapeuten an der vertragsärztlichen Versorgung   6 beschränkt sich auf die psychotherapeutische Behandlung (Diagnostik und Therapie) sowie die Ausstellung von Bescheinigungen und die Erstellung von Berichten, die die Krankenkassen oder der medizinische Dienst zur Durchführung ihrer gesetzlichen Aufgaben benötigen. Fraglich erscheint, ob der Gesetzgeber den Ausschluss des Psychotherapeuten von der ärztlichen Betreuung der Schwangerschaft und Mutterschaft tatsächlich wollte oder ob dies als gesetzgeberisches Versehen zu bewerten ist (so *Salzl/Steege*, Psychotherapeutengesetz, S. 42).

Als misslungen muss jedenfalls der Ausschluss von der Berechtigung zur **Aus-**   7 **stellung von Arbeitsunfähigkeitsbescheinigungen** durch Psychotherapeuten gewertet werden, da dies die nicht nachzuvollziehende Folge hat, dass ein Patient wegen der Bescheinigung der Arbeitsunfähigkeit einen Arzt aufsuchen muss, obwohl er wegen genau dieser Erkrankung, die die Arbeitsunfähigkeit verursacht, ausschließlich von einem Psychotherapeuten behandelt wird und demzufolge kein anderer die Arbeitsunfähigkeit beurteilen und attestieren kann.

Begründet ist der Ausschluss von der vertragsärztlichen Versorgung jedoch in-   8 soweit, als Psychotherapeuten für die Ausübung der entsprechenden Tätigkeit die **Qualifikation** fehlt (insbesondere pharmakologische oder physiotherapeutische sowie somatische oder psychiatrische Maßnahmen).

7. Artikel 2 Nr. 7 EG-PsychThG

§ 79 b *SGB V Beratender Fachausschuss für Psychotherapie*

[1] Bei den kassenärztlichen Vereinigungen und der kassenärztlichen Bundesvereinigung wird ein beratender Fachausschuss für Psychotherapie gebildet. [2] Der Ausschuss besteht aus fünf Psychologischen Psychotherapeuten und einem Kinder- und Jugendlichenpsychotherapeuten sowie Vertretern der Ärzte in gleicher Zahl, die von der Vertreterversammlung aus dem Kreis der ordentlichen Mitglieder ihrer kassenärztlichen Vereinigung in unmittelbarer und geheimer Wahl gewählt werden. [3] Für die Wahl der Mitglieder des Fachausschusses bei der kassenärztlichen Bundesvereinigung gilt Satz 2 mit der Maßgabe, dass die von den Psychotherapeuten gestellten Mitglieder des Fachausschusses zugelassene Psychotherapeuten sein müssen. [4] Abweichend von Satz 2 werden für die laufende Wahlperiode der kassenärztlichen Vereinigungen und der kassenärztlichen Bundesvereinigung die von den Psychotherapeuten gestellten Mitglieder des Fachausschusses auf Vorschlag der für die beruflichen Interessen maßgeblichen Organisationen der Psychotherapeuten auf Landes- und Bundesebene von der jeweils zuständigen Aufsichtsbehörde berufen. [5] Dem Ausschuss ist vor Entscheidungen der kassenärztlichen Vereinigungen und der kassenärztlichen

Bundesvereinigung in den die Sicherstellung der psychotherapeutischen Versorgung berührenden wesentlichen Fragen, rechtzeitig Gelegenheit zur Stellungnahme zu geben. [6] Seine Stellungnahmen sind in die Entscheidungen einzubeziehen. Das Nähere regelt die Satzung. Die Befugnisse der Vertreterversammlungen der kassenärztlichen Vereinigungen und der kassenärztlichen Bundesvereinigung bleiben unberührt.

Anmerkung: Mit Wirkung ab 1. Januar 2005 wird in Satz 2 das Wort „ordentlichen" gestrichen (vgl.: Art. 37 Abs. 8 GKV-Modernisierungsgesetz [GMG]).

Übersicht

I. Geltende Fassung

1 § 79 b SGB V wurde durch das EG-PsychThG geschaffen. Der ursprüngliche Gesetzentwurf der CDU/CSU-F.D.P.Fraktionen hatte folgenden Wortlaut:

„Bei den Kassenärztlichen Vereinigungen und der Kassenärztlichen Bundesvereinigung wird für die Zeit bis zum Ende der am 1. 1. 1999 laufenden Wahlperiode der Vertreterversammlung ein beratender Fachausschuss zur Förderung der Integration der Psychotherapeuten in die *psychotherapeutische* Versorgung gebildet. Der Ausschuss besteht aus fünf Psychologischen Psychotherapeuten und einem Kinder- und Jugendlichenpsychotherapeuten, die von der Vertreterversammlung aus dem Kreis der ordentlichen Mitglieder ihrer Kassenärztlichen Vereinigungen in unmittelbarer und geheimer Wahl gewählt werden. Für die Wahl der Mitglieder des Fachausschusses bei der Kassenärztlichen Bundesvereinigung gilt Satz 2 mit der Maßgabe, dass die Mitglieder des Fachausschusses zugelassene Psychotherapeuten sein müssen. § 80 a Abs. 1 gilt entsprechend. Dem Ausschuss ist vor Entscheidungen der Kassenärztlichen Vereinigungen und der Kassenärztlichen Bundesvereinigung in den die Integration der Psychotherapeuten berührenden wesentlichen Fragen rechtzeitig Gelegenheit zur Stellungnahme zu geben. Seine Stellungnahmen sind in die Entscheidung einzubeziehen. Das Nähere regelt die Satzung."

2 Zur Begründung dieser Forderung wurde angeführt, dass es zweckmäßig sei, bis zum Beginn der neuen Wahlperiode der Vertreterversammlungen die Einbeziehung der Sachkenntnis der Psychotherapeuten in die Entscheidungsfindung der Selbstverwaltungsorgane bei Fragen der Integration der Psychotherapeuten in die vertragsärztliche Versorgung gesetzlich zu verankern. Die Ausschüsse sollten aus sechs in den Kassenärztlichen Vereinigungen zugelassenen Psychotherapeuten (fünf Psychologische Psychotherapeuten und ein Kinder- und Jugendlichenpsychotherapeut) zusammengesetzt sein.

3 Die endgültige Fassung des § 79 b geht auf die Beschlussempfehlung des Vermittlungsausschusses zurück. Der beratende Fachausschuss wird als selbstständige Einrichtung dauerhaft etabliert. Eine geänderte Fassung tritt am 1. Januar 2005 durch Art. 1 und 37 Abs. 8 GKV-Modernisierungsgesetz (GMG) in Kraft.

II. Normzweck

Da die Psychotherapeuten gegenüber den Ärzten auch unter Berücksichtigung **4** der bereits vorhandenen psychotherapeutisch tätigen Ärzte unter den Mitgliedern der Kassenärztlichen Vereinigung eine Minderheit darstellen, dient die Einrichtung eines beratenden Fachausschusses für Psychotherapie dem Zweck des Minderheitenschutzes.

Die Vorschrift soll eine angemessene Berücksichtigung der Interessen der Psy- **5** chotherapeuten und der psychotherapeutisch tätigen Ärzte bei Beschlussfassungen der Vertreterversammlungen der Kassenärztlichen Vereinigungen und der Kassenärztlichen Bundesvereinigung gewährleisten.

Die Änderungen ab dem 1. Januar 2005 knüpfen an die Änderungen des § 77 Abs. 3 SGB V sowie die Neufassung des § 79 Abs. 1 SGB V ebenfalls ab dem 1. Januar 2005 an.

III. Regelungsinhalt

1. Zusammensetzung des Fachausschusses. Die Mitglieder des beratenden **6** Ausschusses werden aus dem Kreis der Mitglieder der Kassenärztlichen Vereinigungen von der Vertreterversammlung in unmittelbarer und geheimer Wahl gewählt; für die laufende Wahlperiode erfolgt die Berufung für die Psychotherapeuten durch die zuständige Aufsichtsbehörde. Der beratende Ausschuss setzt sich aus insgesamt zwölf Mitgliedern zusammen, darunter müssen fünf Psychologische Psychotherapeuten, ein Kinder- und Jugendlichenpsychotherapeut und sechs Vertragsärzte sein.

Diese Vertragsärzte müssen nach der Vorschrift nicht den Bezug zur psycho- **7** therapeutischen Tätigkeit haben; mittlerweile sehen die Satzungen jedoch entsprechende Sollvorschriften vor.

Die Psychotherapeuten des beratenden Fachausschusses bei der Kassenärztlichen **8** Bundesvereinigung werden aus dem Kreis der zugelassenen Psychotherapeuten (ordentliche Mitglieder) gewählt. Gemäß Satzungsregelung der Kassenärztlichen Bundesvereinigung (s. § 10 c, DÄ 2001A-490) wechselt der Vorsitz jährlich zwischen den gewählten alternierenden Vorsitzenden aus der Gruppe der Psychotherapeuten und der Gruppe der Ärzte.

Da die **Mitglieder der beratenden Fachausschüsse** sowohl bei den Kassen- **9** ärztlichen Vereinigungen als auch bei der Kassenärztlichen Bundesvereinigung aus dem Kreis der ordentlichen Mitglieder der jeweiligen Kassenärztlichen Vereinigung gewählt werden, ist sichergestellt, dass es sich hierbei auch nur um zugelassene Mitglieder, also auch zugelassene Psychotherapeuten handelt (s. Satz 2 der Vorschrift).

Für die **Mitgliederwahl** des beratenden Fachausschusses bei der Kassenärztli- **10** chen Bundesvereinigung soll nach Satz 3 der Vorschrift Satz 2 gelten, was für die Mitgliederwahl des Fachausschusses bei der KBV also nur die Auswahl aus zugelassenen Leistungserbringern ermöglicht. Der Zusatz in Satz 3 der Vorschrift „mit der Maßgabe, dass die von den Psychotherapeuten gestellten Mitglieder des Fachausschusses zugelassene Psychotherapeuten sein müssen" kann deshalb nur nochmals als Klarstellung der bereits bestimmten Voraussetzung für den Zulassungsstatus angesehen werden. Denn gemäß § 77 Abs. 3 Satz 1 steht fest, dass ordentliche Mitglieder der für ihren Arztsitz zuständigen Kassenärztlichen Vereinigung die zugelassenen Ärzte sind. Gemäß § 72 Abs. 1 Satz 2 gelten die Vorschriften des vierten Kapitels – wozu auch § 79b SGB V gehört – die sich auf Ärzte beziehen, entsprechend auch für Psychotherapeuten, sofern nichts Abweichendes bestimmt ist. Der Zusatz in Satz 3 der Vorschrift ist damit eher verwirrend als klarstellend.

11   **2. Funktion des beratenden Fachausschusses für Psychotherapie.** Der beratende Fachausschuss hat keine Organstellung, sondern soll die Entscheidungen der Organe (Vorstand und Vertreterversammlung) vorbereiten und dabei seine Fachkompetenz einbringen. Das heißt, der Ausschuss hat damit beratende Funktion wie ein **Sachverständigenausschuss,** trifft aber keine eigenen, nach außen wirkenden Entscheidungen. Diese Entscheidungen sind damit nicht isoliert mit Rechtsbehelfen angreifbar. Die Vorstände und Vertreterversammlungen der KVen und der KBV haben jeweils zu prüfen, wann und zu welchen Fragestellungen sie den Ausschuss hören müssen.

12   Dem Ausschuss ist **rechtzeitig Gelegenheit zur Stellungnahme zu geben.** Dies bedeutet, er muss sich selbst noch mit der Fragestellung auseinandersetzen und Stellung beziehen können. Der erforderliche zeitliche Spielraum hängt von der einzelnen Fragestellung ab, wobei die Tatsache berücksichtigt werden muss, dass das Votum eines Gremiums erst eine Zusammenkunft der Mitglieder voraussetzt und dies zusätzliche Zeit in Anspruch nimmt. Ein Zeitraum unter einem Monat dürfte deshalb zu gering bemessen sein.

13   Die Themen, mit denen der Ausschuss befasst werden muss, müssen **wesentliche, die Sicherstellung der psychotherapeutischen Versorgung berührende Fragen** betreffen. Hierzu gehören alle Fragestellungen, die sich auf psychotherapeutische Versorgung beziehen und die psychotherapeutisch tätigen Vertragsärzte und Psychotherapeuten unmittelbar betreffen, wie z.B. Qualitätssicherung bei psychotherapeutischen Leistungen, Inhalt der psychotherapeutischen Versorgung und Fragen zu Vergütungsregelungen für psychotherapeutische Leistungen.

14   **3. Einbeziehung der Stellungnahmen.** Die Entscheidung des Organs muss erkennen lassen, dass es sich mit der Stellungnahme des beratenden Fachausschusses ernsthaft auseinandergesetzt hat und nachvollziehbar, mit welchem Ergebnis auch immer, diese einbezogen hat. Hat das Organ ohne Einholung oder Berücksichtigung der Stellungnahme des Fachausschusses entschieden, dürfte die getroffene Entscheidung rechtswidrig sein, mit der Folge dass hierauf beruhende Einzelfallentscheidungen für den betroffenen Psychotherapeuten angreifbar sind.

15   *Hess* (in: Kasseler Kommentar, § 79b SGB V, Rn. 6) sieht hier zu Recht eine vergleichbare Situation wie jene, mit der sich die Rechtsprechung zur Herstellung des Benehmens mit den Krankenkassen zum Honorarverteilungsmaßstab beschäftigt (s. *BSG,* SozR 3–2500 § 85 Nr. 7, Nr. 11, Nr. 31).

16   **4. Verfahren.** Nach Satz 7 der Vorschrift wird das Verfahren der Beteiligung der beratenden Fachausschüsse in den Satzungen der jeweiligen Kassenärztlichen Vereinigung und der Kassenärztlichen Bundesvereinigung festgelegt.

8. Artikel 2 Nr. 8 EG-PsychThG

§ 80 SGB V Wahlen (Fassung bis 31. Dezember 2004)

(1) [1]**Die ordentlichen und die außerordentlichen Mitglieder der kassenärztlichen Vereinigungen wählen getrennt aus ihrer Mitte in unmittelbarer und geheimer Wahl die Mitglieder der Vertreterversammlungen.** [2]**Die außerordentlichen Mitglieder der kassenärztlichen Vereinigungen sind im Verhältnis ihrer Zahl zu der der ordentlichen Mitglieder in der Vertreterversammlung vertreten, höchstens aber mit einem Fünftel der Mitglieder der Vertreterversammlung.** [3]**Die Vertreter der ordentlichen Mitglieder jeder Vertreterversammlung wählen aus dem Kreis der or-**

dentlichen Mitglieder ihrer kassenärztlichen Vereinigung in unmittelbarer und geheimer Wahl die ihr zustehenden Mitglieder der Vertreterversammlung der kassenärztlichen Bundesvereinigung. [4]Entsprechendes gilt für die außerordentlichen Mitglieder.

(1 a) [1]Die Psychotherapeuten, die ordentliche und außerordentliche Mitglieder der kassenärztlichen Vereinigungen sind, wählen getrennt aus ihrer Mitte und getrennt von den übrigen Mitgliedern in unmittelbarer und geheimer Wahl ihre Mitglieder in die Vertreterversammlungen. [2]Sie sind im Verhältnis ihrer Zahl zu der der ordentlichen und außerordentlichen ärztlichen Mitglieder der kassenärztlichen Vereinigungen in den Vertreterversammlungen vertreten, höchstens aber mit einem Zehntel der Mitglieder der Vertreterversammlung. [3]Der Anteil, der auf die Psychotherapeuten entfällt, die außerordentliche Mitglieder sind, ergibt sich aus dem Verhältnis ihrer Zahl zu der der Psychotherapeuten, die ordentliche Mitglieder der Kassenärztlichen Vereinigung sind, beträgt aber höchstens ein Fünftel der Psychotherapeuten in der Vertreterversammlung. [4]Absatz 1 Satz 3 und 4 gilt für die Wahl der Vertreter der Psychotherapeuten in die Vertreterversammlung der kassenärztlichen Bundesvereinigung entsprechend.

(2) [1]Die Vertreterversammlung wählt in unmittelbarer und geheimer Wahl

1. aus ihrer Mitte einen Vorsitzenden und einen stellvertretenden Vorsitzenden,
2. die Mitglieder des Vorstandes,
3. den Vorsitzenden des Vorstandes und den stellvertretenden Vorsitzenden des Vorstandes.

[2]Der Vorsitzende der Vertreterversammlung und sein Stellvertreter dürfen nicht zugleich Vorsitzender oder stellvertretender Vorsitzender des Vorstandes sein.

(3) [1]Die Mitglieder der Selbstverwaltungsorgane der kassenärztlichen Vereinigungen und der Kassenärztlichen Bundesvereinigung werden für vier Jahre gewählt. [2]Die Amtsdauer endet ohne Rücksicht auf den Zeitpunkt der Wahl jeweils mit dem Schluss des vierten Kalenderjahres. [3]Die Gewählten bleiben nach Ablauf dieser Zeit bis zur Amtsübernahme ihrer Nachfolger im Amt.

§ 80 SGB V Wahlen (Fassung ab 1. Januar 2005)

(1)[1]Die Mitglieder der Kassenärztlichen Vereinigungen wählen in unmittelbarer und geheimer Wahl die Mitglieder der Vertreterversammlung. Die Wahlen erfolgen nach den Grundsätzen der Verhältniswahl aufgrund von Listen– und Einzelwahlvorschlägen. [2]Die Psychotherapeuten wählen ihre Mitglieder der Vertreterversammlung entsprechend den Sätzen 1 und 2 mit der Maßgabe, dass sie höchstens mit einem Zehntel der Mitglieder in der Vertreterversammlung vertreten sind. [3]Das Nähere zur Wahl der Mitglieder der Vertreterversammlung, einschließlich des Anteils der übrigen Mitglieder der Kassenärztlichen Vereinigungen, bestimmt die Satzung.

(1 a) [1]Der Vorsitzende und jeweils ein Stellvertreter des Vorsitzenden der Kassenärztlichen Vereinigungen sind Mitglieder der Vertreterversammlung der Kassenärztlichen Bundesvereinigung. [2]Die Mitglieder der kassenärztlichen Vereinigungen wählen in unmittelbarer und geheimer Wahl aus ihren Reihen die weiteren Mitglieder der Vertreterversammlung der kassenärztlichen Bundesvereinigung. [3]Absatz 1 gilt entsprechend mit der Maßgabe, dass die Kassenärztlichen Vereinigungen ent-

sprechend ihrem jeweiligen Anteil ihrer Mitglieder an der Gesamtzahl der Mitglieder der Kassenärztlichen Vereinigungen berücksichtigt werden.

(2) (Fassung bis 31. 12. 2004 bleibt)

(3) [1]Die Mitglieder der Vertreterversammlung der kassenärztlichen Vereinigungen und der Kassenärztlichen Bundesvereinigung werden für sechs Jahre gewählt. [2]Die Amtsdauer endet ohne Rücksicht auf den Zeitpunkt der Wahl jeweils mit dem Schluss des sechsten Kalenderjahres. [3]Die Gewählten bleiben nach Ablauf dieser Zeit bis zur Amtsübernahme ihrer Nachfolger im Amt.

Übersicht

I. Geltende Fassung

1   Die Vorschrift ist zunächst mit Wirkung vom 1. 1. 1989 durch Art. 1 GRG vom 20. 12. 1988 (BGBl. I S. 2477) geschaffen worden. Im Zuge des Inkrafttretens des EG-PsychThG wurde Absatz 1 a eingefügt.

Die Vorschrift wird in ihren Absätzen 1, 1 a und 3 ab dem 1. Januar 2005 durch Art. 1 GMG vom 19. November 2003 (BGBl. I S. 2190) geändert. Art. 35 GMG schafft Übergangsregelungen zur Neuorganisation der vertragsärztlichen Selbstverwaltung und Organisation der Krankenkassen.

II. Normzweck

2   Die Vorschrift regelt die Wahlen zu den Organen der kassenärztlichen Vereinigungen und Kassenärztlichen Bundesvereinigung. Absatz 1 a sichert die Stellung der Psychotherapeuten in den Organen der Kassenärztlichen Vereinigungen und der Kassenärztlichen Bundesvereinigung als ordentliche Mitglieder. Die Wahl ihrer Vertreter in die Gremien erfolgt getrennt von der Wahl der Vertreter der ärztlichen Mitglieder, um so ihre Repräsentanz in den Vertreterversammlungen der Kassenärztlichen Vereinigungen und der Vertreterversammlung der Kassenärztlichen Bundesvereinigung zu sichern. In der Gesetzesbegründung geht der Gesetzgeber davon aus, dass die den Psychotherapeuten in den Vertreterversammlungen zugewiesene Mitgliederquote von höchstens zehn Prozent ihrem voraussichtlichen bundesweiten Anteil an der Gesamtzahl der Ärzte und Psychotherapeuten entspricht. Die Regelung des Wahlrechts und der Anzahl der Mitglieder der Vertreterversammlungen bleibt den Satzungen überlassen.

Die Änderung der Vorschrift ab 1. Januar 2005 bewirkt den Ausschluss des Mehrheitswahlrechts und schreibt zwingend das Verhältniswahlrecht vor. Damit soll Minderheitsgruppen die Möglichkeit eingeräumt werden, auch in der verkleinerten Vertreterversammlung repräsentiert zu sein.

Die Regelung nach Absatz 1 a der Fassung ab dem 1. Januar 2005 soll ein ausgewogenes Verhältnis von haupt- und ehrenamtlichen Vertretern in der Vertreterversammlung der kassenärztlichen Bundesvereinigung sichern. Die Amtsdauer wird von vier auf sechs Jahre verlängert.

III. Regelungsinhalt Absatz 1 a

1. Allgemeines. Die Einbindung von zugelassenen Psychotherapeuten und 3
Kinder- und Jugendlichenpsychotherapeuten als ordentliche Mitglieder der Kassenärztlichen Vereinigungen (§ 77 Abs. 3 Satz 1 i.V.m. § 72 Abs. 1 Satz 2 SGB V) führt zu einer Umstrukturierung der Zusammensetzung der Vertreterversammlungen. Als außerordentliche Mitglieder werden die Psychotherapeuten geführt, die im Arztregister eingetragen sind (§ 77 Abs. 3 Satz 2 i.V.m. § 72 Abs. 1 Satz 2 SGB V).

Es bleibt den jeweiligen Satzungen der Körperschaften überlassen, ob die In 4
tegration der Psychotherapeuten in die Vertreterversammlungen zu einer Erweiterung oder Beibehaltung oder Verkleinerung der Gesamtzahl der Mitglieder der Vertreterversammlungen führen soll (s. hierzu GKV-GRG 2000, BT-Drs. 14/1245, S. 71).

2. Aufteilung der Gesamtzahl. Die festgelegte Gesamtzahl ist auf die in ge 5
trennten Wahlen zu wählenden Mitglieder aus dem Kreis der Psychotherapeuten einerseits und dem Kreis der Ärzte andererseits aufzuteilen. Hierbei ist maßgebend das zahlenmäßige Verhältnis der jeweils im Arztregister eingetragenen Psychotherapeuten im Verhältnis zu den im Arztregister eingetragenen Ärzten (ordentliche und außerordentliche Mitglieder). Dabei ist der Anteil, der auf die Psychotherapeuten entfällt, auf zehn Prozent der Gesamtzahl begrenzt (vgl. Satz 3 der Vorschrift und BT-Drs. 13/9212, S. 40).

Die Höchstgrenze für den Anteil der Psychotherapeuten dürfte verfassungs 6
rechtlich problematisch sein, da sie das Mitwirkungsrecht der in der Selbstverwaltungskörperschaft gebundenen Pflichtmitglieder beschneidet, ohne dabei einen Minderheitenschutz andererseits bewirken zu wollen.

Diese auf die Psychotherapeutenbank entfallenden Mitglieder der Vertreterver 7
sammlung sind in jeweils getrennten Wahlen für ordentliche und außerordentliche psychotherapeutische Mitglieder aufzuteilen. Eine besondere Berücksichtigung von Kinder- und Jugendlichenpsychotherapeuten ist in der Regelung nicht vorgesehen.

3. Ordentliche und außerordentliche Mitglieder. Die Aufteilung in or 8
dentliche und außerordentliche Mitglieder erfolgt grundsätzlich jeweils bei den Ärzten und bei den Psychotherapeuten nach dem zahlenmäßigen Verhältnis zwischen ordentlichen und außerordentlichen Mitgliedern in der jeweiligen Kassenärztlichen Vereinigung (s. Arztregistereintrag). Die auch insoweit bestehende Höchstgrenze für die Zahl der außerordentlichen Mitglieder von einem Fünftel für die Ärzte (Satz 2) und für die Psychotherapeuten (Satz 3) ist zu beachten. Nach Satz 3, 2. Halbsatz ist das Fünftel bei den Psychotherapeuten auf die Zahl der psychotherapeutischen Mitglieder in der Vertreterversammlung zu beziehen.

Bei den Wahlen zur **Vertreterversammlung der Kassenärztlichen Bun** 9
desvereinigung werden die in die Vertreterversammlung der KBV zu entsendenden Vertreter der ordentlichen Mitglieder aus dem Kreis der Psychologischen Psychotherapeuten und Kinder- und Jugendlichenpsychotherapeuten aus den ordentlichen Mitgliedern der bereits gewählten Vertreter bei den Kassenärztlichen Vereinigungen gewählt. Gleiches gilt für die außerordentlichen Mitglieder.

9. Artikel 2 Nr. 9 EG-PsychThG

§ 91 SGB V Bundesausschüsse (Fassung bis 31. Dezember 2003)

(1) Die Kassenärztliche Bundesvereinigung, die Bundesverbände der Krankenkassen, die Bundesknappschaft und die Verbände der Ersatzkassen bilden einen Bundesausschuss der Ärzte und Krankenkassen und einen Bundesausschuss der Zahnärzte und Krankenkassen.

(2) [1] Die Bundesausschüsse bestehen aus einem unparteiischen Vorsitzenden, zwei weiteren unparteiischen Mitgliedern, neun Vertretern der Ärzte, drei Vertretern der Ortskrankenkassen, zwei Vertretern der Ersatzkassen, je einem Vertreter der Betriebskrankenkassen, der Innungskrankenkassen, der landwirtschaftlichen Krankenkassen sowie der knappschaftlichen Krankenversicherung. [2] Über den Vorsitzenden und die zwei weiteren unparteiischen Mitglieder sowie über deren Stellvertreter sollen sich die Kassenärztliche Bundesvereinigung, die Bundesverbände der Krankenkassen, die Bundesknappschaft und die Verbände der Ersatzkassen einigen. [3] Kommt eine Einigung nicht zustande, werden sie durch das Bundesministerium für Gesundheit im Benehmen mit der Kassenärztlichen Bundesvereinigung, den Bundesverbänden der Krankenkassen, der Bundesknappschaft und den Verbänden der Ersatzkassen berufen. [4] Die Vertreter der Ärzte und ihre Stellvertreter werden von den Kassenärztlichen Bundesvereinigungen, die Vertreter der Krankenkassen und ihre Stellvertreter von den in Absatz 1 genannten Verbänden der Krankenkassen bestellt. § 90 Abs. 3 Satz 1 und 2 gilt.

(2a) [1] Soweit sich Richtlinien des Bundesausschusses der Ärzte und Krankenkassen gemäß § 92 Abs. 1 Satz 2 Nr. 1 auf die psychotherapeutische Versorgung beziehen, sind abweichend von Absatz 2 Satz 1 fünf psychotherapeutisch tätige Ärzte und fünf Psychotherapeuten sowie ein zusätzlicher Vertreter der Ersatzkassen zu benennen. [2] Unter den psychotherapeutisch tätigen Ärzten und den Psychotherapeuten muss jeweils ein im Bereich der Kinder- und Jugendlichenpsychotherapie tätiger Leistungserbringer sein. [3] Für die erstmalige Beschlussfassung der Richtlinien nach § 92 Abs. 6 a Satz 3 werden die Vertreter der Psychotherapeuten vom Bundesministerium für Gesundheit auf Vorschlag der für die beruflichen Interessen maßgeblichen Spitzenorganisationen der Psychotherapeuten berufen.

(3) [1] Die Kassenärztliche Bundesvereinigung einerseits und die Bundesverbände der Krankenkassen, die Bundesknappschaft sowie die Verbände der Ersatzkassen andererseits tragen die Kosten der Bundesausschüsse je zur Hälfte. [2] § 90 Abs. 3 Satz 4 gilt.

(4) Die Aufsicht über die Geschäftsführung der Bundesausschüsse führt das Bundesministerium für Gesundheit.

§ 91 SGB V Gemeinsamer Bundesausschuss (Fassung ab 1. Januar 2004)

(1) [1] Die Kassenärztliche Bundesvereinigung, die Deutsche Krankenhausgesellschaft, die Bundesverbände der Krankenkassen, die Bundesknappschaft und die Verbände der Ersatzkassen bilden den Gemeinsamen Bundesausschuss. [2] Der Gemeinsame Bundesausschuss ist rechtsfähig.

(2) [1] Der Gemeinsame Bundesausschuss besteht aus einem unparteiischen Vorsitzenden, zwei weiteren unparteiischen Mitgliedern, vier

Vertretern der kassenärztlichen Bundesvereinigung, einem Vertreter der kassenzahnärztlichen Bundesvereinigung, vier Vertretern der Deutschen Krankenhausgesellschaft, drei Vertretern der Ortskrankenkassen, zwei Vertretern der Ersatzkassen, je einem Vertreter der Betriebskrankenkassen, der Innungskrankenkassen, der landwirtschaftlichen Krankenkassen und der Knappschaftlichen Krankenversicherung. [2]Über den Vorsitzenden und die weiteren unparteiischen Mitglieder sowie über deren Stellvertreter sollen sich die Verbände nach Absatz 1 einigen. Kommt eine Einigung nicht zustande, erfolgt eine Berufung durch das Bundesministerium für Gesundheit und Soziale Sicherung im Benehmen mit den Verbänden nach Satz 1. [3]Die Vertreter der Ärzte und ihre Stellvertreter werden von der Kassenärztlichen Bundesvereinigung, die Vertreter der Krankenhäuser und ihre Stellvertreter von der Deutschen Krankenhausgesellschaft sowie die Vertreter der Krankenkassen und ihre Stellvertreter von den in Absatz 1 genannten Verbänden der Krankenkassen bestellt. § 90 Abs. 3 Satz 1 und 2 gilt entsprechend. [4]Für die Tragung der Kosten des Gemeinsamen Bundesausschusses mit Ausnahme der Kosten der von den Verbänden nach Absatz 1 bestellten Mitglieder gilt § 139 c Abs. 1 entsprechend. [5]§ 90 Abs. 3 und 4 gilt entsprechend mit der Maßgabe, dass vor Erlass der Rechtsverordnung außerdem die Deutsche Krankenhausgesellschaft anzuhören ist. [6]Der Gemeinsame Bundesausschuss fasst seine Beschlüsse mit der Mehrheit seiner Mitglieder, sofern die Geschäftsordnung nichts anderes bestimmt.

(3) [1]Der Gemeinsame Bundesausschuss beschließt

1. eine Verfahrensordnung, in der er insbesondere methodische Anforderungen an die wissenschaftliche sektorenübergreifende Bewertung des Nutzens, der Notwendigkeit und der Wirtschaftlichkeit von Maßnahmen als Grundlage für Beschlüsse sowie die Anforderungen an den Nachweis der fachlichen Unabhängigkeit von Sachverständigen und das Verfahren der Anhörung zu den jeweiligen Richtlinien, insbesondere die Feststellung der anzuhörenden Stellen, die Art und Weise der Anhörung und deren Auswertung, regelt,
2. eine Geschäftsordnung, in der er Regelungen zur Arbeitsweise des Gemeinsamen Bundesausschusses, insbesondere zur Geschäftsführung und zur Vorbereitung der Richtlinienbeschlüsse durch Einsetzung von Unterausschüssen, trifft. In der Geschäftsordnung sind auch Regelungen zu treffen zur Gewährleistung des Mitberatungsrechtes der von den Organisationen nach § 140 f Abs. 2 entsandten sachkundigen Personen.

[2]Die Verfahrensordnung und die Geschäftsordnung bedürfen der Genehmigung des Bundesministeriums für Gesundheit und Soziale Sicherung. [3]Der Gemeinsame Bundesausschuss gibt evidenzbasierte Patienteninformationen, auch in allgemein verständlicher Form, zu Diagnostik und Therapie von Krankheiten mit erheblicher epidemiologischer Bedeutung ab.

(4) Bei Beschlüssen zu Richtlinien nach § 116 b Abs. 4, zu Entscheidungen nach § 137 b und zu Empfehlungen nach § 137 f wirkt anstelle des Vertreters der Kassenzahnärztlichen Bundesvereinigung ein weiterer Vertreter der Kassenärztlichen Bundesvereinigung mit.

(5) [1]Bei Beschlüssen zu Richtlinien nach § 92 Abs. 1 Satz 2 mit Ausnahme der Nummer 2, nach § 136 Abs. 2 Satz 2 und nach § 136 a wirken anstelle des Vertreters der Kassenzahnärztlichen Bundesvereinigung

und der vier Vertreter der Deutschen Krankenhausgesellschaft fünf weitere Vertreter der Kassenärztlichen Bundesvereinigung mit. [2]Bei Beschlüssen zu Richtlinien über die psychotherapeutische Versorgung, sind als Vertreter der Kassenärztlichen Bundesvereinigung fünf psychotherapeutisch tätige Ärzte und fünf Psychotherapeuten sowie ein zusätzlicher Vertreter der Ersatzkassen zu benennen.

(6) Bei Beschlüssen zu Richtlinien nach § 56 Abs. 1, § 92 Abs. 1 Satz 2 Nr. 2 und zu Richtlinien nach § 136 Abs. 2 Satz 3 und § 136 b wirken anstelle der vier Vertreter der Kassenärztlichen Bundesvereinigung und der vier Vertreter der Deutschen Krankenhausgesellschaft acht weitere Vertreter der Kassenzahnärztlichen Bundesvereinigung mit.

(7) Bei Beschlüssen zu § 137 und Richtlinien nach § 137 c wirken anstelle der vier Vertreter der Kassenärztlichen Bundesvereinigung und des Vertreters der Kassenzahnärztlichen Bundesvereinigung fünf weitere Vertreter der Deutschen Krankenhausgesellschaft mit.

(8) Die Vertreter der Vereinigungen und Verbände nach Absatz 1, die an den jeweiligen Beschlüssen und Entscheidungen nach den Absätzen 4 bis 7 nicht mitwirken, haben ein Mitberatungsrecht.

(8 a) Bei Beschlüssen, deren Gegenstand die Berufsausübung der Ärzte, Psychotherapeuten oder Zahnärzte berührt, ist der jeweiligen Arbeitsgemeinschaft der Kammern dieser Berufe auf Bundesebene Gelegenheit zur Stellungnahme zu geben. § 137 Abs. 1 Satz 1 bleibt unberührt.

(9) Die Beschlüsse des Gemeinsamen Bundesausschusses mit Ausnahme der Beschlüsse zu Entscheidungen nach § 137 b und zu Empfehlungen nach § 137 f sind für die Versicherten, die Krankenkassen und für die an der ambulanten ärztlichen Versorgung teilnehmenden Leistungserbringer und die zugelassenen Krankenhäuser verbindlich.

(10) Die Aufsicht über den Gemeinsamen Bundesausschuss führt das Bundesministerium für Gesundheit und Soziale Sicherung: die §§ 67, 88 und 89 des Vierten Buches SGB gelten entsprechend.

Übersicht

I. Geltende Fassung

1   § 91 ist mit Wirkung vom 1. 1. 1989 durch das GRG vom 20. 12. 1988 (BGBl. I S. 2477) eingeführt worden. Altes Recht war § 368 o Abs. 1 Satz 2, Abs. 3, Abs. 6 Satz 2, Abs. 7 RVO. Geändert wurde die Vorschrift durch Art. 1 Zweites Gesetz zur Änderung des Fünften Buches Sozialgesetzbuch vom 20. 12. 1991 (BGBl. I S. 2325) und anschließend mit Wirkung vom 17. 6. 1998 durch Art. 1 Nr. 9 des Gesetzes vom 16. 6. 1989 (BGBl. I S. 1311).

2   Die Vorschrift wurde grundlegend geändert durch Artikel 1 Nr. 70 GMG vom 19. 11. 2003 (BGBl. I S. 2190). Übergangsregelungen zur Neuorganisation und zum Verfahren für die Errichtung des Gemeinsamen Bundesausschusses finden sich in Art. 35 § 6 GMG (BGBl. I S. 2190).

II. Normzweck

Die Vorschrift regelt die Errichtung, Besetzung und Geschäftsführung des Ge-   **3**
meinsamen Bundesausschusses. Sie ersetzt die bisherige Regelung des § 91 SGB V
(bis 31. 12. 2003) vollständig.

III. Regelungsinhalt

Die Regelung unter § 91 Absatz 2a SGB V in der Fassung bis zum 31. 12.   **4**
2003 wurde mit Inkrafttreten des Psychotherapeutengesetzes eingeführt und ent-
hielt eine Sonderregelung für die Besetzung der „Leistungserbringerbank" des bis
zum 31. 12. 2003 noch bestehenden Bundesausschusses der Ärzte und Krankenkassen vor der Beschlussfassung über Psychotherapierichtlinien. Die Integration
der Psychotherapeuten als gleichberechtigte Leistungserbringer in die vertragsärztliche Versorgung hatte diese Neubesetzung des Bundesausschusses für Psychotherapierichtlinien zur Folge. Es war damit gewährleistet, dass die Vertretung der
Ärzteseite ausschließlich für den Zweck der Psychotherapierichtlinien mit je fünf
Vertretern der psychotherapeutisch tätigen Ärzte und der Psychotherapeuten be-
setzt war. Auch die Neuregelung ab dem 1. Januar 2004 stellt in § 91 Abs. 5
Satz 2 sicher, dass bei Beschlüssen zu Richtlinien über die psychotherapeutische
Versorgung die Leistungserbringerseite mit Vertretern der psychotherapeutischen
Leistungserbringer besetzt ist. Die Regelung über die Zusammensetzung der
„Leistungserbringerbank" des Gemeinsamen Bundesausschusses entspricht den
Besetzungsregelungen für die „Leistungserbringerbank" des für diesen Bereich
bislang zuständigen BÄK (§ 91 Abs. 2a SGB V a. F.). Der Gemeinsame Bundes-
ausschuss wurde seit 1. Januar 2004 als neue sektorenübergreifende Rechtset-
zungseinrichtung der gemeinsamen Selbstverwaltung gebildet und übernimmt zukünftig alle versorgungsrelevanten Entscheidungen, die bisher den BÄKen, dem
Ausschuss Krankenhaus und dem Koordinierungsausschuss oblagen.

10. Artikel 2 Nr. 10 EG-PsychThG

§ 92 SGB V Richtlinien des Bundesausschusses

(1) [1]**Der Gemeinsame Bundesausschuss beschließt die zur Sicherung
der ärztlichen Versorgung erforderlichen Richtlinien über die Gewähr
für eine ausreichende, zweckmäßige und wirtschaftliche Versorgung der
Versicherten; dabei ist den besonderen Erfordernissen der Versorgung
Behinderter oder von Behinderung bedrohter Menschen und psychisch
Kranker Rechnung zu tragen, vor allem bei den Leistungen zur Belastungserprobung und Arbeitstherapie; er kann dabei die Erbringung und
Verordnung von Leistungen oder Maßnahmen einschränken oder ausschließen, wenn nach dem allgemein anerkannten Stand der medizinischen Erkenntnisse der diagnostische oder therapeutische Nutzen, die
medizinische Notwendigkeit oder die Wirtschaftlichkeit nicht nachgewiesen sind. [2]Er soll insbesondere Richtlinien beschließen über die**

1. **ärztliche Behandlung,**
2. **zahnärztliche Behandlung einschließlich der Versorgung mit Zahnersatz sowie kieferorthopädische Behandlung,**
3. **Maßnahmen zur Früherkennung von Krankheiten,**

4. ärztliche Betreuung bei Schwangerschaft und Mutterschaft,
5. Einführung neuer Untersuchungs- und Behandlungsmethoden,
6. Verordnung von Arznei-, Verband-, Heil-, und Hilfsmitteln, Krankenhausbehandlung, häuslicher Krankenpflege und Soziotherapie,
7. Beurteilung der Arbeitsunfähigkeit,
8. Verordnung von im Einzelfall gebotenen Leistungen zur medizinischen Rehabilitation und die Beratung über Leistungen zur medizinischen Rehabilitation, Leistungen zur Teilhabe am Arbeitsleben und ergänzende Leistungen zur Rehabilitation,
9. Bedarfsplanung,
10. medizinische Maßnahmen zur Herbeiführung einer Schwangerschaft nach § 27 a Abs. 1,
11. Maßnahmen nach den § 24 a und 24 b
12. Verordnung von Krankentransporten.

(1 a)–(6) ...

(6 a) [1] *In den Richtlinien nach Absatz 1 Satz 2 Nr. 1 ist insbesondere das Nähere über die psychotherapeutisch behandlungsbedürftigen Krankheiten, die zur Krankenbehandlung geeigneten Verfahren, das Antrags- und Gutachterverfahren, die probatorischen Sitzungen sowie über Art, Umfang und Durchführung der Behandlung zu regeln. Die Richtlinien haben darüber hinaus Regelungen zu treffen über die inhaltlichen Anforderungen an den Konsiliarbericht und die fachlichen Anforderungen an den den Konsiliarbericht (§ 28 Abs. 3) abgebenden Vertragsarzt.* [2] *Sie sind erstmalig zum 31. Dezember 1998 zu beschließen und treten am 1. Januar 1999 in Kraft.*

(7) u. (7 a) ...

(8) Die Richtlinien des Gemeinsamen Bundesausschusses sind Bestandteil der Bundesmantelverträge.

Übersicht

I. Geltende Fassung

1   § 92 SGB V ist mit Wirkung vom 1. 1. 1989 durch das GRG vom 20. 12. 1988 (BGBl. I S. 2477) in Kraft getreten. Altes Recht war § 368 p Abs. 1, 4–6 RVO. Folgende Gesetze haben die Vorschrift bis heute geändert:
– KOV-AnpG 1990 vom 26. 6. 1990, BGBl. I S. 1211,
– GSG vom 21. 12. 1992, BGBl. I S. 2266,
– PflegeVG vom 26. 5. 1994, BGBl. I S. 1014,
– SFHÄndG vom 21. 8. 1995, BGBl. I S. 1050,
– 2. NOG vom 23. 6. 1997, BGBl. I S. 1520,
– EG-PsychThG vom 16. 6. 1998, BGBl. I S. 1311,
– GKV-GRG 2000 vom 22. 12. 1999, BGBl. I S. 2626,
– GKV-Modernisierungsgesetz (GMG) vom 19. 11. 2003, BGBl. I S. 2190.

II. Normzweck

§ 92 Abs. 1 umschreibt die Richtlinienkompetenz des Gemeinsamen Bundes-   **2**
ausschusses. Die Vorschrift beschreibt die Regelungsgegenstände beispielhaft. Die
Aufzählung unter 1.–12. ist also nicht abschließend. Sie legt die Zielsetzung mit
der Gewährleistung für eine ausreichende, zweckmäßige und wirtschaftliche Versorgung fest. Die Änderungen zu Absatz 1 Satz 1, letzter Halbsatz seit 1. Januar
2004 sind Ergänzungen; sie präzisieren das den Bundesausschüssen vom Gesetzgeber aufgegebene Normsetzungsprogramm nach Inhalt, Zweck und Ausmaß klarer
als bisher (siehe hierzu Urteile des *BSG* vom 20. 3. 1996, Az: 6 RKA 62, 94,
BSG vom 19. 2. 2003, Az: B 1 KR 12, 01).

Absatz 6 a verpflichtet den BÄK in seiner besonderen Besetzung (§ 91 Abs. 2 a   **3**
SGB V), Richtlinien über die Nähere zu den **psychotherapeutisch behandlungsbedürftigen Krankheiten**, die zur Psychotherapie **geeigneten Verfahren**
und die Einzelheiten der **Durchführung der Behandlung** zu regeln. Die Regelung konkretisiert damit den Richtlinienauftrag für die Inhalte der neu zu erlas-
senden Psychotherapierichtlinien, die in der Vergangenheit nach Absatz 1 Satz 1
Nr. 1 SGB V ohne die Beteiligung von Psychotherapeuten erlassen worden sind.

III. Regelungsinhalt Absatz 6 a

Bislang wurden die Psychotherapierichtlinien ohne besondere Sicherstellung ei-   **4**
ner fachkompetenten Besetzung auf der Grundlage von Absatz 1 Satz 2 Nr. 1 als
Richtlinien zur ärztlichen Behandlung erlassen (letzte Fassung vom 3. 7. 1997, BAnz
Nr. 156, Beilage Nr. 156 a, zuletzt geändert durch Bekanntmachung vom 12. 3.
1997, BAnz Nr. 49, S. 2946). Der nach altem Rechtszustand vorgegebene Rege-
lungsinhalt bezog sich auch auf das damals geltende Delegationsverfahren, das durch
die Einbeziehung von Psychotherapeuten als mit Vertragsärzten gleichberechtigte
Leistungserbringer in die vertragsärztliche Versorgung gegenstandslos wurde. Stattdessen wurde ein Konsiliarverfahren zur Abklärung somatischer Erkrankungen als
Regelungsgegenstand aufgenommen. Bezogen auf die Psychotherapierichtlinien
geht der Richtlinienauftrag über den Auftrag an den BÄK in alter Besetzung hinaus.
Die Psychotherapierichtlinien haben nämlich in Zukunft auch die **Geeignetheit**
einer Methode, die zur Krankenbehandlung dienen soll, zu beurteilen.

Abzuwarten bleibt, wie der BÄK bzw. der Gemeinsame Bundesausschuss mit   **5**
dem Kriterium der „Geeignetheit" eines Verfahrens zur Krankenbehandlung um-
gehen wird, da insofern begrifflich andere Faktoren Bedeutung erlangen könnten,
als die, die zur nachgewiesenen Wirksamkeit einer Therapiemethode gelten müssen (s. auch *Spellbrink*, NZS 1999, 8).

11. Vorbemerkungen zu Art. 2 Nrn. 11 bis 15

Im Fünften Buch Sozialgesetzbuch – Gesetzliche Krankenversicherung –   **1**
(SGB V) regelt das Vierte Kapitel die Beziehungen der Krankenkassen zu den
Leistungserbringern, im Zweiten Abschnitt – nach dem Inkrafttreten des Psychotherapeutengesetzes (PsychThG) – auch die Beziehungen zu den Psychotherapeuten und hier wiederum im Siebten Titel Voraussetzungen und Formen ihrer Teilnahme an der vertragsärztlichen Versorgung, insbesondere in Form der Zulassung

(§§ 95 ff. i. V. m. § 72 Abs. 1 Satz 2 SGB V). Danach gehört zu den persönlichen Zulassungsvoraussetzungen die **Approbation** als Psychotherapeut (Psychologischer Psychotherapeut oder Kinder- und Jugendlichenpsychotherapeut), und zwar entweder nach § 2 PsychThG oder nach den Übergangsvorschriften in § 12 PsychThG, außerdem der Nachweis der **Fachkunde.** Deren Anforderungen gehen zwecks Sicherstellung einer qualitativ hochwertigen Versorgung über die für die Approbation zu erfüllenden hinaus und müssen in einem Behandlungsverfahren erworben sein, das vom Bundesausschuss der Ärzte und Krankenkassen anerkannt worden ist.

2   Wer sich als Psychotherapeut um eine Zulassung bewerben will, muss zunächst seine Eintragung in das **Arztregister** der Kassenärztlichen Vereinigung beantragen und dazu seine Approbation und Fachkunde nachweisen. Erst nach erfolgter Eintragung kann über die **Zulassung** entschieden werden. Über sie entscheiden Zulassungsgremien (Zulassungs- und Berufungsausschüsse), die paritätisch mit Vertretern der Ärzte und der Psychotherapeuten (in gleicher Zahl) und der Krankenkassen besetzt sind. Diese prüfen, ob Bedarf für die beantragte Zulassung besteht, und erteilen bejahendenfalls die Zulassung für den beantragten Praxissitz (bedarfsabhängige Zulassung).

3   Die Zulassung endet (außer in Fällen des Todes, des Verzichts oder des Wegzuges aus dem Bezirk des Praxissitzes) grundsätzlich – wie bei Ärzten – mit der Vollendung des 68. Lebensjahres. Ausnahmen gelten für den Fall, dass die Zulassung **weniger als zwanzig Jahre** bestanden hat, aber schon vor 1999 eine psychotherapeutische Tätigkeit ausgeübt worden ist.

4   Neben diesem zweistufigen Zulassungsverfahren (Eintragung in das Arztregister, Bedarfsprüfung durch die Zulassungsgremien) gab und gibt es für (inzwischen wohl weitgehend abgeschlossene) Übergangsfälle ein allein von den Zulassungsgremien durchzuführendes Verfahren **ohne Bedarfsprüfung.** Danach hatten Bewerber, die schon vor 1999 in einem näher bestimmten Dreijahreszeitraum („Zeitfenster") an der ambulanten psychotherapeutischen Versorgung der Versicherten in eigener Praxis teilgenommen hatten, nach Vorlage der Approbationsurkunde und Nachweis der Fachkunde auf einen bis Ende 1998 gestellten Antrag Anspruch auf eine **bedarfsunabhängige Zulassung.** Hatten sie bis Ende 1998 die Fachkundevoraussetzungen nicht voll erfüllt, aber schon eine bestimmte „Sockelqualifikation" aufzuweisen, konnten sie eine **Nachqualifikation** innerhalb von fünf Jahren beantragen. Waren sie durch Kindererziehungszeiten an einer fristgemäßen Erfüllung der Voraussetzungen gehindert, wurden die Fristen und das „Zeitfenster" entsprechend verschoben.

5   Zur Feststellung der für eine bedarfsgerechte psychotherapeutische Versorgung der Versicherten notwendigen Zahl von Leistungserbringern sind die ausschließlich oder überwiegend psychotherapeutisch tätigen Ärzte mit den nichtärztlichen **Psychotherapeuten in einer Arztgruppe** zusammengefasst worden. Dabei sind zunächst die Zahlen der zum 1. 1. 1999 zugelassenen Ärzte und der bedarfsunabhängig zugelassenen Psychotherapeuten zugrunde gelegt worden. Um ein in etwa ausgewogenes Verhältnis zwischen ärztlichen und nichtärztlichen Psychotherapeuten sicherzustellen, ist jeder Gruppe mindestens ein **Versorgungsanteil** von 40 v. H. vorbehalten worden, von dem bei Feststellung des Versorgungsgrades und einer Überversorgung auch dann auszugehen ist, wenn der betreffende Anteil noch nicht ausgeschöpft ist.

6   Ambulanzen von **Hochschulen** und von psychotherapeutischen **Ausbildungsstätten** müssen auf ihren Antrag zur psychotherapeutischen Versorgung der Versicherten und bestimmter gleichgestellter Personengruppen in anerkannten Behandlungsverfahren ermächtigt werden, soweit dies für Forschung und Lehre der Hochschulambulanzen erforderlich ist und soweit die Behandler die entsprechende fachliche Qualifikation besitzen.

Durch das Gesetz zur Modernisierung der gesetzlichen Krankenversicherung **7** (GKV-Modernisierungsgesetz-GMG vom 14. November 2003 (BGBl. I S. 2190), in Kraft, soweit hier einschlägig, seit dem 1. Januar 2004 (Art. 37 Abs. 1), sind zahlreiche Vorschriften der gesetzlichen Krankenversicherung im SGB V geändert worden, auch einige der nachstehend erläuterten (§§ 95, 95c, 101, 117, 285 SGB V). Diese Änderungen betreffen jedoch, soweit bisher erkennbar, nur Regelungen, die für Psychotherapeuten kaum relevant sind, so insbesondere die durchgängige Ersetzung der Zuständigkeit für den Bundesausschuss der Ärzte und Krankenkassen und den Bundesausschuss der Zahnärzte und Krankenkassen durch die Zuständigkeit für einen gemeinsamen Bundesausschuss (§ 91 SGB V n. F.). Eine gewisse Bedeutung könnte allerdings auch für Psychotherapeuten die Zulassung der Medizinischen Versorgungszentren erlangen, in denen außer Ärzten, die in das Arztregister eingetragen sind, auch eingetragene nichtärztliche Psychotherapeuten als Angestellte als „Vertragspsychotherapeuten" tätig sein können (§ 95 Abs. 1 Satz 2 i. V. m. § 72 Abs. 1 SGB V n. F.). Im Übrigen ist von einem Abdruck der durch das GMG erfolgen Änderungen im Art. 2 Nrn. 11 bis 15 abgesehen worden. Zumal das GMG unter den zahlreichen von ihm geänderten Gesetzen das Gesetz vom 16. Juni 1998 nicht erwähnt.

12. Artikel 2 Nr. 11 EG-PsychThG

§ 95 SGB V Teilnahme an der vertragsärztlichen Versorgung

(1) [1]An der vertragsärztlichen Versorgung nehmen zugelassene und ermächtigte Ärzte sowie ermächtigte ärztlich geleitete Einrichtungen teil. [2]Die Zulassung erfolgt für den Ort der Niederlassung als Arzt (Kassenarztsitz).

(2) [1]Um die Zulassung als Vertragsarzt kann sich jeder Arzt bewerben, der seine Eintragung in ein Arzt- oder Zahnarztregister (Arztregister) nachweist. [2]Die Arztregister werden von den Kassenärztlichen Vereinigungen für jeden Zulassungsbezirk geführt. [3]Die Eintragung in ein Arztregister erfolgt auf Antrag

1. nach Erfüllung der Voraussetzungen nach § 95a für Vertragsärzte *und nach § 95c für Psychotherapeuten,*
2. nach Ableistung einer zweijährigen Vorbereitungszeit für Vertragszahnärzte.

[4]Das Nähere regeln die Zulassungsverordnungen.

(3) [1]Die Zulassung bewirkt, dass der Vertragsarzt Mitglied der für seinen Kassenarztsitz zuständigen Kassenärztlichen Vereinigung wird und zur Teilnahme an der vertragsärztlichen Versorgung berechtigt und verpflichtet ist. [2]Die vertraglichen Bestimmungen über die vertragsärztliche Versorgung sind für ihn verbindlich.

(4) [1]Die Ermächtigung bewirkt, dass der ermächtigte Arzt oder die ermächtigte ärztlich geleitete Einrichtung zur Teilnahme an der vertragsärztlichen Versorgung berechtigt und verpflichtet ist. [2]Die vertraglichen Bestimmungen über die vertragsärztlichen Versorgung sind für sie verbindlich. [3]Die Absätze 5 bis 7, § 75 Abs. 2 und § 81 Abs. 5 gelten entsprechend.

(5) Die Zulassung ruht auf Beschluss des Zulassungsausschusses, wenn der Vertragsarzt seine Tätigkeit nicht aufnimmt oder nicht ausübt, ihre Aufnahme aber in angemessener Frist zu erwarten ist.

(6) Die Zulassung ist zu entziehen, wenn ihre Voraussetzungen nicht oder nicht mehr vorliegen, der Vertragsarzt die vertragsärztliche Tätigkeit nicht aufnimmt oder nicht mehr ausübt oder seine vertragsärztlichen Pflichten gröblich verletzt.

(7) [1] Die Zulassung endet mit dem Tod, mit dem Wirksamwerden eines Verzichts oder mit dem Wegzug des Berechtigten aus dem Bezirk seines Kassenarztsitzes. [2] Im Übrigen endet ab 1. Januar 1999 die Zulassung am Ende des Kalendervierteljahres, in dem der Vertragsarzt sein achtundsechzigstes Lebensjahr vollendet. [3] War der Vertragsarzt

1. zum Zeitpunkt der Vollendung des achtundsechzigsten Lebensjahres weniger als zwanzig Jahre als Vertragsarzt tätig und
2. vor dem 1. Januar 1993 bereits als Vertragsarzt zugelassen,

verlängert der Zulassungsausschuss die Zulassung längstens bis zum Ablauf dieser Frist. [4] *Satz 3 Nr. 2 gilt für Psychotherapeuten mit der Maßgabe, dass sie vor dem 1. Januar 1999 an der ambulanten Versorgung der Versicherten mitgewirkt haben.* [5] *Für die Verträge nach § 82 Abs. 1 gelten die Sätze 2 bis 4 entsprechend.*

(8) (aufgehoben)

(9) [1] Der Vertragsarzt kann einen ganztags beschäftigten Arzt oder höchstens zwei halbtags beschäftigte Ärzte anstellen. [2] Das Nähere bestimmen die Zulassungsverordnungen und die Richtlinien der Bundesausschüsse. [3] Abs. 7 gilt für den angestellten Arzt entsprechend.

(10) [1] *Psychotherapeuten werden zur vertragsärztlichen Versorgung zugelassen, wenn sie*

1. *bis zum 31. Dezember 1998 die Voraussetzung der Approbation nach § 2 des Psychotherapeutengesetzes und des Fachkundenachweises nach § 95 c Satz 2 Nr. 3 erfüllt und den Antrag auf Zulassung gestellt haben,*
2. *bis zum 31. März 1999 die Approbationsurkunde vorlegen und*
3. *in der Zeit vom 25. Juni 1994 bis zum 24 Juni 1997 an der ambulanten psychotherapeutischen Versorgung der Versicherten der gesetzlichen Krankenversicherung teilgenommen haben.*

[2] *Der Zulassungsausschuss hat über die Zulassungsanträge bis zum 30. April 1999 zu entscheiden.*

(11) [1] *Psychotherapeuten werden zur vertragsärztlichen Versorgung ermächtigt, wenn sie*

1. *bis zum 31. Dezember 1998 die Voraussetzungen der Approbation nach § 12 des Psychotherapeutengesetzes erfüllt und 500 dokumentierte Behandlungsstunden oder 250 dokumentierte Behandlungsstunden unter qualifizierter Supervision in Behandlungsverfahren erbracht haben, die der Bundesausschuss der Ärzte und Krankenkassen in den bis zum 31. Dezember 1998 geltenden Richtlinien über die Durchführung der Psychotherapie in der vertragsärztlichen Versorgung anerkannt hat (Psychotherapie-Richtlinien in der Neufassung vom 3. Juli 1987 – BAnz. Nr. 156 a – zuletzt geändert durch Bekanntmachung vom 12. März 1997 – BAnz. Nr. 49 S. 2946), und den Antrag auf Nachqualifikation gestellt haben,*
2. *bis zum 31. März 1999 die Approbationsurkunde vorlegen und*
3. *in der Zeit vom 25. Juni 1994 bis zum 24. Juni 1997 an der ambulanten psychotherapeutischen Versorgung der Versicherten der gesetzlichen Krankenversicherung teilgenommen haben.*

[2] *Der Zulassungsausschuss hat über die Anträge bis zum 30. April 1999 zu entscheiden.* [3] *Die erfolgreiche Nachqualifikation setzt voraus, dass die für die Appro-*

bation gemäß § 12 Abs. 1 und § 12 Abs. 3 des Psychotherapeutengesetzes geforderte Qualifikation, die geforderten Behandlungsstunden, Behandlungsfälle und die theoretische Ausbildung in vom Bundesausschuss der Ärzte und Krankenkassen anerkannten Behandlungsverfahren erbracht wurden. [4]*Bei Nachweis des erfolgreichen Abschlusses der Nachqualifikation hat der Zulassungsausschuss auf Antrag die Ermächtigung in eine Zulassung umzuwandeln.* [5]*Die Ermächtigung des Psychotherapeuten erlischt bei Beendigung der Nachqualifikation, spätestens fünf Jahre nach Erteilung der Ermächtigung; sie bleibt jedoch bis zur Entscheidung des Zulassungsausschusses erhalten, wenn der Antrag auf Umwandlung bis fünf Jahre nach Erteilung der Ermächtigung gestellt wurde.*

(11 a) [1]*Für einen Psychotherapeuten, der bis zum 1. Dezember 1998 wegen der Betreuung und der Erziehung eines Kindes in den ersten drei Lebensjahren, für das ihm die Personensorge zustand und mit dem er in einem Haushalt gelebt hat, keine Erwerbstätigkeit ausgeübt hat, wird die in Absatz 11 Satz 1 Nr. 1 genannte Frist zur Antragstellung für eine Ermächtigung und zur Erfüllung der Behandlungsstunden um den Zeitraum hinausgeschoben, der der Kindererziehungszeit entspricht, höchstens jedoch um drei Jahre.* [2]*Die Ermächtigung eines Psychotherapeuten ruht in der Zeit, in der er wegen der Betreuung und der Erziehung eines Kindes in den ersten drei Lebensjahren, für das ihm die Personensorge zusteht und das mit ihm in einem Haushalt lebt, keine Erwerbstätigkeit ausübt.* [3]*Sie verlängert sich längstens um den Zeitraum der Kindererziehung.*

(11 b) [1]*Für einen Psychotherapeuten, der in dem in Absatz 10 Satz 1 Nr. 3 und Absatz 11 Satz 1 Nr. 3 genannten Zeitraum wegen der Betreuung und Erziehung eines Kindes in den ersten drei Lebensjahren für das ihm die Personensorge zustand und mit dem er in einem Haushalt gelebt hat, keine Erwerbstätigkeit ausgeübt hat, wird der Beginn der Frist um die Zeit vorverlegt, die der Zeit der Kindererziehung in dem Dreijahreszeitraum entspricht.* [2]*Begann die Kindererziehungszeit vor dem 25. Juni 1994, berechnet sich die Frist vom Zeitpunkt des Beginns der Kindererziehung an.*

(12) [1]*Der Zulassungsausschuss kann über Zulassungsanträge von Psychotherapeuten und überwiegend oder ausschließlich psychotherapeutisch tätigen Ärzten, die nach dem 31. Dezember 1998 gestellt werden, erst dann entscheiden, wenn der Landesausschuss der Ärzte und Krankenkassen die Feststellung nach § 103 Abs. 1 Satz 1 getroffen hat.* [2]*Anträge nach Satz 1 sind wegen Zulassungsbeschränkungen auch dann abzulehnen, wenn diese bei der Antragstellung noch nicht angeordnet waren.*

(13) [1]*In Zulassungssachen der Psychotherapeuten und der überwiegend oder ausschließlich psychotherapeutisch tätigen Ärzte (§ 101 Abs. 4 Satz 1) treten abweichend von § 96 Abs. 2 Satz 1 und § 97 Abs. 2 Satz 1 an die Stelle der Vertreter der Ärzte Vertreter der Psychotherapeuten und der Ärzte in gleicher Zahl; unter den Vertretern der Psychotherapeuten muss mindestens ein Kinder- und Jugendlichenpsychotherapeut sein.* [2]*Für die erstmalige Besetzung der Zulassungsausschüsse und der Berufungsausschüsse nach Satz 1 werden die Vertreter der Psychotherapeuten von der zuständigen Aufsichtsbehörde auf Vorschlag der für die beruflichen Interessen maßgeblichen Organisationen der Psychotherapeuten auf Landesebene berufen.*

Übersicht

Spielmeyer 125

I. Geltende Fassung

1   Die hier zu erläuternden Absätze 2, 7, 10 bis 13 beruhen auf Art. 2 Nr. 11
lit. a) bis c) des Gesetzes vom 16. 6. 1998, BGBl. I S. 1311. Absätze 10 und 11
sind am 24. 6. 1998, die anderen Absätze am 1. 1. 1999 in Kraft getreten (Art. 15
Abs. 1 und 3 des genannten Gesetzes). Absätze 2 und 7 entsprechen in Wortlaut
und Begründung dem Gesetzentwurf der Fraktionen der CDU/CSU und der
F.D.P. in BT-Drs. 13/8035 vom 24. 6. 1997, S. 10 und 21. Die Absätze 10 bis 12
sind vom Ausschuss für Gesundheit eingefügt worden, BT-Drs. 13/9212 vom
25. 11. 1997, S. 20 ff, 40 f.

II. Normzweck

2   § 95 SGB V i. d. F. von Art. 2 Nr. 11 des Gesetzes vom 16. 6. 1998 regelt
nunmehr auch für nichtärztliche Psychotherapeuten die Teilnahme an der „vertragsärztlichen" (treffender: „vertragspsychotherapeutischen") Versorgung der Versicherten in den Formen der Zulassung und der Ermächtigung, und zwar grundsätzlich entsprechend den für Ärzte geltenden Vorschriften (§ 72 Abs. 1 Satz 2
SGB V), jedoch mit einigen Änderungen und Ergänzungen (hier durch Kursiv-
druck hervorgehoben). Näheres bestimmt die aufgrund von § 98 SGB V erlassene
Zulassungsverordnung für Vertragsärzte (Ärzte-ZV), auch sie mit einigen Abweichungen für Psychotherapeuten, im Übrigen aber entsprechend den Bestimmungen für Ärzte (§ 1 Abs. 3 Ärzte-ZV).

III. Arztregister

3   Die Zulassung von Psychotherapeuten zur vertragsärztlichen Versorgung setzt
nach § 95 Abs. 2 SGB V – wie bei Ärzten und Zahnärzten – grundsätzlich die
vorherige **Eintragung in ein Arztregister** voraus. Zulassungsbewerber haben sie
bei der Kassenärztlichen Vereinigung ihres Wohnorts, mangels eines Wohnorts im
Bundesgebiet in ein Register ihrer Wahl zu beantragen (§ 3 Abs. 1, § 4 Abs. 1
i. V. m. § 1 Abs. 3 Ärzte-ZV; zu den Antragsformalitäten § 4 Abs. 2 bis 4 ebd.).
Die materiellen Voraussetzungen der Eintragung sind in **§ 95 c SGB V** geregelt,
auf den § 95 Abs. 2 Satz 3 Nr. 1 SGB V verweist (Approbation, Fachkundenachweis, vgl. die Kommentierung zu § 95 c SGB V, dort unter Rn. 3 und unten bei
Rn. 6 auch zur Bindung der Kassenärztlichen Vereinigung an die Erteilung der
Approbation durch die dafür zuständige Stelle). Über den Eintragungsantrag entscheidet der Vorstand der Kassenärztlichen Vereinigung oder die durch die Satzung bestimmte Stelle; der Antragsteller erhält darüber sowohl im Falle der Eintra-

gung wie bei Ablehnung seines Antrags einen schriftlichen Bescheid (§ 8 Abs. 1
und 2 Ärzte-ZV). Gegen die Ablehnung kann er Widerspruch bei der Kassenärztlichen Vereinigung, gegen einen seinen Widerspruch zurückweisenden Bescheid
Klage beim SG erheben. Die Klage hat keine aufschiebende Wirkung, der Antragsteller kann aber seine Eintragung mit einem Antrag auf eine einstweilige Anordnung des Gerichts schon vor Klageerhebung geltend machen (vgl. *Meyer-
Ladewig*, SGG, § 85, Rn. 3 e; *Schallen*, Zulassungsverordnung für Vertragsärzte,
Vertragszahnärzte und Psychotherapeuten, Rn. 103).

IV. Altersgrenze

Die Zulassung als Psychotherapeut **endet** – außer mit dem Tod, dem Verzicht **4**
auf die Zulassung oder dem Wegzug aus dem Bezirk des Praxissitzes – wie bei
Ärzten grundsätzlich mit dem Ende des Kalendervierteljahres, in dem der Psychotherapeut sein **68. Lebensjahr** vollendet (§ 95 Abs. 7 Sätze 1 und 2 SGB V;
zur Verfassungsmäßigkeit der Regelung bei Ärzten Urteil des Bundessozialgerichts
– *BSG* – vom 25. 11. 1998, *BSGE* 83, 135 [140 ff.]) = SozR 3–2500 § 95 Nr. 18,
S. 68 f.; Beschluss des *BVerfG* vom 31. 3. 1998, SozR 3–2500 § 95 Nr. 17; zur
Anwendung der Regelung auch auf Psychotherapeuten Urteil des *BSG* vom
8. 11. 2000, *BSGE* 87, 184 = SozR 3–2500 § 95 Nr. 26).

Hat der Psychotherapeut bei Vollendung des 68. Lebensjahres erst **weniger als 5
zwanzig Jahre** an der ambulanten Versorgung der Versicherten mitgewirkt, war
er jedoch schon vor 1999 als solcher tätig, so ist seine Zulassung längstens bis zum
Ablauf von zwanzig Jahren zu verlängern (§ 95 Abs. 7 Sätze 3 und 4 SGB V). Dabei sind auf die Tätigkeit von weniger als zwanzig Jahren auch psychotherapeutische Tätigkeiten anzurechnen, die vor 1999 zurückgelegt worden sind (*BSG* in
dem in Rn. 4 genannten Urteil vom 8. 11. 2000 gegen im Schrifttum vertretene
Auffassungen, nach denen nur die ab 1999 zurückgelegten Zeiten auf den Zeitraum des § 95 Abs. 7 Satz 3 Nr. 1 SGB V anzurechnen waren). Mit der Verlängerung der Zulassung auf längstens zwanzig Jahre sollte offenbar vielen nichtärztlichen Psychotherapeuten, die ihre selbständige Tätigkeit schon vor 1999 und nicht
erst unter dem neuen Recht (das von vornherein eine Altersgrenze vorsieht) begonnen haben, der Aufbau einer ausreichenden Altersversorgung ermöglicht werden, die sie sonst wegen ihres vorgeschrittenen Lebensalters nicht mehr erreichen
konnten (*BSG* a. a. O.).

V. Bedarfsunabhängige Zulassung

Nach der Sonderregelung in § 95 Abs. 10 SGB V, die bereits am 24. 6. 1998 in **6**
Kraft getreten ist (Art. 15 Abs. 1 des Gesetzes vom 16. 6. 1998), konnten Psychotherapeuten im Anschluss an den Erwerb der Approbation nach § 12
PsychThG ohne vorherige Eintragung im Arztregister und ohne die sonst vorgesehene Bedarfsprüfung die Zulassung zur vertragsärztlichen Versorgung beantragen. Dazu war nach § 95 Abs. 10 Satz 1 Nr. 1 SGB V erforderlich, dass sie bis
zum 31. 12. 1998 die Voraussetzungen der **Approbation** nach § 12 PsychThG
erfüllten, was im Zulassungsverfahren nicht mehr zu prüfen war, und dass sie, wie
weiter erforderlich (§ 95 Abs. 10 Satz 1 Nr. 2 SGB V), den Zulassungsgremien bis
zum 31. 3. 1999 ihre Approbationsurkunde vorlegten. Eine nach Prüfung der
Voraussetzungen von der Approbationsbehörde erteilte Approbation (§ 10 Abs. 1
PsychThG) band und bindet auch die Zulassungsgremien, sofern die Approbation

bestandsfest geworden ist und noch kein Verfahren zur Rücknahme der Approbation eingeleitet ist (Urteil des *BSG* vom 5. 2. 2003, B 6 KA 42/02 R, noch nicht amtlich veröffentlicht, aber wesentliche Entscheidungsgründe in SGb 2003, 218 Nr. 7; ebenso schon das Urteil des *BSG* vom 6. 11. 2002 zur Bindung der Kassenärztlichen Vereinigung an die Erteilung der Approbation bei Eintragung in das Arztregister, B 6 KA 37/01 R, noch nicht amtlich veröffentlicht, aber wesentliche Entscheidungsgründe in SGb 2003, 30 f. Nr. 12; Urteil des *BSG* vom 13. 12. 2000 zur Bindung der Zulassungsgremien an Eintragungen im Arztregister, B 6 KA 26/00 R, SozR 3–2500 § 95 a Nr. 2).

7   Ferner mussten nach § 95 Abs. 10 Satz 1 Nr. 1 SGB V bis zum 31. 12. 1998 auch die Voraussetzungen des **Fachkundenachweises** nach § 95 c Satz 2 Nr. 3 SGB V erfüllt sein, also nachgewiesen sein, dass nicht nur die für die Approbation geforderten Qualifikationsvoraussetzungen erfüllt waren, sondern darüber hinaus die Qualifikation in einem vom Bundesausschuss der Ärzte und Krankenkassen nach § 92 Abs. 1 Satz 2 Nr. 1 SGB V anerkannten Behandlungsverfahren erworben war (vgl. dazu die Kommentierung zu § 95 c SGB V).

8   Außer den genannten Voraussetzungen für eine bedarfsunabhängige Zulassung (Approbation nach § 12 PsychThG, Fachkundenachweis nach § 95 c Satz 2 Nr. 3 SGB V) musste der **Antrag** nach § 95 Abs. 10 Satz 1 Nr. 1 SGB V bis zum **31. 12. 1998** gestellt werden. Dabei handelte es sich – entgegen Stimmen im Schrifttum – nicht um eine Ausschlussfrist, vielmehr konnte bei unverschuldeter Fristversäumung Wiedereinsetzung in den vorigen Stand gewährt werden (Urteil des *BSG* vom 5. 2. 2003, B 6 KA 27/02 R, noch nicht amtlich veröffentlicht, aber wesentliche Entscheidungsgründe in SGb 2003, 217 Nr. 6). Gleiches wird auch für die Vorlage der **Approbationsurkunde** bis zum **31. 3. 1999** (§ 95 Abs. 10 Satz 1 Nr. 2 SGB V) zu gelten haben, so dass auch insoweit bei unverschuldeter Fristversäumung Wiedereinsetzung möglich war.

9   Schließlich mussten Psychotherapeuten, um bedarfsunabhängig zugelassen zu werden, nach § 95 Abs. 10 Satz 1 Nr. 3 SGB V vor 1999 an der ambulanten psychotherapeutischen Versorgung der Versicherten der gesetzlichen Krankenversicherung teilgenommen haben, und zwar in einem Zeitraum von drei Jahren, der am 25. 1. 1994 begann und mit der Einbringung des Gesetzentwurfs im Bundestag am 24. 6. 1997 (oben Rn. 1) endete (sog. „Zeitfenster"). Welchen Anforderungen dabei die im Gesetz nicht näher konkretisierte **„Teilnahme"** an der Versorgung genügen musste, war bis zu den Urteilen des *BSG* vom 8. 11. 2000 unter den Beteiligten, aber auch im Schrifttum und in der Rechtsprechung der Instanzgerichte umstritten und ist hier, weil nur noch von historischem Interesse, nicht nachzuzeichnen. Das *BSG* hat sich bei der Auslegung der Vorschrift an ihrer parlamentarischen Entstehungsgeschichte orientiert („Bestandsschutz- und Härtefallregelung") und hat gefordert, dass der Psychotherapeut in der fraglichen Rahmenfrist eigenverantwortlich, nicht nur im Beauftragsverfahren, tätig war und die Behandlungen als Delegations- oder Kostenerstattungstherapeut mit Methoden erbracht hat, die nach den bis 1998 anwendbaren Psychotherapie-Richtlinien zugelassen waren. Auch musste er die Tätigkeit in eigener niedergelassener Praxis, also nicht in einem Anstellungsverhältnis, ausgeübt haben. Ihrem zeitlichen Umfange nach musste sie annähernd einer halbtägigen Tätigkeit entsprochen haben, was nach Ansicht des *BSG* für **250 Behandlungsstunden** innerhalb eines Jahres angenommen werden kann. Bei erst 1997 gegründeten Praxen können auch 15 Behandlungsstunden wöchentlich im letzten Vierteljahr vor dem Stichtag (24. 6. 1997) ausreichen, wenn damit die berufliche Betätigung geprägt war. Nicht zulässig ist aber eine Verschiebung des „Zeitfensters" über den genannten Stichtag (Urteile vom 8. 11. 2000 mit im Kern gleicher Begründung; das in der Sache B 6 KA 52/00 R ergangene Urteil ist veröffentlicht in *BSGE* 87, 158 = SozR 3–2500 § 95 Nr. 25, abgedruckt auch in SGb 2001, 565 ff., dort mit ablehnender Anmer-

kung von *Plagemann*; bestätigt hat das *BSG* seine Rechtsprechung im Urteil vom 11. 9. 2002, B 6 KA 41/01 R; die Verfassungsbeschwerde gegen das am 8. 11. 2000 in der Sache B 6 KA 44/00 R ergangene Urteil ist vom *BVerfG* nicht zur Entscheidung angenommen worden, die Konkretisierung der „Teilnahme" durch das *BSG* sei verfassungsrechtlich nicht zu beanstanden, Beschluss vom 3. 4. 2001, 1 BvR 462/01).

VI. Nachqualifikation

Psychotherapeuten, die für eine bedarfsunabhängige Zulassung (§ 95 Abs. 10 **10** Satz 1 Nrn. 1 bis 3 SGB V) zwar die Voraussetzungen der Approbation und der Teilnahme an der ambulanten psychotherapeutischen Versorgung der Versicherten vor 1999 erfüllten, jedoch die erforderliche Fachkunde (§ 95 c Satz 2 Nr. 3 SGB V), insbesondere die dafür notwendige Zahl von Behandlungsstunden in einem anerkannten Behandlungsverfahren, nicht nachweisen konnten, hatten nach § 95 Abs. 11 SGB V die Möglichkeit der Nachqualifikation. Dazu mussten sie allerdings bis Ende 1998 eine bestimmte Zahl von dokumentierten Behandlungsstunden (500 oder 250 unter qualifizierter Supervision) in anerkannten Behandlungsverfahren erbracht haben (**„Sockelqualifikation"**). Über den bis Ende 1998 zu stellenden Antrag auf Nachqualifikation hatten die Zulassungsgremien bis zum 30. 4. 1999 zu entscheiden und, wenn die genannte Zahl von Behandlungsstunden nachgewiesen war, eine vorläufige bedarfsunabhängige **Ermächtigung** zur vertragsärztlichen Versorgung zu erteilen (§ 95 Abs. 11 Sätze 1 und 2 SGB V).

Erfüllten die Psychotherapeuten nachträglich – innerhalb von fünf Jahren – die **11** in § 12 Abs. 1 und § 12 Abs. 3 PsychThG für eine **„Vollqualifikation"** geforderten Fachkundevoraussetzungen, und zwar in anerkannten Behandlungsverfahren, war die Ermächtigung auf einen bis fünf Jahre nach ihrer Erteilung zu stellenden Antrag von den Zulassungsgremien in eine bedarfsunabhängige Zulassung **umzuwandeln;** andernfalls erlosch die Ermächtigung spätestens fünf Jahre nach der Erteilung, aber nicht vor der Entscheidung über den Umwandlungsantrag (§ 95 Abs. 11 Sätze 3 bis 5 SGB V).

VII. Sonderregelungen bei Kindererziehung

Psychotherapeuten i. S. d. § 95 Abs. 11 SGB V („Nachqualifikanten"), die vor **12** 1999 wegen Kindererziehung (Betreuung und Erziehung eines Kindes in den ersten drei Lebensjahren, für das ihnen die Personensorge zustand und mit dem sie in einem Haushalt gelebt haben) an einer Erwerbstätigkeit gehindert waren, konnten und können den fristgebundenen Antrag auf Nachqualifikation noch bis drei Jahre länger stellen; Gleiches gilt für die geforderten Behandlungsstunden (§ 95 Abs. 11 a Satz 1 SGB V). Fiel oder fällt eine Kindererziehungszeit in die Ermächtigungszeit (Rn. 10), so ruht die Ermächtigung für die Dauer der Kindererziehungszeit, so dass sich die Ermächtigung entsprechend verlängert (Satz 2 der genannten Vorschrift).

Für Psychotherapeuten i. S. d. Absätze 10 und 11 des § 95 SGB V (bedarfsun- **13** abhängige Zulassung, Ermächtigung zur Nachqualifikation), bei denen eine Kindererziehungszeit in den Dreijahreszeitraum für die Teilnahme an der ambulanten psychotherapeutischen Versorgung der Versicherten vor 1999 fiel oder diesem vorging, wurde der Beginn dieses Zeitraums (§ 95 Abs. 10 und 11, jeweils

Satz 1 Nr. 3 SGB V) um die Dauer der Kindererziehungszeit vorverlegt (§ 95 Abs. 11b SGB V). Damit sollte sichergestellt werden, dass den betreffenden Psychotherapeuten in jedem Falle ein Zeitraum von drei Jahren zum Nachweis einer Teilnahme an der fraglichen Versorgung zur Verfügung stand (Begründung in BT-Drs. 13/9212, S. 41).

VIII. Bedarfsabhängige Zulassung

14   Psychotherapeuten, die ihre Zulassung zur vertragsärztlichen Versorgung erst **nach dem 31. 12.** 1998 beantragten oder noch beantragen, also erst unter der Geltung des (von Ausnahmen abgesehen) am 1. 1. 1999 in Kraft getretenen neuen Rechts (Art. 15 Abs. 3 des Gesetzes vom 16. 6. 1998), können nicht mehr nach der Übergangsregelung in § 95 Abs. 10 SGB V bedarfsunabhängig zugelassen werden. Ihre Anträge unterliegen vielmehr, wie sonstige Zulassungsanträge, einer **Bedarfsprüfung,** können deshalb nur Erfolg haben, wenn für den Planungsbereich, für den die Zulassung beantragt wird, keine Zulassungsbeschränkungen bestehen. Diese müssen allerdings aus Gründen des Vertrauensschutzes der Zulassungsbewerber schon vor der Antragstellung angeordnet sein; werden sie erst später angeordnet, kann der Zulassungsantrag deswegen nicht abgelehnt werden (§ 19 Abs. 1 Ärzte-ZV). Eine Ausnahme gilt jedoch nach § 95 Abs. 12 SGB V für Zulassungsanträge, die nach dem 31. 12. 1998 von Psychotherapeuten oder von überwiegend oder ausschließlich psychotherapeutisch tätigen Ärzten gestellt wurden, bevor der Landesausschuss der Ärzte und Krankenkassen für die Planungsbereiche den psychotherapeutischen Versorgungsbedarf nach neuem Recht prüfen und bei Feststellung von Überversorgung **Zulassungsbeschränkungen** anordnen konnte (§ 103 Abs. 1 Satz 1 SGB V). Dessen Entscheidung hatten die Zulassungsgremien also abzuwarten und mussten, wenn inzwischen Zulassungsbeschränkungen für Psychotherapeuten im fraglichen Planungsbereich angeordnet waren, Zulassungsanträge für diesen Bereich trotz ihres zeitlichen Vorrangs ablehnen (§ 95 Abs. 12 Satz 2 SGB V). Dies gilt auch für Anträge, die noch vor dem 1. 1. 1999 und zunächst mit dem Ziel einer bedarfsunabhängigen Zulassung gestellt waren, für den Fall der Ablehnung dieses Antrags aber auch als Antrag auf eine bedarfsabhängige Zulassung für einen noch nicht gesperrten Planungsbereich gelten sollten.

IX. Besetzung der Zulassungsgremien

15   In Zulassungssachen der Psychotherapeuten und der überwiegend oder ausschließlich psychotherapeutisch tätigen Ärzte – beide Gruppen bilden im Sinne des Zulassungsrechts eine gemeinsame Arztgruppe (§ 101 Abs. 4 Satz 1 SGB V) – wirken in den Zulassungsgremien (Zulassungs- und Berufungsausschüssen) im Interesse einer sachgerechten Prüfung und Entscheidung der Anträge neben Ärzten abweichend von §§ 96 Abs. 2 Satz 1 und 97 Abs. 2 Satz 1 SGB V auch Vertreter der Psychotherapeuten in gleicher Zahl mit (§ 95 Abs. 13 Satz 1 SGB V). Da die Zulassungsgremien bisher auf der Ärzteseite mit drei ärztlichen Mitgliedern besetzt waren (§§ 34 und 35 jeweils Abs. 1 Ärzte-ZV), müssen nunmehr zur Wahrung der Parität mindestens neben zwei Vertretern der Ärzte auch zwei Vertreter der Psychotherapeuten (unter ihnen ein Kinder- und Jugendlichenpsychotherapeut) mitwirken. Die Parität wäre aber auch gewahrt, wenn unter Beibehaltung von drei Vertretern der Ärzte drei Vertreter der Psychotherapeuten mitwirken würden. Die Vertreter der Psychotherapeuten werden – ebenso wie die Vertreter der

Ärzte – von der Kassenärztlichen Vereinigung bestellt (§ 96 Abs. 2 Satz 2 i. V. m. § 72 Abs. 1 Satz 2 SGB V für Zulassungsausschüsse, was nach § 97 Abs. 2 Satz 4 SGB V entsprechend für Berufungsausschüsse gilt). Für die erstmalige Besetzung der neuen Zulassungsgremien wurden die Vertreter der Psychotherapeuten von der Aufsichtsbehörde berufen, um die Gremien möglichst bald funktionstüchtig zu machen (§ 95 Abs. 13 Satz 2 SGB V).

13. Artikel 2 Nr. 12 EG-PsychThG

§ 95 c *SGB V Voraussetzung für die Eintragung von Psychotherapeuten in das Arztregister*

¹*Bei Psychotherapeuten setzt die Eintragung in das Arztregister voraus:*

1. *die Approbation als Psychotherapeut nach § 2 oder § 12 des Psychotherapeutengesetzes und*
2. *den Fachkundenachweis.*

²*Der Fachkundenachweis setzt voraus*

1. *für den nach § 2 Abs. 1 des Psychotherapeutengesetzes approbierten Psychotherapeuten, dass der Psychotherapeut die vertiefte Ausbildung gemäß § 8 Abs. 3 Nr. 1 des Psychotherapeutengesetzes in einem durch den Bundesausschuss der Ärzte und Krankenkassen nach § 92 Abs. 6 a anerkannten Behandlungsverfahren erfolgreich abgeschlossen hat;*
2. *für den nach § 2 Abs. 2 und Abs. 3 des Psychotherapeutengesetzes approbierten Psychotherapeuten, dass die der Approbation zugrunde liegende Ausbildung und Prüfung in einem durch den Bundesausschuss der Ärzte und Krankenkassen nach § 92 Abs. 6 a anerkannten Behandlungsverfahren abgeschlossen wurde;*
3. *für den nach § 12 des Psychotherapeutengesetzes approbierten Psychotherapeuten, dass er die für eine Approbation geforderte Qualifikation, Weiterbildung oder Behandlungsstunden, Behandlungsfälle und die theoretische Ausbildung in einem durch den Bundesausschuss der Ärzte und Krankenkassen nach § 92 Abs. 1 Satz 2 Nr. 1 anerkannten Behandlungsverfahren nachweist.*

Übersicht

I. Geltende Fassung

§ 95 c SGB V beruht auf Art. 2 Nr. 12 des Gesetzes vom 16. 6. 1998 (BGBl. I **1** S. 1311) und ist am 1. 1. 1999 in Kraft getreten (Art. 15 Abs. 3 des genannten Gesetzes). Satz 1 ist unverändert aus dem Gesetzentwurf der Fraktionen der CDU/CSU und der F. D. P. vom 24. 6. 1997 (BT-Drs. 13/8035 zu Art. 2 Nr. 11, S. 22) übernommen worden, Satz 2 mit Änderungen durch den Ausschuss für Gesundheit im Bericht vom 25. 11. 1997 (BT-Drs. 13/9212 zu Art. 2 Nr. 11, S. 22).

II. Normzweck

2 § 95 c SGB V regelt i. V. m. § 95 Abs. 2 Satz 3 Nr. 1 SGB V die Voraussetzungen, nach deren Erfüllung Psychotherapeuten in das Arztregister eingetragen werden und dann an der vertragsärztlichen Versorgung der Versicherten, insbesondere in Form der Zulassung, teilnehmen können (Zulassungsfähigkeit). Zu ihr gehören neben der Approbation als allgemeiner berufsrechtlicher Voraussetzung der Nachweis der Fachkunde als besonderer krankenversicherungsrechtlicher Voraussetzung. Über ihr Vorliegen entscheidet – außer in Übergangsfällen nach § 95 Abs. 10 SGB V, in denen die Zulassungsgremien auch über die Zulassungsfähigkeit der Bewerber mitentscheiden – die zuständige Kassenärztliche Vereinigung im Eintragungsverfahren. Dadurch wird das Zulassungsverfahren von unter Umständen zeitraubenden Ermittlungen entlastet und zugleich beschleunigt.

III. Approbation

3 § 95 c Satz 1 Nr. 1 SGB V unterscheidet bei der Approbation, die seit 1999 Voraussetzung der Berufsausübung als Psychotherapeut ist, zwischen einer nach § 2 PsychThG und einer nach den Übergangsvorschriften in § 12 PsychThG erteilten Approbation. Wegen der dafür jeweils zu erfüllenden Voraussetzung wird auf die Erläuterungen der genannten Vorschriften verwiesen. An eine von der zuständigen Landesbehörde (§ 10 PsychThG) erteilte Approbation ist die Kassenärztliche Vereinigung als Registerstelle gebunden; das gilt nicht nur für den Tatbestand der Approbation (nachgewiesen mit der Vorlage der Approbationsurkunde), sondern auch für den gegenüber der Approbationsbehörde geführten Nachweis der Qualifikation, soweit sie die berufsrechtlichen Anforderungen betrifft; diese darf die Kassenärztliche Vereinigung nicht einer neuen Sachprüfung unterziehen (Urteil des *BSG* vom 6. 11. 2002, B 6 KA 37/01 R, mit den wesentlichen Entscheidungsgründen veröffentlicht in SGb 2003, 30 Nr. 12).

IV. Fachkundenachweis

4 Auch bei der für die Eintragung in das Arztregister weiter nachzuweisenden Fachkunde (§ 95 c Satz 1 Nr. 2 SGB V) wird zwischen Psychotherapeuten, die nach § 2 PsychThG approbiert sind, und den nach § 12 PsychThG approbierten unterschieden (§ 95 c Satz 2 Nrn. 1 bis 3 SGB V). Soweit sie nach **§ 2 Abs. 1 PsychThG** approbiert sind, also schon für die Approbation außer dem Erwerb eingehender Grundkenntnisse in wissenschaftlich anerkannten psychotherapeutischen Verfahren eine „vertiefte Ausbildung in einem dieser Verfahren" nachweisen mussten (§ 8 Abs. 3 Nr. 1 PsychThG), müssen sie der Kassenärztlichen Vereinigung darüber hinaus nachweisen, dass sie die **vertiefte Ausbildung** „in einem durch den Bundesausschuss der Ärzte und Krankenkassen nach § 92 Abs. 6 a anerkannten Behandlungsverfahren erfolgreich abgeschlossen" haben (§ 95 c Satz 2 Nr. 1 SGB V). Welche Verfahren dazu gehören, ist in den nach § 92 Abs. 6 a SGB V erlassenen Richtlinien näher geregelt (vgl. die Erläuterungen zu der genannten Vorschrift). Insoweit hat die Kassenärztliche Vereinigung auch ein eigenes Prüfungsrecht; so kann sie etwa die Fachkunde verneinen, wenn die im Approbationsverfahren nachgewiesenen Behandlungsstunden oder Fallzahlen nicht den Anforderungen der genannten Richtlinien entsprechen (vgl. das genannte Urteil des *BSG* vom 6. 11. 2002, Rn. 3).

Die gleichen Grundsätze gelten auch für die nach § 2 **Abs. 2 und Abs. 3** 5
PsychThG approbierten Psychotherapeuten, insbesondere für die in einem Mitgliedsstaat der Europäischen Union ausgebildeten. Auch sie müssen die ihrer Approbation zugrundeliegende Ausbildung und Prüfung „in einem durch den Bundesausschuss der Ärzte und Krankenkassen nach § 92 Abs. 6 a anerkannten Behandlungsverfahren abgeschlossen" haben (§ 95 c Satz 2 Nr. 2 SGB V).

Die nach § 12 **PsychThG** approbierten Psychotherapeuten müssen die für ihre 6
Approbation geforderten Voraussetzungen hinsichtlich Qualifikation, Weiterbildung oder Behandlungsstunden, Behandlungsfällen und theoretischer Ausbildung ebenfalls „in einem durch den Bundesausschuss der Ärzte und Krankenkassen nach § 92 Abs. 1 Satz 2 Nr. 1 **anerkannten Behandlungsverfahren**" nachweisen (§ 95 c Satz 2 Nr. 3 SGB V). Anzuwenden sind insoweit noch die in § 95 Abs. 11 Satz 1 Nr. 1 SGB V genannten Psychotherapie-Richtlinien i. d. F. des Beschlusses vom 17. 12. 1996 (Bekanntmachung vom 12. 3. 1997, BAnz Nr. 49, S. 2946). Beantragen die nach § 12 PsychThG approbierten Personen nach § 95 Abs. 10 SGB V eine bedarfsunabhängige Zulassung (§ 95 Rn. 6 bis 9), müssen sie den Fachkundenachweis im Zulassungsverfahren gegenüber den Zulassungsgremien erbringen, im Übrigen – bei Antrag auf eine bedarfsabhängige Zulassung (§ 95 Rn. 14) – gegenüber der Kassenärztlichen Vereinigung mit dem Antrag auf Eintragung in das Arztregister.

14. Artikel 2 Nr. 13 EG-PsychThG

§ 101 SGB V Überversorgung

(1) [1] **Die Bundesausschüsse beschließen in Richtlinien Bestimmungen über**

1. **einheitliche Verhältniszahlen für den allgemeinen bedarfsgerechten Versorgungsgrad in der vertragsärztlichen Versorgung**
2. ...
3. ...
4. ...
5. ...

[2] **Überversorgung ist anzunehmen, wenn der allgemeine bedarfsgerechte Versorgungsgrad um 10 v. H. überschritten ist.** [3] **Der allgemeine bedarfsgerechte Versorgungsgrad ist erstmals bundeseinheitlich zum Stand vom 31. Dezember 1990 zu ermitteln.** [4] **Bei der Ermittlung des Versorgungsgrades ist die Entwicklung des Zugangs zur vertragsärztlichen Versorgung seit dem 31. Dezember 1980 arztgruppenspezifisch angemessen zu berücksichtigen.** [5] **Die regionalen Planungsbereiche sollen den Stadt- und Landkreisen entsprechen.**

(2) [1] **Die Bundesausschüsse haben die auf der Grundlage des Absatzes 1 Satz 3 und 4 ermittelten Verhältniszahlen anzupassen oder neue Verhältniszahlen festzulegen, wenn dies erforderlich ist**

1. **wegen der Änderung der fachlichen Ordnung der Arztgruppen,**
2. **weil die Zahl der Ärzte einer Arztgruppe bundesweit die Zahl 1000 übersteigt oder**
3. **zur Sicherstellung der bedarfsgerechten Versorgung.**

[2] **Bei Anpassungen oder Neufestlegungen ist die Zahl der Ärzte zum Stand vom 31. Dezember des Vorjahres zu Grunde zu legen.**

(3) ...

(4) [1] Überwiegend oder ausschließlich psychotherapeutisch tätige Ärzte und Psychotherapeuten bilden eine Arztgruppe im Sinne des Absatzes 2. [2] Der allgemeine bedarfsgerechte Versorgungsgrad ist für diese Arztgruppe erstmals zum Stand vom 1. Januar 1999 zu ermitteln. [3] Zu zählen sind die zugelassenen Ärzte sowie die Psychotherapeuten, die nach § 95 Abs. 10 zugelassen werden. [4] Dabei sind überwiegend psychotherapeutisch tätige Ärzte mit dem Faktor 0,7 zu berücksichtigen. [5] In den Richtlinien nach Absatz 1 ist für die Zeit bis zum 31. Dezember 2008 sicherzustellen, dass jeweils mindestens ein Versorgungsanteil in Höhe von 40 v. H. der allgemeinen Verhältniszahl den überwiegend oder ausschließlich psychotherapeutisch tätigen Ärzten sowie den Psychotherapeuten vorbehalten ist. [6] Bei der Feststellung der Überversorgung nach § 103 Abs. 1 sind die Versorgungsanteile von 40 v. H. und die ermächtigten Psychotherapeuten nach § 95 Abs. 11 mitzurechnen.

Übersicht

I. Geltende Fassung

1 Art. 2 Nr. 13 des Gesetzes vom 16. 6. 1998 hat dem § 101 SGB V einen vierten Absatz mit Wirkung vom 1. 1. 1999 (Art. 15 Abs. 3 des genannten Gesetzes) angefügt. Dieser Absatz geht teilweise auf den Gesetzentwurf der Fraktionen der CDU/CSU und F.D.P. (BT-Drs. 13/8035 zu Art. 2 Nr. 12, S. 11) zurück, ist aber vom Ausschuss für Gesundheit (BT-Drs. 13/9212 zu Art. 2 Nr 12, S. 23) geändert und erweitert worden, insbesondere hinsichtlich der Zeit, während der den ärztlichen und den nichtärztlichen Psychotherapeuten bestimmte Versorgungsanteile vorbehalten bleiben (zehn statt vorher nur fünf Jahre).

II. Zum Normzweck

2 Vgl. die Vorbemerkungen zu Art. 2 Nrn. 11 bis 15, ferner die Begründungen in dem genannten Gesetzentwurf und in dem Bericht des Ausschusses für Gesundheit (a. a. O., S. 22 f. und S. 41 f.).

III. Arztgruppe Psychotherapeuten – Zulassung

3 Soweit für diese Arztgruppe die Zulassung zur vertragsärztlichen Versorgung von der Feststellung eines Bedarfs abhängt, also nicht die Sonderregelung einer bedarfsunabhängigen Zulassung in § 95 Abs. 10 SGB V Platz greift, ist sie in § 101 Abs. 4 SGB V und den vom Bundesausschuss der Ärzte und Krankenkassen nach § 92 Abs. 1 Satz 2 Nr. 9 SGB V erlassenen Richtlinien geregelt (Bedarfsplanungs-Richtlinien-Ärzte vom 9. 3. 1993, BAnz Nr. 110a vom 18. 6. 1993, mit den nach Inkrafttreten des PsychThG beschlossenen Änderungen vom 21. 9. 1999, BAnz Nr. 202 vom 26. 10. 1999). Danach bilden die nichtärztlichen Psychotherapeuten (Psychologische Psychotherapeuten und Kinder- und Jugendlichenpsychotherapeuten) zusammen mit den (ausschließlich oder überwiegend) psychotherapeutisch tätigen Ärzten eine **gemeinsame Arztgruppe** der Psychotherapeuten (§ 101 Abs. 4 Satz 1 SGB V). Für diese hat der Bundesausschuss gemäß seinem Auftrag in § 101 Abs. 1 Satz 1 Nr. 1 SGB V einheitliche Verhältniszahlen für den allgemeinen bedarfsgerechten Versorgungsgrad (Soll-Zahlen) bestimmt, bei deren Überschreitung um 10 v.H. Überversorgung anzunehmen ist (§ 101 Abs. 1 Satz 2 SGB V) und Zulassungsbeschränkungen („Zulassungssperren") anzuordnen sind (§ 103 Abs. 1 SGB V).

IV. Verhältniszahlen

Für diese Zahlen, die erstmals zum Stand vom 1. 1. 1999 zu ermitteln waren, **4** wurden die am Stichtag zugelassenen ärztlichen Psychotherapeuten und die nach § 95 Abs. 10 SGB V bis zum 31. 8. 1999 rechtswirksam zugelassenen nichtärztlichen Psychotherapeuten berücksichtigt, und zwar soweit erstere nur überwiegend psychotherapeutisch tätig waren, mit dem Faktor 0,7. Die übrigen ärztlichen und die nichtärztlichen Psychotherapeuten waren mit dem Faktor 1,0 zu berücksichtigen (§ 101 Abs. 4 Sätze 2 bis 4 SGB V und Nr. 8 lit. c) Abs. 1 und 2 der geänderten Bedarfsplanungs-Richtlinien-Ärzte). Die Verhältniszahlen wurden für die einzelnen Planungsbereiche entsprechend dem unterschiedlichen Verdichtungsgrad der Bevölkerung ermittelt (in zehn Typen, angefangen von großstädtischen Verdichtungsräumen bis zu ländlichen Regionen, wobei das Verhältnis von 2577 bis zu 23106 Einwohnern auf einen Psychotherapeuten schwankte).

V. Versorgungsanteile

Für die Zeit bis Ende 2008 sind im Interesse eines in etwa ausgewogenen Verhältnisses zwischen ärztlichen und nichtärztlichen Psychotherapeuten beiden **5** Gruppen jeweils mindestens Versorgungsanteile von 40 v.H. vorbehalten worden (vgl. dazu den Bericht des Ausschusses für Gesundheit in BT-Drs. 13/9212 zu Art. 2 Nr. 12 § 101 Abs. 4 Satz 3 SGB V, S. 42). Das kann allerdings dazu führen, dass Planungsbereiche, in denen die Mindestversorgungsanteile nicht ausgeschöpft, aber fiktiv mitzurechnen sind, als überversorgt gelten und deshalb für weitere Zulassungen gesperrt sind, obwohl sie tatsächlich unterversorgt sind. Um die Versorgungslücke dann wenigstens vorläufig zu schließen, können – bis zur Schließung der Lücke durch neue Zulassungen aus dem Kreis der bisher nicht ausreichend vertretenen Gruppe – Psychotherapeuten der anderen Gruppe befristet ermächtigt werden (§ 31 Abs. 1 lit. a) i.V.m. § 1 Abs. 3 Ärzte-ZV).

Versorgungslücken anderer Art können dadurch entstehen, dass in einem **6** rechnerisch überversorgten und deshalb für neue Zulassungen gesperrten Planungsbereich ein Bedarf an bestimmten, durch befristete Ermächtigungen nicht zu befriedigenden Leistungen vorliegt. Ein solcher Fall kann z.B. eintreten, wenn sich unter den zugelassenen nichtärztlichen Psychotherapeuten kein Kinder- und Jugendlichenpsychotherapeut befindet, aber Bedarf dafür besteht und auch ein entsprechender Zulassungsbewerber vorhanden ist. Hier könnte die Versorgungslücke durch Zulassung des Bewerbers wegen Sonderbedarfs geschlossen werden (vgl. Nr. 24 der Bedarfsplanungs-Richtlinien-Ärzte, oben Rn. 3). Auf diese Möglichkeit hatte schon der Ausschuss für Gesundheit hingewiesen (BT-Drs. 13/9212 zu Art. 2 Nr. 12 § 101 Abs. 4 Satz 1 SGB V, S. 42).

15. Artikel 2 Nr. 14 EG-PsychThG

§ 117 SGB V Hochschulambulanzen

(1) [1] Der Zulassungsausschuss (§ 96) ist verpflichtet, auf Verlangen von Hochschulen oder Hochschulkliniken die Ambulanzen, Institute und Abteilungen der Hochschulkliniken (Hochschulambulanzen) zur ambulanten ärztlichen Behandlung der Versicherten und der in § 75 Abs. 3 genannten Personen zu ermächtigen. [2] Die Ermächtigung ist so zu gestalten, dass die Hochschulambulanzen die Untersuchung und Behandlung der in Satz 1 genannten Personen in dem für Forschung und Lehre erforderlichen Umfang durchführen können. [3] Das Nähere zur Durchführung der Ermächtigung regeln die Kassenärztlichen Vereinigungen im Einvernehmen mit den Landesverbänden der Krankenkassen und den Verbänden der Ersatzkassen gemeinsam und einheitlich durch Vertrag mit den Hochschulen oder Hochschulkliniken.

(2) [1] Absatz 1 gilt entsprechend für die Ermächtigung der Hochschulambulanzen an Psychologischen Universitätsinstituten im Rahmen des für Forschung und Lehre erforderlichen Umfangs und der Ambulanzen an Ausbildungsstätten nach § 6 PsychThG zur ambulanten psychotherapeutischen Behandlung der Versicherten und der in § 75 Abs. 3 genannten Personen in Behandlungsverfahren, die vom Bundesausschuss der Ärzte und Krankenkassen nach § 92 Abs. 6 a anerkannt sind, sofern die Krankenbehandlung unter der Verantwortung von Personen stattfindet, die die fachliche Qualifikation für die psychotherapeutische Behandlung im Rahmen der vertragsärztlichen Versorgung erfüllen. [2] Im Rahmen der Ermächtigung der Hochschulambulanzen an Psychologischen Universitätsinstituten sind Fallzahlbegrenzungen vorzusehen. [3] Für die Vergütung gilt § 120 entsprechend.

Übersicht

I. Geltende Fassung

1   § 117 Abs. 2 SGB V ist durch Art. 2 Nr. 14 des Gesetzes vom 16. 6. 1998 dem Absatz 1 mit Wirkung vom 1. 1. 1999 (Art. 15 Abs. 3 des genannten Gesetzes) angefügt worden. Seine geltende Fassung hat § 117 Abs. 2 SGB V durch das Gesetz vom 23. 4. 2002 (BGBl. I S. 1412) erhalten ("Hochschulambulanzen"). Die Vorschrift geht, soweit sie Ambulanzen an Ausbildungsstätten nach § 6 PsychThG betrifft, auf den Gesetzentwurf der Fraktionen der CDU/CSU und F. D. P. zurück (BT-Drs. 13/8035 zu Art. 2 Nr. 13, S. 11), der vom Ausschuss für Gesundheit insoweit übernommen worden ist (BT-Drs. 13/9212 zu Art. 2 Nr. 13, S. 23), im weiteren Gesetzgebungsverfahren aber noch um poliklinische Institutsambulanzen an Psychologischen Universitätsinstituten erweitert worden ist.

II. Normzweck

2   Wie die Hochschulambulanzen schon nach § 117 Abs. 1 SGB V zu ermächtigen sind, sollen diese und anerkannte Ausbildungsstätten für Psychotherapeuten

auch zur ambulanten psychotherapeutischen Behandlung der Versicherten und bestimmter ihnen gleichgestellter Personen ermächtigt werden. Für Hochschulambulanzen gilt das jedoch nur, soweit es zur Erfüllung ihrer Aufgaben in Forschung und Lehre erforderlich ist und im Interesse der niedergelassenen Psychotherapeuten nur mit einer Fallzahlbegrenzung. Im Übrigen müssen die Behandlungsverfahren und die behandelnden Personen zur Sicherung einer qualitativ guten Versorgung bestimmten Anforderungen genügen.

III. Hochschulambulanzen

Entsprechend der Ermächtigung für Hochschulambulanzen nach § 117 Abs. 1 **3** SGB V haben auch die an Psychologischen Universitätsinstituten bestehenden Hochschulambulanzen einen **Anspruch auf Ermächtigung,** und zwar entgegen der Regel, die sonst für die Ermächtigung von Einrichtungen gilt (vgl. § 31 Abs. 1 Ärzte-ZV), unabhängig von der Feststellung eines Versorgungsbedarfs (§ 117 Abs. 2 Satz 1 SGB V, Urteil des *BSG* vom 5. 2. 2003, B 6 KA 26/02 R, wesentliche Entscheidungsgründe in SGb 2003, 217 Nr. 5). Sie müssen deshalb auf ihr Verlangen von den Zulassungsgremien zur ambulanten psychotherapeutischen Behandlung der Versicherten ermächtigt werden, ferner zur Behandlung der in § 75 Abs. 3 SGB V genannten Personen, zu denen namentlich solche mit Anspruch auf freie Heilfürsorge (Bundeswehr, Bundesgrenzschutz, Zivildienstleistende, Bereitschaftspolizei) gehören (vgl. im einzelnen *Hess* in: Kasseler Kommentar Sozialversicherungsrecht, § 75 SGB V Rn. 37 f., § 117 SGB V, Rn. 2).

Die Ermächtigung ist auf den für **Forschung und Lehre** erforderlichen Um- **4** fang zu beschränken, jedoch so zu gestalten, dass Untersuchungen und Behandlungen, soweit für Forschung und Lehre erforderlich, durchgeführt werden können (§ 117 Abs. 2 Satz 1 i. V. m. Abs. 1 Satz 2 SGB V). Die Ermächtigung darf nur für Behandlungsverfahren erteilt werden, die vom Bundesausschuss der Ärzte und Krankenkassen in Richtlinien nach § 92 Abs. 6 a SGB V anerkannt sind **(Richtlinienverfahren,** vgl. dazu die Erläuterungen zu der genannten Vorschrift); auch muss die Behandlung unter der Verantwortung fachlich qualifizierter Personen stattfinden (§ 117 Abs. 2 Satz 1 SGB V). Dies ist von den Zulassungsgremien zu prüfen, das Ergebnis braucht aber nicht im Ermächtigungsbescheid zum Ausdruck zu kommen (*BSG* a. a. O., vgl. Rn. 3). Immerhin wird es zweckmäßig sein, in den Bescheid die Namen der behandlungsberechtigten Personen aufzunehmen, um späteren Abrechnungsstreitigkeiten vorzubeugen.

Die Ermächtigung ist schließlich auf eine bestimmte **Zahl von Behand-** **5** **lungsfällen** zu begrenzen (§ 117 Abs. 2 Satz 2 SGB V). Näheres und weitere Fragen bei Durchführung der Ermächtigung sind in Verträgen zu regeln, die von den Kassenärztlichen Vereinigungen im Einvernehmen mit den Kassenverbänden (Landesverbänden der Krankenkassen und Verbänden der Ersatzkassen) mit den Hochschulen oder ihren Kliniken geschlossen werden (§ 117 Abs. 2 Satz 1 i. V. m. Abs. 1 Satz 3 SGB V). Die Vergütung der von den Hochschulambulanzen erbrachten Leistungen, für die § 120 SGB V entsprechend gilt, ist von den Kassenverbänden mit den Hochschulen oder ihren Kliniken zu vereinbaren (§ 120 Abs. 2 Satz 2 SGB V).

IV. Ausbildungsstätten

Sie haben, wie die Hochschulen, für ihre der Ausbildung von Psychotherapeu- **6** ten dienenden Ambulanzen Anspruch auf eine Ermächtigung, wenn sie nach § 6

PsychThG staatlich anerkannt sind (§ 117 Abs. 2 Satz 1 SGB V). Auch ihnen kann aber die Ermächtigung nur für Behandlungen in **Richtlinienverfahren** und nur durch fachlich qualifizierte Personen erteilt werden. Andererseits unterliegen sie nicht den Behandlungsbeschränkungen auf den für Forschung und Lehre erforderlichen Umfang, auch nicht einer Fallzahlbegrenzung; diese Einschränkungen gelten nach § 117 Abs. 2 SGB V nur für Hochschulambulanzen. Was den Ermächtigungszeitraum betrifft, so hat das *BSG* im Urteil vom 5. 2. 2003 (Rn. 3) eine Ermächtigung für fünf Jahre als rechtmäßig angesehen, diese orientiere sich an den üblichen Ausbildungszeiten, die Rechtsprechung zur Befristung bedarfsabhängiger Ermächtigungen sei nicht auf § 117 Abs. 2 SGB V zu übertragen.

16. Artikel 2 Nr. 15 EG-PsychThG

§ 285 SGB V Personenbezogene Daten bei den Kassenärztlichen Vereinigungen

(1) Die Kassenärztlichen Vereinigungen dürfen Einzelangaben über die persönlichen und sachlichen Verhältnisse der Ärzte nur erheben und speichern, soweit dies zur Erfüllung der folgenden Aufgaben erforderlich ist:
1. Führung des Arztregisters (§ 95),
2. Sicherstellung und Vergütung der vertragsärztlichen Versorgung einschließlich der Überprüfung der Zulässigkeit und Richtigkeit der Abrechnung,
3. Vergütung der ambulanten Krankenhausleistungen (§ 120),
4. Vergütung der belegärztlichen Leistungen (§ 121),
5. Durchführung von Wirtschaftlichkeitsprüfungen (§ 106),
6. Durchführung von Qualitätsprüfungen (§ 136),

(2) Einzelangaben über die persönlichen und sachlichen Verhältnisse der Versicherten dürfen die Kassenärztlichen Vereinigungen nur erheben und speichern, soweit dies zur Erfüllung der in Absatz 1 Nr. 5, 6 sowie § 83 Abs. 2 und § 305 genannten Aufgaben erforderlich ist.

(3) Die rechtmäßig erhobenen und gespeicherten Sozialdaten dürfen nur für die Zwecke der Aufgaben nach Abs. 1 in dem jeweils erforderlichen Umfang verarbeitet oder genutzt werden, für andere Zwecke, soweit dies durch Rechtsvorschriften des SGB angeordnet oder erlaubt ist.

(4) Soweit sich die Vorschriften dieses Kapitels auf Ärzte und Kassenärztliche Vereinigungen beziehen, gelten sie entsprechend für *Psychotherapeuten*, Zahnärzte und Kassenzahnärztliche Vereinigungen.

Art. 2 Nr. 15 des Gesetzes vom 16. 6. 1998 hatte mit Wirkung vom 1. 1. 1999 (Art. 15 Abs. 3 des genannten Gesetzes) in § 285 Abs. 4 SGB V zunächst hinter dem Wort „Ärzte" das Wort „Psychotherapeuten" eingefügt. Durch Gesetz vom 22. 12. 1999 (BGBl. I S. 2626) hat § 285 Abs. 4 SGB V dann die geltende Fassung erhalten. Die Einfügung von „Psychotherapeuten" ist als redaktionelle Anpassung aus dem Gesetzentwurf der Fraktionen der CDU/CSU und F.D.P. übernommen worden (BT-Drs. 13/8035 zu Art. 2 Nr. 14, S. 22). Damit hat der Gesetzgeber die Vorschriften des Zehnten Kapitels des SGB V über Versicherungs- und Leistungsdaten und den Datenschutz, insbesondere die Verwendung personenbezogener Daten, auch auf Psychotherapeuten erstreckt (vgl. im Einzelnen dazu die Kommentare zu §§ 284 ff. SGB V).

Vorbemerkung

Die Änderungen in Artikel 3 sind aus dem Gesetzentwurf der Fraktionen der CDU/CSU und der F.D.P. (BT-Drs. 13/8035) unverändert übernommen worden. Sie sind zugleich mit dem Psychotherapeutengesetz am 1. 1. 1999 in Kraft getreten (Art. 15 Abs. 3 EG-PsychThG).

Artikel 3. Änderungen des Siebten Buches Sozialgesetzbuch – Gesetzliche Unfallversicherung – (SGB VII)

In § 4 Abs. 3 des Siebten Buches Sozialgesetzbuch – Gesetzliche Unfallversicherung – (Artikel 1 des Gesetzes vom 7. August 1996, BGBl. I S. 1254), zuletzt geändert durch Artikel 2 Abs. 27 des Gesetzes vom 17. Dezember 1997 (BGBl. I S. 3108), werden nach dem Wort „Tierärzte," die Wörter „Psychologische Psychotherapeuten, Kinder- und Jugendlichenpsychotherapeuten" eingefügt.

§ 4 Abs. 3 SGB VII regelt die Unfallversicherungsfreiheit für bestimmte selbstständig tätige Personen im Gesundheitswesen, besonders von Ärzten und von Heilpraktikern. Ihnen werden nunmehr nichtärztliche Psychotherapeuten gleichgestellt. Soweit sie bisher die Erlaubnis zu heilkundlicher Tätigkeit nach dem Heilpraktikergesetz besaßen, waren sie als Heilpraktiker versicherungsfrei. Als Ärzte approbierte Psychotherapeuten sind weiterhin als Ärzte versicherungsfrei (BT-Drs. 13/8035 zu Art. 3, S. 23).

Artikel 4. Änderung des Strafgesetzbuches

In § 132 a Abs. 1 Nr. 2 des Strafgesetzbuches in der Fassung der Bekanntmachung vom 10. März 1987 (BGBl. 1 S. 945, 1160), das zuletzt
durch Artikel 1 des Gesetzes vom 4. Mai 1998 (BGBl. 1 S. 845) geändert
worden ist, werden nach dem Wort „Zahnarzt," die Wörter „Psychologischer Psychotherapeut, Kinder- und Jugendlichenpsychotherapeut, Psychotherapeut," eingefügt.

Begründung zum Regierungsentwurf (BT-Drs. 13/8035, S. 23). Die Art. 4 bis 6
stellen die Psychologischen Psychotherapeuten und Kinder- und Jugendlichenpsychotherapeuten hinsichtlich der strafrechtlichen, strafprozeßrechtlichen und steuerrechtlichen Regelungen mit den anderen akademischen Heilberufen gleich.

1   Art. 4 betrifft die Novellierung von § 132 a Abs. 1 Nr. 2 StGB und fügt den
bisher vor Missbrauch strafrechtlich geschützten Titeln, Berufsbezeichnungen und
Abzeichen die Berufsbezeichnungen Psychologischer Psychotherapeut, Kinder-
und Jugendlichenpsychotherapeut und Psychotherapeut hinzu (vgl. hierzu § 1
Rn. 12 ff.).

Artikel 5. Änderung der Strafprozeßordnung

Die Strafprozeßordnung in der Fassung der Bekanntmachung vom 7. April 1987 (BGBl. 1 S. 1074,1319), zuletzt geändert durch Artikel 2 des Gesetzes vom 4. Mai 1998 (BGBl. 1 S. 845), wird wie folgt geändert:

1. In § 53 Abs. 1 Nr. 3 werden nach dem Wort „Zahnärzte," die Wörter „Psychologische Psychotherapeuten, Kinder- und Jugendlichenpsychotherapeuten," eingefügt.
2. In § 97 Abs. 2 Satz 2 werden nach dem Wort „Zahnärzte." die Wörter „Psychologischen Psychotherapeuten, Kinder- und Jugendlichenpsychotherapeuten," eingefügt.

Übersicht

I. Zeugnisverweigerungsrecht

Art. 5 betrifft die Änderung von §§ 53, 97 StPO. § 53 StPO räumt bestimmten **1** Berufsgruppen ein Zeugnisverweigerungsrecht im Strafverfahren ein. Vor der Gesetzesänderung durch Art. 5 waren im Rahmen des psychotherapeutischen Berufsfeld lediglich ärztliche Psychotherapeuten zur Verweigerung des Zeugnisses über das, was ihnen in dieser Eigenschaft anvertraut oder bekannt geworden ist (§ 53 Abs. 1 Nr. 3 a.F. StPO) berechtigt. Die Erweiterung erstreckt sich nur auf die approbationsbedürftigen neuen Heilberufe des Psychologischen Psychotherapeuten und Kinder- und Jugendlichenpsychotherapeuten. Heilpraktiker und sonstige Personen, die nach dem weiten Psychotherapiebegriff Psychotherapie praktizieren, sind zur Verweigerung des Zeugnisses nicht berechtigt. Eine Ausnahme besteht gem. § 53 Abs. 1 Nr. 3 a, b StPO für die Schwangerschaftskonfliktberatung und öffentlich-rechtlich anerkannte Berater von Betäubungsmittelabhängigen.

Gem. § 53 a StPO ist zur Verweigerung des Zeugnisses auch berechtigt, wer als **2** **Gehilfe** oder zur **Vorbereitung** auf den Beruf an der berufsmäßigen Tätigkeit teilnimmt. Gemeint sind hiermit das Praxispersonal und die Ausbildungskandidatinnen und Ausbildungskandidaten im Rahmen der Ausbildung an einer anerkannten Einrichtung gem. § 6. Über die Ausübung des Zeugnisverweigerungsrechts der Gehilfen entscheiden die vorgesetzten Psychologischen Psychotherapeuten und Kinder- und Jugendlichenpsychotherapeuten, in Fällen der therapeutischen Selbsterfahrung der Lehrtherapeut.

Gem. §§ 53 Abs. 2, 53 a Abs. 2 StPO können die Zeugnisverweigerungs- **3** berechtigten von ihrer **Verschwiegenheit** durch die betroffenen Patienten **entbunden** werden, womit das Zeugnisverweigerungsrecht erlischt. Die Verweigerungsberechtigten sind entsprechend § 52 Abs. 3 Satz 1 StPO vor jeder Vernehmung über ihr Recht zu belehren.

4   § 97 Abs. 1 Nr. 1–3 StPO erweitert das Zeugnisverweigerungsrecht auf die **Beschlagnahme** von schriftlichen Mitteilungen zwischen dem Beschuldigten und dem Zeugnisverweigerungsberechtigten, Aufzeichnungen des Zeugnisverweigerungsberechtigten über Mitteilungen oder andere Umstände, auf die sich das Zeugnisverweigerungsrecht erstreckt sowie auf Gegenstände einschließlich ärztlicher Untersuchungsbefunde. Sie unterliegen damit nicht der Beschlagnahme. Gem. § 97 Abs. 3 StPO gilt dies nur, wenn sich die Gegenstände im Gewahrsam des Zeugnisverweigerungsberechtigten oder im Gewahrsam der Krankenanstalt oder der Beratungsstelle befinden, für die der Zeugnisverweigerungsberechtigte tätig ist. Auch für diesen Fall unterliegen die Gegenstände der Beschlagnahme dann, wenn die Zeugnisverweigerungsberechtigten der Teilnahme (§§ 26, 27 StGB) oder Begünstigung (§ 257 StGB), Strafvereitelung (§ 258 StGB) oder Hehlerei (§ 259 StGB) verdächtig sind oder die Gegenstände aus einer Straftat herrühren.

II. § 203 StGB: Verletzung von Privatgeheimnissen

5   Das Zeugnisverweigerungsrecht findet sein strafrechtliches Gegenstück in einer **Verschwiegenheitspflicht** der Psychologischen Psychotherapeuten und Kinder- und Jugendlichenpsychotherapeuten, deren Bruch gem. § 203 StGB mit Freiheitsstrafe bis zu einem Jahr oder mit Geldstrafe bedroht ist. Gem. § 203 Abs. 1 Nr. 1 StGB macht sich strafbar, „wer unbefugt ein fremdes Geheimnis, namentlich ein zum persönlichen Lebensbereich gehörendes Geheimnis oder ein Betriebs- oder Geschäftsgeheimnis, offenbart, das ihm als Arzt, Zahnarzt, Tierarzt, Apotheker oder Angehörigen eines anderen Heilberufes, der für die Berufsausübung oder die Führung der Berufsbezeichnung eine staatlich geregelte Ausbildung erfordert (…) anvertraut worden oder sonst bekannt geworden ist".

6   Vor Erlass des PsychThG fielen Psychotherapeuten, ärztliche ausgenommen, nicht unter Nr. 1, da die Ausbildung nicht staatlich geregelt war. Stattdessen fielen sie als **„Berufspsychologen** mit staatlich anerkannter wissenschaftlicher Abschlussprüfung" unter Nr. 2, wenn sie vom Ausgangsberuf her diplomierte oder promovierte Psychologen (*Lackner/Kühl,* § 203 StGB, Rn. 3) waren. In Betracht kämen auch Absolventen eines Magister-Studienganges mit dem Hauptfach Psychologie. Kinder- und Jugendlichenpsychotherapeuten waren damit nur ausnahmsweise, nämlich wenn sie Psychologen waren, in die Strafbarkeit einbezogen.

7   Mit Erlass des PsychThG und der Schaffung zweier neuer heilkundlicher Berufe mit staatlich geregelten Ausbildungen unterfallen Psychologische Psychotherapeuten und Kinder- und Jugendlichenpsychotherapeuten ausnahmslos § 203 Abs. 1 Nr. 1 StGB (a. A. noch die ganz h. M., vgl. *Lackner/Kühl,* § 203 StGB, Rn. 3; *Tröndle/Fischer,* § 203 StGB Rn. 17). Die Strafbarkeit setzt mit dem Erwerb der Approbation ein, da der Beruf von diesem Zeitpunkt an ausgeübt wird. Das gilt auch für Psychologische Psychotherapeuten und Kinder- und Jugendlichenpsychotherapeuten, die die Approbation aufgrund der Übergangsvorschriften des § 12 erworben haben oder erwerben, da sie einen Beruf ausüben, dessen Ausübung und Führung der Berufsbezeichnung nach neuem Recht eine staatlich geregelte Ausbildung erfordert, auch wenn sie eine solche nicht absolviert haben konnten. Für das Antrags- und Gutachterverfahren bei Aufnahme einer Psychotherapie folgt hieraus eine Chiffrierungspflicht.

8   Ob nichtärztliche Ausbildungskandidaten als solche § 203 Abs. 1 Satz 1 StGB unterfallen, hängt davon ab, ob die praktische Tätigkeit während der Ausbildung bereits unter eine heilkundliche Berufsausübung zu subsumieren ist. Nach dem weiten Berufsbegriff, der bereits die Schaffung einer Existenzgrundlage (vgl. Vor

§ 1 Rn. 2) einbezieht, liegt dies nahe. Unterstrichen wird dieses Ergebnis dadurch, dass § 203 Abs. 3 Satz 2 StGB die Schweigepflicht auch auf solche Personen ausdehnt, die als Gehilfen (Praxispersonal) oder bei gem. § 203 Abs. 1 Nr. 1 StGB Schweigepflichtigen zur Vorbereitung auf den Beruf tätig sind. Für psychotherapeutische Ausbildungskandidaten, die nicht bei dem Prinzipal tätig sind, sondern lediglich supervidiert werden und somit über eine größere Selbstständigkeit verfügen, muss dies erst recht gelten. Heilpraktiker unterfallen als solche insofern nicht der Strafbarkeit gem. § 203 Abs. 1 Nr. 1, als für sie keine staatlich geregelte Ausbildung erforderlich ist (*Lackner/Kühl*, § 203 StGB, Rn. 3). Allerdings machen auch sie sich strafbar, wenn sie heilpraktizierende „Berufspsychologen mit staatlich anerkannter Abschlussprüfung" (vgl. Rn. 6) im Sinne von § 203 Abs. 1 Nr. 2 StGB sind. „Abschlussprüfung" bezieht sich dabei auf die akademische Ausgangsgraduierung (vgl. Rn. 6). Nach h. M. muss aber ein psychologisches Hauptanwendungsgebiet beruflich ausgeübt werden (*Lackner/Kühl*, § 203 StGB, Rn. 3).

Unabhängig von der psychotherapeutischen Berufsausübung ist die Strafbarkeit **9** aber gem. § 203 Abs. 1 Nr. 4 StGB für Ehe-, Familien-, Erziehungs- oder Jugendberater sowie für Berater für Suchtfragen an einer öffentlich-rechtlich anerkannten Beratungsstelle eröffnet. Dasselbe gilt gem. § 203 Abs. 1 Nr. 4 a StGB für Mitglieder oder Beauftragte einer anerkannten Beratungsstelle für Schwangerschaftskonfliktberatung sowie gem. Nr. 4 b für staatlich anerkannte Sozialarbeiter oder staatlich anerkannte Sozialpädagogen. Die Anerkennung setzt hier ein abgeschlossenes Hochschul- oder Fachhochschulstudium voraus (*Lackner/Kühl*, § 203 StGB, Rn. 5).

Die de lege ferenda geforderte Erweiterung der Strafbarkeit gem. § 203 StGB **10** auf Teilnehmer an Gruppentherapien (vgl. *M. Riemer*, Schweigepflicht in der Gruppenpsychotherapie – Eine Gesetzeslücke?, in: Gruppenpsychotherapie und Gruppendynamik 38 (2002), S. 372 ff.) begegnet indes durchgreifenden Vorbehalten: Einmal würde die Gruppendynamik zusätzlich belastet und mancher Teilnehmer überfordert, dann ist die Verschwiegenheit nach außen immanente Selbstverpflichtung bei Aufnahme der gruppentherapeutischen Arbeit, die vom Gruppentherapeuten regelmäßig eingefordert wird. Für einen Bruch der Verschwiegenheitsabrede kann er die Exkommunikation verhängen. Das Strafrecht als ultima ratio sollte sich hier in Zurückhaltung üben.

Ein Geheimnis im Sinne von § 203 StGB ist eine Tatsache, die nur wenigen **11** oder einem beschränkten Personenkreis bekannt ist und an deren Geheimhaltung ein schutzwürdiges Interesse besteht (ähnlich *Tröndle/Fischer*, § 203 StGB, Rn. 3). Neben dem Geheimhaltungswillen des Patienten ist damit auch die objektive Geheimhaltungswürdigkeit beachtlich (*Lackner/Kühl*, § 203 StGB, Rn. 14). Darunter fällt auch die bloße Tatsache der Behandlung (Sch/Sch/*Lenckner*, § 203 StGB, Rn. 7). Auf die rechtlich-sittliche Billigungswürdigkeit kommt es nicht an, d. h. grundsätzlich fallen auch geplante oder begangene Straftaten unter die Verschwiegenheitspflicht.

III. Grenzen der Schweigepflicht

1. Offenbarungspflicht gem. § 138 StGB. Die Verletzung der Schweige- **12** pflicht kann ausnahmsweise gerechtfertigt oder sogar geboten sein. So kontrastiert die Schweigepflicht gem. § 203 StGB mit § 138 StGB, der die Nichtanzeige bestimmter geplanter Straftaten unter Strafe stellt. Die Nichtanzeige bereits begangener Delikte ist straflos. Die Pflicht zur Anzeige geplanter Straftaten erstreckt sich lediglich auf bestimmte Staatsschutzdelikte, gemeingefährliche Verbrechen und bestimmte Formen von Schwerkriminalität:

§ 138 StGB Nichtanzeige geplanter Straftaten

(1) Wer von dem Vorhaben oder der Ausführung

1. einer Vorbereitung eines Angriffskrieges (§ 80),
2. eines Hochverrats in den Fällen der §§ 81 bis 83 Abs. 1,
3. eines Landesverrats oder einer Gefährdung der äußeren Sicherheit in den Fällen der §§ 94 bis 96, 97 a oder 100,
4. einer Geld- oder Wertpapierfälschung in den Fällen der §§ 146, 151, 152 oder einer Fälschung von Zahlungskarten und Vordrucken für Euroschecks in den Fällen des § 152 a Abs. 1 bis 3,
5. eines schweren Menschenhandels in den Fällen des § 181 Abs. 1 Nr. 2 oder 3,
6. eines Mordes (§ 211) oder Totschlags (§ 212) oder eines Völkermordes (§ 6 des Völkerstrafgesetzbuches) oder eines Verbrechens gegen die Menschlichkeit (§ 7 des Völkerstrafgesetzbuches) oder eines Kriegsverbrechens (§§ 8, 9, 10, 11 oder 12 des Völkerstrafgesetzbuches),
7. einer Straftat gegen die persönliche Freiheit in den Fällen der §§ 234, 234 a, 239 a oder 239 b,
8. eines Raubes oder einer räuberischen Erpressung (§§ 249 bis 251 oder 255) oder
9. einer gemeingefährlichen Straftat in den Fällen der §§ 306 bis 306 c oder 307 Abs. 1 bis 3, des § 308 Abs. 1 bis 4, des § 309 Abs. 1 bis 5, der §§ 310, 313, 314 oder 315 Abs. 3, des § 315 b Abs. 3 oder der §§ 316 a oder 316 c zu einer Zeit, zu der die Ausführung oder der Erfolg noch abgewendet werden kann, glaubhaft erfährt und es unterläßt, der Behörde oder dem Bedrohten rechtzeitig Anzeige zu machen, wird mit Freiheitsstrafe bis zu fünf Jahren oder mit Geldstrafe bestraft.

(2) Ebenso wird bestraft, wer von dem Vorhaben oder der Ausführung einer Straftat nach § 129 a, auch in Verbindung mit § 129 b Abs. 1 Satz 1 und 2, zu einer Zeit, zu der die Ausführung noch abgewendet werden kann, glaubhaft erfährt und es unterlässt, der Behörde unverzüglich Anzeige zu erstatten. § 129 b Abs. 1 Satz 3 bis 5 gilt entsprechend.

(3) Wer die Anzeige leichtfertig unterläßt, obwohl er von dem Vorhaben oder der Ausführung der rechtswidrigen Tat glaubhaft erfahren hat, wird mit Freiheitsstrafe bis zu einem Jahr oder mit Geldstrafe bestraft.

13   Delikte gegen die sexuelle Selbstbestimmung fehlen in dem anzeigepflichtigen Straftatenkatalog, sollen aber gemäß einem Gesetzentwurf von SPD und Bündnis 90/Die Grünen vom 28. 1. 2003 für sexuellen Missbrauch von Kindern, sexuelle Nötigung und sexuellen Missbrauch widerstandsunfähiger Personen eingefügt werden. Für sexuellen Missbrauch in der Psychotherapie ist dies nicht vorgesehen. Kolleginnen und Kollegen, die von einer diesbezüglichen Tat eines Kollegen erfahren, sind damit nicht anzeigepflichtig.

14   Voraussetzung für die Anzeigepflicht ist das glaubhafte Erfahren von einer bevorstehenden Katalogtat. Gerüchte reichen hierfür nicht. Der Therapeut muss ernstlich mit der Begehung der geplanten Tat rechnen, der Vorsatznachweis wird hier schwer zu führen sein. Erfährt also ein Psychologischer Psychotherapeut oder ein Kinder- und Jugendlichenpsychotherapeut unter diesen Voraussetzung von einer geplanten Katalogtat, so muss er diese offenbaren. Ob die Katalogtat durch den Patienten oder durch Dritte geplant ist, ist unbeachtlich. Die Offenbarung kann durch eine Anzeige bei der Polizei erfolgen, aber auch gegenüber dem Bedrohten selbst, wenn dieser eigene Schutzvorkehrungen treffen kann. Gem. § 139 Abs. 4 StGB bleibt der eine Anzeige Unterlassende straffrei, wenn er die Ausführung oder den Erfolg sonst wie abwendet.

15   **2. Einschränkungen.** Die Anzeigepflicht erfährt gem. § 139 Abs. 1, 3 StGB für bestimmte Personengruppen eine Einschränkung. So sind Ärzte nur für den Fall des geplanten Verbrechens eines Mordes oder Totschlags gem. §§ 211, 212 StGB, eines Völkermordes (§ 220 a Abs. 1 Nr. 1 StGB), eines erpresserischen Menschenraubs (§ 239 a Abs. 1 StGB), einer Geiselnahme (§ 239 b Abs. 1 StGB) oder eines Angriffs auf den Luft- und Seeverkehr (§ 316 c Abs. 1 StGB) durch eine terroristische Vereinigung (§ 129 a StGB) uneingeschränkt anzeigepflichtig. Bei den restlichen Katalogtaten bleiben sie straffrei, wenn sie sich ernsthaft bemüht

haben, den Täter von der Tat abzuhalten oder den Erfolg abzuwenden. Das wird man für ärztliche Psychotherapeuten im Zweifel annehmen dürfen.

3. Ausschluss der Privilegierung. Für psychologische Psychotherapeuten **16** und Kinder- und Jugendlichenpsychotherapeuten gilt diese Privilegierung nicht. Aus § 139 Abs. 3 Satz 2 StGB resultiert also der sachlich nicht zu rechtfertigende Umstand, dass der ärztliche Psychotherapeut oder ärztliche Kinder- und Jugendlichenpsychotherapeut straflos bleibt, wo der Psychologische Psychotherapeut und der nichtärztliche Kinder- und Jugendlichenpsychotherapeut sich strafbar machen. Diese rechtlich unhaltbare Aufspaltung der Obliegenheiten sollte vom Gesetzgeber umgehend beseitigt werden. Ob allerdings der in einem von den Fraktionen der SPD und Bündnis 90/Die Grünen im Bundestag eingebrachten Gesetzentwurf (BT-Drs. 15/350, S. 34) eingeschlagene Weg, die Privilegierung auf Psychologische Psychotherapeuten und Kinder- und Jugendlichenpsychotherapeuten zu erweitern, der richtige ist, bleibt zu bezweifeln (vgl. u. Rn. 18).

Die in der Offenbarung enthaltene Verletzung der Schweigepflicht wird durch **17** § 138 StGB gerechtfertigt und ist damit nicht strafbar. Rechtlich ist damit die Kollision zwischen dem Handlungsgebot des § 138 StGB und dem Unterlassensgebot des § 203 StGB zugunsten des Handlungsgebots zu lösen: in den Fällen der Katalogtaten des § 138 StGB muss der Therapeut initiativ werden und die geplanten Straftaten durch Anzeige oder dem Betroffenen gegenüber offenbaren.

Für die Psychologischen Psychotherapeuten oder Kinder- und Jugendlichen- **18** psychotherapeuten muss der ihm abverlangte Bruch der Verschwiegenheit i. Ü. keineswegs nur eine Zumutung bedeuten: Ganz im Gegenteil wird es oft sogar entlastend sein, wenn er weiß, dass er durch die Anerkennung der äußeren Realität gehalten ist, die geplante Tat, von der er angelegentlich der Therapie glaubhaft erfährt, zu offenbaren. Gelangt die Tat zur Ausführung, würde er sich nolens volens moralisch, nicht rechtlich daran schuldig machen. Mit Rücksicht darauf ist es durchaus zu erwägen, auch Ärzte von der u. U. verhängnisvoll-konfliktuösen Privilegierung des § 139 Abs. 3 Satz 2 StGB zu befreien, um die oben erwähnte (Rn. 16) missliche Aufspaltung der Obliegenheiten zu beseitigen.

IV. § 34: Rechtfertigender Notstand

Eine Rechtfertigung des Bruchs des Gebots der Verschwiegenheit gem. § 203 **19** StGB kommt weiterhin durch rechtfertigenden Notstand gem. § 34 StGB in Betracht. Danach muss der Therapeut das Geheimnis nicht offenbaren, er handelt aber rechtmäßig, wenn er es trotzdem tut. Voraussetzung hierfür ist das Vorliegen einer aktuellen, nicht anders abwendbaren Gefahr für Leben, Leib, Freiheit, Ehre, Eigentum oder ein anderes Rechtsgut Dritter. Im Rahmen einer Güterabwägung ist zu entscheiden, ob die drohende Rechtsgutsbeeinträchtigung die Verletzung der Schweigepflicht wesentlich überwiegt. Da das Vertrauen in die Verschwiegenheit der ärztlichen und psychotherapeutischen Berufe ein hohes Gut darstellt (Sch/Sch/*Lenckner*, § 203 StGB, Rn. 30), kommt eine Rechtfertigung nur ausnahmsweise in Betracht. Eine solche Rechtfertigung betrifft insbesondere Konstellationen, in denen es um den Schutz von Leib und Leben unbeteiligter Dritter geht. Handelt es sich um Taten, die bereits gem. § 138 StGB offenbarungspflichtig sind, wirkt § 138 StGB rechtfertigend.

So ist es gerechtfertigt, gefährdete Dritte über erhebliche Gefahren aufzuklären, **20** die vom Patienten oder von Dritten ausgehen, etwa die Lebenspartnerin über die AIDS-Erkrankung des in Therapie befindlichen Freundes (*OLG Frankfurt*, NStZ 2001, 149 ff.). Gleiches gilt für der Allgemeinheit drohende Gefährdungen, etwa des Straßenverkehrs durch epileptische Anfälle des Patienten (LK/*Schünemann*,

§ 203 StGB, Rn. 140; Sch/Sch/*Lenckner,* § 203 StGB, Rn. 31). In solchen Fällen kann und muss der Therapeut eine Gewissensentscheidung treffen, ob er der Abwendung der Gefahr vor dem Bruch der Schweigepflicht den Vorrang einräumen will. Hält er irrtümlich die Voraussetzungen von § 34 StGB für gegeben, so kommt ihm ein Erlaubnistatbestandsirrtum zugute, der zur Straflosigkeit führt.

21 Das Strafverfolgungsinteresse hinsichtlich Aufklärung und Ahndung bereits begangener Delikte rechtfertigt eine Verletzung der Schweigepflicht gem. § 203 StGB hingegen unter keinen Umständen (ganz h. M., LK/*Schünemann,* § 203 StGB, Rn. 141; NK/*Jung,* § 203 StGB, Rn. 27; *Tröndle/Fischer,* § 203 StGB, Rn. 31). Wer damit als Psychologischer Psychotherapeut oder Kinder- und Jugendlichenpsychotherapeut oder ärztlicher Psychotherapeut Informationen über begangene Straftaten, gleich wie schwer die Tat wiegt, an die Strafverfolgungsbehörden oder an sonst jemanden weitergibt, macht sich gem. § 203 StGB strafbar.

Vorbemerkung

Die Änderungen in Artikel 6 sind aus dem Gesetzentwurf der Fraktionen der CDU/CSU und der F.D.P. (BT-Drs. 13/8035) unverändert übernommen worden. Sie sind zugleich mit dem Psychotherapeutengesetz am 1. 1. 1999 in Kraft getreten (Art. 15 Abs. 3 EG-PsychThG).

Artikel 6. Änderung der Abgabenordnung

In § 102 Abs. 1 Nr. 3 Buchstabe c der Abgabenordnung in der Fassung der Bekanntmachung vom 16. März 1976 (BGBl. 1 S. 613, 1977, S. 269), die zuletzt durch Artikel 4 Abs. 8 des Gesetzes vom 26. Januar 1998 (BGBl. 1 S. 164, 583) geändert worden ist, werden nach dem Wort „Zahnärzte," die Wörter „Psychologische Psychotherapeuten, Kinder- und Jugendlichenpsychotherapeuten," eingefügt.

Das Recht zur Auskunftsverweigerung zum Schutz bestimmter Berufsgeheimnisse nach § 102 der Abgabenordnung ist außer den Angehörigen anderer Heilberufe (§ 102 Abs. 1 Nr. 3 lit. c) nunmehr auch Psychologischen Psychotherapeuten sowie Kinder- und Jugendlichenpsychotherapeuten zugebilligt worden.

Artikel 7. Änderung der Zulassungsverordnung für Vertragsärzte (Ärzte-ZV)

Die Zulassungsverordnung für Vertragsärzte in dem Bundesgesetzblatt Teil 3 Gliederungsnr. 8230–25, veröffentlicht in der bereinigten Fassung, zuletzt geändert durch Art. 16 des Gesetzes vom 23. Juni 1997 (BGBl. I S. 1520) wird durch das EG-PsychThG wie folgt geändert:

1. § 1 wird wie folgt geändert:
   a) Absatz 2 wird wie folgt geändert:
      aa) Buchstabe a wird wie folgt gefasst:
         „a) die zugelassenen Ärzte und Psychotherapeuten,".
      bb) In Buchstabe b werden nach der Angabe „§ 3" die Wörter „und Psychotherapeuten, die die Voraussetzungen des § 95 c des Fünften Buches Sozialgesetzbuch" eingefügt.
   b) Folgender Absatz wird angefügt:
   „(3) Diese Verordnung gilt für Psychotherapeuten entsprechend."

2. § 47 wird wie folgt geändert:
   a) Der bisherige Text wird Absatz 1.
   b) Folgender Absatz wird angefügt:
   „(2) §§ 25 und 31 Absatz 9 gelten erst für Anträge von Psychotherapeuten, die nach dem 31. Dezember 1998 gestellt werden."

Vorbemerkung: Die Ärzte-ZV regelt das Nähere über die Teilnahme an der vertragsärztlichen Versorgung sowie die zu ihrer Sicherstellung erforderliche Bedarfsplanung (§ 99 SGB V) und die Beschränkung von Zulassungen. Sie wird vom Bundesministerium für Gesundheit mit Zustimmung des Bundesrates als Rechtsverordnung erlassen (§ 98 SGB V). Aufgrund der Integration der Psychologischen Psychotherapeuten und Kinder- und Jugendlichenpsychotherapeuten in die vertragsärztliche Versorgung war eine Änderung der Ärzte-ZV an den maßgeblichen Stellen erforderlich.

1. Artikel 7 Nr. 1 EG-PsychThG

§ 1 Ärzte-ZV

(1) Für jeden Zulassungsbezirk führt die Kassenärztliche Vereinigung neben dem Arztregister die Registerakten.

(2) Das Arztregister erfasst:

a) die zugelassenen Ärzte und Psychotherapeuten
b) Ärzte, die die Voraussetzungen des § 3 erfüllen *und Psychotherapeuten, die die Voraussetzungen des § 95 c des Fünften Buches Sozialgesetzbuch erfüllen* **und ihre Eintragung nach § 4 beantragt haben.**

(3) Diese Verordnung gilt für Psychotherapeuten, medizinische Versorgungszentren und die dort angestellten Ärzte entsprechend.

Übersicht

I. Geltende Fassung

Die Zulassungsverordnung wurde am 28. Mai 1957 eingeführt (BGBl. I **1**
S. 572). Wesentliche Änderungen erfuhr die Zulassungsverordnung für Ärzte
durch folgende Gesetze:
- mit Wirkung zum 1. 1. 1989 durch Art. 18 des Gesetzes vom 20. Dezember
  1988 (GRG) (BGBl. I S. 2343),
- Art. 6 des Gesetzes vom 20. Dezember 1991, BGBl. I S. 2325,
- Art. 9 GSG vom 21. 12. 1993, BGBl. I S. 2266,
- Art. 14 und 16 des Zweiten GKV-NOK vom 23. 6. 1997, BGBl. I S. 1520,
- Art. 7 und 14 des EG-PsychThG vom 16. 6. 1998, BGBl. I S. 1311 mit Wir-
  kung zum 1. 1. 1999,
- Art. 10 GKV-SolG vom 19. 12. 1998, BGBl. I S. 3853,
- Art. 15 GKV-Gesundheitsreformgesetz 2000 vom 22. 12. 1999, BGBl. I
  S. 2626 mit Wirkung zum 1. 1. 2000,
- Artikel 16 GKV-Modernisierungsgesetz (GMG) vom 19. 11. 2003, BGBl. I
  S. 2190 mit Wirkung vom 1. 1. 2004.

II. Normzweck

Die Vorschrift bestimmt, wer für welchen Bezirk und mit welchem Inhalt ein **2**
Arztregister mit Registerakten zu führen hat.

Absatz 2 a: Nach der Integration der Psychotherapeuten in das Vertragsarzt- **3**
system (s. Vierter Abschnitt SGB V) sind auch Psychotherapeuten, nach Vorliegen
der Voraussetzungen (s. § 95 c SGB V) in das von der kassenärztlichen Vereinigung geführte Arztregister einzutragen.

III. Regelungsinhalt

Für die Psychotherapeuten wurde kein eigenes „Psychotherapeutenregister" **4**
geschaffen. Dieser Begriff hätte nach der vorliegenden Konzeption des Gesetzgebers nicht den Vorgaben entsprochen, da die für die Vertragsärzte geltenden Sach-
begriffe sprachlich nicht auf Psychotherapeuten abgestellt sind. Der genaue Inhalt
des Arztregisters geht aus § 2 Anlage zu § 2 Abs. 2 Ärzte-ZV hervor.

Absatz 3 regelt die entsprechende Geltung der Ärzte-ZV für Psychotherapeu- **5**
ten und medizinische Versorgungszentren und die dort angestellten Ärzte. Neben
den Regelungen über die Registereintragung sind auch diejenigen über die Zulassung, das Zulassungsverfahren und den Vertragsabschluss sowie die Beschäftigung von Vertretern, Assistenten, angestellten Psychotherapeuten und die Gemeinschaftspraxis entsprechend anzuwenden.

2. Artikel 7 Nr. 2 EG-PsychThG

§ 47 Ärzte-ZV

[1]Diese Zulassungsverordnung tritt am Ersten des auf seine Verkündung folgenden Monats in Kraft.

[2] *Die §§ 25 und 31 Abs. 9 gelten erst für Anträge von Psychotherapeuten, die nach dem 31. Dezember 1998 gestellt worden sind.*

Übersicht

I. Geltende Fassung

1   Die Zulassungsverordnung wurde am 28. Mai 1957 eingeführt (BGBl. I S. 572). Wesentliche Änderungen erfuhr die Zulassungsverordnung für Ärzte durch folgende Überleitungsvorschriften:
– mit Wirkung zum 1. 1. 1989 durch Art. 18 des Gesetzes vom 20. Dezember 1988 (GRG), (BGBl. I S. 2343),
– Art. 6 des Gesetzes vom 20. Dezember 1991, BGBl. I S. 2325,
– Art. 9 GSG vom 21.12.1993, BGBl. I S. 2266,
– Art. 14 und 16 des Zweiten GKV-NOK vom 23. 6. 1997, BGBl. I S. 1520,
– Art. 7 und 14 des EG-PsychThG vom 16. 6. 1998, BGBl. I S. 1311 mit Wirkung zum 1. 1. 1999,
– Art. 10 GKV-SolG vom 19. 12. 1998, BGBl. I S. 3853,
– Art. 15 GKV-GRG 2000 vom 22. 12. 1999, BGBl. I S. 2626 mit Wirkung zum 1. 1. 2000.

II. Normzweck und Regelungsinhalt

2   Die Vorschrift regelt das Inkrafttreten der Zulassungsverordnung. Absatz 2 enthält eine **Übergangsbestimmung** für die Anwendung der Regelung zur Alterszugangsgrenze bei Vollendung des 55. Lebensjahres für Psychotherapeuten (s. § 25 Ärzte-ZV).
Nach mehrfachen Änderungen der am 1. Juni 1957 in Kraft getretenen Zulassungsverordnung wurde diese aufgrund des § 98 SGB V nach Inkrafttreten des Gesundheitsreformgesetzes am 1. Januar 1989 als Zulassungsverordnung neu gefasst.

3   Nach § 47 Abs. 2 gilt die **Alterszugangsgrenze** bei Vollendung des 55. Lebensjahres für Psychotherapeuten nur für die sog. Regelzulassung bzw. -ermächtigung, also nicht für die aufgrund der Übergangsvorschriften nach § 95 Abs. 10 und 11 SGB V erteilten, sog. bedarfsunabhängigen Zulassungen, die einen bis zum 31. Dezember 1998 gestellten Zulassungs- bzw. Ermächtigungsantrag voraussetzten.

Artikel 8. Änderung des
Beschäftigungs- und Arbeitstherapeutengesetzes

Das Beschäftigungs- und Arbeitstherapeutengesetz vom 25. Mai 1976 (BGBl. I
S. 1246), zuletzt geändert durch Artikel 2 des Gesetzes vom 8. März 1994 (BGBl. I
S. 446), wird wie folgt geändert:

1. Die Überschrift wird wie folgt gefasst:

    „Gesetz über den Beruf der Ergotherapeutin und des Ergotherapeuten
    (Ergotherapeutengesetz – ErgThG)".

2. In § 1 werden die Wörter „Beschäftigungs- und Arbeitstherapeut" oder „Be-
   schäftigungs- und Arbeitstherapeutin" durch die Wörter „Ergotherapeutin"
   oder „Ergotherapeut" ersetzt.

3. In § 2 Abs. 1 Nr. 1. § 4 Abs. 1 und 4 Satz 1 sowie § 5 Abs. 1 Satz 1 werden
   jeweils die Wörter „Beschäftigungs- und Arbeitstherapeuten" durch das Wort
   „Ergotherapeuten" ersetzt.

4. In § 4 Abs. 4 Satz 2 werden nach dem Wort „Krankengymnast" die Wörter
   „oder Physiotherapeut" eingefügt.

5. § 7 Abs. 1 wird wie folgt gefasst:

    „§ 7

    (1) Ordnungswidrig handelt, wer

1. ohne Erlaubnis nach § 1 die Berufsbezeichnung „Ergotherapeutin" oder „Ergotherapeut",
2. ohne Erlaubnis nach § 8 Abs. 2 Satz 1 die Berufsbezeichnung „Beschäftigungs-
   therapeut", „Beschäftigungstherapeutin", „Beschäftigungs- und Arbeitstherapeut (Ergotherapeut)" oder „Beschäftigungs- und Arbeitstherapeutin (Ergotherapeutin)" oder
3. entgegen § 9 Abs. 3 Satz 2 die Berufsbezeichnung „Beschäftigungs- und Arbeitstherapeut" oder „Beschäftigungs- und Arbeitstherapeutin" führt."

6. § 9 wird wie folgt gefaßt:

    „§ 9

    (1) Eine vor Inkrafttreten dieses Gesetzes erteilte Erlaubnis als „Beschäftigungs-
    und Arbeitstherapeut" oder als „Beschäftigungs- und Arbeitstherapeutin" gilt als
    Erlaubnis nach § 1.

    (2) Personen, die vor Inkrafttreten dieses Gesetzes eine Ausbildung zum „Be-
    schäftigungs- und Arbeitstherapeuten" oder zur „Beschäftigungs- und Arbeitsthe-
    rapeutin" begonnen haben, erhalten nach Abschluß ihrer Ausbildung eine Erlaub-
    nis nach § 1, wenn die Voraussetzungen des § 2 Abs. 1 Nr. 2 und 3 vorliegen.

    (3) Beschäftigungs- und Arbeitstherapeuten, die eine Erlaubnis nach dem Be-
    schäftigungs- und Arbeitstherapeutengesetz besitzen, dürfen die Berufsbezeichnung
    weiterführen. Außer im Falle des Satzes 1 darf die Berufsbezeichnung „Beschäfti-
    gungs- und Arbeitstherapeut" oder „Beschäftigungs- und Arbeitstherapeutin"
    nicht geführt werden."

Im Beschäftigungs- und Arbeitstherapeutengesetz vom 25. 5. 1976 (BGBl. I
S. 1246) ist als Folge einer Umbenennung der Beschäftigungs- und Arbeitsthera-

peuten in „Ergotherapeuten" die Überschrift des Gesetzes entsprechend geändert und sind in §§ 1 und 2 die bisherigen Berufsbezeichnungen durch „Ergotherapeuten" ersetzt und in § 4 den Krankengymnasten „Physiotherapeuten" hinzugefügt worden. Außerdem sind § 7 Abs. 1 (Führung der entsprechenden Berufsbezeichnungen) und § 9 neu gefasst worden (Weitergeltung bisheriger Berufsausübungserlaubnisse, Neuerteilung solcher Erlaubnisse nach Abschluss der Ausbildung, Weiterführung bisheriger Berufsbezeichnungen).

Artikel 9. Änderung des Krankenhaus-finanzierungsgesetzes

In § 2 Nr. 1a lit. a des Krankenhausfinanzierungsgesetzes in der Fassung der Bekanntmachung vom 10. April 1991 (BGBl. I S. 886), das zuletzt durch Art. 8 des Gesetzes vom 23. Juli 1997 (BGBl. I S. 1520) geändert worden ist, werden die Wörter „Beschäftigungs- und Arbeitstherapeut, Beschäftigungs- und Arbeitstherapeutin" durch die Wörter „Ergotherapeut, Ergotherapeutin" ersetzt.

§ 2 Krankenhausfinanzierungsgesetz Begriffsbestimmungen

Im Sinne dieses Gesetzes sind

1. Krankenhäuser, Einrichtungen, in denen durch ärztliche und pflegerische Hilfeleistungen Krankheiten, Leiden oder Körperschäden festgestellt, geheilt oder gelindert werden sollen oder Geburtshilfe geleistet wird und in denen die zu versorgenden Personen untergebracht und verpflegt werden können,

1a. mit den Krankenhäusern notwendigerweise verbundene Ausbildungsstätten, staatlich anerkannte Einrichtungen an Krankenhäusern zur Ausbildung für die Berufe

a) Ergotherapeut, Ergotherapeutin,

b) ...

Die Änderung des Krankenhausfinanzierungsgesetzes bezüglich der Begriffe Ergotherapeut/Ergotherapeutin anstelle der Begriffe Beschäftigungs- und Arbeitstherapeut/Beschäftigungs- und Arbeitstherapeutin ist eine Folge der Neuregelung nach Art. 8 EG-PsychThG (s. dort).

Artikel 10. Überleitungsvorschrift

Die Rechtsstellung der bis zum 31. Dezember 1998 an der psychotherapeutischen Versorgung der Versicherten der gesetzlichen Krankenversicherung teilnehmenden nichtärztlichen Leistungserbringer bleibt bis zur Entscheidung des Zulassungsausschusses über deren Zulassung oder Ermächtigung unberührt, sofern sie einen Antrag auf Zulassung oder Ermächtigung bis zum 31. Dezember 1998 gestellt haben.

Übersicht

I. Normzweck

1   Um den nichtärztlichen Leistungserbringern, die bis zum 31. Dezember 1998 an der psychotherapeutischen Versorgung der Versicherten mitgewirkt haben, bis zu deren Zulassung oder Ermächtigung die Möglichkeit zur weiteren Mitwirkung zu erhalten, und um die psychotherapeutische Versorgung in der Zeit vom Inkrafttreten des Gesetzes am 1. Januar 1999 bis zur Entscheidung über den Erhalt eines Status sicherzustellen, bleibt die Rechtsposition dieser Personen aufrecht erhalten (s. Gesetzesbegründung aus der Beschlussempfehlung des Ausschusses für Gesundheit). Die Regelung war im ursprünglichen Entwurf der CDU/CSU-F. D. P.-Fraktionen nicht enthalten.

II. Regelungsinhalt

2   Die Vorschrift stellt zum Einen sicher, dass gesetzlich Versicherte wie bisher von ihrem Psychotherapeuten entweder als Delegationspsychologen oder im Rahmen der Kostenerstattung nach § 13 Abs. 3 SGB V zu Lasten ihrer Krankenkassen psychotherapeutische Leistungen erhalten können, wenn diese im Rahmen der Übergangsvorschrift (§§ 95 Abs. 10 und 11 SGB V) wirksame Anträge auf bedarfsunabhängige Zulassung oder Ermächtigung gestellt haben. Ein Nachweis darüber, dass die Voraussetzung der Vortätigkeit in dem Dreijahreszeitraum erfüllt ist (s. *Behnsen/Bernhardt*, Psychotherapeutengesetz, S. 99), kann auf Grund der Vorschrift nicht verlangt werden. Die Aufrechterhaltung der Rechtsstellung bis zur rechtskräftigen Entscheidung über einen Status als Leistungserbringer im kassenarztrechtlichen System ist ein formaler Schutz und setzt keine inhaltliche materiellrechtliche Prüfung einzelner Kriterien für die Berechtigung voraus.
    Das *Bundesverfassungsgericht* hat sich im Rahmen seiner Entscheidung am 22. 12. 1999 (Az. 1 BvR 1657/99) mit der Verfassungsbeschwerde über die Rechtsstellung von approbierten Psychologischen Psychotherapeuten und Kinder- und Jugendlichenpsychotherapeuten befasst und festgestellt, dass Art. 10 EG-PsychThG verfassungskonform dahingehend auszulegen sei, dass unter der „Entscheidung des Zulassungsausschusses" die bestandskräftige oder rechtskräftige Entscheidung ge-

meint ist: „Verstünde man die Norm so, dass zwischen der Verwaltungsentscheidung und der Klärung ihrer Rechtmäßigkeit die von den Krankenkassen finanzierte Berufstätigkeit einstweilen einzustellen wäre, käme das einem Sofortvollzug gleich und bedürfte nach dem Grundsatz der aufschiebenden Wirkung von Widerspruch und Klage als adäquate Ausprägung der verfassungsrechtlichen Rechtsschutzgarantie besonderer Begründung." (*BVerfG*, a.a.O.). Auch aus der Gesetzesbegründung (vgl. BT-Drs. 13/9212, S. 42) sind solche besonderen Gründe nicht ersichtlich.

Artikel 11. Übergangsregelung zur Vergütung psychotherapeutischer Leistungen

(1) Die Vertragsparteien des Gesamtvertrages nach § 82 Abs. 2 des Fünften Buches Sozialgesetzbuch vereinbaren für das Jahr 1999 das für die Vergütung psychotherapeutischer Leistungen höchstens zur Verfügung stehende Ausgabenvolumen. Dieses Ausgabenvolumen besteht aus:

1. dem für die Vergütung psychotherapeutischer Leistungen in der vertragsärztlichen Versorgung im Jahr 1996 aufgewendeten und um die nach § 85 Abs. 3 des Fünften Buches Sozialgesetzbuch für die Jahre 1997 und 1998 vereinbarten sowie der nach Artikel 18 GKV-SolG für 1999 bestimmten Veränderungen erhöhten Vergütungsvolumen und

2. einem Ausgabenvolumen, das dem im Jahr 1997 für psychotherapeutische Leistungen außerhalb der vertragsärztlichen Versorgung entrichteten Vergütungen entspricht, höchstens jedoch 1 vom Hundert der nach § 85 Abs. 1 des Fünften Buches Sozialgesetzbuch im Jahr 1997 entrichteten Gesamtvergütungen.

Übersteigen die von einer Krankenkasse im Jahr 1997 für psychotherapeutische Leistungen außerhalb der vertragsärztlichen Versorgung entrichteten Vergütungen den in Satz 2 Nr. 2 genannten Anteilswert, ist ein entsprechend erhöhtes Vergütungsvolumen zu vereinbaren; die für die Krankenkasse zuständige Aufsichtsbehörde prüft die dieser Vereinbarung zugrunde liegenden Angaben zur Höhe des Ausgabenvolumens.

(2) Soweit der für die Vergütung psychotherapeutischer Leistungen geltende Punktwert den für die Vergütung der Leistungen nach Kapitel B II des einheitlichen Bewertungsmaßstabs geltenden durchschnittlichen rechnerischen Punktwert der beteiligten Krankenkassen um mehr als 10 vom Hundert unterschreitet, haben die Vertragsparteien nach Absatz 1 geeignete Maßnahmen zur Begrenzung der Punktwertdifferenz zu treffen.

(3) Das Ausgabenvolumen nach Absatz 1 verringert sich um die Beträge, die von den Krankenkassen nach § 13 Abs. 3 des Fünften Buches Sozialgesetzbuch als Erstattungen für psychotherapeutische Leistungen aufgewendet worden sind. Für die Erstattungen nach Satz 1 gilt § 13 Abs. 2 S. 2.

Betroffen von diesen Bestimmungen des EG-PsychThG sind die hierdurch modifizierten Regelungen des nachfolgend (auszugsweise) abgedruckten § 85 SGB V:

§ 85 Gesamtvergütung

(1) Die Krankenkasse entrichtet nach Maßgabe des Gesamtvertrages für die gesamte vertragsärztliche Versorgung mit befreiender Wirkung eine Gesamtvergütung an die Kassenärztliche Vereinigung.

(2) [1]Die Höhe der Gesamtvergütung wird im Gesamtvertrag mit Wirkung für die Beteiligten Krankenkassen vereinbart. [2]Die Gesamtvergütung ist das Ausgabenvolumen für die Gesamtheit der zu vergütenden vertragsärztlichen Leistungen; sie kann als Festbetrag oder auf der

Grundlage des Bewertungsmaßstabes nach Einzelleistungen, nach einer Kopfpauschale, nach einer Fallpauschale oder nach einem System berechnet werden, das sich aus der Verbindung dieser oder weiterer Berechnungsarten ergibt. [3]Die Vereinbarung unterschiedlicher Vergütungen für die Versorgung unterschiedlicher Gruppen von Versicherten ist nicht zulässig. Die Vertragsparteien sollen auch eine angemessene Vergütung für nichtärztliche Leistungen im Rahmen sozialpädiatrischer und psychiatrischer Tätigkeit vereinbaren. [4]Die Vergütungen der Untersuchungen nach §§ 22, 25 Abs. 1 und 2, § 26 werden als Pauschalen vereinbart. Beim Zahnersatz sind Vergütungen für die Aufstellung eines Heil- und Kostenplanes nicht zulässig. Soweit die Gesamtvergütung nach Einzelleistungen vereinbart wird, ist der Betrag des Ausgabenvolumens nach Satz 2 zu bestimmen, sowie eine Regelung zur Vermeidung der Überschreitung dieses Betrages zu treffen. [5]Ausgaben für Kostenerstattungsleistungen nach § 13 Abs. 2 und aufgrund der Mehrkostenregelung nach § 28 Abs. 2 S. 3 sowie für das zahnärztliche Honorar nach § 30 Abs. 3 S. 1 sind auf das Ausgabenvolumen nach Satz 2 anzurechnen.

(2 a) betrifft die Vergütung von Substitutionsbehandlungen bei Drogenabhängigkeit – vom Abdruck wird deshalb abgesehen

(2 b) betrifft die Vergütung zahnärztlicher Leistungen – vom Abdruck wird abgesehen

(2 c) **Die Vertragspartner nach § 82 Abs. 1 können vereinbaren, dass für die Gesamtvergütung getrennte Vergütungsanteile für die an der vertragsärztlichen Versorgung beteiligten Arztgruppen zugrunde gelegt werden; sie können auch die Grundlage für die Bemessung der Vergütungsanteile regeln. § 89 Abs. 1 gilt nicht.**

(3) [1]Die Vertragsparteien des Gesamtvertrages vereinbaren die Veränderungen der Gesamtvergütungen unter Berücksichtigung der Praxiskosten, der für die vertragsärztliche Tätigkeit aufzuwendenden Arbeitszeit sowie der Art und des Umfanges der ärztlichen Leistungen soweit sie auf einer gesetzlichen oder satzungsmäßigen Leistungsausweitung beruhen. [2]Bei der Vereinbarung der Veränderungen der Gesamtvergütungen ist der Grundsatz der Beitragssatzstabilität (§ 71) in Bezug auf das Ausgabenvolumen für die Gesamtheit der zu vergütenden vertragsärztlichen Leistungen zu beachten.

(3 a–c) ...

(4) [1]Die Kassenärztliche Vereinigung verteilt die Gesamtvergütung unter den Kassenärzten. Sie wendet dabei den im Benehmen mit den Verbänden der Krankenkassen festgesetzten Verteilungsmaßstab an. Bei der Verteilung sind Art und Umfang der Leistungen des Kassenarztes zu Grunde zu legen. [2]Der Verteilungsmaßstab hat sicherzustellen, dass die Gesamtvergütung gleichmäßig auf das gesamte Jahr verteilt wird. [3]Der Verteilungsmaßstab soll sicherstellen, dass eine übermäßige Ausdehnung der Tätigkeit des Kassenarztes verhütet wird. Insbesondere kann vorgesehen werden, dass die von einem Vertragsarzt erbrachten Leistungen bis zu einem bestimmten Umfang (Regelleistungsvolumen) nach festen Punktwerten vergütet werden; die Werte für das Regelleistungsvolumen je Vertragsarzt sind arztgruppenspezifisch festzulegen. [4]Übersteigt das Leistungsvolumen eines Vertragsarztes das Regelleistungsvolumen seiner Arztgruppe, kann der Punktwert bei der Vergütung der das Regelleistungsvolumen übersteigenden Leistungen abgestaffelt werden. [5]Der Ver-

teilungsmaßstab kann eine nach Arztgruppen und Versorgungsgebieten unterschiedliche Verteilung vorsehen.

(4a)–(4f) ...

Übersicht

I. Vorbemerkung

1   Die Vorschrift betrifft als Übergangsregelung zur Vergütung psychotherapeutischer Leistungen für das Jahr 1999 die Regelungsmaterie des § 85 Abs. 2 u. 3 SGB V in der Fassung des GKV-SolG vom 19. 12. 1998. § 85 SGB V wurde deshalb in dieser Fassung in betroffenen Teilen abgedruckt. Die aktuelle Fassung des § 85 SGB V beruht auf GKV-GRG 2000 vom 22. 12. 1999 (BGBl. I S. 2626). Absatz 2 wurde um einen Satz 8 ergänzt, Absatz 2a wurde neu eingefügt, Absatz 3c und Absatz 4 wurden geändert sowie ein neuer Absatz 4a unter Aufhebung der bisherigen Fassung eingefügt.

II. Geltende Fassung

2   § 85 SGB V wurde mit Wirkung vom 1. 1. 1989 durch das GRG vom 20. 12. 1988, BGBl. I S. 2477 geschaffen. Altes Recht: § 368f Abs. 1–3 RVO.
   Im Weiteren ergaben sich durch folgende Gesetze Änderungen: GSG vom 21. 12. 1992, BGBl. I S. 2266, 3. SGB V-ÄndG vom 10. 5. 1995, BGBl. I S. 678, 4. SGB V-ÄndG vom 4. 12. 1995, BGBl. I S. 1558, 2. GKV-Neuordnungsgesetz vom 23. 6. 1997, BGBl. I S. 1520, 9. SGB V-ÄndG vom 8. 5. 1998, BGBl. I S. 907.
   Artikel 1 Nr. 64 GKV-Modernisierungsgesetz-GMG ändert § 85 SGB V mit Wirkung vom 1. 1. 2004 und legt weitere Änderungen für die Folgejahre fest.

3   Die Übergangsvorschrift des Art. 11 EG-PsychThG stellte für das Jahr 1999 ausschließlich für die Psychotherapeuten eine Sonderregelung dar, letztendlich in der durch Art. 2 des EG-PsychThG vom 16. 6. 1998, BGBl. I S. 1311, und durch das GKV-SolG vom 19. 12. 1998, BGBl. I S. 3853, geänderten Fassung.

III. Normzweck

4   Art. 11 EG-PsychThG schafft neue Heilberufe und ist Bestandteil der damit verbundenen Neuordnung von Berufsfeldern im System der gesetzlichen Krankenversicherung. Im Zusammenhang mit dieser Neuordnung war im Vorfeld nicht abschätzbar, wie viele Psychotherapeuten eine Berechtigung zur Teilnahme an der ambulanten vertragsärztlichen Versorgung (Zulassung, Ermächtigung) beantragen und erhalten würden (siehe § 95 Abs. 10 und 11 SGB V) und in welchem Umfang dann psychotherapeutische Leistungen erbracht und abgerechnet würden.

Um das System mit den möglichen Folgen einer solchen Ungewissheit nicht zu 5
belasten und die finanzielle Stabilität und Funktionstauglichkeit des Systems der
gesetzlichen Krankenversicherung zu erhalten bzw. zu verbessern, wurde eine
Ausgabenobergrenze für die Höhe des Gesamtvergütungsanteils zur Vergütung
psychotherapeutischer Leistungen mit Hilfe bestimmter Faktoren definiert.

Gleichzeitig wurden die Gesamtvertragsparteien zum Zwecke der Absicherung 6
eines Mindesthonorars für psychotherapeutische Leistungen verpflichtet, Maßnahmen zur Stützung des Punktwertes zu ergreifen, sofern der Punktwert für psychotherapeutische Leistungen einen Vergleichspunktwert in einem bestimmten
Rahmen unterschreitet.

IV. Regelungsinhalt

1. Ausgabenobergrenze. Art. 11 EG-PsychThG hat mit Wirkung vom 1. 1. 7
1999 das gesamtvertraglich zu vereinbarende Ausgabenvolumen der gesetzlichen
Krankenkassen zur Vergütung psychotherapeutischer Leistungen ausschließlich für
das Jahr 1999 definiert. In der durch Art. 9 GKV-SolG geschaffenen Fassung sind
die ursprünglich festgelegten Bezugsjahre und Zuwachsraten z. T. geändert worden, was eine Erhöhung des Ausgabenvolumens zur Folge hatte. Damit schränkt
der Gesetzgeber die in § 85 Abs. 2 SGB V verliehene Vereinbarungskompetenz
der Gesamtvertragsparteien ein.

Die Berechnung des Budgetanteils für psychotherapeutische Leistungen, die im 8
Bezugszeitraum 1997 im Rahmen von Kostenerstattungen vergütet wurden, war
zunächst nicht möglich, da die Krankenkassen die erforderlichen Daten nicht
rechtzeitig liefern konnten. Da sich auch der Abschluss der Zulassungsverfahren
aufgrund der Übergangsregelungen nach § 95 Abs. 10 und 11 SGB V länger hin-
zog und die Rechtsstellung, derer, die noch keine rechtskräftige Entscheidung
vorliegen hatten, unberührt blieb, bestand im ersten Halbjahr 1999 ein zweigleisi-
ges Abrechnungssystem. Bereits zugelassene oder ermächtigte Psychotherapeuten
rechneten über die KVen aufgrund des erhaltenen Status ab, die Anderen wie bisher.

Nach einer Bundesempfehlung gem. § 86 SGB V haben die Spitzenverbände 9
der Krankenkassen und die KBV vereinbart, einen vorläufigen Verteilungspunkt-
wert für beide Abrechnungswege einheitlich vorzusehen (s. DÄ 1999, A 87).

2. Vergütungsuntergrenze. Absatz 2 der Vorschrift enthält eine Vergütungs- 10
untergrenze zur Verhinderung eines unangemessen geringen Honorars für einzelne Leistungen für psychotherapeutische Leistungen, welches für den Fall eines hohen Abrechnungsvolumens ohne Sicherungsmaßnahme entstehen könnte. In dem
Fall, dass der für die Vergütung psychotherapeutischer Leistungen geltende
Punktwert um mehr als 10% unter denjenigen sinkt, der sich durchschnittlich für
die Vergütung der hausärztlichen Beratungs- und Betreuungsgrundleistungen er-
gab, mussten geeignete Maßnahmen zur Begrenzung der Punktwertdifferenz getroffen werden. Sollten sich die getroffenen Maßnahmen als ungeeignet erweisen,
steht das Schiedsamtsverfahren zur Verfügung (§ 89 SGB V).

Sowohl die Höhe des Ausgabenbudgets als auch die Anwendung der Interven- 11
tionsregelung führte, insbesondere auch wegen unklarer Datenlage, bislang zu einer Reihe von Rechtsstreitigkeiten zwischen Psychotherapeuten und KVen.

Das *Bundessozialgericht* hat sich in seinem Urteil vom 6. November 2002 (Az: B 12
6 Ka 21/02 R) mit der Frage der Honorierung psychotherapeutischer Leistungen
im Jahre 1999 befasst. Es kommt zu dem Ergebnis, dass die Regelungen verfassungsrechtlicher Überprüfung standhalten. Es stellt fest, dass zwar eine Ausgabenobergrenze normiert ist, hierfür aber vernünftige Erwägungen des Gemeinwohls

11 Übergreg

unter Berücksichtigung des Verhältnismäßigkeitsgrundsatzes zugrunde liegen, weil die finanzielle Stabilität und Funktionsfähigkeit des Systems der gesetzlichen Krankenversicherung erhalten bzw. verbessert werden soll. Das *BSG* hat es in diesem Zusammenhang für beachtlich gehalten, dass der Gesetzgeber vor Inkrafttreten der endgütigen Fassung EG-PsychThG die Ausgabenobergrenze nachgebessert hat. Das *BSG* bewertet dies in Verbindung mit einer Vergütungsuntergrenze zur Absicherung eines Mindesthonorars in der gesetzlichen Ausgestaltung als abgewogen und verhältnismäßig.

13   In derselben Entscheidung beschäftigt sich das *BSG* mit der Höhe des Punktwertes. Vor dem Hintergrund der Regelung des Art. 11 EG-PsychThG hat das *BSG* einen Punktwert von 10 Pfennig für psychotherapeutische Leistungen, wie es ihn in früheren Entscheidungen (z. B. *BSGE* 83, 205, 212 ff. = SozR 3–2500 § 85 Nr. 29, S. 219 ff.; *BSGE* 84, 235, 238 ff. = SozR 3–2500 § 85 Nr. 33, S. 253 ff.) noch als Untergrenze bestimmt hat, für das Jahr 1999 nicht für erforderlich gehalten.

14   Die gegen dieses Urteil des *Bundessozialgerichts* (a. a. O.) erhobene Verfassungsbeschwerde beim *Bundesverfassungsgericht* wurde nicht zur Entscheidung angenommen (Beschl. v. 30. 4. 2003, Az.: 1 BvR 664/03).

Vorbemerkung

Die Änderungen in Artikel 12 sind aus dem Gesetzentwurf der Fraktionen der CDU/CSU und der F.D.P. (BT-Drs. 13/8035) unverändert übernommen worden. Sie sind zugleich mit dem Psychotherapeutengesetz am 1. 1. 1999 in Kraft getreten (Art. 15 Abs. 3 EG-PsychThG).

Artikel 12. Änderungen des Sozialgerichtsgesetzes (SGG)

Das Sozialgerichtsgesetz in der Fassung der Bekanntmachung vom 23. September 1975 (BGBl. I S. 2535), zuletzt geändert durch Artikel 1 des Gesetzes vom 30. März 1998 (BGBl. I S. 638), wird wie folgt geändert:

1. **In § 10 Abs. 2 werden nach dem Wort „Ärzten" die Wörter „einschließlich der Psychotherapeuten" eingefügt.**
2. **In § 12 Abs. 3 werden die Wörter „Kassenärzte (Kassenzahnärzte)" jeweils durch die Wörter „Ärzte, Zahnärzte und Psychotherapeuten" ersetzt.**
3. **In § 51 Abs. 2 Satz 1 Nr. 1 und 2 wird nach dem Wort „Zahnärzten," jeweils das Wort „Psychotherapeuten," eingefügt.**

Übersicht

I. Fachkammern

Nach § 10 Abs. 2 SGG i. d. F. von Art. 12 Nr. 1 des Gesetzes vom 16. 6. 1998   **1** waren bei den Sozialgerichten eigene Kammern für „Streitigkeiten aufgrund der Beziehungen zwischen Ärzten **einschließlich der Psychotherapeuten,** Zahnärzten und Krankenkassen (Kassenarztrecht)" zu bilden. Mit der Einfügung von „Psychotherapeuten" sollte klargestellt werden, dass der Begriff „Kassenarztrecht" auch Streitigkeiten zwischen Psychotherapeuten und Krankenkassen erfasst (BT-Drs. 13/9212 zu Art. 9 c SGG zu Nr. 1, S. 43). Nach Änderung des § 10 Abs. 2 SGG durch das Gesetz vom 17. 8. 2001 (BGBl. I S. 2144) sind die genannten Fachkammern nunmehr für „Streitigkeiten aufgrund der Beziehungen zwischen Krankenkassen und Vertragsärzten, **Psychotherapeuten,** Vertragszahnärzten (Vertragsarztrecht) einschließlich ihrer Vereinigungen und Verbände" zuständig (vgl. *Meyer-Ladewig,* SGG, § 10, Rn. 1).

II. Ehrenamtliche Richter

Nach § 12 Abs. 3 SGG i. d. F. von Art. 12 Nr. 2 des Gesetzes vom 16. 6. 1998   **2** wirkten in den gemäß § 10 Abs. 2 SGG gebildeten Fachkammern je ein ehrenamtlicher Richter aus den Kreisen der Krankenkassen „und der Ärzte, Zahnärzte und **Psychotherapeuten**" mit (Satz 1). In Angelegenheiten allein „der Ärzte, Zahnärzte und **Psychotherapeuten**" wirkten als ehrenamtliche Richter nur „Ärzte, Zahnärzte und **Psychotherapeuten**" mit (Satz 2). Die Einfügung „Psychotherapeuten" war eine Folgeänderung zu Art. 2 (Änderung des SGB V, BT-Drs. 13/9212 zu Art. 9 c SGG zu Nr. 2, S. 43). Nach Änderung des § 12 Abs. 3 SGG durch das Gesetz vom 17. 8. 2001 (BGBl I S. 2144) wirken in den genannten Fachkammern nunmehr je ein ehrenamtlicher Richter aus den Kreisen der Krankenkassen „und der Vertragsärzte, Vertragszahnärzte und **Psychotherapeuten**" mit (Satz 1). In Angelegenheiten allein „der Vertragsärzte, Vertragszahnärzte und **Psychotherapeuten**" wirken als ehrenamtliche Richter nur „Vertragsärzte, Vertragszahnärzte und **Psychotherapeuten**" mit (Satz 2). In Streitigkeiten, in denen ein Psychotherapeut beteiligt ist, braucht kein Psychotherapeut als ehrenamtlicher Richter mitzuwirken (*Meyer-Ladewig,* SGG, § 12, Rn. 6).

III. Sozialrechtsweg

3   Nach § 51 Abs. 2 Satz 1 Nr. 1 und 2 SGG i. d. F. von Art. 12 Nr. 3 des Gesetzes vom 16. 6. 1998 entschieden die Gerichte der Sozialgerichtsbarkeit auch über Streitigkeiten „zwischen Ärzten, Zahnärzten, **Psychotherapeuten,** Krankenhäusern und Krankenkassen einschließlich ihrer Vereinigungen und Verbände" (Nr. 1) sowie über Streitigkeiten „auf Grund von Entscheidungen der gemeinsamen Gremien von Ärzten, Zahnärzten, **Psychotherapeuten,** Krankenhäusern oder anderen Leistungserbringern und Krankenkassen" (Nr. 2). Die Einfügung von „Psychotherapeuten" war eine Folgeänderung zu Art. 2 (Änderung des SGB V, BT-Drs. 13/9212 zu Art. 9 c SGG zu Nr. 3, S. 43). Nach der Neufassung des § 51 SGG durch das Gesetz vom 17. 8. 2001 (BGBl. I S. 2144) entscheiden die Gerichte der Sozialgerichtsbarkeit nunmehr „über öffentlich-rechtliche Streitigkeiten . . . 2. in Angelegenheiten der gesetzlichen Krankenversicherung" (Abs. 1 Nr. 2). Zu diesen gehören auch die in § 51 Abs. 2 Satz 1 Nr. 1 und 2 SGG alter Fassung genannten Streitigkeiten, also auch Streitigkeiten zwischen Psychotherapeuten und Krankenkassen und aufgrund von Entscheidungen der gemeinsamen, auch mit Psychotherapeuten besetzten Gremien, insbesondere in Zulassungssachen der Psychotherapeuten, zu denen auch Streitigkeiten wegen Ermächtigungen gehören (vgl. *Meyer-Ladewig,* SGG, § 51, Rn. 1, 7, 12 und 15).

Artikel 13. Änderung des Neunten SGB V-Änderungsgesetzes

Die Regelung wurde inzwischen durch Art. 9 GKV-SolG vom 19. Dezember 1998 mit Wirkung zum 1. 1. 1999 aufgehoben. Es handelt sich hierbei um eine Folgeänderung zur Aufhebung der Zuzahlungspflicht zur psychotherapeutischer Behandlung (s. auch Erläuterung zu § 28 a SGB V).

Artikel 14. Rückkehr zum einheitlichen Verordnungsrang

Der auf Art. 7 beruhende Teil der geänderten Rechtsverordnung kann auf Grund der einschlägigen Ermächtigung durch Rechtsverordnung geändert werden.

Normzweck und Regelungsinhalt

Die Regelung ermöglicht eine Änderung der von Art. 7 EG-PsychThG erfassten Regelungen wiederum durch Verordnung, obwohl es sich bei der Vorschrift des Art. 7 um ein förmliches Gesetz handelt. Art. 14 EG-PsychThG trat am 1. 1. 1999 in Kraft (s. Art. 15 Abs. 3 EG-PsychThG).

Artikel 15. Inkrafttreten

(1) **Artikel 1 § 8, 9 und 11, Artikel 2 Nr. 9, soweit er § 91 Abs. 2 a Satz 3 SGB V einfügt, Artikel 2 Nr. 10, soweit er § 92 Abs. 6 a Satz 3 SGB V einfügt und Artikel 2 Nr. 11 c, soweit er § 95 Abs. 10 und 11 einfügt, treten am Tage nach der Verkündung in Kraft.**

(2) **Artikel 11 tritt am 31. Dezember 1999 außer Kraft.**

(3) **Im Übrigen tritt dieses Gesetz am 1. Januar 1999 in Kraft.**

Normzweck und Regelungsinhalt

Die Vorschrift regelt das Inkrafttreten des Gesetzes. Alle Ermächtigungsgrundlagen zum Erlass von Rechtsverordnungen müssen sobald als möglich und damit am Tage nach der Verkündung in Kraft treten, damit solche Verordnungen rechtzeitig erlassen werden können. Dies gilt ebenso für den erstmaligen Erlass der Psychotherapie-Richtlinien durch den BÄK und dessen Zusammensetzung zur Sicherstellung der rechtzeitigen Geltung.

Anhang

Anhang 1. Ausbildungs- und Prüfungsverordnung für Psychologische Psychotherapeuten (PsychTh-APrV)

Vom 18. Dezember 1998 (BGBl. I S. 3749)

BGBl. III/FNA 2122–5–1

Geändert durch Art. 11 Gesetz zur Gleichstellung behinderter Menschen und zur Änderung anderer Gesetze vom 27. 4. 2002 (BGBl. I S. 1467)

Auf Grund des § 8 des Psychotherapeutengesetzes vom 16. Juni 1998 (BGBl. I S. 1311) verordnet das Bundesministerium für Gesundheit:

Erster Abschnitt. Ausbildung

§ 1 Ziel und Gliederung. (1) [1]Die Ausbildung der Psychologischen Psychotherapeuten erfolgt auf der Grundlage von Ausbildungsplänen und erstreckt sich auf die Vermittlung von eingehenden Grundkenntnissen in wissenschaftlich anerkannten psychotherapeutischen Verfahren sowie auf eine vertiefte Ausbildung in einem dieser Verfahren. [2]Sie ist auf der Grundlage des wissenschaftlichen Erkenntnisstandes praxisnah und patientenbezogen durchzuführen.

(2) Die Ausbildung hat den Ausbildungsteilnehmern insbesondere die Kenntnisse, Fähigkeiten und Fertigkeiten zu vermitteln, die erforderlich sind, um

1. in Diagnostik, Therapie und Rehabilitation von Störungen mit Krankheitswert, bei denen Psychotherapie indiziert ist, und
2. bei der Therapie psychischer Ursachen, Begleiterscheinungen und Folgen von körperlichen Erkrankungen unter Berücksichtigung der ärztlich erhobenen Befunde zum körperlichen Status und der sozialen Lage des Patienten

auf den wissenschaftlichen, geistigen und ethischen Grundlagen der Psychotherapie eigenverantwortlich und selbständig handeln zu können (Ausbildungsziel).

(3) [1]Die Ausbildung umfaßt mindestens 4200 Stunden und besteht aus einer praktischen Tätigkeit (§ 2), einer theoretischen Ausbildung (§ 3), einer praktischen Ausbildung mit Krankenbehandlungen unter Supervision (§ 4) sowie einer Selbsterfahrung, die die Ausbildungsteilnehmer zur Reflexion eigenen therapeutischen Handelns befähigt (§ 5). [2]Sie schließt mit Bestehen der staatlichen Prüfung ab.

(4) Die regelmäßige und erfolgreiche Teilnahme an den Ausbildungsveranstaltungen nach Absatz 3 ist durch eine Bescheinigung nach dem Muster der Anlage 2 nachzuweisen.

§ 2 Praktische Tätigkeit. (1) [1]Die praktische Tätigkeit nach § 1 Abs. 3 Satz 1 dient dem Erwerb praktischer Erfahrungen in der Behandlung von Störungen mit Krankheitswert im Sinne des § 1 Abs. 3 Satz 1 des Psychotherapeutengesetzes sowie von Kenntnissen anderer Störungen, bei denen Psychotherapie nicht indiziert ist. [2]Sie steht unter fachkundiger Anleitung und Aufsicht.

(2) [1]Die praktische Tätigkeit umfaßt mindestens 1800 Stunden und ist in Abschnitten von jeweils mindestens drei Monaten abzuleisten. [2]Hiervon sind

1. mindestens 1200 Stunden an einer psychiatrischen klinischen Einrichtung, die im Sinne des ärztlichen Weiterbildungsrechts zur Weiterbildung für Psychiatrie

und Psychotherapie zugelassen ist oder die von der nach § 10 Abs. 4 Psychotherapeutengesetz zuständigen Behörde als gleichwertige Einrichtung zugelassen wird, und

2. mindestens 600 Stunden an einer von einem Sozialversicherungsträger anerkannten Einrichtung der psychotherapeutischen oder psychosomatischen Versorgung, in der Praxis eines Arztes mit einer ärztlichen Weiterbildung in der Psychotherapie oder eines Psychologischen Psychotherapeuten

zu erbringen.

(3) [1]Während der praktischen Tätigkeit in der psychiatrischen klinischen Einrichtung ist der Ausbildungsteilnehmer jeweils über einen längeren Zeitraum an der Diagnostik und der Behandlung von mindestens 30 Patienten zu beteiligen. [2]Bei mindestens vier dieser Patienten müssen die Familie oder andere Sozialpartner des Patienten in das Behandlungskonzept einbezogen sein. [3]Der Ausbildungsteilnehmer hat dabei Kenntnisse und Erfahrungen über die akute, abklingende und chronifizierte Symptomatik unterschiedlicher psychiatrischer Erkrankungen zu erwerben sowie die Patientenbehandlungen fallbezogen und unter Angabe von Umfang und Dauer zu dokumentieren.

§ 3 Theoretische Ausbildung. (1) [1]Die theoretische Ausbildung nach § 1 Abs. 3 Satz 1 umfaßt mindestens 600 Stunden. [2]Sie erstreckt sich auf die zu vermittelnden Grundkenntnisse für die psychotherapeutische Tätigkeit und im Rahmen der vertieften Ausbildung auf Spezialkenntnisse in einem wissenschaftlich anerkannten psychotherapeutischen Verfahren (Anlage 1). [3]Sie findet in Form von Vorlesungen, Seminaren und praktischen Übungen statt. [4]Die Vorlesungen dürfen ein Drittel der Stundenzahl der theoretischen Ausbildung nicht überschreiten.

(2) [1]In den Seminaren nach Absatz 1 Satz 2 sind die in den Vorlesungen und praktischen Übungen vermittelten Ausbildungsinhalte der Anlage 1 mit den Ausbildungsteilnehmern vertiefend und anwendungsbezogen zu erörtern. [2]Dabei sind insbesondere psychologische, psychopathologische und medizinische Zusammenhänge herauszuarbeiten. [3]Während der Seminare hat ferner die Vorstellung der praktischen psychotherapeutischen Arbeit mit Patienten zu erfolgen. [4]Die Zahl der Ausbildungsteilnehmer an einem Seminar soll 15 nicht überschreiten.

(3) [1]Die praktischen Übungen nach Absatz 1 Satz 2 umfassen Falldarstellungen und Behandlungstechniken der praktischen psychotherapeutischen Arbeit mit Patienten. [2]Dabei sind die rechtlich geschützten Belange des Patienten zu berücksichtigen. [3]Praktische Übungen sind, soweit der Lehrstoff dies erfordert, in kleinen Gruppen durchzuführen.

§ 4 Praktische Ausbildung. (1) [1]Die praktische Ausbildung nach § 1 Abs. 3 Satz 1 ist Teil der vertieften Ausbildung in einem wissenschaftlich anerkannten psychotherapeutischen Verfahren und dient dem Erwerb sowie der Vertiefung von Kenntnissen und praktischen Kompetenzen bei der Behandlung von Patienten mit Störungen mit Krankheitswert nach § 1 Abs. 3 Satz 1 des Psychotherapeutengesetzes. [2]Sie umfaßt mindestens 600 Behandlungsstunden unter Supervision mit mindestens sechs Patientenbehandlungen sowie mindestens 150 Supervisionsstunden, von denen mindestens 50 Stunden als Einzelsupervision durchzuführen sind.

(2) [1]Die in Absatz 1 Satz 2 genannten Supervisionsstunden sind bei mindestens drei Supervisoren abzuleisten und auf die Behandlungsstunden regelmäßig zu verteilen. [2]Die Supervision erfolgt durch Supervisoren, die von der Hochschule oder anderen Einrichtung nach § 6 Abs. 1 des Psychotherapeutengesetzes (Ausbildungsstätte) anerkannt sind. [3]Bei Gruppensupervision soll die Gruppe aus vier Teilnehmern bestehen.

(3) ¹Voraussetzungen für die Anerkennung als Supervisor nach Absatz 2 Satz 2 sind:

1. eine mindestens fünfjährige psychotherapeutische Tätigkeit in der Krankenbehandlung nach der Approbation zum Psychologischen Psychotherapeuten oder nach Abschluß einer ärztlichen Weiterbildung in der Psychotherapie, schwerpunktmäßig auf dem Gebiet des wissenschaftlich anerkannten Verfahrens, das Gegenstand der praktischen Ausbildung ist,
2. eine mindestens dreijährige Lehrtätigkeit an einer Ausbildungsstätte und
3. die persönliche Eignung.

²Die Anerkennung als Supervisor ist von der Ausbildungsstätte regelmäßig zu überprüfen.

(4) ¹Während eines Übergangszeitraums von sechs Jahren nach Inkrafttreten dieser Verordnung können Personen mit einer Approbation als Psychologischer Psychotherapeut, die vor Inkrafttreten des Psychotherapeutengesetzes mindestens fünf Jahre psychotherapeutisch im Sinne des Absatzes 3 Satz 1 Nr. 1 tätig waren, bei Nachweis dieser Tätigkeit als Supervisoren nach Absatz 3 anerkannt werden, wenn sie zugleich die Voraussetzungen des Absatzes 3 Satz 1 Nr. 2 und 3 erfüllen. ²Absatz 3 Satz 2 gilt entsprechend.

(5) Die Zuweisung von Behandlungsfällen hat zu gewährleisten, daß die Ausbildungsteilnehmer über das Spektrum von Störungen mit Krankheitswert, bei denen Psychotherapie indiziert ist, eingehende Kenntnisse und Erfahrungen erwerben.

(6) ¹Während der praktischen Ausbildung hat der Ausbildungsteilnehmer mindestens sechs anonymisierte schriftliche Falldarstellungen über eigene Patientenbehandlungen, die unter Supervision stattgefunden haben, zu erstellen. ²Die Falldarstellungen haben die wissenschaftlichen Erkenntnisse zu berücksichtigen, die Diagnostik, Indikationsstellung und eine Evaluation der Therapieergebnisse mit einzuschließen, ein ätiologisch orientiertes Krankheitsverständnis nachzuweisen sowie den Behandlungsverlauf und die Behandlungstechnik in Verbindung mit der Theorie darzustellen. ³Sie sind von der Ausbildungsstätte zu beurteilen.

§ 5 Selbsterfahrung. (1) ¹Die Selbsterfahrung nach § 1 Abs. 3 Satz 1 richtet sich nach dem wissenschaftlich anerkannten psychotherapeutischen Verfahren, das Gegenstand der vertieften Ausbildung ist, und umfaßt mindestens 120 Stunden. ²Gegenstand der Selbsterfahrung sind die Reflexion oder Modifikation persönlicher Voraussetzungen für das therapeutische Erleben und Handeln unter Einbeziehung biographischer Aspekte sowie bedeutsame Aspekte des Erlebens und Handelns im Zusammenhang mit einer therapeutischen Beziehung und mit der persönlichen Entwicklung im Ausbildungsverlauf.

(2) ¹Die Selbsterfahrung findet bei von der Ausbildungsstätte anerkannten Selbsterfahrungsleitern, die als Supervisoren nach § 4 Abs. 3 Satz 1 oder Abs. 4 anerkannt sind, statt, zu denen der Ausbildungsteilnehmer keine verwandtschaftlichen Beziehungen hat und nicht in wirtschaftlichen oder dienstlichen Abhängigkeiten steht. ²§ 4 Abs. 3 Satz 2 gilt entsprechend.

§ 6 Unterbrechung der Ausbildung, Anrechnung anderer Ausbildungen.
(1) ¹Auf die Dauer der Ausbildung werden angerechnet

1. eine ausbildungsfreie Zeit von bis zu sechs Wochen jährlich und
2. Unterbrechungen durch Krankheit oder aus anderen, vom Ausbildungsteilnehmer nicht zu vertretenden Gründen, bei Ausbildungsteilnehmerinnen auch Unterbrechungen durch Schwangerschaft, bis zu höchstens vier Wochen je Ausbildungsjahr.

[2] Die zuständige Behörde kann auf Antrag auch darüber hinausgehende Fehlzeiten berücksichtigen, soweit eine besondere Härte vorliegt und das Erreichen des Ausbildungszieles durch die Anrechnung nicht gefährdet wird.

(2) [1] Wird die Ausbildung zum Psychologischen Psychotherapeuten gemäß § 5 Abs. 3 des Psychotherapeutengesetzes verkürzt, hat der Antragsteller sich einer weiteren Ausbildung zu unterziehen, die sich auf die Defizite seiner Ausbildung im Vergleich zu der in den §§ 2 bis 5 geregelten Ausbildung erstreckt, ihm Grundkenntnisse in wissenschaftlich anerkannten psychotherapeutischen Verfahren sowie eine vertiefte Ausbildung in einem dieser Verfahren vermittelt und sicherstellt, daß er das Ausbildungsziel nach § 1 Abs. 2 erreicht. [2] Die Dauer und Inhalte der weiteren Ausbildung werden von der zuständigen Behörde festgelegt; sie legt ferner die Gesamtstundenzahl

1. der praktischen Tätigkeit nach § 2,
2. der theoretischen Ausbildung nach § 3,
3. der praktischen Ausbildung nach § 4, ihre Aufteilung in Behandlungs- und Supervisionsstunden und die Anzahl der Patientenbehandlungen sowie
4. der Selbsterfahrung nach § 5

fest. [3] Die weitere Ausbildung schließt mit der staatlichen Prüfung nach § 8 ab.

Zweiter Abschnitt. Allgemeine Prüfungsbestimmungen

§ 7 Zulassung zur Prüfung. (1) [1] Die zuständige Behörde nach § 8 Abs. 2 entscheidet auf Antrag des Prüflings über die Zulassung zur staatlichen Prüfung und im Benehmen mit der Leitung der Ausbildungsstätte über die Ladungen zu den Prüfungsterminen. [2] Die Prüfungstermine sollen nicht früher als zwei Monate vor dem Ende der Ausbildung liegen.

(2) Die Zulassung zur Prüfung wird erteilt, wenn folgende Nachweise vorliegen:

1. die Geburtsurkunde oder ein Auszug aus dem Familienbuch der Eltern, bei Verheirateten die Heiratsurkunde, ein Auszug aus dem für die Ehe geführten Familienbuch oder jede sonstige Urkunde, die eine Namensänderung zur Folge hat,
2. der Nachweis über die bestandene Abschlußprüfung im Studiengang Psychologie, die das Fach Klinische Psychologie einschließt, oder eine Bescheinigung über eine gleichwertige Ausbildung nach § 5 Abs. 2 Nr. 1 Buchstabe b oder c des Psychotherapeutengesetzes,
3. die Bescheinigung nach § 1 Abs. 4 über die Teilnahme an den Ausbildungsveranstaltungen und
4. mindestens zwei Falldarstellungen nach § 4 Abs. 6, die von der Ausbildungsstätte als Prüfungsfall angenommen wurden.

(3) Die Zulassung zur Prüfung und die Ladungen zu den Prüfungsterminen sollen dem Prüfling spätestens zwei Wochen vor Prüfungsbeginn schriftlich mitgeteilt werden.

§ 8 Staatliche Prüfung. (1) Die staatliche Prüfung nach § 5 Abs. 1 Satz 2 des Psychotherapeutengesetzes umfaßt einen schriftlichen und einen mündlichen Teil.

(2) [1] Der Prüfling legt die Prüfung bei der zuständigen Behörde ab. [2] Zuständig ist die Behörde des Landes, in dem der Prüfling im Zeitpunkt der Antragstellung nach § 7 Abs. 1 an der Ausbildung teilnimmt.

§ 9 Prüfungskommission. (1) [1]Die Prüfung nach § 8 wird vor einer staatlichen Prüfungskommission abgelegt. [2]Die Prüfungskommission besteht aus folgenden Mitgliedern, von denen zwei keine Lehrkräfte der Ausbildungsstätte sein dürfen, an der die Ausbildung durchgeführt wurde:

1. einem Psychologischen Psychotherapeuten, der für das psychotherapeutische Verfahren qualifiziert ist, das Gegenstand der vertieften Ausbildung war, und der nach § 4 Abs. 3 Satz 1 oder Abs. 4 als Supervisor anerkannt ist, als Vorsitzendem,

2. mindestens zwei weiteren Psychologischen Psychotherapeuten mit der in Nummer 1 genannten Qualifikation, von denen mindestens einer zusätzlich über die Supervisorenanerkennung nach § 4 Abs. 3 Satz 1 oder Abs. 4 verfügen muß, und

3. einem Arzt mit einer ärztlichen Weiterbildung in der Psychiatrie und Psychotherapie, in der Kinder- und Jugendpsychiatrie und -psychotherapie oder in der Psychotherapeutischen Medizin, der an einer Ausbildungsstätte lehrt.

[3]Der Selbsterfahrungsleiter des Prüflings darf der Prüfungskommission nicht angehören.

(2) Jedes Mitglied der Prüfungskommission hat einen oder mehrere Stellvertreter. Die Mitglieder der Prüfungskommission und ihre Stellvertreter werden von der zuständigen Behörde bestellt.

§ 10 Niederschrift. [1]Über die Prüfung ist eine Niederschrift zu fertigen, aus der Gegenstand, Ablauf und Ergebnisse der Prüfung sowie etwa vorkommende Unregelmäßigkeiten hervorgehen. Sie ist von allen Mitgliedern der Prüfungskommission zu unterzeichnen. [2]Lautet die Note „mangelhaft" oder „ungenügend", so sind die Gründe anzugeben und in die Niederschrift aufzunehmen.

§ 11 Benotung. Die schriftliche Aufsichtsarbeit und die Leistungen im mündlichen Teil der Prüfung werden wie folgt benotet:

„sehr gut" (1), wenn die Leistung hervorragend ist,

„gut" (2), wenn die Leistung erheblich über den durchschnittlichen Anforderungen liegt,

„befriedigend" (3), wenn die Leistung in jeder Hinsicht durchschnittlichen Anforderungen gerecht wird,

„ausreichend" (4), wenn die Leistung trotz Mängeln noch den Anforderungen genügt,

„mangelhaft" (5), wenn die Leistung wegen erheblicher Mängel den Anforderungen nicht mehr genügt,

„ungenügend" (6), wenn die Leistung unbrauchbar ist.

§ 12 Bestehen und Wiederholung der Prüfung. (1) Die Prüfung ist bestanden, wenn jeder der in § 8 Abs. 1 vorgeschriebenen Prüfungsteile bestanden ist.

(2) [1]Über die bestandene staatliche Prüfung wird ein Zeugnis nach dem Muster der Anlage 3 erteilt. [2]Über das Nichtbestehen erhält der Prüfling von der zuständigen Behörde eine schriftliche Mitteilung, in der die Prüfungsnoten anzugeben sind.

(3) [1]Der Prüfling kann den schriftlichen und den mündlichen Teil der Prüfung jeweils zweimal wiederholen, wenn er die Note „mangelhaft" oder „ungenügend" erhalten hat. [2]Eine weitere Wiederholung ist auch nach einer erneuten Ausbildung zum Psychologischen Psychotherapeuten nicht zulässig.

(4) [1]Hat der Prüfling den mündlichen Teil der Prüfung oder die gesamte Prüfung zu wiederholen, so wird er zu den Wiederholungsprüfungen nur geladen,

wenn er an einer weiteren praktischen Ausbildung teilgenommen hat, deren Dauer und Inhalt von der zuständigen Behörde bestimmt werden. [2]Dem Antrag des Prüflings auf Zulassung zu den Wiederholungsprüfungen ist jeweils ein Nachweis über die weitere Ausbildung sowie mindestens eine Falldarstellung nach § 4 Abs. 6, die von der Ausbildungsstätte als Prüfungsfall angenommen wurde, beizufügen. [3]Die Wiederholungsprüfung soll jeweils spätestens sechs Monate nach der letzten Prüfung abgeschlossen sein.

§ 13 Rücktritt von der Prüfung. (1) [1]Tritt ein Prüfling nach seiner Zulassung von der Prüfung oder einem Prüfungsteil zurück, so hat er die Gründe für seinen Rücktritt unverzüglich der zuständigen Behörde schriftlich mitzuteilen. [2]Genehmigt die zuständige Behörde den Rücktritt, so gilt die Prüfung oder der betreffende Teil der Prüfung als nicht unternommen. [3]Die Genehmigung ist nur zu erteilen, wenn wichtige Gründe vorliegen. [4]Im Falle einer Krankheit kann die Vorlage einer ärztlichen Bescheinigung verlangt werden.

(2) [1]Wird die Genehmigung für den Rücktritt nicht erteilt oder unterläßt es der Prüfling, die Gründe für seinen Rücktritt unverzüglich mitzuteilen, so gilt die Prüfung oder der betreffende Teil der Prüfung als nicht bestanden. [2]§ 12 Abs. 3 gilt entsprechend.

§ 14 Versäumnisfolgen. (1) [1]Versäumt ein Prüfling einen Prüfungstermin, gibt er die Aufsichtsarbeit nicht oder nicht rechtzeitig ab oder unterbricht er die Prüfung, so gilt der betreffende Teil der Prüfung als nicht bestanden, wenn nicht ein wichtiger Grund vorliegt; § 12 Abs. 3 gilt entsprechend. [2]Liegt ein wichtiger Grund vor, so gilt der betreffende Teil der Prüfung als nicht unternommen.

(2) [1]Die Entscheidung darüber, ob ein wichtiger Grund vorliegt, trifft die zuständige Behörde. [2]§ 13 Abs. 1 Satz 1 und 4 gilt entsprechend.

§ 15 Ordnungsverstöße und Täuschungsversuche. [1]Die zuständige Behörde kann bei Prüflingen, die die ordnungsgemäße Durchführung der Prüfung in erheblichem Maße gestört oder sich eines Täuschungsversuchs schuldig gemacht haben, den betreffenden Teil der Prüfung für nicht bestanden erklären; § 12 Abs. 3 gilt entsprechend. [2]Eine solche Entscheidung ist nur bis zum Abschluß der gesamten Prüfung zulässig.

Dritter Abschnitt. Besondere Prüfungsbestimmungen

§ 16 Schriftlicher Teil der Prüfung. (1) [1]Der schriftliche Teil der Prüfung erstreckt sich auf die in Anlage 1 Teil A aufgeführten Grundkenntnisse in den wissenschaftlich anerkannten psychotherapeutischen Verfahren. [2]Der Prüfling hat in einer Aufsichtsarbeit schriftlich gestellte Fragen zu beantworten. [3]Die Aufsichtsarbeit dauert 120 Minuten. [4]Die Aufsichtführenden werden von der zuständigen Behörde bestimmt.

(2) [1]Die Aufgaben für die Aufsichtsarbeit werden von der zuständigen Behörde auf Vorschlag des Vorsitzenden der Prüfungskommission ausgewählt. [2]Die zuständige Behörde soll sich im Benehmen mit dem Vorsitzenden der Prüfungskommission einer zentralen Einrichtung bedienen, die die Aufgaben für die Aufsichtsarbeit erstellt. [3]Die Aufsichtsarbeit ist von mindestens zwei Mitgliedern der Prüfungskommission zu benoten. [4]Aus den Noten der Prüfer bildet der Vorsitzende der Prüfungskommission im Benehmen mit den Prüfern die Prüfungsnote für die Aufsichtsarbeit. [5]Der schriftliche Teil der Prüfung ist bestanden, wenn die Aufsichtsarbeit mindestens mit „ausreichend" benotet wird.

§ 17 Mündlicher Teil der Prüfung. (1) Der mündliche Teil der Prüfung erstreckt sich unter besonderer Berücksichtigung des wissenschaftlich anerkannten psychotherapeutischen Verfahrens, das Gegenstand der vertieften Ausbildung war, auf folgende Inhalte:

1. Ätiologie, Pathogenese und Aufrechterhaltung von Störungen mit Krankheitswert nach § 1 Abs. 3 Satz 1 des Psychotherapeutengesetzes,
2. theoretische Grundlagen und klinisch-empirische Befunde zu wissenschaftlich anerkannten psychotherapeutischen Verfahren,
3. Kriterien der generellen und differentiellen Indikation in den wissenschaftlich anerkannten psychotherapeutischen Verfahren und Methoden einschließlich der Evaluation von Behandlungsverläufen sowie
4. Theorie und Praxis der Therapeuten-Patienten-Beziehung.

(2) [1]In der mündlichen Prüfung hat der Prüfling anhand mindestens eines Falles nach § 7 Abs. 2 Nr. 4 nachzuweisen, daß er über das für die Tätigkeit der Psychologischen Psychotherapeuten erforderliche eingehende Wissen und Können verfügt, in der Lage ist, die während der Ausbildung erworbenen Kenntnisse, Fähigkeiten und Fertigkeiten in der beruflichen Praxis anzuwenden und zu eigenständiger wissenschaftlich begründeter Diagnostik und psychotherapeutischer Krankenbehandlung befähigt ist. [2]Der Prüfling soll insbesondere zeigen, daß er

1. die Technik der Anamneseerhebung und der psychodiagnostischen Untersuchungsmethoden beherrscht und ihre Resultate zu beurteilen vermag,
2. in der Lage ist, die Informationen, die zur Stellung der Diagnose erforderlich sind, zu gewinnen, ihre unterschiedliche Bedeutung und Gewichtung für die Diagnosestellung zu erkennen und im Rahmen differentialdiagnostischer Überlegungen unter Berücksichtigung des körperlichen Status und der sozialen Lebensbedingungen des Patienten kritisch zu verwerten,
3. in der Lage ist, ätiologische Zusammenhänge vor dem Hintergrund seiner Kenntnisse der Psychopathologie und seines Störungswissens zu erkennen,
4. in der Lage ist, die generelle und differentielle Indikation zur Psychotherapie zu stellen und dabei die Grundkenntnisse in denjenigen Verfahren, die nicht Gegenstand der vertieften Ausbildung waren, zu berücksichtigen,
5. über vertiefte Kenntnisse und eingehende Fertigkeiten in dem psychotherapeutischen Verfahren verfügt, das Gegenstand der vertieften Ausbildung war,
6. in der Lage ist, die Therapeuten-Patienten-Beziehung in ihren zentralen Aspekten zu handhaben,
7. in der Lage ist, die erworbenen Grundkenntnisse in Prävention und Rehabilitation fallbezogen anzuwenden sowie
8. die allgemeinen, berufsrechtlichen und ethischen Regeln psychotherapeutischen Verhaltens kennt und anzuwenden weiß.

(3) [1]Der mündliche Teil der Prüfung besteht aus zwei Abschnitten. [2]Der erste Abschnitt wird als Einzelprüfung durchgeführt und soll 30 Minuten dauern, in denen der Prüfungsfall nach Absatz 2 Satz 1 mit dem Prüfling zu erörtern ist. [3]Der zweite Abschnitt wird als Gruppenprüfung in Gruppen bis zu vier Prüflingen durchgeführt und soll 120 Minuten dauern. [4]Die Dauer der Prüfung reduziert sich entsprechend der Anzahl der Prüflinge. [5]Die mündliche Prüfung wird vom Vorsitzenden der Prüfungskommission geleitet. [6]Die Prüfungskommission ist während der gesamten Dauer der mündlichen Prüfung zur Anwesenheit verpflichtet. [7]Jedes Mitglied der Prüfungskommission ist berechtigt, Fragen an den Prüfling zu stellen.

(4) [1]Jeder Abschnitt des mündlichen Teils der Prüfung ist von jedem Mitglied der Prüfungskommission zu benoten. [2]Aus den Noten der Prüfer bildet der Vorsitzende der Prüfungskommission im Benehmen mit den Prüfern die Note für den jeweiligen Abschnitt der mündlichen Prüfung sowie aus den Noten der beiden

Abschnitte die Prüfungsnote für den mündlichen Teil der Prüfung. [3]Der mündliche Teil der Prüfung ist bestanden, wenn jeder Abschnitt mindestens mit „ausreichend" bewertet wird und die Prüfungsnote mindestens „ausreichend" ist.

(5) [1]Die zuständige Behörde kann zum mündlichen Teil der Prüfung Beobachter entsenden. [2]Der Vorsitzende der Prüfungskommission kann auf begründeten Antrag die Anwesenheit von Zuhörern beim mündlichen Teil der Prüfung gestatten. [3]Er hat zu Beginn der Prüfung alle Anwesenden auf die Schweigepflicht hinzuweisen. [4]Bei Bekanntgabe des Prüfungsergebnisses ist die Anwesenheit von Zuhörern nicht gestattet.

§ 18 Gesamtnote der Prüfung. [1]Für die staatliche Prüfung nach § 8 Abs. 1 wird vom Vorsitzenden der Prüfungskommission eine Gesamtnote wie folgt gebildet: Die Note für den schriftlichen Teil der Prüfung wird mit 1, die Note für den mündlichen Teil der Prüfung mit 2 vervielfacht; die Summe der auf diese Weise gewonnenen Zahl wird durch 3 geteilt. [2]Die Gesamtnote wird bis auf die zweite Stelle hinter dem Komma errechnet. [3]Sie lautet:

„sehr gut" bei einem Zahlenwert bis 1,5,
„gut" bei einem Zahlenwert über 1,5 bis 2,5,
„befriedigend" bei einem Zahlenwert über 2,5 bis 3,5,
„ausreichend" bei einem Zahlenwert über 3,5 bis 4.

Vierter Abschnitt. Approbationserteilung

§ 19[1] Antrag auf Approbation. (1) [1]Die Approbation wird von der zuständigen Behörde auf Antrag erteilt. [2]Dem Antrag sind beizufügen:

1. ein tabellarischer Lebenslauf,
2. die Geburtsurkunde oder ein Auszug aus dem Familienbuch der Eltern, bei Verheirateten die Heiratsurkunde, ein Auszug aus dem für die Ehe geführten Familienbuch oder jede sonstige Urkunde, die eine Namensänderung zur Folge hat,
3. ein Nachweis über die Staatsangehörigkeit des Antragstellers,
4. ein amtliches Führungszeugnis, das nicht früher als einen Monat vor der Vorlage ausgestellt sein darf,
5. eine Erklärung darüber, ob gegen den Antragsteller ein gerichtliches Strafverfahren oder ein staatsanwaltliches Ermittlungsverfahren anhängig ist,
6. eine ärztliche Bescheinigung, die nicht älter als einen Monat sein darf, aus der hervorgeht, dass der Antragsteller nicht in gesundheitlicher Hinsicht zur Ausübung des Berufs ungeeignet ist und
7. das Zeugnis über die staatliche Prüfung für Psychologische Psychotherapeuten nach § 12 Abs. 2 Satz 1.

(2) [1]Soll eine Approbation nach § 2 Abs. 2 oder 3 des Psychotherapeutengesetzes erteilt werden, sind, sofern die Ausbildung nicht nach den Vorschriften dieser Verordnung erfolgt ist, an Stelle des Nachweises nach Absatz 1 Nr. 7 Unterlagen über die abgeschlossene Ausbildung des Antragstellers in Urschrift, in amtlich beglaubigter Abschrift oder amtlich beglaubigter Ablichtung vorzulegen. [2]Soweit diese Nachweise nicht in deutscher Sprache ausgestellt sind, sind sie zusätzlich in amtlich beglaubigter Übersetzung vorzulegen. [3]Die zuständige Behörde kann die Vorlage weiterer Nachweise, insbesondere über eine bisherige Tätigkeit, verlangen.

---

[1] § 19 Abs. 1 Nr. 6 neu gef. durch G v. 27. 4. 2002 (BGBl. I S. 1467).

(3) [1] Staatsangehörige eines anderen Mitgliedstaates der Europäischen Union oder eines anderen Vertragsstaates des Abkommens über den Europäischen Wirtschaftsraum können anstelle des in Absatz 1 Nr. 4 genannten Zeugnisses eine von der zuständigen Behörde des Heimat- oder Herkunftstaates ausgestellte entsprechende Bescheinigung oder einen von einer solchen Behörde ausgestellten Strafregisterauszug oder, wenn ein solcher nicht beigebracht werden kann, einen gleichwertigen Nachweis vorlegen. [2] Hat der Antragsteller einen dem Beruf des Psychologischen Psychotherapeuten entsprechenden Beruf im Heimat- oder Herkunftstaat bereits ausgeübt, so kann die für die Erteilung der Approbation als Psychologischer Psychotherapeut zuständige Behörde bei der zuständigen Behörde des Heimat- oder Herkunftstaates Auskünfte über etwa gegen den Antragsteller verhängte Strafen oder sonstige berufs- oder strafrechtliche Maßnahmen wegen schwerwiegenden standeswidrigen Verhaltens oder strafbarer Handlungen, die die Ausübung des Berufs im Heimat- oder Herkunftstaat betreffen, einholen. [3] Hat die für die Erteilung der Approbation zuständige Behörde in den Fällen des Satzes 1 oder 2 von Tatbeständen Kenntnis, die außerhalb des Geltungsbereichs des Psychotherapeutengesetzes eingetreten sind und im Hinblick auf die Voraussetzungen des § 2 Abs. 1 Nr. 3 des Psychotherapeutengesetzes von Bedeutung sein können, hat sie die zuständige Stelle des Heimat- oder Herkunftstaates zu unterrichten und sie zu bitten, diese Tatbestände zu überprüfen und ihr das Ergebnis und die Folgerungen, die sie hinsichtlich der von ihr ausgestellten Bescheinigungen und Nachweise daraus zieht, mitzuteilen. [4] Die in Satz 1 bis 3 genannten Bescheinigungen und Mitteilungen sind vertraulich zu behandeln. [5] Sie dürfen der Beurteilung nur zugrunde gelegt werden, wenn bei der Vorlage die Ausstellung nicht mehr als drei Monate zurückliegt.

(4) [1] Staatsangehörige eines anderen Mitgliedstaates der Europäischen Union oder eines anderen Vertragsstaates des Abkommens über den Europäischen Wirtschaftsraum können anstelle der in Absatz 1 Nr. 6 genannten ärztlichen Bescheinigung eine entsprechende Bescheinigung der zuständigen Behörde ihres Heimat- oder Herkunftstaates vorlegen. [2] Absatz 3 Satz 4 und 5 gilt entsprechend.

(5) [1] Antragsteller, die eine Approbation nach § 2 Abs. 2 Satz 2 oder Abs. 3 Satz 2 des Psychotherapeutengesetzes beantragen, können ihre im Heimat- oder Herkunftstaat bestehende rechtmäßige Ausbildungsbezeichnung und, soweit dies nach dem Recht des Heimat- oder Herkunftstaates zulässig ist, die Abkürzung in der Sprache dieses Staates führen. [2] Daneben sind Name und Ort der Lehranstalt, die die Ausbildungsbezeichnung verliehen hat, aufzuführen.

(6) [1] Über den Antrag eines anderen Staatsangehörigen eines Mitgliedstaates der Europäischen Union oder eines anderen Vertragsstaates des Abkommens über den Europäischen Wirtschaftsraum ist kurzfristig, spätestens vier Monate nach Vorlage der nach Absatz 1 bis 4 vom Antragsteller vorzulegenden Unterlagen zu entscheiden. [2] Werden Auskünfte nach Absatz 3 Satz 2 oder 3 von der zuständigen Stelle des Heimat- oder Herkunftstaates eingeholt, so wird der Ablauf der in Satz 1 genannten Frist bis zu dem Zeitpunkt gehemmt, zu dem die Auskünfte eingehen oder, wenn eine Antwort des Heimat- oder Herkunftstaates innerhalb von vier Monaten nicht eingeht, bis zum Ablauf dieser vier Monate. [3] Werden von der zuständigen Stelle des Heimat- oder Herkunftstaates die in Absatz 3 Satz 1 genannten Bescheinigungen nicht ausgestellt oder die nach Absatz 3 Satz 2 oder 3 nachgefragten Mitteilungen innerhalb von vier Monaten nicht gemacht, kann der Antragsteller sie durch die Vorlage einer Bescheinigung über die Abgabe einer eidesstattlichen Erklärung gegenüber der zuständigen Behörde ersetzen.

§ 20 Weitere Sonderregelungen für Inhaber von Diplomen aus anderen Mitgliedstaaten der Europäischen Union oder einem anderen Vertragsstaat des Abkommens über den Europäischen Wirtschaftsraum. (1) Antragsteller nach § 2 Abs. 2 Satz 3 des Psychotherapeutengesetzes, die zwischen einem Anpassungslehrgang und einer Eignungsprüfung wählen können, haben der zuständigen Behörde die von ihnen getroffene Wahl schriftlich mitzuteilen.

(2) [1]Die zuständige Behörde legt bei der Meldung zur Eignungsprüfung die Termine für die Eignungsprüfung fest und gibt sie den Antragstellern drei Monate im voraus schriftlich bekannt. [2]Sie kann bei der Meldung zur Eignungsprüfung die Vorlage von erbrachten Ausbildungs- und Prüfungsnachweisen verlangen. [3]Diese sind ihr spätestens zwei Monate vor der Eignungsprüfung vorzulegen. [4]Die Eignungsprüfung kann nur einmal wiederholt werden. [5]Die §§ 9 bis 15 gelten entsprechend.

(3) [1]Die zuständige Behörde legt bei der Meldung zum Anpassungslehrgang den Termin für den Beginn des Lehrgangs fest und gibt ihn den Antragstellern schriftlich bekannt. [2]Der Anpassungslehrgang erstreckt sich auf die Defizite der Ausbildung des Lehrgangsteilnehmers im Vergleich zu der in den §§ 2 bis 5 geregelten Ausbildung. [3]Er muß gewährleisten, daß die Teilnehmer nach seinem Abschluß das Ausbildungsziel nach § 1 Abs. 2 erreicht haben und über Grundkenntnisse in wissenschaftlich anerkannten Verfahren sowie vertiefte Kenntnisse in einem dieser Verfahren verfügen. [4]Die zuständige Behörde legt die Ausbildungsstätten fest, an denen der Anpassungslehrgang abgeleistet werden kann, seine Dauer und die Inhalte, die während des Lehrgangs zu vermitteln sind. [5]Sie legt ferner die Gesamtstundenzahl

1. der praktischen Tätigkeit nach § 2,
2. der theoretischen Ausbildung nach § 3,
3. der praktischen Ausbildung nach § 4, ihre Aufteilung in Behandlungs- und Supervisionsstunden und die Anzahl der Patientenbehandlungen sowie
4. der Selbsterfahrung nach § 5

fest.

§ 21 Approbationsurkunde. [1]Die Approbationsurkunde wird nach dem Muster der Anlage 4 ausgestellt. [2]Sie ist dem Antragsteller gegen Empfangsbekenntnis auszuhändigen oder mit Zustellungsurkunde zuzustellen.

Fünfter Abschnitt. Schlußvorschriften

§ 22 Inkrafttreten. Diese Verordnung tritt am 1. Januar 1999 in Kraft.

Anlage 1 (zu § 3 Abs. 1)

Theoretische Ausbildung

A. Grundkenntnisse   200 Stunden

1. Entwicklungs-, sozial-, persönlichkeits- und neuropsychologische Grundlagen der Psychotherapie
2. Konzepte über die Entstehung, Aufrechterhaltung und den Verlauf psychischer und psychisch mitbedingter Erkrankungen verschiedener Altersgruppen
   2.1 Allgemeine und spezielle Krankheitslehren der Störungen mit Krankheitswert, bei denen Psychotherapie indiziert ist, unter Berücksichtigung der wissenschaftlich anerkannten Verfahren
   2.2 Psychosomatische Krankheitslehre
   2.3 Psychiatrische Krankheitslehre
3. Methoden und Erkenntnisse der Psychotherapieforschung
4. Diagnostik und Differentialdiagnostik einschließlich Testverfahren zur Abgrenzung verschiedener Störungen mit Krankheitswert, bei denen Psychotherapie indiziert ist, psychosozial- und entwicklungsbedingter Krisen sowie körperlich begründbarer Störungen
5. Besondere entwicklungs- und geschlechtsspezifische Aspekte der Persönlichkeit, der Psychopathologie und der Methodik der Psychotherapie verschiedener Altersgruppen
6. Intra- und interpersonelle Aspekte psychischer und psychisch mitbedingter Störungen in Paarbeziehungen, Familien und Gruppen
7. Prävention und Rehabilitation
8. Medizinische und pharmakologische Grundkenntnisse für Psychotherapeuten
9. Methoden und differentielle Indikationsstellung wissenschaftlich anerkannter psychotherapeutischer Verfahren
10. Dokumentation und Evaluation von psychotherapeutischen Behandlungsverläufen
11. Berufsethik und Berufsrecht,
    medizinische und psychosoziale Versorgungssysteme,
    Organisationsstrukturen des Arbeitsfeldes,
    Kooperation mit Ärzten und anderen Berufsgruppen
12. Geschichte der Psychotherapie

B. Vertiefte Ausbildung   400 Stunden

1. Theorie und Praxis der Diagnostik, insbesondere Anamnese,
   Indikationsstellung und Prognose,
   Fallkonzeptualisierung und Behandlungsplanung
2. Rahmenbedingungen der Psychotherapie, Behandlungssetting,
   Einleitung und Beendigung der Behandlung
3. Behandlungskonzepte und -techniken sowie deren Anwendung
4. Krisenintervention
5. Behandlungstechniken bei Kurz- und Langzeittherapie
6. Therapiemotivation des Patienten,
   Entscheidungsprozesse des Therapeuten,
   Therapeuten-Patienten-Beziehung im Psychotherapieprozeß
7. Einführung in Behandlungsverfahren bei Kindern und Jugendlichen
8. Behandlungsverfahren bei Paaren, Familien und Gruppen

....
(Bezeichnung der Ausbildungsstätte)

Bescheinigung über die Teilnahme an Ausbildungsveranstaltungen

....
(Name, Vorname)

....
(Geburtsdatum)   (Geburtsort)

hat regelmäßig und mit Erfolg

1. an der praktischen Tätigkeit nach § 2 der Ausbildungs- und Prüfungsverordnung für Psychologische Psychotherapeuten
   in der Einrichtung nach § 2 Abs. 2 Nr. 1 ....
   in der Zeit
   vom .... bis .... , vom .... bis ....
   vom .... bis .... , vom .... bis ....
   vom .... bis .... , vom .... bis ....
   teilgenommen und dabei .... Stunden abgeleistet
   sowie
   in der Einrichtung nach § 2 Abs. 2 Nr. 2 ....
   in der Zeit
   vom .... bis .... , vom .... bis ....
   vom .... bis .... , vom .... bis ....
   teilgenommen und dabei .... Stunden abgeleistet.
   Er/Sie* erfüllt die Anforderungen des § 2 Abs. 3;
2. an der theoretischen Ausbildung nach § 3 der Ausbildungs- und Prüfungsverordnung für Psychologische Psychotherapeuten
   mit den dazu vorgeschriebenen Veranstaltungen
   im Umfang von .... Stunden teilgenommen;
3. an der praktischen Ausbildung nach § 4 der Ausbildungs- und Prüfungsverordnung für Psychologische Psychotherapeuten mit
   .... Behandlungsstunden und
   .... Supervisionsstunden, davon .... Stunden Einzelsupervision,
   bei den Supervisoren

   ....
   (Name)

   ....
   (Name)

   ....
   (Name)

   teilgenommen und
   .... schriftliche Falldarstellungen über eigene Patientenbehandlungen vorgelegt;
4. an der Selbsterfahrung nach § 5 der Ausbildungs- und Prüfungsverordnung für Psychologische
   Psychotherapeuten mit
   .... Stunden
   bei dem Selbsterfahrungsleiter/der Selbsterfahrungsleiterin*)
   ....
   (Name)

   teilgenommen.
   Er/Sie* hat die vorgeschriebene Mindeststundenzahl von 4200 Stunden erreicht.
   Die Ausbildung ist – nicht – über die nach § 6 Abs. 1 der Ausbildungs- und Prüfungsverordnung
   für Psychologische Psychotherapeuten zulässigen Fehlzeiten hinaus –
   um .... Tage* – unterbrochen worden.

Siegel oder Stempel

...., den ....
(Ort)   (Datum)

....
(Unterschrift(en) der Leitung der Ausbildungsstätte)

---

* Nichtzutreffendes streichen.

Anh 1 PsychTh–APrV

Anlage 3 (zu § 12 Abs. 2)

....
(Zuständige Behörde)

Zeugnis
über die staatliche Prüfung für Psychologische Psychotherapeuten

....

(Name, Vorname – gegebenenfalls abweichender Geburtsname)

....

(Geburtsdatum)   (Geburtsort)

....

(vertiefte Ausbildung in)

hat den schriftlichen Teil der staatlichen Prüfung

am .... in ....

mit der Note ....

und den mündlichen Teil der staatlichen Prüfung

am .... in ....

mit der Note .... abgelegt.

Er/Sie hat die staatliche Prüfung für Psychologische Psychotherapeuten
mit der Gesamtnote „..." (........ Zahlenwert) bestanden.

.... , den ....

Siegel   (Ort)   (Datum)

....

(Unterschrift)

Anlage 4 (zu § 21)

Approbationsurkunde

Herr/Frau ....

(Vorname, Name – gegebenenfalls abweichender Geburtsname)

geboren am .... in ....

erfüllt die Voraussetzungen des Psychotherapeutengesetzes.

Mit Wirkung vom heutigen Tage wird ihm/ihr die

Approbation als
Psychologischer Psychotherapeut/Psychologische Psychotherapeutin

erteilt.

Die Approbation berechtigt den Psychologischen Psychotherapeuten/die Psychologische Psychotherapeutin zur Ausübung der heilkundlichen Psychotherapie im Sinne des § 1 Abs. 3 Satz 1 des Psychotherapeutengesetzes.

.... , den ....

Siegel   (Ort)   (Datum)

....

(Unterschrift)

Anhang 2. Ausbildungs- und Prüfungsverordnung für Kinder- und Jugendlichenpsychotherapeuten (KJPsychTh-APrV)

Vom 18. Dezember 1998 (BGBl. I S. 3761)

BGBl. III/FNA 2122–5–2

Geändert durch Art. 12 Gesetz zur Gleichstellung behinderter Menschen und zur Änderung anderer Gesetze vom 27. 4. 2002 (BGBl. I S. 1467)

Auf Grund des § 8 des Psychotherapeutengesetzes vom 16. Juni 1998 (BGBl. I S. 1311) verordnet das Bundesministerium für Gesundheit:

Erster Abschnitt. Ausbildung

§ 1 Ziel und Gliederung. (1) [1] Die Ausbildung der Kinder- und Jugendlichenpsychotherapeuten erfolgt auf der Grundlage von Ausbildungsplänen und erstreckt sich auf die Vermittlung von eingehenden Grundkenntnissen in wissenschaftlich anerkannten psychotherapeutischen Verfahren sowie auf eine vertiefte Ausbildung in einem dieser Verfahren. [2] Sie ist auf der Grundlage des wissenschaftlichen Erkenntnisstandes praxisnah und patientenbezogen durchzuführen.

(2) Die Ausbildung hat den Ausbildungsteilnehmern insbesondere die Kenntnisse, Fähigkeiten und Fertigkeiten zu vermitteln, die erforderlich sind, um

1. in Diagnostik, Therapie und Rehabilitation von Störungen mit Krankheitswert, bei denen Psychotherapie im Kindes- und Jugendalter indiziert ist, und
2. bei der Therapie psychischer Ursachen, Begleiterscheinungen und Folgen von körperlichen Erkrankungen unter Berücksichtigung der ärztlich erhobenen Befunde zum körperlichen Status und der sozialen Lage des Kindes oder Jugendlichen

auf den wissenschaftlichen, geistigen und ethischen Grundlagen der Psychotherapie eigenverantwortlich und selbständig handeln zu können (Ausbildungsziel).

(3) [1] Die Ausbildung umfaßt mindestens 4200 Stunden und besteht aus einer praktischen Tätigkeit (§ 2), einer theoretischen Ausbildung (§ 3), einer praktischen Ausbildung mit Krankenbehandlungen unter Supervision (§ 4) sowie einer Selbsterfahrung, die die Ausbildungsteilnehmer zur Reflexion eigenen therapeutischen Handelns befähigt (§ 5). [2] Sie schließt mit Bestehen der staatlichen Prüfung ab.

(4) Die regelmäßige und erfolgreiche Teilnahme an den Ausbildungsveranstaltungen nach Absatz 3 ist durch eine Bescheinigung nach dem Muster der Anlage 2 nachzuweisen.

§ 2 Praktische Tätigkeit. (1) [1] Die praktische Tätigkeit nach § 1 Abs. 3 Satz 1 dient dem Erwerb praktischer Erfahrungen in der Behandlung von Störungen mit Krankheitswert im Sinne des § 1 Abs. 3 Satz 1 des Psychotherapeutengesetzes sowie von Kenntnissen anderer Störungen, bei denen Psychotherapie nicht indiziert ist. [2] Sie steht unter fachkundiger Anleitung und Aufsicht.

(2) [1] Die praktische Tätigkeit umfaßt mindestens 1800 Stunden und ist in Abschnitten von jeweils mindestens drei Monaten abzuleisten. [2] Hiervon sind

1. mindestens 1200 Stunden an einer kinder- und jugendpsychiatrischen klinischen Einrichtung, die im Sinne des ärztlichen Weiterbildungsrechts zur Weiterbildung für Kinder- und Jugendpsychiatrie und -psychotherapie zugelassen ist oder die von der nach § 10 Abs. 4 Psychotherapeutengesetz zuständigen Behörde als gleichwertige Einrichtung zugelassen wird, und

2. mindestens 600 Stunden an einer von einem Sozialversicherungsträger anerkannten Einrichtung, die der psychotherapeutischen oder psychosomatischen Versorgung von Kindern und Jugendlichen dient, in der Praxis eines Arztes mit einer ärztlichen Weiterbildung in der Kinder- und Jugendpsychotherapie oder eines Kinder- und Jugendlichenpsychotherapeuten

zu erbringen. [3] Soweit die praktische Tätigkeit an einer klinischen Einrichtung nach Nummer 1 nicht sichergestellt ist, kann sie für die Dauer von höchstens 600 Stunden an einer kinder- und jugendpsychiatrischen ambulanten Einrichtung mit entsprechender Zulassung abgeleistet werden. [4] Die praktische Tätigkeit nach Nummer 2 kann auch in der Praxis eines Psychologischen Psychotherapeuten abgeleistet werden, wenn dieser überwiegend Kinder und Jugendliche behandelt.

(3) [1] Während der praktischen Tätigkeit in der kinder- und jugendpsychiatrischen klinischen oder ambulanten Einrichtung ist der Ausbildungsteilnehmer jeweils über einen längeren Zeitraum an der Diagnostik und der Behandlung von mindestens 30 Kindern und Jugendlichen unter Einbeziehung der bedeutsamen Beziehungspersonen (Patienten) zu beteiligen. [2] Der Ausbildungsteilnehmer hat dabei Kenntnisse und Erfahrungen über die akute, abklingende und chronifizierte Symptomatik unterschiedlicher psychiatrischer Erkrankungen zu erwerben sowie die Patientenbehandlungen fallbezogen und unter Angabe von Umfang und Dauer zu dokumentieren.

§ 3 Theoretische Ausbildung. (1) [1] Die theoretische Ausbildung nach § 1 Abs. 3 Satz 1 umfaßt mindestens 600 Stunden. [2] Sie erstreckt sich auf die zu vermittelnden Grundkenntnisse für die psychotherapeutische Tätigkeit und im Rahmen der vertieften Ausbildung auf Spezialkenntnisse in einem wissenschaftlich anerkannten psychotherapeutischen Verfahren (Anlage 1). [3] Sie findet in Form von Vorlesungen, Seminaren und praktischen Übungen statt. [4] Die Vorlesungen dürfen ein Drittel der Stundenzahl der theoretischen Ausbildung nicht überschreiten.

(2) [1] In den Seminaren nach Absatz 1 Satz 2 sind die in den Vorlesungen und praktischen Übungen vermittelten Ausbildungsinhalte der Anlage 1 mit den Ausbildungsteilnehmern vertiefend und anwendungsbezogen zu erörtern. [2] Dabei sind insbesondere psychologische, psychopathologische und medizinische Zusammenhänge herauszuarbeiten. [3] Während der Seminare hat ferner die Vorstellung der praktischen psychotherapeutischen Arbeit mit Patienten zu erfolgen. [4] Die Zahl der Ausbildungsteilnehmer an einem Seminar soll 15 nicht überschreiten.

(3) [1] Die praktischen Übungen nach Absatz 1 Satz 2 umfassen Falldarstellungen und Behandlungstechniken der praktischen psychotherapeutischen Arbeit mit Patienten. [2] Dabei sind die rechtlich geschützten Belange des Patienten zu berücksichtigen. [3] Praktische Übungen sind, soweit der Lehrstoff dies erfordert, in kleinen Gruppen durchzuführen.

§ 4 Praktische Ausbildung. (1) [1] Die praktische Ausbildung nach § 1 Abs. 3 Satz 1 ist Teil der vertieften Ausbildung in einem wissenschaftlich anerkannten psychotherapeutischen Verfahren und dient dem Erwerb sowie der Vertiefung von Kenntnissen und praktischen Kompetenzen bei der Behandlung von Patienten mit Störungen mit Krankheitswert nach § 1 Abs. 3 Satz 1 des Psychotherapeutengesetzes. [2] Sie umfaßt mindestens 600 Behandlungsstunden unter Supervision mit mindestens sechs Patientenbehandlungen sowie mindestens 150 Supervisionsstunden, von denen mindestens 50 Stunden als Einzelsupervision durchzuführen sind.

(2) ¹Die in Absatz 1 Satz 2 genannten Supervisionsstunden sind bei mindestens drei Supervisoren abzuleisten und auf die Behandlungsstunden regelmäßig zu verteilen. ²Die Supervision erfolgt durch Supervisoren, die von der Hochschule oder anderen Einrichtung nach § 6 Abs. 1 des Psychotherapeutengesetzes (Ausbildungsstätte) anerkannt sind. ³Bei Gruppensupervision soll die Gruppe aus vier Teilnehmern bestehen.

(3) ¹Voraussetzungen für die Anerkennung als Supervisor nach Absatz 2 Satz 2 sind:

1. eine mindestens fünfjährige psychotherapeutische Tätigkeit in der Krankenbehandlung nach der Approbation zum Kinder- und Jugendlichenpsychotherapeuten oder nach Abschluß einer ärztlichen Weiterbildung in der Kinder- und Jugendpsychotherapie, schwerpunktmäßig auf dem Gebiet des wissenschaftlich anerkannten Verfahrens, das Gegenstand der praktischen Ausbildung ist,
2. eine mindestens dreijährige Lehrtätigkeit an einer Ausbildungsstätte und
3. die persönliche Eignung.

²Ein Psychologischer Psychotherapeut kann als Supervisor anerkannt werden, wenn er die Voraussetzung der Nummer 1 durch eine überwiegende Tätigkeit in der Krankenbehandlung mit Kindern und Jugendlichen erfüllt. ³Die Nummern 2 und 3 gelten entsprechend. ⁴Die Anerkennung als Supervisor ist von der Ausbildungsstätte regelmäßig zu überprüfen.

(4) ¹Während eines Übergangszeitraums von sechs Jahren nach Inkrafttreten der Verordnung können Personen mit einer Approbation als Kinder- und Jugendlichenpsychotherapeut oder einer Approbation als Psychologischer Psychotherapeut, die vor Inkrafttreten des Psychotherapeutengesetzes mindestens fünf Jahre psychotherapeutisch im Sinne des Absatzes 3 Satz 1 Nr. 1 oder Satz 2 tätig waren, bei Nachweis dieser Tätigkeit als Supervisoren nach Absatz 3 anerkannt werden, wenn sie zugleich die Voraussetzungen des Absatzes 3 Satz 1 Nr. 2 und 3 erfüllen. ²Absatz 3 Satz 4 gilt entsprechend.

(5) ¹Die Zuweisung von Behandlungsfällen hat zu gewährleisten, daß die Ausbildungsteilnehmer über das Spektrum von Störungen mit Krankheitswert, bei denen Kinder- und Jugendlichenpsychotherapie indiziert ist, eingehende Kenntnisse und Erfahrungen erwerben. ²Dabei sind die verschiedenen Stufen des Kindes- und Jugendalters zu berücksichtigen.

(6) ¹Während der praktischen Ausbildung hat der Ausbildungsteilnehmer mindestens sechs anonymisierte schriftliche Falldarstellungen über eigene Patientenbehandlungen, die unter Supervision stattgefunden haben, zu erstellen. ²Die Falldarstellungen haben die wissenschaftlichen Erkenntnisse zu berücksichtigen, die Diagnostik, Indikationsstellung und eine Evaluation der Therapieergebnisse mit einzuschließen, ein ätiologisch orientiertes Krankheitsverständnis nachzuweisen sowie den Behandlungsverlauf und die Behandlungstechnik in Verbindung mit der Theorie darzustellen. ³Sie sind von der Ausbildungsstätte zu beurteilen.

§ 5 Selbsterfahrung. (1) ¹Die Selbsterfahrung nach § 1 Abs. 3 Satz 1 richtet sich nach dem wissenschaftlich anerkannten psychotherapeutischen Verfahren, das Gegenstand der vertieften Ausbildung ist, und umfaßt mindestens 120 Stunden. ²Gegenstand der Selbsterfahrung sind die Reflexion oder Modifikation persönlicher Voraussetzungen für das therapeutische Erleben und Handeln unter Einbeziehung biographischer Aspekte sowie bedeutsame Aspekte des Erlebens und Handelns im Zusammenhang mit einer therapeutischen Beziehung und mit der persönlichen Entwicklung im Ausbildungsverlauf.

(2) [1] Die Selbsterfahrung findet bei von der Ausbildungsstätte anerkannten Selbsterfahrungsleitern, die als Supervisoren nach § 4 Abs. 3 oder 4 dieser Verordnung oder nach § 4 Abs. 3 oder 4 der Ausbildungs- und Prüfungsverordnung für Psychologische Psychotherapeuten anerkannt sind, statt, zu denen der Ausbildungsteilnehmer keine verwandtschaftlichen Beziehungen hat und nicht in wirtschaftlichen oder dienstlichen Abhängigkeiten steht. [2] § 4 Abs. 3 Satz 4 gilt entsprechend.

§ 6 Unterbrechung der Ausbildung, Anrechnung anderer Ausbildungen.
(1) [1] Auf die Dauer der Ausbildung werden angerechnet
1. eine ausbildungsfreie Zeit von bis zu sechs Wochen jährlich und
2. Unterbrechungen durch Krankheit oder aus anderen, vom Ausbildungsteilnehmer nicht zu vertretenden Gründen, bei Ausbildungsteilnehmerinnen auch Unterbrechungen durch Schwangerschaft, bis zu höchstens vier Wochen je Ausbildungsjahr.

[2] Die zuständige Behörde kann auf Antrag auch darüber hinausgehende Fehlzeiten berücksichtigen, soweit eine besondere Härte vorliegt und das Erreichen des Ausbildungszieles durch die Anrechnung nicht gefährdet wird.

(2) [1] Wird die Ausbildung zum Kinder- und Jugendlichenpsychotherapeuten gemäß § 5 Abs. 3 des Psychotherapeutengesetzes verkürzt, hat der Antragsteller sich einer weiteren Ausbildung zu unterziehen, die sich auf die Defizite seiner Ausbildung im Vergleich zu der in den §§ 2 bis 5 geregelten Ausbildung erstreckt, ihm Grundkenntnisse in wissenschaftlich anerkannten psychotherapeutischen Verfahren sowie eine vertiefte Ausbildung in einem dieser Verfahren vermittelt und sicherstellt, daß er das Ausbildungsziel nach § 1 Abs. 2 erreicht. [2] Die Dauer und Inhalte der weiteren Ausbildung werden von der zuständigen Behörde festgelegt; sie legt ferner die Gesamtstundenzahl
1. der praktischen Tätigkeit nach § 2,
2. der theoretischen Ausbildung nach § 3,
3. der praktischen Ausbildung nach § 4, ihre Aufteilung in Behandlungs- und Supervisionsstunden und die Anzahl der Patientenbehandlungen sowie
4. der Selbsterfahrung nach § 5

fest. [3] Die weitere Ausbildung schließt mit der staatlichen Prüfung nach § 8 ab.

Zweiter Abschnitt. Allgemeine Prüfungsbestimmungen

§ 7 Zulassung zur Prüfung.
(1) [1] Die zuständige Behörde nach § 8 Abs. 2 entscheidet auf Antrag des Prüflings über die Zulassung zur staatlichen Prüfung und im Benehmen mit der Leitung der Ausbildungsstätte über die Ladungen zu den Prüfungsterminen. [2] Die Prüfungstermine sollen nicht früher als zwei Monate vor dem Ende der Ausbildung liegen.

(2) Die Zulassung zur Prüfung wird erteilt, wenn folgende Nachweise vorliegen:
1. die Geburtsurkunde oder ein Auszug aus dem Familienbuch der Eltern, bei Verheirateten die Heiratsurkunde, ein Auszug aus dem für die Ehe geführten Familienbuch oder jede sonstige Urkunde, die eine Namensänderung zur Folge hat,
2. der Nachweis über die bestandene Abschlußprüfung im Studiengang Psychologie, die das Fach Klinische Psychologie einschließt, eine Bescheinigung über eine gleichwertige Ausbildung nach § 5 Abs. 2 Nr. 1 Buchstabe b oder c des Psy-

chotherapeutengesetzes, der Nachweis über die bestandene Abschlußprüfung im Studiengang Pädagogik oder Sozialpädagogik oder eine Bescheinigung über eine gleichwertige Ausbildung nach § 5 Abs. 2 Nr. 2 Buchstabe c oder d des Psychotherapeutengesetzes,

3. die Bescheinigung nach § 1 Abs. 4 über die Teilnahme an den Ausbildungsveranstaltungen und

4. mindestens zwei Falldarstellungen nach § 4 Abs. 6, die von der Ausbildungsstätte als Prüfungsfall angenommen wurden.

(3) Die Zulassung zur Prüfung und die Ladungen zu den Prüfungsterminen sollen dem Prüfling spätestens zwei Wochen vor Prüfungsbeginn schriftlich mitgeteilt werden.

§ 8 Staatliche Prüfung. (1) Die staatliche Prüfung nach § 5 Abs. 1 Satz 2 des Psychotherapeutengesetzes umfaßt einen schriftlichen und einen mündlichen Teil.

(2) [1] Der Prüfling legt die Prüfung bei der zuständigen Behörde ab. [2] Zuständig ist die Behörde des Landes, in dem der Prüfling im Zeitpunkt der Antragstellung nach § 7 Abs. 1 an der Ausbildung teilnimmt.

§ 9 Prüfungskommission. (1) [1] Die Prüfung nach § 8 wird vor einer staatlichen Prüfungskommission abgelegt. [2] Die Prüfungskommission besteht aus folgenden Mitgliedern, von denen zwei keine Lehrkräfte der Ausbildungsstätte sein dürfen, an der die Ausbildung durchgeführt wurde:

1. einem Kinder- und Jugendlichenpsychotherapeuten, der für das psychotherapeutische Verfahren qualifiziert ist, das Gegenstand der vertieften Ausbildung war, und der nach § 4 Abs. 3 Satz 1 oder Abs. 4 als Supervisor anerkannt ist, als Vorsitzendem,

2. mindestens zwei weiteren Kinder- und Jugendlichenpsychotherapeuten mit der in Nummer 1 genannten Qualifikation, von denen mindestens einer zusätzlich über die Supervisorenanerkennung nach § 4 Abs. 3 Satz 1 oder Abs. 4 verfügen muß, und

3. einem Arzt mit einer ärztlichen Weiterbildung in der Psychiatrie und Psychotherapie, in der Kinder- und Jugendpsychiatrie und -psychotherapie oder in der Psychotherapeutischen Medizin, der an einer Ausbildungsstätte lehrt.

[3] Soweit Kinder- und Jugendlichenpsychotherapeuten nicht zur Verfügung stehen, kann ein Psychologischer Psychotherapeut als Mitglied der Prüfungskommission nach Nummer 1 oder 2 benannt werden, wenn er die dort genannten Voraussetzungen erfüllt. [4] Der Selbsterfahrungsleiter des Prüflings darf der Prüfungskommission nicht angehören.

(2) [1] Jedes Mitglied der Prüfungskommission hat einen oder mehrere Stellvertreter. [2] Die Mitglieder der Prüfungskommission und ihre Stellvertreter werden von der zuständigen Behörde bestellt.

§ 10 Niederschrift. [1] Über die Prüfung ist eine Niederschrift zu fertigen, aus der Gegenstand, Ablauf und Ergebnisse der Prüfung sowie etwa vorkommende Unregelmäßigkeiten hervorgehen. [2] Sie ist von allen Mitgliedern der Prüfungskommission zu unterzeichnen. [3] Lautet die Note „mangelhaft" oder „ungenügend", so sind die Gründe anzugeben und in die Niederschrift aufzunehmen.

§ 11 Benotung. Die schriftliche Aufsichtsarbeit und die Leistungen der mündlichen Prüfung werden wie folgt benotet:
– „sehr gut" (1), wenn die Leistung hervorragend ist,
– „gut" (2), wenn die Leistung erheblich über den durchschnittlichen Anforderungen liegt,

- „befriedigend" (3), wenn die Leistung in jeder Hinsicht durchschnittlichen Anforderungen gerecht wird,
- „ausreichend" (4), wenn die Leistung trotz Mängeln noch den Anforderungen genügt,
- „mangelhaft" (5), wenn die Leistung wegen erheblicher Mängel den Anforderungen nicht mehr genügt,
- „ungenügend" (6), wenn die Leistung unbrauchbar ist.

§ 12 Bestehen und Wiederholung der Prüfung. (1) Die Prüfung ist bestanden, wenn jeder der in § 8 Abs. 1 vorgeschriebenen Prüfungsteile bestanden ist.

(2) ¹Über die bestandene staatliche Prüfung wird ein Zeugnis nach dem Muster der Anlage 3 erteilt. ²Über das Nichtbestehen erhält der Prüfling von der zuständigen Behörde eine schriftliche Mitteilung, in der die Prüfungsnoten anzugeben sind.

(3) ¹Der Prüfling kann den schriftlichen und den mündlichen Teil der Prüfung jeweils zweimal wiederholen, wenn er die Note „mangelhaft" oder „ungenügend" erhalten hat. ²Eine weitere Wiederholung ist auch nach einer erneuten Ausbildung zum Kinder- und Jugendlichenpsychotherapeuten nicht zulässig.

(4) ¹Hat der Prüfling den mündlichen Teil der Prüfung oder die gesamte Prüfung zu wiederholen, so wird er zu den Wiederholungsprüfungen nur geladen, wenn er an einer weiteren praktischen Ausbildung teilgenommen hat, deren Dauer und Inhalt von der zuständigen Behörde bestimmt werden. ²Dem Antrag des Prüflings auf Zulassung zu den Wiederholungsprüfungen ist jeweils ein Nachweis über die weitere Ausbildung sowie mindestens eine Falldarstellung nach § 4 Abs. 6, die von der Ausbildungsstätte als Prüfungsfall angenommen wurde, beizufügen. ³Die Wiederholungsprüfung soll jeweils spätestens sechs Monate nach der letzten Prüfung abgeschlossen sein.

§ 13 Rücktritt von der Prüfung. (1) ¹Tritt ein Prüfling nach seiner Zulassung von der Prüfung oder einem Prüfungsteil zurück, so hat er die Gründe für seinen Rücktritt unverzüglich der zuständigen Behörde schriftlich mitzuteilen. ²Genehmigt die zuständige Behörde den Rücktritt, so gilt die Prüfung oder der betreffende Teil der Prüfung als nicht unternommen. ³Die Genehmigung ist nur zu erteilen, wenn wichtige Gründe vorliegen. ⁴Im Falle einer Krankheit kann die Vorlage einer ärztlichen Bescheinigung verlangt werden.

(2) ¹Wird die Genehmigung für den Rücktritt nicht erteilt oder unterläßt es der Prüfling, die Gründe für seinen Rücktritt unverzüglich mitzuteilen, so gilt die Prüfung oder der betreffende Teil der Prüfung als nicht bestanden. ²§ 12 Abs. 3 gilt entsprechend.

§ 14 Versäumnisfolgen. (1) ¹Versäumt ein Prüfling einen Prüfungstermin, gibt er die Aufsichtsarbeit nicht oder nicht rechtzeitig ab oder unterbricht er die Prüfung, so gilt der betreffende Teil der Prüfung als nicht bestanden, wenn nicht ein wichtiger Grund vorliegt; § 12 Abs. 3 gilt entsprechend. ²Liegt ein wichtiger Grund vor, so gilt der betreffende Teil der Prüfung als nicht unternommen.

(2) ¹Die Entscheidung darüber, ob ein wichtiger Grund vorliegt, trifft die zuständige Behörde. ²§ 13 Abs. 1 Satz 1 und 4 gilt entsprechend.

§ 15 Ordnungsverstöße und Täuschungsversuche. ¹Die zuständige Behörde kann bei Prüflingen, die die ordnungsgemäße Durchführung der Prüfung in erheblichem Maße gestört oder sich eines Täuschungsversuchs schuldig gemacht haben, den betreffenden Teil der Prüfung für nicht bestanden erklären; § 12

Abs. 3 gilt entsprechend. [2]Eine solche Entscheidung ist nur bis zum Abschluß der gesamten Prüfung zulässig.

Dritter Abschnitt. Besondere Prüfungsbestimmungen

§ 16 Schriftlicher Teil der Prüfung. (1) [1]Der schriftliche Teil der Prüfung erstreckt sich auf die in Anlage 1 Teil A aufgeführten Grundkenntnisse in den wissenschaftlich anerkannten psychotherapeutischen Verfahren. [2]Der Prüfling hat in einer Aufsichtsarbeit schriftlich gestellte Fragen zu beantworten. [3]Die Aufsichtsarbeit dauert 120 Minuten. Die Aufsichtsführenden werden von der zuständigen Behörde bestimmt.

(2) [1]Die Aufgaben für die Aufsichtsarbeit werden von der zuständigen Behörde auf Vorschlag des Vorsitzenden der Prüfungskommission ausgewählt. [2]Die zuständige Behörde soll sich im Benehmen mit dem Vorsitzenden der Prüfungskommission einer zentralen Einrichtung bedienen, die die Aufgaben für die Aufsichtsarbeit erstellt. [3]Die Aufsichtsarbeit ist von mindestens zwei Mitgliedern der Prüfungskommission zu benoten. [4]Aus den Noten der Prüfer bildet der Vorsitzende der Prüfungskommission im Benehmen mit den Prüfern die Prüfungsnote für die Aufsichtsarbeit. [5]Der schriftliche Teil der Prüfung ist bestanden, wenn die Aufsichtsarbeit mindestens mit „ausreichend" benotet wird.

§ 17 Mündlicher Teil der Prüfung. (1) Der mündliche Teil der Prüfung erstreckt sich unter besonderer Berücksichtigung des wissenschaftlich anerkannten psychotherapeutischen Verfahrens, das Gegenstand der vertieften Ausbildung war, auf folgende Inhalte:

1. Ätiologie, Pathogenese und Aufrechterhaltung von Störungen mit Krankheitswert nach § 1 Abs. 3 Satz 1 des Psychotherapeutengesetzes,
2. theoretische Grundlagen und klinisch-empirische Befunde zu wissenschaftlich anerkannten psychotherapeutischen Verfahren bei Kindern und Jugendlichen,
3. Kriterien der generellen und differentiellen Indikation in den wissenschaftlich anerkannten psychotherapeutischen Verfahren und Methoden bei Kindern und Jugendlichen einschließlich der Evaluation von Behandlungsverläufen sowie
4. Theorie und Praxis der Therapeuten-Patienten-Beziehung.

(2) [1]In der mündlichen Prüfung hat der Prüfling anhand mindestens eines Falles nach § 7 Abs. 2 Nr. 4 nachzuweisen, daß er über das für die Tätigkeit der Kinder- und Jugendlichenpsychotherapeuten erforderliche eingehende Wissen und Können verfügt, in der Lage ist, die während der Ausbildung erworbenen Kenntnisse, Fähigkeiten und Fertigkeiten in der beruflichen Praxis anzuwenden und zu eigenständiger wissenschaftlich begründeter Diagnostik und psychotherapeutischer Krankenbehandlung befähigt ist. [2]Der Prüfling soll insbesondere zeigen, daß er

1. die Technik der Anamneseerhebung und der psychodiagnostischen Untersuchungsmethoden bei Kindern und Jugendlichen beherrscht und ihre Resultate zu beurteilen vermag,
2. in der Lage ist, die Informationen, die zur Stellung der Diagnose erforderlich sind, zu gewinnen, ihre unterschiedliche Bedeutung und Gewichtung für die Diagnosestellung zu erkennen und im Rahmen differentialdiagnostischer Überlegungen unter Berücksichtigung des körperlichen Status und des sozialen Lebensbedingungen des Patienten kritisch zu verwerten,
3. in der Lage ist, ätiologische Zusammenhänge vor dem Hintergrund seiner Kenntnisse der Psychopathologie und seines Störungswissens zu erkennen,

187

4. in der Lage ist, die generelle und differentielle Indikation zur Kinder- und Jugendlichenpsychotherapie zu stellen und dabei die Grundkenntnisse in denjenigen Verfahren, die nicht Gegenstand der vertieften Ausbildung waren, zu berücksichtigen,

5. über vertiefte Kenntnisse und eingehende Fertigkeiten in dem psychotherapeutischen Verfahren verfügt, das Gegenstand der vertieften Ausbildung war,

6. in der Lage ist, die Therapeuten-Patienten-Beziehung in ihren zentralen Aspekten zu handhaben,

7. in der Lage ist, die erworbenen Grundkenntnisse in Prävention und Rehabilitation fallbezogen anzuwenden sowie

8. die allgemeinen, berufsrechtlichen und ethischen Regeln psychotherapeutischen Verhaltens kennt und anzuwenden weiß.

(3) [1]Der mündliche Teil der Prüfung besteht aus zwei Abschnitten. [2]Der erste Abschnitt wird als Einzelprüfung durchgeführt und soll 30 Minuten dauern, in denen der Prüfungsfall nach Absatz 2 Satz 1 mit dem Prüfling zu erörtern ist. [3]Der zweite Abschnitt wird als Gruppenprüfung in Gruppen bis zu vier Prüflingen durchgeführt und soll 120 Minuten dauern. [4]Die Dauer der Prüfung reduziert sich entsprechend der Anzahl der Prüflinge. [5]Die mündliche Prüfung wird vom Vorsitzenden der Prüfungskommission geleitet. [6]Die Prüfungskommission ist während der gesamten Dauer der mündlichen Prüfung zur Anwesenheit verpflichtet. [7]Jedes Mitglied der Prüfungskommission ist berechtigt, Fragen an den Prüfling zu stellen.

(4) [1]Jeder Abschnitt des mündlichen Teils der Prüfung ist von jedem Mitglied der Prüfungskommission zu benoten. [2]Aus den Noten der Prüfer bildet der Vorsitzende der Prüfungskommission im Benehmen mit den Prüfern die Note für den jeweiligen Abschnitt der mündlichen Prüfung sowie aus den Noten der beiden Abschnitte die Prüfungsnote für den mündlichen Teil der Prüfung. [3]Der mündliche Teil der Prüfung ist bestanden, wenn jeder Abschnitt mindestens mit „ausreichend" bewertet wird und die Prüfungsnote mindestens „ausreichend" ist.

(5) [1]Die zuständige Behörde kann zum mündlichen Teil der Prüfung Beobachter entsenden. [2]Der Vorsitzende der Prüfungskommission kann auf begründeten Antrag die Anwesenheit von Zuhörern beim mündlichen Teil der Prüfung gestatten. [3]Er hat zu Beginn der Prüfung alle Anwesenden auf die Schweigepflicht hinzuweisen. [4]Bei Bekanntgabe des Prüfungsergebnisses ist die Anwesenheit von Zuhörern nicht gestattet.

§ 18 Gesamtnote der Prüfung. [1]Für die staatliche Prüfung nach § 8 Abs. 1 wird vom Vorsitzenden der Prüfungskommission eine Gesamtnote wie folgt gebildet: Die Note für den schriftlichen Teil der Prüfung wird mit 1, die Note für den mündlichen Teil der Prüfung mit 2 vervielfacht; die Summe der auf diese Weise gewonnenen Zahl wird durch 3 geteilt. [2]Die Gesamtnote wird bis auf die zweite Stelle hinter dem Komma errechnet. [3]Sie lautet:

„sehr gut" bei einem Zahlenwert bis 1,5,

„gut" bei einem Zahlenwert über 1,5 bis 2,5,

„befriedigend" bei einem Zahlenwert über 2,5 bis 3,5,

„ausreichend" bei einem Zahlenwert über 3,5 bis 4.

Vierter Abschnitt. Approbationserteilung

§ 19[1] Antrag auf Approbation. (1) [1]Die Approbation wird von der zuständigen Behörde auf Antrag erteilt. [2]Dem Antrag sind beizufügen:

---

[1] § 19 Abs. 1 Nr. 6 neu gef. durch G v. 27. 4. 2002 (BGBl. I S. 1467).

1. ein tabellarischer Lebenslauf,
2. die Geburtsurkunde oder ein Auszug aus dem Familienbuch der Eltern, bei Verheirateten die Heiratsurkunde, ein Auszug aus dem für die Ehe geführten Familienbuch oder jede sonstige Urkunde, die eine Namensänderung zur Folge hat,
3. ein Nachweis über die Staatsangehörigkeit des Antragstellers,
4. ein amtliches Führungszeugnis, das nicht früher als einen Monat vor der Vorlage ausgestellt sein darf,
5. eine Erklärung darüber, ob gegen den Antragsteller ein gerichtliches Strafverfahren oder ein staatsanwaltliches Ermittlungsverfahren anhängig ist,
6. eine ärztliche Bescheinigung, die nicht älter als einen Monat sein darf, aus der hervorgeht, dass der Antragsteller nicht in gesundheitlicher Hinsicht zur Ausübung des Berufs ungeeignet ist und
7. das Zeugnis über die staatliche Prüfung für Kinder- und Jugendlichenpsychotherapeuten nach § 12 Abs. 2 Satz 1.

(2) [1] Soll eine Approbation nach § 2 Abs. 2 oder 3 des Psychotherapeutengesetzes erteilt werden, sind, sofern die Ausbildung nicht nach den Vorschriften dieser Verordnung erfolgt ist, an Stelle des Nachweises nach Absatz 1 Nr. 7 Unterlagen über die abgeschlossene Ausbildung des Antragstellers in Urschrift, in amtlich beglaubigter Abschrift oder amtlich beglaubigter Ablichtung vorzulegen. [2] Soweit diese Nachweise nicht in deutscher Sprache ausgestellt sind, sind sie zusätzlich in amtlich beglaubigter Übersetzung vorzulegen. [3] Die zuständige Behörde kann die Vorlage weiterer Nachweise, insbesondere über eine bisherige Tätigkeit, verlangen.

(3) [1] Staatsangehörige eines anderen Mitgliedstaates der Europäischen Union oder eines anderen Vertragsstaates des Abkommens über den Europäischen Wirtschaftsraum können anstelle des in Absatz 1 Nr. 4 genannten Zeugnisses eine von der zuständigen Behörde des Heimat- oder Herkunftstaates ausgestellte entsprechende Bescheinigung oder einen von einer solchen Behörde ausgestellten Strafregisterauszug oder, wenn ein solcht nicht beigebracht werden kann, einen gleichwertigen Nachweis vorlegen. [2] Hat der Antragsteller einen dem Beruf des Kinder- und Jugendlichenpsychotherapeuten entsprechenden Beruf im Heimat- oder Herkunftstaat bereits ausgeübt, so kann die für die Erteilung der Approbation als Kinder- und Jugendlichenpsychotherapeut zuständige Behörde bei der zuständigen Behörde des Heimat- oder Herkunftstaates Auskünfte über etwa gegen den Antragsteller verhängte Strafen oder sonstige berufs- oder strafrechtliche Maßnahmen wegen schwerwiegenden standeswidrigen Verhaltens oder strafbarer Handlungen, die die Ausübung des Berufs im Heimat- oder Herkunftstaat betreffen, einholen. [3] Hat die für die Erteilung der Approbation zuständige Behörde in den Fällen des Satzes 1 oder 2 von Tatbeständen Kenntnis, die außerhalb des Geltungsbereichs des Psychotherapeutengesetzes eingetreten sind und im Hinblick auf die Voraussetzungen des § 2 Abs. 1 Nr. 3 des Psychotherapeutengesetzes von Bedeutung sein können, hat sie die zuständige Stelle des Heimat- oder Herkunftstaates zu unterrichten und sie zu bitten, diese Tatbestände zu überprüfen und ihr das Ergebnis und die Folgerungen, die sie hinsichtlich der von ihr ausgestellten Bescheinigungen und Nachweise daraus zieht, mitzuteilen. [4] Die in Satz 1 bis 3 genannten Bescheinigungen und Mitteilungen sind vertraulich zu behandeln. [5] Sie dürfen der Beurteilung nur zugrunde gelegt werden, wenn bei der Vorlage die Ausstellung nicht mehr als drei Monate zurückliegt.

(4) [1] Staatsangehörige eines anderen Mitgliedstaates der Europäischen Union oder eines anderen Vertragsstaates des Abkommens über den Europäischen Wirtschaftsraum können anstelle der in Absatz 1 Nr. 6 genannten ärztlichen Bescheinigung eine entsprechende Bescheinigung der zuständigen Behörde ihres Heimat- oder Herkunftstaates vorlegen. [2] Absatz 3 Satz 4 und 5 gilt entsprechend.

(5) [1]Antragsteller, die eine Approbation nach § 2 Abs. 2 Satz 2 oder Abs. 3 Satz 2 des Psychotherapeutengesetzes beantragen, können ihre im Heimat- oder Herkunftstaat bestehende rechtmäßige Ausbildungsbezeichnung und, soweit dies nach dem Recht des Heimat- oder Herkunftstaates zulässig ist, die Abkürzung in der Sprache dieses Staates führen. [2]Daneben sind Name und Ort der Lehranstalt, die die Ausbildungsbezeichnung verliehen hat, aufzuführen.

(6) [1]Über den Antrag eines anderen Staatsangehörigen eines Mitgliedstaates der Europäischen Union oder eines anderen Vertragsstaates des Abkommens über den Europäischen Wirtschaftsraum ist kurzfristig, spätestens vier Monate nach Vorlage der nach Absatz 1 bis 4 vom Antragsteller vorzulegenden Unterlagen zu entscheiden. [2]Werden Auskünfte nach Absatz 3 Satz 2 oder 3 von der zuständigen Stelle des Heimat- oder Herkunftstaates eingeholt, so wird der Ablauf der in Satz 1 genannten Frist bis zu dem Zeitpunkt gehemmt, zu dem die Auskünfte eingehen oder, wenn eine Antwort des Heimat- oder Herkunftstaates innerhalb von vier Monaten nicht eingeht, bis zum Ablauf dieser vier Monate. [3]Werden von der zuständigen Stelle des Heimat- oder Herkunftstaates die in Absatz 3 Satz 1 genannten Bescheinigungen nicht ausgestellt oder die nach Absatz 3 Satz 2 oder 3 nachgefragten Mitteilungen innerhalb von vier Monaten nicht gemacht, kann der Antragsteller sie durch die Vorlage einer Bescheinigung über die Abgabe einer eidesstattlichen Erklärung gegenüber der zuständigen Behörde ersetzen.

§ 20 Weitere Sonderregelungen für Inhaber von Diplomen aus anderen Mitgliedstaaten der Europäischen Union oder einem anderen Vertragsstaat des Abkommens über den Europäischen Wirtschaftsraum. (1) Antragsteller nach § 2 Abs. 2 Satz 3 des Psychotherapeutengesetzes, die zwischen einem Anpassungslehrgang und einer Eignungsprüfung wählen können, haben der zuständigen Behörde die von ihnen getroffene Wahl schriftlich mitzuteilen.

(2) [1]Die zuständige Behörde legt bei der Meldung zur Eignungsprüfung die Termine für die Eignungsprüfung fest und gibt sie den Antragstellern drei Monate im voraus schriftlich bekannt. [2]Sie kann bei der Meldung zur Eignungsprüfung die Vorlage von erbrachten Ausbildungs- und Prüfungsnachweisen verlangen. [3]Diese sind ihr spätestens zwei Monate vor der Eignungsprüfung vorzulegen. [4]Die Eignungsprüfung kann nur einmal wiederholt werden. [5]Die §§ 9 bis 15 gelten entsprechend.

(3) [1]Die zuständige Behörde legt bei der Meldung zum Anpassungslehrgang den Termin für den Beginn des Lehrgangs fest und gibt ihn den Antragstellern schriftlich bekannt. [2]Der Anpassungslehrgang erstreckt sich auf die Defizite der Ausbildung des Lehrgangsteilnehmers im Vergleich zu der in den §§ 2 bis 5 geregelten Ausbildung. [3]Er muß gewährleisten, daß die Teilnehmer nach seinem Abschluß das Ausbildungsziel nach § 1 Abs. 2 erreicht haben und über Grundkenntnisse in wissenschaftlich anerkannten psychotherapeutischen Verfahren sowie vertiefte Kenntnisse in einem dieser Verfahren verfügen. [4]Die zuständige Behörde legt die Ausbildungsstätten fest, an denen der Anpassungslehrgang abgeleistet werden kann, seine Dauer und die Inhalte, die während des Lehrgangs zu vermitteln sind. [5]Sie legt ferner die Gesamtstunden

1. der praktischen Tätigkeit nach § 2,
2. der theoretischen Ausbildung nach § 3,
3. der praktischen Ausbildung nach § 4, ihre Aufteilung in Behandlungs- und Supervisionsstunden und die Anzahl der Patientenbehandlungen sowie
4. der Selbsterfahrung nach § 5

fest.

§ 21 Approbationsurkunde. [1]Die Approbationsurkunde wird nach dem Muster der Anlage 4 ausgestellt. [2]Sie ist dem Antragsteller gegen Empfangsbekenntnis auszuhändigen oder mit Zustellungsurkunde zuzustellen.

Fünfter Abschnitt. Schlußvorschriften

§ 22 Inkrafttreten. Diese Verordnung tritt am 1. Januar 1999 in Kraft.

Anlage 1 (zu § 3 Abs. 1)

Theoretische Ausbildung

A. Grundkenntnisse 200 Stunden

1. Entwicklungs-, sozial-, persönlichkeits- und neuropsychologische Grundlagen normalen und abweichenden Verhaltens im Kindes- und Jugendlichenalter
2. Konzepte über die Entstehung, Aufrechterhaltung und den Verlauf psychischer und psychisch mitbedingter Erkrankungen im Kindes- und Jugendlichenalter
   2.1 Allgemeine und spezielle Krankheitslehren von Störungen mit Krankheitswert, bei denen Psychotherapie indiziert ist, unter Berücksichtigung der wissenschaftlich anerkannten Verfahren
   2.2 Psychosomatische Krankheitslehre
   2.3 Kinder- und jugendpsychiatrische Krankheitslehre, Psychiatrische Krankheitslehre verschiedener Altersgruppen
3. Methoden und Erkenntnisse der Psychotherapieforschung unter Berücksichtigung der Erkenntnisse der Säuglings- und Kleinkindforschung
4. Diagnostik und Differentialdiagnostik einschließlich Testverfahren zur Abgrenzung verschiedener Störungen mit Krankheitswert, bei denen Psychotherapie indiziert ist, psychosozial- und entwicklungsbedingter Krisen sowie körperlich begründbarer Störungen bei Kindern und Jugendlichen
5. Besondere entwicklungs- und geschlechtsspezifische Aspekte der Persönlichkeit, der Psychopathologie und der Methodik der Psychotherapie verschiedener Altersgruppen
6. Intra- und interpersonelle Aspekte psychischer und psychisch mitbedingter Störungen in Paarbeziehungen, Familien und Gruppen
7. Prävention und Rehabilitation
8. Medizinische und pharmakologische Grundkenntnisse für Kinder- und Jugendlichenpsychotherapeuten
9. Methoden und differentielle Indikationsstellung wissenschaftlich anerkannter psychotherapeutischer Verfahren
10. Dokumentation und Evaluation von psychotherapeutischen Behandlungsverläufen
11. Berufsethik und Berufsrecht, medizinische und psychosoziale Versorgungssysteme, Organisationsstrukturen des Arbeitsfeldes, Kooperation mit Ärzten und anderen Berufsgruppen
12. Geschichte der Psychotherapie

B. Vertiefte Ausbildung 400 Stunden

1. Theorie und Praxis der Diagnostik, insbesondere Anamnese, Indikationsstellung und Prognose, Fallkonzeptualisierung und Behandlungsplanung bei Kindern und Jugendlichen unter Einbeziehung der bedeutsamen Beziehungspersonen
2. Rahmenbedingungen der Psychotherapie, Behandlungssetting, Einleitung und Beendigung der Behandlung insbesondere im Hinblick auf bestehende Abhängigkeit von Beziehungspersonen
3. Therapiemotivation und Widerstand des Kindes oder Jugendlichen und seiner bedeutsamen Beziehungspersonen, Entscheidungsprozesse des Therapeuten, Dynamik der Beziehungen zwischen dem Therapeuten und dem Kind oder Jugendlichen sowie seinen Eltern oder anderen bedeutsamen Beziehungspersonen im psychotherapeutischen Behandlungsprozeß
4. Behandlungskonzepte und -techniken sowie deren Anwendung in der Kinder- und Jugendlichenpsychotherapie
5. Behandlungstechniken bei Kurz- und Langzeittherapie von Kindern und Jugendlichen und den bedeutsamen Beziehungspersonen
6. Krisenintervention bei Kindern und Jugendlichen und den bedeutsamen Beziehungspersonen
7. Gesprächsführung mit den Beziehungspersonen des Kindes oder Jugendlichen im Hinblick auf deren psychische Beteiligung an der Erkrankung und im Hinblick auf deren Bedeutung für die Herstellung und Wiederherstellung des Rahmens der Psychotherapie des Patienten
8. Einführung in die Säuglingsbeobachtung und in den Umgang mit Störungen der frühen Vater-Mutter-Kind-Beziehung

Anlage 2 (zu § 1 Abs. 4)

....
(Bezeichnung der Ausbildungsstätte)

Bescheinigung über die Teilnahme an Ausbildungsveranstaltungen

....
(Name, Vorname)

....
(Geburtsdatum)   (Geburtsort) ....

hat regelmäßig und mit Erfolg

1. an der praktischen Tätigkeit nach § 2 der Ausbildungs- und Prüfungsverordnung für Kinder- und Jugendlichenpsychotherapeuten
   in der klinischen Einrichtung nach § 2 Abs. 2 Nr. 1..
   in der Zeit
   vom .... bis .... , vom .... bis ....
   vom .... bis .... , vom .... bis ....
   vom .... bis .... , vom .... bis ....
   vom .... bis .... , vom .... bis ....
   teilgenommen und dabei ....Stunden abgeleistet
   in der ambulanten Einrichtung nach § 2 Abs. 2 Satz 3..
   in der Zeit
   vom .... bis .... , vom .... bis ....
   vom .... bis .... , vom .... bis ....
   teilgenommen und dabei ....Stunden abgeleistet
   sowie
   in der Einrichtung nach § 2 Abs. 2 Nr. 2 ....
   in der Zeit
   vom .... bis .... , vom .... bis ....
   vom .... bis .... , vom .... bis ....
   teilgenommen und dabei ....Stunden abgeleistet
   Er/Sie* erfüllt die Anforderungen des § 2 Abs. 3;
2. an der theoretischen Ausbildung nach § 3 der Ausbildungs- und Prüfungsverordnung für Kinder- und Jugendlichenpsychotherapeuten
   mit den dazu vorgeschriebenen Veranstaltungen
   im Umfang von .... Stunden teilgenommen;
3. an der praktischen Ausbildung nach § 4 der Ausbildungs- und Prüfungsverordnung für Kinder- und Jugendlichenpsychotherapeuten mit
   .... Behandlungsstunden und
   .... Supervisionsstunden, davon .... Stunden Einzelsupervision,
   bei den Supervisoren
   ....
   (Name)
   ....
   (Name)
   ....
   (Name)
   teilgenommen und
   .... schriftliche Falldarstellungen über eigene Patientenbehandlungen vorgelegt;
4. an der Selbsterfahrung nach § 5 der Ausbildungs- und Prüfungsverordnung für Kinder- und Jugendlichenpsychotherapeuten
   mit
   .... Stunden
   bei dem Selbsterfahrungsleiter/der Selbsterfahrungsleiterin*)
   ....
   (Name)
   teilgenommen.
   Er/Sie* hat die vorgeschriebene Mindeststundenzahl von 4200 Stunden erreicht.
   Die Ausbildung ist – nicht – über die nach § 6 Abs. 1 der Ausbildungs- und Prüfungsverordnung für Kinder- und Jugendlichenpsychotherapeuten zulässigen Fehlzeiten hinaus –
   um .... Tage* – unterbrochen worden.

Siegel oder Stempel

...., den ....
(Ort)   (Datum)

....
(Unterschrift(en) der Leitung der Ausbildungsstätte)

*) Nichtzutreffendes streichen.

Anlage 3 (zu § 12 Abs. 2)

....
(Zuständige Behörde)

Zeugnis
über die staatliche Prüfung für Kinder- und
Jugendlichenpsychotherapeuten

....
(Name, Vorname – gegebenenfalls abweichender Geburtsname)

....
(Geburtsdatum)   (Geburtsort)

....
(vertiefte Ausbildung in)
hat den schriftlichen Teil der staatlichen Prüfung
am .... in ....
mit der Note ....
und den mündlichen Teil der staatlichen Prüfung
am .... in ....
mit der Note .... abgelegt.
Er/Sie hat die staatliche Prüfung für Kinder- und Jugendlichenpsychotherapeuten
mit der Gesamtnote „................................ " (........ Zahlenwert) bestanden.

.... , den ....
Siegel   (Ort)   (Datum)
....
(Unterschrift)

Anlage 4 (zu § 21)

Approbationsurkunde

Herr/Frau ....
(Vorname, Name – gegebenenfalls abweichender Geburtsname)
geboren am .... in ....
erfüllt die Voraussetzungen des Psychotherapeutengesetzes.

Mit Wirkung vom heutigen Tage wird ihm/ihr die
Approbation als
Kinder- und Jugendlichenpsychotherapeut/Kinder- und Jugendlichenpsychotherapeutin
erteilt.
Die Approbation berechtigt den Kinder- und Jugendlichenpsychotherapeuten/die Kinder-
und Jugendlichenpsychotherapeutin zur Ausübung der heilkundlichen Psychotherapie im
Sinne des § 1 Abs. 3 Satz 1 in Verbindung mit Abs. 2 des Psychotherapeutengesetzes.

.... , den ....
Siegel   (Ort)   (Datum)
....

(Unterschrift)

Anhang 3. Merkblatt für die staatliche Anerkennung als Ausbildungsstätte für Psychotherapie oder als Ausbildungsstätte für Kinder- und Jugendlichenpsychotherapie

(Thüringen; Ministerium für Soziales, Familien und Gesundheit)

Ergänzungen und Modifizierungen bleiben vorbehalten

Inhaltsübersicht

I. Allgemeines

In § 5 bis § 8 des Psychotherapeutengesetzes (PsychThG) vom 15. 6. 1998 (BGBl. I S. 1311) sind die Ausbildungen zum Psychologischen Psychotherapeuten und zum Kinder- und Jugendlichenpsychotherapeuten, die staatliche Prüfung sowie die staatliche Anerkennung als Ausbildungsstätte geregelt. Zu den Ausbildungen und der sich anschließenden staatlichen Prüfung enthalten die Ausbildungs- und Prüfungsverordnung für Psychologische Psychotherapeuten (PsychTh-APrV) vom 18. 12. 1998 (BGBl. I S. 3749) und die Ausbildungs- und Prüfungsverordnung für Kinder- und Jugendlichenpsychotherapeuten (KJPsychTh-APrV) vom 18. 12. 1998 (BGBl. I S. 3761) konkretisierende Regelungen.

Die Ausbildungen zum Psychologischen Psychotherapeuten sowie zum Kinder- und Jugendlichenpsychotherapeuten werden an Hochschulen oder an anderen Einrichtungen vermittelt, die als Ausbildungsstätten für Psychotherapie oder als Ausbildungsstätten für Kinder- und Jugendlichenpsychotherapie staatlich anerkannt sind (§ 6 Abs. 1 PsychThG). Die staatliche Anerkennung als Ausbildungsstätte erfolgt auf der Grundlage des § 6 Abs. 2 und 3 PsychThG. Das Anerkennungsverfahren dient der Sicherstellung einer qualifizierten Ausbildung von Psychotherapeuten in Ausbildungsstätten, deren Ausbildungsangebot den Anforderungen des Psychotherapeutengesetzes und der Ausbildungs- und Prüfungsverordnungen entsprechen muss.

Als Ausbildungsstätte kann eine organisatorische Einheit staatlich anerkannt werden, die einen geordneten, den rechtlichen Anforderungen entsprechenden Ausbildungsbetrieb nachweist und eine verantwortliche Leitung hat. Dabei kann die Ausbildung so ausgestaltet sein, dass alle Ausbildungsbestandteile in der Einrichtung selbst abgeleistet werden. Kann die Einrichtung die praktische Tätigkeit oder die begleitende theoretische und praktische Ausbildung nicht vollständig durchführen, hat sie sicherzustellen, dass eine andere geeignete Einrichtung diese Aufgabe in dem erforderlichen Umfang übernimmt (§ 6 Abs. 3 PsychThG); durch Zusammenarbeit der Ausbildungsstätte und der kooperierenden Einrichtungen ist eine organisatorisch und vertraglich gesicherte Ausbildung „wie aus einer Hand" zu gewährleisten.

Eine einmal staatlich anerkannte Ausbildungsstätte hat den Fortbestand der **Anerkennungsvoraussetzungen** für künftige Ausbildungslehrgänge sicherzustellen. Sie hat ferner sicherzustellen, dass begonnene Ausbildungsgänge organistorisch und wirtschaftlich − materiell bis zum Abschluss der Ausbildung begonnener Ausbildungsgänge gewährleistet ist.

II. Zuständigkeit

Die Entscheidung über die staatliche Anerkennung als Ausbildungsstätte für Psychotherapie oder als Ausbildungsstätte für Kinder- und Jugendlichenpsychotherapie trifft die zuständige Behörde des Landes, in dem die Ausbildungsstätte ihren Sitz hat. Für Ausbildungsstätten, die in Thüringen ihren Sitz haben, ist das Thüringer Ministerium für Soziales und Gesundheit zuständige Behörde.

Zuständige Behörde für die staatlichen Abschlussprüfungen und für die Approbation nach dem PsychThG ist das Thüringer Landesverwaltungsamt (Landesprüfungsamt).

III. Antragsinhalt

Für die Antragstellung kann der Vordruck (Anlage) verwendet werden. Ein Antrag auf staatliche Anerkennung als Ausbildungsstätte muss folgende Angaben und Nachweise enthalten:

1.   Ausbildungsstätte
1.1. Bezeichnung/Name, Sitz und Rechtsform der Ausbildungsstätte (ggf. auch Träger, Sitz und Rechtsform) mit entsprechenden Nachweisen.
1.2. Benennung der verantwortlichen Leitung der Ausbildungsstätte (Ausbildungsstättenleiter, -leiterin) mit entsprechendem Nachweis.
1.3. Anschrift der Person, an die der Anerkennungsbescheid zugestellt werden soll.
2.   Bei Kooperation mit anderen geeigneten Einrichtungen
2.1. Darstellung, welche Ausbildungsbestandteile vollständig oder teilweise in der Ausbildungsstätte absolviert werden und welche Ausbildungsbestandteile in anderen Einrichtungen abgeleistet werden.
2.2. Benennung der an der Ausbildung mitwirkenden Einrichtungen mit Angaben zu Sitz und Rechtsform (ggf. Träger) sowie Vorlage entsprechender Nachweise.
2.3. Vorlage der Sicherstellungsverträge, die verbindlich festlegen, welche Ausbildungsbestandteile von mitwirkenden Einrichtungen nach Maßgabe der rechtlichen Anforderungen an die Ausbildung durchgeführt werden, **einschließlich** der Vorlage der Verträge mit Einrichtungen zur Sicherstellung der praktischen Tätigkeit i. S. v. § 2 PsychTh-APrV bzw. KJPsychTh-APrV.
2.4. Darlegung der Eignung der beteiligten Einrichtungen zur Übernahme von Teilen der Ausbildung (z. B. Angaben zur Klientel anhand von Diagnosegruppen) einschließlich der Benennung der Lehrpersonen, die in den beteiligten Einrichtungen an der Ausbildung mitwirken.
3.   Angaben zur Ausbildung
   − Zahl der Ausbildungsplätze
   − Dauer der Ausbildung (Vollzeit-, Teilzeitausbildung)
   − Benennung des wissenschaftlich anerkannten Verfahrens, in dem die vertiefte Ausbildung erfolgt.

4. Räumlichkeiten, technische Ausstattung, Bibliothek
4.1. Beschreibung der zum geordneten Ablauf einer Ausbildung erforderlichen Räume (z. B. Unterrichtsräume, Dozentenzimmer, Therapieräume, Wartezimmer, Sekretariat, Sanitärräume).
4.2. Beschreibung der technischen Ausstattung für Ausbildungszwecke.
4.3. Nachweis, dass eine fachwissenschaftliche Bibliothek für Lehr- und Lernzwecke zur Verfügung steht.
5. Behandlungstätigkeit
5.1. Nachweis stationärer bzw. ambulanter Behandlungstätigkeit hinsichtlich der behandelten Krankheitsbilder und der Anzahl der Patienten in der Ausbildungsstätte.
5.2. Schilderung der Behandlungstätigkeit (Behandlung von Erwachsenen und/ oder Kindern und Jugendlichen i. S. v. § 1 Abs. 2 PsychThG, Beschreibung des Spektrums von Störungen mit Krankheitswert, Benennung der angewendeten psychotherapeutischen Verfahren usw.).
5.3. Anhand der einschlägigen Vorschriften der Ausbildungs- und Prüfungsverordnungen ist nachvollziehbar darzustellen, dass die notwendigen Patientenbehandlungen (§ 4 Abs. 1 Satz 2, Abs. 5 und Abs. 6 PsychTh-APrV bzw. KJPsychTh-APrV) bzw. die Beteiligung an Patientenbehandlungen (§ 2 Abs. 3 PsychTh-APrV bzw. KJPsychTh-AprV) im jeweils erforderlichen Umfang stattfinden können. Für alle Auszubildenden müssen nach Zahl und Art geeignete Patienten in ausreichendem Umfang zur Verfügung stehen.
6. Dozenten, Supervisoren, Selbsterfahrungsleiter (Lehrpersonen)
6.1. Darlegung des Verfahrens der Ausbildungsstätte zur Anerkennung und regelmäßigen Überprüfung der Tätigkeit als Supervisor/Supervisorin und als Selbsterfahrungsleiter/Selbsterfahrungsleiterin (§ 4 Abs. 3 und 4, § 5 Abs. 2 PsychTh-APrV bzw. KJPsychTh-AprV).
Benennung der von der Ausbildungsstätte anerkannten Supervisoren und Selbsterfahrungsleiter.
6.2. Für die Lehrpersonen (Namen, Adressen) ist jeweils das vorgesehene Lehrgebiet und die dafür gegebene Qualifikation mit entsprechenden Nachweisen (z. B. Kopien von Prüfungszeugnissen, Approbation) darzulegen. Die Qualifikation der für die Vermittlung der medizinischen Ausbildungsinhalte vorgesehenen Ärzte ist durch Vorlage von Kopien der Approbation und der Weiterbildungsnachweise darzulegen. Jeweils ist eine tabellarische Darstellung des beruflichen Werdegangs beizufügen.
Entsprechendes gilt für Lehrpersonen, die in kooperierenden Einrichtungen an der Ausbildung mitwirken.
6.3. Darlegung, dass Lehrpersonen in ausreichender Anzahl zur Verfügung stehen, um alle Ausbildungsinhalte abzudecken. Dabei sind auch folgende Vorgaben der Ausbildungs- und Prüfungsverordnungen zu beachten:
   – Die Zahl der Ausbildungsteilnehmer an einem Seminar soll 15 nicht überschreiten (§ 3 Abs. 2 Satz 3 PsychTh-APrV bzw. KJPsychTh-APrV).
   – Praktische Übungen sind, soweit der Lehrstoff dies erfordert, in kleinen Gruppen durchzuführen (§ 3 Abs. 3 Satz 3 PsychTh-APrV bzw. KJPsychTh-APrV).
   – Die zu absolvierenden Supervisionsstunden sind bei mindestens drei Supervisoren abzuleisten (§ 4 Abs. 1 und Abs. 2 PsychTh-APrV bzw. KJPsychTh-APrV).
6.4. Vorlage der Verträge mit Lehrpersonen über die Mitwirkung an der Ausbildung.
7. Inhaltliche Gestaltung der Ausbildung
7.1. Detaillierte Darstellung von Struktur und Ablauf der Ausbildung und Vorlage eines Curriculums, das sich auf die Vermittlung von eingehenden

Grundkenntnissen in wissenschaftlich anerkannten psychotherapeutischen Verfahren sowie auf eine vertiefte Ausbildung in einem dieser Verfahren erstreckt.

7.2. Vorlage von Ausbildungsplänen (Veranstaltungsplänen/Lehrplänen/Semsterwochenplänen), die den Anforderungen der jeweiligen Ausbildungs- und Prüfungsverordnung entsprechen. Wird sowohl die mindestens dreijährige Vollzeitausbildung als auch die mindestens fünfjährige Teilzeitausbildung angeboten, sind auf die jeweilige Ausbildungsdauer bezogene Ausbildungspläne vorzulegen. Die Ausbildungsbestandteile sind mit Stundenanteilen auszuweisen. Der Anteil von Vorlesungen im Rahmen der theoretischen Ausbildung ist zu kennzeichnen (§ 3 Abs. 1 Satz 4 PsychTh-APrV bzw. KJPsychTh-APrV). Die Ausbildungsinhalte sind den jeweiligen Lehrpersonen zuzuordnen.

7.3. Darlegung, wie die Einbeziehung des wissenschaftlichen Erkenntnisstands in die Ausbildung gemäß § 1 Abs. 1 PsychTh-APrV bzw. KJPsychTh-APrV gewährleistet wird (z. B. Zusammenarbeit mit einer Universität). Darlegung sonstiger geplanter Maßnahmen zur Sicherung der Ausbildungsqualität.

8. Verantwortung der Ausbildungsstätte für die gesamte Ausbildung

8.1. Nachweis, dass die Ausbildungsstätte ihrer Verantwortung für die gesamte Ausbildung gerecht wird. Darzulegen ist beispielsweise,
   – wie die Koordination der Ausbildungsbestandteile sichergestellt wird (z. B. Ausbildungsausschuss);
   – wie die Kontrolle der Ausbildung organisiert ist (z. B. persönliche Betreuer für die Ausbildungsteilnehmer, Dokumentation und zentrale Zusammenführung der Ausbildungsfortschritte).

8.2. Bei Kooperation mit anderen Einrichtungen ist ergänzend darzulegen, in welcher Weise die Zusammenarbeit zwischen Ausbildungsstätte und kooperierenden Einrichtungen gestaltet wird und wie die fachkundige Anleitung und Aufsicht der Ausbildungsteilnehmer in Ausbildungsabschnitten sichergestellt wird, die nicht in der Ausbildungsstätte stattfinden.

9. Darlegung der Kriterien der Aufnahme von Auszubildenden sowie Vorlage eines Musterausbildungsvertrags.

10. Angaben zur Finanzierung des Ausbildungsbetriebs (Personalkosten, Sachkosten, Einnahmen).

11. Verpflichtungserklärung der Ausbildungsstätte, für die staatlichen Prüfungen der eigenen Ausbildungsteilnehmer wie auch für die staatlichen Prüfungen von Ausbildungsteilnehmern anderer Ausbildungsstätten geeignete Lehrpersonen zu benennen und freizustellen (§ 9 Abs. 1 Satz 1 PsychTh-APrV bzw. KJPsychTh-APrV).

12. Verpflichtungserklärung der Ausbildungsstätte, bei Bedarf und nach behördlicher Aufforderung geeignete Aufgaben für die schriftlichen Aufsichtsarbeiten vorzulegen. Dies kann gegenüber der Prüfungsbehörde oder gegenüber einer zentralen Einrichtung erforderlich sein (§ 16 Abs. 1 PsychTh-APrV bzw. KJPsychTh-APrV).

13. Erklärung der Ausbildungsstätte über ihre Bereitschaft, Anpassungslehrgänge durchzuführen und Lehrpersonen für die Eignungsprüfung zur Verfügung zu stellen (§ 20 PsychTh-APrV bzw. KJPsychTh-APrV), sowie über die Bereitschaft, bei Bedarf Ausbildungsteilnehmer von anderen Ausbildungsstätten aufzunehmen.

14. Wird das beigefügte Antragsformular nicht verwendet, ist dem Antrag folgende Erklärung beizufügen:
„Mir ist bekannt, dass die staatliche Anerkennung zurückgenommen werden kann, wenn sie durch unrichtige Angaben erwirkt worden ist."

IV. Hinweise zum Anerkennungsverfahren

1. Das Anerkennungsverfahren dient der Sicherstellung einer qualifizierten Ausbildung von Psychotherapeuten in Ausbildungsstätten, deren Ausbildungsangebot den Anforderungen des Psychotherapeutengesetzes und der Ausbildungs- und Prüfungsverordnungen entsprechen muss. Die Ausbildung umfasst die praktische Tätigkeit in den in § 2 der Ausbildungs- und Prüfungsverordnungen genannten Einrichtungen, die theoretische Ausbildung, die praktische Ausbildung sowie die Selbsterfahrung (§ 3 bis § 5 der Ausbildungs- und Prüfungsverordnungen).

2. Die Anerkennung als Ausbildungsstätte setzt das Bestehen einer verantwortlichen Leitung der Ausbildungsstätte voraus (Ausbildungsstättenleiter, -leiterin). In der Regel wird die Leitung der juristisch verantwortlichen Person obliegen (z. B. Geschäftsführer einer GmbH, Vorstand eines e. V.). Andernfalls ist ein Ausbildungsstättenleiter bzw. eine Ausbildungsstättenleiterin zu benennen.

3. Beabsichtigt eine Institution oder ein Träger, mehrere Ausbildungsstätten („Filialen") zu betreiben, ist erforderlich, dass für jede Ausbildungsstätte die staatliche Anerkennung beantragt und erteilt wird. Die Voraussetzungen des § 6 Abs. 2 und 3 PsychTh-APrV sind für jede Ausbildungsstätte („Filiale") nachzuweisen.

4. Beabsichtigt eine Ausbildungsstätte, sowohl die Ausbildung zum Psychologischen Psychotherapeuten (Ausbildungsstätte für Psychotherapie) als auch die Ausbildung zum Kinder- und Jugendlichenpsychotherapeuten (Ausbildungsstätte für Kinder- und Jugendlichenpsychotherapie) durchzuführen, sind zwei gesonderte Anträge mit den jeweils entsprechenden Angaben und Nachweisen vorzulegen.

5. Nach der Anerkennung eintretende Änderungen werden von der Anerkennung nicht umfasst. Eine staatlich anerkannte Ausbildungsstätte hat den Fortbestand der Anerkennungsvoraussetzungen sicherzustellen. Sie wird im Anerkennungsbescheid verpflichtet werden, **wesentliche Änderungen** (z. B. Änderung von Kooperationsvereinbarungen, Wechsel von Institutsleitung, Lehrpersonen, Räumlichkeiten) der zuständigen Behörde anzuzeigen. Neue Ausbildungslehrgänge dürfen nur begonnen werden, wenn die Durchführung aller Ausbildungsbestandteile sichergestellt ist.

6. Die staatliche Anerkennung wird mit dem Datum erteilt, an dem der zuständigen Behörde alle für eine positive Entscheidung notwendigen Unterlagen vorliegen. Das ist der Zeitpunkt des Antragseingangs, wenn der Antrag mit kompletten Unterlagen vorgelegt wird. Müssen Unterlagen nachgefordert werden, ist der Zeitpunkt des Eingangs der nachgereichten Unterlagen maßgeblich, sofern damit die für eine positive Entscheidung erforderlichen Unterlagen komplett sind.

7. Für die Anerkennung nach § 6 PsychThG ist nach nach § 1 Abs. 1 Nr. 1 des Thüringer Verwaltungskostengesetzes vom 7. 8. 1991 i. V. mit Nr. 1.1.1. der Anlage zu § 1 der Allgemeinen Verwaltungskostenordnung vom 27. 9. 1993 und analog der Nr. 1.7.1. der Anlage zu § 1 der Thüringer Verwaltungskostenordnung für den Geschäftsbereich des Thüringer Ministeriums für Soziales und Gesundheit vom 6. 9. 1996 eine Verwaltungsgebühr in Höhe von 500,– DM zu entrichten.

V. Hinweise zu Entscheidungsgrundlagen

1. Im Sinn der Ausbildungs- und Prüfungsverordnungen sind derzeit wissenschaftlich anerkannte Verfahren

- die psychoanalytisch begründeten Verfahren (analytische Psychotherapie und tiefenpsychologisch fundierte Psychotherapie)
- die Verhaltenstherapie

Die vertiefte Ausbildung kann in einem dieser Verfahren stattfinden. Bei den psychoanalytisch begründeten Verfahren kann die vertiefte Ausbildung auch allein in analytischer Psychotherapie oder in tiefenpsychologisch fundierter Psychotherapie stattfinden. Über die wissenschaftliche Anerkennung weiterer psychotherapeutischer Verfahren wird auf der Grundlage entsprechender Gutachten des Wissenschaftlichen Beirats entschieden.

2.   In § 2 der Ausbildungs- und Prüfungsverordnungen ist die praktische Tätigkeit im Umfang von mindestens 1800 Stunden geregelt, die notwendiger Bestandteil der psychotherapeutischen Ausbildung ist.

2.1. Bei der Ausbildung zum Psychologischen Psychotherapeuten sind mindestens 1200 Stunden in einer **psychiatrischen klinischen Einrichtung,** bei der Ausbildung zum Kinder- und Jugendlichenpsychotherapeuten mindestens 600 Stunden an einer **kinder- und jugendpsychiatrischen klinischen Einrichtung** zu absolvieren (§ 2 Abs. 2 Satz 2 Nr. 1 PsychTh-APrV, § 2 Abs. 2 Satz 2 Nr. 1 i. V. m. Satz 3 KJPsychTh-APrV).

Die praktische Tätigkeit in einer psychiatrischen bzw. kinder- und jugendpsychiatrischen klinischen Einrichtung soll sicherstellen, dass die Ausbildungsteilnehmer Kenntnisse über psychiatrische Krankheitsbilder erwerben, bei denen Psychotherapie nicht indiziert ist, damit sie in der späteren Berufstätigkeit das eigene therapeutische Handeln eingrenzen können. Gewährleistet werden muss daher, dass die Ausbildungsteilnehmer während der praktischen Tätigkeit Kenntnisse über die volle Bandbreite psychiatrischer Krankheitsbilder erwerben können. Unter Beachtung von Sinn und Zweck der Regelungen in den Ausbildungs- und Prüfungsverordnungen sowie im Psychotherapeutengesetz kann die praktische Tätigkeit in folgenden Einrichtungen abgeleistet werden:

a) Klinische Einrichtungen, in denen das übliche Spektrum psychiatrischer Krankheitsbilder behandelt wird:

- Psychiatrische bzw. kinder- und jugendpsychiatrische klinische Einrichtungen, die im Sinn des ärztlichen Weiterbildungsrechts zur Weiterbildung für Psychiatrie und Psychotherapie bzw. für Kinder- und Jugendpsychiatrie und -psychotherapie zugelassen sind; diesem Erfordernis entsprechen klinische Einrichtungen, in denen Fachärzte für Psychiatrie und Psychotherapie bzw. für Kinder- und Jugendpsychiatrie und -psychotherapie tätig sind, denen von der Thüringer Landesärztekammer für die gesamte Weiterbildungsdauer in dem ärztlichen Weiterbildungsgebiet „Psychiatrie und Psychotherapie" bzw. „Kinder- und Jugendpsychiatrie und -psychotherapie" (sog. volle Weiterbildungsbefugnis) erteilt ist.

- Psychiatrische bzw. kinder- und jugendpsychiatrische klinische Einrichtungen, die nicht im Sinn des ärztlichen Weiterbildungsrechts zur Weiterbildung für Psychiatrie und Psychotherapie bzw. für Kinder- und Jugendpsychiatrie und -psychotherapie zugelassen sind, die aber von der Anerkennungsbehörde als gleichwertige Einrichtung anerkannt werden. Insoweit kommen insbesondere tagesklinische und poliklinische psychiatrische Einrichtungen sowie psychiatrische Abteilungen in Allgemein-Krankenhäusern in Betracht, soweit das übliche Spektrum psychiatrischer Krankheitsbilder behandelt wird und die fachkundige Anleitung und Aufsicht durch Fachärzte für Psychiatrie und Psychotherapie bzw. Kinder- und Jugendpsychiatrie und -psychotherapie in verantwortlicher Stellung gewährleistet ist.

b) Klinische Einrichtungen, in denen nicht das übliche Spektrum psychiatrischer Krankheitsbilder behandelt wird (dies können ggf. auch psychotherapeutische Kliniken, psychosomatische Kliniken u. ä. sein). In diesen klinischen Einrichtungen kann maximal die Hälfte der praktischen Tätigkeit in einer klinischen Einrichtung (bei der Ausbildung zum Psychologischen Psychotherapeuten höchsten 600 Stunden, bei der Ausbildung zum Kinder- und Jugendlichenpsychotherapeuten höchsten 300 Stunden) abgeleistet werden, wenn folgende Voraussetzungen nachgewiesen werden:
– In der Einrichtung werden psychiatrische Krankheitsbilder behandelt.
– In der Einrichtung steht für die fachkundige Anleitung und Aufsicht der Ausbildungsteilnehmer ein Facharzt für Psychiatrie und Psychotherapie bzw. Kinder- und Jugendpsychiatrie und -psychotherapie in verantwortlicher Stellung zur Verfügung.
Diese Voraussetzungen sind als gegeben anzunehmen, wenn in den Einrichtungen Fachärzte für Psychiatrie und Psychotherapie bzw. Kinder- und Jugendpsychiatrie und -psychotherapie tätig sind, denen von der Thüringer Landesärztekammer für mindestens sechs Monate die Weiterbildungsbefugnis für das ärztliche Weiterbildungsgebiet „Psychiatrie und Psychotherapie" bzw. „Kinder- und Jugendpsychiatrie und -psychotherapie" erteilt ist.
Mindestens 600 Stunden bei der Ausbildung zum Psychologischen Psychotherapeuten bzw. mindestens 300 Stunden bei der Ausbildung zum Kinder- und Jugendlichenpsychotherapeuten sind in einer unter a) genannten psychiatrischen bzw. kinder- und jugendpsychiatrischen klinischen Einrichtungen zu absolvieren.

2.2. Bei der Ausbildung zum Kinder- und Jugendlichenpsychotherapeuten kann die praktische Tätigkeit für die Dauer von höchstens 600 Stunden in einer **kinder- und jugendpsychiatrischen ambulanten** Einrichtung abgeleistet werden, die im Sinn des ärztlichen Weiterbildungsrechts zur Weiterbildung für Kinder- und Jugendpsychiatrie und -psychotherapie zugelassen ist, wenn die praktische Tätigkeit an einer klinischen kinder- und jugendpsychiatrischen Einrichtung nicht sichergestellt ist (§ 2 Abs. 2 Satz 3 KJPsychTh-APrV). In Betracht kommen ambulante Einrichtungen, in denen Fachärzte für Kinder- und Jugendpsychiatrie und -psychotherapie tätig sind, denen von der Thüringer Landesärztekammer für mindestens sechs Monate die Weiterbildungsbefugnis in dem ärztlichen Weiterbildungsgebiet „Kinder- und Jugendpsychiatrie und -psychotherapie" erteilt ist.

2.3. Die Thüringer Landesärztekammer hat die Listen weiterbildungsbefugter Ärztinnen/Ärzte in den ärztlichen Weiterbildungsgebieten „Psychiatrie und Psychotherapie" und „Kinder- und Jugendpsychiatrie und -psychotherapie" im „Thüringer Ärzteblatt" veröffentlicht.
Im Bedarfsfall empfehle ich die Nachfrage bei der Landesärztekammer.

VI. Sonstige Hinweise:

1. Voraussetzung für den Zugang zur Ausbildung zum Psychologischen Psychotherapeuten bzw. zum Kinder- und Jugendlichenpsychotherapeuten ist gemäß § 5 Abs. 2 PsychThG der Abschluss der in Nr. 1 (Ausbildung zum Psychologischen Psychotherapeuten) bzw. Nr. 2 (Ausbildung zum Kinder- und Jugendlichenpsychotherapeuten) genannten Studiengänge.
Gemäß § 7 Abs. 2 Nr. 2 der Ausbildungs- und Prüfungsverordnungen kann die Zulassung zur Prüfung nur erteilt werden, wenn neben anderen Voraussetzun-

gen ein Studienabschluss im Sinn von § 5 Abs. 2 PsychThG nachgewiesen ist. Die Ausbildungsstätte hat daher vor der Aufnahme von Ausbildungsteilnehmern eine Auskunft der zuständigen Prüfungsbehörde (Zuständigkeiten wie oben unter II.) einzuholen, dass die Ausbildungsteilnehmer über die Zugangsqualifikation verfügen.

2. Für den schriftlichen Teil der staatlichen Prüfung sind zwei Prüfungstermine pro Jahr geplant.

3. Nach § 117 Abs. 2 SGB V besteht für Ambulanzen an nach § 6 PsychThG anerkannten Ausbildungsstätten die Möglichkeit der Ermächtigung zur ambulanten psychotherapeutischen Behandlung der Versicherten in Richtlinienverfahren, sofern die Krankenbehandlung unter der Verantwortung von Personen stattfindet, die die fachliche Qualifikation für psychotherapeutische Behandlung im Rahmen der vertragsärztlichen Versorgung erfüllen. Insoweit zuständig ist der bei der Kassenärztlichen Vereinigung errichtete Zulassungsausschuss.

Sofern die Ausbildungsstätte einen Antrag auf Ermächtigung nach § 117 Abs. 2 SGB V stellt bzw. gestellt hat, hat sie der Anerkennungsbehörde die Entscheidung des Zulassungsausschusses über den Antrag mitzuteilen.

Anlage:
Antragsformular

Antrag
auf staatliche Anerkennung als Ausbildungsstätte
nach dem Psychotherapeutengesetz

Thüringer Ministerium für Soziales und Gesundheit
Referat 66
Werner-Seelenbinder-Straße 6
99 096 Erfurt

Hiermit wird gemäß § 6 Psychotherapeutengesetz die staatliche Anerkennung beantragt als
☐ Ausbildungsstätte für Psychotherapie
oder

☐ Ausbildungsstätte für Kinder- und Jugendlichenpsychotherapie

Die Ausbildungsstätte hat ihren Sitz in Thüringen, und zwar in (genaue Adresse):

Name der Ausbildungsstätte: ....
Rechtsform der Ausbildungsstätte:..
ggf. Träger der Ausbildungsstätte: ....
  Sitz des Trägers: ....
  Rechtsform des Trägers: ....
Angaben zur Leitung der Ausbildungsstätte: ....
Vor- und Familienname, Geburtsname: ....
Geburtsdatum: .... Staatsangehörigkeit: .... Tel.(Inland): ....
Anschrift der Person, an die der Anerkennungsbescheid zugestellt wird:
Vor- und Familienname: ....
Straße, Platz, Hausnr.: ....
Postleitzahl, Ort: ....

Dem Antrag beigefügt sind:

☐ Unterlagen zu III.1. des Merkblatts   Anlagen 01
☐ Unterlagen zu III.2.   Anlagen 02
☐ Unterlagen zu III.3.   Anlagen 03
☐ Unterlagen zu III.4.   Anlagen 04
☐ Unterlagen zu III.5.   Anlagen 05
☐ Unterlagen zu III.6.   Anlagen 06
☐ Unterlagen zu III.7.   Anlagen 07
☐ Unterlagen zu III.8.   Anlagen 08
☐ Unterlagen zu III.9.   Anlagen 09
☐ Unterlagen zu III.10.   Anlagen 10
☐ Unterlagen zu III.11.   Anlagen 11
☐ Unterlagen zu III.12.   Anlagen 12
☐ Unterlagen zu III.13.   Anlagen 13

Mir ist bekannt, dass die staatliche Anerkennung zurückgenommen werden kann, wenn sie
durch unrichtige Angaben erwirkt worden ist.

Ort, Datum   Eigenhändige Unterschrift

....

Anhang 4. Ausbildungs- und Weiterbildungsordnung nach dem Psychotherapeutengesetz und der Weiterbildungsordnung der Ärztekammer

Stand: Mai 2002

(Quelle: Psychoanalytische Arbeitsgemeinschaft Köln-Düsseldorf e. V., Dagobertstr. 35/37, 50668 Köln)

1. Allgemeine Ausbildungs- und Weiterbildungsbestimmungen

1.1. Ziel der Ausbildung und Weiterbildung

Ziel der Ausbildung ist bei Diplom-Psychologen nach dem Psychotherapeutengesetz (PsychThG) und der Ausbildungs- und Prüfungsordnung für Psychologische Psychotherapeuten (PsychTh-APrV)
- die Ausbildung in psychoanalytisch begründeten Verfahren (tiefenpsychologisch fundierter und analytischer Psychotherapie oder
- die Ausbildung in analytischer Psychotherapie oder
- die Ausbildung in tiefenpsychologisch fundierter Psychotherapie

mit dem Abschluss der Qualifikation zum Psychologischen Psychotherapeuten.

Ziel der Weiterbildung für Ärzte ist der Erwerb der Zusatzbezeichnung Psychoanalyse gemäß Weiterbildungsordnungen der Landesärztekammern Nordrhein und Westfalen-Lippe.

Für die Weiterbildung von Ärzten in tiefenpsychologisch fundierter Psychotherapie sowie für Ärzte und Diplom-Psychologen in tiefenpsychologisch fundierter und analytischer Gruppenpsychotherapie gelten die Weiterbildungsordnungen des Arbeitskreises für Psychotherapie.

1.2. Umfang der Ausbildung und Weiterbildung

Die Weiterbildung umfasst
- die Selbsterfahrung,
- die praktische Tätigkeit (psychiatrisches und psychosomatisches Praktikum),
- die theoretische Ausbildung,
- die praktische Ausbildung,

Für Ärzte gilt die Weiterbildungsordnung der Ärztekammer und umfasst Theorie, Selbsterfahrung und Behandlung unter Supervision.

1.3. Dauer der Ausbildung und Weiterbildung

Die Ausbildung für psychologische Psychotherapeuten erfolgt berufsbegleitend und dauert mindestens 5 Jahre. Die Weiterbildung für Ärzte erfolgt berufsbegleitend und dauert mindestens 5 Jahre.

2. Zulassung zur Ausbildung und Weiterbildung

2.1. Voraussetzungen zur Ausbildung und Weiterbildung

2.1.1. Für Diplom-Psychologen ist die wissenschaftliche Vorbildung gemäß PsychThG in § 5 Abs. 2 geregelt.

Ausländische Bewerber bedürfen entsprechender Hochschulabschlüsse.

2.1.2. Für Ärzte ist Voraussetzung eine ärztliche Approbation und eine Weiterbildung in Psychiatrie und Psychotherapie oder Psychotherapeutische Medizin, die schon mindestens 1 Jahr begonnen hat. Bei anderen Fachärzten muss die Weiterbildung zur Zusatzbezeichnung Psychotherapie zur Hälfte absolviert sein.

2.1.3. Persönliche Eignung
Über die persönliche Eignung für Ärzte und Diplom-Psychologen entscheidet der Psychotherapieausschuss gemäß Satzung aufgrund der Ergebnisse von mindestens drei Bewerbungsinterviews mit Supervisoren bzw. befugten Ärzten der Psychoanalytischen Arbeitsgemeinschaft.

2.2. Zulassungsverfahren
Die Anträge auf Zulassung zur Aus- bzw. Weiterbildung sind beim Leiter des Psychotherapieausschusses bzw. beim befugten Arzt zu stellen. Der Bewerber wählt sich aus der Liste der Supervisoren der Psychoanalytischen Arbeitsgemeinschaft drei Interviewer. Aufgrund der formalen Voraussetzungen und der Interviews wird im Psychotherapieausschuss über die berufliche und persönliche Eignung des Bewerbers beraten und beschlossen. In Zweifelsfällen können weitere Interviews beschlossen werden.
Die Ergebnisse des Beschlusses werden vom Leiter des Psychotherapieausschusses bzw. befugten Arztes schriftlich mitgeteilt.

3.   Das Ausbildungs- und Weiterbildungsverhältnis

3.1. Beginn der Weiterbildung
Die Ausbildung bzw. Weiterbildung beginnt mit der schriftlich bestätigten Zulassung. Bei Diplom-Psychologen erfolgt die Zulassung mit Unterzeichnung des Ausbildungsvertrages.

3.2. Pflichten des Instituts
Die Arbeitsgemeinschaft verpflichtet sich, die Ausbildung nach dem PsychThG und der PsychTh-APrV bzw. nach den Weiterbildungsordnungen der Ärztekammern Nordrhein und Westfalen-Lippe durchzuführen.

3.3. Pflichten der Weiterbildungteilnehmer
Die Aus- und Weiterbildungteilnehmer erkennen die Ausbildungs- bzw. Weiterbildungsordnung an. Sie versichern, dass sie die Behandlungen im Rahmen ihrer praktischen Ausbildung im Einklang mit den Psychotherapie-Richtlinien durchführen. Sie versichern des weiteren, keine tiefenpsychologisch- bzw. analytisch-psychotherapeutische Behandlung ohne Supervision vor Abschluss der Aus- bzw. Weiterbildung durchzuführen.
Ärzte sind nach Abschluss ihrer Facharztweiterbildung in Psychiatrie und Psychotherapie bzw. Psychotherapeutische Medizin oder nach Erwerb der Zusatzbezeichnung Psychotherapie berechtigt, eigenständig tiefenpsychologisch fundierte Psychotherapie durchzuführen, jedoch nicht analytische Psychotherapien; diese erst nach Abschluss des Erwerbs der Zusatzbezeichnung Psychoanalyse.

3.4. Praktische Tätigkeit
Diplom-Psychologen müssen bei Beginn der praktischen Ausbildung die praktische Tätigkeit (1200 Stunden in der Psychiatrie, 600 Stunden in der Psychosomatik) begonnen haben.

4.   Theoretische Veranstaltungen
Bei Beginn der Teilnahme an den theoretischen Veranstaltungen soll der Ausbildungs- und Weiterbildungteilnehmer seine Selbsterfahrung begonnen haben. Die Anwesenheit wird durch Anwesenheitslisten kontrolliert.
Der Grundkurs von 200 Stunden ist für Ärzte und Diplom-Psychologen in tiefenpsychologisch fundierter Psychotherapie, in analytischer Psychotherapie oder in beiden Verfahren gleich und erstreckt sich über 2 Jahre. Er kann mit jedem Semester begonnen werden.
Die theoretischen Inhalte sind aus Anlage 1 Teil A der PsychTh-APrV zu entnehmen.
Die vertieften Inhalte für psychoanalytisch begründete Psychotherapie (tiefenpsychologisch fundierte und analytische Psychotherapie) umfassen in-

nerhalb von drei Jahren 500 Stunden, für tiefenpsychologisch fundierte Psychotherapie 400 Stunden und für analytische Psychotherapie ebenfalls 400 Stunden. Die Inhalte sind für die Diplom-Psychologen in Anlage 1 Teil B der Psych-Th-APrV benannt. Für Ärzte gelten die theoretischen Inhalte der Weiterbildungsordnung.

5. **Selbsterfahrung**
   Für die psychoanalytisch begründeten Verfahren, die tiefenpsychologisch fundierte wie die analytische Psychotherapie ist eine Einzelselbsterfahrung von mindestens 250 Stunden erforderlich. Diese psychoanalytische Einzelselbsterfahrung ist Grundlage und zentraler Bestandteil der psychoanalytischen Aus- und Weiterbildung, da der Umgang mit der eigenen Person wesentliches Instrument psychoanalytischer Erkenntnis und Arbeit darstellt. Die Selbsterfahrung soll die Eigenerfahrung in der psychoanalytischen Grundmethode, von der sich alle Modifikationen psychoanalytischer Behandlungstechnik ableiten, vermitteln.
   Aus dem Kreis der Selbsterfahrungsleiter kann der Arzt bzw. der Diplom-Psychologe wählen. Er teilt seine Wahl dem Leiter des Psychotherapieausschusses mit.

6. **Interviewpraktikum**
   Bis zur Zwischenprüfung hat im der Diplom-Psychologe mindestens 20 dokumentierte Erstuntersuchungen durchzuführen und davon mindestens 10 Erstuntersuchungen supervidieren zu lassen. Entsprechendes gilt für die Ärzte, die den Zusatztitel Psychoanalyse erwerben.

7. **Inhalt der praktischen Ausbildung bzw. Weiterbildung**
   Die praktische Ausbildung bzw. Weiterbildung beginnt nach der bestandenen Zwischenprüfung. Voraussetzung für die Zulassung zur Zwischenprüfung sind:
   • Eine hinreichend fortgeschrittene Selbsterfahrung;
   • der Nachweis psychiatrischer Kenntnisse und Erfahrungen;
   • die Teilnahme am Erstinterviewpraktikum;
   • die Teilnahme an theoretischen Lehrveranstaltungen (mindestens 200 Stunden).
   In der Zwischenprüfung wird das bisher erworbene Wissen und die Befähigung zur klinisch-praktischen Arbeit überprüft.

7.1. Die praktische Ausbildung für Diplom-Psychologen differenziert sich danach, in welchen Verfahren die Ausbildung erfolgt. Bei allen Verfahren muss die Supervision mindestens zu einem Drittel als Einzelsupervision erfolgen. Die Behandlungen müssen nach jeder 4. Sitzung supervidiert werden.

7.1.1. Bei psychoanalytisch begründeter Psychotherapie (analytische und tiefenpsychologisch fundierte Psychotherapie) umfasst die praktische Ausbildung mindestens 10 Behandlungen mit mindestens 1000 Stunden, davon mindestens 600 Stunden analytische Psychotherapie und mindestens 400 Stunden tiefenpsychologisch fundierte Psychotherapie mit insgesamt mindestens 250 Supervisionsstunden.

7.1.2. Bei analytischer Psychotherapie umfasst die praktische Ausbildung mindestens 6 Behandlungen mit 900 Stunden und 225 Supervisionsstunden. Von den 6 Fällen sollen 2 Psychotherapien jeweils mindestens 250 Stunden – insgesamt mindestens 500 Stunden – umfassen.

7.1.3. Bei tiefenpsychologisch fundierter Psychotherapie umfasst die praktische Ausbildung mindestens 12 Behandlungen mit 600 Stunden und 150 Supervisionsstunden. Davon sollen 8 Langzeittherapien mit insgesamt 500 Stunden und 4 Kurzzeittherapien mit insgesamt 100 Stunden sein.

7.2. Es sind mindestens 6 schriftliche Falldarstellungen zu erstellen.

7.3. Für Ärzte gilt für die Zusatzbezeichnung Psychoanalyse 600 Behandlungsstunden, davon zwei Fälle von 250 Stunden unter Supervision.

7.4. Darüber hinaus sollen Diplom-Psychologen und Ärzte Erfahrungen in psychoanalytischer Therapie mit Kindern und Jugendlichen, Paaren, Familien und Gruppen erwerben.

7.5. Die analytische und tiefenpsychologisch fundierte Krankenbehandlung muss von gemäß Psychotherapeutengesetz anerkannten Supervisoren bzw. durch die von der Ärztekammer ernannten befugten Ärzte supervidiert werden.

8. Prüfungsbedingungen

Die staatliche Abschlussprüfung für Psychologische Psychotherapeuten ist in den §§ 7 bis 18 PsychTh-APrV geregelt.

Zur staatlichen Abschlussprüfung unterzieht der Psychotherapieausschuss die Ausbildung einer ständigen Evaluation. Dazu werden eigens eingerichtete Seminare (Zentralseminare) eingesetzt, die der Fallsupervision und Fallberatung dienen. Die Meldung zum Staatsexamen hängt von einem positiven Votum des Psychotherapieausschusses ab.

Für Ärzte gilt als Abschluss der Weiterbildung zur Zusatzbezeichnung Psychoanalyse der Eignungsvermerk des befugten Arztes. Dieser wird nach Beratung im Psychotherapieausschuss ausgesprochen. Eine Staatsexamensprüfung ist hier nicht vorgesehen.

Hinsichtlich der institutsinternen Überprüfungen werden die Falldarstellungen, klinischen und theoretischen Erkenntnisse im Rahmen der Zentralseminare überprüft.

Anhang 5. Richtlinien des Bundesausschusses der Ärzte und Krankenkassen über die Durchführung der Psychotherapie (Psychotherapie-Richtlinien)

In der Fassung vom 11. Dezember 1998 (BAnz. 1999 Nr. 6 S. 249)

Die vom Bundesausschuss der Ärzte und Krankenkassen gemäß § 92 Abs. 6 a des Fünften Buches Sozialgesetzbuch beschlossenen Richtlinien dienen der Sicherung einer den gesetzlichen Erfordernissen entsprechenden ausreichenden, zweckmäßigen und wirtschaftlichen Psychotherapie der Versicherten und ihrer Angehörigen in der vertragsärztlichen Versorgung. Die Kosten trägt die Krankenkasse. Zur sinnvollen Verwendung der Mittel sind die folgenden Richtlinien zu beachten. Sie dienen als Grundlage für Vereinbarungen, die zur Durchführung von Psychotherapie in der vertragsärztlichen Versorgung zwischen der Vertragspartnern abzuschließen sind.

A. Allgemeines

1. Psychotherapie kann im Rahmen dieser Richtlinien erbracht werden, soweit und solange eine seelische Krankheit vorliegt. Als seelische Krankheit gilt auch eine geistige oder seelische Behinderung, bei der Rehabilitationsmaßnahmen notwendig werden.
Psychotherapie ist keine Leistung der gesetzlichen Krankenversicherung und gehört nicht zur vertragsärztlichen Versorgung, wenn sie nicht der Heilung oder Besserung einer Krankheit bzw. der medizinischen Rehabilitation dient. Dies gilt ebenso für Maßnahmen, die ausschließlich zur beruflichen Anpassung oder zur Berufsförderung bestimmt sind, für Erziehungsberatung, Sexualberatung, körperbezogene Therapieverfahren, darstellende Gestaltungstherapie sowie heilpädagogische oder ähnliche Maßnahmen.
Die ärztliche Beratung über vorbeugende und diätetische Maßnahmen wie auch die Erläuterungen und Empfehlungen von übenden, therapiefördernden Begleitmaßnahmen sind ebenfalls nicht Psychotherapie und sind auch nicht Bestandteil der psychosomatischen Grundversorgung
2. In diesen Richtlinien wird seelische Krankheit verstanden als krankhafte Störung der Wahrnehmung, des Verhaltens, der Erlebnisverarbeitung, der sozialen Beziehungen und der Körperfunktionen. Es gehört zum Wesen dieser Störungen, dass sie der willentlichen Steuerung durch den Patienten nicht mehr oder nur zum Teil zugänglich sind.
Krankhafte Störungen können durch seelische oder körperliche Faktoren verursacht werden; sie werden in seelischen und körperlichen Symptomen und in krankhaften Verhaltensweisen erkennbar, denen aktuelle Krisen seelischen Geschehens, aber auch pathologische Veränderungen seelischer Strukturen zugrunde liegen können.
Seelische Strukturen werden in diesen Richtlinien verstanden als die anlagemäßig disponierenden und lebensgeschichtlich erworbenen Grundlagen seelischen Geschehens, das direkt beobachtbar oder indirekt erschließbar ist.
Auch Beziehungsstörungen können Ausdruck von Krankheit sein; sie sind für sich allein nicht schon Krankheit im Sinne dieser Richtlinien, sondern können nur dann als seelische Krankheit gelten, wenn ihre ursächliche Verknüpfung

mit einer krankhaften Veränderung des seelischen oder körperlichen Zustandes eines Menschen nachgewiesen wurde.

3. Psychotherapie, als Behandlung seelischer Krankheiten im Sinne dieser Richtlinien, setzt voraus, dass das Krankheitsgeschehen als ein ursächlich bestimmter Prozess verstanden wird, der mit wissenschaftlich begründeten Methoden untersucht und in einem Theoriesystem mit einer Krankheitslehre definitorisch erfasst ist.

   Die Theoriesysteme müssen seelische und körperliche Symptome als Ausdruck des Krankheitsgeschehens eines ganzheitlich gesehenen Menschen wahrnehmen und berücksichtigen. Sie müssen den gegenwärtigen, lebensgeschichtlichen und gesellschaftlichen Faktoren in ihrer Bedeutung für das Krankheitsgeschehen gerecht werden.

4. Psychotherapie dieser Richtlinien wendet methodisch definierte Interventionen an, die auf als Krankheit diagnostizierte seelische Störungen einen systematisch verändernden Einfluss nehmen und Bewältigungsfähigkeiten des Individuums aufbauen.

   Diese Interventionen setzen eine bestimmte Ordnung des Vorgehens voraus. Diese ergibt sich aus Erfahrungen und gesicherten Erkenntnissen, deren wissenschaftliche Reflexion zur Ausbildung von Behandlungsmethoden im Rahmen einer übergreifenden Theorie geführt hat.

   In der psychotherapeutischen Intervention kommt, unabhängig von der Wahl des Therapieverfahrens, der systematischen Berücksichtigung und der kontinuierlichen Gestaltung der Therapeut-Patient-Beziehung eine zentrale Bedeutung zu.

5. Im Rahmen einer Psychotherapie kann es notwendig werden, zur Erreichung eines ausreichenden Behandlungserfolges Beziehungspersonen aus dem engeren Umfeld (Partner, Familie) des Patienten in die Behandlung einzubeziehen.

6. Psychotherapie setzt eine ätiologisch orientierte Diagnostik voraus, welche die jeweiligen Krankheitserscheinungen erklärt und zuordnet. Dies gilt auch für die vorwiegend übenden und suggestiven Techniken. Die angewandte Therapiemethode muss in einer angemessenen Relation zu Art und Umfang der diagnostizierten Erkrankung stehen. Verfahren ohne Erfüllung der genannten Erfordernisse sind als Psychotherapie im Sinne der Richtlinien nicht geeignet. Voraussetzung ist ferner, dass der Krankheitszustand in seiner Komplexität erfasst wird, auch dann, wenn nur die Therapie eines Teilzieles angestrebt werden kann.

7. Die Psychotherapie im Sinne dieser Richtlinien wird in der vertragsärztlichen Versorgung ergänzt durch Maßnahmen der psychosomatischen Grundversorgung. Dabei handelt es sich um eine möglichst frühzeitige differentialdiagnostische Klärung psychischer und psychosomatischer Krankheitszustände in ihrer ätiologischen Verknüpfung und in der Gewichtung psychischer und somatischer Krankheitsfaktoren. Die psychosomatische Grundversorgung umfasst seelische Krankenbehandlung durch verbale Interventionen und durch übende Psychotherapie-Verfahren bei akuten seelischen Krisen, auch im Verlauf chronischer Krankheiten und Behinderungen.

8. Verfahren und Techniken, die den vorgenannten Erfordernissen nicht entsprechen oder therapeutisch nicht hinreichend erprobt und wissenschaftlich begründet wurden, sind nicht Bestandteil der vertragsärztlichen Versorgung.

9. Psychotherapie und psychosomatische Grundversorgung erfordern eine schriftliche Dokumentation der diagnostischen Erhebungen und der wesentlichen Inhalte der psychotherapeutischen Interventionen.

B. Psychotherapeutische Behandlungs- und Anwendungsformen

I. Behandlungsformen

1. Verfahren, denen ein umfassendes Theoriesystem der Krankheitsentstehung zugrunde liegt und deren spezifische Behandlungsmethoden in ihrer therapeutischen Wirksamkeit belegt sind.

1.1 Psychoanalytisch begründete Verfahren
Diese Verfahren stellen Formen einer ätiologisch orientierten Psychotherapie dar, welche die unbewusste Psychodynamik neurotischer Störungen mit psychischer oder somatischer Symptomatik zum Gegenstand der Behandlungmachen. Zur Sicherung ihrer psychodynamischen Wirksamkeit sind bei diesen Verfahren suggestive und übende Techniken auch als Kombinationsbehandlung grundsätzlich ausgeschlossen.
Als psychoanalytisch begründete Behandlungsverfahren gelten im Rahmen dieser Richtlinien:

1.1.1 Tiefenpsychologisch fundierte Psychotherapie
Die tiefenpsychologisch fundierte Psychotherapie umfasst ätiologisch orientierte Therapieformen, mit welchen die unbewusste Psychodynamik aktuell wirksamer neurotischer Konflikte unter Beachtung von Übertragung, Gegenübertragung und Widerstand behandelt werden.
Eine Konzentration des therapeutischen Prozesses wird durch Begrenzung des Behandlungszieles, durch ein vorwiegend konfliktzentriertes Vorgehen und durch Einschränkung regressiver Prozesse angestrebt. Die tiefenpsychologisch fundierte Psychotherapie gelangt auch in jenen Fällen zur Anwendung, in denen eine längerfristige therapeutische Beziehung erforderlich ist.
Als Sonderformen der tiefenpsychologisch fundierten Psychotherapie können folgende Behandlungsmethoden zur Anwendung kommen:

1.1.1.1 Kurztherapie

1.1.1.2 Fokaltherapie

1.1.1.3 Dynamische Psychotherapie

1.1.1.4 Niederfrequente Therapie in einer längerfristigen, Halt gewährenden therapeutischen Beziehung.

1.1.2 Analytische Psychotherapie
Die analytische Psychotherapie umfasst jene Therapieformen, die zusammen mit der neurotischen Symptomatik den neurotischen Konfliktstoff und die zugrundeliegende neurotische Struktur des Patienten behandeln und dabei das therapeutische Geschehen mit Hilfe der Übertragungs-, Gegenübertragungs- und Widerstandsanalyse unter Nutzung regressiver Prozesse in Gang setzen und fördern.

1.2 Verhaltenstherapie
Die Verhaltenstherapie als Krankenbehandlung umfasst Therapieverfahren, die vorwiegend auf der Basis der Lern- und Sozialpsychologie entwickelt worden sind. Unter den Begriff „Verhalten" fallen dabei beobachtbare Verhaltensweisen sowie kognitive, emotionale, motivationale und physiologische Vorgänge. Verhaltenstherapie im Sinne dieser Richtlinien erfordert die Analyse der ursächlichen und aufrechterhaltenden Bedingungen des Krankheitsgeschehens (Verhaltensanalyse). Sie entwickelt ein entsprechendes Störungsmodell und eine übergeordnete Behandlungsstrategie, aus der heraus die Anwendung spezifischer Interventionen zur Erreichung definierter Therapieziele erfolgt.

Aus dem jeweiligen Störungsmodell können sich folgende Schwerpunkte der therapeutischen Interventionen ergeben:

1.2.1 Stimulus-bezogene Methoden (z. B. systematische Desensibilisierung)

1.2.2 Response-bezogene Methoden (z. B. operante Konditionierung, Verhaltensübung)

1.2.3 Methoden des Modellernens

1.2.4 Methoden der kognitiven Umstrukturierung (z. B. Problemlösungsverfahren, Immunisierung gegen Stressbelastung)

1.2.5 Selbststeuerungsmethoden (z. B. psychologische und psychophysiologische Selbstkontrolltechniken).

Die Komplexität der Lebensgeschichte und der individuellen Situation des Kranken erfordert eine Integration mehrerer dieser Interventionen in die übergeordnete Behandlungsstrategie.

2. Psychoanalytisch begründete Verfahren und Verhaltenstherapie sind nicht kombinierbar, weil die Kombination der Verfahren zu einer Verfremdung der methodenbezogenen Eigengesetzlichkeit des therapeutischen Prozesses führen kann.

3. Über die in 1 genannten Verfahren hinaus können als Psychotherapie gemäß Abschnitt A der Richtlinien in der vertragsärztlichen Versorgung andere Verfahren Anwendung finden, wenn nachgewiesen ist, dass sie die nachstehenden Voraussetzungen nach 3.1 bis 3.4 erfüllen:

3.1 Feststellung durch den wissenschaftlichen Beirat gemäß § 11 Psychotherapeuten-Gesetz, dass das Verfahren als wissenschaftlich anerkannt angesehen werden kann.

3.2 Nachweis der erfolgreichen Anwendung an Kranken überwiegend in der ambulanten Versorgung über mindestens 10 Jahre durch wissenschaftliche Überprüfung (Stellungnahme aus der Psychotherapieforschung unabhängiger Einrichtungen, Evaluation von Behandlungen und langfristigen Katamnesen, Literatur).

3.3 Ausreichende Definition des Verfahrens und Abgrenzung von bereits angewandten und bewährten psychotherapeutischen Methoden, so dass die Einführung des neuartigen psychotherapeutischen Vorgehens eine Erweiterung oder Verbesserung der vertragsärztlichen Versorgung bedeutet.

3.4 Nachweis von Weiterbildungseinrichtungen für Ärzte sowie Ausbildungsstätten für Psychologische Psychotherapeuten und Kinder- und Jugendlichenpsychotherapeuten mit methodenbezogenem Curriculum in theoretischer Ausbildung und praktischer Krankenbehandlung.

4. Der Bundesausschuss der Ärzte und Krankenkassen stellt fest, für welche Verfahren und Techniken in der Psychotherapie und Psychosomatik die den Richtlinien zugrundeliegenden Erfordernisse als erfüllt gelten und gegebenenfalls unter welchen Bedingungen diese zur Behandlung von Krankheit Anwendung finden können. Die Feststellungen sind als Anlage 1 Bestandteil der Richtlinien.

II. Anwendungsformen

1. Einzeltherapie bei Erwachsenen:
Anwendung der unter I.1 und C 1 genannten Behandlungsformen bei der Behandlung eines einzelnen Kranken.

2. Behandlung von Erwachsenen in Gruppen:
Anwendung der unter I. 1 genannten Verfahren, sofern die Interaktion zwischen mehreren Kranken therapeutisch erforderlich ist und die gruppendynamischen Prozesse entsprechend genutzt werden.

3. Einzeltherapie bei Kindern und Jugendlichen:
   Anwendung der unter I. 1 und C 1 genannten Verfahren unter Berücksichtigung der altersspezifischen Bedingungen, ggf. unter Einbeziehung von Bezugspersonen aus dem engeren Umfeld.

4. Behandlung von Kindern und Jugendlichen in Gruppen:
   Anwendung der unter I. 1 genannten Verfahren unter Berücksichtigung der altersspezifischen Bedingungen und unter Nutzung gruppendynamischer Prozesse bei der Behandlung mehrerer Kinder, ggf. unter Einbeziehung von Bezugspersonen aus dem engeren Umfeld.

5. Behandlung von Kranken in Gruppen:
   Bei der Behandlung von Kranken in Gruppen soll die Größe der Gruppe bei
   – psychoanalytisch begründeten Verfahren 6 bis 9
   – der Verhaltenstherapie 2 bis 9
   – den Entspannungstechniken 2 bis 10
   Kranke umfassen.

6. Im Rahmen psychoanalytisch begründeter Verfahren ist die simultane Kombination von Einzel- und Gruppentherapie grundsätzlich ausgeschlossen. Auf dem Gebiet der tiefenpsychologisch fundierten Psychotherapie kann eine solche Kombination nur gemäß I. 1.1.1.4 aufgrund eines dazu besonders begründeten Erstantrages durchgeführt werden.

7. Die Behandlungsfrequenz ist in den psychoanalytisch begründeten Verfahren wie auch in der Verhaltenstherapie auf maximal 3 Behandlungsstunden in der Woche zu begrenzen, um eine ausreichende Therapiedauer im Rahmen der Kontingentierung zu gewährleisten.
   Eine durchgehend hochfrequente Psychotherapie kann im Rahmen dieser Richtlinien keine Anwendung finden. Bei der Therapieplanung oder im Verlauf der Behandlung kann es sich jedoch als notwendig erweisen, ggf. einen Abschnitt der Psychotherapie in einer höheren Wochenfrequenz durchzuführen, um eine größere Effektivität der Therapie zu gewährleisten. Der entsprechende Abschnitt darf nicht das gesamte Kontingent eines Bewilligungsschrittes umfassen. Die Notwendigkeit einer abschnittsweisen höheren Wochenfrequenz ist in der Antragstellung differenziert zu begründen.

C. Psychosomatische Grundversorgung

1. Die psychosomatische Grundversorgung kann nur im Rahmen einer übergeordneten somato-psychischen Behandlungsstrategie Anwendung finden. Voraussetzung ist, dass der Arzt die ursächliche Beteiligung psychischer Faktoren an einem komplexen Krankheitsgeschehen festgestellt hat oder aufgrund seiner ärztlichen Erfahrung diese als wahrscheinlich annehmen muss. Ziel der psychosomatischen Grundversorgung ist eine möglichst frühzeitige differentialdiagnostische Klärung komplexer Krankheitsbilder, eine verbale oder übende Basistherapie psychischer, funktioneller und psychosomatischer Erkrankungen durch den primär somatisch orientierten Arzt und ggf. die Indikationsstellung zur Einleitung einer ätiologisch orientierten Psychotherapie.
   Die begrenzte Zielsetzung der psychosomatischen Grundversorgung strebt eine an der aktuellen Krankheitssituation orientierte seelische Krankenbehandlung an; sie kann während der Behandlung von somatischen, funktionellen und psychischen Störungen von Krankheitswert als verbale Intervention oder als Anwendung übender Verfahren vom behandelnden Arzt durchgeführt werden.

1.1 Verbale Intervention
   Die verbalen Interventionen orientieren sich in der psychosomatischen Grundversorgung an der jeweils aktuellen Krankheitssituation; sie fußen auf einer syste-

matischen, die Introspektion fördernden Gesprächsführung und suchen Einsichten in psychosomatische Zusammenhänge des Krankheitsgeschehens und in die Bedeutung pathogener Beziehungen zu vermitteln. Der Arzt berücksichtigt und nutzt dabei die krankheitsspezifischen Interaktionen zwischen Patient und Therapeut, in denen die seelische Krankheit sich darstellt. Darüber hinaus wird angestrebt, Bewältigungsfähigkeiten des Kranken, evtl. unter Einschaltung der Beziehungspersonen aus dem engeren Umfeld, aufzubauen.

Die verbalen Interventionen können nur in Einzelbehandlungen durchgeführt und nicht mit suggestiven oder übenden Techniken in derselben Sitzung kombiniert werden; sie können in begrenztem Umfang sowohl über einen kürzeren Zeitraum als auch im Verlauf chronischer Erkrankungen über einen längeren Zeitraum niederfrequent Anwendung finden, wenn eine ätiologisch orientierte Psychotherapie nach B I. 1.1 und 1.2 nicht indiziert ist. Die Durchführung von Maßnahmen nach 1.1 ist neben der Anwendung psychotherapeutischer Verfahren nach B I. 1.1 und 1.2 ausgeschlossen.

1.2 Psychosomatische Grundversorgung durch übende und suggestive Techniken unter Einschluss von Instruktionen und von Bearbeitung therapeutisch bedeutsamer Phänomene. Dabei können folgenden Techniken und Behandlungsmethoden zur Anwendung kommen:

1.2.1 Autogenes Training als Einzel- oder Gruppenbehandlung (Unterstufe)

1.2.2 Jacobsonsche Relaxationstherapie als Einzel- oder Gruppenbehandlung

1.2.3 Hypnose in Einzelbehandlung

Diese Techniken dürfen während einer tiefenpsychologisch fundierten oder analytischen Psychotherapie grundsätzlich nicht angewendet werden.

2. Die Maßnahmen der psychosomatischen Grundversorgung gemäß 1.2.1 und 1.2.2 sind auch als Gruppenbehandlung durchführbar. Eine Kombination von Einzel- und Gruppenbehandlung ist möglich.

D. Anwendungsbereiche

1. Indikationen zur Anwendung von Psychotherapie gemäß Abschnitt B und Maßnahmen der psychosomatischen Grundversorgung gemäß Abschnitt C der Richtlinien bei der Behandlung von Krankheiten können nur sein:

1.1 Psychoneurotische Störungen (z.B. Angstneurosen, Phobien, neurotische Depressionen, Konversionsneurosen)

1.2 Vegetativ-funktionelle und psychosomatische Störungen mit gesicherter psychischer Ätiologie

1.3 Im Rahmen der medizinischen Rehabilitation kann Psychotherapie angewendet werden, wenn psychodynamische Faktoren wesentlich Anteil an einer seelischen Behinderung oder an deren Auswirkung haben und mit ihrer Hilfe eine Eingliederung in Arbeit, Beruf und/oder Gesellschaft möglichst auf Dauer erreicht werden kann; Indikationen hierfür können nur sein:

1.3.1 Abhängigkeit von Alkohol, Drogen oder Medikamenten nach vorangegangener Entgiftungsbehandlung.

1.3.2 Seelische Behinderung aufgrund frühkindlicher emotionaler Mangelzustände, in Ausnahmefällen seelische Behinderungen, die im Zusammenhang mit frühkindlichen körperlichen Schädigungen und/oder Missbildungen stehen.

1.3.3 Seelische Behinderung als Folge schwerer chronischer Krankheitsverläufe, sofern sie noch einen Ansatz für die Anwendung von Psychotherapie bietet.

1.3.4 Seelische Behinderung aufgrund extremer Situationen, die eine schwere Beeinträchtigung der Persönlichkeit zur Folge hatten.

1.3.5 Seelische Behinderung als Folge psychotischer Erkrankungen, die einen Ansatz für spezifische psychotherapeutische Interventionen erkennen lassen.

2. Psychotherapie ist als Leistung der gesetzlichen Krankenversicherung ausgeschlossen, wenn:

2.1 zwar seelische Krankheit vorliegt, aber ein Behandlungserfolg nicht erwartet werden kann, weil dafür beim Patienten die Voraussetzung hinsichtlich seiner Motivationslage, seiner Motivierbarkeit oder seiner Umstellungsfähigkeit nicht gegeben sind, oder weil die Eigenart der neurotischen Persönlichkeitsstruktur des Patienten (gegebenenfalls seine Lebensumstände) dem Behandlungserfolg entgegensteht,

2.2 sie nicht der Heilung oder Besserung einer seelischen Krankheit bzw. der medizinischen Rehabilitation, sondern allein der beruflichen oder sozialen Anpassung oder der beruflichen oder schulischen Förderung dient,

2.3 sie allein der Erziehungs-, Ehe-, Lebens- und Sexualberatung dient.

3. Soll Psychotherapie im Rahmen einer die gesamten Lebensverhältnisse umfassenden psychosozialen Versorgung erbracht werden, so ist diese Psychotherapie nur dann und soweit eine Leistung der gesetzlichen Krankenversicherung, als sie der Behandlung von Krankheit im Sinne dieser Richtlinien dient.

4. Verhaltensweisen, die als psychosoziale Störung in Erscheinung treten, sind nur dann Gegenstand von Psychotherapie nach Abschnitt B und Maßnahmen der psychosomatischen Grundversorgung nach Abschnitt C der Richtlinien, wenn sie Ausdruck einer psychischen Erkrankung sind.

E. Leistungsumfang

1. Für die Durchführung der Psychotherapie ist es sowohl unter therapeutischen als auch unter wirtschaftlichen Aspekten erforderlich, nach Klärung der Diagnose und der Indikationsstellung vor Beginn der Behandlung den Behandlungsumfang und die Behandlungsfrequenz festzulegen, damit sich Patient und Therapeut darauf einrichten können. In Ausnahmefällen, in denen der Behandlungsumfang und die Behandlungsfrequenz zu Beginn der Behandlung nicht mit ausreichender Sicherheit festgelegt werden kann, soll die Festlegung nach einer Probetherapie erfolgen.
Die im folgenden festgelegten Begrenzungen berücksichtigen die therapeutischen Erfahrungen in den unterschiedlichen Gebieten der Therapie und stellen einen Behandlungsumfang dar, in dem in der Regel ein Behandlungserfolg erwartet werden kann.

1.1 Therapieansätze in den Verfahren nach B I. 1.1 und 1.2

1.1.1 Vor der ersten Antragstellung sind bis zu 5, bei der analytischen Psychotherapie bis zu 8, probatorische Sitzungen möglich.

1.1.2 Kurzzeittherapie bis 25 Stunden als Einzeltherapie auch in halbstündigen Sitzungen mit entsprechender Vermehrung der Gesamtsitzungszahl (Antragsverfahren mit Begutachtung, sofern für den Therapeuten keine Befreiung gemäß Abschnitt F III. 2. gilt).

1.1.3 Kurzzeittherapie bis 25 Stunden als Gruppentherapie (als tiefenpsychologisch fundierte Gruppentherapie nur bei Erwachsenen und Jugendlichen) (Antragsverfahren mit Begutachtung, sofern für den Therapeuten keine Befreiung gemäß Abschnitt F III. 2. gilt).

1.1.4 Therapie mit einer Stundenzahl, die in bezug auf das Krankheitsbild und das geplante Therapieverfahren in der Antragsbegründung festzulegen ist (Antragsverfahren mit Begutachtung).

1.1.5   Die Überführung einer Kurzzeittherapie in die Langzeittherapie muss bis zur zwanzigsten Sitzung der Kurzzeittherapie beantragt und zugleich das Gutachterverfahren eingeleitet werden.

1.1.6   Probetherapie als Bestandteil der Langzeittherapie auf Antrag oder nach Empfehlung des Gutachters für tiefenpsychologisch fundierte bzw. analytische Psychotherapie bis zu 25 Stunden, für Verhaltenstherapie bis zu 15 Stunden (Antragsverfahren mit Begutachtung).

1.1.7   Die Therapiestunde im Rahmen der Psychotherapie umfasst mindestens 50 Minuten.

1.2   Bewilligungsschritte für die Verfahren gemäß Abschnitt B I. 1.1 und 1.2

1.2.1   Analytische Psychotherapie bis 160 Stunden, in besonderen Fällen bis 240 Stunden, bei Gruppenbehandlung bis 80 Doppelstunden, in besonderen Fällen bis 120 Doppelstunden,

1.2.2   tiefenpsychologisch fundierte Psychotherapie bis 50 Stunden, in besonderen Fällen bis 80 Stunden, bei Gruppenbehandlung bis 40 Doppelstunden, in besonderen Fällen bis 60 Doppelstunden. Die in B I. 1.1.1.4 genannten Verfahren können als Einzeltherapie auch in halbstündigen Sitzungen mit entsprechender Vermehrung der Gesamtsitzungszahl Anwendung finden.

1.2.3   Verhaltenstherapie bis 45 Stunden, in besonderen Fällen bis 60 Stunden. Verhaltenstherapie kann als Einzeltherapie auch in halbstündigen Sitzungen mit entsprechender Vermehrung und in doppelstündigen Sitzungen mit entsprechender Verminderung der Gesamtsitzungszahl Anwendung finden. Verhaltenstherapie kann nur in Kombination mit der Einzeltherapie auch als Gruppenbehandlung durchgeführt werden, wobei die in der Gruppentherapie erbrachte Doppelstunde im Gesamttherapiekontingent als Einzelstunde gezählt wird.

1.2.4   Psychotherapie von Kindern bei analytischer und tiefenpsychologisch fundierter Psychotherapie bis 70 Stunden, in besonderen Fällen bis 120 Stunden, bei Gruppenbehandlung bis 40 Doppelstunden, in besonderen Fällen bis 60 Doppelstunden.

1.2.5   Verhaltenstherapie von Kindern bis 45 Stunden, in besonderen Fällen bis 60 Stunden einschließlich Gruppentherapie in Doppelstunden.

1.2.6   Psychotherapie von Jugendlichen bei analytischer und tiefenpsychologisch fundierter Psychotherapie bis 90 Stunden, in besonderen Fällen bis 140 Stunden, bei Gruppenbehandlung bis 40 Doppelstunden, in besonderen Fällen bis 60 Doppelstunden.

1.2.7   Verhaltenstherapie bei Jugendlichen bis 45 Stunden, in besonderen Fällen bis 60 Stunden einschließlich Gruppentherapie in Doppelstunden.

1.2.8   Eine Überschreitung des in 1.2.1 bis 1.2.7 festgelegten Therapieumfanges ist für die folgenden Verfahren nur zulässig, wenn aus der Darstellung des therapeutischen Prozesses hervorgeht, dass mit der Beendigung der Therapie das Behandlungsziel nicht erreicht werden kann, aber begründete Aussicht auf Erreichung des Behandlungsziels bei Fortführung der Therapie besteht. Dabei sind grundsätzlich die folgenden Höchstgrenzen einzuhalten:

1.2.8.1 analytische Psychotherapie 300 Stunden, in Gruppen 150 Doppelstunden

1.2.8.2 tiefenpsychologisch fundierte Psychotherapie 100 Stunden, in Gruppen 80 Doppelstunden

1.2.8.3 Verhaltenstherapie 80 Stunden einschließlich Gruppentherapie in Doppelstunden

1.2.8.4 Bei analytischer und tiefenpsychologisch fundierter Psychotherapie von Kindern 150 Stunden, in Gruppen 90 Doppelstunden, bei Verhaltenstherapie von Kindern 80 Stunden einschließlich Gruppentherapie in Doppelstunden.

1.2.8.5 Bei analytischer und tiefenpsychologisch fundierter Psychotherapie von Jugendlichen 180 Stunden, in Gruppen 90 Doppelstunden, bei Verhaltenstherapie von Jugendlichen 80 Stunden einschließlich Gruppentherapie in Doppelstunden.

1.2.9 Wurde Kurzzeittherapie durchgeführt, ist bei Überführung von Kurzzeittherapie in Langzeittherapie die bewilligte Kurzeittherapie auf das Kontingent der Langzeittherapie anzurechnen.

1.3 Übende und suggestive Techniken

1.3.1 Autogenes Training (C 1.2.1) einzeln und in Gruppen bis 12 Sitzungen im Behandlungsfall

1.3.2 Jacobsonsche Relaxationstherapie (C 1.2.2) einzeln und in Gruppen bis 12 Sitzungen im Behandlungsfall

1.3.3 Hypnose (C 1.2.3) bis 12 Sitzungen im Behandlungsfall (nur Einzelbehandlung)

1.3.4 Von diesen Techniken kann in der Regel im Behandlungsfall nur eine zur Anwendung kommen.

F. Konsiliar-, Antrags- und Gutachterverfahren

I. Konsiliarbericht und Qualifikation der ihn abgebenden Ärzte

1. Konsiliarverfahren

Zur Einholung des Konsiliarberichtes überweist der Psychologische Psychotherapeut oder Kinder- und Jugendlichenpsychotherapeut spätestens nach Beendigung der probatorischen Sitzungen und vor Beginn der Psychotherapie den Patienten an einen Konsiliararzt. Auf der Überweisung hat er dem Konsiliararzt eine kurze Information über die von ihm erhobenen Befunde und die Indikation zur Durchführung einer Psychotherapie zukommen zu lassen.

Der Konsiliararzt hat den Konsiliarbericht nach Anforderung durch den Psychologischen Psychotherapeuten oder Kinder- und Jugendlichenpsychotherapeuten nach persönlicher Untersuchung des Patienten zu erstellen. Der Bericht ist dem Psychologischen Psychotherapeuten oder Kinder- und Jugendlichenpsychotherapeuten möglichst zeitnah, spätestens aber drei Wochen nach der Untersuchung zu übermitteln.

Der Konsiliarbericht enthält folgende Angaben:

1. Aktuelle Beschwerden des Patienten,
2. psychischer und somatischer Befund (bei Kindern und Jugendlichen insbesondere unter Berücksichtigung des Entwicklungsstandes),
3. im Zusammenhang mit den aktuellen Beschwerden relevante anamnestische Daten,
4. zu einer gegebenenfalls notwendigen psychiatrischen oder kinder- und jugendpsychiatrischen Abklärung
5. relevante stationäre und/oder ambulante Vor- und Parallelbehandlungen inklusive gegebenenfalls laufende Medikation,
6. medizinische Diagnose(n), Differential- und Verdachtsdiagnose(n),
7. gegebenenfalls Befunde, die eine ärztliche/ärztlich veranlasste Begleitbehandlung erforderlich machen,
8. zu gegebenenfalls erforderlichen weiteren ärztlichen Untersuchungen, und
9. zu gegebenenfalls bestehenden Kontraindikationen für die Durchführung einer psychotherapeutischen Behandlung zum Zeitpunkt der Untersuchung.

Der Konsiliararzt teilt der Krankenkasse nur die für ihre Leistungsentscheidung notwendigen Angaben mit.

Ist Psychotherapie nach Auffassung des Konsiliararztes kontraindiziert und wird dennoch ein entsprechender Antrag gestellt, so veranlasst die Krankenkasse eine Begutachtung durch den Medizinischen Dienst der Krankenkassen.

2. Qualifikation der den Konsiliarbericht abgebenden Ärzte

Zur Abgabe des Konsiliarberichtes sind alle Vertragsärzte mit Ausnahme der folgenden Arztgruppen berechtigt: Laborärzte, Mikrobiologen und Infektionsepidemiologen, Nuklearmediziner, Pathologen, Radiologen, Strahlentherapeuten, Transfusionsmediziner und Humangenetiker.

Abweichend hiervon sind für die Abgabe eines Konsiliarberichtes vor einer psychotherapeutischen Behandlung von Kindern folgende Vertragsärzte berechtigt: Kinderärzte, Kinder- und Jugendpsychiater, Allgemeinärzte, praktische Ärzte und Internisten.

II. Antragsverfahren

1. Die Feststellung der Leistungspflicht für Psychotherapie nach Abschnitt B I. 1.1 und 1.2 erfolgt durch die Krankenkasse auf Antrag des Versicherten. Zu diesem Antrag teilt der ärztliche Psychotherapeut oder ärztliche Kinder- und Jugendlichenpsychotherapeut oder Psychologische Psychotherapeut oder Kinder- und Jugendlichenpsychotherapeut (nachfolgend zusammenfassend als Therapeuten bezeichnet) vor der Behandlung der Krankenkasse die Diagnose mit, begründet die Indikation und beschreibt Art und Umfang der geplanten Therapie. Wird ein Antrag auf Langzeittherapie gestellt oder soll eine Kurzzeittherapie in eine Langzeittherapie übergeleitet werden, so soll dieser Antrag neben den Angaben zu Diagnose, Indikation sowie Art, Umfang und Frequenz der geplanten Therapie auch einen fallbezogenen Behandlungsplan enthalten (Bericht an den Gutachter).

2. Eine Verlängerung der Therapie gemäß Abschnitt E 1.2.1–1.2.4, 1.2.6 und 1.2.8 bedarf eines Fortsetzungsantrags, in dem Verlauf und Ergebnis der bisherigen Therapie darzustellen und eine begründete Prognose in bezug auf die beantragte Verlängerung abzugeben ist.

3. Ist die Psychotherapie gemäß Abschnitt E 1.1.2 und 1.1.3 mit den dort festgelegten Leistungen nicht erfolgreich abzuschließen und soll die Therapie deshalb fortgesetzt werden, bedarf es eines Antrags auf Feststellung der Leistungspflicht mit Darstellung des Behandlungsverlaufs, des erreichten Therapieerfolgs und der ausführlichen Begründung zur Fortsetzung der Behandlung einschließlich der prognostischen Einschätzung.

4. Das Nähere zum Antragsverfahren ist in § 11 der Anlage 1 zum Bundesmantelvertrag-Ärzte in der Fassung vom 7. 12. 1998 und in § 11 der Anlage 1 zum Arzt-/Ersatzkassen-Vertrag in der Fassung vom 7. 12. 1998 (Psychotherapie-Vereinbarungen) geregelt.

III. Gutachterverfahren

1. Bei Psychotherapie gemäß Abschnitt B I. 1.1 und 1.2 ist der Antrag zu begründen. Er ist durch einen nach § 12 der Psychotherapie-Vereinbarungen bestellten Gutachter zu prüfen. Der Gutachter hat sich dazu zu äußern, ob die in diesen Richtlinien genannten Voraussetzungen erfüllt sind.

Der Psychologische Psychotherapeut oder Kinder- und Jugendlichenpsychotherapeut hat den Konsiliarbericht im verschlossenen Umschlag dem Bericht an den Gutachter beizufügen.

2. Von der in Nummer 1 festgelegten Begründungspflicht für einen Antrag im Gutachterverfahren können Therapeuten für die Kurzzeittherapie durch

die Kassenärztliche Vereinigung befreit werden. Voraussetzung ist, dass sie für das jeweilige Verfahren 35 Therapiegenehmigungen im Gutachterver-fahren gemäß diesen bzw. den bis zum 31. 12. 1998 gültigen Richtlinien aufgrund von Erstanträgen von Patienten ihrer zuständigen Kassenärztlichen Vereinigung vorlegen und nachweisen, dass sie die Therapien persönlich durchgeführt haben. Von den 35 Therapiegenehmigungen müssen mindestens 20 eine Einzel-therapie betreffen. Will der Therapeut eine Befreiung vom Gutachterverfahren auch für die Gruppentherapie erhalten, müssen von den für das entsprechende Verfahren und den entsprechenden Bewilligungsschritt vorgelegten 35 Thera-piegenehmigungen 15 für eine Gruppentherapie erteilt worden sein. Voraussetzung für eine Befreiung vom Gutachterverfahren für die Kurzzeittherapie von Kindern und Jugendlichen ist die Vorlage von 35 im Gutachterverfahren ge-nehmigten Therapien von Kindern und Jugendlichen.

Die Befreiung vom Gutachterverfahren für die Kurzzeittherapie gilt für Thera-peuten, die die oben geforderten Nachweise erbracht haben und die Behandlung selbst durchführen.

3. Qualifikation der Gutachter

Im Gutachterverfahren nach den Psychotherapie-Richtlinien werden entspre-chend qualifizierte Ärzte, Psychologische Psychotherapeuten und Kinder- und Ju-gendlichenpsychotherapeuten als Gutachter tätig. Die nachfolgend aufgeführten Kriterien gelten für alle Gutachter, die nach Inkrafttreten dieser Richtlinien erst-mals bestellt werden. Die Gutachter müssen folgende Qualifikation besitzen:

Für den Bereich der tiefenpsychologisch fundierten und analytischen Psycho-therapie:

1. Die Gebietsbezeichnung als Arzt für Psychotherapeutische Medizin oder Psy-chiatrie und Psychotherapie oder für die Begutachtung von Kinder- und Jugendli-chenpsychotherapie für Kinder- und Jugendpsychiatrie und -psychotherapie oder

die Approbation als Psychologischer Psychotherapeut oder für die Begutachtung von Kinder- und Jugendlichenpsychotherapie als Kinder- und Jugendlichenpsy-chotherapeut,

2. eine abgeschlossene Weiter- oder Ausbildung an einem nach Anlage 1 oder für die Begutachtung von Kinder- und Jugendlichentherapie nach Anlage 2 der bis zum 31. 12. 1998 gültigen Psychotherapie-Vereinbarungen anerkannten Institut,

3. Nachweis von mindestens fünfjähriger Tätigkeit nach dem Abschluss einer un-ter 2. genannten Weiter- bzw. Ausbildung ganz oder überwiegend auf dem Gebiet der tiefenpsychologisch fundierten und analytischen Psychotherapie in einer Praxis oder einer psychotherapeutischen Fachklinik bzw. Poliklinik,

4. Nachweis über eine mindestens fünfjährige Tätigkeit als Dozent und Supervisor an einem der unter 2. genannten Institute oder einer psychotherapeutischen Fachklinik oder im Fachgebiet tiefenpsychologisch fundierte und analytische Psychotherapie an einer Universität, an der auch entsprechende Krankenbe-handlung durchgeführt wird,

5. Nachweis einer zum Zeitpunkt der Bestellung andauernden Dozenten- und Supervisorentätigkeit auf dem Gebiet der tiefenpsychologisch fundierten und analytischen Psychotherapie,

6. Nachweis einer mindestens dreijährigen Teilnahme an der ambulanten Versor-gung auf dem Gebiet der tiefenpsychologisch fundierten und analytischen Psy-chotherapie, und

7. Nachweis, dass zu Beginn der Gutachtertätigkeit in der Regel kein höheres Le-bensalter als 55 Jahre besteht.

Für den Bereich der Begutachtung von tiefenpsychologisch fundierter und ana-lytischer Kinder- und Jugendlichentherapie muss die Erfüllung der Kriterien 3 bis

6 jeweils für die tiefenpsychologisch fundierte und analytische Psychotherapie von Kindern und Jugendlichen nachgewiesen werden.
Für den Bereich der Verhaltenstherapie:

1. Die Gebietsbezeichnung als Arzt für Psychotherapeutische Medizin oder Psychiatrie und Psychotherapie oder für die Begutachtung von Kinder- und Jugendlichenpsychotherapie für Kinder- und Jugendpsychiatrie und -psychotherapie
oder
   die Approbation als Psychologischer Psychotherapeut oder als Kinder- und Jugendlichenpsychotherapeut,
2. – als Arzt eine abgeschlossene Weiterbildung in der Verhaltenstherapie
   – als Psychologischer Psychotherapeut oder als Kinder- und Jugendlichenpsychotherapeut den Fachkundenachweis in Verhaltenstherapie
und
   soweit Psychologische Psychotherapeuten zur Begutachtung von Kindern und Jugendlichen bestellt werden, zusätzlich zur Fachkunde den Nachweis nach § 6 Abs. 4 der Psychotherapie-Vereinbarungen im Hinblick auf die Anforderungen für die Verhaltenstherapie bei Kindern und Jugendlichen
3. Nachweis von mindestens fünfjähriger Tätigkeit nach dem Abschluss einer unter 2. genannten Weiter- bzw. Ausbildung ganz oder überwiegend auf dem Gebiet der Verhaltenstherapie in einer Praxis oder einer psychotherapeutischen Fachklinik bzw. Poliklinik,
4. Nachweis über eine mindestens fünfjährige Tätigkeit als Dozent und Supervisor an einem der nach Anlage 3 der bis zum 31. 12. 1998 gültigen Psychotherapie-Vereinbarungen anerkannten Institute oder einer psychotherapeutischen Fachklinik oder im Fachgebiet Verhaltenstherapie an einer Universität, an der entsprechende Krankenbehandlung durchgeführt wird,
5. Nachweis einer zum Zeitpunkt der Bestellung andauernden Dozenten- und Supervisorentätigkeit auf dem Gebiet der Verhaltenstherapie,
6. Nachweis einer mindestens dreijährigen Teilnahme an der ambulanten Versorgung auf dem Gebiet der Verhaltenstherapie, und
7. Nachweis, dass zu Beginn der Gutachtertätigkeit in der Regel kein höheres Lebensalter als 55 Jahre besteht.
   Für den Bereich der Begutachtung von Kinder- und Jugendlichenverhaltenstherapie muss die Erfüllung der Kriterien 3 bis 6 jeweils für die Verhaltenstherapie bei Kindern und Jugendlichen nachgewiesen werden.
4. Die nach den bis zum 31. 12. 1998 gültigen Psychotherapie-Richtlinien tätigen Gutachter können unberührt von den unter III, 3 „Gutachterverfahren/Qualifikation der Gutachter" aufgeführten Voraussetzungen weiterhin tätig bleiben.

G. Qualifikation zur Durchführung der Psychotherapie und der psychosomatischen Grundversorgung

Die Qualifikation zur Durchführung der Psychotherapie und der psychosomatischen Grundversorgung ist in den Psychotherapie-Vereinbarungen näher bestimmt.

H. Psychotherapie-Vereinbarungen

1. Das Nähere zur Durchführung der psychotherapeutischen Versorgung regeln die Kassenärztliche Bundesvereinigung und die Spitzenverbände der Krankenkassen durch entsprechende Vereinbarungen.

2. Zum 1. 1. 2000 wird ein Verfahren zur Dokumentation psychotherapeutischer Leistungen und zur Evaluation der Prozess und Ergebnisqualität zwischen den Vertragspartnern der Psychotherapie-Vereinbarungen vereinbart.

I. Inkrafttreten

1. Der Abschnitt F III. ‚Gutachterverfahren', Nummer 1, soweit er sich auf die Gutachterpflichtigkeit von Kurzzeittherapie bezieht, Nummer 2 sowie die Klammerzusätze in Abschnitt E ‚Leistungsumfang', Nrn. 1.1.2 und 1.1.3 treten zum 1. 1. 2000 in Kraft.
2. Im Übrigen treten die Richtlinien am 1. 1. 1999 in Kraft.
3. Die Psychotherapie-Richtlinien i. d. F. vom 3. 7. 1987, zuletzt geändert am 17. 12. 1996, treten mit Ausnahme des Abschnitts F II. am 31. 12. 1998 außer Kraft. Abschnitt F II. der in Satz 1 genannten Psychotherapie-Richtlinien tritt am 31. 12. 1999 außer Kraft.

Köln, den 23. 10. 1998

Bundesausschuss der Ärzte und Krankenkassen

Der Vorsitzende
Jung

Anlage 1

Der Bundesausschuss der Ärzte und Krankenkassen stellt gemäß Abschnitt B I. 4 der Richtlinien fest:

1. Katathymes Bilderleben ist keine eigenständige Psychotherapie im Sinne der Richtlinien, sondern kann gegebenenfalls im Rahmen eines übergeordneten tiefenpsychologisch fundierten Therapiekonzeptes (B I. 1.1.1) Anwendung finden.
2. Rational Emotive Therapie (RET) kann als Methode der kognitiven Umstrukturierung (B I. 1.2.4) im Rahmen eines umfassenden verhaltenstherapeutischen Behandlungskonzepts Anwendung finden.
3. Die Erfordernisse der Psychotherapie-Richtlinien werden nicht erfüllt von:
   1. Gesprächspsychotherapie
   2. Gestalttherapie
   3. Logotherapie
   4. Psychodrama
   5. Respiratorisches Biofeedback
   6. Transaktionsanalyse"

Die Kassenärztliche Bundesvereinigung, K. d. ö. R., Köln einerseits und der AOK-Bundesverband, K. d. ö. R., Bonn, Bundesverband der Betriebskrankenkassen, K. d. ö. R., Essen, IKK-Bundesverband, K. d. ö. R., Bergisch-Gladbach, Bundesverband der landwirtschaftlichen Krankenkassen, K. d. ö. R., Kassel, Bundesknappschaft, K. d. ö. R., Bochum See-Krankenkasse, Hamburg andererseits schließen als Anlage zum Bundesmantelvertrag-Ärzte (BMV-Ä) die nachstehende

Anhang 6. Vereinbarung über die Anwendung von Psychotherapie in der vertragsärztlichen Versorgung (Psychotherapie-Vereinbarung)

Vom 7. Dezember 1998

Zuletzt geändert durch Vertrag vom 3. 9. 2001

Teil A

§ 1 Allgemeines. (1) [1] Gegenstand dieser Vereinbarung ist die Anwendung von Psychotherapie gemäß den Psychotherapie-Richtlinien. [2] Danach sind die tiefenpsychologisch fundierte Psychotherapie, die analytische Psychotherapie und die Verhaltenstherapie anerkannte Verfahren der Psychotherapie.

(2) Gegenstand dieser Vereinbarung sind auch die in den Richtlinien genannten psychotherapeutischen Maßnahmen im Rahmen der psychosomatischen Grundversorgung.

(3) Für die Psychotherapie einschließlich der psychologischen Testverfahren und für die psychosomatische Grundversorgung gelten die Grundsätze der Notwendigkeit, Zweckmäßigkeit und Wirtschaftlichkeit der Behandlung, auch hinsichtlich ihres Umfanges.

(4) Psychotherapie in der vertragsärztlichen Versorgung findet grundsätzlich in den Praxisräumen des Therapeuten statt.

Teil B. Zur Ausübung Berechtigte

§ 2 Genehmigungspflicht. [1] Die Ausführung und Abrechnung von psychotherapeutischen Leistungen im Rahmen der vertragsärztlichen Versorgung durch die an der vertragsärztlichen Versorgung teilnehmenden ärztlichen Psychotherapeuten und Psychologischen Psychotherapeuten und Kinder- und Jugendlichenpsychotherapeuten ist erst nach Erteilung der Genehmigung durch die Kassenärztliche Vereinigung zulässig. [2] Die Genehmigung ist zu erteilen, wenn der Arzt bzw. der Psychologische Psychotherapeut oder der Kinder- und Jugendlichenpsychotherapeut die nachstehenden Voraussetzungen der fachlichen Befähigung (§§ 5, 6, 7) erfüllt.

§ 3 Genehmigungsvoraussetzungen. Die Erfüllung der Voraussetzungen der fachlichen Befähigung ist gegenüber der Kassenärztlichen Vereinigung nachzuweisen. Das Verfahren richtet sich nach § 4 dieser Vereinbarung.

§ 4 Genehmigungsverfahren. (1) [1] Anträge auf Genehmigung zur Ausführung und Abrechnung von Leistungen der Psychotherapie sind an die zuständige Kassenärztliche Vereinigung zu stellen. [2] Die erforderlichen Nachweise (z. B. Zeugnisse und Bescheinigungen) sind den Anträgen beizufügen. [3] Über die Anträge und

221

über den Widerruf oder die Rücknahme einer erteilten Genehmigung entscheidet die Kassenärztliche Vereinigung. [4] Vor Erteilung der Genehmigung zur Ausführung und Abrechnung von Leistungen der Psychotherapie sind die vorgelegten Zeugnisse und Bescheinigungen von der Kassenärztlichen Vereinigung zu überprüfen.

(2) Die Genehmigung zur Ausführung und Abrechnung von Leistungen der Psychotherapie ist zu erteilen, wenn aus den vorgelegten Zeugnissen und Bescheinigungen hervorgeht, dass die in den §§ 5 bis 6 genannten fachlichen Voraussetzungen erfüllt sind.

§ 5 Fachliche Befähigung ärztlicher Psychotherapeuten. [1] Die fachliche Befähigung gemäß § 3 gilt als nachgewiesen für die Ausführung und Abrechnung von:

(1) tiefenpsychologisch fundierter Psychotherapie nach dem Leistungsinhalt der Nrn. 860, 861, 862, 868, 870, 871, 872 des Bewertungsmaßstabes für vertragsärztliche Leistungen (BMÄ):
– durch die Berechtigung zum Führen der Gebietsbezeichnung Psychotherapeutische Medizin oder der Gebietsbezeichnung Psychiatrie und Psychotherapie oder der Zusatzbezeichnung „Psychotherapie"
und
– durch Vorlage von Weiterbildungszeugnissen, aus denen sich ergibt, dass eingehende Kenntnisse und Erfahrungen auf dem Gebiet der tiefenpsychologisch fundierten Psychotherapie erworben wurden.
[2] Für Ärzte mit der Berechtigung zum Führen der Gebietsbezeichnung Psychotherapeutische Medizin erstreckt sich die entsprechende Genehmigung auch auf die Behandlung in Gruppen gemäß Absatz 5.

(2) tiefenpsychologisch fundierter und analytischer Psychotherapie nach dem Leistungsinhalt der Nrn. 860, 861, 862, 868, 870, 871, 872, 877 BMÄ:
– durch die Berechtigung zum Führen der Zusatzbezeichnung „Psychoanalyse".

(3) [1] Verhaltenstherapie nach dem Leistungsinhalt der Nrn. 860, 861, 862, 868, 870, 881, 882 BMÄ:
– durch die Berechtigung zum Führen der Gebietsbezeichnung Psychotherapeutische Medizin oder der Gebietsbezeichnung Psychiatrie und Psychotherapie oder der Zusatzbezeichnung „Psychotherapie" oder „Psychoanalyse"
und
– durch Vorlage von Weiterbildungszeugnissen, aus denen sich ergibt, dass eingehende Kenntnisse und Erfahrungen auf dem Gebiet der Verhaltenstherapie erworben wurden.
[2] Für Ärzte mit der Berechtigung zum Führen der Gebietsbezeichnung Psychotherapeutische Medizin erstreckt sich die entsprechende Genehmigung auch auf die Behandlung in Gruppen gemäß Absatz 5.

(4) Psychotherapie bei Kindern und Jugendlichen nach dem Leistungsinhalt der Nrn. 860 bis 884 BMÄ:
– durch die Berechtigung zum Führen der Gebietsbezeichnung Kinder- und Jugendpsychiatrie und -psychotherapie
und
– durch Vorlage von Nachweisen entsprechend Abs. 1, 2. Halbsatz oder Abs. 2 oder Abs. 3, 2. Halbsatz für das jeweilige Verfahren
oder
– durch die Berechtigung zum Führen der Gebietsbezeichnung Psychotherapeutische Medizin oder Psychiatrie und Psychotherapie oder der Zusatzbezeichnung „Psychotherapie" oder „Psychoanalyse"
und

– durch Vorlage von Zeugnissen und Bescheinigungen, aus denen sich ergibt, dass eingehende Kenntnisse und Erfahrungen auf dem Gebiet der Psychotherapie bei Kindern und Jugendlichen erworben wurden. Aus den entsprechenden Zeugnissen und Bescheinigungen muss hervorgehen, dass der Arzt eingehende Kenntnisse und Erfahrungen in der Entwicklungs-Psychologie und Lern-Psychologie einschließlich der speziellen Neurosenlehre sowie in der Psychodiagnostik bei Kindern und Jugendlichen mit mindestens 200 Stunden erworben hat. Darüber hinaus ist nachzuweisen, dass mindestens vier Fälle analytischer oder tiefenpsychologisch fundierter Psychotherapie mit mindestens 200 Stunden insgesamt oder mindestens vier Fälle in Verhaltenstherapie mit insgesamt mindestens 180 Stunden selbständig unter Supervision – möglichst nach jeder vierten Behandlungsstunde in analytischer oder tiefenpsychologisch fundierter Psychotherapie oder nach jeder dritten Behandlungsstunde in Verhaltenstherapie – durchgeführt und abgeschlossen wurden. Entsprechende Zusatzqualifikationen müssen an anerkannten Weiterbildungsstätten vermittelt worden sein.

(5) [1]Psychotherapie als Gruppenbehandlung nach dem Leistungsinhalt der Nrn. 873, 874, 878, 883 und 884 BMÄ:
– durch Nachweis der Erfüllung der Voraussetzungen nach Abs. 1 (tiefenpsychologisch fundierte Psychotherapie) oder nach Abs. 2 (analytische und tiefenpsychologisch fundierte Psychotherapie) oder nach Abs. 3 (Verhaltenstherapie) und bei Kindern und Jugendlichen nach Abs. 4
und
– durch die Vorlage von Zeugnissen und Bescheinigungen, aus denen sich ergibt, dass Kenntnisse und Erfahrungen in der Gruppentherapie erworben wurden. Aus den entsprechenden Zeugnissen und Bescheinigungen muss hervorgehen, dass eingehende Kenntnisse und praktische Erfahrungen in der tiefenpsychologisch fundierten und analytischen Gruppen-Psychotherapie oder der Verhaltenstherapie in Gruppen erworben wurden. Ist im Rahmen der Weiterbildung diese Qualifikation nicht erworben worden, ist nachzuweisen, dass in mindestens 40 Doppelstunden analytische oder tiefenpsychologisch fundierte bzw. verhaltenstherapeutische Selbsterfahrung in der Gruppe, in mindestens 24 Doppelstunden eingehende Kenntnisse in der Theorie der Gruppen-Psychotherapie und Gruppen-Dynamik erworben wurden und mindestens 60 Doppelstunden kontinuierlicher Gruppenbehandlung – auch in mehreren Gruppen unter Supervision von mindestens 40 Stunden – mit tiefenpsychologisch fundierter oder analytischer Psychotherapie oder mit Verhaltenstherapie durchgeführt wurde.
[2]Die Genehmigung zur Gruppenbehandlung wird für das Verfahren erteilt, für das die Erfüllung der in diesem Absatz geforderten Voraussetzungen an die Qualifikation nachgewiesen wurde.

(6) [1]Maßnahmen der psychosomatischen Grundversorgung nach dem Leistungsinhalt der Nrn. 850 und 851 BMÄ:
– durch den Nachweis einer mindestens 3 jährigen Erfahrung in selbstverantwortlicher ärztlicher Tätigkeit
und
– durch die Vorlage von Weiterbildungszeugnissen, nach denen Kenntnisse in einer psychosomatisch orientierten Krankheitslehre, reflektierte Erfahrungen über die Psychodynamik und therapeutische Relevanz der Arzt-Patient-Beziehung und Erfahrungen in verbalen Interventionstechniken als Behandlungsmaßnahme erworben wurden. Aus entsprechenden Zeugnissen und Bescheinigungen muss hervorgehen, dass entsprechende Kenntnisse und Erfahrungen in einem Umfang von insgesamt mindestens 80 Stunden erworben wurden. Im Rahmen dieser Gesamtdauer müssen gesondert belegt werden:

223

1. Theorieseminare von mindestens 20-stündiger Dauer, in denen Kenntnisse zur Theorie der Arzt-Patient-Beziehung, Kenntnisse und Erfahrungen in psychosomatischer Krankheitslehre und der Abgrenzung psychosomatischer Störungen von Neurosen und Psychosen und Kenntnisse zur Krankheit und Familiendynamik, Interaktion in Gruppen, Krankheitsbewältigung (Coping) und Differentialindikation von Psychotherapie-Verfahren erworben wurden,

2. Reflexion der Arzt-Patient-Beziehung durch kontinuierliche Arbeit in Balint- oder patientenbezogenen Selbsterfahrungsgruppen von mindestens 30-stündiger Dauer (d. h. bei Balintgruppen mindestens 15 Doppelstunden) in regelmäßigen Abständen über einen Zeitraum von mindestens einem halben Jahr und

3. Vermittlung und Einübung verbaler Interventionstechniken von mindestens 30-stündiger Dauer.

[2] Die Kenntnisse und Erfahrungen müssen in anerkannten Weiterbildungsangeboten und die Reflexion der Arzt-Patient-Beziehung bei anerkannten Balint-Gruppenleitern bzw. anerkannten Supervisoren erworben worden sein.

(7) Übende und suggestive Techniken (Autogenes Training, Jacobsonsche Relaxationstherapie, Hypnose) nach dem Leistungsinhalt der Nrn. 855, 856, 857 und 858 BMÄ:

– durch Vorlage von Weiterbildungszeugnissen, aus denen sich ergibt, daß eingehende Kenntnisse und Erfahrungen in diesen Techniken im Rahmen der Weiterbildung gemäß Abs. 1 bis 3 erworben wurden

oder

– durch den Nachweis der erfolgreichen Teilnahme an zwei Kursen von jeweils 8 Doppelstunden im Abstand von mindestens sechs Monaten in den jeweiligen Techniken.

§ 6 Fachliche Befähigung Psychologischer Psychotherapeuten. Die fachliche Befähigung gemäß § 3 gilt als nachgewiesen für die Durchführung und Abrechnung von:

(1) tiefenpsychologisch fundierter Psychotherapie nach dem Leistungsinhalt der Nrn. 860, 861, 868, 870, 871, 872 des Bewertungsmaßstabes für vertragsärztliche Leistungen (BMÄ):

– durch den Fachkundenachweis gemäß § 95 c SGB V aufgrund einer vertieften Ausbildung mit Erwerb eingehender Kenntnisse und Erfahrungen in der tiefenpsychologisch fundierten Psychotherapie.

(2) analytischer Psychotherapie nach dem Leistungsinhalt der Nr. 860, 861, 868, 870, 877 BMÄ:

– durch den Fachkundenachweis gemäß § 95 c SGB V aufgrund einer vertieften Ausbildung mit Erwerb eingehender Kenntnisse und Erfahrungen in der analytischen Psychotherapie.

(3) Verhaltenstherapie nach dem Leistungsinhalt der Nrn. 860, 861, 868, 870, 881, 882 BMÄ:

– durch den Fachkundenachweis gemäß § 95 c SGB V aufgrund einer vertieften Ausbildung mit Erwerb eingehender Kenntnisse und Erfahrungen in der Verhaltenstherapie.

(4) Psychotherapie bei Kindern und Jugendlichen nach dem Leistungsinhalt der Nrn. 870–884 BMÄ:

– durch Nachweis der Erfüllung der Voraussetzungen nach Abs. 1 (tiefenpsychologisch fundierte Psychotherapie) oder nach Abs. 2 (analytische Psychotherapie) oder nach Abs. 3 (Verhaltenstherapie)

und

– durch Vorlage von Zeugnissen, aus denen sich ergibt, dass eingehende Kenntnisse und Erfahrungen in der Entwicklungspsychologie und Lernpsychologie einschließlich der speziellen Neurosenlehre sowie der Psychodiagnostik bei Kindern und Jugendlichen mit mindestens 200 Stunden erworben wurden. Darüber hinaus ist nachzuweisen, dass mindestens 4 Fälle analytischer oder tiefenpsychologisch fundierter Psychotherapie mit mindestens 200 Stunden insgesamt oder mindestens 5 Fälle in Verhaltenstherapie mit mindestens 180 Stunden insgesamt selbständig unter Supervision – möglichst nach jeder vierten Behandlungsstunde bei analytischer und tiefenpsychologisch fundierter Psychotherapie oder nach jeder dritten bis vierten Behandlungsstunde bei Verhaltenstherapie – bei Kindern und Jugendlichen durchgeführt und abgeschlossen wurden. Entsprechende Zusatzqualifikationen müssen an oder über anerkannte Ausbildungsstätten gem. § 6 Psychotherapeuten-Gesetz erworben worden sein.

(5) [1] Gruppen-Psychotherapie nach den Nrn. 873, 874, 878, 883 und 884 BMÄ:
– durch Nachweis der Erfüllung der Voraussetzungen nach Abs. 1 (tiefenpsychologisch fundierte Psychotherapie) oder nach Abs. 2 (analytische Psychotherapie) oder nach Abs. 3 (Verhaltenstherapie) und bei Kindern und Jugendlichen nach Abs. 4
und
– durch die Vorlage von Zeugnissen, aus denen sich ergibt, dass eingehende Kenntnisse und praktische Erfahrungen in der Gruppen-Psychotherapie der psychoanalytisch begründeten Verfahren oder der Verhaltenstherapie erworben wurden. Dabei ist nachzuweisen, dass in mindestens 40 Doppelstunden analytischer oder tiefenpsychologisch fundierter beziehungsweise verhaltenstherapeutischer Selbsterfahrung in der Gruppe, in mindestens 24 Doppelstunden eingehende Kenntnisse in der Theorie der Gruppen-Psychotherapie und Gruppen-Dynamik erworben wurden und mindestens 60 Doppelstunden kontinuierlicher Gruppenbehandlung, auch in mehreren Gruppen, unter Supervision von mindestens 40 Stunden mit tiefenpsycholgisch fundierter oder analytischer Psychotherapie oder mit Verhaltenstherapie durchgeführt wurden. Entsprechende Zusatzqualifikationen müssen an oder über anerkannte Ausbildungsstätten gem. § 6 Psychotherapeuten-Gesetz erworben worden sein.
[2] Die Genehmigung wird für das Verfahren erteilt, für das die Erfüllung der in diesem Absatz geforderten Voraussetzungen an die Qualifikation nachgewiesen wurde.

(6) übende und suggestive Techniken (Autogenes Training, Jacobsonsche Relaxationstherapie, Hypnose) nach dem Leistungsinhalt der Nrn. 855, 856, 857 und 858 BMÄ:
– durch Nachweis der Erfüllung der Voraussetzungen nach Abs. 1 (tiefenpsychologisch fundierte Psychotherapie) oder nach Abs. 2 (analytische Psychotherapie) oder nach Abs. 3 (Verhaltenstherapie)
und
– durch den Erwerb eingehender Kenntnisse und Erfahrungen in diesen Techniken im Rahmen des Fachkundenachweises gemäß Abs. 1 bis 3
oder
– durch die erfolgreiche Teilnahme an zwei Kursen von jeweils 8 Doppelstunden im Abstand von mindestens 6 Monaten in den jeweiligen Techniken.

§ 7 Fachliche Befähigung von Kinder- und Jugendlichenpsychotherapeuten. Die fachliche Befähigung gemäß § 3 gilt als nachgewiesen für die Durchführung und Abrechnung von:

(1) tiefenpsychologisch fundierte Psychotherapie nach dem Leistungsinhalt der Nrn. 860, 861, 868, 870, 871, 872 des Bewertungsmaßstabes für vertragsärztliche Leistungen (BMÄ):
– durch den Fachkundenachweis gemäß § 95 c SGB V aufgrund einer vertieften Ausbildung mit Erwerb eingehender Kenntnisse und Erfahrungen in der tiefenpsychologisch fundierten Psychotherapie.

(2) analytische Psychotherapie nach dem Leistungsinhalt der Nr. 860, 861, 868, 870, 877 BMÄ:
– durch den Fachkundenachweis gemäß § 95 c SGB V aufgrund einer vertieften Ausbildung mit Erwerb eingehender Kenntnisse und Erfahrungen in der analytischen Psychotherapie.

(3) Verhaltenstherapie nach dem Leistungsinhalt der Nrn. 860, 861, 868, 870, 881, 882 BMÄ:
– durch den Fachkundenachweis gemäß § 95 c SGB V aufgrund einer vertieften Ausbildung mit Erwerb eingehender Kenntnisse und Erfahrungen in der Verhaltenstherapie.

(4) Gruppen-Psychotherapie nach den Nrn. 873, 874, 878, 883 und 884 BMÄ:
– durch Nachweis der Erfüllung der Voraussetzungen nach Abs. 1 (tiefenpsychologisch fundierte Psychotherapie) oder nach Abs. 2 (analytische Psychotherapie) oder nach Abs. 3 (Verhaltenstherapie)
und
– durch die Vorlage von Zeugnissen, aus denen sich ergibt, daß eingehende Kenntnisse und praktische Erfahrungen in der Gruppen-Psychotherapie der psychoanalytisch begründeten Verfahren oder der Verhaltenstherapie erworben wurden. Dabei ist nachzuweisen, dass in mindestens 40 Doppelstunden analytischer oder tiefenpsychologisch fundierter beziehungsweise verhaltenstherapeutischer Selbsterfahrung in der Gruppe, in mindestens 24 Doppelstunden eingehende Kenntnisse in der Theorie der Gruppen-Psychotherapie und Gruppen-Dynamik erworben wurden und mindestens 60 Doppelstunden kontinuierlicher Gruppenbehandlung, auch in mehreren Gruppen, unter Supervision von mindestens 40 Stunden mit tiefenpsycholgisch fundierter oder analytischer Psychotherapie oder mit Verhaltenstherapie durchgeführt wurden. Entsprechende Zusatzqualifikationen müssen an oder über anerkannte Ausbildungsstätten gem. § 6 Psychotherapeuten-Gesetz erworben worden sein.

(5) übende und suggestive Techniken (Autogenes Training, Jacobsonsche Relaxationstherapie, Hypnose) nach dem Leistungsinhalt der Nrn. 855, 856, 857 und 858 BMÄ:
– durch Nachweis der Erfüllung der Voraussetzungen nach Abs. 1 (tiefenpsychologisch fundierte Psychotherapie) oder nach Abs. 2 (analytische Psychotherapie) oder nach Abs. 3 (Verhaltenstherapie)
und
– durch den Erwerb eingehender Kenntnisse und Erfahrungen in diesen Techniken im Rahmen des Fachkundenachweises gemäß Abs. 1 bis 3
oder
– durch die erfolgreiche Teilnahme an zwei Kursen von jeweils 8 Doppelstunden im Abstand von mindestens 6 Monaten in den jeweiligen Techniken.

(6) Therapeuten, die durch ihren Fachkundenachweis auf die Psychotherapie von Kindern und Jugendlichen beschränkt sind, dürfen nur bei Kindern und Jugendlichen tätig werden.

§ 8 Abrechnung von Leistungen in Einrichtungen gem. § 117 Abs. 2 SGB V. Die Abrechnung von Leistungen, die in Einrichtungen erbracht werden, die gemäß § 117 Abs. 2 SGB V an der vertragsärztlichen Versorgung teilnehmen, unterliegt der Maßgabe, dass die Leistungen der ambulanten Psychotherapie von ärztlichen oder Psychologischen Psychotherapeuten oder Kinder- und Jugendlichenpsychotherapeuten mit den in dieser Vereinbarung genannten Qualifikationen erbracht oder durch den Ausbildungsteilnehmer frühestens nach Absolvierung der Hälfte der entsprechenden Ausbildung und Nachweis von ausreichenden Kenntnissen und Erfahrungen in dem betreffenden Psychotherapie-Verfahren unter Supervision dafür qualifizierter Therapeuten durchgeführt werden.

§ 9 Konsiliarverfahren und Kooperation. (1) Das Konsiliarverfahren einschließlich der Qualifikation der den Konsiliarbericht abgebenden Ärzte richtet sich nach den in Abschnitt F I. 1. und 2. der Psychotherapie-Richtlinien festgelegten Bestimmungen.

(2) Sollen psychotherapeutische Leistungen von Psychologischen Psychotherapeuten oder Kinder- und Jugendlichenpsychotherapeuten erbracht werden, die in der ärztlichen oder psychologischen oder kinder- und jugendlichenpsychotherapeutischen Praxis angestellt sind, ist dies nur zulässig, wenn der Praxisinhaber selbst regelmäßig tiefenpsychologisch fundierte oder analytische Psychotherapie oder Verhaltenstherapie anwendet und wenn die Leistungen an diesen Therapeuten delegiert werden und dieser eine Qualifikation gemäß §§ 5, 6 oder 7 nachgewiesen hat.

§ 10 Information der Krankenkassen. (1) Die Kassenärztlichen Vereinigungen führen eine Liste derjenigen Ärzte, Psychologischen Psychotherapeuten und Kinder- und Jugendlichentherapeuten, bei denen die in §§ 5,6 und 7 genannten Voraussetzungen nachgewiesen worden sind und stellen diese den Landesverbänden der Krankenkassen und den örtlich zuständigen Stellen der landwirtschaftlichen Krankenkassen zur Verfügung.

(2) Dabei sind die Ärzte und die Psychologischen Psychotherapeuten und Kinder- und Jugendlichenpsychotherapeuten zu kennzeichnen, die berechtigt sind, gemäß § 5 Abs. 4 bzw. § 6 Abs. 4 oder § 7 Psychotherapie bei Kindern und Jugendlichen sowie gemäß § 5 Abs. 5 bzw. § 6 Abs. 5 oder § 7 Abs. 4 Psychotherapie in Gruppen durchzuführen.

(3) Die Kassenärztliche Bundesvereinigung stellt den Bundesverbänden der Krankenkassen eine Liste der nach § 12 bestellten Gutachter und Obergutachter zur Verfügung.

Teil C. Durchführung der Behandlung

§ 11 Antragstellung. (1) Beabsichtigt ein Arzt oder Psychologischer Psychotherapeut oder Kinder- und Jugendlichenpsychotherapeut tiefenpsychologisch fundierte Psychotherapie oder analytische Psychotherapie oder Verhaltenstherapie durchzuführen, so veranlasst er, wenn er – ggf. nach der Durchführung probatorischer Sitzungen – eine entsprechende Indikation gestellt hat, den Patienten, einen Antrag auf Feststellung der Leistungspflicht für Psychotherapie bei dessen Krankenkasse zu stellen (Formblatt PTV 1).

(2) Je nach Indikationsstellung ist festzulegen, ob ein Antrag auf Kurzzeit- oder Langzeittherapie gestellt werden soll. Dem Antrag des Patienten ist eine Begründung des Therapeuten für die beantragte Therapie beizufügen.

(3) Zum Antrag auf Kurzzeittherapie (PTV 2) muss aus der Begründung hervorgehen, dass aufgrund der Diagnose die gestellte Indikation mit dem vereinbar-

ten Indikationskatalog übereinstimmt. Zusätzlich ist zu begründen, warum bei dem vorliegenden Krankheitsbild mit einem therapeutischen Erfolg im Rahmen der Kurzzeittherapie gerechnet werden kann.

(4) [1] Die Kurzzeittherapie ist spätestens mit 25 Sitzungen zu je 50 Minuten abzuschließen. [2] Die Einzelsitzung kann auch in Einheiten von 2 x 25 Minuten unter entsprechender Vermehrung der Gesamtsitzungszahl (maximal 50 Sitzungen) durchgeführt werden. [3] Stellt sich während der Kurzzeittherapie heraus, dass eine Langzeittherapie durchgeführt werden muss, ist die Überführung der Kurzzeittherapie in die Langzeittherapie spätestens mit der zwanzigsten Sitzung der Kurzzeittherapie mit Begründung auf dem Formblatt PT 3 oder VT 3 gemäß Abs. 5 zu beantragen. [4] Wird Kurzzeittherapie in Langzeittherapie übergeführt, ist die bewilligte Kurzzeittherapie auf das Kontingent der Langzeittherapie anzurechnen. [5] Die Krankenkasse hat diesen Antrag einem Sachverständigen zur Begutachtung vorzulegen (Gutachterverfahren). [6] Das gleiche gilt, wenn nach Abschluss einer Therapie eine Kurzzeittherapie beantragt werden soll, es sei denn, dass zwischen dem Abschluss der Therapie und dem Zeitpunkt der Antragstellung ein Zeitraum von mehr als 2 Jahren liegt.

(5) Dem Antrag auf Langzeittherapie (PTV 2) ist ein ausführlicher Bericht für den Gutachter gemäß einem entsprechenden Formblatt (PT 3a, PT 3a (K), VT 3a) in einem verschlossenen Briefumschlag beizufügen.

(6) Die Möglichkeiten der Befreiung von der Begründungspflicht für einen Antrag im Gutachterverfahren richten sich nach den dafür festgelegten Bestimmungen der Psychotherapie-Richtlinien.

(7) [1] Führt die Langzeittherapie innerhalb des von der Krankenkasse genehmigten Umfangs nicht zum Erfolg, kann der Versicherte einen Antrag auf Fortsetzung der Behandlung stellen. [2] Diesem Antrag werden vom Therapeuten die Angaben zur Indikation und die entsprechende Begründung zur Fortsetzung der Behandlung gemäß dem entsprechenden Formblatt bzw. zugehörigem von der Kassenärztlichen Vereinigung zur Verfügung gestellten Informationsblatt (PT 3b, PT 3b (K), VT 3b, ggf. PT 3c, PT 3c (K) oder VT 3c) in verschlossenen Briefumschlag beigefügt und an die zuständige Krankenkasse gesandt. [3] Der Antrag ist so rechtzeitig zu stellen, dass eine kontinuierliche Weiterbehandlung gewährleistet ist.

(8) [1] In der Begründung zum Antrag ist anzugeben, in welcher Weise die Behandlung als Einzeltherapie oder als Gruppentherapie durchgeführt werden soll. [2] Werden im Rahmen einer genehmigten tiefenpsychologisch fundierten oder analytischen Gruppentherapie Einzelbehandlungen notwendig, die nicht beantragt wurden, können diese in einem Verhältnis von einer Einzelbehandlung auf zehn Gruppenbehandlungen ohne besondere Antragstellung durchgeführt werden. [3] Dabei sind die Einzelbehandlungen dem genehmigten Kontingent der Gruppenbehandlungen hinzuzurechnen. [4] Gruppenbehandlung in der Verhaltenstherapie ist nur in der Kombination mit Einzelbehandlung zulässig. [5] Die Kombination von Gruppenbehandlung und Einzelbehandlung ist in der Begründung zum Antrag darzustellen.

(9) [1] Bei der Behandlung von Kindern und Jugendlichen ist es häufig notwendig, Gespräche unter psychodynamischen bzw. verhaltenstherapeutischen Gesichtspunkten zur Einbeziehung von Bezugspersonen in das Therapiekonzept zu führen. [2] In der Begründung zum Antrag ist anzugeben, ob und in welchem Umfang eine solche Einbeziehung der Bezugspersonen als notwendig angesehen wird. [3] Die für diese Einbeziehung vorgesehene Stundenzahl soll ein Verhältnis von 1 : 4 zur Stundenzahl des Patienten möglichst nicht überschreiten. [4] Die in diesem Verhältnis für die Einbeziehung der Bezugspersonen bewilligte Stundenzahl ist der Stundenzahl für die Behandlung des Patienten hinzuzurechnen. [5] Ist eine höhere

Stundenzahl für die Einbeziehung der Bezugspersonen therapeutisch geboten, ist dies zu begründen. [6] Wird hierfür eine höhere Stundenzahl bewilligt, so reduziert sich die Stundenzahl für die Behandlung des Patienten entsprechend. [7] Stellt sich im Verlauf der Einbeziehung von Bezugspersonen heraus, dass eine Psychotherapie der Bezugsperson notwendig ist, bedarf es dafür eines eigenen Antrags.

(10) [1] Soll die Einbeziehung der Bezugsperson bzw. Bezugspersonen in Gruppen durchgeführt werden, darf ein Verhältnis von 1:2 zur Stundenzahl des Patienten nicht überschritten werden. [2] Die genehmigten Doppelstunden für die Gruppenbehandlung werden der Stundenzahl für die Behandlung des Patienten hinzugerechnet.

(11) Die Einbeziehung der Bezugsperson bzw. Bezugspersonen ohne eine in denselben Zeitabschnitt fallende, parallel laufende Behandlung des Patienten ist nicht zulässig.

(12) [1] Probatorische Sitzungen dienen ausschließlich dem Zweck festzustellen, ob ein Antrag und ggf. welcher auf Psychotherapie gestellt werden soll. [2] Sie werden nicht auf die für die Therapie genehmigten Behandlungsstunden angerechnet.

(13) Die Unterbrechung einer laufenden Psychotherapie für einen Zeitraum von mehr als einem halben Jahr ist nur zulässig, wenn sie besonders begründet wird.

(14) [1] Maßnahmen einer Gruppenpsychotherapie (bis zu 9 Teilnehmern) können an einem Tag bis zu zweimal je 100 Minuten in voneinander getrennten Sitzungen ausgeführt werden. [2] Die Durchführung einer Einzeltherapie als Doppelsitzung ist nur zulässig, bei einer krisenhaften psychischen Situation des Patienten oder bei Anwendung besonderer Methoden der Verhaltenstherapie und der tiefenpsychologisch fundierten und analytischen Psychotherapie. [3] Soll dies außerhalb der Praxisräume des Therapeuten geschehen, bedarf es einer besonderen Begründung im Antrag auf Feststellung der Leistungspflicht.

§ 12 Gutachterverfahren. (1) [1] Das Gutachterverfahren dient dazu festzustellen, ob die in den Psychotherapie-Richtlinien des Bundesausschusses der Ärzte und Krankenkassen und in dieser Vereinbarung niedergelegten Voraussetzungen für die Durchführung einer Psychotherapie zu Lasten der gesetzlichen Krankenversicherung erfüllt sind. [2] Dabei ist insbesondere zu prüfen, ob das beantragte Psychotherapie-Verfahren nach den Richtlinien anerkannt und im konkreten Behandlungsfall indiziert ist und ob die Prognose einen ausreichenden Behandlungserfolg erwarten lässt.

(2) Die Gutachterpflichtigkeit bzw. die Befreiung von der Gutachterpflichtigkeit richtet sich nach Abschnitt F III. 2. i. V. m. Abschnitt I. 1. der Psychotherapie-Richtlinien.

(3) Die Kassenärztliche Bundesvereinigung bestellt im Einvernehmen mit den Bundesverbänden der Krankenkassen die in dem Verfahren tätigen Gutachter getrennt für die psychoanalytisch begründeten Therapieverfahren und für die Verhaltenstherapie jeweils für die Dauer von fünf Jahren.

(4) Die Qualifikation der Gutachter ist in Abschnitt F. III. 3. der Psychotherapie-Richtlinien festgelegt.

(5) [1] Die Gutachter haben eine Statistik über die von Ihnen durchgeführten Begutachtungen zu erstellen und sich gegebenenfalls an Maßnahmen zur Qualitätssicherung des Verfahrens zu beteiligen. [2] Die Bundesverbände der Krankenkassen werden regelmäßig über die Ergebnisse informiert.

[3] Die Gutachter haben ihre Gutachten in angemessener Frist gegenüber der beauftragenden Krankenkasse zu erstatten. [4] Dabei soll zwischen Eintreffen der Unterla-

gen beim Gutachter und der Absendung des Gutachtens in der Regel kein größerer Zeitraum als zwei Wochen vergehen.

[5]Die Gutachter haben urlaubsbedingte Abwesenheiten der Kassenärztlichen Bundesvereinigung rechtzeitig, spätestens aber vier Wochen vor Antritt des Urlaubs, mitzuteilen. [6]Die jährliche urlaubsbedingte Abwesenheit sollte den Zeitraum von zwei Monaten nicht überschreiten.

(6) Bei Verletzung der sich aus dieser Vereinbarung ergebenden Gutachterpflichten durch den Gutachter kann die Kassenärztliche Bundesvereinigung im Einvernehmen mit den Spitzenverbänden der Krankenkassen die Bestellung widerrufen.

(7) Das Gutachterverfahren wird von der für den Versicherten zuständigen Krankenkasse eingeleitet.

(8) Anträge auf Fortsetzung der Behandlung sollen von der zuständigen Krankenkasse dem Gutachter zugeleitet werden, der den Erstantrag beurteilt hat.

(9) [1]Die in der ärztlichen Berufsordnung festgelegten Aufbewahrungsfristen für ärztliche Aufzeichnungen gelten für den Gutachter nicht. [2]Er soll jedoch die ihm zur Verfügung gestellten Unterlagen und seine gutachtliche Stellungnahme unter Wahrung der Schweigepflicht mindestens 2 Jahre über den von ihm befürworteten Behandlungszeitraum hinaus aufbewahren.

(10) Die Kassenärztliche Bundesvereinigung benennt im Einvernehmen mit den Bundesverbänden der Krankenkassen Obergutachter, die dann von den Krankenkassen angerufen werden können, wenn ein Versicherter Einspruch gegen ihre ablehnende Entscheidung einlegt (§ 13 Abs. 4).

(11) Dem Obergutachter sind alle bisherigen Unterlagen insbesondere auch das ausgefüllte Formblatt PTV 2 des Verfahrens sowie gegebenenfalls der Konsiliarbericht vom behandelnden Therapeuten zur Verfügung zu stellen.

(12) Für Gutachten und Obergutachten werden die Gebühren zwischen den Vertragspartnern gesondert vereinbart.

§ 13 Entscheidung zur Leistungspflicht. (1) Sind die Voraussetzungen für die Leistungspflicht erfüllt, so teilt die Krankenkasse dies dem Versicherten gegebenenfalls formlos mit und übersendet dem Therapeuten, der den Antrag begründet hat, die Anerkenntnis ihrer Leistungspflicht (Formblatt PTV 7 a/b).

(2) [1]Der die Psychotherapie ausführende Therapeut unterrichtet die Krankenkasse unverzüglich über Beendigung oder Abbruch einer Behandlung. [2]Erlischt die Leistungspflicht der Krankenkasse während einer laufenden Behandlung, so unterrichtet sie unverzüglich den die Psychotherapie ausführenden Therapeuten.

(3) [1]Verneint die Krankenkasse ihre Leistungspflicht, teilt sie dies dem Versicherten mit. [2]Die Information an den Therapeuten, der den Antrag begründet hat, erfolgt auf Formblatt PTV 9.

(4) [1]Legt der Versicherte gegen die Ablehnung einer Kurzzeittherapie Einspruch ein, kann die Krankenkasse eine gutachterliche Stellungnahme einholen. [2]Bei Einspruch gegen die Ablehnung einer Therapie im Gutachterverfahren kann die Vertragskasse ein Obergutachten einholen. [3]Die Krankenkasse kann grundsätzlich jeden Antrag einem Gutachter zur Prüfung übergeben, sofern sie dies für erforderlich hält.

(5) Bestätigt die Krankenkasse ihre Leistungspflicht für Psychotherapie aufgrund eines Antragsverfahrens, wird eine zusätzliche Wirtschaftlichkeitsprüfung für die bewilligte Psychotherapie nicht durchgeführt.

Teil D. Vergütung

§ 14 Abrechnung. (1) [1]Für die Abrechnung der von der Krankenkasse bewilligten Psychotherapie ist ein Abrechnungsschein (bei erstmaliger Abrechnung eines bewilligten Stundenkontingentes unter Beifügung des entsprechenden Formblatts PTV 7 b) zu verwenden. [2]Alle anderen Leistungen, auch wenn sie während einer laufenden Psychotherapie anfallen, sind gegebenenfalls über die Krankenversichertenkarte oder den Abrechnungs- beziehungsweise Überweisungsschein abzurechnen.

(2) [1]Werden vor der Antragstellung probatorische Sitzungen durchgeführt, sind diese auf dem Behandlungsausweis oder Überweisungsschein abzurechnen. [2]Probatorische Sitzungen können nur als Einzeltherapie durchgeführt werden.

(3) Während der Durchführung oder Fortsetzung einer bewilligten Psychotherapie können Testverfahren nach der Nr. 890 BMÄ als Bestandteil der Therapie mit besonderer Begründung bis zu dreimal zusätzlich berechnet werden.

(4) Die Abrechnung einer gegebenenfalls notwendig werdenden Einbeziehung der Bezugsperson beziehungsweise Bezugspersonen erfolgt auf dem Abrechnungsschein beziehungsweise Überweisungsschein des Patienten.

(5) Leistungen der Einbeziehung der Bezugsperson bzw. Bezugspersonen sind hinter der Abrechnungsposition mit einem „B" zu kennzeichnen.

Teil E. Vordrucke

§ 15. (1) Es gelten die folgenden Formblätter:

PTV 1 – Antrag des Versicherten an die Krankenkasse auf Feststellung der Leistungspflicht

– Überweisung an einen Vertragsarzt zur Erstellung des Konsiliarberichtes vor Aufnahme einer Psychotherapie

– Konsiliarbericht eines Vertragsarztes vor Aufnahme einer Psychotherapie durch einen Psychologischen Psychotherapeuten oder Kinder- und Jugendlichenpsychotherapeuten

PTV 2 – Angaben des Therapeuten zum Antrag auf Kurzzeittherapie oder Langzeittherapie an die Krankenkasse

PT 3 a/b/c – Bericht des Therapeuten als Grundlage für die gutachtliche Stellungnahme

a) zum Erstantrag
b) zur Fortführung der Behandlung
c) Ergänzungsbericht zu PT 3 b

Informationsblatt

PT 3 a/b/(K) – Bericht des Therapeuten als Grundlage für die gutachtliche Stellungnahme zur Psychotherapie bei Kindern und Jugendlichen

a) zum Erstantrag
b) zur Fortführung der Behandlung
c) Ergänzungsbericht zu PT 3 b (K)

Informationsblatt

VT 3 a/b/c – Bericht Therapeuten als Grundlage für die gutachtliche Stellungnahme

a) zum Erstantrag
b) zur Fortführung der Behandlung
c) Ergänzungsbericht zu VT 3b
Informationsblatt
PTV 4 – Auftrag der Krankenkasse zur Begutachtung eines Antrags
PTV 5 – Stellungnahme des Gutachters
PTV 6 – Mitteilung der Leistungspflicht (ggf. formlos) an den Antragsteller
PTV 7a – Mitteilung der Leistungspflicht an den Therapeuten
PTV 7b – Durchschrift der Mitteilung der Leistungspflicht an den Therapeuten
zur Beifügung für die Abrechnung
PTV 7c – Durchschrift der Mitteilung der Leistungspflicht an den Therapeuten
zum Verbleib bei der Krankenkasse
PTV 9 – Mitteilung über die nicht gegebene Leistungspflicht der Krankenkasse an
den Therapeuten
PT 8 – Roter Umschlag zur Weiterleitung des Berichtes (PT 3a/b/c, PT 3a/b/c
(K)) an den Gutachter für tiefenpsychologisch fundierte und analytische Psycho-
therapie
VT 8 – Gelber Umschlag zur Weiterleitung des Berichtes (VT 3a/b/c) an den
Gutachter für Verhaltenstherapie

(2) [1]Das Formblatt PTV 1 wird einfach erstellt und ist für die Krankenkasse bestimmt. [2]Das Formblatt PTV 2 wird im Zweifachsatz erstellt. [3]Das Original ist für
die Krankenkasse bestimmt, die Durchschrift für den Gutachter. [4]Der Konsiliarbericht wird im Vierfachsatz erstellt. [5]Das Original ist für den Therapeuten bestimmt, die erste Durchschrift für den Gutachter, die zweite Durchschrift zum
Verbleib beim Konsiliararzt und die dritte Durchschrift für die Krankenkasse.

(3) [1]Die Formblätter PT 3a/b/c, PT 3a/b/c (K) oder VT 3a/b/c werden einfach erstellt. [2]Für die beim Therapeuten verbleibende Durchschrift kann ein
zweites Formblatt benutzt werden. [3]Das Original wird im verschlossenen Umschlag mit dem Antrag PTV 1 und PTV 2 an die Krankenkasse gesandt.

(4) Die Krankenkasse beauftragt den Gutachter mit Formblatt PTV 4 unter
Beifügung des Formblattes PTV 5 (Dreifachsatz), des ausgefüllten PTV 2 und des
verschlossenen Umschlags.

(5) [1]Das Formblatt PTV 5 wird im selbstdurchschreibenden Dreifachsatz erstellt. [2]Die erste Durchschrift ist zur Rücksendung an die Krankenkasse bestimmt.
[3]Die Mitteilung über die Leistungspflicht (PTV 7a/b) wird von der Krankenkasse
an den behandelnden Therapeuten übersandt. [4]Die Ablehnung ihrer Leistungspflicht teilt die Krankenkasse dem behandelnden Therapeuten auf PTV 9 mit.
[5]Der Gutachter sendet das Original des PTV 5 direkt an den Therapeuten.

(6) [1]Das Formblatt PTV 7a/b/c wird dreifach erstellt. [2]Das Original ist zum
Verbleib beim Therapeuten bestimmt, PTV 7b ist dem Abrechnungsschein jeweils bei erstmaliger Abrechnung eines bewilligten Stundenkontingentes beizufügen.

(7) [1]Die Formblätter PTV 1, PTV 2, PT 3a/b/c, PT 3a/b/c (K), VT 3a/b/c,
die Informationsblätter zu PT 3a/b/c, PT 3a/b/c (K) und VT 3a/b/c sowie PT
8, VT 8 und gegebenenfalls die Überweisung zur Abgabe des Konsiliarberichtes
hält der Therapeut, die Formblätter PTV 4, PTV 5, ggf. PTV 6 und PTV 7a/b/c
und PTV 9 die Krankenkasse bereit. [2]Die Formulare PTV 1, PTV 2, PT 3
KZT/a/b/c, PT 3 KZT/a/b/c (K) und VT 3 KTZ/a/b/c können auch als Blan-
koformulare entsprechend den dafür festgelegten Vorschriften in der Praxis des
Therapeuten ausgedruckt werden.

(8) Inhalt und Gestaltung der Formblätter sind verbindlich.

Teil F. Übergangsbestimmungen

§ 16. (1) [1]Ärzte, die aufgrund der bis zum 31. 12. 1998 gültigen Psychotherapievereinbarung eine Abrechnungsgenehmigung erhalten haben, behalten diese in gleichem Umfang. [2]Dies gilt für Psychologische Psychotherapeuten oder analytische Kinder- und Jugendlichenpsychotherapeuten, die bis zum 31. 12. 1998 am Delegationsverfahren teilgenommen haben, entsprechend, sofern sie eine Zulassung zur vertragsärztlichen Versorgung erhalten.

(2) [1]Psychologische Psychotherapeuten oder Kinder- und Jugendlichenpsychotherapeuten, die nach den Übergangsregelungen in § 95 Abs. 10 SGB V zugelassen worden sind, erhalten die Abrechnungsgenehmigung für das Verfahren, für welches sie gegenüber dem Zulassungsausschuss den Nachweis eingehender Kenntnisse und Erfahrungen geführt haben.

[2]Eine Abrechnungsgenehmigung für mehr als ein Verfahren ist nur dann zu erteilen, wenn gegenüber der Kassenärztlichen Vereinigung die Erfüllung der Anforderungen nachgewiesen werden, die dem Zulassungsausschuss hätten nachgewiesen werden müssen, um eine entsprechende Zulassung zu erhalten. [3]Voraussetzung für eine Abrechnungsgenehmigung gemäß den Anforderungen nach § 6 Abs. 4 und 5, jeweils Satz 1 und 2, und Abs. 6 oder § 7 Abs. 4, Satz 1 und 2, und Abs. 5 ist der Nachweis über die Erfüllung der dort jeweils festgelegten Anforderungen gegenüber der Kassenärztlichen Vereinigung.

(3) [1]Psychologische Psychotherapeuten oder Kinder- und Jugendlichenpsychotherapeuten, die nach den Übergangsregelungen gemäß § 95 Abs. 11 SGB V eine Ermächtigung zur Nachqualifikation zur vertragsärztlichen Versorgung erhalten haben, erhalten die Abrechnungsgenehmigung für das Verfahren, für welches sie gegenüber dem Zulassungsausschuss den Nachweis von Kenntnissen und Erfahrungen gemäß § 95 Abs. 11 Nr. 1 geführt haben.

[2]Voraussetzung für eine Abrechnungsgenehmigung gemäß den Anforderungen nach § 6 Abs. 4 und 5, jeweils Satz 1 und 2, und Abs. 6 oder § 7 Abs. 4, Satz 1 und 2, und Abs. 5 ist der Nachweis über die Erfüllung der dort jeweils festgelegten Anforderungen gegenüber der Kassenärztlichen Vereinigung.

[3]Die Abrechnungsgenehmigung ist befristet für den Zeitraum der Ermächtigung zu erteilen. [4]Wird der ermächtigte Psychologische Psychotherapeut oder Kinder- und Jugendlichenpsychotherapeut zur vertragsärztlichen Versorgung zugelassen, ist die entsprechende Abrechnungsgenehmigung unbefristet zu erteilen.

(4) [1]Diejenigen Psychologischen Psychotherapeuten, die eine dreijährige ganztägige Ausbildung spätestens bis zum 31. 12. 2001 oder eine fünfjährige berufsbegleitende Ausbildung spätestens zum 31. 12. 2003 an einem Ausbildungsinstitut für tiefenpsychologisch fundierte und analytische Psychotherapie, das zum 31. 12. 1998 als anerkannt gemäß Anlage 1 der bis zum 31. 12. 1998 gültigen Psychotherapievereinbarung angesehen werden konnte, erfolgreich mit einer Abschlussprüfung beenden, werden als qualifiziert sowohl für die Erbringung tiefenpsychologisch fundierter Psychotherapie als auch analytischer Psychotherapie nach dieser Vereinbarung angesehen. [2]Dies gilt auch für die analytischen Kinder- und Jugendlichenpsychotherapeuten, die eine abgeschlossene Ausbildung an einem zum 31. 12. 1998 als anerkannt anzusehenden Ausbildungsinstitut nach Anlage 2 der bis zum 31. 12. 1998 gültigen Psychotherapievereinbarung bei einer dreijährigen ganztägigen Ausbildung spätestens bis zum 31. 12. 2001 und bei einer fünfjährigen berufsbegleitenden Ausbildung spätestens bis zum 31. 12. 2003 nachweisen können.

(5) ¹Das Beauftragungsverfahren an Ausbildungsinstituten, die zum 31. 12. 1998 als anerkannt nach den Anlagen 1 bis 3 der bis zum 31. 12. 1998 gültigen Psychotherapievereinbarung angesehen werden konnten, kann von den dafür autorisierten Ausbildungsleitern und gemäß den Bestimmungen des § 5 der bis zum 31. 12. 1998 gültigen Psychotherapievereinbarung bis zum 31. 12. 1999 weiter geführt werden. ²Spätestens bis zu diesem Zeitpunkt sind an den entsprechenden Instituten die Bestimmungen des § 117 Abs. 2 SGB V umzusetzen.

(6) Im Hinblick auf Artikel 10 des Psychotherapeuten-Gesetzes gelten die Bestimmungen zum Delegationsverfahren der bis zum 31. 12. 1998 gültigen Psychotherapievereinbarung für die an dieser Vereinbarung teilnehmenden Psychologischen Psychotherapeuten und Kinder- und Jugendlichenpsychotherapeuten bis zur Entscheidung des Zulassungsausschusses.

Teil G. Inkrafttreten

§ 17. ¹Diese Vereinbarung tritt am 1. 1. 1999 in Kraft. ²Sie ersetzt die Vereinbarung über die Anwendung von Psychotherapie in der vertragsärztlichen Versorgung vom 20. 9. 1990.

Teil H. Kündigung

§ 18. ¹Eine gesonderte Kündigung dieser Anlage zum Bundesmantelvertrag-Ärzte ist mit einer Frist von 6 Monaten zum Ende eines Kalenderhalbjahres möglich. ²Durch eine Kündigung werden bereits im Gutachterverfahren bewilligte Fälle nicht berührt. ³Im übrigen gilt § 55 Bundesmantelvertrag-Ärzte sinngemäß.

Anhang 7. Zulassungsverordnung für Vertragsärzte (Ärzte-ZV)

Mit den Änderungen durch Artikel 7 des Psychotherapeutengesetzes

Vom 28. Mai 1957 (BGBl. I S. 572)

BGBl. III/FNA 8230-25

Zuletzt geändert durch Art. 16 Gesetz zur Modernisierung der gesetzlichen Krankenversicherung (SKV-Modernisierungsgesetz – § 115) vom 14. 11. 2003 (BGBl. I S. 2190) und Art 313 Achte Zuständigkeitsanpassungsverordnung vom 25. 11. 2003 (BGBl. I S. 2304)

Abschnitt I. Arztregister

§ 1. (1) Für jeden Zulassungsbezirk führt die Kassenärztliche Vereinigung neben dem Arztregister die Registerakten.

(2) Das Arztregister erfasst:

a) die zugelassenen Ärzte und Psychotherapeuten

b) Ärzte, die die Voraussetzungen des § 3 und Psychotherapeuten, die die Voraussetzung des § 95 c des Fünften Buches Sozialgesetzbuch erfüllen und ihre Eintragung nach § 4 beantragt haben.

(3) Diese Verordnung gilt für Psychotherapeuten, medizinische Versorgungszentren und die dort angestellten Ärzte entsprechend.

§ 2. (1) Das Arztregister muss die Angaben über die Person und die berufliche Tätigkeit des Arztes enthalten, die für die Zulassung von Bedeutung sind.

(2) Das Arztregister ist nach dem Muster der Anlage zu führen.

§ 3. (1) Die Eintragung in das Arztregister ist bei der nach § 4 zuständigen Kassenärztlichen Vereinigung zu beantragen.

(2) Voraussetzungen für die Eintragung sind

a) die Approbation als Arzt,

b) der erfolgreiche Abschluss entweder einer allgemeinmedizinischen Weiterbildung oder einer Weiterbildung in einem anderen Fachgebiet mit der Befugnis zum Führen einer entsprechenden Gebietsbezeichnung oder der Nachweis einer Qualifikation, die gemäß § 95 a Abs. 4 und 5 des Fünften Buches Sozialgesetzbuch anerkannt ist.

(3) Eine allgemeinmedizinische Weiterbildung im Sinne von Absatz 2 Buchstabe b ist nachgewiesen, wenn der Arzt nach landesrechtlichen Vorschriften zum Führen der Facharztbezeichnung für Allgemeinmedizin berechtigt ist und diese Berechtigung nach einer mindestens dreijährigen[1] erfolgreichen Weiterbildung in der Allgemeinmedizin bei zur Weiterbildung ermächtigten Ärzten und in dafür zugelassenen Einrichtungen erworben hat.

(4) [1]Die allgemeinmedizinische Weiterbildung muss unbeschadet ihrer mindestens dreijährigen[1] Dauer inhaltlich mindestens den Anforderungen der Richtlinie des Rates der EG vom 15. 9. 1986 über die spezifische Ausbildung in der Allgemeinmedizin (86/457/EWG) entsprechen und mit dem Erwerb der Facharztbe-

---

[1] In § 3 Abs. 3 und 4 wird **mWv 1. 1. 2006** jeweils das Wort „dreijährigen" durch das Wort „fünfjährigen" ersetzt.

zeichnung für Allgemeinmedizin abschließen. ²Sie hat insbesondere folgende Tätigkeiten einzuschließen:

a) mindestens sechs Monate in der Praxis eines zur Weiterbildung in der Allgemeinmedizin ermächtigten niedergelassenen Arztes,

b) mindestens sechs Monate in zugelassenen Krankenhäusern,

c) höchstens sechs Monate in anderen zugelassenen Einrichtungen oder Diensten des Gesundheitswesens, soweit der Arzt mit einer patientenbezogenen Tätigkeit betraut ist.

(5) Soweit die Tätigkeit als Arzt im Praktikum

a) im Krankenhaus in den Gebieten Innere Medizin, Chirurgie, Frauenheilkunde und Geburtshilfe, Kinderheilkunde oder Nervenheilkunde oder

b) in der Praxis eines niedergelassenen Arztes abgeleistet worden ist, wird diese auf die Weiterbildung nach Absatz 2 Buchstabe b bis zur Höchstdauer von insgesamt 18 Monaten angerechnet.

§ 4. (1) ¹Der Arzt ist in das Arztregister des Zulassungsbezirks einzutragen, in dem er seinen Wohnort hat. ²Sofern er keinen Wohnort im Geltungsbereich dieser Verordnung hat, steht ihm die Wahl des Arztregisters frei. ³Die Eintragung in ein weiteres Arztregister ist nicht zulässig.

(2) ¹Der Antrag muss die zur Eintragung erforderlichen Angaben enthalten. ²Die Angaben sind nachzuweisen, insbesondere sind beizufügen

a) die Geburtsurkunde,

b) die Urkunde über die Approbation als Arzt,

c) der Nachweis über die ärztliche Tätigkeit nach bestandener ärztlicher Prüfung.

(3) An Stelle von Urschriften können ausnahmsweise amtlich beglaubigte Abschriften beigefügt werden.

(4) ¹Können die in Absatz 2 bezeichneten Unterlagen nicht vorgelegt werden, sind die nachzuweisenden Tatsachen glaubhaft zu machen. ²Zur Glaubhaftmachung der Approbation als Arzt und der ärztlichen Tätigkeit (Absatz 2 Buchstaben b und c) genügt eine eidesstattliche Erklärung des Antragstellers allein nicht.

§ 5. (1) Verzieht ein im Arztregister eingetragener nicht zugelassener Arzt aus dem bisherigen Zulassungsbezirk, so wird er auf seinen Antrag in das für den neuen Wohnort zuständige Arztregister umgeschrieben.

(2) Wird ein Arzt zugelassen, so wird er von Amts wegen in das Arztregister umgeschrieben, das für den Vertragsarztsitz geführt wird.

(3) Die bisher registerführende Stelle hat einen Registerauszug und die Registerakten des Arztes der zuständigen registerführenden Stelle zu übersenden.

§ 6. (1) Die Zulassung eines Arztes ist im Arztregister kenntlich zu machen.

(2) ¹Tatsachen, die für die Zulassung, ihr Ruhen, ihren Entzug oder ihr Ende von Bedeutung sind, werden von Amts wegen oder auf Antrag des Arztes, einer Kassenärztlichen Vereinigung, einer Krankenkasse, eines Landesverbandes der Krankenkassen oder der Verbände der Ersatzkassen in den Registerakten eingetragen. ²Der Arzt ist zu dem Antrag auf Eintragung zu hören, falls er die Eintragung nicht selbst beantragt hat.

(3) Unanfechtbar gewordene Beschlüsse in Disziplinarangelegenheiten (§ 81 Abs. 5 des Fünften Buches Sozialgesetzbuch) mit Ausnahme der Verwarnung, sind zu den Registerakten zu nehmen; sie sind nach Ablauf von fünf Jahren, nachdem der Beschluss unanfechtbar geworden ist, aus den Registerakten zu entfernen und zu vernichten.

§ 7. Der Arzt wird im Arztregister gestrichen, wenn

a) er es beantragt,

b) er gestorben ist,

c) die Voraussetzungen für seine Eintragung nach § 3 Abs. 2 Buchst. a nicht oder nicht mehr

d) die Voraussetzungen nach § 3 Abs. 2 Buchst. b auf Grund falscher Angaben des Arztes irrtümlich als gegeben angenommen worden sind.

§ 8. (1) Über Eintragungen und Streichungen im Arztregister und in den Registerakten beschließt der Vorstand der Kassenärztlichen Vereinigung oder die durch die Satzung bestimmte Stelle.

(2) Der Arzt erhält über die seine Person betreffenden Eintragungen und Streichungen sowie über die Ablehnung seiner Anträge auf Eintragung oder Streichung einen schriftlichen Bescheid.

§ 9. (1) Die Kassenärztlichen Vereinigungen, die Krankenkassen, die Landesverbände der Krankenkassen und die Verbände der Ersatzkassen können das Arztregister und bei Darlegung eines berechtigten Interesses die Registerakten einsehen.

(2) Der Arzt kann selbst oder durch einen Bevollmächtigten bei berechtigtem Interesse das Arztregister und die seine Person betreffenden Registerakten einsehen.

(3) Den Zulassungs- und Berufungsausschüssen sind die Registerakten der am Zulassungsverfahren beteiligten Ärzte auf Anfordern zur Einsicht zu überlassen.

§ 10. (1) Die Kassenärztliche Bundesvereinigung führt das Bundesarztregister nach dem Muster der Anlage.

(2) Die Kassenärztlichen Vereinigungen teilen Eintragungen und Veränderungen in den Arztregistern der Kassenärztlichen Bundesvereinigung unverzüglich mit.

(3) Die Kassenärztliche Bundesvereinigung teilt Tatsachen, die für das Arztregister von Bedeutung sind, der zuständigen Kassenärztlichen Vereinigung unverzüglich mit.

Abschnitt II. Bildung und Abgrenzung der Zulassungsbezirke

§ 11. (1) Die Zulassungsbezirke werden von den Kassenärztlichen Vereinigungen und den Landesverbänden der Krankenkassen sowie den Verbänden der Ersatzkassen gemeinsam gebildet und abgegrenzt.

(2) Werden Zulassungsbezirke für Teile des Bezirks einer Kassenärztlichen Vereinigung gebildet, so sind bei der Abgrenzung in der Regel die Grenzen der Stadt- und Landkreise zu berücksichtigen.

(3) Die Kassenärztliche Vereinigung hat die Zulassungsbezirke unverzüglich in den für ihre amtlichen Bekanntmachungen zuständigen Blättern bekanntzugeben.

Abschnitt III. Bedarfsplanung

§ 12. (1) Durch die den Kassenärztlichen Vereinigungen im Einvernehmen mit den Landesverbänden der Krankenkassen und den Verbänden der Ersatzkassen obliegende Bedarfsplanung sollen zum Zwecke einer auch mittel- und langfristig wirksamen Sicherstellung der vertragsärztlichen Versorgung und als Grundlage für Sicherstellungsmaßnahmen umfassende und vergleichbare Übersichten über den Stand der vertragsärztlichen Versorgung und die absehbare Entwicklung des Bedarfs vermittelt werden.

(2) [1] Der Bedarfsplan ist für den Bereich einer Kassenärztlichen Vereinigung aufzustellen und der Entwicklung anzupassen. [2] Für die Bereiche mehrerer Kassenärztlicher Vereinigungen kann mit Zustimmung der beteiligten für die Sozialversicherung zuständigen obersten Landesbehörden auch ein gemeinschaftlicher Bedarfsplan aufgestellt werden, wenn besondere Verhältnisse dies geboten erscheinen lassen.

(3) Der Bedarfsplan hat nach Maßgabe der Richtlinien des Bundesausschusses der Ärzte und Krankenkassen und unter Beachtung der Ziele und Erfordernisse der Raumordnung und Landesplanung auf der Grundlage einer regionalen Untergliederung des Planungsbereichs nach Absatz 2 Feststellungen zu enthalten insbesondere über

– die ärztliche Versorgung auch unter Berücksichtigung der Arztgruppen,
– Einrichtungen der Krankenhausversorgung sowie der sonstigen medizinischen Versorgung, soweit sie Leistungen der vertragsärztlichen Versorgung erbringen und erbringen können,
– Bevölkerungsdichte und -struktur,
– Umfang und Art der Nachfrage nach vertragsärztlichen Leistungen, ihre Deckung sowie ihre räumliche Zuordnung im Rahmen der vertragsärztlichen Versorgung,
– für die vertragsärztliche Versorgung bedeutsame Verkehrsverbindungen. Bei der Abgrenzung der regionalen Planungsbereiche sollen die Grenzen den Stadt- und Landkreisen entsprechen; Abweichungen für einzelne Arztgruppen sind zulässig.

(4) [1] Der Bedarfsplan bildet auch die Grundlage für die Beratung von Ärzten, die zur Teilnahme an der vertragsärztlichen Versorgung bereit sind. [2] Die Kassenärztlichen Vereinigungen sollen darauf hinwirken, dass die Ärzte bei der Wahl ihres Vertragsarztsitzes auf die sich aus den Bedarfsplänen ergebenden Versorgungsbedürfnisse Rücksicht nehmen.

§ 13. (1) [1] Die Kassenärztlichen Vereinigungen haben andere Träger der Krankenversicherung und die kommunalen Verbände, soweit deren Belange durch die Bedarfsplanung berührt werden, zu unterrichten und bei der Aufstellung und Fortentwicklung der Bedarfspläne rechtzeitig hinzuziehen. [2] Auch andere Sozialversicherungsträger und die Krankenhausgesellschaften sind zu unterrichten; sie können bei der Bedarfsplanung hinzugezogen werden.

(2) Die Bedarfspläne sind im Benehmen mit den zuständigen Landesbehörden aufzustellen und fortzuentwickeln; sie sind deshalb so rechtzeitig zu unterrichten, dass ihre Anregungen in die Beratungen einbezogen werden können.

(3) Die aufgestellten oder fortentwickelten Bedarfspläne sind den Landesausschüssen der Ärzte und Krankenkassen und den für die Sozialversicherung zuständigen obersten Landesbehörden zuzuleiten.

(4) Die Kassenärztlichen Vereinigungen, die Landesverbände der Krankenkassen und die Verbände der Ersatzkassen sollen die Erfahrungen aus der Anwendung der Bedarfspläne im Abstand von drei Jahren auswerten, das Ergebnis gemeinsam beraten und die in Absatz 3 genannten Stellen von der Auswertung und des Beratungsergebnis unterrichten.

(5) [1] Die Kassenärztliche Bundesvereinigung und die Spitzenverbände der Krankenkassen sollen die Kassenärztlichen Vereinigungen und die Landesverbände der

Krankenkassen unterstützen. [2]Die Kassenärztliche Bundesvereinigung, die Bundesverbände der Krankenkassen und die Verbände der Ersatzkassen sollen die Ergebnisse nach Absatz 4 auswerten, gemeinsam beraten sowie den Bundesausschuss der Ärzte und Krankenkassen und das Bundesministerium für Gesundheit und Soziale Sicherung von der Auswertung und dem Beratungsergebnis unterrichten.

§ 14. (1) [1]Kommt das Einvernehmen bei der Aufstellung und Fortentwicklung des Bedarfsplanes zwischen der Kassenärztlichen Vereinigung, den Landesverbänden der Krankenkassen und den Verbänden der Ersatzkassen nicht zustande, hat der Landesausschuss der Ärzte und Krankenkassen nach Anrufung durch einen der Beteiligten unverzüglich darüber zu beraten und zu entscheiden. [2]Soweit die Hinzuziehung weiterer Beteiligter notwendig ist, gilt § 13 Abs. 1 und 2 entsprechend.

(2) Der Landesausschuss hat die für die Sozialversicherung zuständige oberste Landesbehörde über das Ergebnis der Beratungen zu unterrichten.

Abschnitt IV. Unterversorgung

§ 15. Weist der Bedarfsplan einen Bedarf an Vertragsärzten für einen bestimmten Versorgungsbereich aus und werden über einen Zeitraum von mehr als sechs Monaten Vertragsarztsitze dort nicht besetzt, so hat die Kassenärztliche Vereinigung spätestens nach Ablauf dieses Zeitraumes Vertragsarztsitze in den für ihre amtlichen Bekanntmachungen vorgesehenen Blättern auszuschreiben.

§ 16. (1) [1]Der Landesausschuss der Ärzte und Krankenkassen hat von Amts wegen zu prüfen, ob in einem Planungsbereich eine ärztliche Unterversorgung besteht oder droht. [2]Die Prüfung ist nach den tatsächlichen Verhältnissen unter Berücksichtigung des Zieles der Sicherstellung und auf der Grundlage des Bedarfsplanes vorzunehmen; die in den Richtlinien des Bundesausschusses der Ärzte und Krankenkassen zur Beurteilung einer Unterversorgung vorgesehenen einheitlichen und vergleichbaren Grundlagen, Maßstäbe und Verfahren sind zu berücksichtigen.

(2) [1]Stellt der Landesausschuss eine bestehende oder unmittelbar drohende Unterversorgung fest, so hat er der Kassenärztlichen Vereinigung aufzugeben, binnen einer von ihm bestimmten angemessenen Frist die Unterversorgung zu beseitigen. [2]Der Landesausschuss kann bestimmte Maßnahmen empfehlen.

(3) [1]Dauert die bestehende oder unmittelbar drohende Unterversorgung auch nach Ablauf der Frist an, hat der Landesausschuss festzustellen, ob die in § 100 Abs. 2 des Fünften Buches Sozialgesetzbuch bestimmten Voraussetzungen für Zulassungsbeschränkungen gegeben sind und zur Beseitigung der bestehenden oder unmittelbar drohenden Unterversorgung mit verbindlicher Wirkung für einen oder mehrere Zulassungsausschüsse Zulassungsbeschränkungen anzuordnen. [2]Die betroffenen Zulassungsausschüsse sind vor der Anordnung zu hören.

(4) Für die Dauer der bestehenden oder unmittelbar drohenden Unterversorgung sind als Beschränkungen zulässig:

a) Ablehnung von Zulassungen in Gebieten von Zulassungsbezirken, die außer halb der vom Landesausschuss als unterversorgt festgestellten Gebiete liegen;

b) Ablehnung von Zulassungen für bestimmte Arztgruppen in den in Buchstabe a bezeichneten Gebieten.

(5) Der Zulassungsausschuss kann im Einzelfall eine Ausnahme von einer Zulassungsbeschränkung zulassen, wenn die Ablehnung der Zulassung für den Arzt eine unbillige Härte bedeuten würde.

(6) Der Landesausschuss hat spätestens nach jeweils sechs Monaten zu prüfen, ob die Voraussetzungen für die Anordnung von Zulassungsbeschränkungen fortbestehen; Absatz 3 Satz 2 gilt entsprechend.

(7) Die Anordnung und Aufhebung von Zulassungsbeschränkungen ist in den für amtliche Bekanntmachungen der Kassenärztlichen Vereinigungen vorgesehenen Blättern zu veröffentlichen.

Abschnitt IV a. Überversorgung

§ 16 a. *(gestrichen)*

§ 16 b. (1) [1]Der Landesausschuss hat von Amts wegen zu prüfen, ob in einem Planungsbereich eine ärztliche Überversorgung vorliegt. [2]Überversorgung ist anzunehmen, wenn der allgemeine bedarfsgerechte Versorgungsgrad um 10 vom Hundert überschritten ist. [3]Hierbei sind die in den Richtlinien des Bundesausschusses der Ärzte und Krankenkassen vorgesehenen Maßstäbe, Grundlagen und Verfahren zu berücksichtigen.

(2) Stellt der Landesausschuss fest, dass eine Überversorgung vorliegt, so hat er mit verbindlicher Wirkung für einen oder mehrere Zulassungsausschüsse nach Maßgabe des § 103 Abs. 2 des Fünften Buches Sozialgesetzbuchs Zulassungsbeschränkungen anzuordnen.

(3) [1]Der Landesausschuss hat spätestens nach jeweils sechs Monaten zu prüfen, ob die Voraussetzungen für die Anordnung von Zulassungsbeschränkungen fortbestehen. [2]Entfallen die Voraussetzungen, so hat der Landesausschuss mit verbindlicher Wirkung für die Zulassungsausschüsse die Zulassungsbeschränkungen unverzüglich aufzuheben. Absatz 2 Satz 2 gilt entsprechend.

(4) Die Anordnung und Aufhebung von Zulassungsbeschränkungen ist in den für amtliche Bekanntmachungen der Kassenärztlichen Vereinigungen vorgesehenen Blättern zu veröffentlichen.

16 c. *(gestrichen)*

Abschnitt V. Voraussetzungen der Zulassung

§ 17. *(aufgehoben)*

§ 18. (1) [1]Der Antrag muss schriftlich gestellt werden. In dem Antrag ist anzugeben, für welchen Vertragsarztsitz und unter welcher Arztbezeichnung die Zulassung beantragt wird. [2]Dem Antrag sind beizufügen:

a) ein Auszug aus dem Arztregister, aus dem der Tag der Approbation, der Tag der Eintragung ins Arztregister und gegebenenfalls der Tag der Anerkennung des Rechts zum Führen einer bestimmten Gebiets-, Teilgebiets- oder Zusatzbezeichnung hervorgehen müssen,

b) Bescheinigungen über die seit der Approbation ausgeübten ärztlichen Tätigkeiten,

c) *(aufgehoben)*

(2) Ferner sind beizufügen:

a) ein Lebenslauf,

b) ein polizeiliches Führungszeugnis,

c) Bescheinigungen der Kassenärztlichen Vereinigungen, in deren Bereich der Arzt bisher niedergelassen oder zur Kassenpraxis zugelassen war, aus denen sich Ort und Dauer der bisherigen Niederlassung oder Zulassung und der Grund einer etwaigen Beendigung ergeben,

d) eine Erklärung über im Zeitpunkt der Antragstellung bestehende Dienst- oder Beschäftigungsverhältnisse unter Angabe des frühestmöglichen Endes des Beschäftigungsverhältnisses,

e) eine Erklärung des Arztes, ob er rauschgiftsüchtig ist oder innerhalb der letzten fünf Jahre gewesen ist, ob er sich in halb der letzten fünf Jahre einer Entziehungskur wegen Trunksucht oder Rauschgiftsucht unterzogen hat und dass gesetzliche Hinderungsgründe der Ausübung des ärztlichen Berufs nicht entgegenstehen.

(3) An Stelle von Urschriften können amtlich beglaubigte Abschriften beigefügt werden.

(4) Können die in Absatz 1 Buchstabe b und in Absatz 2 Buchstabe c bezeichneten Unterlagen nicht vorgelegt werden, so ist der nachzuweisende Sachverhalt glaubhaft zu machen.

Abschnitt VI. Zulassung und Kassenarztsitz

§ 19. (1) [1]Über den Antrag befindet der Zulassungsausschuss durch Beschluss. [2]Wegen Zulassungsbeschränkungen kann ein Antrag nur dann abgelehnt werden, wenn dieser bereits bei Antragstellung angeordnet waren.

(2) [1]Wird der Arzt zugelassen, so ist in dem Beschluss der Zeitpunkt festzusetzen, bis zu dem die vertragsärztliche Tätigkeit aufzunehmen ist. [2]Liegen wichtige Gründe vor, so kann der Zulassungsausschuss auf Antrag des Arztes nachträglich einen späteren Zeitpunkt festsetzen.

(3) Wenn die vertragsärztliche Tätigkeit in einem von Zulassungsbeschränkungen betroffenen Planungsbereich nicht innerhalb von drei Monaten nach Zustellung des Beschlusses über die Zulassung aufgenommen wird, endet die Zulassung.

§ 20. (1) Für die Ausübung vertragsärztlicher Tätigkeit ist nicht geeignet ein Arzt, der wegen eines Beschäftigungsverhältnisses oder wegen anderer nicht ehrenamtlicher Tätigkeit für die Versorgung der Versicherten persönlich nicht in erforderlichem Maße zur Verfügung steht.

(2) Für die Ausübung vertragsärztlicher Tätigkeit ist nicht geeignet ein Arzt, der eine ärztliche Tätigkeit ausübt, die ihrem Wesen nach mit der Tätigkeit des Vertragsarztes am Vertragsarztsitz nicht zu vereinbaren ist.

(3) Ein Arzt, bei dem Hinderungsgründe nach den Absätzen 1 oder 2 vorliegen, kann unter der Bedingung zugelassen werden, dass der seiner Eignung entgegenstehende Grund spätestens drei Monate nach dem Zeitpunkt beseitigt wird, in dem die Entscheidung über die Zulassung unanfechtbar geworden ist.

§ 21. Ungeeignet für die Ausübung der Kassenpraxis ist ein Arzt mit geistigen oder sonstigen in der Person liegenden schwerwiegenden Mängeln, insbesondere ein Arzt, der innerhalb der letzten fünf Jahre vor seiner Antragstellung rauschgiftsüchtig oder trunksüchtig war.

§§ 22 und 23. *(aufgehoben)*

§ 24. (1) Die Zulassung erfolgt für den Ort der Niederlassung als Arzt (Vertragsarztsitz).

(2) [1]Der Vertragsarzt muss am Vertragsarztsitz seine Sprechstunde halten. [2]Er hat seine Wohnung so zu wählen, dass er für die ärztliche Versorgung der Versicherten an seinem Vertragsarztsitz zur Verfügung steht. [3]Liegt der Vertragsarztsitz in einem unterversorgten Gebiet, gilt die Pflicht bei der Wohnungsauswahl nach Satz 2 nicht.

(3) Ein Vertragsarzt darf das Fachgebiet, für das er zugelassen ist, nur mit vorheriger Genehmigung des Zulassungsausschusses wechseln.

(4) Der Zulassungsausschuss hat den Antrag eines Vertragsarztes auf Verlegung seines Vertragsarztsitzes zu genehmigen, wenn Gründe der vertragsärztlichen Versorgung dem nicht entgegenstehen.

§ 25. [1]Die Zulassung eines Arztes, der das fünfundfünfzigste Lebensjahr vollendet hat, ist ausgeschlossen. [2]Der Zulassungsausschuss kann von Satz 1 in Ausnahmefällen abweichen, wenn dies zur Vermeidung von unbilligen Härten erforderlich ist.

Abschnitt VII. Ruhen, Entziehung und Ende der Zulassung

§ 26. (1) Der Zulassungsausschuss hat das Ruhen der Zulassung eines Vertragsarztes zu beschließen, wenn die Voraussetzungen des § 95 Abs. 5 des Fünften Buches Sozialgesetzbuch erfüllt sind und Gründe der Sicherstellung der vertragsärztlichen Versorgung nicht entgegenstehen.

(2) Tatsachen, die das Ruhen der Zulassung bedingen können, haben der Vertragsarzt, die Kassenärztliche Vereinigung, die Krankenkassen und die Landesverbände der Krankenkassen sowie die Verbände der Ersatzkassen dem Zulassungsausschuss mitzuteilen.

(3) In dem Beschluss ist die Ruhenszeit festzusetzen.

(4) Über die ruhenden Zulassungen führt die Kassenärztliche Vereinigung (Registerstelle) ein besonderes Verzeichnis.

§ 27. [1]Der Zulassungsausschuss hat von Amts wegen über die Entziehung der Zulassung zu beschließen, wenn die Voraussetzungen nach § 95 Abs. 6 des Fünften Buches Sozialgesetzbuch gegeben sind. [2]Die Kassenärztliche Vereinigung und die Landesverbände der Krankenkassen sowie die Verbände der Ersatzkassen können die Entziehung der Zulassung beim Zulassungsausschuss unter Angabe der Gründe beantragen.

§ 28. (1) [1]Der Verzicht auf die Zulassung wird mit dem Ende des auf den Zugang der Verzichtserklärung des Vertragsarztes beim Zulassungsausschuss folgenden Kalendervierteljahres wirksam. [2]Diese Frist kann verkürzt werden, wenn der Vertragsarzt nachweist, dass für ihn die weitere Ausübung der vertragsärztlichen Tätigkeit für die gesamte Dauer oder einen Teil der Frist unzumutbar ist. [3]Endet die Zulassung aus anderen Gründen (§ 95d Abs. 3 und 5 un § 95 Abs. 7 des Fünften Buches Sozialgesetzbuch), so ist der Zeitpunkt ihres Endes durch Beschluss des Zulassungsausschusses festzustellen.

(2) Tatsachen, die das Ende der Zulassung bedingen, haben die Kassenärztliche Vereinigung, die Krankenkassen, die Landesverbände der Krankenkassen und die Verbände der Ersatzkassen dem Zulassungsausschuss mitzuteilen.

§§ 29, 30. *(aufgehoben)*

Abschnitt VIII. Ermächtigung

§ 31. (1) Die Zulassungsausschüsse können über den Kreis der zugelassenen Ärzte hinaus weitere Ärzte, insbesondere in Krankenhäusern und Einrichtungen der beruflichen Rehabilitation, oder in besonderen Fällen ärztlich geleitete Einrichtungen zur Teilnahme an der vertragsärztlichen Versorgung ermächtigen, sofern dies notwendig ist, um

a) eine bestehende oder unmittelbar drohende Unterversorgung abzuwenden oder
b) einen begrenzten Personenkreis zu versorgen, beispielsweise Rehabilitanden in Einrichtungen der beruflichen Rehabilitation oder Beschäftigte eines abgelegenen oder vorübergehenden Betriebes.

(2) Die Kassenärztliche Bundesvereinigung und die Spitzenverbände der Krankenkassen können im Bundesmantelvertrag Regelungen treffen, die über die Voraussetzungen des Absatzes 1 hinaus Ermächtigungen zur Erbringung bestimmter ärztlicher Leistungen im Rahmen der vertragsärztlichen Versorgung vorsehen.

(3) Die Kassenärztlichen Vereinigungen können unter den Voraussetzungen des Absatzes 1 auch Ärzte, die eine Approbation nach deutschen Rechtsvorschriften nicht besitzen, zur Teilnahme an der vertragsärztlichen Versorgung ermächtigen, soweit ihnen von der zuständigen deutschen Behörde eine Erlaubnis zur vorübergehenden Ausübung des ärztlichen Berufes erteilt worden ist.

(4) *(aufgehoben)*

(5) Die Kassenärztliche Bundesvereinigung und die Spitzenverbände der Krankenkassen haben im Bundesmantelvertrag Regelungen über die Ermächtigung von Ärzten zu treffen, die als Staatsangehörige eines der anderen Mitgliedsstaaten der Europäischen Wirtschaftsgemeinschaft den ärztlichen Beruf im Geltungsbereich dieser Verordnung zur vorübergehenden Erbringung von Dienstleistungen im Sinne des Artikels 60 des EWG-Vertrages ausüben dürfen.

(6) [1] Der Antrag auf Ermächtigung ist schriftlich an den Zulassungsausschuss zu richten. [2] Ihm sind die Approbationsurkunde sowie die in § 18 Abs. 2 Buchstabe e genannten Erklärungen beizufügen. [3] § 18 Abs. 3 gilt entsprechend.

(7) [1] Die Ermächtigung ist zeitlich, räumlich und ihrem Umfang nach zu bestimmen. [2] In dem Ermächtigungsbeschluss ist auch auszusprechen, ob der ermächtigte Arzt unmittelbar oder auf Überweisung in Anspruch genommen werden kann.

(8) [1] Ein Arzt darf nicht ermächtigt werden, wenn die in § 21 genannten Gründe ihn für die Teilnahme an der vertragsärztlichen Versorgung ungeeignet erscheinen lassen. [2] Die Ermächtigung ist zurückzunehmen, wenn nachträglich bekannt wird, dass bei ihrer Erteilung Versagungsgründe im Sinne des Satzes 1 vorgelegen haben. [3] Sie ist zu widerrufen, wenn nachträglich durch einen in der Person des Arztes liegenden Grund der mit der Ermächtigung verfolgte Zweck nicht erreicht wird. [4] Die Sätze 1 bis 3 gelten entsprechend, wenn ärztlich geleitete Einrichtungen ermächtigt werden.

(9) [1] Die Ermächtigung eines Arztes, der das fünfundfünfzigste Lebensjahr vollendet hat, ist ausgeschlossen. [2] Der Zulassungsausschuss kann von Satz 1 in Ausnahmefällen abweichen, wenn dies zur Sicherstellung der vertragsärztlichen Versorgung oder zur Vermeidung von unbilligen Härten erforderlich ist.

(10) Über die Ermächtigungen führt die Kassenärztliche Vereinigung (Registerstelle) ein besonderes Verzeichnis.

§ 31 a. (1) [1]Die Zulassungsausschüsse können Krankenhausärzte mit abgeschlossener Weiterbildung mit Zustimmung des Krankenhausträgers zur Teilnahme an der vertragsärztlichen Versorgung der Versicherten ermächtigen. [2]Die Ermächtigung ist zu erteilen, soweit und solange eine ausreichende ärztliche Versorgung der Versicherten ohne die besonderen Untersuchungs- und Behandlungsmethoden oder Kenntnisse von hierfür geeigneten Krankenhausärzten nicht sichergestellt wird.

(2) [1]Der Antrag eines Krankenhausarztes auf Ermächtigung ist schriftlich an den Zulassungsausschuss zu richten, in dessen Bereich das Krankenhaus gelegen ist. [2]Ihm sind die in § 31 Abs. 6 genannten Bescheinigungen und Erklärungen, die Urkunde, aus der sich die Berechtigung zum Führen einer Gebietsbezeichnung ergibt, sowie eine schriftliche Zustimmungserklärung des Krankenhausträgers beizufügen. § 18 Abs. 3 gilt entsprechend.

(3) § 31 Abs. 7 bis 10 gilt entsprechend.

Abschnitt IX. Vertreter, Assistenten, angestellte Ärzte und Gemeinschaftspraxis

§ 32. (1) [1]Der Vertragsarzt hat die vertragsärztliche Tätigkeit persönlich in freier Praxis auszuüben. [2]Bei Krankheit, Urlaub oder Teilnahme an ärztlicher Fortbildung oder an einer Wehrübung kann er sich innerhalb von zwölf Monaten bis zu einer Dauer von drei Monaten vertreten lassen. [3]Eine Vertragsärztin kann sich in unmittelbarem zeitlichen Zusammenhang mit einer Entbindung bis zu einer Dauer von sechs Monaten vertreten lassen; die Vertretungszeiten dürfen zusammen mit den Vertretungszeiten nach Satz 2 innerhalb eines Zeitraums von zwölf Monaten eine Dauer von sechs Monaten nicht überschreiten. [4]Dauert die Vertretung länger als eine Woche, so ist sie der Kassenärztlichen Vereinigung mitzuteilen. [5]Der Vertragsarzt darf sich grundsätzlich nur durch einen anderen Vertragsarzt oder durch einen Arzt, der die Voraussetzungen des § 3 Abs. 2 erfüllt, vertreten lassen.

(2) [1]Die Beschäftigung von Assistenten gemäß § 3 Abs. 3 bedarf der Genehmigung der Kassenärztlichen Vereinigung. [2]Im übrigen darf der Vertragsarzt einen Vertreter oder einen Assistenten nur beschäftigen, wenn dies im Rahmen der Aus- oder Weiterbildung oder aus Gründen der Sicherstellung der vertragsärztlichen Versorgung erfolgt; die vorherige Genehmigung der Kassenärztlichen Vereinigung ist erforderlich. [3]Die Dauer der Beschäftigung ist zu befristen. [4]Die Genehmigung ist zu widerrufen, wenn die Beschäftigung eines Vertreters oder eines Assistenten nicht mehr begründet ist, sie kann widerrufen werden, wenn in der Person des Vertreters oder Assistenten Gründe liegen, welche beim Vertragsarzt zur Entziehung der Zulassung führen können.

(3) Die Beschäftigung eines Assistenten darf nicht der Vergrößerung der Kassenpraxis oder der Aufrechterhaltung eines übergroßen Praxisumfanges dienen.

(4) Der Vertragsarzt hat Vertreter und Assistenten zur Erfüllung der vertragsärztlichen Pflichten anzuhalten.

§ 32 a. [1]Der ermächtigte Arzt hat die in dem Ermächtigungsbeschluss bestimmte vertragsärztliche Tätigkeit persönlich auszuüben. [2]Bei Krankheit, Urlaub oder Teilnahme an ärztlicher Fortbildung oder an einer Wehrübung kann er sich innerhalb von zwölf Monaten bis zur Dauer von drei Monaten vertreten lassen. [3]Satz 2 gilt nicht für Ermächtigungen nach § 31 Abs. 1 Buchstabe b.

§ 32 b. (1) [1]Der Vertragsarzt kann einen ganztags beschäftigten Arzt oder höchstens zwei halbtags beschäftigte Ärzte desselben Fachgebietes anstellen. [2]Satz 1 gilt nicht für medizinische Versorgungszentren.

(2) [1]Die Anstellung bedarf der Genehmigung des Zulassungsausschusses. [2]Für den Antrag gelten § 4 Abs. 2 bis 4 und § 18 Abs. 2 bis 4 entsprechend. [3]§ 21 gilt entsprechend. [4]§ 95d Abs. 5 des Fünften Buches Sozialgesetzbuch gilt entsprechend.

(3) Der Vertragsarzt hat den angestellten Arzt zur Erfüllung der vertragsärztlichen Pflichten anzuhalten.

(4) Über die angestellten Ärzte führt die Kassenärztliche Vereinigung (Registerstelle) ein besonderes Verzeichnis.

§ 33. (1) [1]Die gemeinsame Nutzung von Praxisräumen und Praxiseinrichtungen sowie die gemeinsame Beschäftigung von Hilfspersonal durch mehrere Ärzte ist zulässig. [2]Die Kassenärztlichen Vereinigungen sind hiervon zu unterrichten. [3]Nicht zulässig ist die gemeinsame Beschäftigung von Ärzten und Zahnärzten.

(2) [1]Die gemeinsame Ausübung vertragsärztlicher Tätigkeit ist nur zulässig unter Vertragsärzten. [2]Sie bedarf der vorherigen Genehmigung durch den Zulassungsausschuss. [3]Die Kassenärztliche Vereinigung und die Landesverbände der Krankenkassen sowie die Verbände der Ersatzkassen sind vor Beschlussfassung zu hören. [4]Die Genehmigung darf nur versagt werden, wenn die Versorgung der Versicherten beeinträchtigt wird oder landesrechtliche Vorschriften über die ärztliche Berufsausübung entgegenstehen.

Abschnitt X. Zulassungs- und Berufungsausschüsse

§ 34. (1) Der Zulassungsausschuss besteht aus sechs Mitgliedern, und zwar aus je drei Vertretern der Ärzte und der Krankenkassen sowie aus Stellvertretern in der nötigen Zahl.

(2) [1]Die Vertreter der Krankenkassen werden von den Landesverbänden der Krankenkassen und den Verbänden der Ersatzkassen gemeinsam bestellt. [2]Kommt es nicht zu einer gemeinsamen Bestellung, so werden die Vertreter aus der Reihe der von den Landesverbänden der Krankenkassen und den Verbänden der Ersatzkassen vorgeschlagenen Personen ausgelost.

(3) [1]Die Amtsdauer der Mitglieder beträgt vier Jahre. [2]Die Amtsdauer endet erstmals mit dem 31. 12. 1961.

(4) [1]Scheidet ein Mitglied vorzeitig aus, so erfolgt Neubestellung. [2]Die Amtsdauer neubestellter Mitglieder endet mit der Amtsdauer der übrigen Mitglieder nach Absatz 3.

(5) [1]Ein Mitglied kann aus einem wichtigen Grund durch die Stelle abberufen werden, von der es bestellt ist. [2]Das Ehrenamt des nichtzugelassenen Arztes endet mit seiner Zulassung.

(6) Die Niederlegung des Ehrenamtes hat gegenüber dem Zulassungsausschuss schriftlich zu erfolgen.

(7) [1]Die Mitglieder der Ausschüsse haben Anspruch auf Erstattung ihrer baren Auslagen und auf eine Entschädigung für Zeitverlust nach den für die Mitglieder der Organe der bestellenden Körperschaften geltenden Grundsätzen. [2]Der Anspruch richtet sich gegen die bestellenden Körperschaften.

(8) Die Kosten der Zulassungsausschüsse werden, soweit sie nicht durch Gebühren gedeckt sind, je zur Hälfte von der Kassenärztlichen Vereinigung einerseits und den Landesverbänden der Krankenkassen sowie den Verbänden der Ersatzkassen andererseits – von letzteren entsprechend der Anzahl der Versicherten ihrer Mitgliedskassen – getragen.

(9) Für die Stellvertreter gelten die Vorschriften für die Mitglieder entsprechend.

§ 35. (1) ¹Der Berufungsausschuss besteht aus einem Vorsitzenden mit der Befähigung zum Richteramt und aus je drei Vertretern der Ärzte und der Krankenkassen. ²Stellvertreter sind in der nötigen Zahl zu bestellen.

(2) Die Vorschriften des § 34 gelten entsprechend.

(3) Mitglieder eines Zulassungsausschusses können nicht gleichzeitig Beisitzer in dem für den Zulassungsausschuss zuständigen Berufungsausschuss sein.

Abschnitt XI. Verfahren vor den Zulassungs- und Berufungsausschüssen

1. Zulassungsausschuss für Ärzte

§ 36. ¹Der Zulassungsausschuss beschließt in Sitzungen. ²Zu den Sitzungen lädt der Vorsitzende unter Angabe der Tagesordnung ein.

§ 37. (1) ¹Über Zulassungen und über die Entziehung von Zulassungen beschließt der Zulassungsausschuss nach mündlicher Verhandlung. ²In allen anderen Fällen kann der Zulassungsausschuss eine mündliche Verhandlung anberaumen.

(2) ¹Die Kassenärztliche Vereinigung, die Landesverbände der Krankenkassen und die Verbände der Ersatzkassen sowie die an dem Verfahren beteiligten Ärzte sind unter Einhaltung einer Frist von zwei Wochen zur mündlichen Verhandlung zu laden, die Ladung ist zuzustellen. ²Es kann auch in Abwesenheit Beteiligter verhandelt werden, falls in der Ladung darauf hingewiesen ist.

§ 38. ¹Über gebührenpflichtige Anträge wird erst nach Entrichtung der nach § 46 zu zahlenden Gebühr verhandelt. ²Wird die Gebühr nach Anforderung nicht innerhalb der gesetzten Frist eingezahlt, so gilt der Antrag als zurückgenommen, es sei denn, der Vorsitzende stundet die Gebühr. ³Die Zahlungsfrist und die Folgen ihrer Nichteinhaltung sind in der Anforderung zu vermerken.

§ 39. (1) Der Zulassungsausschuss erhebt die ihm erforderlich erscheinenden Beweise.

(2) Die vom Zulassungsausschuss herangezogenen Sachverständigen und Auskunftspersonen werden entsprechend dem Gesetz über die Entschädigung von Zeugen und Sachverständigen entschädigt.

§ 40. ¹Die Sitzung ist nicht öffentlich. ²Sie beginnt nach dem Aufruf der Sache mit der Darstellung des Sachverhalts durch den Vorsitzenden oder das von ihm als Berichterstatter bestellte Mitglied. ³Der Vorsitzende leitet die Verhandlung, Beratung und Abstimmung. ⁴Der Vorsitzende hat dahin zu wirken, dass der Sachverhalt ausreichend geklärt wird. [5]Jedes Mitglied des Zulassungsausschusses kann sachdienliche Fragen und Anträge stellen.

§ 41. (1) [1]Beratung und Beschlussfassung erfolgen in Abwesenheit der am Verfahren Beteiligten. [2]Die Anwesenheit eines von der Kassenärztlichen Vereinigung gestellten Schriftführers für den Zulassungsausschuss ist zulässig.

(2) Beschlüsse können nur bei vollständiger Besetzung des Zulassungsausschusses gefasst werden, Stimmenthaltung ist unzulässig.

(3) Über den Hergang der Beratungen und über das Stimmenverhältnis ist Stillschweigen zu bewahren.

(4) [1]Das Ergebnis des Verfahrens ist in einem Beschluss niederzulegen. [2]In dem Beschluss sind die Bezeichnung des Zulassungsausschusses, die an der Beschlussfassung beteiligten Mitglieder und der Tag der Beschlussfassung anzugeben. [3]Der Beschluss ist mit Gründen zu versehen und vom Vorsitzenden und je einem Vertreter der Ärzte und der Krankenkassen zu unterzeichnen. [4]Dem Beschluss ist eine Belehrung über die Zulässigkeit des Rechtsbehelfs, die einzuhaltende Frist und den Sitz des zuständigen Berufungsausschusses beizufügen.

(5) [1]Den Beteiligten wird alsbald je eine Ausfertigung des Beschlusses zugestellt; eine weitere Ausfertigung erhält die Kassenärztliche Vereinigung für die Registerakten. [2]Der Zulassungsausschuss kann beschließen, da § auch andere Stellen Abschriften des Beschlusses erhalten, wenn sie ein berechtigtes Interesse nachweisen.

§ 42. [1]Über jede Sitzung ist eine Niederschrift anzufertigen. [2]Sie soll die Namen der Sitzungsteilnehmer, die Anträge und wesentlichen Erklärungen der Beteiligten, das Ergebnis der Beweiserhebung und die Beschlüsse enthalten. [3]Die Niederschrift ist von dem Vorsitzenden zu unterzeichnen.

§ 43. Die Akten des Zulassungsausschusses sind fünf Jahre, Niederschriften und Urschriften von Beschlüssen zwanzig Jahre aufzubewahren.

2. Berufungsausschuss für Ärzte (Widerspruchsverfahren)

§ 44. [1]Der Widerspruch ist schriftlich oder zur Niederschrift der Geschäftsstelle des Berufungsausschusses mit Angabe von Gründen beim Berufungsausschuss einzulegen. [2]Er muss den Beschluss bezeichnen, gegen den er sich richtet.

§ 45. (1) [1]Der Widerspruch gilt als zurückgenommen, wenn die Gebühr nach § 46 nicht innerhalb der gesetzten Frist entrichtet ist. [2]Die Zahlungsfrist und die Folgen ihrer Nichteinhaltung sind in der Anforderung zu vermerken.

(2) Der Widerspruch kann ohne mündliche Verhandlung zurückgewiesen werden, wenn der Berufungsausschuss die Zurückweisung einstimmig beschließt.

(3) Die Vorschriften der §§ 36 bis 43 gelten entsprechend.

Abschnitt XII. Gebühren

§ 46. (1) [1]Für das Verfahren werden nachstehende Gebühren erhoben:

a) bei Antrag auf Eintragung des Arztes in das Arztregister 25 Euro
b) bei Antrag des Arztes oder des medizinische Versorgungszentrums auf Zulassung 25 Euro

c) bei sonstigen Anträgen, mit denen der Arzt die Beschlussfassung des Zulassungsausschusses anstrebt   360 Euro

d) bei Einlegung eines Widerspruchs, durch den der Arzt, des medizinische Versorgungszentrum oder die sonstige ärztlich geleitete Einrichtung die Änderung
eines Verwaltungsaktes anstrebt   50 Euro

[2] Die Gebühren sind mit der Stellung des Antrages oder Einlegung des Widerspruchs fällig. [3] Wird einem Widerspruch ganz oder teilweise stattgegeben, so wird
die nach Buchstabe die entrichtete Gebühr zurückgezahlt.

(2) Außer der Gebühr nach Absatz 1 werden als Verwaltungsgebühren erhoben:

a) nach unanfechtbar gewordener Zulassung   100 Euro

b) nach erfolgter Eintragung einer auf § 31 Abs. 1 bis 3 oder § 31a Abs. 1 beruhenden Ermächtigung in das Verzeichnis nach § 31 Abs. 10   100 Euro

c) § 97 nach erfolgter Genehmigung der Anstellung eines Arztes in einem medizinischen Versorgungszentrum nach § 95 Abs. 2 des Fünften Buches Sozialgesetzbuch oder einer Einrichtung nach § 311 Abs. 2 des Fünften Buches Sozialgesetzbuch   100 Euro

d) nach erfolgter Eintragung einer auf § 32b Abs. 2 beruhenden Genehmigung in
das Verzeichnis nach § 32b Abs. 4   100 Euro.

(3) Es sind zu zahlen

a) die Gebühren nach Absatz 1 Buchstabe a an die Kassenärztliche Vereinigung,

b) die Gebühren nach Absatz 1 Buchstaben b und c und Absatz 2 Buchstaben a
und b an die Geschäftsstelle des Zulassungsausschusses,

c) die Gebühr nach Abs. 1 Buchstabe d an die Geschäftsstelle des Berufungsausschusses.

Abschnitt XIII. Übergangs- und Schlussbestimmungen

§ 47. (1) Diese Zulassungsverordnung tritt am Ersten des auf die Verkündung[1]
folgenden Monats in Kraft.

(2) Die §§ 25 und 31 Abs. 9 gelten erst für Anträge von Psychotherapeuten, die
nach dem 31. Dezember 1998 gestellt werden.

§§ 48–53. (überholt)

§ 54. *(aufgehoben)*

§ 55. (überholt)

Anlage
(zu § 2 Abs. 2): Muster für das Arztregister

Das Arztregister hat folgende Angaben zu enthalten:

1. Laufende Nummer
2. Name und Titel
3. Vorname
4. Wohnort

---

[1] Verkündet am 31. 5. 19[5] .

5. Geburtsdatum und -ort
6. a) Wohnungsanschrift
   b) Praxisanschrift
7. Staatsangehörigkeit
8. Fremdsprachenkenntnisse
9. Datum des Staatsexamens
10. Datum der Approbation
11. Datum der Promotion
12. Datum der Facharztanerkennung und Fachgebiet
13. Niedergelassen als ...
    prakt. Arzt .... ab
    Arzt für .... ab
14. Ausübung sonstiger ärztlicher Tätigkeit
15. Eingetragen am
16. Zugelassen am
17. Zulassung beendet am
18. Zulassung ruht seit
19. Zulassung entzogen am
20. Approbation entzogen am
21. Approbation ruht seit
22. Verhängung eines Berufsverbotes am
23. Im Arztregister gestrichen am
24. Bemerkungen

Anhang 8. Gebührenordnung für Ärzte (GOÄ)

In der Fassung der Bekanntmachung vom 9. Februar 1996
(BGBl. I S. 210)

BGBl. III/FNA 2122-4

Zuletzt geändert durch Art. 17 Gesetz über den Beruf der Padologin und des
Padologen und zur Änderung anderer Gesetze vom 4. 12. 2001
(BGBl. I S. 320)

§ 1 Anwendungsbereich. (1) Die Vergütungen für die beruflichen Leistungen der Ärzte bestimmen sich nach dieser Verordnung, soweit nicht durch Bundesgesetz etwas anderes bestimmt ist.

(2) ¹Vergütungen darf der Arzt nur für Leistungen berechnen, die nach den Regeln der ärztlichen Kunst für eine medizinisch notwendige ärztliche Versorgung erforderlich sind. ²Leistungen, die über das Maß einer medizinisch notwendigen ärztlichen Versorgung hinausgehen, darf er nur berechnen, wenn sie auf Verlangen des Zahlungspflichtigen erbracht worden sind.

§ 2 Abweichende Vereinbarung. (1) ¹Durch Vereinbarung kann eine von dieser Verordnung abweichende Gebührenhöhe festgelegt werden. ²Für Leistungen nach § 5 a ist eine Vereinbarung nach Satz 1 ausgeschlossen. ³Die Vereinbarung einer abweichenden Punktzahl (§ 5 Abs. 1 Satz 2) oder eines abweichenden Punktwerts (§ 5 Abs. 1 Satz 3) ist nicht zulässig. ⁴Notfall- und akute Schmerzbehandlungen dürfen nicht von einer Vereinbarung nach Satz 1 abhängig gemacht werden.

(2) ¹Eine Vereinbarung nach Absatz 1 Satz 1 ist nach persönlicher Absprache im Einzelfall zwischen Arzt und Zahlungspflichtigem vor Erbringung der Leistung des Arztes in einem Schriftstück zu treffen. ²Dieses muss neben der Nr. und der Bezeichnung der Leistung, dem Steigerungssatz und dem vereinbarten Betrag auch die Feststellung enthalten, dass eine Erstattung der Vergütung durch Erstattungsstellen möglicherweise nicht in vollem Umfang gewährleistet ist. ³Weitere Erklärungen darf die Vereinbarung nicht enthalten. ⁴Der Arzt hat dem Zahlungspflichtigen einen Abdruck der Vereinbarung auszuhändigen.

(3) ¹Für Leistungen nach den Abschnitten A, E, M und O ist eine Vereinbarung nach Absatz 1 Satz 1 unzulässig. ²Im Übrigen ist bei vollstationären, teilstationären sowie vor- und nachstationären wahlärztlichen Leistungen eine Vereinbarung nach Absatz 1 Satz 1 nur für vom Wahlarzt höchstpersönlich erbrachte Leistungen zulässig.

§ 3 Vergütungen. Als Vergütungen stehen dem Arzt Gebühren, Entschädigungen und Ersatz von Auslagen zu.

§ 4 Gebühren. (1) Gebühren sind Vergütungen für die im Gebührenverzeichnis (Anlage) genannten ärztlichen Leistungen.

(2) ¹Der Arzt kann Gebühren nur für selbständige ärztliche Leistungen berechnen, die er selbst erbracht hat oder die unter seiner Aufsicht nach fachlicher Weisung erbracht wurden (eigene Leistungen). ²Als eigene Leistungen gelten auch von ihm berechnete Laborleistungen des Abschnitts M II des Gebührenverzeichnisses (Basislabor), die nach fachlicher Weisung unter der Aufsicht eines anderen Arztes in Laborgemeinschaften oder in von Ärzten ohne eigene Liquidationsberechtigung geleiteten Krankenhauslabors erbracht werden. ³Als eigene Leistungen im Rahmen einer wahlärztlichen stationären, teilstationären oder vor- und nachstationären Krankenhausbehandlung gelten nicht

1. Leistungen nach den Nrn. 1 bis 62 des Gebührenverzeichnisses innerhalb von 24 Stunden nach der Aufnahme und innerhalb von 24 Stunden vor der Entlassung,
2. Visiten nach den Nrn. 45 und 46 des Gebührenverzeichnisses während der gesamten Dauer der stationären Behandlung sowie
3. Leistungen nach den Nrn. 56, 200, 250, 250a, 252, 271 und 272 des Gebührenverzeichnisses während der gesamten Dauer der stationären Behandlung,

wenn diese nicht durch den Wahlarzt oder dessen vor Abschluss des Wahlarztvertrages dem Patienten benannten ständigen ärztlichen Vertreter persönlich erbracht werden; der ständige ärztliche Vertreter muss Facharzt desselben Gebiets sein. [4] Nicht persönlich durch den Wahlarzt oder dessen ständigen ärztlichen Vertreter erbrachte Leistungen nach Abschnitt E des Gebührenverzeichnisses gelten nur dann als eigene wahlärztliche Leistungen, wenn der Wahlarzt oder dessen ständiger ärztlicher Vertreter durch die Zusatzbezeichnung „Physikalische Therapie" oder durch die Gebietsbezeichnung „Facharzt für Physikalische und Rehabilitative Medizin" qualifiziert ist und die Leistungen nach fachlicher Weisung unter deren Aufsicht erbracht werden.

(2a) [1] Für eine Leistung, die Bestandteil oder eine besondere Ausführung einer anderen Leistung nach dem Gebührenverzeichnis ist, kann der Arzt eine Gebühr nicht berechnen, wenn er für die andere Leistung eine Gebühr berechnet. [2] Dies gilt auch für die zur Erbringung der im Gebührenverzeichnis aufgeführten operativen Leistungen methodisch notwendigen operativen Einzelschritte. [3] Die Rufbereitschaft sowie das Bereitstehen eines Arztes oder Arztteams sind nicht berechnungsfähig.

(3) [1] Mit den Gebühren sind die Praxiskosten einschließlich der Kosten für den Sprechstundenbedarf sowie die Kosten für die Anwendung von Instrumenten und Apparaten abgegolten, soweit nicht in dieser Verordnung etwas anderes bestimmt ist. [2] Hat der Arzt ärztliche Leistungen unter Inanspruchnahme Dritter, die nach dieser Verordnung selbst nicht liquidationsberechtigt sind, erbracht, so sind die hierdurch entstandenen Kosten ebenfalls mit der Gebühr abgegolten.

(4) [1] Kosten, die nach Absatz 3 mit den Gebühren abgegolten sind, dürfen nicht gesondert berechnet werden. [2] Eine Abtretung des Vergütungsanspruchs in Höhe solcher Kosten ist gegenüber dem Zahlungspflichtigen unwirksam.

(5) Sollen Leistungen durch Dritte erbracht werden, die diese dem Zahlungspflichtigen unmittelbar berechnen, so hat der Arzt ihn darüber zu unterrichten.

§ 5 Bemessung der Gebühren für Leistungen des Gebührenverzeichnisses. (1) [1] Die Höhe der einzelnen Gebühr bemisst sich, so weit in den Absätzen 3 und 4 nichts anderes bestimmt ist, nach dem Einfachen bis Dreieinhalbfachen des Gebührensatzes. [2] Gebührensatz ist der Betrag, der sich ergibt, wenn die Punktzahl der einzelnen Leistung des Gebührenverzeichnisses mit dem Punktwert vervielfacht wird. [3] Der Punktwert beträgt 5,82873 Cent. [4] Bei der Bemessung von Gebühren sind sich ergebende Bruchteile eines Cents unter 0,5 abzurunden und Bruchteile von 0,5 und mehr aufzurunden.

(2) [1] Innerhalb des Gebührenrahmens sind die Gebühren unter Berücksichtigung der Schwierigkeit und des Zeitaufwandes der einzelnen Leistung sowie der Umstände bei der Ausführung nach billigem Ermessen zu bestimmen. [2] Die Schwierigkeit der einzelnen Leistung kann auch durch die Schwierigkeit des Krankheitsfalles begründet sein; dies gilt nicht für die in Absatz 3 genannten Leistungen. Bemessungskriterien, die bereits in der Leistungsbeschreibung berücksichtigt worden sind, haben hierbei außer Betracht zu bleiben. [3] In der Regel darf eine Gebühr nur zwischen dem Einfachen und dem 2,3fachen des Gebührensatzes be-

messen werden; ein Überschreiten des 2,3fachen des Gebührensatzes ist nur zulässig, wenn Besonderheiten der in Satz 1 genannten Bemessungskriterien dies rechtfertigen.

(3) Gebühren für die in den Abschnitten A, E und O des Gebührenverzeichnisses genannten Leistungen bemessen sich nach dem Einfachen bis Zweieinhalbfachen des Gebührensatzes. Absatz 2 Satz 4 gilt mit der Maßgabe, dass an die Stelle des2,3fachen des Gebührensatzes das 1,8fache des Gebührensatzes tritt.

(4) Gebühren für die Leistung nach Nr. 437 des Gebührenverzeichnisses sowie für die in Abschnitt M des Gebührenverzeichnisses genannten Leistungen bemessen sich nach dem Einfachen bis 1,3fachen des Gebührensatzes. Absatz 2 Satz 4 gilt mit der Maßgabe, dass an die Stelle des 2,3fachen des Gebührensatzes das 1,15fache des Gebührensatzes tritt.

(5) Bei wahlärztlichen Leistungen, die weder von dem Wahlarzt noch von dessen vor Abschluss des Wahlarztvertrages dem Patienten benannten ständigen ärztlichen Vertreter persönlich erbracht werden, tritt an die Stelle des Dreieinhalbfachen des Gebührensatzes nach § 5 Abs. 1 Satz 1 das 2,3fache des Gebührensatzes und an die Stelle des Zweieinhalbfachen des Gebührensatzes nach § 5 Abs. 3 Satz 1 das 1,8fache des Gebührensatzes.

§ 5a Bemessung der Gebühren in besonderen Fällen. Im Fall eines unter den Voraussetzungen des § 218a Abs. 1 des Strafgesetzbuches vorgenommenen Abbruchs einer Schwangerschaft dürfen Gebühren für die in § 24b Abs. 4 des Fünften Buches Sozialgesetzbuch genannten Leistungen nur bis zum 1,8fachen des Gebührensatzes nach § 5 Abs. 1 Satz 2 berechnet werden.

§ 5b Bemessung der Gebühren bei Versicherten des Standardtarifs der privaten Krankenversicherung. [1]Für Leistungen, die in einem brancheneinheitlichen Standardtarif nach § 257 Abs. 2a des Fünften Buches Sozialgesetzbuch versichert sind, dürfen Gebühren nur bis zum 1,7fachen des Gebührensatzes nach § 5 Abs. 1 Satz 2 berechnet werden. [2]Bei Gebühren für die in den Abschnitten A, E und O des Gebührenverzeichnisses genannten Leistungen gilt Satz 1 mit der Maßgabe, dass an die Stelle des 1,7fachen des Gebührensatzes das 1,3fache des Gebührensatzes tritt. [3]Bei Gebühren für die in Abschnitt M des Gebührenverzeichnisses genannten Leistungen gilt Satz 1 mit der Maßgabe, dass an die Stelle des 1,7fachen des Gebührensatzes das 1,1fache des Gebührensatzes tritt.

§ 6 Gebühren für andere Leistungen. (1) Erbringen Mund-Kiefer-Gesichtschirurgen, Hals-Nasen-Ohrenärzte oder Chirurgen Leistungen, die im Gebührenverzeichnis für zahnärztliche Leistungen – Anlage zur Gebührenordnung für Zahnärzte vom 22. 10. 1987 (BGBl. I S. 2316) – aufgeführt sind, sind die Vergütungen für diese Leistungen nach den Vorschriften der Gebührenordnung für Zahnärzte in der jeweils geltenden Fassung zu berechnen.

(2) Selbständige ärztliche Leistungen, die in das Gebührenverzeichnis nicht aufgenommen sind, können entsprechend einer nach Art, Kosten- und Zeitaufwand gleichwertigen Leistung des Gebührenverzeichnisses berechnet werden.

§ 6a Gebühren bei stationärer Behandlung. (1) [1]Bei stationären, teilstationären sowie vor- und nachstationären privatärztlichen Leistungen sind die nach dieser Verordnung berechneten Gebühren einschließlich der darauf entfallenden Zuschläge um 25 vom Hundert zu mindern. [2]Abweichend davon beträgt die Minderung für Leistungen und Zuschläge nach Satz 1 von Belegärzten und anderen niedergelassenen Ärzten 15 vom Hundert. [3]Ausgenommen von der Minderungspflicht ist der Zuschlag nach Buchstabe J in Abschnitt B V des Gebührenverzeichnisses.

(2) Neben den nach Absatz 1 geminderten Gebühren darf der Arzt Kosten nicht berechnen; die §§ 7 bis 10 bleiben unberührt.

§ 7 Entschädigungen. Als Entschädigungen für Besuche erhält der Arzt Wegegeld und Reiseentschädigung; hierdurch sind Zeitversäumnisse und die durch den Besuch bedingten Mehrkosten abgegolten.

§ 8 Wegegeld. (1) Der Arzt kann für jeden Besuch ein Wegegeld berechnen. Das Wegegeld beträgt für einen Besuch innerhalb eines Radius um die Praxisstelle des Arztes von

1. bis zu zwei Kilometern 3,58 Euro, bei Nacht (zwischen 20 und 8 Uhr) 7,16 Euro,
2. mehr als zwei Kilometern bis zu fünf Kilometern 6,65 Euro, bei Nacht 10,23 Euro,
3. mehr als fünf Kilometern bis zu zehn Kilometern 10,23 Euro, bei Nacht 15,34 Euro,
4. mehr als zehn Kilometern bis zu 25 Kilometern 15,34 Euro, bei Nacht 25,56 Euro.

(2) Erfolgt der Besuch von der Wohnung des Arztes aus, so tritt bei der Berechnung des Radius die Wohnung des Arztes an die Stelle der Praxisstelle.

(3) Werden mehrere Patienten in derselben häuslichen Gemeinschaft oder in einem Heim, insbesondere in einem Alten oder Pflegeheim besucht, darf der Arzt das Wegegeld unabhängig von der Anzahl der besuchten Patienten und deren Versichertenstatus insgesamt nur einmal und nur anteilig berechnen.

§ 9 Reiseentschädigung. (1) Bei Besuchen über eine Entfernung von mehr als 25 Kilometern zwischen Praxisstelle des Arztes und Besuchsstelle tritt an die Stelle des Wegegeldes eine Reiseentschädigung.

(2) Als Reiseentschädigung erhält der Arzt

1. 26 Cent für jeden zurückgelegten Kilometer, wenn er einen eigenen Kraftwagen benutzt, bei Benutzung anderer Verkehrsmittel die tatsächlichen Aufwendungen,
2. bei Abwesenheit bis zu 8 Stunden 51,13 Euro, bei Abwesenheit von mehr als 8 Stunden 102,26 Euro je Tag,
3. Ersatz der Kosten für notwendige Übernachtungen.

(3) § 8 Abs. 2 und 3 gilt entsprechend.

§ 10 Ersatz von Auslagen. (1) Neben den für die einzelnen ärztlichen Leistungen vorgesehenen Gebühren können als Auslagen nur berechnet werden

1. die Kosten für diejenigen Arzneimittel, Verbandmittel und sonstigen Materialien, die der Patient zur weiteren Verwendung behält oder die mit einer einmaligen Anwendung verbraucht sind, soweit in Absatz 2 nichts anderes bestimmt ist,
2. Versand- und Portokosten, soweit deren Berechnung nach Absatz 3 nicht ausgeschlossen ist,
3. die im Zusammenhang mit Leistungen nach Abschnitt O bei der Anwendung radioaktiver Stoffe durch deren Verbrauch entstandenen Kosten sowie
4. die nach den Vorschriften des Gebührenverzeichnisses als gesondert berechnungsfähig ausgewiesenen Kosten. Die Berechnung von Pauschalen ist nicht zulässig.

(2) Nicht berechnet werden können die Kosten für

1. Kleinmaterialien wie Zellstoff, Mulltupfer, Schnellverbandmaterial, Verbandspray, Gewebeklebstoff auf Histoacrylbasis, Mullkompressen, Holzspatel, Holzstäbchen, Wattestäbchen, Gummifingerlinge,
2. Reagenzien und Narkosemittel zur Oberflächenanästhesie,
3. Desinfektions- und Reinigungsmittel,
4. Augen-, Ohren-, Nasentropfen, Puder, Salben und geringwertige Arzneimittel zur sofortigen Anwendung sowie für
5. folgende Einmalartikel: Einmalspritzen, Einmalkanülen, Einmalhandschuhe, Einmalharnblasenkatheter, Einmalskalpelle, Einmalproktoskope, Einmaldarmrohre, Einmalspekula.

(3) [1] Versand- und Portokosten können nur von dem Arzt berechnet werden, dem die gesamten Kosten für Versandmaterial, Versandgefäße sowie für den Versand oder Transport entstanden sind. [2] Kosten für Versandmaterial, für den Versand des Untersuchungsmaterials und die Übermittlung des Untersuchungsergebnisses innerhalb einer Laborgemeinschaft oder innerhalb eines Krankenhausgeländes sind nicht berechnungsfähig; dies gilt auch, wenn Material oder ein Teil davon unter Nutzung der Transportmittel oder des Versandweges oder der Versandgefäße einer Laborgemeinschaft zur Untersuchung einem zur Erbringung von Leistungen beauftragten Arzt zugeleitet wird. [3] Werden aus demselben Körpermaterial sowohl in einer Laborgemeinschaft als auch von einem Laborarzt Leistungen aus den Abschnitten M oder N ausgeführt, so kann der Laborarzt bei Benutzung desselben Transportweges Versandkosten nicht berechnen; dies gilt auch dann, wenn ein Arzt eines anderen Gebiets Auftragsleistungen aus den Abschnitten M oder N erbringt. [4] Für die Versendung der Arztrechnung dürfen Versand- und Portokosten nicht berechnet werden.

§ 11 Zahlung durch öffentliche Leistungsträger. (1) Wenn ein Leistungsträger im Sinne des § 12 des Ersten Buches Sozialgesetzbuch oder ein sonstiger öffentlich-rechtlicher Kostenträger die Zahlung leistet, sind die ärztlichen Leistungen nach den Gebührensätzen des Gebührenverzeichnisses (§ 5 Abs. 1 Satz 2) zu berechnen.

(2) [1] Absatz 1 findet nur Anwendung, wenn dem Arzt vor der Inanspruchnahme eine von dem die Zahlung Leistenden ausgestellte Bescheinigung vorgelegt wird. [2] In dringenden Fällen kann die Bescheinigung auch nachgereicht werden.

§ 12 Fälligkeit und Abrechnung der Vergütung; Rechnung. (1) Die Vergütung wird fällig, wenn dem Zahlungspflichtigen eine dieser Verordnung entsprechende Rechnung erteilt worden ist.

(2) Die Rechnung muss insbesondere enthalten:

1. das Datum der Erbringung der Leistung,
2. bei Gebühren die Nr. und die Bezeichnung der einzelnen berechneten Leistung einschließlich einer in der Leistungsbeschreibung gegebenenfalls genannten Mindestdauer sowie den jeweiligen Betrag und den Steigerungssatz,
3. bei Gebühren für stationäre, teilstationäre sowie vor- und nachstationäre privatärztliche Leistungen zusätzlich den Minderungsbetrag nach § 6 a,
4. bei Entschädigungen nach den §§ 7 bis 9 den Betrag, die Art der Entschädigung und die Berechnung,
5. bei Ersatz von Auslagen nach § 10 den Betrag und die Art der Auslage; übersteigt der Betrag der einzelnen Auslage 25,56 Euro, ist der Beleg oder ein sonstiger Nachweis beizufügen.

(3) [1]Überschreitet eine berechnete Gebühr nach Absatz 2 Nr. 2 das 2,3fache des Gebührensatzes, ist dies auf die einzelne Leistung bezogen für den Zahlungspflichtigen verständlich und nachvollziehbar schriftlich zu begründen; das Gleiche gilt bei den in § 5 Abs. 3 genannten Leistungen, wenn das 1,8fache des Gebührensatzes überschritten wird, sowie bei den in § 5 Abs. 4 genannten Leistungen, wenn das 1,15fache des Gebührensatzes überschritten wird. [2]Auf Verlangen ist die Begründung näher zuerläutern. [3]Soweit im Falle einer abweichenden Vereinbarung nach § 2 auch ohne die getroffene Vereinbarung ein Überschreiten der in Satz 1 genannten Steigerungssätze gerechtfertigt gewesen wäre, ist das Überschreiten auf Verlangen des Zahlungspflichtigen zu begründen; die Sätze 1 und 2 gelten entsprechend. [4]Die Bezeichnung der Leistung nach Absatz 2 Nr. 2 kann entfallen, wenn der Rechnung eine Zusammenstellung beigefügt wird, der die Bezeichnung für die abgerechnete Leistungsnummer entnommen werden kann. [5]Leistungen, die auf Verlangen erbracht worden sind (§ 1 Abs. 2 Satz 2), sind als solche zu bezeichnen.

(4) Wird eine Leistung nach § 6 Abs. 2 berechnet, ist die entsprechend bewertete Leistung für den Zahlungspflichtigen verständlich zu beschreiben und mit dem Hinweis „entsprechend" sowie der Nr. und der Bezeichnung der als gleichwertig erachteten Leistung zu versehen.

(5) Durch Vereinbarung mit den in § 11 Abs. 1 genannten Leistungs- und Kostenträgern kann eine von den Vorschriften der Absätze 1 bis 4 abweichende Regelung getroffen werden.

Gebührenverzeichnis für ärztliche Leistungen Anlage zur Gebührenordnung für Ärzte

(Auszug)

A. GEBÜHREN IN BESONDEREN FÄLLEN

Für die nachfolgend genannten Leistungen dürfen Gebühren nach Maßgabe des § 5 nur bis zum Zweieinhalbfachen des Vergütungssatzes bemessen werden: Nrn. 2 und 56 in Abschnitt B, Nrn. 250, 250a, 402 und 403 in Abschnitt C, Nrn. 602, 605 bis 617, 620 bis 624, 635 bis 647, 650, 651, 653, 654, 657 bis 661, 665 bis 666, 725, 726, 759 bis 761 in Abschnitt F, Nrn. 855 bis 857 in Abschnitt G, Nrn. 1001 und 1002 in Abschnitt H, Nrn. 1255 bis 1257, 1259, 1260, 1262, 1263, 1268 bis 1270 in Abschnitt I, Nrn. 1401, 1403 bis 1406, 1558 bis 1560 in Abschnitt J, Nrn. 4850 bis 4873 in Abschnitt N.

B. GRUNDLEISTUNGEN UND ALLGEMEINE LEISTUNGEN

Allgemeine Bestimmungen

1. Als Behandlungsfall gilt für die Behandlung derselben Erkrankung der Zeitraum eines Monats nach der jeweils ersten Inanspruchnahme des Arztes.
2. Die Leistungen nach den Nrn. 1 und/oder 5 sind neben Leistungen nach den Abschnitten C bis O im Behandlungsfall nur einmal berechnungsfähig.
3. Die Leistungen nach den Nrn. 1, 3, 5, 6, 7 und/oder 8 können an demselben Tag nur dann mehr als einmal berechnet werden, wenn dies durch die Beschaffenheit des Krankheitsfalls geboten war. Bei mehrmaliger Berechnung ist die jeweilige Uhrzeit der Leistungserbringung in der Rechnung anzugeben. Bei den Leistungen nach den Nrn. 1, 5, 6, 7 und/oder 8 ist eine mehrmalige Berechnung an demselben Tag auf Verlangen, bei der Leistung nach Nr. 3 generell zu begründen.

4. Die Leistungen nach den Nrn. 1, 3, 22, 30 und/oder 34 sind neben den Leistungen nach den Nrn. 804 bis 812, 817, 835, 849, 861 bis 864, 870, 871, 886 sowie 887 nicht berechnungsfähig.
5. Mehr als zwei Visiten an demselben Tag können nur berechnet werden, wenn sie durch die Beschaffenheit des Krankheitsfalls geboten waren. Bei der Berechnung von mehr als zwei Visiten an demselben Tag ist die jeweilige Uhrzeit der Visiten in der Rechnung anzugeben. Auf Verlangen ist die mehr als zweimalige Berechnung einer Visite an demselben Tag zu begründen. Anstelle oder neben der Visite im Krankenhaus sind die Leistungen nach den Nrn. 1, 3, 4, 5, 6, 7, 8 und/oder 15 nicht berechnungsfähig.
6. Besuchsgebühren nach den Nrn. 48, 50 und/oder 51 sind für Besuche von Krankenhaus- und Belegärzten im Krankenhaus nicht berechnungsfähig.
7. Terminvereinbarungen sind nicht berechnungsfähig.
8. Neben einer Leistung nach den Nrn. 5, 6, 7 oder 8 sind die Leistungen nach den Nrn. 600, 601, 1203, 1204, 1228, 1240, 1400, 1401 und 1414 nicht berechnungsfähig.

I. Allgemeine Beratungen und Untersuchungen

1	Beratung, auch telefonisch	80	4,66
2	Wiederholungsrezept, Überweisung, Befundübermittlung, Messung von Körperzuständen	30	1,75

Die Leistung nach Nr. 2 darf anlässlich einer Inanspruchnahme des Arztes nicht zusammen mit anderen Gebühren berechnet werden.

3	Eingehende Beratung, auch telefonisch	150	8,74

Die Leistung nach Nr. 3 (Dauer mindestens 10 Minuten) ist nur Berechnungsfähig als einzige Leistung oder im Zusammenhang mit einer Untersuchung nach den Nrn. 5, 6, 7, 8, 800 oder 801. Eine mehr als einmalige Berechnung der Leistung nach Nr. 3 im Behandlungsfall bedarf einer besonderen Begründung.

4	Fremdanamnese, Unterweisung und Führung von Bezugsperson(en)	220	12,82

Die Leistung nach Nr. 4 ist im Behandlungsfall nur einmal berechnungsfähig. Die Leistung nach Nr. 4 ist neben den Leistungen nach den Nrn. 30,34, 801, 806, 807, 816, 817 und/oder 835 nicht berechnungsfähig.

5	Symptombezogene Untersuchung	80	4,66

Die Leistung nach Nr. 5 ist neben den Leistungen nach den Nrn. 6 bis 8 nicht berechnungsfähig.

6	Vollständige körperliche Untersuchung mindestens eines Organsystems (Augen, HNO-Bereich, Mund-Kiefer, Nieren und ableitenden Harnwege, Gefäßstatus	100	5,83

Die vollständige körperliche Untersuchung eines Organsystems nach der Leistung nach Nr. 6 beinhaltet insbesondere:
– bei den Augen: beidseitige Inspektion des äußeren Auges, beidseitige Untersuchung der vorderen und mittleren Augenabschnitte sowie des Augenhintergrunds;
– bei dem HNO-Bereich: Inspektion der Nase, des Naseninnern, des Rachens, beider Ohren, beider äußerer Gehörgänge und beider Trommelfelle, Spiegelung des Kehlkopfs;

– *bei dem stomatognathen System: Inspektion der Mundhöhle, Inspektion und Palpation der Zunge und beider Kiefergelenke sowie vollständiger Zahnstatus;*
– *bei den Nieren und ableitenden Harnwegen: Palpation der Nierenlager und des Unterbauchs, Inspektion des äußeren Genitale sowie Digitaluntersuchung des Enddarms, bei Männern zusätzlich Digitaluntersuchung der Prostata, Prüfung der Bruchpforten sowie Inspektion und Palpation der Hoden und Nebenhoden;*
– *bei dem Gefäßstatus: Palpation und gegebenenfalls Auskultation der Arterien an beiden Handgelenken, Ellenbeugen, Achseln, Fußrücken, Sprunggelenken, Kniekehlen, Leisten sowie der tastbaren Arterien an Hals und Kopf, Inspektion und gegebenenfalls Palpation der oberflächlichen Bein und Halsvenen. Die Leistung nach Nr. 6 ist neben den Leistungen nach den Nrn. 5, 7 und/oder 8 nicht berechnungsfähig.*

7   Vollständige körperliche Untersuchung mindestens eines Organsystems (Hautorgan, Stütz- und Bewegungsorgane, Brustorgane, Bauchorgane, weiblicher Genitaltrakt)   160   9,33
Die vollständige körperliche Untersuchung eines Organsystems nach der Leistung nach Nr. 7 beinhaltet insbesondere:
– *bei dem Hautorgan: Inspektion der gesamten Haut, Hautanhangsgebilde und sichtbaren Schleimhäute, gegebenenfalls einschließlich Prüfung des Dermographismus und Untersuchung mittels Glasspatel;*
– *bei den Stütz- und Bewegungsorganen: Inspektion, Palpation und orientierende Funktionsprüfung der Gelenke und der Wirbelsäule einschließlich Prüfung der Reflexe;*
– *bei den Brustorganen: Auskultation und Perkussion von Herz und Lunge sowie Blutdruckmessung;*
– *bei den Bauchorganen: Palpation, Perkussion und Auskultation der Bauchorgane einschließlich palpatorischer Prüfung der Bruchpforten und der Nierenlager;*
– *bei dem weiblichen Genitaltrakt: bimanuelle Untersuchung der Gebärmutter und der Adnexe, Inspektion des äußeren Genitale, der Vagina und der Portio uteri, Digitaluntersuchung des Enddarms, gegebenenfalls Palpation der Nierenlager und des Unterbauchs. Die Leistung nach Nr. 7 ist neben den Leistungen nach den Nrn. 5, 6 und/oder 8 nicht berechnungsfähig.*

8   Ganzkörperstatus   260   15,15
Der Ganzkörperstatus beinhaltet die Untersuchung der Haut, der sichtbaren Schleimhäute, der Brust- und Bauchorgane, der Stütz- und Bewegungsorgane, sowie eine orientierende neurologische Untersuchung. Die Leistung nach Nr. 8 ist neben den Leistungen nach den Nrn. 5, 6, 7 und/oder 800 nicht berechnungsfähig.

11   Digitaluntersuchung Mastdarm/Prostata   60   3,50

15   Flankierende therapeutische und soziale Maßnahmen bei chronisch Kranken   300   17,49
Die Leistung nach Nr. 15 darf nur einmal im Kalenderjahr berechnet werden.
Neben der Leistung nach Nr. 15 ist die Leistung nach Nr. 4 im Behandlungsfall nicht berechnungsfähig.

II. Zuschläge zu Beratungen und Untersuchungen nach den Nrn. 1, 3, 4, 5, 6, 7 oder 8

Allgemeine Bestimmungen
Die Zuschläge nach den Buchstaben A bis D sowie K 1 sind nur mit dem einfachen Gebührensatz berechnungsfähig. Sie dürfen unabhängig von der Anzahl und Kombination der erbrachten Leistungen je Inanspruchnahme des Arztes nur einmal berechnet werden. Neben den Zuschlägen nach den Buchstaben A bis D sowie K 1 dürfen die Zuschläge nach den Buchstaben E bis J sowie K 2 nicht berechnet werden. Die Zuschläge nach den Buchstaben B bis D dürfen von Krankenhausärzten nicht berechnet werden, es sei denn, die Leistungen werden durch den liquidationsberechtigten Arzt oder seinen Vertreter nach § 4 Abs. 2 Satz 3 erbracht.
Die Zuschläge sind in der Rechnung unmittelbar im Anschluss an die zugrundeliegende Leistung aufzuführen.

A Zuschlag, außerhalb der Sprechstunde   70   4,08
Der Zuschlag nach Buchstabe A ist neben den Zuschlägen nach den Buchstaben B, C und/oder D nicht berechnungsfähig. Der Zuschlag nach Buchstabe A ist für Krankenhausärzte nicht berechnungsfähig.

B Zuschlag, zwischen 20 und 22 Uhr oder 6 und 8 Uhr   180   10,49
C Zuschlag, zwischen 22 und 6 Uhr   320   18,65
Neben dem Zuschlag nach Buchstabe C ist der Zuschlag nach Buchstabe B nicht berechnungsfähig.

D Zuschlag, Samstag, Sonn- oder Feiertag   220   12,82
Werden Leistungen innerhalb einer Sprechstunde an Samstagen erbracht, so ist der Zuschlag nach Buchstabe D nur mit dem halben Gebührensatz berechnungsfähig. Werden Leistungen an Samstagen, Sonn- oder Feiertagen zwischen 20 und 8 Uhr erbracht, ist neben dem Zuschlag nach Buchstabe D ein Zuschlag nach Buchstabe B oder C berechnungsfähig. Der Zuschlag nach Buchstabe D ist für Krankenhausärzte im Zusammenhang mit zwischen 8 und 20 Uhr erbrachten Leistungen nicht berechnungsfähig.

K 1 Zuschlag, Untersuchungen nach den Nrn. 5, 6, 7 oder 8 bei
    Kindern bis zum 4. Lebensjahr   120   6,99

III. Spezielle Beratungen und Untersuchungen

20 Beratungsgespräch in Gruppen, je Teilnehmer und Sitzung
    (Mindestdauer 50 Minuten)   120   6,99
Neben der Leistung nach Nr. 20 sind die Leistungen nach den Nrn. 847, 862, 864, 871 und/oder 887 nicht berechnungsfähig.

21 Eingehende humangenetische Beratung, je angefangene
    halbe Stunde und Sitzung   360   20,98
Die Leistung nach Nr. 21 darf nur berechnet werden, wenn die Beratung in der Sitzung mindestens eine halbe Stunde dauert. Die Leistung nach Nr. 21 ist innerhalb eines halben Jahres nach Beginn des Beratungsfalls nicht mehr als viermal berechnungsfähig. Neben der Leistung nach Nr. 21 sind die Leistungen nach den Nrn. 1, 3, 4, 22 und 34 nicht berechnungsfähig.

22	Eingehende Beratung einer Schwangeren	300	17,49

Neben der Leistung nach Nr. 22 sind die Leistungen nach den Nrn. 1, 3, 21 oder 34 nicht berechnungsfähig.

23	Erste Vorsorgeuntersuchung Schwangerschaft	300	17,49

Neben der Leistung nach Nr. 23 sind die Leistungen nach den Nrn. 1, 3, 5, 7 und/oder 3550 nicht berechnungsfähig.

24	Untersuchung im Schwangerschaftsverlauf	200	11,66

Neben der Leistung nach Nr. 24 sind die Leistungen nach den Nrn. 1, 3, 5 und/oder 7 nicht berechnungsfähig.

25	Neugeborenen-Erstuntersuchung	200	11,66

Neben der Leistung nach Nr. 25 sind die Leistungen nach den Nrn. 1, 3, 4, 5, 6, 7 und/oder 8 nicht berechnungsfähig.

26	Früherkennungsuntersuchung beim Kind	450	26,33

Die Leistung nach Nr. 26 ist ab dem vollendeten 2. Lebensjahr je Kalenderjahr höchstens einmal berechnungsfähig. Neben der Leistung nach Nr. 26 sind die Leistungen nach den Nrn. 1, 3, 4, 5, 6, 7 und/oder 8 nicht berechnungsfähig.

27	Krebsvorsorgeuntersuchung, Frau	320	18,65

Mit der Gebühr sind die Kosten für Untersuchungsmaterialien abgegolten. Neben der Leistung nach Nr. 27 sind die Leistungen nach den Nrn. 1, 3, 5, 6, 7, 8, 297, 3500, 3511, 3650 und/oder 3652 nicht berechnungsfähig.

28	Krebsvorsorgeuntersuchung, Mann	280	16,32

Mit der Gebühr sind die Kosten für Untersuchungsmaterialien abgegolten. Neben der Leistung nach Nr. 28 sind die Leistungen nach den Nrn. 1, 3, 5, 6, 7, 8, 11, 3500, 3511, 3650 und/oder 3652 nicht berechnungsfähig.

29	Früherkennungsuntersuchung beim Erwachsenen	440	25,65

Neben der Leistung nach Nr. 29 sind die Leistungen nach den Nrn. 1, 3, 5, 6, 7 und/oder 8 nicht berechnungsfähig.

30	Homöopathischen Erstanamnese (Mindestdauer eine Stunde)	900	52,46

Dauert die Erhebung einer homöopathischen Erstanamnese bei einem Kind bis zum vollendeten 14. Lebensjahr weniger als eine Stunde, mindestens aber eine halbe Stunde, kann die Leistung nach Nr. 30 bei entsprechender Begründung mit der Hälfte der Gebühr berechnet werden. Die Leistung nach Nr. 30 ist innerhalb von einem Jahr nur einmal berechnungsfähig. Neben der Leistung nach Nr. 30 sind die Leistungen nach den Nrn. 1, 3 und/oder 34 nicht berechnungsfähig.

31	Homöopathische Folgeanamnese (Mindestdauer 30 Minuten)	450	26,23

Die Leistung nach Nr. 31 ist innerhalb von sechs Monaten höchstens dreimal berechnungsfähig. Neben der Leistung nach Nr. 31 sind die Leistungen nach den Nrn. 1, 3, 4, 30 und/oder 34 nicht berechnungsfähig.

32	Untersuchung nach Jugendarbeitsschutzgesetz	400	23,31
33	Diabetiker-Einzelschulung (Mindestdauer 20 Minuten)	300	17,49

Die Leistung nach Nr. 33 ist innerhalb von einem Jahr höchstens dreimal berechnungsfähig. Neben der Leistung nach Nr. 33 sind die Leistungen nach den Nrn. 1, 3, 15, 20, 847, 862, 864, 871 und/oder 887 nicht berechnungsfähig.

| 34 | Erörterung, lebensverändernde oder bedrohende Erkrankung (Mindestdauer 20 Minuten) | 300 | 17,49 |

Die Leistung nach Nr. 34 ist innerhalb von 6 Monaten höchstens zweimal berechnungsfähig. Neben der Leistung nach Nr. 34 sind die Leistungen nach den Nrn. 1, 3,4, 15 und/oder 30 nicht berechnungsfähig.

IV. Visiten, Konsiliartätigkeit, Besuche, Assistenz

| 45 | Visite im Krankenhaus | 70 | 4,08 |

Die Leistung nach Nr. 45 ist neben anderen Leistungen des Abschnitts B nicht berechnungsfähig. Werden zu einem anderen Zeitpunkt an demselben Tag andere Leistungen des Abschnitts B erbracht, so können diese mit Angabe Der Uhrzeit für die Visite und die anderen Leistungen aus Abschnitt B berechnet werden. Anstelle oder neben der Visite im Krankenhaus sind die Leistungen nach den Nrn. 1, 3, 4, 5, 6, 7, 8, 15, 48, 50 und/oder 51 nicht berechnungsfähig. Wird mehr als eine Visite an demselben Tag erbracht, kann für die über die erste Visite hinausgehenden Visiten nur die Leistung nach Nr. 46 berechnet werden. Die Leistung nach Nr. 45 ist nur berechnungsfähig, wenn diese durch einen liquidationsberechtigten Arzt des Krankenhauses oder dessen ständigen ärztlichen Vertreter im Sinne des § 4 Abs. 2 Satz 3 persönlich erbracht wird.

| 46 | Zweitvisite im Krankenhaus | 50 | 2,91 |

Die Leistung nach Nr. 46 ist neben anderen Leistungen des Abschnitts B nicht berechnungsfähig. Werden zu einem anderen Zeitpunkt an demselben Tag andere Leistungen des Abschnitts B erbracht, so können diese mit Angabe der Uhrzeit für die Visite und die anderen Leistungen aus Abschnitt B berechnet werden. Anstelle oder neben der Zweitvisite im Krankenhaus sind die Leistungen nach den Nrn. 1, 3, 4, 5, 6, 7, 8, 15, 45, 48, 50 und/oder 51 nicht berechnungsfähig. Mehr als zwei Visiten dürfen nur berechnet werden, wenn sie durch die Beschaffenheit des Krankheitsfalls geboten waren oder verlangt wurden. Wurde die Visite verlangt, muss dies in der Rechnung angegeben werden. Die Leistung nach Nr. 46 ist nur berechnungsfähig, wenn diese durch einen liquidationsberechtigten Arzt des Krankenhauses oder dessen ständigen ärztlichen Vertreter im Sinne des § 4 Abs. 2 Satz 3 persönlich erbracht wird.

| 48 | Besuch, Pflegestation | 120 | 6,99 |

Die Leistung nach Nr. 48 ist neben den Leistungen nach den Nrn. 1, 50, 51 und/oder 52 nicht berechnungsfähig.

| 50 | Besuch mit Beratung und Untersuchung | 320 | 18,65 |

Die Leistung nach Nr. 50 darf anstelle oder neben einer Leistung nach den Nrn. 45 oder 46 nicht berechnet werden. Neben der Leistung nach Nr. 50 sind die Leistungen nach den Nrn. 1, 5, 48 und/oder 52 nicht berechnungsfähig.

| 51 | Mitbesuch eines weiteren Kranken | 250 | 14,57 |

Die Leistung nach Nr. 51 darf anstelle oder neben einer Leistung nach den Nrn. 45 oder 46 nicht berechnet werden. Neben der Leistung nach Nr. 51 sind die Leistungen nach den Nrn. 1, 5, 48 und/oder 52 nicht berechnungsfähig.

| 52 | Besuch durch nichtärztliches Personal | 100 | 5,83 |

Die Pauschalgebühr nach Nr. 52 ist nur mit dem einfachen Gebührensatz berechnungsfähig. Sie ist nicht berechnungsfähig, wenn das nicht-

ärztliche Personal den Arzt begleitet. Wegegeld ist daneben nicht berechnungsfähig.

55 Begleitung eines Patienten durch den Arzt *Neben der Leistung nach Nr. 55 sind die Leistungen nach den Nrn. 56, 60 und/oder 833 nicht berechnungsfähig.*	500	29,14

56   Verweilen, je angefangene halbe Stunde   180   10,49
Die Verweilgebühr darf nur berechnet werden, wenn der Arzt nach der Beschaffenheit des Krankheitsfalls mindestens eine halbe Stunde verweilen muss und während dieser Zeit keine ärztliche(n) Leistung(en) erbringt. Im Zusammenhang mit dem Beistand bei einer Geburt darf die Verweilgebühr nur für ein nach Ablauf von zwei Stunden notwendiges weiteres Verweilen berechnet werden.

60   Konsiliarische Erörterung   120   6,99
Die Leistung nach Nr. 60 darf nur berechnet werden, wenn sich der liquidierende Arzt zuvor oder in unmittelbarem zeitlichen Zusammenhang mit der konsiliarischen Erörterung persönlich mit dem Patienten und dessen Erkrankung befasst hat. Die Leistung nach Nr. 60 darf auch dann berechnet werden, wenn die Erörterung zwischen einem liquidationsberechtigten Arzt und dem ständigen persönlichen ärztlichen Vertreter eines anderen liquidationsberechtigten Ärztes erfolgt. Die Leistung nach Nr. 60 ist nicht berechnungsfähig, wenn die Ärzte Mitglieder derselben Krankenhausabteilung oder derselben Gemeinschaftspraxis oder einer Praxisgemeinschaft von Ärzten gleicheroder ähnlicher Fachrichtung (z. B. praktischer Arzt und Allgemeinarzt, Internist und praktischer Arzt) sind. Sie ist nicht berechnungsfähig für routinemäßige Besprechungen (z. B. Röntgenbesprechung, Klinik- oder Abteilungskonferenz, Team- oder Mitarbeiterbesprechung, Patientenübergabe).

61   Assistenz, je angefangene halbe Stunde   130   7,58
Die Leistung nach Nr. 61 ist neben anderen Leistungen nicht berechnungsfähig. Die Nr. 61 gilt nicht für Ärzte, die zur Ausführung einer Narkose hinzugezogen werden. Die Leistung nach Nr. 61 darf nicht berechnet werden, wenn die Assistenz durch nicht liquidationsberechtigte Ärzte erfolgt.

62   Assistenz bei operativen belegärztl. Leistungen/bei ambulanter Operation niedergelassener Ärzte, je angefangene
halbe Stunde   150   8,74
Wird die Leistung nach Nr. 62 berechnet, kann der assistierende Arzt die Leistung nach Nr. 61 nicht berechnen.

V. Zuschläge zu den Leistungen nach den Nrn. 45 bis 62

Allgemeine Bestimmungen
Die Zuschläge nach den Buchstaben E bis J sowie K 2 sind nur mit dem einfachen Gebührensatz berechnungsfähig. Abweichend hiervon sind die Zuschläge nach den Buchstaben E bis H neben der Leistung nach Nr. 51 nur mit dem halben Gebührensatz berechnungsfähig. Im Zusammenhang mit Leistungen nach den Nrn. 45 bis 55 und 60 dürfen die Zuschläge unabhängig von der Anzahl und Kombination der erbrachten Leistungen je Inanspruchnahme des Arztes nur einmal berechnet werden. Neben den Zuschlägen nach den Buchstaben E bis J sowie K 2 dürfen

die Zuschläge nach den Buchstaben A bis D sowie K 1 nicht berechnet werden. Die Zuschläge sind in der Rechnung unmittelbar im Anschluss an die zugrundeliegende Leistung aufzuführen.

E   Zuschlag, unverzüglich erfolgte Ausführung   160   9,33
Der Zuschlag nach Buchstabe E ist neben Leistungen nach den Nrn. 45 und/oder 46 nicht berechnungsfähig,es sei denn, die Visite wird durch einen Belegarzt durchgeführt. Der Zuschlag nach Buchstabe E ist neben Zuschlägen nach den Buchstaben F, G und/oder H nicht berechnungsfähig.

F   Zuschlag, zwischen 20 bis 22 Uhr oder 6 bis 8 Uhr   260   15,15
Der Zuschlag nach Buchstabe F ist neben den Leistungen nach den Nrn. 45, 46, 48 und 52 nicht berechnungsfähig.

G   Zuschlag, zwischen 22 und 6 Uhr   450   26,23
Der Zuschlag nach Buchstabe G ist neben den Leistungen nach den Nrn. 45, 46, 48 und 52 nicht berechnungsfähig. Neben dem Zuschlag nach Buchstabe G ist der Zuschlag nach Buchstabe F nicht berechnungsfähig.

H   Zuschlag, Samstag, Sonn- oder Feiertag   340   19,82
Werden Leistungen an Samstagen, Sonn- oder Feiertagen zwischen 20 und 8 Uhr erbracht, darf neben dem Zuschlag nach Buchstabe H ein Zuschlag nach Buchstabe F oder G berechnet werden. Der Zuschlag nach Buchstabe H ist neben den Leistungen nach den Nrn. 45, 46, 48 und 52 nicht berechnungsfähig.

J   Zuschlag, Belegarzt-Visite, je Tag   80   4,66
K 2   Zuschlag zu den Nrn. 45, 46, 48, 50, 51, 55 oder 56 bei Kindern bis zum 4. Lebensjahr   120   6,99

VI. Berichte, Briefe

70   Kurz-Bescheinigung/Zeugnis, Arbeitsunfähigkeitsbescheinigung   40   2,33
75   Ausführlicher schriftlicher Bericht   130   7,58
Die Befundmitteilung oder der einfache Befundbericht ist mit der Gebühr für die zugrundeliegende Leistung abgegolten.

76   Schriftlicher, individueller Diätplan   70   4,08
77   Schriftliche, individuelle Planung/Leitung einer Kur   150   8,74
Die Leistung nach Nr. 77 ist für eine im zeitlichen Zusammenhang Durchgeführte Kur unabhängig von deren Dauer nur einmal berechnungsfähig.

78   Behandlungsplan Chemotherapie und/oder schriftlicher onkologischer Nachsorgeplan   180   10,49
80   Schriftliche gutachtliche Äußerung   300   17,49
85   Aufwendige schriftliche gutachtliche Äußerung, je angefangene Stunde Arbeitszeit   500   29,14
90   Schriftliche Beurteilung einer Indikation für Schwangerschaftsabbruch   120   6,99
95   Schreibgebühr, je angefangene DIN A4-Seite   60   3,50
96   Schreibgebühr, je Kopie   3   0,17

*Die Schreibgebühren nach den Nrn. 95 und 96 sind nur neben den
Leistungen nach den Nrn. 80, 85 und 90 und nur mit dem einfachen
Gebührensatz berechnungsfähig.*

VII. Todesfeststellung

Allgemeine Bestimmung
Begibt sich der Arzt zur Erbringung einer oder mehrerer Leistungen nach den Nrn. 100 bis 107 außerhalb seiner Arbeitsstätte
(Praxis oder Krankenhaus) oder seiner Wohnung, kann er für die
zurückgelegte Wegstrecke Wegegeld nach § 8 berechnen.

100	Leichenschau	250	14,57
102	Entnahme einer Körperflüssigkeit beim Toten	150	8,74
104	Bulbusentnahme beim Toten	250	14,57
105	Hornhautentnahme aus einem Auge beim Toten	230	13,41
107	Entnahme eines Herzschrittmachers beim Toten	220	12,82

G. NEUROLOGIE, PSYCHIATRIE UND PSYCHOTHERAPIE

800	Eingehende neurologische Untersuchung	195	11,37

*Neben der Leistung nach Nr. 800 sind die Leistungen nach den Nrn. 8,
26, 825, 826, 830 und 1400 nicht berechnungsfähig.*

801	Eingehende psychiatrische Untersuchung	250	14,57

*Neben der Leistung nach Nr. 801 sind die Leistungen nach den Nrn. 4,
8, 715 bis 718, 825, 826, 830 und 1400 nicht berechnungsfähig.*

804	Psychiatrische Behandlung, eingehendes therapeutisches Gespräch	150	8,74
806	Psychiatrische Behandlung, eingehendes therapeutisches Gespräch, Mindestdauer 20 Minuten	250	14,57
807	Psychiatrische Anamnese bei Kindern	400	23,31

Die Leistung nach Nr. 807 ist im Behandlungsfall nur einmal berechnungsfähig.

808	Tiefenpsychologische oder analytische Psychotherapie	400	23,31
812	Psychiatrische Notfallbehandlung	500	29,14
816	Neuropsychiatrische Behandlung eines Anfallkranken	180	10,94
817	Eingehende psychiatrische Beratung der Bezugsperson psychisch gestörter Kinder/Jugendlicher	180	10,94
825	Geruchs-/Geschmacksprüfung	83	4,84
826	Neurologische Gleichgewichts-/Koordinationsprüfung	99	5,77

*Neben der Leistung nach Nr. 826 ist die Leistung nach Nr. 1412 nicht
berechnungsfähig.*

827	Elektroenzephalographische Untersuchung	605	35,26
827a	Langzeit-elektroenzephalographische Untersuchung, mindestens 18 Stunden	950	55,37
828	Evozierte Hirnpotentiale, visuell/akustisch/somatosensorisch	605	35,26
829	Sensible Elektroneurographie, mit Oberflächenelektroden	160	9,33
830	Eingehende Prüfung auf Aphasie/Apraxie/Alexie/Agraphie/Agnosie/Körperschemastörungen	80	4,66

831	Vegetative Funktionsdiagnostik	80	4,66
832	Neurologische Befunderhebung durch Faradisation/Galvanisation	158	9,21
833	Begleitung eines psychisch Kranken in die Klinik	285	16,16

Verweilgebühren sind nach Ablauf einer halben Stunde zusätzlich berechnungsfähig.

835	Erhebung der Fremdanamnese über einen psychisch Kranken/ein verhaltensgestörtes Kind	64	3,73
836	Intravenöse Konvulsionstherapie	190	11,07
837	Elektrische Konvulsionstherapie	273	15,91
838	Elektromyographische Untersuchung	550	32,06
839	Elektromyographische Untersuchung, mit Nervenleitungsgeschwindigkeit	700	40,08
840	Sensible Elektroneurographie, mit Nadelelektroden	700	40,08
842	Apparative isokinetische Muskelfunktionsdiagnostik	500	29,14

Die Leistung nach Nr. 842 ist im Behandlungsfall nur einmal berechnungsfähig.

845	Hypnose, Einzelbehandlung	150	8,74
846	Übende Verfahren (z.B. autogenes Training), Einzelbehandlung, mindestens 20 Minuten	150	8,74
847	Übende Verfahren (z.B. autogenes Training), Gruppenbehandlung, mindestens 20 Minuten, je Teilnehmer	45	2,62
849	Psychotherapeutische Behandlung, mindestens 20 Minuten	230	13,41
855	Projektive Testverfahren	722	42,08
856	Standardisierte Intelligenz-/Entwicklungstests	361	21,04

Neben der Leistung nach Nr. 856 sind die Leistungen nach den Nrn. 715 bis 718 nicht berechnungsfähig.

857	Orientierende Testuntersuchungen	116	6,76

Neben der Leistung nach Nr. 857 sind die Leistungen nach den Nrn. 716 und 717 nicht berechnungsfähig.

860	Anamnese unter neurosenpsychologischen Gesichtspunkten, auch in mehreren Sitzungen	920	53,62

Die Nr. 860 ist im Behandlungsfall nur einmal berechnungsfähig. Neben der Leistung nach Nr. 860 sind die Leistungen nach den Nrn. 807 und 835 nicht berechnungsfähig.

861	Tiefenpsychologisch fundierte Psychotherapie, Einzelbehandlung, mindestens 50 Minuten	690	40,22
862	Tiefenpsychologisch fundierte Psychotherapie, Gruppenbehandlung, mindestens 100 Minuten, je Teilnehmer	345	20,11
863	Analytische Psychotherapie, Einzelbehandlung, mindestens 50 Minuten	690	40,22
864	Analytische Psychotherapie, Gruppenbehandlung, mindestens 100 Minuten, je Teilnehmer	345	20,11
865	Behandlungsbesprechung mit dem nichtärztlichen Psychotherapeuten	345	20,11
870	Verhaltenstherapie, Einzelbehandlung, mindestens 50 Minuten	750	43,72

871 Verhaltenstherapie, Gruppenbehandlung, mindestens 50 Minuten, je Teilnehmer   150   8,74

Bei einer Sitzungsdauer von mindestens 100 Minuten kann die Leistung nach Nr. 871 zweimal berechnet werden.

885 Eingehende psychiatrische Untersuchung bei Kindern/Jugendlichen   500   29,14

886 Psychiatrische Behandlung bei Kindern/Jugendlichen, mindestens 40 Minuten   700   40,80

887 Psychiatrische Behandlung in Gruppen bei Kindern/Jugendlichen, mindestens 60 Minuten, je Teilnehmer   200   11,66

Anhang 9. Richtlinie 89/48/EWG des Rates über eine allgemeine Regelung zur Anerkennung der Hochschuldiplome, die eine mindestens dreijährige Berufsausbildung abschließen

Vom 21. Dezember 1988 (ABl. 1989, L 19, S. 16)

Geändert durch Richtlinie 2001/19/EG vom 14. 5. 2001 (ABl. 2001, L 206, S. 1)

(Auszug)

Der Rat der Europäischen Gemeinschaften hat folgende Richtlinie erlassen:

Art. 1. Im Sinne dieser Richtlinie gelten

a) als Diplome alle Diplome, Prüfungszeugnisse oder sonstige Befähigungsnachweise bzw. diese Diplome, Prüfungszeugnisse oder sonstigen Befähigungsnachweise insgesamt,
  – die in einem Mitgliedstaat von einer nach seinen Rechts- und Verwaltungsvorschriften bestimmten zuständigen Stelle ausgestellt werden,
  – aus denen hervorgeht, daß der Diplominhaber ein mindestens dreijähriges Studium oder ein dieser Dauer entsprechendes Teilzeitstudium an einer Universität oder einer Hochschule oder einer anderen Ausbildungseinrichtung mit gleichwertigem Niveau absolviert und gegebenenfalls die über das Studium hinaus erforderliche berufliche Ausbildung abgeschlossen hat und
  – aus denen hervorgeht, dass der Zeugnisinhaber über die beruflichen Voraussetzungen verfügt, die für den Zugang zu einem reglementierten Beruf oder dessen Ausübung in diesem Mitgliedstaat erforderlich sind,
  wenn die durch das Diplom, das Prüfungszeugnis oder einen sonstigen Befähigungsnachweis bescheinigte Ausbildung überwiegend in der Gemeinschaft erworben wurde oder wenn dessen Inhaber eine dreijährige Berufserfahrung hat, die von dem Mitgliedstaat bescheinigt wird, der ein Diplom, ein Prüfungszeugnis oder einen sonstigen Befähigungsnachweis eines Drittlands anerkannt hat.
  Einem Diplom im Sinne von Unterabsatz 1 sind alle Diplome, Prüfungszeugnisse oder sonstigen Befähigungsnachweise bzw. diese Diplome, Prüfungszeugnisse oder sonstigen Befähigungsnachweise insgesamt gleichgestellt, die von einer zuständigen Stelle in einem Mitgliedstaat ausgestellt wurden, wenn sie eine in der Gemeinschaft erworbene und von einer zuständigen Stelle in diesem Mitgliedstaat als gleichwertig anerkannte Ausbildung abschließen und in diesem Mitgliedstaat in bezug auf den Zugang zu einem reglementierten Beruf oder dessen Ausübung dieselben Rechte verleihen;
b) als Aufnahmestaat der Mitgliedstaat, in dem ein Angehöriger eines Mitgliedstaats die Ausübung eines Berufes beantragt, der dort reglementiert ist, in dem er jedoch nicht das Diplom, auf das er sich beruft, erworben oder erstmals den betreffenden Beruf ausgeübt hat;
c) als reglementierter Beruf der reglementierte berufliche Tätigkeit oder die reglementierten beruflichen Tätigkeiten insgesamt, die in einem Mitgliedstaat den betreffenden Beruf ausmachen;
d) als reglementierte berufliche Tätigkeit eine berufliche Tätigkeit, deren Aufnahme oder Ausübung oder eine ihrer Arten der Ausübung in einem Mitgliedstaat direkt oder indirekt durch Rechts- oder Verwaltungsvorschriften an den

Besitz eines Diploms gebunden ist. Als Art der Ausübung einer reglementierten
beruflichen Tätigkeit gilt insbesondere
 – die Ausübung einer beruflichen Tätigkeit in Verbindung mit der Führung eines Titels, der nur von Personen geführt werden darf, die ein Diplom besitzen, das in einschlägigen Rechts- und Verwaltungsvorschriften festgelegt ist;
 – die Ausübung einer beruflichen Tätigkeit im Gesundheitswesen, wenn die
   Vergütung dieser Tätigkeit und/oder eine diesbezügliche Erstattung durch
   das einzelstaatliche System der sozialen Sicherheit an den Besitz eines Diploms gebunden ist.
Eine berufliche Tätigkeit, auf die Unterabsatz 1 nicht zutrifft, wird einer reglementierten beruflichen Tätigkeit gleichgestellt, wenn sie von Mitgliedern eines
Verbandes oder einer Organisation ausgeübt wird, dessen bzw. deren Ziel insbesondere die Förderung und Wahrung eines hohen Niveaus in dem betreffenden Beruf ist und der bzw. die zur Verwirklichung dieses Ziels von einem Mitgliedstaat in besonderer Form anerkannt wird und
 – seinen bzw. ihren Mitgliedern ein Diplom ausstellt,
 – sicherstellt, dass seine bzw. ihre Mitglieder die von ihm bzw. ihr festgelegten
   Regeln für das berufliche Verhalten beachten und
 – ihnen das Recht verleiht, einen Titel zu führen bzw. bestimmte Kennbuchstaben zu verwenden oder einen diesem Diplom entsprechenden Status in
   Anspruch zu nehmen.
Ein nicht erschöpfendes Verzeichnis von Verbänden oder Organisationen, die
zum Zeitpunkt der Genehmigung dieser Richtlinie die Bindungen des Unterabsatzes 2 erfüllen, ist im Anhang enthalten. Wenn ein Mitgliedstaat einen Verband oder eine Organisation nach den Bestimmungen des Unterabsatzes 2 a-
erkennt, setzt er die Kommission davon in Kenntnis. Die Kommission veröffentlicht diese Information im Amtsblatt der Europäischen Gemeinschaften;
d a) als reglementierte Ausbildung jede Ausbildung,
   – die unmittelbar auf die Ausübung eines bestimmten Berufs gerichtet ist
     und
   – die aus einem mindestens dreijährigen Studium oder einem dieser Dauer ent-
     sprechenden Teilzeitstudium an einer Universität oder Hochschule oder einer
     anderen Ausbildungseinrichtung mit gleichwertigem Niveau und gegebe-
     nenfalls einer bzw. einem über das Studium hinaus erforderlichen Berufsaus-
     bildung, Berufspraktikum oder Berufspraxis besteht; die Struktur und das Ni-
     veau der Berufsausbildung, des Berufspraktikums oder der Berufspraxis sind in
     den Rechts- und Verwaltungsvorschriften dieses Mitgliedstaats festgelegt oder
     werden von der zu diesem Zweck bestimmten Stelle kontrolliert bzw. ge-
     nehmigt;
 e) als Berufserfahrung die tatsächliche und rechtmäßige Ausübung des betreffen-
    den Berufs in einem Mitgliedstaat;
 f) als Anpassungslehrgang die Ausübung eines reglementierten Berufs, die in dem
    Aufnahmestaat unter der Verantwortung eines qualifizierten Berufsangehörigen
    erfolgt und gegebenenfalls mit einer Zusatzausbildung einhergeht. Der Lehrgang
    ist Gegenstand einer Bewertung. Die Einzelheiten des Anpassungslehrgangs und
    seiner Bewertung sowie die Rechtslage des zugewanderten Lehrgangsteilneh-
    mers werden von der zuständigen Stelle des Aufnahmestaats festgelegt;
 g) als Eignungsprüfung eine ausschließlich die beruflichen Kenntnisse des An-
    tragstellers betreffende und von den zuständigen Stellen des Aufnahmestaats
    durchgeführte Prüfung, mit der die Fähigkeit des Antragstellers, in diesem Mit-
    gliedstaat einen reglementierten Beruf auszuüben, beurteilt werden soll.
    Für die Zwecke dieser Prüfung erstellen die zuständigen Stellen ein Verzeichnis
    der Sachgebiete, die aufgrund eines Vergleichs zwischen der in ihrem Staat ver-
    langten Ausbildung und der bisherigen Ausbildung des Antragstellers von dem

Diplom oder dem bzw. den Prüfungszeugnissen, die der Antragsteller vorlegt, nicht abgedeckt werden.

Die Eignungsprüfung muss dem Umstand Rechnung tragen, dass der Antragsteller in seinem Heimat- oder Herkunftsmitgliedstaat über eine berufliche Qualifikation verfügt. Sie erstreckt sich auf Sachgebiete, die aus den in dem Verzeichnis enthaltenen Sachgebieten auszuwählen sind und deren Kenntnis eine wesentliche Voraussetzung für eine Ausübung des Berufs im Aufnahmestaat ist. Diese Prüfung kann sich auch auf die Kenntnis der sich auf die betreffenden Tätigkeiten im Aufnahmestaat beziehenden berufsständischen Regeln erstrecken. Die Modalitäten der Eignungsprüfung werden von den zuständigen Stellen des Aufnahmestaats unter Wahrung der Bestimmungen des Gemeinschaftsrechts festgelegt.

Im Aufnahmestaat wird die Rechtslage des Antragstellers, der sich dort auf die Eignungsprüfung vorbereiten will, von den zuständigen Stellen dieses Staats festgelegt.

Art. 2. Diese Richtlinie gilt für alle Angehörigen eines Mitgliedstaats, die als Selbständige oder abhängig Beschäftigte einen reglementierten Beruf in einem anderen Mitgliedstaat ausüben wollen.

Diese Richtlinie gilt nicht für die Berufe, die Gegenstand einer Einzelrichtlinie sind, mit der in den Mitgliedstaaten eine gegenseitige Anerkennung der Diplome eingeführt wird.

(1) ABl. Nr. C 217 vom 28. 8. 1985, S. 3, und ABl. Nr. C 143 vom 10. 6. 1986, S. 7.

(2) ABl. Nr. C 345 vom 31. 12. 1985, S. 80, und ABl. Nr. C 309 vom 5. 12. 1988.

(3) ABl. Nr. C 75 vom 3. 4. 1986, S. 5.

Art. 3. Wenn der Zugang zu einem reglementierten Beruf oder dessen Ausübung im Aufnahmestaat von dem Besitz eines Diploms abhängig gemacht wird, kann die zuständige Stelle einem Angehörigen eines Mitgliedstaats den Zugang zu diesem Beruf oder dessen Ausübung unter denselben Voraussetzungen wie bei Inländern nicht wegen mangelnder Qualifikation verweigern,

a) wenn der Antragsteller das Diplom besitzt, das in einem anderen Mitgliedstaat erforderlich ist, um Zugang zu diesem Beruf in seinem Hoheitsgebiet zu erhalten oder ihn dort auszuüben, und wenn dieses Diplom in einem Mitgliedstaat erworben wurde, oder

b) wenn der Antragsteller diesen Beruf vollzeitlich zwei Jahre lang in den vorhergehenden zehn Jahren in einem anderen Mitgliedstaat ausgeübt hat, der diesen Beruf nicht gemäß Artikel 1 Buchstabe c) und Buchstabe d) Absatz 1 reglementiert, sofern der Betreffende dabei im Besitz von einem oder mehreren Ausbildungsnachweisen war,

– die in einem Mitgliedstaat von einer nach dessen Rechts- und Verwaltungsvorschriften bestimmten zuständigen Stelle ausgestellt worden waren;

– aus denen hervorgeht, dass der Inhaber ein mindestens dreijähriges Studium oder ein dieser Dauer entsprechendes Teilzeitstudium an einer Universität oder einer Hochschule oder einer anderen Ausbildungseinrichtung mit gleichwertigem Niveau in einem Mitgliedstaat absolviert und gegebenenfalls die über das Studium hinaus erforderliche berufliche Ausbildung abgeschlossen hatte und

– die er zur Vorbereitung auf die Ausübung dieses Berufs erworben hatte.

Die zweijährige Berufserfahrung nach Unterabsatz 1 darf jedoch nicht verlangt werden, wenn der oder die unter diesem Buchstaben genannte(n) Ausbildungsnachweis(e) des Antragstellers den Abschluss einer reglementierten Ausbildung bestätigen.

Dem Ausbildungsnachweis nach Unterabsatz 1 sind ein jedes Prüfungszeugnis bzw. Prüfungszeugnisse insgesamt gleichgestellt, die von einer zuständigen Stelle in einem Mitgliedstaat ausgestellt werden, wenn sie eine in der Gemeinschaft erworbene Ausbildung bestätigen und von diesem Mitgliedstaat als gleichwertig anerkannt werden, sofern diese Anerkennung den übrigen Mitgliedstaaten und der Kommission mitgeteilt worden ist.

Art. 4. (1) Artikel 3 hindert den Aufnahmestaat nicht daran, vom Antragsteller ebenfalls zu verlangen,

a) dass er Berufserfahrung nachweist, wenn die Ausbildungsdauer, die er gemäß Artikel 3 Buchstaben a) und b) nachweist, um mindestens ein Jahr unter der in dem Aufnahmestaat geforderten Ausbildungsdauer liegt. In diesem Fall darf die Dauer der verlangten Berufserfahrung

  – das Doppelte der fehlenden Ausbildungszeit nicht überschreiten, wenn sich diese auf ein Studium und/oder auf ein unter der Aufsicht eines Ausbilders absolviertes und mit einer Prüfung abgeschlossenes Berufspraktikum bezieht;

  – die fehlende Ausbildungszeit nicht überschreiten, wenn sich diese auf eine mit Unterstützung eines qualifizierten Berufsangehörigen erworbene Berufspraxis bezieht.

  Bei Diplomen im Sinne von Artikel 1 Buchstabe a) letzter Absatz bestimmt sich die Dauer der als gleichwertig anerkannten Ausbildung nach der in Artikel 1 Buchstabe a) Unterabsatz 1 definierten Ausbildung.

  Bei Anwendung des vorliegenden Buchstabens ist die Berufserfahrung gemäß Artikel 3 Buchstabe b) anzurechnen.

  Die Dauer der verlangten Berufserfahrung darf auf keinen Fall vier Jahre überschreiten;

b) dass er einen höchstens dreijährigen Anpassungslehrgang absolviert oder eine Eignungsprüfung ablegt.

  – wenn seine bisherige Ausbildung gemäß Artikel 3 Buchstaben a) und b) sich auf Fächer bezieht, die sich wesentlich von denen unterscheiden, die von dem Diplom abgedeckt werden, das in dem Aufnahmestaat vorgeschrieben ist, oder

  – wenn in dem in Artikel 3 Buchstabe a) vorgesehenen Fall der reglementierte Beruf in dem Aufnahmestaat eine oder mehrere reglementierte berufliche Tätigkeiten umfasst, die in dem Heimat- oder Herkunftsmitgliedstaat des Antragstellers nicht Bestandteil des betreffenden reglementierten Berufs sind, und wenn dieser Unterschied in einer besonderen Ausbildung besteht, die in dem Aufnahmestaat gefordert wird und sich auf Fächer bezieht, die sich wesentlich von denen unterscheiden, die von dem Diplom abgedeckt werden, das der Antragsteller vorweist, oder

  – wenn in dem in Artikel 3 Buchstabe b) vorgesehenen Fall der reglementierte Beruf in dem Aufnahmestaat eine oder mehrere reglementierte berufliche Tätigkeiten umfasst, die nicht Bestandteil des vom Antragsteller in seinem Heimat- oder Herkunftsmitgliedstaat ausgeübten Berufs sind, und wenn dieser Unterschied in einer besonderen Ausbildung besteht, die in dem Aufnahmestaat gefordert wird und sich auf Fächer bezieht, die sich wesentlich von denen unterscheiden, die von dem oder den Befähigungsnachweisen abgedeckt werden, die der Antragsteller vorweist.

Beabsichtigt der Aufnahmemitgliedstaat, vom Antragsteller zu verlangen, dass er einen Anpassungslehrgang absolviert oder eine Eignungsprüfung ablegt, so muss er zuvor überprüfen, ob die vom Antragsteller während seiner Berufserfahrung erworbenen Kenntnisse die wesentlichen Unterschiede, auf die in Unterabsatz 1 Bezug genommen wird, ganz oder teilweise abdecken.

Wenn der Aufnahmestaat von dieser Möglichkeit Gebrauch macht, muss er dem Antragsteller die Wahl zwischen dem Anpassungslehrgang und der Eignungsprüfung lassen. Abweichend von diesem Grundsatz kann der Aufnahmestaat einen Anpassungslehrgang oder eine Eignungsprüfung vorschreiben, wenn es sich um Berufe handelt, deren Ausübung eine genaue Kenntnis des nationalen Rechts erfordert und bei denen die Beratung und/oder der Beistand in Fragen des innerstaatlichen Rechts ein wesentlicher und ständiger Bestandteil der beruflichen Tätigkeit ist. Wenn der Aufnahmestaat bei anderen Berufen von der Wahlmöglichkeit des Antragstellers abweichen möchte, ist das Verfahren des Artikels 10 anzuwenden.

(2) Jedoch kann der Aufnahmestaat von den Möglichkeiten im Sinne von Absatz 1 Buchstaben a) und b) nicht gleichzeitig Gebrauch machen.

Art. 5. Unbeschadet der Artikel 3 und 4 kann jeder Aufnahmestaat dem Antragsteller zur Verbesserung seiner Anpassungsmöglichkeiten an das berufliche Umfeld in diesem Staat im Sinne der Gleichwertigkeit gestatten, dort mit Unterstützung eines qualifizierten Berufsangehörigen den aus einer Berufspraxis bestehenden Teil der Berufsausbildung abzuleisten, den er im Heimat- oder Herkunftsmitgliedstaat nicht abgeleistet hat.

Art. 6. (1) Die zuständige Behörde eines Aufnahmestaats, die für den Zugang zu einem reglementierten Beruf einen Nachweis der Ehrenhaftigkeit, ein Führungszeugnis oder eine Bescheinigung darüber, dass der Betreffende nicht in Konkurs geraten ist, fordert oder die Ausübung dieses Berufs bei schwerwiegendem standeswidrigen Verhalten oder bei einer strafbaren Handlung untersagt, erkennt bei Angehörigen der andern Mitgliedstaaten, die diesen Beruf im Hoheitsgebiet des Aufnahmestaats ausüben wollen, die von den zuständigen Behörden des Heimat- oder Herkunftsmitgliedstaats ausgestellten Bescheinigungen, aus denen hervorgeht, dass diesen Anforderungen Genüge geleistet wird, als ausreichenden Nachweis an.

Werden von den zuständigen Stellen des Heimat- oder Herkunftsmitgliedstaats die in Unterabsatz 1 genannten Dokumente nicht ausgestellt, so werden sie durch eine eidesstattliche Erklärung – oder in den Staaten, in denen es keine eidesstattliche Erklärung gibt, durch eine feierliche Erklärung – ersetzt, die der Betreffende vor einer zuständigen Justiz- oder Verwaltungsbehörde oder gegebenenfalls vor einem Notar oder einer entsprechend bevollmächtigten Berufsorganisation des Heimat- oder Herkunftsmitgliedstaats abgegeben hat, die eine diese eidesstattliche oder feierliche Erklärung bestätigende Bescheinigung ausstellen.

(2) Fordert die zuständige Behörde des Aufnahmestaats von den Angehörigen ihres Staats für den Zugang zu einem reglementierten Beruf oder dessen Ausübung eine Bescheinigung über die körperliche oder geistige Gesundheit, so erkennt sie die Vorlage der Bescheinigung, die im Heimat- oder Herkunftsmitgliedstaat gefordert wird, hierfür als ausreichenden Nachweis an.

Wird im Heimat- oder Herkunftsmitgliedstaat für die Aufnahme oder die Ausübung des betreffenden Berufs ein derartiges Zeugnis nicht verlangt, so erkennt der Aufnahmestaat bei Staatsangehörigen des Heimat- oder Herkunftsmitgliedstaats eine von den zuständigen Behörden dieses Staats ausgestellte Bescheinigung an, die den Bescheinigungen des Aufnahmestaats entspricht.

(3) Die zuständige Behörde des Aufnahmestaats kann verlangen, dass die Nachweise und Bescheinigungen nach den Absätzen 1 und 2 bei ihrer Vorlage nicht älter als drei Monate sind.

(4) Fordert die zuständige Behörde des Aufnahmestaats von den Angehörigen ihres Staats für den Zugang zu einem reglementierten Beruf oder dessen Ausübung einen Eid oder eine feierliche Erklärung, so sorgt sie für den Fall, dass die

Formel dieses Eides oder dieser Erklärung von den Angehörigen der anderen Mitgliedstaaten nicht verwendet werden kann, dafür, dass den Betreffenden eine geeignete und gleichwertige Formel zur Verfügung steht.

(5) Wird im Aufnahmemitgliedstaat für die Aufnahme oder die Ausübung eines reglementierten Berufs ein Nachweis über die finanzielle Leistungsfähigkeit verlangt, so erkennt dieser Staat entsprechende Bescheinigungen von Banken des Heimat- oder Herkunftsmitgliedstaats als gleichwertig mit den in seinem Hoheitsgebiet ausgestellten Bescheinigungen an.

(6) Verlangt die zuständige Stelle eines Aufnahmemitgliedstaats von den Staatsangehörigen dieses Staates für die Aufnahme oder die Ausübung eines reglementierten Berufs den Nachweis, dass sie einer Berufshaftpflichtversicherung angeschlossen sind, so erkennt dieser Staat die von den Versicherungsunternehmen der anderen Mitgliedstaaten ausgestellten Bescheinigungen als gleichwertig mit den in seinem Hoheitsgebiet ausgestellten Bescheinigungen an. Aus den Bescheinigungen muss hervorgehen, dass die Versicherung in Bezug auf Deckungsbedingungen und -umfang den im Aufnahmemitgliedstaat geltenden Rechts- und Verwaltungsvorschriften genügt. Die Bescheinigungen dürfen bei ihrer Vorlage nicht älter als drei Monate sein.

Art. 7. (1) Die zuständige Behörde des Aufnahmestaats erkennt den Angehörigen der Mitgliedstaaten, die die Voraussetzungen für den Zugang zu einem reglementierten Beruf und dessen Ausübung im Hoheitsgebiet des Aufnahmestaats erfüllen, das Recht zu, die diesem Beruf entsprechende Berufsbezeichnung des Aufnahmestaats zu führen.

(2) Die zuständige Behörde des Aufnahmestaats erkennt den Angehörigen der Mitgliedstaaten, die die Voraussetzungen für den Zugang zu einem reglementierten Beruf und dessen Ausübung im Hoheitsgebiet des Aufnahmestaats erfüllen, das Recht zu, ihre im Heimat- oder Herkunftsmitgliedstaat bestehende rechtmäßige Ausbildungsbezeichnung und gegebenenfalls ihre Abkürzung in der Sprache dieses Staats zu führen. Der Aufnahmestaat kann vorschreiben, dass neben dieser Bezeichnung Name und Ort der Lehranstalt oder des Prüfungsausschusses, die bzw. der diese Ausbildungsbezeichnung verliehen hat, aufgeführt werden.

(3) Wird ein Beruf in dem Aufnahmestaat durch einen Verband oder eine Organisation gemäß Artikel 1 Buchstabe d) reglementiert, so sind Staatsangehörige der Mitgliedstaaten zur Führung der Berufsbezeichnung oder der Kennbuchstaben, die von dem betreffenden Verband oder der betreffenden Organisation verliehen werden, nur berechtigt, wenn sie ihre Mitgliedschaft bei diesem Verband oder dieser Organisation nachweisen können.

Sofern der Verband oder die Organisation die Aufnahme von Qualifikationsanforderungen abhängig macht, kann er bzw. sie dies gegenüber Angehörigen anderer Mitgliedstaaten, welche über ein Diplom im Sinne von Artikel 1 Buchstabe a) oder eine Berufsbefähigung im Sinne von Artikel 3 Buchstabe b) verfügen, nur unter den in dieser Richtlinie, insbesondere den in Artikeln 3 und 4, niedergelegten Bedingungen tun.

Art. 8. (1) Der Aufnahmestaat erkennt als Nachweis dafür, dass die in den Artikeln 3 und 4 genannten Voraussetzungen erfüllt sind, die von den zuständigen Behörden der Mitgliedstaaten ausgestellten Bescheinigungen an, die der Antragsteller mit seinem Antrag auf Ausübung des betreffenden Berufs vorzulegen hat.

(2) Das Verfahren zur Prüfung eines Antrags auf Ausübung eines reglementierten Berufs muss so rasch wie möglich durchgeführt und mit einer mit Gründen versehenen Entscheidung der zuständigen Behörde des Aufnahmestaats spätestens vier Monate nach Vorlage der vollständigen Unterlagen des Betreffenden abge-

schlossen werden. Gegen diese Entscheidung oder gegen die Unterlassung einer Entscheidung kann ein gerichtlicher Rechtsbehelf nach innerstaatlichem Recht eingelegt werden.

Art. 9. (1) Die Mitgliedstaaten bezeichnen innerhalb der in Artikel 12 vorgesehenen Frist die zuständigen Behörden, die ermächtigt sind, die Anträge entgegenzunehmen und die in dieser Richtlinie genannten Entscheidungen zu treffen. Sie setzen die übrigen Mitgliedstaaten und die Kommission davon in Kenntnis.

(2) Jeder Mitgliedstaat benennt einen Koordinator für die Tätigkeiten der Behörden nach Absatz 1 und setzt die übrigen Mitgliedstaaten und die Kommission davon in Kenntnis. Seine Aufgabe besteht darin, die einheitliche Anwendung dieser Richtlinie auf alle in Frage kommenden Berufe zu fördern. Bei der Kommission wird eine Koordinierungsgruppe eingerichtet, die aus den von den einzelnen Mitgliedstaaten benannten Koordinatoren oder deren Stellvertretern besteht und in der ein Vertreter der Kommission den Vorsitz führt.

Aufgabe dieser Gruppe ist es,
– die Durchführung dieser Richtlinie zu erleichtern, insbesondere durch die Annahme und Veröffentlichung von Stellungnahmen zu den Fragen, die ihr von der Kommission vorgelegt werden;
– alle zweckdienlichen Informationen über ihre Anwendung in den Mitgliedstaaten zu sammeln.
Sie kann von der Kommission zu geplanten Änderungen der derzeitigen Regelung konsultiert werden.

(3) Die Mitgliedstaaten ergreifen Maßnahmen, um im Rahmen dieser Richtlinie die erforderlichen Auskünfte über die Anerkennung der Diplome zur Verfügung zu stellen. Sie können dabei von der Informationsstelle für die akademische Anerkennung der Diplome und Studienzeiten, die von den Mitgliedstaaten im Rahmen der Entschließung des Rates und der im Rat vereinigten Minister für das Bildungswesen vom 9. 2. 1976 (1) errichtet wurde, oder in geeigneten Fällen von den betreffenden Berufsverbänden oder -organisationen unterstützt werden. Die Kommission ergreift die erforderlichen Initiativen, um zu gewährleisten, dass die Erteilung der erforderlichen Auskünfte ausgebaut und koordiniert wird.

Art. 10. (1) Wenn ein Mitgliedstaat in Anwendung von Artikel 4 Absatz 1 Buchstabe b) Unterabsatz 2 Satz 3 dem Antragsteller für einen Beruf im Sinne dieser Richtlinie nicht die Wahl zwischen einem Anpassungslehrgang und einer Eignungsprüfung lassen möchte, übermittelt er der Kommission unverzüglich den Entwurf der betreffenden Vorschrift. Er teilt der Kommission gleichzeitig die Gründe mit, die eine solche Regelung erforderlich machen.

Die Kommission unterrichtet die anderen Mitgliedstaaten unverzüglich von dem Entwurf; sie kann auch die Koordinierungsgruppe nach Artikel 9 Absatz 2 zu diesem Entwurf konsultieren.

(2) Unbeschadet der Tatsache, dass die Kommission und die übrigen Mitgliedstaaten Bemerkungen zu dem Entwurf vorbringen können, darf der Mitgliedstaat die Bestimmung nur erlassen, wenn die Kommission sich innerhalb einer Frist von drei Monaten nicht im Wege einer Entscheidung dagegen ausgesprochen hat.

(3) Die Mitgliedstaaten teilen einem Mitgliedstaat oder der Kommission auf Verlangen unverzüglich den endgültigen Wortlaut einer Bestimmung mit, die sich aus der Anwendung dieses Artikels ergibt.

Art. 11. Nach Ablauf der Frist nach Artikel 12 übermitteln die Mitgliedstaaten der Kommission alle zwei Jahre einen Bericht über die Anwendung der Regelung.

Neben allgemeinen Bemerkungen enthält dieser Bericht eine statistische Aufstellung der getroffenen Entscheidungen sowie eine Beschreibung der Hauptprobleme, die sich aus der Anwendung dieser Richtlinie ergeben.

Art. 12. Die Mitgliedstaaten treffen die erforderlichen Maßnahmen, um dieser Richtlinie binnen zwei Jahren nach ihrer Bekanntgabe (1) nachzukommen. Sie setzen die Kommission unverzüglich davon in Kenntnis. Die Mitgliedstaaten teilen der Kommission den Wortlaut der wichtigsten innerstaatlichen Rechtsvorschriften mit, die sie auf dem unter diese Richtlinie fallenden Gebiet erlassen.

Art. 13. Spätestens fünf Jahre nach dem in Artikel 12 genannten Zeitpunkt berichtet die Kommission dem Europäischen Parlament und dem Rat über den Stand der Anwendung der allgemeinen Regelung zur Anerkennung der Hochschuldiplome, die eine mindestens dreijährige Berufsausbildung abschließen.

Bei dieser Gelegenheit unterbreitet sie nach Vornahme aller notwendigen Anhörungen ihre Schlussfolgerungen hinsichtlich etwaiger Änderungen der bestehenden Regelung. Gegebenenfalls legt sie gleichzeitig Vorschläge zur Verbesserung der bestehenden Regelungen mit dem Ziel vor, die Freizügigkeit, das Niederlassungsrecht und den freien Dienstleistungsverkehr für die unter diese Richtlinie fallenden Personen zu erleichtern.

Art. 14. Diese Richtlinie ist an die Mitgliedstaaten gerichtet.

Geschehen zu Brüssel am 21. 12. 1988.

Anhang 10. Richtlinie 92/51/EWG des Rates über eine zweite allgemeine Regelung zur Anerkennung beruflicher Befähigungsnachweise in Ergänzung zur Richtlinie 89/48/EWG

Vom 18. Juni 1992 (ABl. 1992, L 209, S. 25, ber. ABl. 1995, L 17, S. 20)

Geändert durch Richtlinie 2001/19/EG vom 14. 5. 2001 (ABl. 2001, L 206, S. 1)

(Auszug)

Der Rat der Europäischen Gemeinschaften hat folgende Richtlinie erlassen:

Kapitel 1. Definitionen

Art. 1. Im Sinne dieser Richtlinie gelten

a) als „Diplom" jeder Ausbildungsnachweis bzw. mehrere solcher Nachweise zusammen,
   – die in einem Mitgliedstaat von einer nach dessen Rechts- und Verwaltungsvorschriften bestimmten zuständigen Stelle ausgestellt werden,
   – aus denen hervorgeht, dass der Diplominhaber erfolgreich
      i) entweder einen nicht in Artikel 1 Buchstabe a) zweiter Gedankenstrich der Richtlinie 89/48/EWG genannten postsekundären Ausbildungsgang von mindestens einem Jahr oder eine Teilzeitausbildung von entsprechender Dauer absolviert hat – wobei eine der Voraussetzungen für die Zulassung zu einem solchen Ausbildungsgang in der Regel der Abschluss der für die Aufnahme eines Hochschulstudiums erforderlichen Sekundarausbildung ist – und dass er gegebenenfalls die über diesen postsekundären Ausbildungsgang hinaus erforderliche berufliche Ausbildung abgeschlossen hat
      ii) oder einen der in Anhang C aufgeführten Ausbildungsgänge absolviert hat, und
   – aus denen hervorgeht, dass der Diplominhaber über die beruflichen Qualifikationen verfügt, die für den Zugang zu einem reglementierten Beruf oder dessen Ausübung in diesem Mitgliedstaat erforderlich sind,
   wenn die durch diesen Nachweis bescheinigte Ausbildung überwiegend in der Gemeinschaft oder außerhalb derselben an Ausbildungseinrichtungen, die eine Ausbildung gemäß den Rechts- und Verwaltungsvorschriften eines Mitgliedstaats vermitteln, erworben wurde oder wenn dessen Inhaber eine dreijährige Berufserfahrung hat, die von dem Mitgliedstaat bescheinigt wird, der einen Ausbildungsnachweis eines Drittlands anerkannt hat.
   Einem Diplom im Sinne des Unterabsatzes 1 gleichgestellt sind jeder Ausbildungsnachweis bzw. mehrere solcher Nachweise zusammen, die von einer zuständigen Behörde in einem Mitgliedstaat ausgestellt wurden, wenn sie eine in der Gemeinschaft erworbene und von einer zuständigen Behörde in diesem Mitgliedstaat als gleichwertig anerkannte Ausbildung abschließen und in diesem Mitgliedstaat in bezug auf den Zugang zu einem reglementierten Beruf oder dessen Ausübung dieselben Rechte verleihen;
b) als „Prüfungszeugnis" jeder Ausbildungsnachweis bzw. mehrere solcher Nachweise zusammen,

– die in einem Mitgliedstaat von einer nach seinen Rechts- und Verwaltungsvorschriften bestimmten zuständigen Behörde ausgestellt werden,

– aus denen hervorgeht, dass der Zeugnisinhaber nach Abschluss einer Sekundarschulausbildung

entweder einen nicht unter Buchstabe a) fallenden Ausbildungsgang oder eine nicht unter Buchstabe a) fallende berufliche Ausbildung in einer Ausbildungseinrichtung bzw. in einem Unternehmen oder im Wechsel in einer Ausbildungseinrichtung und in einem Unternehmen, gegebenenfalls ergänzt durch das zusätzlich zu diesem Studien- oder Berufsausbildungsgang vorgeschriebene Praktikum bzw. die vorgeschriebene Berufspraxis, abgeschlossen hat oder das zusätzlich zu dieser Sekundarschulausbildung vorgeschriebene Praktikum abgeschlossen hat bzw. über entsprechende Berufspraxis in der vorgeschriebenen Dauer verfügt, oder

– aus denen hervorgeht, dass der Zeugnisinhaber nach Abschluss einer Sekundarschulausbildung technischer oder beruflicher Art gegebenenfalls entweder einen Ausbildungsgang oder eine berufliche Ausbildung gemäß dem zweiten Gedankenstrich abgeschlossen hat oder das zusätzlich zu dieser Sekundarschulausbildung technischer oder beruflicher Art vorgeschriebene Praktikum abgeleistet hat bzw. über entsprechende Berufspraxis in der vorgeschriebenen Dauer verfügt, und

– aus denen hervorgeht, dass der Zeugnisinhaber über die beruflichen Qualifikationen verfügt, die für den Zugang zu einem reglementierten Beruf oder dessen Ausübung in diesem Mitgliedstaat erforderlich sind,

wenn die durch diesen Nachweis bescheinigte Ausbildung überwiegend in der Gemeinschaft oder außerhalb derselben an Ausbildungseinrichtungen, die eine Ausbildung gemäß den Rechts- und Verwaltungsvorschriften eines Mitgliedstaats vermitteln, erworben wurde oder wenn dessen Inhaber eine zweijährige Berufserfahrung hat, die von dem Mitgliedstaat bescheinigt wird, der einen Ausbildungsnachweis eines Drittlands anerkannt hat.

Einem Prüfungszeugnis im Sinne von Unterabsatz 1 gleichgestellt sind jeder Ausbildungsnachweis bzw. mehrere solcher Nachweise zusammen, die von einer zuständigen Behörde in einem Mitgliedstaat ausgestellt wurden, wenn sie eine in der Gemeinschaft erworbene und von einer zuständigen Behörde in einem Mitgliedstaat als gleichwertig anerkannte Ausbildung abschließen und in diesem Mitgliedstaat in bezug auf den Zugang zu einem reglementierten Beruf oder dessen Ausübung dieselben Rechte verleihen;

c) als „Befähigungsnachweis" jeder Nachweis,

– der eine Ausbildung abschließt und nicht Teil eines Diploms im Sinne der Richtlinie 89/48/EWG bzw. eines Diploms oder Prüfungszeugnisses im Sinne der vorliegenden Richtlinie ist oder

– der im Anschluss an eine Beurteilung der persönlichen Eigenschaften, der Fähigkeiten oder der Kenntnisse des Antragstellers, die von einer gemäß den Rechts- und Verwaltungsvorschriften eines Mitgliedstaats bestimmten Stelle als wesentliche Voraussetzungen für die Ausübung eines Berufs angesehen werden, erteilt wird, ohne dass der Nachweis einer vorherigen Ausbildung erforderlich ist;

d) als „Aufnahmestaat" der Mitgliedstaat, in dem ein Angehöriger eines Mitgliedstaats die Ausübung eines Berufs beantragt, der dort reglementiert ist, in dem er jedoch nicht den oder die Ausbildungsnachweise bzw. den Befähigungsnachweis, auf die/den er sich beruft, erworben oder erstmals den betreffenden Beruf ausgeübt hat;

e) als „reglementierter Beruf" die reglementierte berufliche Tätigkeit oder die reglementierten beruflichen Tätigkeiten, die zusammen in einem Mitgliedstaat den betreffenden Beruf ausmachen;

f) als „reglementierte berufliche Tätigkeit" eine berufliche Tätigkeit, bei der die Aufnahme oder Ausübung oder eine der Arten ihrer Ausübung in einem Mitgliedstaat direkt oder indirekt durch Rechts- oder Verwaltungsvorschriften an den Besitz eines Ausbildungs- oder Befähigungsnachweises gebunden ist. Als Art der Ausübung der reglementierten beruflichen Tätigkeit gilt insbesondere

– die Ausübung einer beruflichen Tätigkeit in Verbindung mit der Führung eines Titels, der nur von Personen geführt werden darf, die einen Ausbildungs- oder Befähigungsnachweis besitzen, die in einschlägigen Rechts- und Verwaltungsvorschriften festgelegt sind;

– die Ausübung einer beruflichen Tätigkeit im Gesundheitswesen, wenn die Vergütung dieser Tätigkeit und/oder eine diesbezügliche Erstattung durch das einzelstaatliche System der sozialen Sicherheit an den Besitz eines Ausbildungs- oder Befähigungsnachweises gebunden ist.

Eine berufliche Tätigkeit, auf die Unterabsatz 1 nicht zutrifft, wird einer reglementierten beruflichen Tätigkeit gleichgestellt, wenn sie von Mitgliedern eines Verbandes oder einer Organisation ausgeübt wird, dessen bzw. deren Ziel insbesondere die Förderung und Wahrung eines hohen Niveaus in dem betreffenden Beruf ist und der bzw. die zur Verwirklichung dieses Ziels von einem Mitgliedstaat in besonderer Form anerkannt wird und und

– seinen bzw. ihren Mitgliedern einen Ausbildungsnachweis ausstellt,

– sicherstellt, dass seine bzw. ihre Mitglieder die von ihm bzw. ihr festgelegten Regeln für das berufliche Verhalten beachten, und

– ihnen das Recht verleiht, eine Berufsbezeichnung zu führen bzw. bestimmte Kennbuchstaben zu verwenden oder einen diesem Ausbildungsnachweis entsprechenden Status in Anspruch zu nehmen.

Erkennt ein Mitgliedstaat einen Verband oder eine Organisation, der bzw. die die Voraussetzungen des Unterabsatzes 2 erfüllt, gemäß jenem Unterabsatz an, so setzt er die Kommission davon in Kenntnis;

g) als „reglementierte Ausbildung" jede Ausbildung,

– die speziell auf die Ausübung eines bestimmten Berufs ausgerichtet ist und

– die aus einem gegebenenfalls durch eine Berufsausbildung, ein Berufspraktikum oder eine Berufspraxis ergänzten Ausbildungsgang besteht, dessen Struktur und Niveau in den Rechts- und Verwaltungsvorschriften dieses Mitgliedstaats festgelegt sind oder von der zu diesem Zweck bestimmten Stelle kontrolliert bzw. genehmigt werden;

h) als „Berufserfahrung" die tatsächliche und regelmäßige Ausübung des betreffenden Berufs in einem Mitgliedstaat;

i) als „Anpassungslehrgang" die Ausübung eines reglementierten Berufs, die in dem Aufnahmestaat unter der Verantwortung eines qualifizierten Berufsangehörigen erfolgt und gegebenenfalls mit einer Zusatzausbildung einhergeht. Der Lehrgang ist Gegenstand einer Bewertung. Die Einzelheiten des Anpassungslehrgangs und seine Bewertung werden von den zuständigen Behörden des Aufnahmestaats festgelegt.

Die Rechtsstellung des Lehrgangsteilnehmers im Aufnahmestaat, insbesondere hinsichtlich des Aufenthaltsrechts sowie der Pflichten, Rechte und Sozialleistungen, der Entschädigungen und Entgelte, wird von den zuständigen Behörden dieses Mitgliedstaats in Übereinstimmung mit dem geltenden Gemeinschaftsrecht festgelegt;

j) als „Eignungsprüfung" eine ausschließlich die beruflichen Kenntnisse des Antragstellers betreffende und von den zuständigen Stellen des Aufnahmestaats durchgeführte Prüfung, mit der die Fähigkeit des Antragstellers, in diesem Mitgliedstaat einen reglementierten Beruf auszuüben, beurteilt werden soll.

Für die Zwecke dieser Prüfung erstellen die zuständigen Behörden ein Verzeichnis der Sachgebiete, die aufgrund eines Vergleichs zwischen der in ihrem Staat verlangten Ausbildung und der bisherigen Ausbildung des Antragstellers von dem bzw. den Ausbildungsnachweisen, die der Antragsteller vorlegt, nicht abgedeckt werden. Diese Sachgebiete können sowohl theoretische Kenntnisse als auch praktische Fähigkeiten umfassen, die jeweils für die Ausübung des betreffenden Berufs erforderlich sind.

Die Eignungsprüfung muss dem Umstand Rechnung tragen, dass der Antragsteller in seinem Heimat- oder Herkunftsmitgliedstaat über eine berufliche Qualifikation verfügt. Sie erstreckt sich auf Sachgebiete, die aus den in dem Verzeichnis nach Unterabsatz 2 enthaltenen Sachgebieten auszuwählen sind und deren Kenntnis eine wesentliche Voraussetzung für eine Ausübung des Berufs im Aufnahmestaat ist. Die Modalitäten der Eignungsprüfung werden von den zuständigen Stellen des Aufnahmestaats festgelegt.

Im Aufnahmestaat wird die Rechtsstellung des Antragstellers, der sich dort auf die Eignungsprüfung vorbereiten will, von den zuständigen Behörden dieses Staats in Übereinstimmung mit dem geltenden Gemeinschaftsrecht festgelegt.

Kapitel II. Anwendungsbereich

Art. 2. Diese Richtlinie gilt für alle Angehörigen eines Mitgliedstaats, die als Selbständige oder abhängig Beschäftigte einen reglementierten Beruf in einem Aufnahmestaat ausüben wollen.

Diese Richtlinie gilt weder für Berufe, die Gegenstand einer Einzelrichtlinie sind, mit der in den Mitgliedstaaten eine gegenseitige Anerkennung der Diplome eingeführt wird, noch für Tätigkeiten, die Gegenstand einer in Anhang A aufgeführten Richtlinie sind.

Die in Anhang B aufgeführten Richtlinien gelten für die Ausübung der in diesen Richtlinien genannten Tätigkeiten in abhängiger Beschäftigung.

Kapitel III. Anerkennungsregelung, wenn der Aufnahmestaat ein Diplom im Sinne dieser Richtlinie oder der Richtlinie 89/48/EWG fordert

Art. 3. Wird der Zugang zu einem reglementierten Beruf oder dessen Ausübung im Aufnahmestaat von dem Besitz eines Diploms im Sinne dieser Richtlinie oder der Richtlinie 89/48/EWG abhängig gemacht, so kann die zuständige Behörde unbeschadet der Anwendung der Richtlinie 89/48/EWG einem Angehörigen eines Mitgliedstaats den Zugang zu diesem Beruf oder dessen Ausübung unter denselben Voraussetzungen wie bei Inländern nicht wegen mangelnder Qualifikation verweigern,

a) wenn der Antragsteller das Diplom im Sinne dieser Richtlinie oder der Richtlinie 89/48/EWG besitzt, das in einem anderen Mitgliedstaat erforderlich ist, um Zugang zu diesem Beruf in seinem Hoheitsgebiet zu erhalten oder ihn dort auszuüben, und wenn dieses Diplom in einem Mitgliedstaat erworben wurde oder

b) wenn der Antragsteller diesen Beruf vollzeitlich zwei Jahre lang oder während einer dieser Zeit entsprechenden Dauer teilzeitlich in den vorhergehenden zehn Jahren in einem anderen Mitgliedstaat ausgeübt hat, der diesen Beruf weder gemäß Artikel 1 Buchstabe e) und Artikel 1 Buchstabe f) Unterabsatz 1 dieser Richtlinie noch gemäß Artikel 1 Buchstabe c) und Artikel 1 Buchstabe d) Unterabsatz 1 der Richtlinie 89/48/EWG reglementiert, sofern der Betreffende dabei im Besitz von einem oder mehreren Ausbildungsnachweisen war,

– die in einem Mitgliedstaat von einer nach dessen Rechts- und Verwaltungsvorschriften bestimmten zuständigen Behörden ausgestellt worden waren,

– aus denen hervorgeht, dass der Inhaber der Nachweise erfolgreich einen nicht in Artikel 1 Buchstabe a) zweiter Gedankenstrich der Richtlinie 89/48/EWG genannten postsekundären Ausbildungsgang von mindestens einem Jahr oder eine Teilzeitausbildung von entsprechender Dauer absolviert hat, wobei eine der Voraussetzungen für die Zulassung zu einem solchen Ausbildungsgang in der Regel der Abschluss der für die Aufnahme eines Hochschulstudiums erforderlichen Sekundarausbildung ist, und dass er gegebenenfalls die als Bestandteil dieses Ausbildungsgangs vorgesehene berufliche Ausbildung abgeschlossen hat, oder

– mit denen eine reglementierte Ausbildung im Sinne von Anhang D nachgewiesen wird und

– die er zur Vorbereitung auf die Ausübung dieses Berufs erworben hatte.

Die in Unterabsatz 1 dieses Buchstabens genannte zweijährige Berufserfahrung darf jedoch nicht verlangt werden, wenn der oder die hier genannten Ausbildungsnachweis(e) des Antragstellers den Abschluss einer reglementierten Ausbildung bestätigen.

Dem Ausbildungsnachweis nach Unterabsatz 1 dieses Buchstabens sind ein Ausbildungsnachweis bzw. mehrere solcher Nachweise zusammen gleichgestellt, die von einer zuständigen Behörde in einem Mitgliedstaat ausgestellt wurden, wenn sie eine in der Gemeinschaft erworbene Ausbildung bestätigen und von diesem Mitgliedstaat als gleichwertig anerkannt werden, sofern diese Anerkennung den übrigen Mitgliedstaaten und der Kommission mitgeteilt worden ist.

Abweichend von Absatz 1 dieses Artikels braucht der Aufnahmemitgliedstaat diesen Artikel nicht anzuwenden, wenn der Zugang zu einem reglementierten Beruf oder dessen Ausübung in diesem Staat vom Besitz eines Diploms im Sinne der Richtlinie 89/48/EWG abhängig gemacht wird, das unter anderem den erfolgreichen Abschluss eines postsekundären Ausbildungsgangs von mehr als vier Jahren voraussetzt.

Art. 4. (1) Artikel 3 hindert den Aufnahmestaat nicht daran, vom Antragsteller ebenfalls zu verlangen,

a) dass er eine Berufserfahrung nachweist, wenn die Ausbildungsdauer, die er gemäß Artikel 3 Absatz 1 Buchstabe a) oder b) nachweist, um mindestens ein Jahr unter der in dem Aufnahmestaat geforderten Ausbildungsdauer liegt. In diesem Fall darf die Dauer der verlangten Berufserfahrung

– das Doppelte der fehlenden Ausbildungszeit nicht überschreiten, wenn sich diese auf einen postsekundären Ausbildungsgang und/oder auf ein unter der Aufsicht eines Ausbilders absolviertes und mit einer Prüfung abgeschlossenes Berufspraktikum bezieht,

– die fehlende Ausbildungszeit nicht überschreiten, wenn sich diese auf eine mit Unterstützung eines qualifizierten Berufsangehörigen erworbene Berufspraxis bezieht.

Bei Diplomen im Sinne des Artikels 1 Buchstabe a) Unterabsatz 2 bestimmt sich die Dauer der als gleichwertig anerkannten Ausbildung nach der in Artikel 1 Buchstabe a) Unterabsatz 1 definierten Ausbildung.

Bei Anwendung des vorliegenden Buchstabens ist die Berufserfahrung gemäß Artikel 3 Absatz 1 Buchstabe b) anzurechnen.

Die Dauer der verlangten Berufserfahrung darf auf keinen Fall vier Jahre überschreiten.

Die Berufserfahrung darf allerdings nicht von einem Antragsteller verlangt werden, der im Besitz eines Diploms über den Abschluss eines postsekundären Ausbildungsgangs im Sinne des Artikels 1 Buchstabe a) zweiter Gedankenstrich oder eines Diploms im Sinne des Artikels 1 Buchstabe a) der Richtlinie 89/48/EWG ist und der seinen Beruf in einem Aufnahmestaat ausüben möchte, in dem der Besitz eines Diploms oder eines Ausbildungsnachweises gefordert wird, das bzw. der einen Ausbildungsgang im Sinne des Anhangs C abschließt;

b) dass er einen höchstens dreijährigen Anpassungslehrgang absolviert oder eine Eignungsprüfung ablegt,

- wenn seine bisherige Ausbildung gemäß Artikel 3 Absatz 1 Buchstabe a) oder b) sich auf theoretische und/oder praktische Fachgebiete bezieht, die sich wesentlich von denen unterscheiden, die von dem Diplom im Sinne dieser Richtlinie oder der Richtlinie 89/48/EWG abgedeckt werden, das in dem Aufnahmestaat vorgeschrieben ist, oder

- wenn in dem in Artikel 3 Absatz 1 Buchstabe a) vorgesehenen Fall der reglementierte Beruf in dem Aufnahmestaat eine oder mehrere reglementierte berufliche Tätigkeiten umfasst, die in dem Heimat- oder Herkunftsmitgliedstaat des Antragstellers nicht Bestandteil des betreffenden reglementierten Berufs sind, und wenn dieser Unterschied in einer besonderen Ausbildung besteht, die in dem Aufnahmestaat gefordert wird und sich auf theoretische und/oder praktische Fachgebiete bezieht, die sich wesentlich von denen unterscheiden, die von dem Diplom im Sinne dieser Richtlinie oder der Richtlinie 89/48/EWG abgedeckt werden, das der Antragsteller vorweist, oder

- wenn in dem in Artikel 3 Absatz 1 Buchstabe b) vorgesehenen Fall der reglementierte Beruf in dem Aufnahmestaat eine oder mehrere reglementierte berufliche Tätigkeiten umfasst, die nicht Bestandteil des vom Antragsteller in seinem Heimat- oder Herkunftsmitgliedstaat ausgeübten Berufs sind, und wenn dieser Unterschied in einer besonderen Ausbildung besteht, die in dem Aufnahmestaat gefordert wird und sich auf theoretische und/oder praktische Fachgebiete bezieht, die sich wesentlich von denen unterscheiden, die von dem oder den Ausbildungsnachweisen abgedeckt werden, die der Antragsteller vorweist.

Beabsichtigt der Aufnahmemitgliedstaat, vom Antragsteller zu verlangen, dass er einen Anpassungslehrgang absolviert oder eine Eignungsprüfung ablegt, so muss er zuvor überprüfen, ob die vom Antragsteller während seiner Berufserfahrung erworbenen Kenntnisse die wesentlichen Unterschiede, auf die in Unterabsatz 1 Bezug genommen wird, ganz oder teilweise abdecken.

Macht der Aufnahmestaat von der Möglichkeit nach Unterabsatz 1 dieses Buchstabens Gebrauch, so muss er dem Antragsteller die Wahl zwischen dem Anpassungslehrgang und der Eignungsprüfung lassen. Möchte der Aufnahmestaat, der ein Diplom im Sinne der Richtlinie 89/48/EWG oder dieser Richtlinie verlangt, von der Wahlmöglichkeit des Antragstellers abweichen, ist das Verfahren des Artikels 14 anzuwenden.

Abweichend von Unterabsatz 2 dieses Buchstabens kann sich der Aufnahmestaat die Entscheidung zwischen einem Anpassungslehrgang und einer Eignungsprüfung vorbehalten, wenn

- es sich um einen Beruf handelt, dessen Ausübung eine genaue Kenntnis des nationalen Rechts erfordert und bei dem die Beratung und/oder der Beistand in Fragen des innerstaatlichen Rechts ein wesentlicher und ständiger Bestandteil der Tätigkeit ist, oder

- der Aufnahmestaat den Zugang zu dem Beruf oder dessen Ausübung vom Besitz eines Diploms im Sinne der Richtlinie 89/48/EWG abhängig macht, das

unter anderem den erfolgreichen Abschluss eines postsekundären Ausbildungsgangs von mehr als drei Jahren oder einer dieser Dauer entsprechenden Teilzeitausbildung voraussetzt, und der Antragsteller entweder ein Diplom im Sinne
dieser Richtlinie oder einen oder mehrere Ausbildungsnachweise gemäß Artikel 3 Absatz 1 Buchstabe b) dieser Richtlinie besitzt, der bzw. die nicht von
Artikel 3 Buchstabe b) der Richtlinie 89/48/EWG erfasst ist bzw. sind.

(2) Der Aufnahmestaat kann jedoch von den Möglichkeiten im Sinne des Absatzes 1 Buchstaben a) und b) nicht gleichzeitig Gebrauch machen.

Kapitel IV. Anerkennungsregelung, wenn der Aufnahmestaat ein Diplom fordert und der aus einem anderen Mitgliedstaat stammende Antragsteller ein Prüfungszeugnis oder einen entsprechenden Ausbildungsnachweis besitzt

Art. 5. Wird der Zugang zu einem reglementierten Beruf oder dessen Ausübung
im Aufnahmestaat von dem Besitz eines Diploms abhängig gemacht, so kann die
zuständige Behörde einem Angehörigen eines Mitgliedstaats den Zugang zu diesem Beruf oder dessen Ausübung unter denselben Voraussetzungen wie bei Inländern nicht wegen mangelnder Qualifikation verweigern,

a) wenn der Antragsteller das Prüfungszeugnis besitzt, das in einem anderen Mitgliedstaat erforderlich ist, um Zugang zu diesem Beruf in seinem Hoheitsgebiet
zu erhalten oder ihn dort auszuüben, und wenn dieses Prüfungszeugnis in
einem Mitgliedstaat erworben wurde oder

b) wenn der Antragsteller in den vorangegangenen zehn Jahren diesen Beruf vollzeitlich zwei Jahre lang in einem anderen Mitgliedstaat ausgeübt hat, der diesen
Beruf nicht im Sinne des Artikels 1 Buchstabe e) und Buchstabe f) Unterabsatz 1 reglementiert, sofern der Betreffende dabei im Besitz von einem oder
mehreren Ausbildungsnachweisen war,
   - die in einem Mitgliedstaat von einer nach dessen Rechts- und Verwaltungsvorschriften bestimmten zuständigen Behörde ausgestellt worden waren und
   - aus denen hervorgeht, dass der Zeugnisinhaber nach Abschluss einer Sekundarschulausbildung entweder einen nicht unter Buchstabe a) fallenden Ausbildungsgang oder eine nicht unter Buchstabe a) fallende berufliche Ausbildung in einer Ausbildungseinrichtung bzw. in einem Unternehmen oder im
Wechsel in einer Ausbildungseinrichtung und in einem Unternehmen, gegebenenfalls ergänzt durch das Praktikum bzw. die Berufspraxis, die Bestandteil
dieses Ausbildungsgangs sind, abgeschlossen hat
oder das als Bestandteil dieser Sekundarschulausbildung vorgesehene Praktikum abgeschlossen hat bzw. über entsprechende Berufspraxis in der vorgesehenen Dauer verfügt, oder
   - aus denen hervorgeht, dass der Zeugnisinhaber nach Abschluss einer Sekundarschulausbildung technischer oder beruflicher Art gegebenenfalls
entweder einen Ausbildungsgang oder eine berufliche Ausbildung gemäß
dem zweiten Gedankenstrich abgeschlossen hat
oder das als Bestandteil dieser Sekundarschulausbildung technischer oder beruflicher Art vorgesehene Praktikum abgeleistet hat bzw. über entsprechende
Berufspraxis in der vorgesehenen Dauer verfügt, und
   - die er zur Vorbereitung auf die Ausübung dieses Berufs erworben hatte.
Die obengenannte zweijährige Berufserfahrung darf jedoch nicht verlangt werden, wenn der oder die hier genannten Ausbildungsnachweis(e) des Antragstellers
den Abschluss einer reglementierten Ausbildung bestätigen.

Jedoch kann der Aufnahmestaat verlangen, dass der Antragsteller einen höchstens dreijährigen Anpassungslehrgang absolviert oder eine Eignungsprüfung ablegt. Der Aufnahmestaat muss dem Antragsteller die Wahl zwischen dem Anpassungslehrgang und der Eignungsprüfung lassen.

Beabsichtigt der Aufnahmemitgliedstaat, vom Antragsteller zu verlangen, dass er einen Anpassungslehrgang absolviert oder eine Eignungsprüfung ablegt, so muss er zuvor überprüfen, ob die vom Antragsteller während seiner Berufserfahrung erworbenen Kenntnisse die wesentlichen Unterschiede zwischen dem Diplom und dem Prüfungszeugnis ganz oder teilweise abdecken.

Möchte der Aufnahmestaat von der Wahlmöglichkeit des Antragstellers abweichen, ist das Verfahren des Artikels 14 anzuwenden.

Kapitel V. Anerkennungsregelung, wenn der Aufnahmestaat ein Prüfungszeugnis fordert

Art. 6. Wird der Zugang zu einem reglementierten Beruf oder dessen Ausübung im Aufnahmestaat von dem Besitz eines Prüfungszeugnisses abhängig gemacht, so kann die zuständige Stelle einem Angehörigen eines Mitgliedstaats den Zugang zu diesem Beruf oder dessen Ausübung unter denselben Voraussetzungen wie bei Inländern nicht wegen mangelnder Qualifikation verweigern,

a) wenn der Antragsteller das Diplom im Sinne dieser Richtlinie oder der Richtlinie 89/48/EWG oder das Prüfungszeugnis besitzt, das in einem anderen Mitgliedstaat erforderlich ist, um Zugang zu diesem Beruf in dessen Hoheitsgebiet zu erhalten oder ihn dort auszuüben, und wenn dieses Diplom in einem Mitgliedstaat erworben wurde oder

b) wenn der Antragsteller in den vorhergehenden zehn Jahren diesen Beruf vollzeitlich zwei Jahre lang oder während einer dieser Zeit entsprechenden Dauer teilzeitlich in einem anderen Mitgliedstaat ausgeübt hat, der diesen Beruf nicht gemäß Artikel 1 Buchstabe e) und Artikel 1 Buchstabe f) Unterabsatz 1 reglementiert, sofern der Betreffende dabei im Besitz von einem oder mehreren Ausbildungsnachweisen war,

   – die in einem Mitgliedstaat von einer nach dessen Rechts- und Verwaltungsvorschriften bestimmten zuständigen Stelle ausgestellt worden waren und

   – aus denen hervorgeht, dass ihr Inhaber erfolgreich eine nicht in Artikel 1 Buchstabe a) zweiter Gedankenstrich der Richtlinie 89/48/EWG genannte postsekundäre Ausbildung von mindestens einem Jahr oder eine Teilzeitausbildung von entsprechender Dauer absolviert hat, wobei eine der Voraussetzungen für die Zulassung zu einem solchen Ausbildungsgang in der Regel der Abschluss der für die Aufnahme eines Hochschulstudiums erforderlichen Sekundarausbildung ist, und dass er gegebenenfalls die als Bestandteil dieses Ausbildungsgangs vorgesehene etwaige berufliche Ausbildung abgeschlossen hat, und

   – aus denen hervorgeht, dass der Zeugnisinhaber nach Abschluss einer Sekundarschulausbildung entweder einen nicht unter Buchstabe a) fallenden Ausbildungsgang oder eine nicht unter Buchstabe a) fallende berufliche Ausbildung in einer Ausbildungseinrichtung bzw. in einem Unternehmen oder im Wechsel in einer Ausbildungseinrichtung und in einem Unternehmen, gegebenenfalls ergänzt durch das Praktikum bzw. die Berufspraxis, die als Bestandteil dieses Ausbildungsgangs vorgesehen sind, abgeschlossen hat

oder das als Bestandteil dieser Sekundarschulausbildung vorgesehene Praktikum abgeschlossen hat bzw. über entsprechende Berufspraxis der vorgesehenen Dauer verfügt, oder
– aus denen hervorgeht, dass der Zeugnisinhaber nach Abschluss einer Sekundarschulausbildung technischer oder beruflicher Art gegebenenfalls entweder
  einen Ausbildungsgang oder eine berufliche Ausbildung gemäß dem dritten
  Gedankenstrich abgeschlossen hat
  oder das als Bestandteil dieser Sekundarschulausbildung technischer oder beruflicher Art vorgesehene Praktikum abgeleistet hat bzw. über entsprechende
  Berufspraxis der vorgesehenen Dauer verfügt, und
– die er zur Vorbereitung auf die Ausübung dieses Berufs erworben hatte.
Die obengenannte Berufserfahrung darf jedoch nicht verlangt werden, wenn
der oder die hier genannten Ausbildungsnachweis(e) des Antragstellers den Abschluss einer reglementierten Ausbildung bestätigen;
c) wenn der Antragsteller, der weder ein Diplom noch ein Prüfungszeugnis noch
   einen Ausbildungsnachweis im Sinne des Artikels 3 Absatz 1 Buchstabe b) oder
   des Buchstabens b) des vorliegenden Artikels besitzt, den betreffenden Beruf in
   den vorangegangenen zehn Jahren vollzeitlich in drei aufeinanderfolgenden
   Jahren oder teilzeitlich während einer dieser Zeit entsprechenden Dauer in
   einem anderen Mitgliedstaat ausgeübt hat, der diesen Beruf nicht gemäß Artikel 1 Buchstabe e) und Buchstabe f) Unterabsatz 1 reglementiert.
Dem Ausbildungsnachweis nach Absatz 1 Buchstabe b) sind ein Ausbildungsnachweis bzw. mehrere solche Nachweise zusammen gleichgestellt, die von einer
zuständigen Behörde in einem Mitgliedstaat ausgestellt wurden, wenn sie eine in
der Gemeinschaft erworbene Ausbildung bestätigen und von diesem Mitgliedstaat
als gleichwertig anerkannt werden, sofern diese Anerkennung den übrigen Mitgliedstaaten und der Kommission mitgeteilt worden ist.

Art. 7. Artikel 6 hindert den Aufnahmestaat nicht daran, vom Antragsteller weiterhin zu verlangen,

a) dass er einen höchstens zweijährigen Anpassungslehrgang absolviert oder sich einer Eignungsprüfung unterzieht, wenn sich seine bisherige Ausbildung gemäß
   Artikel 6 Absatz 1 Buchstabe a) oder b) auf theoretische und/oder praktische
   Fachgebiete bezieht, die sich wesentlich von denen unterscheiden, die von dem
   Prüfungszeugnis abgedeckt werden, das in dem Aufnahmestaat vorgeschrieben ist,
   oder wenn es in den Tätigkeitsbereichen Unterschiede gibt, die im Aufnahmestaat
   dadurch charakterisiert sind, dass eine spezifische Ausbildung sich auf theoretische
   und/oder praktische Fachgebiete erstreckt, die sich wesentlich von denen unterscheiden, die durch den Ausbildungsnachweis des Antragstellers abgedeckt sind.
   Beabsichtigt der Aufnahmemitgliedstaat, vom Antragsteller zu verlangen, dass er
   einen Anpassungslehrgang absolviert oder eine Eignungsprüfung ablegt, so muss
   er zuvor überprüfen, ob die vom Antragsteller während seiner Berufserfahrung
   erworbenen Kenntnisse die wesentlichen Unterschiede, auf die in Unterabsatz 1
   Bezug genommen wird, ganz oder teilweise abdecken.
   Macht der Aufnahmestaat von dieser Möglichkeit Gebrauch, so muss er dem
   Antragsteller die Wahl zwischen dem Anpassungslehrgang und der Eignungsprüfung lassen. Möchte der Aufnahmestaat, der ein Prüfungszeugnis verlangt,
   von der Wahlmöglichkeit des Antragstellers abweichen, ist das Verfahren des
   Artikels 14 anzuwenden;
b) dass er einen höchstens zweijährigen Anpassungslehrgang absolviert oder sich
   einer Eignungsprüfung unterzieht, wenn er in dem in Artikel 6 Buchstabe c)
   bezeichneten Fall weder ein Diplom noch ein Prüfungszeugnis noch einen
   Ausbildungsnachweis vorlegen kann. Der Aufnahmestaat kann sich die Wahl
   zwischen dem Anpassungslehrgang und der Eignungsprüfung vorbehalten.

Kapitel VI. Sonderregelung für die Anerkennung sonstiger Qualifikationen

Art. 8. Macht ein Aufnahmestaat den Zugang zu einem reglementierten Beruf oder dessen Ausübung vom Besitz eines Befähigungsnachweises abhängig, so kann die zuständige Behörde einem Angehörigen eines Mitgliedstaats den Zugang zu diesem Beruf oder dessen Ausübung unter denselben Voraussetzungen wie bei Inländern nicht wegen mangelnder Qualifikation verweigern,

a) wenn der Antragsteller den Befähigungsnachweis besitzt, der in einem anderen Mitgliedstaat erforderlich ist, um Zugang zu diesem Beruf in seinem Hoheitsgebiet zu erhalten oder ihn dort auszuüben, und wenn dieser Befähigungsnachweis in einem Mitgliedstaat erworben wurde oder

b) wenn der Antragsteller die in anderen Mitgliedstaaten erworbenen Qualifikationen nachweist, wobei der betreffende Befähigungsnachweis bzw. die betreffenden Qualifikationen insbesondere in den Bereichen Gesundheit, Sicherheit, Umweltschutz und Verbraucherschutz Garantien geben müssen, die den von den Rechts- und Verwaltungsvorschriften des Aufnahmestaats geforderten gleichwertig sind.

Besitzt der Antragsteller einen solchen Befähigungsnachweis nicht oder weist er diese Qualifikationen nicht nach, so finden die Rechts- und Verwaltungsvorschriften des Aufnahmestaats Anwendung.

Art. 9. Wird der Zugang zu einem reglementierten Beruf oder dessen Ausübung im Aufnahmestaat nur vom Besitz eines Nachweises über eine allgemeine Schulbildung von Primar- oder Sekundarniveau abhängig gemacht, so kann die zuständige Behörde einem Staatsangehörigen eines Mitgliedstaats den Zugang zu diesem Beruf oder dessen Ausübung unter denselben Voraussetzungen wie bei Inländern nicht wegen mangelnder Qualifikation verweigern, wenn der Antragsteller einen förmlichen Ausbildungsnachweis des entsprechenden Niveaus besitzt, der in einem anderen Mitgliedstaat ausgestellt wurde.

Dieser Ausbildungsnachweis muss in dem betreffenden Mitgliedstaat von einer nach seinen Rechts- und Verwaltungsvorschriften bestimmten zuständigen Stelle ausgestellt worden sein.

Kapitel VII. Sonstige Maßnahmen zur Erleichterung der tatsächlichen Inanspruchnahme der Niederlassungsfreiheit, des freien Dienstleistungsverkehrs und der Freizügigkeit der Arbeitnehmer

Art. 10. (1) Die zuständige Behörde eines Aufnahmestaats, die für den Zugang zu einem reglementierten Beruf einen Nachweis der persönlichen Zuverlässigkeit, ein Führungszeugnis oder eine Bescheinigung darüber, dass der Betreffende nicht in Konkurs geraten ist, fordert oder die Ausübung dieses Berufs bei schwerwiegendem standeswidrigen Verhalten oder bei einer strafbaren Handlung untersagt, erkennt bei Staatsangehörigen der anderen Mitgliedstaaten, die diesen Beruf im Hoheitsgebiet des Aufnahmestaats ausüben wollen, die von den zuständigen Behörden des Heimat- oder Herkunftsmitgliedstaats ausgestellten Bescheinigungen, aus denen hervorgeht, dass diesen Anforderungen Genüge geleistet wird, als ausreichenden Nachweis an.

Werden von den zuständigen Stellen des Heimat- oder Herkunftsmitgliedstaats die in Unterabsatz 1 genannten Urkunden nicht ausgestellt, so werden sie durch eine eidesstattliche Erklärung – oder in den Staaten, in denen es keine eidesstattliche Erklärung gibt, durch eine feierliche Erklärung – ersetzt, die der Betreffende vor einer zuständigen Justiz- oder Verwaltungsbehörde oder gegebenenfalls vor einem Notar oder einer entsprechend bevollmächtigten Berufsorganisation des Heimat- oder Herkunftsmitgliedstaats abgegeben hat, die eine diese eidesstattliche oder feierliche Erklärung bestätigende Bescheinigung ausstellen.

(2) Fordert die zuständige Behörde des Aufnahmestaats von den Angehörigen ihres Staates für den Zugang zu einem reglementierten Beruf oder dessen Ausübung eine Bescheinigung über die körperliche oder geistige Gesundheit, so erkennt sie die Vorlage der Bescheinigung, die im Heimat- oder Herkunftsmitgliedstaat gefordert wird, hierfür als ausreichenden Nachweis an.

Wird im Heimat- oder Herkunftsmitgliedstaat für die Aufnahme oder die Ausübung des betreffenden Berufs ein derartiges Zeugnis nicht verlangt, so erkennt der Aufnahmestaat bei Staatsangehörigen des Heimat- oder Herkunftsmitgliedstaats eine von den zuständigen Behörden dieses Staates ausgestellte Bescheinigung an, die den Bescheinigungen des Aufnahmestaats entspricht.

(3) Die zuständige Behörde des Aufnahmestaats kann verlangen, dass die Nachweise und Bescheinigungen nach den Absätzen 1 und 2 bei ihrer Vorlage nicht älter als drei Monate sind.

(4) Fordert die zuständige Behörde des Aufnahmestaats von den Angehörigen ihres Staates für den Zugang zu einem reglementierten Beruf oder dessen Ausübung einen Eid oder eine feierliche Erklärung, so sorgt sie für den Fall, dass die Formel dieses Eides oder dieser Erklärung von den Staatsangehörigen der anderen Mitgliedstaaten nicht verwendet werden kann, dafür, dass den Betreffenden eine geeignete und gleichwertige Formel zur Verfügung steht.

(5) Wird im Aufnahmemitgliedstaat für die Aufnahme oder die Ausübung eines reglementierten Berufs ein Nachweis über die finanzielle Leistungsfähigkeit verlangt, so erkennt dieser Staat entsprechende Bescheinigungen von Banken des Heimat- oder Herkunftsmitgliedstaats als gleichwertig mit den in seinem Hoheitsgebiet ausgestellten Bescheinigungen an.

(6) Verlangt die zuständige Stelle eines Aufnahmemitgliedstaats von den Staatsangehörigen dieses Staates für die Aufnahme oder die Ausübung eines reglementierten Berufs den Nachweis, dass sie einer Berufshaftpflichtversicherung angeschlossen sind, so erkennt dieser Staat von den Versicherungsunternehmen der anderen Mitgliedstaaten ausgestellten Bescheinigungen als gleichwertig mit den in seinem Hoheitsgebiet ausgestellten Bescheinigungen an. Aus den Bescheinigungen muss hervorgehen, dass die Versicherung in Bezug auf Deckungsbedingungen und -umfang den im Aufnahmemitgliedstaat geltenden Rechts- und Verwaltungsvorschriften genügt. Die Bescheinigungen dürfen bei ihrer Vorlage nicht älter als drei Monate sein.

Art. 11. (1) Die zuständige Behörde des Aufnahmestaats erkennt den Staatsangehörigen der Mitgliedstaaten, die die Voraussetzungen für den Zugang zu einem reglementierten Beruf und dessen Ausübung im Hoheitsgebiet des Aufnahmestaats erfüllen, das Recht zu, die diesem Beruf entsprechende Berufsbezeichnung des Aufnahmestaats zu führen.

(2) Die zuständige Behörde des Aufnahmestaats erkennt den Staatsangehörigen der Mitgliedstaaten, die die Voraussetzungen für den Zugang zu einem reglementierten Beruf und dessen Ausübung im Hoheitsgebiet des Aufnahmestaats erfüllen, das Recht zu, ihre im Heimat- oder Herkunftsmitgliedstaat bestehende rechtmä-

ßige Ausbildungsbezeichnung und gegebenenfalls ihre Abkürzung in der Sprache dieses Staates zu führen. Der Aufnahmestaat kann vorschreiben, daß neben dieser Bezeichnung Name und Ort der Lehranstalt oder des Prüfungsausschusses, die bzw. der diese Ausbildungsbezeichnung verliehen hat, aufgeführt werden.

(3) Wird ein Beruf in dem Aufnahmestaat durch einen Verband oder eine Organisation gemäß Artikel 1 Buchstabe f) reglementiert, so sind Staatsangehörige der Mitgliedstaaten zur Führung der Berufsbezeichnung oder der entsprechenden Abkürzung, die von dem betreffenden Verband oder der betreffenden Organisation verliehen werden, nur berechtigt, wenn sie ihre Mitgliedschaft bei diesem Verband oder dieser Organisation nachweisen können.

Macht der Verband oder die Organisation die Aufnahme eines Mitglieds von Qualifikationsanforderungen abhängig, so kann er bzw. sie dies gegenüber Staatsangehörigen anderer Mitgliedstaaten, welche über ein Diplom im Sinne von Artikel 1 Buchstabe a) oder ein Prüfungszeugnis im Sinne von Artikel 1 Buchstabe b) oder einen Ausbildungsnachweis im Sinne von Artikel 3 Absatz 1 Buchstabe b) oder von Artikel 5 Absatz 1 Buchstabe b) oder Artikel 9 verfügen, nur unter den in dieser Richtlinie, insbesondere in den Artikeln 3, 4 und 5, niedergelegten Bedingungen tun.

Art. 12. (1) Der Aufnahmestaat erkennt als Beweismittel dafür, dass die in den Artikel 3 bis 9 genannten Voraussetzungen erfüllt sind, die von den zuständigen Behörden der Mitgliedstaaten ausgestellten Bescheinigungen an, die der Antragsteller mit seinem Antrag auf Ausübung des betreffenden Berufs vorzulegen hat.

(2) Das Verfahren zur Prüfung eines Antrags auf Ausübung eines reglementierten Berufs muss so rasch wie möglich durchgeführt und mit einer mit Gründen versehenen Entscheidung der zuständigen Behörde des Aufnahmestaats spätestens vier Monate nach Vorlage der vollständigen Unterlagen des Betreffenden abgeschlossen werden. Gegen diese Entscheidung oder gegen die Unterlassung einer Entscheidung kann ein gerichtlicher Rechtsbehelf nach innerstaatlichem Recht eingelegt werden.

Kapitel VIII. Koordinierungsverfahren

Art. 13. (1) Die Mitgliedstaaten bezeichnen innerhalb der in Artikel 17 vorgesehenen Frist die zuständigen Behörden, die ermächtigt sind, die Anträge entgegenzunehmen und die in dieser Richtlinie genannten Entscheidungen zu treffen. Sie setzen die übrigen Mitgliedstaaten und die Kommission davon in Kenntnis.

(2) Jeder Mitgliedstaat benennt einen Koordinator für die Tätigkeiten der Behörden nach Absatz 1 und setzt die übrigen Mitgliedstaaten und die Kommission davon in Kenntnis. Seine Aufgabe besteht darin, die einheitliche Anwendung dieser Richtlinie auf alle in Frage kommenden Berufe zu fördern. Er ist Mitglied der gemäß Artikel 9 Absatz 2 der Richtlinie 89/48/EWG bei der Kommission eingerichteten Koordinierungsgruppe.

Aufgabe der gemäß der genannten Bestimmung der Richtlinie 89/48/EWG eingesetzten Koordinierungsgruppe ist es,
– die Durchführung dieser Richtlinie zu erleichtern, insbesondere durch die Annahme und Veröffentlichung von Stellungnahmen zu den Fragen, die ihr von der Kommission vorgelegt werden,
– alle zweckdienlichen Informationen über ihre Anwendung in den Mitgliedstaaten zu sammeln und insbesondere diejenigen über die Erstellung einer

informatorischen Liste der reglementierten Berufe und über die Unterschiede zwischen den von Mitgliedstaaten ausgestellten Qualifikationen, um die Bewertung etwaiger wesentlicher Unterschiede durch die zuständigen Behörden der Mitgliedstaaten zu erleichtern.

Sie kann von der Kommission zu geplanten Änderungen der derzeitigen Regelung konsultiert werden.

(3) Die Mitgliedstaaten ergreifen Maßnahmen, um im Rahmen dieser Richtlinie die erforderlichen Auskünfte über die Anerkennung der Diplome und Prüfungszeugnisse sowie über die anderen Zugangsvoraussetzungen zu den reglementierten Berufen zur Verfügung zu stellen. Sie können zur Erfüllung dieser Aufgabe auf die bestehenden Informationsnetze zurückgreifen oder gegebenenfalls die betreffenden Berufsverbände oder -organisationen um Unterstützung bitten. Die Kommission ergreift die erforderlichen Initiativen, um zu gewährleisten, dass die Erteilung der erforderlichen Auskünfte ausgebaut und koordiniert wird.

Kapitel IX. Verfahren zur Abweichung von der Wahl zwischen Anpassungslehrgang und Eignungsprüfung

Art. 14. (1) Möchte ein Mitgliedstaat in Anwendung von Artikel 4 Absatz 1 Buchstabe b) Unterabsatz 2 Satz 2 oder Artikel 5 Absatz 3 oder Artikel 7 Buchstabe a) Unterabsatz 2 Satz 2 dem Antragsteller nicht die Wahl zwischen einem Anpassungslehrgang und einer Eignungsprüfung lassen, so übermittelt er der Kommission unverzüglich den Entwurf der betreffenden Vorschrift. Er teilt der Kommission gleichzeitig die Gründe mit, die eine solche Regelung erforderlich machen.

Die Kommission unterrichtet die anderen Mitgliedstaaten unverzüglich von dem Entwurf; sie kann auch die Koordinierungsgruppe nach Artikel 13 Absatz 2 zu diesem Entwurf konsultieren.

(2) Unbeschadet dessen, dass die Kommission und die übrigen Mitgliedstaaten Bemerkungen zu dem Entwurf vorbringen können, darf der Mitgliedstaat die Bestimmung nur erlassen, wenn die Kommission sich innerhalb einer Frist von drei Monaten nicht im Wege einer Entscheidung dagegen ausgesprochen hat.

(3) Die Mitgliedstaaten teilen einem Mitgliedstaat oder der Kommission auf Verlangen unverzüglich den endgültigen Wortlaut einer Bestimmung mit, die sich aus der Anwendung dieses Artikels ergibt.

Art. 15–19. *(vom Abdruck wurde abgesehen)*

Geschehen zu Luxemburg am 18. 6. 1992.

Anhang 11. Staatlich anerkannte Ausbildungsinstitute für Psychotherapie

Fundstelle: Management-Handbuch für die psychotherapeutische Praxis, Ordner 2, hrsg. von Behnsen/Bell/Best/Gerlach/Schirmer/Schmid, A 1030.

Bayern – Oberbayern

BAP – Bayrische Private Akademie für Psychotherapie
Nymphenburgerstr. 185
80634 München
Tel.: 089-13079314
Fax: 089-132133
Mitglied im DVT (Deutscher Fachverband für Verhaltenstherapie e. V.)

Münchner Arbeitsgemeinschaft für Psychoanalyse MAP e. V.
Barerstr. 48
80799 München
Tel.: 089-2715966
Fax: 089-2717085

Ausbildungs-Institut München AIM im Verein zur Förderung der Klinischen Verhaltenstherapie VFKV e. V.
Lindwurmstr. 117/V
80337 München
Tel.: 089-8346900
Fax: 089-8348659
Mitglied im DVT (Deutscher Fachverband für Verhaltenstherapie e. V.)

C. G. Jung-Institut München e. V.
Barerstr. 48
80799 München
Tel.: 089-2714050
Fax: 089-28809360

Münchner Lehr- und Forschungsinstitut LFI der Deutschen Akademie für Psychoanalyse (DAP) e. V.
Goethestr. 54
80336 München
Tel.: 089-539675
Fax: 089-5328837

Lehrkollegium Psychotherapeutische Medizin LPM e. V.
Neumarkter Str. 80
81673 München
Tel.: 089-43669522
Fax: 089-43669597

IFT – Institut für Therapieforschung
Parzivalstr. 25
80804 München
Tel.: 089-36080484
Fax: 089-36080459
Mitglied im DVT (Deutscher Fachverband für Verhaltenstherapie e. V.)

Psychoanalytische Arbeitsgemeinschaft München (PAM) e. V.
Oberföhringer Str. 30
81 925 München
Tel.: 0 89–99 75 07 34
Fax: 0 89–99 75 07 38

Alfred Adler-Institut für Individualpsychologie e. V.
Dall'Armistr. 24
80 638 München
Tel.: 0 89–17 60 91
Fax: 0 89–1 78 11 10

Akademie für Psychoanalyse und Psychotherapie e. V. München
Schwanthalerstr. 106
80 339 München
Tel.: 0 89–5 02 42 76 und: 0 89–5 02 34 98
Fax: 0 89–54 07 55 00

ÄWK Ärztlicher Weiterbildungskreis für Psychotherapie und Psychoanalyse München/Südbayern e. V.
Hedwigstr. 25
80 636 München
Tel.: 0 89–1 23 82 11
Fax: 0 89–12 00 17 21

Arbeitsgemeinschaft für Verhaltensmodifikation (AVM)
Ausbildungsstätte München
Nymphenburger Str. 185
80 634 München
Tel.: 0 89–13 07 93 15
Fax: 0 89–13 21 33

Centrum für Integrative Psychotherapie CIP GmbH
Nymphenburger Str. 185
80 634 München
Tel.: 0 89–13 07 93 15
Fax: 0 89–13 21 33

Bayern – Unterfranken

CIP – Universität Bamberg
Lehrstuhl Klinische Psychologie
Markusplatz 3
96 047 Bamberg
Tel.: 09 51–8 63 19 10
Fax: 0 951–8 63 49 10
Mitglied im DVT (Deutscher Fachverband für Verhaltenstherapie e. V.)

IVS – Institut für Verhaltenstherapie, Verhaltensmedizin und Sexuologie
Nettelbeckstr. 14
90 491 Nürnberg
Tel.: 09 11–59 95 36
Fax: 09 11–59 95 36

Institut für Psychoanalyse und analytische Psychotherapie Würzburg e. V.
Domstr. 19
97 070 Würzburg
Tel.: 09 31–3 53 70 89
Fax: 0 92 81–79 48 32

Arbeitsgemeinschaft für Verhaltensmodifikation e. V. (AVM)
Dr.-Haas-Str. 4
96 047 Bamberg
Tel.: 09 51-2 08 20 39
Fax: 09 51-2 08 20 49

Arbeitsgemeinschaft für Verhaltensmodifikation e. V. (AVM)
Ausbildungsstätte Würzburg
Sedanstr. 27
97 082 Würzburg
Tel.: 09 31-41 51 00
Fax: 09 31-41 51 01

Arbeitsgemeinschaft für Verhaltensmodifikation e. V. (AVM)
Ausbildungsstätte München
Gothestr. 54
80 336 München
Tel.: 09 51-2 08 20 39
Fax: 09 51-2 08 20 49

Institut für Psychoanalyse CDPG Nürnberg e. V.
Sekretariat und Poliklinik
Maxstr. 27 a
90 762 Fürth
Tel.: 09 11-97 79 71 01
Fax: 09 11-59 95 36

Baden-Württemberg

APAS – Ausbildungszentrum für Psychotherapie der Akademie Südwest
Pfarrer-Leube-Str. 29
88 427 Bad Schussemied
e-mail: ralf.adam@zfp-bad-schussemied.de
Tel.: 0 75 83-33 10 70
Fax: 0 75 83-33 10 77

Luisenklinik – Zentrum für Verhaltensmedizin
Luisenstr. 56
78 073 Bad Dürrheim
Tel.: 0 77 26-66 84

SZVR – Stuttgarter Zentrum für Verhaltenstherapie
Christophstr. 8
70 178 Stuttgart
Tel.: 07 11-9 66 96 63
Fax: 07 11-9 66 96 66
Mitglied im DVT (Deutscher Fachverband für Verhaltenstherapie e. V.)

Psychoanalytisches Institut Stuttgarter Gruppe e. V.
Hohenzollernstr. 26
70 178 Stuttgart
Tel.: 07 11-6 48 52 20
Fax: 07 11-6 48 52 40

TAVT – Tübinger Akademie für Verhaltenstherapie Schloß Brühl
David-von-Stein Weg 26
72 072 Tübingen
Tel.: 0 74 72-44 26 00
Fax: 0 74 72-44 26 02
Mitglied im DVT (Deutscher Fachverband für Verhaltenstherapie e. V.)

Psychoanalytisches Institut, Stuttgarter Gruppe e. V.
Hohenzollernstr. 26
70 178 Stuttgart
Tel.: 07 11-6 48 52 20
Fax: 07 11-6 48 52 40

C. G. Jung – Institut Stuttgart e. V.
Alexanderstr. 92
70 182 Stuttgart
Tel: 07 11-24 28 29
Fax: 07 11-24 13 60

Institut für analytische Kinder- und Jugendlichen- Psychotherapie Heidelberg e. V.
Posseltstr. 2
69 120 Heidelberg
Tel: 0 62 21-43 91 98
Fax: 0 62 21-47 25 00

FAVT – Freiburger Ausbildungsinstitut für Verhaltenstherapie der Akademie für wissenschaftliche Weiterbildung e. V. der Universität Freiburg und der Pädagogischen Hochschule Freiburg
Belforstr. 16
79 098 Freiburg
Tel: 07 61-2 03 30 51
Fax: 07 61-2 03 30 40
Mitglied im DVT (Deutscher Fachverband für Verhaltenstherapie e. V.)

Institut für Psychoanalyse und Psychotherapie Freiburg i. Br. e. V.
Kaiser-Joseph-Str. 239
79 098 Freiburg
Tel: 07 61-3 69 33
Fax: 07 61-3 69 24

Institut für Psychoanalyse der psychoanalytischen Arbeitsgemeinschaft Stuttgart-Tübingen
Konrad-Adenauer-Str. 23
72 072 Tübingen

Institut für Psychoanalyse und Psychotherapie Heidelberg – Mannheim
Alte Bergheimer Str. 5
69 115 Heidelberg

Psychoanalytisches Institut Heidelberg – Karlsruhe
Vangerowstr. 23
69 115 Heidelberg

JVT-Kurpfalz Institut für Fort- und Weiterbildung zu klinischer Verhaltenstherapie
Stresemannstr. 4
68 165 Mannheim
Tel.: 06 21-41 53 64
Fax: 06 21-41 18 05
IVT-Kurpfalz@t-online.de
Mitglied im DVT (Deutscher Fachverband für Verhaltenstherapie e. V.)

Berlin
Berliner Akademie für Psychotherapie
Lychenerstr. 21
10 437 Berlin
Herr Dr. Koch
Tel.: 0 30-4 42 59 69

IVB – Institut für Verhaltenstherapie e. V. Berlin
Hohenzollerndamm 125/126
14 199 Berlin
Tel.: 0 30-89 53 83 13
Fax: 0 30-89 53 83 14
Mitglied im DVT (Deutscher Fachverband für Verhaltenstherapie e. V.)

Deutsche Gesellschaft für Verhaltenstherapie (DGVT Berlin)
Bonhoefferufer 2
Frau Dipl.-Psych. Monika Basqué
10 589 Berlin

Berliner Institut für Psychotherapie und Psychoanalyse e.v. (BIPP)
Münchener Str. 24
10 779 Berlin
Frau Dr. Maiß
Tel.: 0 30-21 47 46 78

Institut für Psychotherapie e. V. Berlin
Koserstr. 8–12
14 195 Berlin
Dr. A. Pollmann
Tel: 0 30-8 31 43 63
Fax: 0 30-8 31 53 40

Institut für Verhaltenstherapie GmbH
Regionalinstitut Berlin „Holländerhaus"
Dietzgenstr. 49/53
13 156 Berlin
Herr Dr. rer. nat. habil. H. Barchmann
Tel.: 0 35 46-18 15 08

Lehr- und Forschungsinstitut der DAP e. V.
Kantstr. 120/121
10 625 Berlin
Dipl.-Psych. G. von Bülow
Tel.: 0 30-3 13 28 93

Arbeitsgemeinschaft für Psychoanalyse und Psychotherapie (A. P. B. e. V.)
Invalidenstr. 115
10 115 Berlin
Frau Dipl.-Psych. Zeller
Tel.: 0 30-28 39 43 23

Alfred Adler Gesellschaft für Individualpsychologie Berlin (AAI Berlin e. V.)
Trabener Str. 39
14 193 Berlin
Herr Dr. Köppe/Herr Lehnert
Tel.: 0 30-8 91 30 01

Berliner Psychoanalytisches Institut
Karl-Abraham-Institut e. V.
Körnerstr. 11
10 785 Berlin
Tel.: 0 30-26 55 49 18

Institut für Psychoanalyse, Psychotherapie und Psychosomatik Berlin e. V.
Helgoländer Ufer 5
10 557 Berlin
Tel.: 0 30-3 93 48 58

Institut für Tiefenpsychologie, Gruppendynamik und Gruppentherapie e. V.
Eichenallee 6
14050 Berlin
Tel.: 030-8314363

Institut für Psychologische Psychotherapie und Beratung Berlin e. V.
Hasenheide 91
40967 Berlin
Tel.: 030–838722

Brandenburg

Akademie für Psychotherapie und Interventionsforschung
Gutenbergstr. 67
14467 Potsdam
Herr Prof. Esser
Tel.: 0331-9772881
Fax: 0331-9772792

Brandenburgische Akademie für Tiefenpsychologie und analytische Tiefenpsychologie
Finsterwalder Str. 62
03048 Cottbus
Herr Dr. Kirchner

IVT – Institut für Verhaltenstherapie GmbH
Kastanienallee 80
15907 Lübben
Tel.: 03546-181508
Fax: 03546-8933
Mitglied im DVT (Deutscher Fachverband für Verhaltenstherapie e. V.)

Bremen

NIVT – Norddeutsches Institut für Verhaltenstherapie
Bredenstr. 11
28195 Bremen
Tel.: 0421-2010296
Fax: 0421-2010297
Mitglied im DVT (Deutscher Fachverband für Verhaltenstherapie e. V.)

Psychoanalytisches Institut Bremen e. V.
Metzer Str. 30
28211 Bremen
Tel.: 0421-324729
Fax: 0421-324724

Hamburg

Institut für Psychoanalyse und Psychotherapie Hamburg e. V.
Schlüterstraße 18
20146 Hamburg
Tel.: 040-444981
Fax: 040-41429842

IVAH – Institut für Verhaltenstherapie-Ausbildung Hamburg
Bachstr. 48
22083 Hamburg
Herr Dr. Zarbock
Tel.: 040-221620
Fax: 040-2266951

IVAHinfo@aol.com
Mitglied im DVT (Deutscher Fachverband für Verhaltenstherapie e. V.)

Michael-Balint-Institut für Psychoanalyse und Psychotherapie
Falkenried 7
20 251 Hamburg
Tel.: 0 40-42 92 42 12

Hessen

WKV – Weiterbildungseinrichtung für Klinische Verhaltenstherapie e. V.
Deutschhausstr. 36
35 037 Marburg
Herr Peter Schüler
Tel.: 0 64 21-68 31 15
Fax: 0 64 21-68 28 72
Mitglied im DVT (Deutscher Fachverband für Verhaltenstherapie e. V.)

Institut für Psychoanalyse der Deutschen Psychoanalytischen Gesellschaft Frankfurt
e. V.
Mendelssohnstr. 49
60 325 Frankfurt
Prof. Dr. Rohde-Dachser
Tel.: 0 69-74 70 90

Institut für Psychoanalyse und Psychotherapie Gießen e. V.
Ludwigstr. 73
35 392 Gießen
Dr. med. G. Behrens-Hardt
Tel.: 06 41-7 45 27

Wiesbadener Akademie für Psychotherapie
Langgasse 38–40
65 183 Wiesbaden
Dr. med. Nossrat

Psychotherapie Aus- und Weiterbildungsstätte e. V. Marburg/Kassel/Gießen
Eichholzweg 8 a
Dr. med. Hartmann-Kottek
34 132 Kassel-Wilhelmshöhe

Institut für Psychoanalyse und Psychotherapie Kassel (DPG) e. V.
Frankfurter Str. 86
34 121 Kassel
Tel./Fax: 05 61-2 56 79

Frankfurter Psychoanalytisches Institut e. V.
Institut der Deutschen Psychoanalytischen Vereinigung
Dr. med. Pollak
Wiesenau 27–29
60 323 Frankfurt/M.

Alexander-Mitscherlich-Institut für Psychoanalyse und Psychotherapie Kassel e. V.
Frau Schlesinger-Kipp
Karthäuserstr. 5 a
34 117 Kassel

Institut für analytische Kinder- und Jugendlichenpsychotherapie in Hessen e. V.
Frau Wolff
Wiesenau 27–29
60 323 Frankfurt/M.

Tel.: 069-721445
Fax: 069-97202588

GAP – Gesellschaft für Ausbildung in Psychotherapie mbH
Beethovenstr. 18
60325 Frankfurt/M.
Herr Christian Alte
Tel.: 069-74118 88
Fax: 069-740362
Mitglied im DVT (Deutscher Fachverband für Verhaltenstherapie e. V.)

Institut für Verhaltenstherapie und Verhaltensmedizin an der Philipps-Universität
Marburg e. V.
Hans-Sachs-Str. 6
Prof. Dr. Dr. H. Remschmidt/Prof. Dr. J. Krieg
53033 Marburg

Postgraduierten-Ausbildung Psychologische Psychotherapie am Fachbereich 04
der Justus-Liebig-Universität Gießen Abteilung für Klinische und Physiologische
Psychologie
Otto Behagel-Str. 10
Herr Prof. Dr. D. Vaitl/Frau Dr. Renate Frank
35394 Gießen

Institut für Psychoanalyse und Psychotherapie Kassel (DPG) e. V.
Frankfurter Str. 86
34121 Kassel

Ausbildungsprogramm Psychologische Psychotherapie am Psychologischen Institut
der Johann-Wolfgang-Goethe-Universität Frankfurt
Postfach 111932 Fach 120
Prof. Dr. W. Lauterbach
60054 Frankfurt
Tel./Fax: 069-79822140

Mecklenburg-Vorpommern

Institut für Verhaltenstherapie
Dorfstr. 1 b
18059 Papendorf

Niedersachsen

Alfred-Adler-Institut Nord
Postfach 1164
27731 Dehnenhorst
Tel.: 04221-17237

Carl von Ossietzky Universität
Postfach
26111 Oldenburg
Tel.: 0441-7985452

Fortbildungsinstitut für klinische Verhaltenstherapie FIKV
Bombergallee 11
31812 Bad Pyrmont
Tel./Fax: 05281-606763
Mitglied im DVT (Deutscher Fachverband für Verhaltenstherapie e. V.)

Georg-August-Universität Göttingen
Goßlerstr. 14
37073 Göttingen
Tel.: 0551-393582

Gesellschaft für Verhaltenstherapie
Prof. Dr. Armin Kuhr
31 174 Schellerten
Tel.: 0 51 23-24 66

Institut für analytische Kinder- und Jugendlichenpsychotherapie an der Ev. Fachhochschule Hannover
Geibelstr. 104
30 173 Hannover
Tel.: 05 11-80 04 97 11
Fax: 05 11-80 04 97 42

Lehrinstitut für Psychoanalyse und Psychotherapie e. V.
Geibelstr. 104
30 173 Hannover
Tel.: 05 11-80 04 97 11
Fax: 05 11-80 04 97 42

Lou Andreas-Salomé Institut für Psychoanalyse und Psychotherapie (DPG) Göttingen e. V.
Wilhelm-Weber-Str. 24
37 073 Göttingen
Tel.: 05 51-4 26 96
Fax: 05 51-53 10 50

Technische Universität Braunschweig
Pockelsstr. 14
38 106 Braunschweig
Tel.: 05 31-3 91 36 23 oder 28 55

Universität Osnabrück
Knollstr. 15
49 069 Osnabrück
Prof. Dr. K.-H. Wiedl
Tel.: 05 41-9 69 47 52

Psychoanalytische Vereinigung Osnabrück e. V.
Falkenstr. 2
49 076 Osnabrück
Tel.: 05 41-4 15 43

Akademie für Kinder- und Jugendlichenpsychotherapie
Bohmter Str. 1
49 082 Osnabrück
Dr. Josef Könning
Tel.: 05 41-2 02 27 91

Institut für psychotherapeutische Aus- und Weiterbildung des Zentrums für Psychologische Medizin der MHH
Carl-Neuberg-Str. 1
30 625 Hannover

Institut für Psychotherapie Braunschweig/Göttingen e. V.
von-Siebold-Str. 5
37 075 Göttingen
Tel.: 05 51-39 66 41

Nordrhein-Westfalen

AKiP Köln
Klinik Poliklinik für Psychiatrie und Psychotherapie des Kindes- und Jugendalters der Universität zu Köln

Robert-Koch-Str. 10
50 931 Köln
Tel.: 02 21-4 78 63 46
Fax: 02 21-4 78 61 04
Mitglied im DVT (Deutscher Fachverband für Verhaltenstherapie e. V.)

APV – Gesellschaft für Angewandte Psychologie und Verhaltensmedizin mbH
Salzstrasse 52
48 143 Münster
Tel.: 02 51-4 40 10
Fax: 02 51-4 40 20
Mitglied im DVT (Deutscher Fachverband für Verhaltenstherapie e. V.)

DFT – Psychotherapeutisches Lehrinstitut Bad Salzuflen
Forsthausweg 1
32 105 Bad Salzuflen
Tel.: 0 52 22–39 88 14

Ruhr-Universität Bochum
Fakultät für Psychologie
Universitätsstrasse 150
44 801 Bochum
Tel.: 02 34-3 22 77 16

Ausbildungsinstitut für psychoanalytisch begründete Verfahren
Graf-von-Galen Str. 56–58
336 109 Bielefeld
Tel.: 05 21-8 01 15 31

KLVT – Lehrinstitut für Verhaltenstherapie Köln GmbH
Engelbertstr. 44
50 674 Köln
Tel.: 02 21–2 40 25 56
Fax: 02 21–2 40 26 56
Mitglied im DVT (Deutscher Fachverband für Verhaltenstherapie e. V.)

Psychoanalytische Arbeitsgemeinschaft Köln-Düsseldorf e. V.
Dagobertstr. 35–37
50 668 Köln
Tel.: 02 21-13 59 01

Institut für Psychologische Psychotherapieausbildung Münster
Hoyastr. 1 a
48 147 Münster
Tel.: 02 51-8 33 41 11

Alfred-Adler-Institut Aachen-Köln e. V.
Lindenthalgürtel 5
50 935 Köln
Tel.: 02 21-4 30 10 44

AKFV – Ausbildungsinstitut
für Klinische Verhaltenstherapie GmbH
Breddestr. 54
45 894 Gelsenkirchen
Tel.: 02 09-7 64 90
Fax: 02 09-78 04 99
Mitglied im DVT (Deutscher Fachverband für Verhaltenstherapie e. V.)

AVT – Akademie für Verhaltenstherapie Köln
Richmodstr. 2

50 667 Köln–Neumarkt
Tel.: 02 21-9 29 11 13
Fax: 02 21-9 20 11 11
Mitglied im DVT (Deutscher Fachverband für Verhaltenstherapie e. V.)

Alfred-Adler-Institut Düsseldorf e. V.
Schützenstr. 52
40 211 Düsseldorf
Tel.: 02 11-35 77 73

Institut für Psychoanalyse und Psychotherapie (DPG) Siegen–Wittgenstein e. V.
Sahlingstr. 60
57 319 Bad Berleburg
Tel.: 0 27 51-8 12 42

IPR Institut für Psychoanalyse und Psychotherapie im Rheinland e. V.
Klosterstr. 79 c
50 931 Köln
Tel.: 02 21-40 07 17
Fax: 02 21-40 08 19

KBAP – Köln-Bonner Akademie für Psychotherapie
Wenzelgasse 35
53 111 Bonn
Tel.: 02 28-9 63 81 34

Fern Universität GH Hagen Kurt Lewin Institut für Psychologie
Fleyerstr. 204
58 084 Hagen
Tel.: 0 23 31-9 87 27 43

Institut für Psychoanalyse und Psychotherapie Düsseldorf e. V.
Prinz-Georg-Str. 126
40 479 Düsseldorf
Tel.: 02 11-1 71 99 17
Fax: 0 21 82–6 96 43

Rheinland–Pfalz

Alfred-Adler-Institut (AAIM)
Fort Malakoff
Rheinstr. 4L
55 116 Mainz

IFKV – Institut für Fort- und Weiterbildung in Klinischer Verhaltenstherapie
e. V.
Kurbrunnenstr. 21 a
67 098 Bad Dürkheim
Tel.: 0 63 22-6 80 19
Fax: 0 63 22-6 80 10
Mitglied im DVT (Deutscher Fachverband für Verhaltenstherapie e. V.)

Johannes-Gutenberg-Universität Mainz
Psych. Institut Ab dg. Klinische Psychologie
Staudinger Weg 9
55 099 Mainz

Mainzer Psychoanalytisches Institut MPV
Untere Zahlbacher Str. 8
55 131 Mainz
Tel.: 0 61 31-22 87 33

Psychosomatische Fachklinik St. Franziska Stift
Franziska-Puricelli-Str. 3
55543 Bad Kreuznach

Institut für Psychotherapie und Psychoanalyse Rhein-Eifel
Bachovenstrasse 4
53489 Sinzig
Tel.: 0 26 42–98 06 65
Fax: 0 26 42–98 06 70

EVI – Eifeler-Verhaltenstherapie-Institut
Schulstraße 6
54550 Daun
Tel.: 0 65 92–20 11 57
Fax: 05 92–20 11 61
Mitglied im DVT (Deutscher Fachverband für Verhaltenstherapie e. V.)

Universität Koblenz-Landau Fachbereich 8: Psychologie WIPP e. V.
Linienstr. 9
76829 Landau
Tel.: 0 63 41–91 75 60
Fax: 0 63 41–9 17 56 32
halsig@uni-landau.de

Weiterbildungsstudiengang Psychologische Psychotherapie Psychologisches Institut der Johannes-Gutenberg-Universität Mainz
Staudinger Weg 9
55099 Mainz
Tel.: 0 61 31–3 92 45 22
Fax: 0 61 31–3 92 46 23
info@ausbildung-psychotherapie.de

Saarland

IVV – Institut für Fort- und Weiterbildung in klinischer Verhaltenstherapie und Verhaltensmedizin
Orannastr. 55
66802 Überherrn-Berus
Tel.: 0 68 36–3 91 62
Mitglied im DVT (Deutscher Fachverband für Verhaltenstherapie e. V.)

Saarländisches Institut für Aus- und Weiterbildung in Psychotherapie
Scheidter Strasse 35
66130 Saarbrücken-Brebach
Tel.: 06 81–87 00 90

Saarländisches Institut für Psychoanalyse und Psychotherapie der Deutschen Psychoanalysegesellschaft DPG
Ursulinenstr. 43–45
66111 Saarbrücken
Tel.: 06 81–3 90 49 45

Sachsen

DAP – Dresdner Akademie für Psychotherapie
Priessnitzstr. 6
Herr Bernd Ubben
01099 Dresden
Tel.: 03 51–8 03 64 55
Fax: 03 51–8 03 64 54
Mitglied im DVT (Deutscher Fachverband für Verhaltenstherapie e. V.)

Ausbildungsstätte für Verhaltenstherapie
Regionalstelle der DGVT
Neubühlauer Str. 12
01 324 Dresden
Tel.: 03 51-2 67 99 99
Fax: 03 51-2 68 58 50

Institut für Verhaltenstherapie GmbH Brandenburg
Regionalinstitut Leipzig
Täubchenweg 83
04 317 Leipzig
Tel.: 0 35 46-18 15 08
Fax: 0 35 46-89 33

Institut für Verhaltenstherapie GmbH (Brandenburg)
Ausbildungsstätte für Kinder- und Jugendlichenpsychotherapeuten
Pappelstrasse 11
01 926 Chemnitz
Tel.: 0 35 46-18 15 08
Fax: 0 11 46-89 33

Technische Universität Dresden
Institute of Advanced Studies TUDIA GmbH
Würzburger Str. 69
01 187 Dresden
Tel.: 03 51-4 63 23 26
Fax: 03 51-4 63 39 56

Institut für Psychologische Therapie e. V. (IPT) der Universität Leipzig
Seeburger Str. 14–20
04 103 Leipzig
Tel.: 03 41-9 73 59 30
Fax: 03 41-9 73 59 39

Sächsischer Weiterbildungskreis für Psychotherapie, Psychoanalyse und Psychoso-
matischer Medizin e. V. (SWK)
Czermaks Garten 11
04 103 Leipzig
Tel.: 03 41-9 61 21 77
Fax: 03 41-9 61 21 80

Sächsisches Institut für Psychoanalyse und Psychotherapie e. V. (SPP)
Chermaks Garten 11
04 103 Leipzig
Tel.: 03 41–9 61 56 03
Fax: 03 41-9 61 56 04

Sachsen-Anhalt

IVT – Institut für Verhaltenstherapie GmbH Brandenburg
Kastanienallee 80
15 907 Lübben
Tel.: 0 35 46-18 15 08

Mitteldeutsches Institut für Psychoanalyse Halle e. V.
Neuwerk 10
06 108 Halle (Saale)
Tel.: 03 45-6 85 77 20

Institut für Verhaltenstherapie GmbH
Regionalinstitut Sachsen-Anhalt

Brandenburger Strasse 2
39 104 Magdeburg

Institut für Verhaltenstherapie GmbH
Regionalinstitut Sachsen-Anhalt
Damaschkeweg 12
39 387 Oschersleben

Schleswig-Holstein

IFT Nord-Institut für Therapie und Gesundheitsforschung
Düsternbrooker Weg 2
24 105 Kiel
Tel.: 04 31-57 02 90

John-Rittmeister-Institut für Psychoanalyse, Psychotherapie und Psychosomatik
Niemannsweg 147
24 105 Kiel
Tel.: 04 31-5 97 26 50
Fax: 04 31-5 97 26 63

Medizinische Psychosomatische Klinik Bad Bramstedt
Birkenweg 10
24 576 Bad Bramstedt
Tel.: 0 41 92-50 40

Thüringen

Institut für Psychotherapie und angewandte Psychoanalyse
Westbahnhofstr. 10
07 745 Jena

Akademie für Psychotherapie e. V. Erfurt
Fischmarkt 4
(Zugang Schuhgasse 12)
99 084 Erfurt
Tel.: 03 61-6 42 22 74
Fax: 03 61-6 42 24 49
E-mail: AFPErfurt@gmx.de
www.afp-erfurt.de

Sachverzeichnis

Die Zahlen beziehen sich auf die jeweiligen Seiten.

Sachverzeichnis

Sachverzeichnis